概説
憲法コンメンタール

辻村みよ子・山元 一 編

愛敬浩二・工藤達朗・糠塚康江・江島晶子
小泉良幸・青井未帆・大林啓吾・佐々木弘通
毛利　透・小山　剛・尾形　健・巻美矢紀
片桐直人・只野雅人・原田一明・上田健介
渡辺康行・大津　浩

信山社

はしがき

　本書は，読者として，研究者のみならずマスコミ関係者・市民・学生を対象とする。おそらく，本書を手に取る多くの読者にとって，本書のタイトルにある「コンメンタール」という言葉自体が，耳慣れないものであろう。
　「コンメンタール」の語は，ドイツ語の Kommentar に由来している。この語は，日本語では，逐条解説書と翻訳されることが一般的である。憲法に限らず，法学一般において，逐条解説書は，極めて大きな意義を持っている。逐条解説書は，特定の法典を条文の順番通りに取り上げて，それぞれの条文やそこで使われている個々の言葉の制定の経緯や背景，その後の判例や実務における解釈・適用や運用の実態や展開，そしてそれに対する学説の評価・批判，当該条文に相当する主要な外国法の動向や状況等を概観するものである。
　時々，憲法9条について，「中学生にもなれば，憲法9条の意味は簡単に理解できる」との声が聞こえる。この主張は，通常人の理性を備え，日本語を理解することのできる者が，国語辞典を使えば，たちどころに法律の条文の意味を理解することができる，というものであろう。しかし，この考えは改める必要がある。実は，法典のテキストは法の一部に過ぎず，制定後，政府や裁判官などの法律の解釈・適用者の理解，それに対する学説や一般市民の評価・批判という重層的なコミュニケーションのプロセスを通じて，法はその本当の姿を現してくるのである。しかも，解釈の前提となるそのテキスト自体が，長い歴史の中で育まれてきた存在にほかならない。例えば日本国憲法前文は，「そもそも国政は，国民の厳粛な信託によるものであつて」と規定しているが，「信託」という言葉の意味を理解するのは，いくら「信」と「託」という漢字を漢和辞典で詳しく調べても，この条文の意義を正確に理解することは難しい。英訳に，《 Government is a sacred trust of the people 》とあるように，ヨーロッパ法・政治思想における trust という観念の意義や役割を究明しなければ，その意味は明らかにならないのである。なぜなら，「信託」という言葉は，西洋の近代法を導入した明治時代に，trust の翻訳語として用いられるようになったからである。
　現在，憲法改正の主張が安倍政権によって強く唱えられている。憲法改正には，それがいかなる改正であっても，国民投票における過半数の賛成が不可欠である（憲法96条1項の解説参照）。したがって，市民一人ひとりの判断によって日本国憲法の行方が決められることになる。市民が憲法改正の是非を判断する際に，ただひたすらテキストの文

はしがき

字面にのみ目を奪われ，憲法の現実の姿を理解することをしなければ，国会によって提案される具体的な憲法改正案の意義や問題点について正しい理解を持つことはできない。市民が，国政においてもっとも重要なイベントである憲法改正について冷静で理性的な判断を行うためには，本書のような「コンメンタール」を参照することが，必要不可欠なのである。

　本書は，憲法改正について風雲急を告げる現時点で，編者の呼びかけに応じて，広く市民をも対象とする「コンメンタール」を出版する意義に賛同された第一線の研究者によって執筆されている。担当のテーマを専門的に研究してきた執筆者であるがゆえに，条文の背景にある比較憲法的意義（諸外国の憲法との比較）や，憲法史的意義（大日本帝国憲法との関係や 1946 年の憲法制定期以降の歴史的展開）をも考慮に入れて，広範かつ深遠な視座（比較憲法史的視座）に立って執筆して頂くことができた。難解な法解釈を多少とも読みやすい形で表現することは容易ではないが，研究・教育や大学行政等で多忙を極めるなかで本書を分担執筆された研究者の方々に，編者として心から謝意を表する次第である。

　そして，『憲法研究』（2017 年 11 月創刊），『最新 憲法資料集』（2018 年 3 月刊）と本書『概説 憲法コンメンタール』の三者を一体のものとして位置づける企画の意義を理解してくださり，本書の編集作業についても労力を惜しまれなかった信山社の稲葉文子氏に，衷心より謝意を表する次第である。

　　2018 年 3 月

　　　　　　　　　　　　　　　　　　　　　　　辻村みよ子　山元　一

目 次

はしがき／凡例

序　論	辻村みよ子	1
上　論	辻村みよ子	9
前　文	辻村みよ子	10

第1章　天　皇　　【総論】…辻村みよ子…15

第1条	〔天皇の地位・国民主権〕 辻村みよ子	20
第2条	〔皇位の世襲と継承〕 辻村みよ子	25
第3条	〔天皇の国事行為に対する内閣の助言・承認〕 辻村みよ子	27
第4条	〔天皇の権能の限界，天皇の国事行為の委任〕 辻村みよ子	28
第5条	〔摂　政〕 辻村みよ子	29
第6条	〔天皇の任命権〕 辻村みよ子	30
第7条	〔天皇の国事行為〕 辻村みよ子	31
第8条	〔皇室の財産授受〕 辻村みよ子	36

第2章　戦争の放棄　　【総論】愛敬　浩二…39

第9条	〔戦争の放棄，戦力及び交戦権の否認〕 愛敬　浩二	46

第3章　国民の権利及び義務　　【総論】工藤　達朗…55

第10条	〔国民の要件〕 糠塚　康江	74
第11条	〔基本的人権の享有と不可侵〕 江島　晶子	78
第12条	〔自由及び権利の保持の責任と濫用の禁止〕 小泉　良幸	80
第13条	〔個人の尊重・幸福追求権・公共の福祉〕 小泉　良幸	84
第14条	〔法の下の平等，貴族制度の禁止，栄典の限界〕 糠塚　康江	93
第15条	〔公務員の選定罷免権，全体の奉仕者性，普通選挙・秘密投票の保障〕 辻村みよ子	100
第16条	〔請願権〕 青井　未帆	105
第17条	〔国及び公共団体の賠償責任〕 青井　未帆	107
第18条	〔奴隷的拘束及び苦役からの自由〕 大林　啓吾	111
第19条	〔思想及び良心の自由〕 佐々木弘通	115
第20条	〔信教の自由，政教分離〕 佐々木弘通	121

v

目　次

第21条〔集会・結社・表現の自由，検閲の禁止，通信の秘密〕…… 毛利　　透…131
第22条〔居住・移転・職業選択の自由，外国移住・国籍離脱の自由〕
　　　　……………………………………………………………… 小山　　剛…142
第23条〔学問の自由〕………………………………………………… 小泉　良幸…147
第24条〔家族生活における個人の尊厳と両性の平等〕…………… 糠塚　康江…152
第25条〔生存権，国の社会福祉及び社会保障等の向上及び増進の努力義務〕
　　　　……………………………………………………………… 尾形　　健…158
第26条〔教育を受ける権利，教育の義務〕………………………… 尾形　　健…165
第27条〔勤労の権利及び義務，勤労条件の基準，児童酷使の禁止〕尾形　　健…173
第28条〔労働基本権〕………………………………………………… 尾形　　健…176
第29条〔財産権〕……………………………………………………… 巻　美矢紀…183
第30条〔納税の義務〕………………………………………………… 片桐　直人…189
第31条〔法定手続の保障〕…………………………………………… 大林　啓吾…191
第32条〔裁判を受ける権利〕………………………………………… 青井　未帆…194
第33条〔逮捕の要件〕………………………………………………… 大林　啓吾…198
第34条〔抑留・拘禁の要件，不当拘禁の禁止〕…………………… 大林　啓吾…201
第35条〔住居の不可侵，捜索・押収の要件〕……………………… 大林　啓吾…203
第36条〔拷問及び残虐な刑罰の禁止〕……………………………… 大林　啓吾…208
第37条〔刑事被告人の諸権利〕……………………………………… 大林　啓吾…211
第38条〔不利益な供述強要の禁止，自白の証拠能力〕…………… 大林　啓吾…214
第39条〔遡及処罰の禁止・一事不再理〕…………………………… 大林　啓吾…216
第40条〔刑事補償〕…………………………………………………… 青井　未帆…218

第4章　国　会　　　　　　　　　　　　　　　　　【総論】只野　雅人…223

第41条〔国会の地位・立法権〕……………………………………… 只野　雅人…228
第42条〔両院制〕……………………………………………………… 只野　雅人…232
第43条〔両議院の組織〕……………………………………………… 只野　雅人…236
第44条〔議員及び選挙人の資格〕…………………………………… 只野　雅人…241
第45条〔衆議院議員の任期〕………………………………………… 只野　雅人…244
第46条〔参議院議員の任期〕………………………………………… 只野　雅人…245
第47条〔選挙に関する事項の法定〕………………………………… 只野　雅人…246
第48条〔両議院議員兼職の禁止〕…………………………………… 只野　雅人…249
第49条〔議員の歳費〕………………………………………………… 原田　一明…250
第50条〔議員の不逮捕特権〕………………………………………… 原田　一明…251
第51条〔議員の免責特権〕…………………………………………… 原田　一明…254
第52条〔常　会〕……………………………………………………… 原田　一明…256

第53条 〔臨時会〕	原田 一明	257
第54条 〔衆議院の解散と特別会, 参議院の緊急集会〕	原田 一明	259
第55条 〔議員の資格争訟〕	原田 一明	260
第56条 〔定足数, 表決数〕	原田 一明	261
第57条 〔会議の公開と秘密会, 会議録の公開, 表決の会議録への記載〕	原田 一明	263
第58条 〔役員の選任, 議院規則・懲罰〕	原田 一明	264
第59条 〔法律案の議決, 衆議院の優越〕	原田 一明	266
第60条 〔衆議院の予算先議と優越〕	原田 一明	269
第61条 〔条約の承認と衆議院の優越〕	原田 一明	270
第62条 〔議院の国政調査権〕	原田 一明	270
第63条 〔国務大臣の議院出席の権利及び義務〕	原田 一明	273
第64条 〔弾劾裁判所〕	原田 一明	274

第5章 内　閣　　　　【総論】毛利 透…277

第65条 〔行政権と内閣〕	毛利 透	282
第66条 〔内閣の組織, 文民資格, 連帯責任〕	毛利 透	286
第67条 〔内閣総理大臣の指名, 衆議院の優越〕	毛利 透	290
第68条 〔国務大臣の任命及び罷免〕	毛利 透	293
第69条 〔衆議院の内閣不信任と解散又は内閣総辞職〕	毛利 透	296
第70条 〔内閣総理大臣の欠缺又は総選挙と内閣総辞職〕	毛利 透	298
第71条 〔総辞職後の内閣による職務執行〕	毛利 透	299
第72条 〔内閣総理大臣の職務〕	上田 健介	300
第73条 〔内閣の職権〕	上田 健介	303
第74条 〔法律・政令の署名・連署〕	上田 健介	308
第75条 〔国務大臣の訴追〕	上田 健介	309

第6章 司　法　　　　【総論】山元 一…311

第76条 〔司法権・裁判所, 特別裁判所の禁止, 裁判官の独立〕	山元 一	320
第77条 〔最高裁判所の規則制定権〕	山元 一	327
第78条 〔裁判官の身分保障〕	山元 一	330
第79条 〔最高裁判所の構成, 国民審査, 定年, 報酬〕	山元 一	336
第80条 〔下級裁判所の裁判官・任期・定年, 報酬〕	山元 一	343
第81条 〔違憲審査制〕	渡辺 康行	350
第82条 〔裁判の公開〕	山元 一	362

目　次

第7章　財　政　　　　　　　　　　　　　　【総論】片桐　直人…369

第83条　〔財政処理の基本原則〕……………………………………片桐　直人…373
第84条　〔租税法律主義〕……………………………………………片桐　直人…378
第85条　〔国費の支出及び国の債務負担〕…………………………片桐　直人…383
第86条　〔予算の作成と議決〕………………………………………片桐　直人…388
第87条　〔予備費〕……………………………………………………片桐　直人…395
第88条　〔皇室財産・皇室費用〕……………………………………片桐　直人…398
第89条　〔公の財産の支出・利用提供の制限〕……………………片桐　直人…401
第90条　〔決算検査，会計検査院〕…………………………………片桐　直人…405
第91条　〔財政状況の報告〕…………………………………………片桐　直人…408

第8章　地方自治　　　　　　　　　　　　　【総論】大津　　浩…409

第92条　〔地方自治の基本原則〕……………………………………大津　　浩…414
第93条　〔地方公共団体の議会の設置，長・議員等の直接選挙〕……大津　　浩…418
第94条　〔地方公共団体の権能，条例制定権〕……………………大津　　浩…422
第95条　〔特別法の住民投票〕………………………………………大津　　浩…428

第9章　改　正　　　　　　　　　　　　　　【総論】愛敬　浩二…433

第96条　〔憲法改正の手続，その公布〕……………………………愛敬　浩二…440

第10章　最高法規　　　　　　　　　　　　　【総論】江島　晶子…447

第97条　〔基本的人権の本質〕………………………………………江島　晶子…449
第98条　〔憲法の最高法規性，条約及び国際法規の遵守〕………江島　晶子…451
第99条　〔憲法尊重擁護の義務〕……………………………………江島　晶子…461

第11章　補　則　　　　　　　　　　　　　　【総論】辻村みよ子…465

第100条　〔施行期日，施行の準備〕…………………………………辻村みよ子…465
第101条　〔経過規定―参議院未成立の間の国会〕…………………辻村みよ子…466
第102条　〔経過規定―第1期の参議院の任期〕……………………辻村みよ子…466
第103条　〔経過規定―憲法施行の際の公務員の地位〕……………辻村みよ子…467

事項索引（469）
判例索引（478）

凡　例

1　文献略語一覧　　（上の略記以外の文献・論文等は本文中に記載）

(1)　体系書・概説書

芦部・憲法学 I II III	芦部信喜『憲法学 I・II・III〔増補版〕』（有斐閣，1992・1994・2000 年）
芦部・憲法	芦部信喜『憲法〔第 6 版・高橋和之補訂〕』（岩波書店，2015 年）
市川・憲法	市川正人『憲法』基本講義（新世社，2014 年）
伊藤・憲法	伊藤正己『憲法〔第 3 版〕』（弘文堂，1995 年）
大石・講義 I II	大石眞『憲法講義 I〔第 3 版〕・II〔第 2 版〕』（有斐閣，2014・2012 年）
清宮・憲法 I	清宮四郎『憲法 I〔第 3 版〕』（有斐閣，1979 年）
小嶋=大石・概観	小嶋和司=大石眞『憲法概観〔第 7 版〕』（有斐閣，2011 年）
小林・講義	小林直樹『憲法講義（上・下）』（東京大学出版会，1980-81 年）
阪本・理論 I II III	阪本昌成『憲法理論 I〔補訂第 3 版〕・II・III』（成文堂，1993-2000 年）
佐々木・憲法	佐々木惣一『改訂日本国憲法論』（有斐閣，1952 年）
佐藤幸・憲法	佐藤幸治『憲法〔第 3 版〕』（青林書院，1995 年）
佐藤幸・憲法論	佐藤幸治『日本国憲法論』（成文堂，2011 年）
渋谷・憲法	渋谷秀樹『憲法〔第 3 版〕』（有斐閣，2017 年）
杉原・憲法 I II	杉原泰雄『憲法 I・II』（有斐閣，1987-89 年）
高辻・講説	高辻正巳『憲法講説〔全訂版第 2 版〕』（良書普及会，1990 年）
高橋・憲法	高橋和之『立憲主義と日本国憲法〔第 4 版〕』（有斐閣，2017 年）
高橋・憲法訴訟	高橋和之『体系　憲法訴訟』（岩波書店，2017 年）
辻村・憲法	辻村みよ子『憲法〔第 6 版〕』（日本評論社，2018 年）
辻村・比較憲法	辻村みよ子『比較憲法〔第 3 版〕』（岩波書店，2018 年）
辻村・選挙権	辻村みよ子『選挙権と国民主権』（日本評論社，2015 年）
辻村・憲法と家族	辻村みよ子『憲法と家族』（日本加除出版，2016 年）
戸松・憲法	戸松秀典『憲法』（弘文堂，2015 年）
野中他・憲法 I II	野中俊彦=中村睦男=高橋和之=高見勝利『憲法 I・II〔第 5 版〕』（有斐閣，2012 年）
橋本・憲法	橋本公亘『日本国憲法〔改訂版〕』有斐閣，1988 年
長谷部・憲法	長谷部恭男『憲法〔第 7 版〕』（新世社，2018 年）
樋口・憲法	樋口陽一『憲法〔第 3 版〕』（創文社，2007 年）
樋口・国法学	樋口陽一『国法学　人権原論〔補訂〕』（有斐閣，2007 年）
松井・憲法	松井茂記『日本国憲法〔第 3 版〕』（有斐閣，2007 年）
宮沢・憲法 II	宮沢俊義『憲法 II〔新版〕』（有斐閣，1971 年）
毛利他・憲法 I II	毛利透・小泉良幸・淺野博宣・松本哲治『憲法 I　統治』『憲法 II　人権』（LEGAL QUEST）（有斐閣，2011 年・2013 年）
安西他・読本	安西文雄=巻美矢紀=宍戸常寿『憲法学読本〔第 2 版〕』（有斐閣・2014 年）
渡辺他・憲法 I	渡辺康行=宍戸常寿=松本和彦=工藤達朗『憲法 I　基本権』日本評論社，2016 年

(2)　注釈書・コンメンタール

木下・只野・新コメ	木下智史=只野雅人編『新・コンメンタール憲法』（日本評論社，2015 年）
佐藤功・註釈(上)(下)	佐藤功『憲法(上)(下)〔新版〕』ポケット註釈全書（有斐閣，1983 年-1984 年）
新基本法コメ	芹沢斉=市川正人=阪口正二郎編『新基本法コンメンタール・憲法』（日本評論社，

凡　例

　　　　　　　　　　　　2011年)
長谷部・注釈　　　長谷部恭男編『注釈日本国憲法（1）〜（4）』（有斐閣，2017年〜）
樋口他・注解ⅠⅡⅢⅣ　　樋口陽一・佐藤幸治・中村睦男・浦部法穂『注解法律学全集・憲法Ⅰ〜Ⅳ』（青林書院，1994-2004年）
法協・註解　　　法学協会編『註解日本国憲法（上・下）』（有斐閣，1953-1954年）
宮沢・コメ　　　宮沢俊義（芦部信喜補訂）『コンメンタール日本国憲法』（日本評論社，1978年）

(3) 法科大学院テキスト・判例解説・演習・講座・入門書等
市川・憲法　　　市川正人『ケースメソッド憲法〔第2版〕』（日本評論社，2009年）
駒村・憲法訴訟　　駒村圭吾『憲法訴訟の現代的転回』（日本評論社，2013年）
小山・作法　　　小山剛『「憲法上の権利」の作法〔第3版〕』（尚学社，2016年）
小山＝駒村編・論点　　小山剛＝駒村圭吾編『論点探究憲法〔第2版〕』（弘文堂，2013年）
宍戸・憲法解釈論　　宍戸常寿『憲法解釈論の応用と展開〔第2版〕』（日本評論社，2014年）
重判　　　　　ジュリスト『重要判例解説』（有斐閣）
争点　　　　　大石眞＝石川健治編『憲法の争点』（有斐閣，2008年）
辻村＝長谷部編・憲法理論　　辻村みよ子＝長谷部恭男編『憲法理論の再創造』（日本評論社，2011年）
辻村他編・基本判例　　辻村みよ子＝山元一＝佐々木弘通編『憲法基本判例──最新の判決から読み解く』（尚学社，2015年）
戸松＝初宿・憲法判例　　戸松秀典・初宿正典『憲法判例〔第7版〕』（有斐閣，2014年）
百選ⅠⅡ　　　長谷部恭男＝石川健治＝宍戸常寿編『憲法判例百選〔第6版〕Ⅰ・Ⅱ』（有斐閣，2013年）
木下編集代表・精読〔人権編〕　　木下昌彦編集代表『精読憲法判例〔人権編〕』（弘文堂，2018年）

(4) 憲法集・資料集・事典
浅野＝杉原監修・答弁集　　浅野一郎＝杉原泰雄監修・浅野善治他編『憲法答弁集1947〜1999』（信山社，2003年）
清水伸・審議録　　清水伸編著『逐条日本国憲法審議録第一巻』（有斐閣，1962年）
初宿＝辻村編・憲法集　　初宿正典＝辻村みよ子編『新解説世界憲法集〔第4版〕』（三省堂，2017年）
杉原編・事典　　杉原泰雄編『新版体系憲法事典』（青林書院，2008年）
高橋編・憲法集　　高橋和之編『新版世界憲法集〔第2版〕』（岩波文庫・2012年）
高柳他・制定過程ⅠⅡ　　高柳賢三＝大友一郎＝田中英夫編著『日本国憲法制定の過程Ⅰ・Ⅱ』（有斐閣，1972年）

2　判例の略記

最大判(決)	最高裁判所大法廷判決(決定)	高刑集	高等裁判所刑事判例集
最一判(決)	最高裁判所第一小法廷判決(決定)	下民集	下級裁判所民事判例集
高判(決)	高等裁判所判決(決定)	下刑集	下級裁判所刑事判例集
地判(決)	地方裁判所判決(決定)	行　集	行政事件裁判例集
民　集	最高裁判所民事判例集	労　民	労働関係民事事件裁判集
刑　集	最高裁判所刑事判例集	訟　月	訟務月報
家　月	家庭裁判所月報	刑　月	刑事裁判月報
集　民	最高裁判所裁判集民事	判　時	判例時報
集　刑	最高裁判所裁判集刑事	判　タ	判例タイムズ
高民集	高等裁判所民事判例集	労　判	労働判例

序　論

1　憲法と立憲主義

　憲法（Constitution〔英〕，Constitution〔仏〕，Verfassung〔独〕）は，「国家の基本法」であり，一般に「国の統治組織や作用の基本原則を定めた最高法規」と定義される。憲法の概念は多義的であり，法規範の存在形式に注目して，憲法という名称・形式・効力をもつもの（成文憲法）として捉える場合には，それは「形式的意味の憲法」といわれる。法規範の存在形式や名称・効力にかかわらず，実質的内容に注目して憲法を捉える場合，それは「実質的意味の憲法」といわれる。およそ国家が成立している以上は，成文であれ，不文であれ，また内容にかかわらず，「実質的意味の憲法」が存在する（例えば，イギリスでは，憲法（典）という名称をもつ実定法は存在しないため，「形式的意味の憲法」は存在しないが，「実質的意味の憲法」は存在する）。また，実質的意味の憲法は，国家の統治の基本を定めた法として「固有の意味の憲法」（広義の憲法）とも呼ばれる（芦部・憲法4頁では，実質的意味の憲法のなかに「固有の意味の憲法」と「立憲的意味の憲法」の2つがあると説明しているが，立憲主義こそが憲法の本質であるとして後者を重視する立場から，一般的用法に対して疑問も提起されている（野中他・憲法Ⅰ6頁〔高橋和之〕参照）。

　「立憲主義」（constitutionalism〔英〕，constitutionnalisme〔仏〕，Konstitutionalismus〔独〕）とは，憲法を制定して，領土・国民・主権を三要素として成立する「国家」の権力をコントロールし，権力者の権力濫用を抑える，という考え方のことをいう。この考え方自体は中世以前にも存在したが，近代以降に，国民主権・権力分立・基本的人権保障の基本原理を伴った近代憲法が成立したのちにこの概念が定着したため，今日では，近代立憲主義の意味で用いられる。そして，フランス人権宣言（1789年）16条が「権利の保障が確保されず，権力の分立が定められていない社会は，憲法をもたない」と定めたように，人権保障や権力分立などの基本原理を伴った憲法は，「立憲的意味の憲法」あるいは「近代的意味の憲法」と呼ばれる。

　これに対して，権力を制約するために制定された憲法であっても，その基本原理が上記の近代の立憲的意味の憲法のもとは異なる場合，「外見的立憲主義」の憲法ということができる。例えば，プロイセン＝ドイツの帝国憲法（1871年）やその影響下に制定された大日本帝国憲法（1889年公布，1890年施行）などがこれに含まれる。大日本帝国憲法（いわゆる明治憲法・旧憲法）は，君主（天皇）主権・権力集中・基本的人権の否認などの特徴をもっており，「万世一系の天皇」が統治権を有する主権者であるとして「神権天皇制」を採用していた。陸海空軍の統帥権も天皇に帰属していたが，実際の憲法の運用において，1935年の5・15事件以降，軍部が政治的発言力を強めて立憲主義が崩壊した。1937年日中戦争開戦，1941年第二次大戦宣戦布告の後，戦況が悪化した。1945年7月26日のポツダム宣言を同年8月14日に受諾し，同年8月15日の敗戦に至った。

1

2　日本国憲法の制定

　日本国憲法は,「外見的立憲主義」の憲法である大日本帝国憲法の「改正」という外形をとりつつ, これとまったく異なる「近代立憲主義の憲法」の内容をもった憲法として成立した。このような日本国憲法の制定には, 特殊日本憲法史的な特徴があり, 大日本帝国憲法と日本国憲法との「連続」と「断絶」の関係が問題となる。

　また, 1945年8月にポツダム宣言を受諾して第二次大戦に敗戦した後, 国民や政権担当者の意識変革が存在しない形で連合国軍総司令部(GHQ)の意向に沿って日本国憲法が成立したために,「押しつけ憲法」論が強固に存在した。しかし近年では, 総司令部案(マッカーサー草案)起草過程で鈴木安蔵らの「憲法研究会案」(後述)を参照したことがラウエル文書等から明らかになっており(高柳他・制定過程I 27頁以下参照), 自由民権期の私擬憲法草案との関連なども検討されるようになってきた。自由民権運動に対するフランス人権宣言の影響や近代憲法原理の継受をめぐる憲法史的研究からも, 西欧の近代憲法を淵源とする日本憲法史の系譜を認めることができる(辻村・憲法19頁以下, 同『人権の普遍性と歴史性』創文社, 1992年, 229頁以下参照)。

　日本国憲法制定の経緯は, ①1945年8月のポツダム宣言の受諾から憲法問題調査委員会の改正草案起草過程, ②1946年2月の総司令部案(マッカーサー草案)作成から同年4月の憲法改正草案確定過程, ③1946年6月の帝国議会における帝国憲法改正案審議から日本国憲法採択・公布・施行に至る過程, の3段階に区別できる(年表と資料につき, 辻村編著『最新　憲法資料集——年表・史料・判例解説』信山社, 2018年〈以下, 辻村編・資料集〉2頁以下, 30頁以下参照)。

　①では, ポツダム宣言によって民主主義と基本的人権の尊重という指導原理が示され(10項),「右以外の日本国の選択は, 迅速且完全なる壊滅あるのみとす」(13項)として, 戦争終結のための最後通牒がつきつけられた。しかし日本政府は「国体(天皇制)の護持」を重視して8月14日まで受諾を引き延ばし, この間に同年8月6日・9日のヒロシマ・ナガサキへの原爆投下(1950年までの集計で各20万人・14万人死亡)による莫大な犠牲が生じた。その後, 終戦の詔書(8月15日), 東久邇宮内閣成立と総辞職, 幣原内閣成立の過程で, 連合国軍最高司令官マッカーサーによって憲法改正の必要が示唆され, 同年10月25日に憲法問題調査委員会が設置された。松本烝治国務大臣を委員長とする委員会は, 同年12月8日に, 大日本帝国憲法の骨格を維持した基本原則(松本四原則)を発表した。

　②1946年2月1日, 毎日新聞のスクープ記事が宮沢私案を憲法問題調査会試案として発表した。これをみたマッカーサーは同年2月3日に「マッカーサー・ノートにより三原則(天皇の元首化, 戦争の放棄, 封建制度の廃止)を提示し, 翌日から20名余の民政局員による新憲法草案作成作業が開始された。同年2月12日に総司令部案が確定され, 翌13日に日本政府に提示された。外務大臣公邸で総司令部案が日本側に手渡された際に, ホイットニーは,「〔日本〕政府は, それ〔総司令部案〕を最大限考慮し改正憲法作成のための新たな努力における指針として用いるよう勧告される」(憲資・総1号, 憲法調査会

「日本の新憲法」1956年，50-51頁）と述べたことが知られている。強制ではないことも付言されていたが，日本側は「革命的要求」であると驚愕し，閣議にも公表できなかった。政府は同月18日に総司令部に再説明書を提出したが，総司令部は「再考の余地は全然ない」として期限をつけて回答を迫り，21日に，幣原・マッカーサー会談が3時間にわたって行われた。閣議（2月22日，3月15日）では，「さらに何かもっと大きなものを失なうおそれがある」，「天子様を捨てるか，捨てぬかという事態に直面して‥やむなく」総司令部案に沿う方針を決定したことが，入江法制局次長談話として伝えられている（憲法調査会『憲法制定の経過に関する小委員会報告書』1964年，368頁，415-416頁参照）。この1946年2月・3月の過程が，日本政府に対する「押しつけ」として，問題とされることになった。確かに政府にとっては「押しつけ」の面は否定できないが，総司令部と政府側の双方は，極東委員会の活動開始（3月7日）の前に草案を完成させるため3月4日から徹夜で共同作業を行い，3月6日に天皇の勅語と首相談話を付して「憲法改正草案要綱」を確定したことは重要な事実である。そして，かな書きの口語体に改められた政府の「憲法改正草案」が4月17日に公表され，憲法改正という形式下での新憲法制定の準備作業が実質的に完了した。

③ 1946年5月16日に第90帝国議会が召集され，枢密院を6月8日に通過した憲法改正案が，「帝国憲法改正案」として帝国議会の衆議院に6月20日に提出された。衆議院では，憲法改正特別委員会小委員会や本会議での審議を経て8月24日に修正可決され，10月6日貴族院で修正可決，翌10月7日に衆議院で可決された。

衆議院での審議過程では，衆議院特別委員会の芦田均委員長の提案に沿って，主権の所在に関する前文と1条の「日本国民の至高の総意に基く」が「主権の存する日本国民の総意に基く」と修正され，国民主権原理が明確にされた（本書16頁）。9条1項の冒頭に「日本国民は，正義と秩序を基調とする国際平和を誠実に希求し」の語句が，2項の冒頭に「前項の目的を達するため」の語句が追加された（本書41頁）。また，第3章では，10条（国民の要件），17条（国家賠償請求権），40条（刑事補償請求権），30条（納税の義務）の規定が新設されたほか，25条の生存権の規定が，社会党の森戸辰男議員らの提案によって新設された。他方，貴族院の審議では，15条3項の普通選挙制の規定や，66条の「文民」規定，59条の両院協議会の規定などが追加された。その後1946年10月29日に憲法改正案が枢密院で採択され，11月3日に日本国憲法として公布されて1947年5月3日に施行された。

3 憲法制定についての対応
（1）政党および国民の対応

1945年末から翌年2月にかけて，政党の間で憲法諸草案が起草された。与党である日本自由党案（1946年1月21日発表）は，国家主権論を基礎に，天皇が統治権を総攬することとしており，日本進歩党案（1946年2月14日発表）は，天皇主権を基礎に天皇の統治権，緊急勅令権や戒厳大権を認め，臣民の権利保障を提示するなど，旧憲法の枠組み

序　論

にとどまっていた。野党である日本社会党案（1946年2月24日発表）は，権利保障の点では，社会権を確立するなど注目すべき条文を含んでいたが，国家主権を掲げており，天皇を含む国民共同体に主権があるとしていた。日本共産党案（日本人民共和国憲法草案，1945年11月11日骨子・1946年6月29日発表）は，諸政党のなかでは唯一，天皇制を廃止して共和制にし，人民主権の立場をとることを明確にしていた（辻村編・資料集31-41頁参照）。

そのほか，民間の憲法草案として，1945年12月27日発表の憲法研究会案「憲法草案要綱」がある。この草案は，「日本国ノ統治権ハ日本国民ヨリ発ス」として国民主権の立場を明らかにし，「天皇ハ国民ノ委任ニヨリ専ラ国家的儀式ヲ司ル」として妥協的に天皇制を存続させていた点で，総司令部案に類似していた。基本的人権の規定についても，社会権を保障し，財産権の公的制限に言及するなど現憲法に近い内容となっていた（辻村編・資料集31-33頁参照）。この憲法研究会案が民政局の起草チームに強い影響を与えたことは，そのメンバーのひとりであったマイロ・ラウエルのノートに，はっきりと記載されている（高柳他・制定過程Ⅰ27頁以下，Ⅱ18頁以下参照）。

他方，国民が，1946年4月17日に公表された「憲法改正草案」を好意的に受け入れたことは，当時の世論調査結果等に示される。同年5月27日に毎日新聞によって実施された（有識者対象の）調査結果では，象徴天皇制に賛成するものが85％，戦争放棄に賛成するものが70％であった（辻村編・資料集45頁参照）。また，天皇制廃止への賛成が11％にすぎなかった点からも，象徴天皇制と平和主義という新憲法の原理を大多数の国民が支持していたことが理解できる。

（2）憲法学界の対応

憲法学界では，憲法改正の限界や占領下での憲法制定の有効性など，さまざまな議論がおこった。日本国憲法制定の法理に関する学説は，無効説（A説）と有効説（B説）に分かれ，後者はさらに，大日本帝国憲法と日本国憲法との法的連続性を認める立場（B_1説・大日本帝国憲法改正説）と，これを認めない立場（B_2説・新憲法制定説）に分かれた。

憲法改正の限界についても，改正には内容上の限界があると解する憲法改正限界説と，限界はないと解する憲法改正無限界説の立場に分かれるため，上記A・B説と関連して複雑な理論状況になった。上記のB_1説にたって改正を認める場合，憲法改正無限界説の立場から大日本帝国憲法改正説を採用する場合は，天皇主権から国民主権への転換も改正の範囲内で行えることになる。これに対して，憲法改正限界説に立つ場合は主権原理の変更は限界を超えると解してB_2説をとるか，あるいは国体の変更はないと解してB_1説にとどまることも可能となる（樋口他・註解Ⅰ12頁〔樋口執筆〕）。日本の戦後初期の憲法学界では，「憲法制定権力（pouvoir constituant）」と区別された「憲法によって設けられた権力（pouvoir constitué）」にすぎない改正権がその根源を変更することはできないことから，改正限界説が妥当とされてきた（本書18頁，435頁）。とくに宮沢俊義の「八月革命説」（日本がポツダム宣言を受諾した時点で「八月革命」によって国民主権が成立し，国体が変革されたと解する見解）が支配的な地位を占めたことから，その後も，憲法

改正限界説に基礎を置く B$_2$ 説（新憲法制定説）が通説となった（宮沢俊義「日本国憲法生誕の法理」1955 年，同『憲法の原理』岩波書店，1967 年，375 頁以下所収，国体論争につき，本書 17 頁参照）。

4　日本国憲法の構造と基本原理

　日本国憲法は，前文と本文 11 章 103 ヵ条で構成される。憲法前文の前に付されている「上諭」は大日本帝国憲法 73 条による帝国議会の議決を経た旨を記載したもので，前文と異なって憲法の一部をなさず，法的効力のない前書きにすぎない（本書 9 頁）。

　日本国憲法の本文は，第 1 章天皇，第 2 章戦争の放棄，第 3 章国民の権利及び義務，第 4 章国会，第 5 章内閣，第 6 章司法，第 7 章財政，第 8 章地方自治，第 9 章改正，第 10 章最高法規，第 11 章補則からなる。戦争放棄に関する第 2 章を除いて，第 1 章から第 7 章までの配列は大日本帝国憲法と同様であるが，第 8 章（地方自治）と第 10 章（最高法規）が新設され，第 3 章では 11 条・97 条の基本的人権尊重の理念に従って，国民の権利・義務に関する豊富な規定がおかれている。前文で国民主権原理を掲げる日本国憲法の基本構造からすれば，本来は第 1 章の表題は「国民主権」とされるべきであったが，大日本帝国憲法の改正手続によったことなどの事情から，表題が「天皇」とされた（本書 15-16 頁）。

　日本国憲法は，その基本原理として国民主権，平和主義，基本的人権の尊重を掲げ，権力分立や法の支配の原則を採用することで，それが近代市民憲法の嫡流にあることを示している。さらに，国際協調主義を宣言し，違憲立法審査制を確立している点や，人権原理の基本として個人主義を掲げつつ社会権を保障している点など，現代立憲主義憲法の主要な特徴や原理をそなえた現代憲法である。

5　日本国憲法の運用――「解釈改憲」と「明文改憲」の動向

　1947 年 5 月 3 日に施行された後の 70 余年の間，憲法 96 条の憲法改正の発議は一度もなされず，「明文改憲」は実施されていない。（96 条の要件については本書第 9 章，433 頁以下参照）。両議院の総議員の 3 分の 2 を確保することが困難であったことも一因であるが，それ以上に，憲法の運用（憲法政治）において，政権担当者による「解釈改憲」（憲法改正と同等の効果を，憲法解釈によって行う政治手法）が繰り返されたことによる。とくに，憲法 9 条の戦争放棄規定の解釈改憲や，28 条の公務員労働者の労働基本権制約の経緯などは，その典型である（本書 41 頁以下，180 頁参照）。

　戦後の改憲論の経過は，（Ⅰ）1954 年から 56 年の吉田・鳩山内閣時代におこった（第一次）明文改憲論，（Ⅱ）1957 年に憲法調査会が発足し 64 年に報告書が提出されるまでの時期，（Ⅲ）1970 年の自民党憲法調査会の活動期，および 1982 年の自民党憲法調査会の中間報告を中心とする 1980 年代の（第二次）改憲論の時期，（Ⅳ）国際貢献論を背景におこった新たな 1990 年代（第三次）改憲論，（Ⅴ）両議院に憲法調査会が設置されて活動開始した 2000 年代（第四次）改憲論，（Ⅵ）2012 年 12 月の自民党政権復帰後の（第五次）

序　論

改憲論に区分することができよう（辻村編・資料集 50 頁-127 頁，渡辺治編『憲法改正問題資料（上）（下）』旬報社，2015 年参照）。

　（Ⅰ）1945 年から 50 年頃までは，象徴天皇制や平和主義などの基本原理が一般に受容されたが，他方で，戦争責任の回避という現象が認められる。1948 年には国家公務員法等が改正・整備され，争議権禁止が確立された。1950 年には朝鮮選挙が勃発して警察予備隊が設置され，1951 年のサンフランシスコ講和条約後，警察予備隊が保安隊に改称され，1954 年に自衛隊が発足した。この間に第一次改憲論が展開され，1957 年の憲法調査会発足につながった。

　（Ⅱ）1960 年代改憲論では，天皇の元首化や再軍備のための 9 条改正，個人主義的人権原理の見直しと家族制度の強化などが主要な内容を占めていた。憲法調査会最終報告書（1964 年 7 月 3 日）では改憲意見が多数を占めたが，賛否両論併記となった。護憲勢力が議会内の 3 分の 1 をこえたことで「明文改憲」は実現せず，政府与党は「解釈改憲」論へと方向を転換した。1960 年以降は日米安保問題が国民の関心事となったが，世論調査結果では，60 年安保について，「よかった」12％，「やむをえない」34％，「よくない」22％（1960 年 7 月の毎日新聞調査）という消極的支持傾向が認められた。

　（Ⅲ）1970 年代には高度経済成長を背景に現状肯定傾向が強まり，自衛隊も安保も憲法も容認する傾向が認められる。例えば，1970 年代末の調査では，「自衛隊が必要」という回答に 80％賛成，「憲法改正に反対」も 80％賛成という結果が得られた。この時期には，自民党憲法調査会報告書（「憲法改正大綱草案」1972 年 6 月 16 日）が提出され，天皇を国の代表とする規定，自衛力の保持と集団的安全保障機構，公共の福祉の強化等の明記等が提案された。

　高度成長を過ぎた 1980 年代にも，中曽根内閣のもとで，経済大国化に伴う防衛力の増強や第二次改憲論の展開が認められた。自民党憲法調査会は憲法全体にわたる改憲案を決定して報告書を提出し，中曽根首相が改憲論者を自認する改憲発言を行った（1982 年 12 月 13 日）。1980 年代末の世論調査では，「自衛隊の現状を肯定するもの」が 61％，「改憲に反対する」のも 60％，「安保を肯定する」のも 55％という結果（1988 年 10 月の朝日新聞調査）に示されるように，現状を肯定する傾向が進行した。

　（Ⅳ）1990 年代には，1991 年の湾岸戦争を契機とする国際貢献論の高まりと PKO 法の成立を背景に，マスコミなどを動員して新たな改憲論がおこった。1994 年 11 月 3 日には読売新聞紙上で「憲法改正試案」が発表され，9 条 2 項の廃止と「自衛のための組織」（自衛隊）の明文化が企図されていた。世論調査では，1991 年には「改憲賛成」が 33.3％，「改憲反対」が 51.1％であったが，1995 年には「賛成」50.4％，「反対」33.9％（いずれも読売新聞調査結果）となり，国際貢献論の影響が窺えた。

　（Ⅴ）2000 年代には，2000 年 1 月から両院の憲法調査会の活動が開始され，5 年後の 2005 年 4 月に衆議院憲法調査会報告書および参議院憲法調査会報告書が提出されたが，統一的な結論は提示されなかった。その後も，第二次小泉内閣と第一次安倍内閣のもとで，軍隊の保持を明記した 2005 年 11 月自由民主党「新憲法草案」の公表，2007 年 5 月

「日本国憲法改正手続に関する法律（国民投票法）」の制定が実現され，民主党政権下の2012年4月27日に自民党「日本国憲法改正草案」が公表された（辻村編・資料集119頁）。この草案では，現行の前文を削除して文化・伝統を強調する内容に変更し，9条2項を変更して9条の2として国防軍の規定を置いていた。その背景には，小泉内閣への高い支持率，テロリズムや「IS」（イスラム国）の脅威，3.11の東日本大震災等による国民の「安全への渇望」や危機管理論の高揚があった。世論調査でも，2000年には，憲法を「改正する方がよい」と答えた人が60％に上った（読売新聞2000年4月15日朝刊）が，その後の2009年8月の総選挙による「政権交代」，2011年3月11日の東日本大震災後には「明文改憲」論は影を潜めた。2011年5月3日の朝日新聞世論調査結果では，「憲法9条は変えない方がいい」は59％と過半数を占めたが，憲法全体から見ると，「改正の必要がある」は54％，「必要がない」が29％となった。

（Ⅵ）2012年12月総選挙による自民党の政権復帰後は，2014年7月の集団的自衛権容認閣議決定（従来の内閣法制局見解変更），2015年9月の安保法制採択によって，「解釈改憲」が局限に達した。他方で，2014年12月総選挙と2016年7月参議院選挙の結果，改憲支持政党が3分の2を超えた。さらに，2017年5月3日の安倍首相による具体的な改憲提案（9条への自衛隊の明記・教育無償化等と2020年オリンピック時の憲法改正の施行）や北朝鮮によるミサイルの脅威を背景に，同年10月22日総選挙での自民党大勝により，自民党憲法改正推進本部等を中心に「明文改憲」への歩みが一層促進されてきた。

しかし，2014年7月の閣議決定による集団的自衛権容認の解釈改憲の後は，憲法の「解釈改憲」や政府の96条改正論に対する国民の批判論が強まった。2015年の世論調査では，憲法を「変える必要はない」が48％で，「変える必要がある」43％をやや上回り，9条を「変えない方がよい」も63％なった（2015年5月1日朝日新聞朝刊参照）。2017年3月のNHKの世論調査でも，憲法改正については「必要」43％，「必要ない」34％である反面，9条の改正については，「必要」25％，「必要ない」57％であった（https://www3.nhk.or.jp/news/special/kenpou70/yoron2017.html）。

2017年5月の上記安倍首相の憲法改正発言に対しても，同月13・14日の朝日新聞社の世論調査では，改憲の「時期にはこだわるべきではない」52％，「改正する必要はない」26％，「2020年の施行をめざすべきだ」13％であり，9条に自衛隊の存在の明記を追加する必要については，「必要がある」41％，「必要はない」44％と拮抗した（http://www.asahi.com/articles/ASK5H4PPDK5HUZPS002.html）。

このように，日本国憲法の運用には様々な問題が含まれており，立憲主義の空洞化ともいえるような「解釈改憲」の在り方も，また，国民の意思を軽視して「政治の論理」で進められる「明文改憲」の試みも，ともに放置できない状態にある。

いまこそ，平和主義をはじめとする憲法の在り方を真摯に考え，日本国憲法の原理と運用の実態をもう一度見直して，今後の在り方を慎重に見極めることが必要である。

〔辻村みよ子〕

> **上諭**
> 朕は，日本国民の総意に基いて，新日本建設の礎が，定まるに至ったことを，深くよろこび，枢密顧問の諮詢（しじゅん）及び帝国憲法第73条による帝国議会の議決を経た帝国憲法の改正を裁可し，ここにこれを公布せしめる。
> 御名御璽
> 　昭和21年11月3日
> 　　内閣総理大臣兼外務大臣：吉田茂，国務大臣：男爵　幣原喜重郎，司法大臣：木村篤太郎，内務大臣：大村清一，文部大臣：田中耕太郎，農林大臣：和田博雄，国務大臣：斎藤隆夫，逓信大臣：一松定吉，商工大臣：星島二郎，厚生大臣：河合良成，国務大臣：植原悦二郎，運輸大臣：平塚常次郎，大蔵大臣：石橋湛山，国務大臣：金森徳次郎，国務大臣：膳桂之助

1　上諭の趣旨

日本国憲法は，大日本帝国憲法73条の改正手続により，帝国議会の議決を経て制定された。

大日本帝国憲法は「不磨ノ大典」（憲法発布勅語）と呼ばれ，憲法改正は請願の対象にならないことが定められていた（議院法67条）。条章の改正がある場合について，大日本帝国憲法73条1項は，「憲法ノ条項ヲ改正スル必要アルトキハ，勅命ヲ以テ議案ヲ帝国議会ノ議ニ付スヘシ」として，「勅令」による天皇の発案を定めていた。同条2項では，両議院（衆議院と貴族院）は各議院の総員の3分の2以上の出席で議事を開き，出席議員の3分の2以上の多数で改正を議決することとされた。さらに，枢密院官制6条に従って，枢密顧問の「諮詢」が必要とされ，これらを経た上で，天皇の「裁可」（承認）と「公布」によって改正が完成するとされた。公布について定めた1907年制定の「公式令」条1項では，憲法の改正は＜上諭＞を付して公布されると定められていた。

そこで，日本国憲法が大日本帝国憲法73条のもとで上記の諸手続通りに行われたことを天皇の名において（御名御璽を付して）明示したのが，この上諭である。

2　上諭の法的性格

日本国憲法の上諭は，憲法前文と異なり，（また，大日本帝国憲法に付されていた6項目の上記＜上諭＞が憲法の一部を構成すると解されたのと異なり），憲法の一部を構成するものではなく，単に，交付文（まえがき）としての意味しか持たない。（この点では本書の「前文」以下とは性格を異にするが，あくまで帝国憲法73条の手続による改正という「形式」が遵守されたことを確認するために，ここで取り上げておく）。

3　上諭の内容

「朕は…帝国議会の議決を経た帝国憲法の改正を裁可し，ここにこれを公布せしめる」として，天皇が日本国憲法の公布権者であることが示される。これにより，欽定憲法であった大日本帝国憲法の改正によって，日本国憲法が成立し，公布されたという形式が確認された。

同時に，「朕は，日本国民の総意に基いて，新日本建設の礎が定まるに至ったこと

を深くよろこび」と明記することで，日本国憲法自体が国民の総意で制定されたというメッセージが示された。憲法前文第1段（本書11頁参照）で，国民が憲法制定者であることを明示していることから，日本国憲法が民定憲法であることには疑問がないとしても，上記の上論の文言が，直接に民定憲法性の論拠になるかどうかは，必ずしも明らかではない。一方で欽定憲法である大日本帝国憲法の改正であると捉えつつ，他方で「日本国民の総意」に基づくと記したことは，形式と内容の矛盾を「それなりに反映している」（樋口他・註解Ⅰ12頁〔樋口陽一〕）からである。これは「緊張関係の端的な反映」（新基本法コメ・5頁〔赤坂正浩〕）であるといえるが，ここでは，新旧両憲法の形式上の連続性を強調しつつ，内容的には国民主権について曖昧な表現を用いて玉虫色の解決を図ったことが重要である。この曖昧さは，後述する帝国議会での審議や「国体論争」などにも示される（本書17頁以下参照）。

〔辻村みよ子〕

前　文

1　日本国民は，正当に選挙された国会における代表者を通じて行動し，われらとわれらの子孫のために，諸国民との協和による成果と，わが国全土にわたつて自由のもたらす恵沢を確保し，政府の行為によつて再び戦争の惨禍が起ることのないようにすることを決意し，ここに主権が国民に存することを宣言し，この憲法を確定する。そもそも国政は，国民の厳粛な信託によるものであつて，その権威は国民に由来し，その権力は国民の代表者がこれを行使し，その福利は国民がこれを享受する。これは人類普遍の原理であり，この憲法は，かかる原理に基くものである。われらは，これに反する一切の憲法，法令及び詔勅を排除する。

2　日本国民は，恒久の平和を念願し，人間相互の関係を支配する崇高な理想を深く自覚するのであつて，平和を愛する諸国民の公正と信義に信頼して，われらの安全と生存を保持しようと決意した。われらは，平和を維持し，専制と隷従，圧迫と偏狭を地上から永遠に除去しようと努めている国際社会において，名誉ある地位を占めたいと思ふ。われらは，全世界の国民が，ひとしく恐怖と欠乏から免かれ，平和のうちに生存する権利を有することを確認する。

3　われらは，いづれの国家も，自国のことのみに専念して他国を無視してはならないのであつて，政治道徳の法則は，普遍的なものであり，この法則に従うことは，自国の主権を維持し，他国と対等関係に立とうとする各国の責務であると信ずる。

4　日本国民は，国家の名誉にかけ，全力をあげてこの崇高な理想と目的を達成することを誓ふ。

1　前文の法的性格

　日本国憲法前文は，憲法制定の意義・目的や基本原理を宣言するものとして，重要な役割を有する。日本国憲法の前文は，(前記の「上諭」とは異なり) 憲法典の一部であり，法規範としての性格をもつ。したがって，前文の改正も憲法 96 条の手続に従う必要があり，前文も第 1 章以下の本文と同様に，すべての公権力を拘束する。

　諸外国の憲法でも，前文を付してこれに法規範の性格を与えることが一般的である。とくに資本主義型の近代立憲主義の憲法では，基本的人権の普遍性や国民主権・民主主義・権力分立等の基本原理を宣言するものが多い。(例えばフランス第 5 共和国憲法では，人権規範を前文で定めて，1789 年宣言，1946 年憲法前文等を憲法ブロックとして位置づけており，前文の意義は重大である)。他方，社会主義型の憲法や途上国の憲法では，独裁的権力者や政党の権力の正統性を強調するものが多い。

　日本国憲法では，普遍的原理としての民主主義や国民主権のほか，平和主義の理想を自覚的に全世界に発信することで「名誉ある地位」を占めることを宣言しており，比較憲法的にみても資本主義型の近代立憲主義の憲法に属することが示されている。

2　前文の趣旨・内容

　前文は，以下の 4 段からなる。

　(1)　第 1 段は，「日本国民は，…ここに主権が国民に存することを宣言し，この憲法を確定する」と述べて，主権者である国民こそが憲法制定権力の主体であること，したがってこの憲法が民定憲法であることを明らかにする。この点では，「上諭」が，天皇 (君主) を憲法制定権者とする大日本帝国憲法 (欽定憲法) の改正によって成立したものと述べていることと矛盾するようにみえる (本書 9-10 頁参照)。このため，憲法改正の限界や，天皇主権と国民主権の関係が問題となる (本書第 1 章総論，14 頁以下参照)。

　また，国民が憲法制定を決意した動機が「自由のもたらす恵沢」の確保と平和の達成にあることを明確にし，国政が国民の信託に基づくもので国民がその福利を享受するという，「人類普遍の原理」としての民主主義をその基本原理とすることを宣言している。

　すなわち，第 1 段では，国民主権の原理を宣明するとともに，国民が代表民主制の原理に従って行動することを明らかにする。とくに，代表民主制においては，国政の権威 (国家権力の淵源) は国民に由来し，国政は国民の信託によるもので，その福利は国民が享受するという原理を確認している。これは，リンカーンのゲッティスバーグ演説における「人民の，人民による，人民のための政治 (government of the people, by the people, for the people)」に通じるものである (本書 19 頁，第 4 章 237 頁も参照されたい)。

　(2)　第 2 段は，恒久平和を念願する日本国民が，「平和を愛する諸国民の公正と信義に信頼して，われらの安全と生存を保持しようと決意した」こと，そして「全世界の国民が，ひとしく恐怖と欠乏から免かれ，平和のうちに生存する権利を有すること」を確認し，そうすることで，国際社会で「名誉ある地位」を占めることを念願している。

　第 1 段で，憲法制定の動機として，「自由のもたらす恵沢を確保し，政府の行為に

よって再び戦争の惨禍が起ることのようにすることを決意」したと明示したのに続いて，第2段では，安全と生存を決意している。ここでは，平和的生存権が，世界の憲法のなかではじめて明確に規定されたことが特筆される（学説状況は，4参照）。また，国民主権の原理が国民の人権保障や平和主義と連結されている点が注目される。

（3）第3段は，自国のみに専念して他国を無視することなく，国際協調主義を旨とすることが「各国の責務」であることを指摘する。ここでは，国家主権の相互尊重主義が改めて確認されている。

（4）第4段では，上記をうけて，日本国民は国家の名誉にかけてこれらの「崇高な理想と目的を達成すること」を誓っている。

総じて，国民主権，民主主義，人権保障，平和主義，国際協調主義の諸原理を明確にし，目的達成の決意を高らかに謳っている点で，諸外国の憲法前文と比較しても，格調の高い内容であることが確認される。

3　前文の裁判規範性

裁判規範性とは，広義では，「裁判所が具体的な争訟を裁判する際に判断基準として用いることのできる法規範」，狭義には，「当該規定を直接根拠として裁判所に救済を求めることができる法規範」（芦部・憲法37-38頁）の性格を意味する。前文がこの性格を有するか否かについて，憲法学の従来の通説は，否定説をとってきた（伊藤・憲法59頁など）。しかし最近では肯定説が有力となっている。否定説の根拠は，（ⅰ）内容の抽象性，（ⅱ）裁判所で直接適用されるのは本文の各条文である，（ⅲ）各条文に欠缺はない，（ⅳ）本文にも裁判規範性がない規定もあることなどである。これに対して，肯定説では，①前文と本文の抽象性の違いは相対的である，②前文の理念・原則がすべて本文で具体化されているという理由では前文の裁判規範性を否定しえない，③比較憲法的にみてもフランス第五共和制憲法前文など裁判規範として機能するものがあることなどが根拠とされる（樋口他・注解Ⅰ 41-42頁〔樋口陽一〕）。

判例の立場は明瞭ではないが，否定説（ⅱ）を根拠に，直接適用ではなく憲法本文等の解釈準則として前文を援用するものと考えられる。ただし，最高裁判決にも前文を直接適用した例があることや，砂川事件最高裁判決（1959〈昭34〉12.16）でも解釈準則とされることなどから，肯定説の立場から説明する見解も多い（野中他・憲法Ⅰ 71頁〔高見勝利〕参照）。

日本国憲法の前文では，国民主権や民主主義，平和主義や国際協調主義など憲法の基本原則を定めていること，およびその内容の重要性からしても，その裁判規範性を否定することは困難であろう。

4　平和的生存権の裁判規範性

前文の裁判規範性の問題は，従来から前文第2段で定められた平和的生存権の法的権利性と裁判規範性をめぐって議論されてきた。

平和的生存権の法的権利性については，積極説も有力になったとはいえ，なお消極説が多数といえる（佐藤功・註釈（上）28頁など。芦部・憲法38頁でも理念的権利と説明され，消極説である。具体的権利性の肯定説と否定説の区別においても，否定説が多数とされる（新基本法コメ・12頁〔赤坂正浩〕）。

平和的生存権の裁判規範性についても，否定説と肯定説に分かれ，後者も，国民全体に原告適格を認める立場と限定的に捉える立場に分かれる。判例も（長沼訴訟一審判決や自衛隊イラク派兵違憲訴訟控訴審判決等が裁判規範性と原告適格を認めた以外は），長沼訴訟二審，百里基地訴訟上告審判決などは裁判規範性を認めなかった。

しかし，イラク派兵違憲訴訟控訴審判決（名古屋高判 2008〈平 20〉4.17）も指摘するように，「抽象的概念であること」をもってこれを否定しえない以上，裁判規範性を認めることが妥当であり，具体的権利性を認めることも可能であろう。同判決では，「法規範性を有するというべき憲法前文が…『平和のうちに生存する権利』を明言している上に，憲法 9 条が…客観的制度として戦争放棄や戦力不保持を規定し，さらに，人格権を規定する憲法 13 条をはじめ，憲法第 3 章が個別的な基本的人権を規定していることからすれば，平和的生存権は，憲法上の法的な権利として認められるべきである」と述べて注目された。

近年の学説・判例では，前文の裁判規範性が承認される傾向にあり，内容が抽象的であることを理由に前文や平和的生存の裁判規範性を否定することは困難となっている（野中他・憲法 I 70 頁〔高見勝利〕）では「憲法前文の裁判規範性は，前文の法規範そのものが，具体的争訟において，裁判所が準拠し，裁判の基準となしうるほどに明確なものといえるかどうかによって判断すべき」とする）。

憲法史的意義を重視して，前文で，平和主義と平和的生存権が強調されたことの意義を再確認すべきであろう。実際に，第二次世界大戦の加害と敗戦による被害（とくに，ポツダム宣言受諾が遅れる間に被ったヒロシマ，ナガサキ，シベリア抑留の悲劇等）が憲法制定の背景にあることからすれば，前文の持つ歴史的意義を軽視すべきではない。この点では，戦後の改憲論のなかで前文の改正が絶えず議論され，2012 年の自民党改憲草案では，現行憲法の前文がすべて削除されて，日本の文化と伝統を重視した内容に書き換えられていることを看過することはできないであろう（本書 7 頁，辻村編・資料集 119 頁参照）。基本原理の改定は，通説としての改正限界説の「限界」を超える疑いが強い点でも，今後の憲法改正論の行方が注目される。

〔辻村みよ子〕

第1章　天　皇　　[総論]

1　第1章の意義——国民主権下の象徴天皇制

　第1章は，「象徴」としての天皇の地位と権能，国事行為等に関する全8か条からなる。
　大日本帝国憲法では「大日本国ハ万世一系ノ天皇之ヲ統治ス」（第1条）と定められていわゆる「神権天皇制」と「天皇主権」が採用されていたのに対して，日本国憲法では「象徴天皇制」が定められ，天皇の地位は「主権の存する日本国民の総意に基く」（第1条）として「国民主権」が規定された。
　このような変更がもたらされた憲法史的意義については，既に日本国憲法制定過程について検討したとおりである（本書序論2頁以下参照）。特殊日本的な過程であったといえるが，日本国憲法で象徴天皇制を採用した意義について下記の4点が指摘できる。
　第1に，天皇主権から国民主権に転換したことから，天皇の地位が主権者である国民の総意に基づくことになった。大日本帝国憲法では，「朕カ阻宗ニ承クルノ大権ニ依リ」（憲法発布勅語）等とされるように，国家の大権（主権）が，神勅（神の意思）によって「万世一系の天皇」にあることが定められており，神権主義（王権神授説）に基づいていた。さらに立法権のほか行政権，執行権，司法権，陸海軍の統帥権等が天皇に帰属することが定められ，天皇主権主義が採用されていた。これに対して日本国憲法では，権力の源泉が国民に由来する国民主権主義が採用され，天皇制の改廃自体も憲法改正手続のもとで主権者国民の意思によって決定できるようになった。
　第2に，天皇の地位が，「主権者としての地位」から「象徴としての地位」へと変化し，天皇の象徴権限の行使が主権者の意思に従属することになった。さらに，天皇は，政治的権力を行使できず，政治的表現をはじめ多くの権利が制約されている。
　第3に，大日本帝国憲法では皇室典範が憲法とは別の法体系に位置づけられて国法二元主義が採用されていた（大日本帝国憲法74条では，皇室典範の改正は帝国議会の議決を要しないことが定められていた）。これに対して，日本国憲法では，皇室典範が憲法体系のもとにおかれ，一元主義に転換した。これにより，一般法の法改正手続で皇室典範を改正することが可能となり，皇室自律主義も否定されることになった。
　第4に，天皇大権が否定され，内閣の責任政治が確立された。これにより，天皇の権限を内閣の監督責任のもとにおくことで，立憲主義を完全なものにすることができるようになった。

2　第1章のタイトルおよび主権規定
(1) 第1章「天皇」

　大日本帝国憲法の第1章のタイトルは「天皇」であった。同憲法73条による改正手続に従って帝国憲法改正案が作成されたことから，1946年2月13日の総司令部案，同年

第1章　天　皇

　3月6日の「憲法改正草案要綱」，4月17日の「憲法改正草案」，6月20日議会提出時の「帝国憲法改正案」のいずれも，第1章のタイトルは「天皇」とされてきた。
　これに対して，同年11月3日に公布された日本国憲法では，前文で国民主権を宣言し，第1条で「主権の存する国民の総意」という表現で国民主権を明確にした。このことからすれば，諸外国憲法の一般的表現にならえば，第1章のタイトルは「主権」もしくは「国民主権」とされるべきだったといえる。しかし実際には，旧憲法との法的継続性を重視した当時の政府が「国体護持」の観点から憲法改正手続を進めたことから，「天皇」のタイトルが維持された。何より，国民主権原理が明確な言葉で表明されたのは，帝国議会の審議中のことであり，これをタイトルに掲げる時間的・内容的余地はなかったといえる。

（2）「主権」の訳出

　総司令部案では，前文で「do proclaim the sovereignty of the people's will」（「主権が国民の意思に存することを宣言する」高柳他・制定過程Ⅰ266-267頁・訳），第1条では「deriving his position from the sovereign will of People」（「この地位は，主権の存する国民の総意に基く」同268-269頁・訳）となっていた。ところが，日本政府の訳による改正草案（1946年6月20日の衆議院提出案等）では，前文の上記箇所は，「国民の総意が至高なものであることを宣言し」，第1条の the sovereign will of People は「この地位は，国民の至高の総意に基く」と訳されて，「主権（sovereignty）」の語が訳出されていなかった（「3月2日案」以降では「至高」と訳出。辻村編・資料集42頁参照）。
　しかし，衆議院本会議の席上，日本社会党片山哲議員らが主権の所在を問い正したことから主権論議が展開された（同年6月21日，清水伸・審議録203頁以下参照）。芦田委員会の同年7月2日以降の審議および入江・ケーディス会談等を経て，現行の表現に修正され，同年8月24日の衆議院本会議で，修正案（現行規定）が報告された（官報号外同年8月25日，速記録495頁以下参照）。
　第1条の修正理由として「何れの国の憲法に於いても，主権がどこに在るかを明らかにすることは古き慣例として採用せられて居る」ことなどが指摘されていた（清水伸・審議録223-224頁）。貴族院では，佐々木惣一議員が主権概念の多義性・不明確性を指摘してこれを批判し（同232-235頁），高柳賢三委員がイギリス的な立憲君主制の憲法であると解釈したことが知られている（同237-244頁参照）。
　さらに1946年6月20日に提出され25日から審議された「帝国憲法改正案」のなかでは，「日本国憲法」という表題が付されていた。ここでは，国名自体が大日本帝国から日本国に改められており，「日本国民」の概念についても，金森徳次郎国務大臣によって，天皇を含む国民全体であると回答されていた（国立国会図書館佐藤達夫文書130，清水伸・審議録161頁以下参照）。このように，日本国の国名や主権の所在という最も重要な問題が帝国憲法改正過程で確定されたことから，両憲法の連続性について曖昧な点が残り，「国体論争」が展開された。

3 日本国憲法制定と「国体論争」

「国体」とは、一般には国家体制を示すが、大日本帝国憲法下では、万世一系の天皇が統治権を総攬するという天皇主権に基づく体制を意味していた。1912年の「国体論争」当時の学説は、正統学派と呼ばれた穂積八束や上杉慎吉の天皇主権説と、立憲学派と呼ばれた美濃部達吉の天皇機関説が対立していた（樋口他・註解Ⅰ50頁参照）。これに対して、日本国憲法の制定過程では、日本政府は天皇制の処遇と「国体」護持を最も重視した。そのため、日本国憲法で国民主権と象徴天皇制が導入された際に、「国体」に変更が生じたかどうかが問題となった。

帝国議会では、金森国務大臣が、「建国の体」としての国体とは「天皇を憧れの中心として、心の繋がりを持って結合して居る国家」であるとする、いわゆる「憧れの中心」説によって「国体」は変革していないと説明した（1946年7月9日衆議院委員会答弁、清水伸・審議録827頁、871頁参照）。

このような精神的・倫理的な結合関係を重視した国体概念を前提とすれば、天皇が国民の精神的な支柱であるような国家の姿（国体）は変更されていないことになり、また、法的意味における国体概念を前提とすれば、天皇主権から国民主権の変化は「国体」の変更にほかならないことになる。

この問題をめぐる主要な論争が、①憲法学者佐々木惣一と哲学者和辻哲郎との間の「佐々木・和辻論争」と、②憲法学者宮沢俊義と法哲学者尾高朝雄との間の「宮沢・尾高論争」である（辻村・憲法39-40頁参照）。

①では、佐々木は、天皇が統治権の総攬者でなくなったのであるから国体は変更したといい、和辻は、「国民の統一を天皇が象徴するとすれば、主権を象徴するものもほかならぬ天皇」と考えて国体に根本的な変更はないことを論じた。この論争は国体概念の捉え方の相違から生じていたが、憲法理論的には、法的概念としての国体を問題とした佐々木説に説得力が認められた。

②では、尾高は、最高の権威をもつものを主権と呼ぶならば、「主権はノモスにあるというべきである」として、「矩（のり）」（正しい法の理念や正しい筋途）に主権の本質を求めた（ノモス主権論）。ノモスを最高の政治原理とする点では天皇の統治も国民主権も同じであるとして両者の調和的把握を説いて宮沢を批判した。これに対して、宮沢は、主権主体を具体的人間に求め、主権とは「国家の政治のあり方を最終的にきめる力」または「権力ないし権威」、「国家における最高の意志」であると定義した。宮沢は、天皇主権から国民主権への変化は国家組織の根本性格の変化であり、ノモス主権論が、天皇制の致命的な傷を包む「ホウタイの役割」を果たしうるという政治的機能を批判した（宮沢「国民主権と天皇制についてのおぼえがき」1948年、同『憲法の原理』岩波書店、1967年、281頁以下所収）。

宮沢・尾高論争は、主権ないし国体の概念について異なる次元にたっていたため平行線をたどったが、憲法学界では宮沢説が通説の地位を占めたと解されてきた（論争の詳細は、杉原『国民主権と国民代表制』10頁以下、野中他・憲法Ⅰ85頁以下〔高橋和之〕、高

第1章 天 皇

見・後掲『宮沢俊義の憲法学史的研究』339頁以下参照)。

4 憲法改正の限界問題

　宮沢説は,「憲法改正限界説」の立場から,天皇主権から国民主権への変更は憲法改正の限界を超えると考えた。この説は,権力の段階構造や人権の根本規範性を根拠とする(芦部・憲法397-398頁)。これに対して「憲法改正無限界説」は,法実証主義の立場から憲法改正権を重視し,大日本帝国憲法から日本国憲法への変更も「改正」として(基本原理の断絶を認めることなく)連続性を容認できると解した(本書4頁,435頁参照)。

　諸外国では(フランスなど憲法制定権力を重視する国では)無限界説が通説となっている国もあるが,日本の学説では限界説が通説である。ただ,この場合にも,憲法改正限界の具体的内容については,別途検討を要する(ドイツやフランスのように憲法上に改正禁止規定が存在しない以上,憲法の基本原理の改正が可能か否かという問題が残る)。通説では,国民主権,基本的人権保障,平和主義という基本原理は廃止ないし侵害できないとされるが,許容の限界や司法審査の可否などの理論的課題が残存している(本書4頁,新基本法コメ504頁以下〔工藤達朗〕,本書第9章436頁以下〔愛敬浩二〕参照)。とくに平和主義については,9条2項は改正可能とする見解が多数といえる(芦部・憲法398頁参照)。

5 主権論の展開

　宮沢説を中心とする戦後第一期の主権論には,①「イデオロギー批判」の手法の採用,②天皇主権と国民主権との断絶の確認,③国の政治のあり方を最終的に決める「権力あるいは権威」という主権の定義(建前ないし正当〔統〕性の側面の承認),などの特徴が認められる(辻村・憲法41頁以下参照)。

　戦後第二期ともいえる1970年代には,1970年日本公法学会報告を契機として,フランスの主権論に依拠して「国民(ナシオン)主権」・「人民(プープル)主権」の区別を前提にした「70年代主権論争」(樋口・杉原論争)が展開された。

　杉原説は,主権を「国家権力それ自体を意味するもの」と捉え,主権原理は「国家権力の国内における法的帰属を指示する憲法原理」であるとしてフランスの「人民(プープル)主権」に適合的な解釈を展開した(杉原『国民主権と国民代表制』59頁以下参照)。樋口説は,杉原説と異なり主権を「権力の正当性の所在の問題」として捉え,国民主権の建前が定着した段階では主権の出番を抑制するとした(樋口『近代立憲主義と現代国家』287頁以下,同・後掲『近代憲法学にとっての論理と価値』第2章参照)。両説の相違点は多いが,「人民」の定義に由来する誤解等を除けば,ほぼ同一の結論に至ることが指摘される(辻村・選挙権12頁以下参照)。

6 国民主権の意味
(1)「主権」の意味

「主権 (sovereignty, souveraineté, Souveränität)」の語は，16世紀のジャン・ボダン以降理論化された歴史的で多義的な概念である。一般には，(ⅰ) 国家権力そのもの（統治権），(ⅱ) 国家権力の最高・独立性，(ⅲ) 国政についての最高の決定権，という3つの用法が区別される。第一の用法（ポツダム宣言8項等）は，立法権・行政権・司法権などの統治権を総称する観念である（芦部・憲法学Ⅰ220頁以下参照）。第二の用法（憲法前文第3段等）は，主権の最高独立性を意味する用法であり，対外的な独立性に重点をおいて用いられる。第三の用法（憲法前文第1段や1条）は，「国家における主権」の問題として主権の対内的側面に注目する場合の用法である。

憲法学界の通説的見解は，第三の意味で，主権を「国の政治のあり方を最終的に決める力または権威」（本書17頁，芦部・憲法学Ⅰ221頁）のように解してきた。しかし，主権は国家権力（実力）そのものなのか，「権威」（正当〔統〕性ないし建前）なのかという点など曖昧な点が残り，主権の帰属の意味や主体について明確にすることが必要となった。

(2)「国民」の意味と主権の「帰属」
1）国民の意味

国民主権における「国民」（主権主体）の理解について，日本の戦後憲法学では，「日本人の全体」として捉える「全国民主体説（A）」（宮沢説等）と，「有権者の総体（選挙人団）」と捉える「有権者主体説（B）」（美濃部説，清宮説等）が対立してきた。現在でもA型が通説といえるが，後述の主権の帰属との関係で，政治的意思決定能力者と解するB型（国法上の「有権者」とするB_1型とフランスの「人民（プープル）主権」を前提に市民の総体としての「人民」と解するB_2型）が重要な意味を持つ。

2）主権の帰属の意味

主権が「国民」に帰属するという場合，前述の杉原説が権力の実体の帰属として権力的契機（X型）で理解したのに対して，樋口説では，主権原理はあくまで「権力の正当性の所在」を示す原理（建前＝到達目標にすぎないもの）として正当〔統〕性の契機（Y型）で論じられた。（ここでは主権を憲法制定権力として捉え，憲法に取り込まれた際に「主権＝憲法制定権力」は憲法制定権と憲法改正権に概念上分離され，前者は「永久に凍結された」と理解された）。

こうして，主権の帰属について，権力の正当〔統〕性・権威の帰属と解するY型を区別することが可能となり，「国民」についてのA型（全国民）とB型（有権者B_1型もしくは政治的意思決定能力者としての人民B_2型）という分類との組みあわせによって，国民主権の理解について，AX型・AY型・BX型・BY型の4つの類型が成立しうる。これらのうち，従来の通説的見解がおもにAY型（権力の正当性が全国民に帰属すると解する立場）であったが，B_2X型（権力の実体が人民に帰属すると解する立場）から批判が展開された。

第1章　天　皇

3）折衷説の通説化

その後，AY型とBX型の両者の併存を認める折衷的な説明が芦部説によって有力に展開された。ここでは「主権の保持者が『全国民』であるかぎりにおいて，主権は権力の正当性の究極の根拠を示す原理であるが，同時にその原理には，国民自身――実際には『有権者の総体』――が主権の最終的な行使者（具体的には憲法改正の決定権者）だという権力的契機が不可分の形で結合している」と説明された（芦部・憲法学I 243頁，芦部・憲法42頁以下では「併存」）。

たしかに，国民主権には憲法制定権力の正当性を示す側面と，実定法上の統治権を示す側面の両者があるため，上記の折衷的理解はそれ自体妥当であるといえる。しかし「両者を混同しないように峻別することこそが重要」であり（野中他・憲法I 90頁〔高橋和之〕），「融合」や「結合」等の表現が混乱を招いたほか，憲法解釈論上も，代表制との関係や権力的契機を憲法改正場面に限る点など，なお課題を残した。（辻村・選挙権18頁以下，辻村・憲法44頁，347頁参照）。

(3)「人民主権」説の意義と課題

従来の通説（AY型）によって，国民主権原理を，日本国籍をもつ全国民に主権が帰属する原理と捉える場合には，（本来意思決定能力をもたない幼児などもこれに含まれるため），主権者がみずから主権（権力）を行使することは不可能となる。「国民が政治の主人公である」という民主政治の命題は建前にすぎないことになり，民主的な決定権を主権者に帰属させることができなくなる。そこで，実際に主権を行使できる政治的意思決定能力者（選挙権者）を主権主体と解し，可能な限り主権者の直接的意思決定を求める「人民主権」説（上記B_2X型）が主張された。

この説は，日本国憲法が，公務員の選定・罷免権を定める15条1項や国民投票・住民投票等を定める96条・95条など，フランス憲法理論上の「半直接制」や「人民（プープル）主権」に適合的な規定をおいていることを重視して，これを「人民主権」として捉えるものである。さらに近年では，国民主権原理を活性化・現実化することをめざすための解釈論として，人民を構成する主権者個人としての市民の位置づけに着目して「市民主権」論が提示されている（辻村・憲法45頁，辻村・選挙権35頁以下参照）。

〔辻村みよ子〕

第1条　天皇は，日本国の象徴であり日本国民統合の象徴であつて，この地位は，主権の存する日本国民の総意に基く。

1　1条の趣旨　象徴天皇制の意義

第1条は，①天皇の地位が，日本国と国民統合の象徴であること，および，②象徴としての天皇の地位が主権者である国民の総意に基づくことを明示する。国民主権の意義及び主権論の展開については，すでに総論（本書18-19頁）で検討したため，以下では，象徴天皇制に関する論点を中心に

検討する。

(1) 天皇の地位

1) 天皇の性格と象徴としての地位

天皇という言葉には，憲法上の機関（象徴職）名をさす場合と，その機関につく個人をさす場合がある。憲法1条が「日本国の象徴であり日本国民統合の象徴」とするのは前者であり，天皇の憲法上の地位が象徴（職）にあることは疑いがない。

後者の天皇についても，大日本帝国憲法下では，天皇は神聖不可侵の存在であり，その地位も神勅（天照大神の意思）によるものとされるなど，神格性が前提とされていた。しかし，1946年1月1日の天皇の人間宣言によって神格性が否定された。

2) 象徴の意味　象徴の語には，社会的意味と法的意味の両面がある。まず，社会的意味において，象徴とは，本来，抽象的・精神的・無形的なものを表す具体的・物質的・有形的なものを意味する。例えば，鳩が平和の象徴であるという場合がそれである。ここで「日本国と日本国民統合の象徴」という場合も，国民の多くが天皇をとおして日本国や日本国民の統合体，アイデンティティを得られればよいという程度の意味しかない。

しかし，法的には，天皇が象徴であることによって一定の法的効果が導かれることになることから，重要な意味を持つことになる。とくに象徴である天皇と象徴される国民統合との関係について，憲法論上重要な意味が含まれる。この点では，(A) あくまで天皇を国民統合の中心として捉え，国民の「憧れの中心」である（国民は天皇を中心に統合されている）と解する見解と，(B) 国民の統合は，平等な個々人相互間の結合によって成立しており，そうして成立した国民統合の象徴であると解する見解が区別される。憲法制定過程で金森国務大臣が天皇を国民の「憧れの中心」としたのは(A)の立場と考えられる（本書17頁参照）が，憲法の国民主権や人権の原則をふまえる場合には，(B)と解することが妥当となろう。

3) 象徴天皇制の性格　確認説と創設説

法的意味においては，象徴天皇制は，その性格に関しても重要な意味をもつことになる。これについては，(a) 憲法1条は，天皇が旧憲法下から継続して象徴の性格をもったことを確認する規定と解する見解（確認説）と，(b) 旧憲法とはまったく異なる新たな象徴天皇制を創設したと解する見解（創設説）が存在する。

前者(a)の見解は，その前提として，本来は天皇の地位には，国家の統治権者の側面と象徴としての性格が併存していると解されるが，日本国憲法では，4条で「天皇は，政治的権能を有しない」とされた結果，前者の側面が失われて，後者の省庁の側面だけが残ったと解する（宮沢・コメ51頁，芦部・憲法46頁）。しかし，この見解では，大日本帝国憲法下の天皇と日本国憲法下の天皇との関係が，連続的に捉えられていることが批判される。

そこで，旧憲法下の天皇主権から，日本国憲法の国民主権への転換を，「断絶」と捉えて重視する立場からは，(b)の創設説が主張されることになる。この立場では，(a)説のように，旧憲法下の象徴の側面が日本国憲法下の象徴の側面に引きつがれたと解することはできず，君主制のもとでの君主の象徴性とは異なることが重視される。また，旧憲法下の天皇が持っていた元首の性格も，日本国憲法4条で政治的権能が否

第1章　天皇

定された結果，現憲法では失われたと解すべきである（野中他・憲法Ⅰ 102頁〔高橋和之〕参照）。

4）象徴の法的意味と法的効果　上記のように旧憲法下の天皇との断絶を重視して捉える場合には，象徴天皇制の法的意味も一層明確になる。

従来の学説には，象徴の法的意味自体を否定する見解（無意味説）も存在したが，国民主権下の象徴天皇制の意義からすれば，法的意味を肯定する通説（有意味説）が妥当となる。すなわち，日本国憲法が天皇を象徴としたことは次のような一定の法的意味や法的効果をもつと解される。

それは，象徴の法的意味に由来して，①天皇が政治的権力をもってはならないことを含意する。このような象徴職の政治的中立性から，②参政権や政治的表現の自由など一定の権利を制約されることになる。また，③天皇は憲法上の国事行為について政治責任を問われないことが帰結される。④象徴の法的効果として，天皇は君主の地位や元首の地位を否定されていることを意味する。この点は，君主や元首の定義にも関連して議論がある。

（2）君主・元首との関係

一般に，君主とは，世襲の機関で統治権の重要な部分，少なくとも行政権を現実に行使する機関を意味するため，統治権をもたない天皇は君主ではない。（世襲の独任機関で統治権を行使するものという定義が維持される限り天皇は君主ではないが，実際にはイギリスのように君主の統治権は名目化しているため，実質的な区別が困難な側面も生じている）。

また，元首（head of the state, chef d'Etat）の言葉も，君主と同様，定義が必ずしも一定していない。一般に，対内的には行政府の首長として国政を統轄し，対外的には国家を代表する地位にあるものが元首と呼ばれるため，この定義によれば，政治的権力をもたない天皇は元首ではない（このように，行政権の長として先進国首脳会議などに出席する首脳の意味であるとすれば，日本の元首は天皇ではなく内閣総理大臣である）。

他方，天皇には，名目的であれ，対外的に日本を代表する地位を憲法によって与えられているため，外交上は天皇が元首として扱われることが慣行となっている。ただし，対外的に日本を代表する国事行為が天皇に認められていても，実際の大使・公使の信任状発行など，外交権限をもつのは内閣であるため，この点でも，元首は天皇ではない。

いずれにしても，天皇は君主か，元首か，という議論は，「憲法学上は無意味な議論」（野中他・憲法Ⅰ 110頁〔高橋和之〕），ないし，「さして重要なものではない」（長谷部・憲法74頁）と解されており，憲法学理論上の問題と，（天皇の政治的利用等の発想から）一般に論じられている政治的議論とを区別しておくことが必要である。

2　皇位の基礎・淵源
（1）象徴天皇の地位の基礎

憲法1条では，「この地位は，主権の存する日本国民の総意に基く。」と明記され，国民主権原理に立脚して象徴天皇制が確立された。象徴としての天皇の地位が国民の総意に基づくことから，前述のとおり（本書15頁参照），国民の意思によって，天皇制を改廃すること自体も可能になり，「天皇制は，絶対的なもの，不可変的なもので

はなく，国民の総意により可変的なものになった」ことが指摘される（芦部・憲法44頁，国民主権の意味・内容については，本書19-20参照）。

（2）「日本国民の総意」の意味

帝国議会の審議では，金森国務大臣は，「日本国民」とは，天皇も含む国民全体のことであると繰り返し答弁しており，天皇個人のみならず象徴職を担う天皇も同様に含まれると解していた（清水伸・審議録165頁以下）。これに対して，憲法学説では，主権主体が天皇から国民に変わった点を重視して，天皇および（天皇に連なる）皇族も，「主権の存する日本国民」からは除外されると解されてきた（樋口他・注解Ⅰ59頁〔樋口陽一〕，新基本法コメ17頁〔芹沢斉〕参照）。

3　象徴としての行為

憲法4条では，「天皇は，この憲法の定める国事に関する行為のみを行ひ」と規定して，天皇の行為を憲法上の国事行為（本書28頁）に限定している。しかし実際には，国事行為以外にも，天皇は，地方巡幸，国会開会式での「お言葉」，外国国王戴冠式への列席などの公的行為を行っている。(A) 国事行為を限定的に捉える従来の通説（二分説）（杉原・憲法Ⅱ496頁，浦部・教室531頁等）からすればこれらの行為の位置づけが問題になる。

例えば，天皇が開会式に参列して挨拶し，「内奏」で発言する行為が，国事行為以外の公的行為であるか否か，また，憲法上許容されるものであるか否かが問題となった。初期の政府解釈は，天皇の行為を国事行為と私的行為とに区別したうえで，後者のなかに「宮内庁職員が手助けする公的な行為」が含まれるというものであった。

やがて，学説のなかに，天皇の行為について，（国事行為と私的行為以外の）いわば「象徴としての行為（象徴行為）」という第三の類型を認める (B$_1$) 象徴行為説（三分説）が出現した。この見解は，象徴としての天皇と国家機関としての天皇とを区別することを前提とするが，これに対して，象徴規定から公的行為を導くのではなく，公人としての地位から公的行為を認める (B$_2$) 公人的行為説も主張された。しかし，これらの見解は憲法が国事行為のみを認めたことからして疑問があるため，学説では，(C) 国事行為に関連の深い行為だけを準国事行為とする見解（樋口他・注解Ⅰ122頁，67頁〔樋口陽一〕）が加わった。

今日では多くの公的行為が行われていることから，上記 B$_1$ の象徴行為説が通説的見解となっているように見える。ただし，理論的には，憲法の原則からすれば二分説が妥当であることはかわらないため，多様な公的行為に対する内閣のコントロールをいかに確保するかが課題となろう。例えば，地方巡幸（被災地慰問など）や外国元首への親電，外国元首戴冠式への出席なども，憲法の制約からすれば，法的には，私的行為と解しても問題はないよう思われる（私的行為についても財政面でのコントロールがありうる）。

ほかに解釈論としては，内閣のコントロールを要するという側面から，国事行為の範囲内に位置づけること，例えば，憲法7条10号の「儀式を行ふこと」に「お言葉」を含める国事行為説も存在する（宮沢・コメ142頁，野中他・憲法Ⅰ142頁〔高橋和之〕）。

4 天皇に関連する刑罰・制度
（1）不 敬 罪

旧憲法下では，その神勅天皇制のもとで旧刑法に「皇室に対する罪」が規定され，天皇や皇族に対して危害を加えたり不敬の行為をしたものを厳しく罰していた。その保護法益は，天皇制を基調とする国家体制そのものであった。そこでポツダム宣言受諾によってこの体制が崩壊した以上，不敬罪の規定も失効したと考えられ，メーデー事件でこのことが問題になった（1946年5月の「食糧メーデー」の際，「詔書（ヒロヒト曰く）国体はゴジされたぞ　朕はタラフク食ってるぞ　ナンジ人民　飢えて死ねギョメイギョジ」というプラカードをもって行進したため不敬罪で起訴されたのがメーデー事件である。1946年11月2日の東京地裁判決は，ポツダム宣言受諾により天皇の特殊な地位は完全に変革したため不敬罪は適用できないとし，名誉毀損罪を適用して懲役8月を宣告した。しかし新憲法公布後，不敬罪について大赦令が出されたため，検察側は大赦後は免訴にすべきとして控訴したところ，控訴審判決（東京高判1947〈昭22〉6.28）は，不敬罪はなお存続していると解したうえで大赦の効力を認め免訴とした。最高裁判決は，実体審理に入らず免訴を支持して上告を棄却した（最大判1948〈昭23〉5.26刑集2巻6号529頁）。（その後，1947年10月の刑法改正で不敬罪は廃止されたが，ポツダム宣言受諾によって失効していたと解すべき事例であった）。

（2）天皇コラージュ事件

昭和天皇の肖像に関して，天皇のプライバシーの権利や肖像権がはじめて問題になった事件であるが，その発端はコラージュ作品が天皇への不敬，不忠に当たるという批判であった（富山県立近代美術館が天皇コラージュ連作版画4点を所蔵していたところ，天皇に対する不敬を主張する団体の圧力によって7年間非公開にしたうえ売却したことに対して，作者と住民が提訴した。一審・控訴審とも「天皇についてはプライバシーの権利や肖像権の保障は制約を受ける」ことを認め，控訴審では県立美術館長らに広範な裁量を認めた）（名古屋高金沢支判2000〈平12〉2.16判時1726号111頁）。最高裁も原告らの上告を棄却して，美術館館長の裁量を広く認めた控訴審判決が確定した（最二決2000〈平12〉10.27）。しかし，表現の自由，「知る権利」との関係では問題も残った。

（3）元号制と君が代・日の丸

1）元号制　元号（年号）は年についての呼称であり，中国の制度に由来する。中国で漢の武帝が元号制を定めて以来の制度が日本にも伝播し，日本では645年に大化と号したのが最初とされる。明治以降一世一元制が採用されたが，日本国憲法下で制定された皇室典範には元号に関する規定がないため，法的根拠が問題となった。そこで，1979年に元号法〔昭54法43〕が制定され，「元号は，政令で定める」（1項），「元号は，皇位の継承があった場合に限り改める」（2項）と規定され，附則として「昭和の元号は，本則第1項の規定に基づき定められたものとする」とされた。

2）君が代・日の丸　元号制と同様，戦前の天皇制と深く結びついて使用されてきたものに「君が代」と「日の丸」がある（「君が代」はもともと明治天皇の誕生日を祝してその栄光の存続を願うものであり，天皇主権・神権天皇制と結びついて使用されてきた点で，その歌詞が現行憲法の国民

主権と相いれるものであるか疑問がある。また「日の丸」は、かつて1870年の太政官布告（商船規則）で国旗と定められたことがあるほかは国旗としての明確な根拠を得ておらず、第二次大戦時に戦争を鼓舞する機能を果たしたことから、憲法原理との整合性が問題視された）。

世界には国歌と国旗を憲法で明示している国もあるが、日本では、長年、憲法にも法律にも明確な根拠がないままに使用されてきた。1999年に「国旗および国歌に関する法律〔平11法127〕が制定されたが、学校現場等での使用強制問題が現実化して、多くの訴訟が提起されている。例えば、卒業式で音楽教師に君が代伴奏を強制することが思想・良心の自由等を侵害するか否かが争われたピアノ伴奏強制事件では、最高裁が憲法19条に違反しないと判断した（最三判2007〈平19〉2.27民集61巻1号291頁）。また、公立高校の校長が教諭に対して卒業式の国家斉唱時に国旗に向かって起立し国歌を斉唱することを命じた職務命令が、憲法19条に反するか否かが争われた一連の訴訟では、最高裁は、合憲判断を下した（最二判2011〈平23〉5.30、最一判2011〈平23〉6.6、最三判2011〈平23〉6.14、同6.21参照）。その他、卒業式の国家斉唱時に着席してほしいと保護者らに呼び掛けを行って会場を騒がせた来賓の元教諭を刑法234条（威力業務妨害罪）の罪に問うことが憲法21条1項に違反しないとした最高裁判決も出現した（最一判2011〈平23〉7.7判時2130号144頁）。

〔辻村みよ子〕

第2条 皇位は、世襲のものであつて、国会の議決した皇室典範の定めるところにより、これを継承する。

1　2条の趣旨　皇位の継承

憲法2条は「皇位は、世襲のものであつて、国会の議決した皇室典範の定めるところにより、これを継承する」と規定する。皇位とは、国家機関としての天皇の地位、その継承とは、新しい人がその地位に就くことを意味する。世襲とは、天皇の地位に就く者が現天皇の血統に属する者に限定されることである。憲法は、皇位継承の世襲主義と法定主義の原則だけを定めて、資格や順位の決定を国会の議決した皇室典範に委ねている。

すなわち、大日本帝国憲法では、皇室典範は「皇室ノ家法」であり、宮務法の最高法規であった。このため、改正にも帝国議会の協賛を必要とせず（明治憲法74条）、国法二元主義が確立されていた（本書15頁参照）。これに対して日本国憲法では、国民主権のもとで、国権の最高機関で唯一の立法機関（41条）ある国会が議決したものでなければならないことが特に明示された。

2　皇室典範における皇位継承規定

皇室典範は、皇位継承資格者を、「皇統に属する男系の男子」（皇室典範1条）で「皇族」に属する者に限定している。皇統は天皇の血統、男系は男子の系列を意味するため、天皇の血統に属する女子とその子孫（男子も含む）には資格が認められない。

また、皇室典範は、世襲制を維持するために天皇および皇族からなる皇室の制度を定め、皇位継承の諸原則を規定する。それによれば、皇位継承が生ずる場合は天皇の崩御（死亡）に限定されて、生前の退位・譲位の制度は認められず（同4条）、皇位継承の順序は、長系および長子を優先して、皇長子、皇長孫、その他の皇長子の子孫、皇次子およびその子孫の順と定められる（同2条）。このような長系長子主義は、旧憲法下の家制度の家督相続方式を踏襲するもので、日本国憲法24条の家族をめぐる基本原則（個人の尊厳と両性の平等原則）とは相いれない。

また、皇族身分は出生によって取得するが、女性の場合は、天皇および皇族男子との婚姻によっても取得しうる。皇族身分の離脱については、法律上当然に離脱する場合（（ⅰ）皇族女子が天皇および皇族以外の者と婚姻したとき、（ⅱ）皇族以外の女子で親王妃・王妃となった者が離婚したとき）、皇室会議の議決により強制的に離脱させる場合、（ⅲ）親王、内親王、王、王妃についてやむをえない特別の事由がある場合、（ⅳ）皇族以外の女子で親王妃、王妃となった者がその夫を失ったときで、やむをえない特別の事由がある場合）などが定められる（同11〜14条）。また、天皇と皇族男子の結婚は皇室会議の承認を要する（同10条）。

これらの性別による取扱いの差異は、憲法14条や女性差別撤廃条約2条f（女性差別になる既存の法律等の修正等を求める）との関係で問題となる（辻村・憲法167頁、憲法研究第1号71頁以下〔若尾典子〕）参照）。しかし、憲法学界の通説は、憲法2条をもって「14条の例外を認めているもの」と解し、権利の問題ではなく、「憲法上の公序との適合性問う、というアプローチが採られるべきである」と解してきた（樋口他・注解Ⅰ 72,74頁〔樋口陽一〕）。

なお、2005年11月の「皇室典範に関する有識者会議」報告書は、皇位の安定的な継承を維持するために「女性天皇・女系天皇への途を開くことが不可欠」であると判断し、皇位継承制度の早期改正を提言した。しかし翌年の皇族男子の誕生により、法制度改革論議は凍結された。2011年には女性皇族の皇室からの離脱を避けるため「女性宮家」創設が議論されたが、政権交代により凍結されている。

3　天皇の退位等に関する特例法

2016年8月の天皇のメッセージを発端として、天皇の退位等に関する特例法が2017年6月に制定され、皇室典範の改正を行わずに生前退位を1代限りで許容する特例が認められた（2017〈平29〉年6月9日〔平29法63〕、公布：2017年6月16日、施行：2019〈平31〉年4月30日、施行期日を定める政令：2017〈平29〉年12月13日付（第7163号））。

この法律は、天皇の高齢等による不安と国民の共感等の状況に鑑み、「皇室典範第4条の特例として、天皇陛下の退位及び皇嗣の即位を実現するとともに、天皇陛下の退位後の地位その他の退位に伴い必要となる事項を定めるもの」（第1条）である。第2条では、この法律の施行日に天皇が退位し「皇嗣が、直ちに即位する」ことを定める。退位した天皇は上皇（第3条）、上皇の后は上皇后とし（第4条）、皇位継承後に皇嗣となった皇族に関しては、「皇室

第1章 天皇 [第3条]

典範に定める事項については，皇太子の例による」ものとする（第5条）。皇室典範附則では，「この法律の特例として天皇の退位について定める天皇の退位等に関する皇室典範特例法は，この法律と一体を成すものである」との規定を新設し（附則第3条），「公布の日から起算して3年を超えない範囲内において政令で定める日から施行する」（附則第1条）ことなどを定める（辻村編・資料集161-163頁参照）。

この法律は，一代限りの特例法の形式をとりつつ，「先例になりうる」との政府見解が示されており，皇室典範の改正によらずに制定されたその立法過程の問題点を含め，多くの課題が残されている（憲法研究第1号1頁以下〔大石眞，高見勝利，芹沢斉ほか〕参照）。

〔辻村みよ子〕

第3条 天皇の国事に関するすべての行為には，内閣の助言と承認を必要とし，内閣が，その責任を負ふ。

1 3条の趣旨

憲法は，象徴としての天皇に対して，その権限として「国事に関する行為」（以下「国事行為」）を認めた。3条では，国事行為について「天皇の国事に関するすべての行為には，内閣の助言と承認を必要とし，内閣が，その責任を負ふ」と定める。この点で，日本国憲法下の天皇制は，天皇の行為を内閣の意思のもとにおいただけではなく，一切の政治的活動を禁じたのであり，その意味で天皇の権限を完全に名目化・儀礼化したものと解するのが通説である（宮沢・コメ77頁，80頁，106頁。野中他・憲法I 116頁〔高橋和之〕）。

天皇の国事行為については，憲法3条と4条の関係とりわけ国事行為の性格と内閣の助言・承認の性格について議論がある（⇒2）。

なお，国事行為以外の公的行為（象徴としての行為）についても助言と承認を必要とするか否かが問題となりうる。国事行為に準じる立場（本書23頁C説）はもとより，象徴行為説（B₁），公人的行為説（B₂）

でも，天皇の発意や実質的決定権を認めない観点から，助言と承認の必要性を肯定することが可能となろう。

2 内閣の助言と承認

日本国憲法3条の内閣の「助言と承認」を，(a)「助言および承認」と解するか，(b)「助言または承認」と解するか，(c)助言・承認を不可分一体のものと捉えるか，について学説が分かれる。天皇の発意も可能と解する立場からすれば，「助言と承認」は(b)の助言または承認の一方でよいと解することになるが，天皇の発意を認めない立場では，一方でよいと解することはできない。今日では，両者を一つの行為と見る(c)が通説であり，先例もそのように解している。なぜなら，天皇の発意を認めない立場（宮沢説）では，助言・承認制度の目的は，「天皇がその単独の意志によって行動することを禁じ，天皇の行動がすべて内閣の意志にもとづくべきことを要求する趣旨」（宮沢・コメ62頁）だからである。しかし，天皇の発意を認めないとい

第1章　天皇

う憲法の趣旨を厳密に解するならば、仮に(c)を認めるとしても、事後承認のみでは足りず、内閣による事前の助言・承認行為は必要であると解すべきであろう。

3　内閣の「責任」

憲法3条は、天皇の国事行為について「内閣が、その責任を負ふ」と規定する。この場合の責任は政治責任であり、内閣の政治的権限の行使、すなわち天皇の国事行為の助言・承認に関する政治的裁量の行使について責任を負う。責任は国会に対して負い、連帯責任である。政治的権限をもたない天皇は政治責任も負わないため、内閣の責任は天皇のそれの肩代わりではなく、自己の権限についての責任である。

〔辻村みよ子〕

第4条 ①天皇は、この憲法の定める国事に関する行為のみを行ひ、国政に関する権能を有しない。
②天皇は、法律の定めるところにより、その国事に関する行為を委任することができる。

1　4条の趣旨

4条1項は、「天皇は、この憲法の定める国事に関する行為のみを行ひ、国政に関する権能を有しない」と規定する。

「国事に関する行為」は、総司令部案では「all acts of the Emperor in matters of state」であり、帝国憲法改正案では「国務のみ」と訳出されていたが、衆議院の審議で「国事に関する行為のみ」と修正された。

「国政に関する権能」も、総司令部案では「governmental powers」であり、「政治に関する権能」と訳出されていたが、衆議院で修正されたものである。

「国政に関する権能（powers related to government）」は、統治に関する権力を意味するが、それに影響をもつと考えられる参政権行使や、政党への加入、政治的表現活動なども禁止される。

4条1項は、天皇の国事行為は、憲法上に明示されるものに限定されることを明らかにした。その内容は、7条1号から10号までの10の行為、および6条（内閣総理大臣および最高裁長官の任命）と4条2項（国事行為の委任）の、総計13種の行為である（⇒国事行為として限定列挙されている行為の具体的内容は、4条2項、6条、7条を参照。国事行為以外の「公的行為」「象徴としての行為」については、本書23頁参照）。

このうち6条と4条2項の行為については、それ自体を国事行為と捉えるべきか議論があるが、これを除外する理由はなく、国事行為の憲法的限定を明確にするうえでも、これらのすべてを国事行為と考えるべきである。したがって、内閣総理大臣・最高裁長官の任命や国事行為の委任についても内閣が助言・承認を行うことが必要となる。また、5条によって摂政はその行為を天皇にかわって行うことができるが、これについても、内閣の助言と承認が求められる。

2　国事行為の委任

　天皇が国事行為を行えない場合には，他の者が天皇にかわってそれを行うことが認められている。憲法上は，4条2項で定める臨時代行と，摂政の二種を定める。

　1）**臨時代行**　憲法4条2項は，「天皇は，法律の定めるところにより，その国事に関する行為を委任することができる」と規定する。これに基づいて「国事行為の臨時代行に関する法律」〔昭39法83〕が1964年に制定され，「天皇は，精神的若しくは身体の疾患又は事故があるときは，摂政を置くべき場合を除き，内閣の助言と承認により，国事に関する行為を皇室典範17条の規定により摂政となる順位にあたる皇族に委任して臨時に代行させることができる」と規定している（同法2条1項）。

　実際には，1988年9月から1989年1月まで天皇が病床にあった時は「身体の疾患」として，また，1971年にヨーロッパを訪問した際には，「事故」に該当するものとして，同法に基づいて国事行為臨時代行者となった当時の皇太子が代行した。

　2）**摂政**（⇒ 5条を参照）

〔辻村みよ子〕

第5条　皇室典範の定めるところにより摂政を置くときは，摂政は，天皇の名でその国事に関する行為を行ふ。この場合には，前条第1項の規定を準用する。

1　5条の趣旨　摂政

　憲法5条は「皇室典範の定めるところにより摂政を置くときは，摂政は，天皇の名でその国事に関する行為を行ふ」と定める。摂政は，(a) 天皇が未成年の場合，および (b) 精神もしくは身体の重患または重大な事故により国事行為を行うことができないと皇室会議で判定されたとき（皇室典範16条）に設置される，天皇の法定代行機関である。摂政は，「天皇の名で」，天皇の代理としてその国事行為を行うため，天皇が行ったのと同じ法的効果をもつ。

　したがって，憲法3条（内閣の助言と承認）および4条1項（国政に関する権能を有しない）は，当然，摂政の行う国事行為にも適用されると考えるべきである。憲法5条が4条1項のみを準用しているとしても，3条を排除する趣旨ではない。また4条2項の国事行為の委任についても，従来の学説では，摂政は国事行為の委任をなしえないという見解も存在したが（法協・註解（上）146頁），天皇の法定代行機関として天皇の国事行為を実施する限り，これも含まれると解すべきであろう（実際にも摂政の海外訪問の際などは，別途臨時代行に委ねることは不合理ではない。ただし，4条2項の委任は，内閣に認定権がある）。

2　摂政に関する皇室典範の規定

　摂政の就任資格をもつ者は成年の皇族に限られ，その順序は，皇室典範17条で，①皇太子または皇太孫，②親王および王，③皇后，④皇太后，⑤太皇太后，⑥内親王および女王と定められる。ここで女性も摂政に就きうるとされている点は旧皇室典範と同じであるが，皇位継承者からの女性の排除とどのような関連にあるのかが問題となろう（同位の場合，②は皇位継承順位に

第1章　天皇

従い、⑥は皇位継承順に準じることが同17条2項で定められているため、実際には、男系・長子優先主義がとられる。また、婚姻によって皇族となった女性のなかでは③④⑤の三后以外は摂政になることは認められない）。

皇室典範18条では、摂政の死亡、皇族身分の離脱、あるいは重大な故障を皇室会議が認定したときは次順位者が摂政となることが定められる。①の皇太子または皇太孫に欠格事由があって他の皇族が摂政となった場合は、成年に達するか、重大な故障がなくなったと皇室会議が判断して欠格事由がなくなったときに、摂政が更迭され

る。それ以外の皇族間では、欠格事由がなくなった時でも「摂政の任を譲ることはない」（同19条）。同16条の故障（前記(a)・(b)）がなくなれば、摂政は廃止される（同20条）。

また、「摂政は、その在任中、訴追されない。但し、これがため、訴追の権利は、害されない」と規定される（同21条）。

なお、象徴としての性格は天皇に専属するため、既にみたような「象徴としての行為」の存在を承認する場合も、摂政はこれを行えないと解すべきであろう。

〔辻村みよ子〕

第6条 ①天皇は、国会の指名に基いて、内閣総理大臣を任命する。
②天皇は、内閣の指名に基いて、最高裁判所の長たる裁判官を任命する。

1　6条の趣旨　国事行為

憲法6条は、1項で、天皇は「国会の指名に基いて」内閣総理大臣を任命することを定め、2項で、「内閣の指名に基いて」最高裁判所の長たる裁判官を任命することを定める。7条と同じく国事行為であるが、行政権・司法権の長の任命をまとめて規定している。それぞれ国会・内閣の指名どおりに任命しなければならないという趣旨であり、天皇に裁量の余地はまったくない。

いずれも、実質的決定権者を明示して、天皇の国事行為が形式的儀礼行為であることを明らかにしている。

2　内閣総理大臣の任命（6条1項）

天皇は、国会の指名に基づいて内閣総理大臣を任命する。国会による指名方法は、憲法67条（本書290頁）で定められており、実質的任命権者は国会であるが、内閣の助言と承認に基づく天皇の形式的宣示行為によってそれが完結する。実際には、国会で内閣総理大臣が指名されると、衆議院議長が内閣を経由して奏上する（国会法65条2項）。

もっとも、天皇に助言・承認を行う内閣は、憲法71条（本書299頁）で定められる総辞職後の残務処理内閣であり、この内閣は、国会の指名後ただちに任命の助言をすべきものと考えられている。実際には、内閣総理大臣名の「上奏書類」に天皇が署名捺印して任命書を作成し、皇居で挙行される任命式で受任者（新首相）に手渡される。

3　最高裁判所長官の任命（6条2項）

天皇は「内閣の指名に基いて」最高裁長

官を任命する。憲法制定過程では，最高裁長官の任命も他の裁判官と同様に内閣が行うことになっていたが，帝国議会の審議で6条2項が追加され，最高裁長官の任命だけ天皇の国事行為とされた。しかし実際には，内閣の指名によるものであり，内閣が任命することにかわりはない。

なお，最高裁長官の任命を天皇の国事行為とした理由については議論があるが，三権の長であるからという理由は両院議長との関連で説得的ではない。また天皇の任命により権威を高めるという理由も十分ではなく，天皇に象徴としての「場」を与える目的（野中他・憲法1　125頁〔高橋和之〕），および，内閣による最高裁長官の任命という制度を回避する目的が考えられる。

〔辻村みよ子〕

第7条　天皇は，内閣の助言と承認により，国民のために，左の国事に関する行為を行ふ。
一　憲法改正，法律，政令及び条約を公布すること。
二　国会を召集すること。
三　衆議院を解散すること。
四　国会議員の総選挙の施行を公示すること。
五　国務大臣及び法律の定めるその他の官吏の任免並びに全権委任状及び大使及び公使の信任状を認証すること。
六　大赦，特赦，減刑，刑の執行の免除及び復権を認証すること。
七　栄典を授与すること。
八　批准書及び法律の定めるその他の外交文書を認証すること。
九　外国の大使及び公使を接受すること。
十　儀式を行ふこと。

1　7条の趣旨　国事行為

憲法7条は，4条1項で天皇が国事行為のみを行うことを明示したのを受けて，4条2項，6条と並んで，具体的な国事行為の内容を10種類にわたって定めたものである。内閣の助言と承認によることはすでに憲法3条で定められており，これによって，天皇自身が責任を負うことはなく，内閣が責任を負うことが確認されている。

また，本条では，「国民のために」という文言があえて追加されている。これは，天皇が自らの意思によるものでなく，あくまで国民主権原理のもとで国民の信託に基づいて国事行為を行うことを明らかにしたものである。

2　憲法改正・法律・政令および条約の公布（7条1号）

公布とは，広く国民に知らせるために表示する行為を意味する。憲法改正は憲法96条（本書440頁），法律は59条（本書266頁），政令は73条6号（本書306頁）に基づいて制定され，条約は73条3号・61条（本書304頁，270頁）に基づいて締

結される。これらの国法の成立はいずれも憲法所定の手続によって実質的に確定しているが，国民に対して効力をもつためには，形式的な公布行為が必要となる。

公布の形式は法定されていない。実際には旧憲法下の慣習に従って官報への登載によって行われる（判例も，官報が販売所等で一般希望者の閲覧に供される時点に公布されているとする。最大判 1958〈昭 33〉10.15)。公布の時期は，助言と承認を通して内閣が実質的に決定するが，憲法改正の場合は，憲法 96 条 2 項により，「直ちに」公布しなければならない。

3　国会の召集（7 条 2 号）

国会の召集とは，一定期日に国会議員を集会させ，会期を開始させる行為である。その要件は憲法 52 条以下で定められる（本書 256 頁参照)。天皇による召集は，詔書をもってなされる（国会法 1 条)。通常召集日の数日後に行われる開会式は単なる儀式であって法的意味はない。

召集の決定権の所在については，天皇の国事行為が形式的儀礼的行為であるか否かに関連して，解散権と同様に議論がある。助言・承認が国事行為の実質的決定権を含まないという立場にたつと召集決定権者を確定することが困難となるため，学説では，助言・承認権をもつ内閣に実質的決定権限があると考える説（A 説）が有力である。

他方で，国事行為に本来実質的決定権が含まれないとすると，7 条以外に根拠を求めることが必要となるため，憲法 53 条（本書 257 頁）が臨時会の召集について「内閣は，国会の臨時会の召集を決定することができる」と定めることから，すべての召集権が内閣にあると類推するものが多

い（B 説)。しかし，常会（52 条）や特別会（54 条）については召集権の主体は明示されていない。比較憲法的にみても国会の自律集会制度もありうる以上，類推によることは立憲主義に反するといえる。そこで，7 条 2 号を国会召集の原則的根拠規定と解さざるをえないとする主張もある（C 説，杉原・憲法 II 500 頁)。しかし天皇が実質的決定権をもつと考えることは象徴天皇制の構造自体から問題があるため，課題が残っている。

4　衆議院の解散（7 条 3 号）

解散とは，議員の任期満了前に議員の身分を終了させることである。解散は詔書をもって行われるのが実例である。なお解散は天皇が行うとしても，その実質的決定権が誰にあるかについて憲法では明示されていないため，召集の場合と同様の議論がある。（詳細は辻村・憲法 423 頁以下，樋口他・注解 I 105 頁以下〔樋口陽一〕参照)。

憲法では，「内閣は，衆議院で不信任の決議案を可決し，又は信任の決議案を否決したときは，10 日以内に衆議院が解散されない限り，総辞職をしなければならない」（69 条）と定めるが，解散権の実質的決定権の所在を明らかにしていない。そこで学説は，（I）衆議院自身が解散決定できるとする自律的解散説（①）と，（II）内閣に実質的解散権があるとする他律的解散説に分かれ，その根拠をめぐって，後者（II）はさらに，7 条説（②），65 条説（③），議院内閣制等の制度全体を根拠とする制度説（④）に分かれる。

また，解散は 69 条の場合に限定されるとする 69 条限定説（A 説）と，69 条以外の場合にも解散を認める 69 条非限定説

(B説) に分かれ，前者 (A説) では解散権の根拠として 69 条をあげることになる (⑤ 69 条説)。これに対して，後者 (B説) では 69 条以外に根拠を求めることが必要となるため，学説状況は錯綜している。

これらのうち，解散の根拠を 7 条に求める②の 7 条説は，厳密には，天皇の解散は形式的・儀礼的な表示行為に限定されるため，実質的決定権は「助言と承認」を通して内閣にあるとする 7 条説 (a) と，7 条 3 号の解散は本来政治的なものであるとしても天皇は拒否権をもたないため結局内閣の「助言と承認」に拘束されると解する 7 条説 (b) に区別される。7 条説では，いずれにせよ，内閣が「助言と承認」を行うことから，解散の実質的決定権が内閣にあると解するものである (宮沢・コメ 115 頁以下)。これに対して，とくに 7 条説 (a) については，内閣の「助言と承認」は天皇の形式的・儀礼的解散宣示行為についての「助言と承認」となるためそこから実質的権限は導かれないとする批判が提示される (樋口・憲法 I 315 頁参照)。

③の 65 条説は，行政権の観念についての控除説から内閣の解散決定権を導き，69 条所定の場合以外の解散も認める (B説) が，解散のような作用を控除説で論じる論法への疑問 (佐藤幸・憲法 170 頁) などがある。④は，議院内閣制または権力分立制の原理を根拠として援用するもので (清宮・憲法 I 235 頁)，これらの指標自体が明確でないという批判が成立しうる。⑤の 69 条説には，7 条 3 号の文理解釈の不自然さや 69 条が解散の根拠規定ではないことが指摘される。

このように，解散の憲法上の根拠についていずれの理解も問題があることになるが，実際の運用では，1948 年 12 月 23 日 (第二次吉田内閣)，1953 年 3 月 14 日 (第四次吉田内閣)，1980 年 5 月 19 日 (第二次大平内閣)，1993 年 6 月 18 日 (宮沢内閣) で 69 条解散が実施されたのみで，それ以外の解散 (2017 年までの 24 回中，上記を除く 20 回) はすべて 7 条 3 号に基づいて実施され，69 条非限定説 (B説) が定着している。そこで，学説は，69 条非限定説を前提としつつ，② (② (b)) ないし④に落ち着くこととなる (佐藤幸・憲法 170 頁)。

最近では②が多数説 (芦部・憲法 50 頁，334 頁，野中他・憲法 II 216 頁〔高橋和之〕) であるが，④も有力であり (浦部・教室 491 頁，中村・30 講 216 頁など)，「制度論が比較的無難であろう」とされる (樋口・憲法 I 318 頁)。従来の諸学説のうち，論理の点では相対的に② (② (b)) 説は矛盾が少ないと思われるが，どの説にも問題がある以上，硬直した学説対立をこえて，現代における 69 条非限定説と新しい制度説の意義を検討することが必要であるといえよう。(⇒本書 69 条，296 頁以下参照)。

5　国会議員の総選挙の施行の公示（7 条 4 号）

「国会議員の総選挙」とは，全国の選挙区で同時に実施される選挙を意味する。公職選挙法上の衆議院議員の総選挙にとどまらず，参議院議員の通常選挙も含まれる。

その施行を公示するとは，選挙期日を決めて国民に知らせることを意味する。選挙期日の実質的な決定権については憲法上の規定はないが，憲法 54 条と公選法で定められる所定の期間内 (衆議院議員の任期満了前 30 日以内，または解散の日から 40 日以内，参議院議員の任期満了前 30 日以内)

第1章　天　皇

の適切な期日の決定権が内閣に帰属すると解すべきことになる。

　なお，選挙施行の公示は，衆議院議員総選挙の少なくとも12日前，参議院議員通常選挙の少なくとも17日前にされなければならないことが定められており（公選法31条4項・32条3項），立候補の届出は原則として公示のあった日に行われる（同86条以下）。

6　国務大臣および法律の定めるその他の官吏の任免の認証ならびに全権委任状・大使・公使の信任状の認証（7条5号）

　認証とは，一定の行為が正当な手続でなされたことを公に証明する行為のことである。本条では国務大臣その他の官吏の任免の認証について定めているが，本条の国務大臣には，憲法6条との関係から内閣総理大臣は含まれない。国務大臣の任免権は憲法68条が明示するように内閣総理大臣にあり，天皇はそれを認証するのみである。

　この認証には内閣の助言・承認は不要とする見解もある（宮沢・コメ132頁）が，内閣総理大臣の決定に拘束されて内閣が助言・承認を決定すると解すべきである。

　天皇が任免を認証する官吏を，一般に認証官と呼ぶ。

　本号の「法律の定めるその他の官吏」には，最高裁判所裁判官，高裁裁判所長官，検事総長・次長検事・検事長・検察官，人事官，公正取引委員会委員長，宮内庁長官・侍従長，副大臣，内閣官房副長官などがあるが，公務員のなかの国会議員や国会職員，地方公務員は除かれる。

　全権委任状とは，特定の条約締結に関して全権を委任する旨を表示する文書のことである。

　大使・公使の信任状とは，外交使節としてその者を派遣する旨を表示する文書である。これらの外交文書は，国際慣行では元首から元首に宛てて出されるのが通例であるが，現憲法では，外交関係を処理する権限は内閣に帰属するため，内閣がこれらの文書を発行する権限をもち，天皇は内閣の発行した文書を認証するにすぎない。

7　大赦，特赦，減刑，刑の執行の免除および復権の認証（7条6号）

　恩赦とは，司法機関以外の国家機関が，訴訟法上の手続によらずに，裁判所による刑の言渡の効果を全部または一部消滅させ，もしくは公訴権を消滅させる行為の総称である。憲法7条6号で列記されている「大赦，特赦，減刑，刑の執行の免除および復権」は，恩赦の種類である。

　大赦は，政令で罪の種類を決めて行うものであり（恩赦法2条），特赦は，有罪の言渡しを受けた特定の者に対して行い，有罪言渡しの効力を失わせる（同4・5条）。

　減刑は，政令で罪もしくは刑の種類を決めて行う場合と，刑の言渡しを受けた特定の者に対して行う場合があり（同6条），後者では刑または刑の執行を減刑する。

　刑の執行の免除は，刑の言渡しを受けた特定の者に対して行われるが，執行猶予期間が経過しない者に対しては行われない（同8条）。復権は，有罪の言渡しを受けたため法令の定める資格を喪失又は停止された者に対して資格を回復することであり（同9・10条），中央更生保護審査会の申出があった者について行われる（同12条）。

　恩赦は，行政権が犯罪者を赦免することであり，もともと君主制下で君主が特権的

に恩恵を民衆に与える行為として行われた。現代では，国民主権原理のもとで，司法権に対する重大な干渉となるような恩赦制度を正当化することには疑問があるため，法律上の刑罰規定が社会的状況の変化に対応できずに硬直化するに至った場合などに，例外的に具体的妥当性の回復措置として利用される制度として理解されている。恩赦の決定権限は内閣にあり（憲法73条7号），天皇は認証するだけである（本書307頁）。

8　栄典の授与（7条7号）

栄典とは，特定人の国家に対する功労や栄誉を表彰するために与えられる位階や勲章など，特別の待遇（特別の地位または栄誉ないし褒賞）のことをいう。日本国憲法では，14条2項が「華族その他貴族の制度は，これを認めない」と定めて大日本帝国憲法下の爵位などを廃止した。これとともに，同条3項で「栄誉，勲章その他の栄典の授与は，いかなる特権も伴わない。栄典の授与は，現にこれを有し，又は将来これを受ける者の一代に限り，その効力を有する」と定めて，栄典の世襲を禁じた。

栄典の授与は，伝統的に，恩赦と同様，君主の特権と考えられてきたものであり，平等原則の例外であるため，日本国憲法の国民主権や人権原理に照らして合理的な運用がはかられる必要がある。

憲法が，恩赦については認証を天皇の行為としながら，栄典については，認証ではなく授与そのものを天皇の行為としたことには疑問があり，実質的な決定権も天皇ではなく内閣にあると解するのが相当である。

9　批准書および法律の定める外交文書の認証（7条8号）

批准とは，国家間の合意である条約の内容に同意を与えてその効力を確定する行為をいう。その批准を行う外交文書が批准書である。本号は批准書とその他の外交文書とを公に証明する行為を天皇の国事行為として定めている。

もともと条約の成立は，全権委任状を携えた外交使節による条約の交渉と署名・調印の後，批准を要する条約の場合は本国政府が承認して効力を確定させる。天皇が認証するその他の外交文書には，大使・公使の解任状，領事官の委任状，外交領事の認可状等がある。

なお，外交批准権は伝統的な意味での「元首」概念の最も重要な標識とされてきた。この点で，本号では，批准そのものでなく，批准書の認証のみを天皇の権能としたことは，天皇が伝統的な意味での「元首」として位置づけてないことを意味する，と指摘される（樋口他・注解Ⅰ128頁〔樋口陽一〕，本書22頁参照）。

10　外国の大使・公使の接受（7条9号）

外国の大使・公使を接見する儀礼的な行為を，本号ではとくに「接受」という用語で定めている。本来，国際法では，接受とは外国の外交使節に対してアグレマン（承認）を与え，その大使・公使が携えてきた派遣国政府の信任状を受理する行為を意味する。しかし，このような権限は，外交関係を処理する権限をもつ内閣にある（憲法73条2号）ため，天皇は儀礼的な接見行為のみを行うと解すべきである。

もっとも，外交上の実例では，信任状の

第1章　天皇

宛先は天皇であり天皇に提出される。日本政府も憲法でいう接受に信任状の受理という法的行為を含むと解していることに対して，学説からの批判がある（宮沢・コメ140頁，野中他・憲法Ⅰ131頁〔高橋和之〕）。

11　儀式を行うこと（7条10号）

本号の「儀式を行ふこと」の意味について，通説は天皇が儀式を主宰することと解している。この場合の儀式とは，私的な性格のものを含まず，国家的性格のものを意味する。さらに政教分離原則からして宗教的なものであってはならない。

天皇が主宰しない儀式に参列することも含むとする見解もあるが，本号の文言や国事行為の限定からして範囲を拡大することは適切ではない。儀式的行為が本号の定める国事行為として認められるためには，国家的，全国民的性格のものでなければならない（野中他・憲法Ⅰ132頁〔高橋和之〕）。

現実には外国の国王戴冠式等の公的な儀式に参列することも含めているが，疑問があろう。このほか，国体の開会式への出席など，いわゆる公人としての行為が多数あり，これを本号の国事行為に含めることはできない。また，本号の儀式が宗教的なものであってはならない点では，昭和天皇の葬儀（1989年2月24日）に際して挙行された「葬場殿の儀」（天皇家の私的行事として神道式で実施）と「大喪の礼」（国事行為として実施），宗教的儀式と国事行為との切断が政教分離原則との関係で不十分であったことが問題となった。また，宗教的儀式としての「大嘗祭」と国事行為としての「即位の礼」の区別についても，前者の費用を公費[宮廷費]から支出した点で批判があった（野中他・憲法Ⅰ133頁〔高橋和之〕，新基本法コメ・43頁〔山元一〕参照）。

〔辻村みよ子〕

第8条　皇室に財産を譲り渡し，又は皇室が，財産を譲り受け，若しくは賜与することは，国会の議決に基かなければならない。

1　8条の趣旨

憲法8条は，「皇室に財産を譲り渡し，又は皇室が，財産を譲り受け，若しくは賜与することは，国会の議決に基かなければならない」と定めて，皇室の財産の授受を制限している。

これは，日本国憲法が，大日本帝国憲法下での皇室財政自律主義の弊害を改めるため，88条で「すべて皇室財産は，国に属する。すべて皇室の費用は，予算に計上して国会の議決を経なければならない」と定めたことに由来する（本書398頁）。88条では，皇室財産の国有化と皇室費用の国会議決が原則とされたわけである。この原則のもとで，三種の神器や宮中三殿などの私的財産を除いて，皇室財産が国有とされ，皇室の財政はすべて国会の議決する予算に基づいて支出される経費でまかなわれる。また，戦前のように皇室財産の蓄積を防ぐために，皇室への財産移転に制限が設けられ，本条が定められるに至った。

このように，日本国憲法は，8条と88条によって，象徴天皇制下の皇室財産制度を一新し，財政民主主義，財政の国会中心

主義の原則を明らかにしている。特に本条では，皇室が私有財産を蓄積・運用・増大させることを防ぎ，特定の者との強い結びつきが生じないようにするため，私有財産についても国会のコントロールを加えたものである。

2 皇室財政の議決と皇室経済法

本条の「皇室」とは，機関自体を指すものではなく，本条は，天皇および皇室典範5条で定められる「皇族」を構成する個人への財産の授受に制約を加えたものである。「財産」には，物件のほか，債権，無体財産権も含まれる。「授受」（譲り渡すこと，および譲り受けること）は財産の移転を意味するが，有償，無償を問わない。これに対して，「賜与」は，天皇または皇族から皇室構成員以外の者に対して，無償で贈与することを意味する。

本条は，これらがいずれも国会の議決に基づくことを定めるが，実際には，内閣が「日本国憲法8条の規定による議決案」として議案を提出しており，事前に議決することが原則とされている。国会の議決を要しないものとして，相当の対価による売買等通常の私的経済行為，外国交際のための儀礼上の贈答，公共のためになす遺贈または遺産の賜与，その他年間合計額が法律で定める一定額以内の財産授受が，皇室経済法2条に列記されている。

また，皇室経済法は，天皇や皇族の生活費，宮廷の事務費等を内廷費・宮廷費・皇族費の三種に分けて予算に計上することを定めている（同3条）。内廷費は，天皇・皇后・皇太后・皇太子など内廷にある皇族の日常費用等に充てられる天皇家の私費である。宮廷費は，宮廷の公務に充てられ宮内庁で経理する公費である。皇族費は内廷にある者以外の皇族の生活費に充てられるもので，毎年支給されるものと，独立の生計を営む際などに一時的に支給されるものがある（同4〜6条）。（なお宮内庁公表では，2017年度予算は，内廷費約3.2億，宮廷費56.8億，皇族費約2.1億円，皇室費計約62億円である）。

3 皇室の事務に関する機構

大日本帝国憲法下の皇室自律主義が否定されたことから，日本国憲法では，皇室に関する事務もすべて法令に基づいて処理される。国事行為以外の皇室関係の事務について憲法はとくに定めてはいないが，現実には，内閣のもとに宮内庁が設置され，皇室典範と皇室経済法によって，皇室会議と皇室経済会議の設置を定めている。

皇室会議は，皇位継承の順序の変更や立后および皇族男子の婚姻の承認，皇族の身分離脱の承認等の権限をもち，皇族2人，衆参両院の議長および副議長，内閣総理大臣，宮内庁長官，最高裁判所長官，その他の裁判官1人の合計10人で構成される（皇室典範28条）。内閣総理大臣が議長となり招集権をもつ。（実際には，「天皇の退位等に関する皇室典範特例法」の施行日をめぐって，2017年12月1日に皇室会議が1993年以来24年ぶりに開催された。本書26-27頁参照）。

皇室経済会議は，内廷費の額についての意見提出や，皇族の独立生計の認定，皇族身分離脱の際の一時金額の決定などの権限をもち，衆参両院の議長および副議長，内閣総理大臣，財務大臣，宮内庁長官，会計検査院長の計8人で構成される（皇室経済法8条）。

〔辻村みよ子〕

第2章　戦争の放棄　　［総論］

1　本章の意義

　日本国憲法は前文1段で，「政府の行為によつて再び戦争の惨禍が起こることのないやうにする」との決意に基づいて，「日本国民は，……ここに主権が国民に存することを宣言し，この憲法を確定する」と宣言している。「平和の理念」を，複雑な国際社会の現実の中で実現していくためには，「平和の技術」が必要である（宮沢・コメ153頁）。第1項で「戦争の放棄」を，第2項で「戦力の不保持」と「交戦権の否認」を定める9条は，「武力によらない平和」という前文が示す「平和の理念」を現実化するための，「平和の技術」としての性格を持つ。

　9条は同時に，日本社会に立憲主義を根付かせるために必要な「自由の下支え」としての役割を担っている。「戦前の日本では，軍事という価値が……基本的に日本社会の最高の価値を占めていたはずです。……9条の存在は，そういう社会の価値体系を逆転させたということに，大きな意味があったのです」（樋口陽一・個人と国家〔集英社新書，2000年〕212-213頁）。個人の多様性を承認する立憲主義国家にとって「批判の自由」はその生命線である。戦前日本が狂信的な戦争に邁進していったのも，「批判の自由」があまりに僅少であったことの当然の帰結である。戦後日本は「普通の立憲主義国家」になるために，「普通の立憲主義国家」からの飛躍（＝9条）を必要とした。この「逆説」には何度でも立ち戻ってみるだけの価値がある。

2　比較憲法的意義

　戦力不保持と交戦権の否認を定める本条は，立憲主義憲法史において画期的な意義を持つが，決して突然変異的なものではない。立憲主義の核心が権力の抑制である以上，戦争の抑止と軍隊の統制は，近代憲法史の当初から最大の憲法問題であったからである（樋口・憲法134-136頁）。たとえば，イギリスの権利章典（1689年）は平時における国会の承認なき常備軍の徴集・維持を違法とし，1791年フランス憲法は「フランス国民は，征服の目的でいかなる戦争を企てることも放棄し，いかなる人民の自由に対してもその武力を決して行使しない」（第6編1条）と定めていた。

　20世紀以降，侵略戦争の防止や禁止を定める憲法としては，1931年スペイン憲法，1935年フィリピン憲法，1946年フランス第四共和制憲法，1947年イタリア共和国憲法，1947年ビルマ憲法，1949年ドイツ連邦共和国基本法，1987年大韓民国憲法など多数の国の憲法がある。ほかにも，国際紛争を解決する手段としての戦争を放棄し，国際協調を明示する国（ポルトガル，ハンガリー等），中立政策を明示する国（スイス，オーストリア等），核兵器等の禁止を明示する国（ベラウ，フィリピン，コロンビア等）がある。また，コスタリカ憲法は常備軍の禁止を定めている（12条）。同規定は，大陸協定の要請と「国

第2章　戦争の放棄

民の防衛」のための軍隊の保持を認めているが，実際には現在まで50年以上の間，軍隊は設置されていない。

　思想的な観点からみれば，本条の前提には戦争違法化への国際的潮流があった。戦車・毒ガス・航空機に象徴される軍事技術の発達を背景として，未曾有の犠牲者を出した第一次世界大戦の惨状をふまえ，1919年の国際連盟規約，1928年の不戦条約と戦争違法化は着実に進展し，第二次世界大戦後の国際連合憲章は加盟国の個別的な武力行使を原則として禁止した（2条4項）。しかし，国連憲章は「武力による平和の維持回復」という考え方に立ち，限定的にせよ加盟国の自衛権に基づく武力行使を容認している点において（51条），日本国憲法とは本質的に異なった安全保障観を採用している。

　武力行使に関する国連憲章と日本国憲法のスタンスの差異は第1に，核兵器の出現に理由を求めることができる。国連憲章（1945年6月署名）と日本国憲法（1946年11月制定）の間には原爆投下（1945年8月）という人類史の分水嶺が横たわっている。しかし，重要なのは，第2の点である。日独伊のファシズムから「民主主義を守るため」に戦った連合国を母体とする国際連合が，合法的な武力行使の可能性を否定しないことには相応の理由がある。他方，「八紘一宇」の名の下に無謀な侵略戦争を行った日本には，「正義の戦争」に対する徹底的な懐疑があって当然である。よって，武力行使の問題について，国連憲章と日本国憲法の間には法思想的な断絶があるとみるべきであろう（樋口・憲法Ⅰ459-462頁）。

3　本条の制定経緯

　日本・ドイツの武装解除をうたった大西洋憲章（1941年8月12日）とカイロ宣言（1943年11月27日），および戦争の違法化を宣言した国連憲章などは，占領政策の根底を規定する国際的条件であった（新基本法コメ41頁〔水島朝穂〕）。また，ポツダム宣言（1945年7月26日）は，「……日本国民の自由に表明せる意思に従ひ平和的傾向を有し且責任ある政府が樹立せらるるに於ては，聯合国の占領軍は，直ちに日本国より撤収せらるべし」（12項）と定めており，日本の占領政策のみならず，日本国憲法の内容をも実質的に規定するものであった。

　本条の成立において決定的な役割を果たしたのは，占領軍最高司令官のマッカーサー元帥であった。彼は「マッカーサー・ノート」（1946年2月3日）において新憲法草案に取り込まれるべき3つの基本項目を提示したが（マッカーサー3原則），本条の原型が示されたのはその第2原則においてであった。そこには，「国権の発動たる戦争は，廃止する。日本は，紛争解決のための手段としての戦争，さらに自己の安全を保持するための手段としての戦争をも，放棄する。日本は，その防衛と保護を，今や世界を動かしつつある崇高な理想に委ねる。日本が陸海空軍をもつ権能は将来も与えられることはなく，交戦権が日本軍に与えられることもない」とあった。ただし，1946年2月13日に日本側に示された総司令部案では，下線部の文言が削除されており，自衛戦争の放棄が明示的なものではなくなった。

第 2 章　戦争の放棄［総論］

　総司令部案を受入れた日本政府は総司令部との交渉を経て，憲法草案を帝国議会衆議院に提出した（1946 年 6 月 20 日）。衆議院での審議の際，1 項冒頭に「日本国民は，正義と秩序を基調とする国際平和を誠実に希求し」，2 項冒頭に「前項の目的を達するため」という文言が追加された。後者は衆議院憲法改正小委員会（芦田委員会）の芦田均委員長の提案に基づくもので，「芦田修正」と呼ばれる。この修正を経て，現在の 9 条が成立した。

　芦田修正によって，2 項の戦力の放棄は侵略戦争の場合に限るとの解釈を許す余地が生まれた。芦田修正の後，極東委員会の指令を受けた総司令部からの要求で，「文民条項」（66 条 2 項）が追加されたが，これは，芦田修正により自衛のための軍備が可能になったとの理解を前提にしていたものと解される。芦田自身は当初，そのような解釈を明言していなかったが，朝鮮戦争勃発後，芦田修正は 2 項の戦力不保持を侵略戦争の場合に限るための修正であったと発言するようになり（1951 年 1 月），1960 年代の改憲論議の際も同様の発言を繰り返した。しかし，芦田委員会の秘密会の議事録が公刊された結果，提案時の芦田の意図による再軍備の正当化は困難であることが明らかになった（古関彰一『日本国憲法の誕生（増補改訂版）』岩波書店，2017 年，377-403 頁）。

　制憲議会（第 90 回帝国議会）における政府側の答弁は一貫して，9 条は自衛のための戦争も放棄したと解する非武装平和主義の立場に立つものだった。たとえば，吉田茂首相は，①9 条 1 項は直接には自衛権を否定していないが，2 項が戦力不保持と交戦権否認を定めた結果，「自衛権の発動としての戦争」も放棄した（1946・6・26 衆院本会議），②近年の戦争の多くが「国家正当防衛権」によって行われたことは顕著な事実であり，それを認めることは有害である，と答弁している（1946・6・28 衆院本会議）。

　本条の歴史的意味を評価する上で，自らの戦争体験を踏まえて日本国民が 9 条を熱狂的に受入れた事実を軽視するべきではない（古関彰一『新憲法の誕生』中央公論新社，1995 年，336-337 頁）。第二次世界大戦で死亡した日本国民の数はおよそ 310 万人にのぼるといわれ，その中には，広島・長崎への原爆投下や沖縄戦，東京大空襲で死亡した一般市民を含む。「政府の行為による戦争の惨禍」（前文第 1 段）は当時の日本国民の実感であり，だからこそ，「平和憲法」は熱狂的に受容されたのである。また，近代日本が「戦争国家」だったからこそ，それに対抗する「非戦思想」の豊かな水脈が存在し（中江兆民の軍備撤廃論，田中正造の無戦主義，内村鑑三の戦争絶対廃止論等），それが 9 条制定の際に重要な役割を果たした事実も注目すべき事柄である（深瀬忠一『戦争放棄と平和的生存権』岩波書店，1987 年，93 頁以下，山室信一『憲法 9 条の思想水脈』朝日新聞社，2007 年，等）。

4　本条の運用
（1）再軍備の進展と平和憲法の「定着」
　冷戦の進展に伴い，アメリカは日本を自国の極東軍事戦略に位置づけたうえで，日本の独立（対日講和）を認める方針を採った。すなわち，片面講和，独立後の米軍駐留の

第2章　戦争の放棄

継続，日本の再軍備である。日本政府はこれに呼応し，朝鮮戦争に伴って警察予備隊（定員7万5,000人）を設置する一方（1950年8月），ソ連や中立国を除外した片面講和で国際社会に復帰し（サンフランシスコ講和条約。1952年4月28日発効），同時に「日本国とアメリカ合衆国との間の安全保障条約」（講和条約と同日に発効。「旧安保条約」と呼ぶ）を締結して米軍駐留の継続を認めた。1952年10月の保安隊発足（定員11万人），1954年3月の日米相互防衛援助協定（MSA協定）締結，そして1954年6・7月の防衛庁設置・自衛隊発足へと日本の再軍備は進展し（発足時の定員は，陸上自衛隊15万人，海上自衛隊1万5,808人，航空自衛隊6,287人），9条との矛盾は深まった。そこで，明文改憲が追求されることになったが，50年代改憲は失敗に終わった（⇒本書9章6（1），438頁）。

　旧安保条約は日本における米軍基地確保を目的とするものだったが（1条），国民的な反対運動を乗り越えて改定された「日本国とアメリカ合衆国との間の相互協力及び安全保障条約」（1960年6月23日発効）は，日本の防衛力の増強（3条）や，日本の施政下における米軍への武力攻撃があった場合，日本も協力して武力行使を行うこと（5条）が規定された。さらに1978年の「日米防衛協力のための指針」（旧ガイドライン）では，日本の領土防衛を超えて，いわゆる「極東有事」の際の日米防衛協力も検討課題とされた。

　安保改定反対運動の国民的高揚に危機感を抱いた岸信介首相は，1960年5月19日深夜，警官隊を導入して社会党議員を排除した後，衆議院本会議において自民党単独で新安保条約承認を強行採決した。議会制民主主義を軽視する岸内閣の対応に国民の怒りが爆発し，安保反対運動は画期的な高揚を示した（参議院で自然承認される6月19日，33万人が国会を囲んだ）。この安保闘争の「苦い経験」を踏まえて，日本の保守政治は転換する。明文改憲の動向は停滞し，外交防衛政策についても，非核3原則，防衛費GNP1％枠，武器輸出禁止3原則などの「小国主義」的な政策が確立されるに至った（渡辺治「高度成長と企業社会」同編『日本の同時代史27・高度成長と企業社会』吉川弘文館，2004年，28-32頁）。このように，9条は不十分ながらも戦後日本社会に「定着」し，政府の軍事大国化路線への一定の歯止めとして機能してきた。

（2）　自衛隊海外派遣体制の構築

　自衛隊創設時の参議院の「自衛隊の海外出動を為さざることに関する決議」（1954・6・2参院本会議）を始めとして，政府解釈においても長年，自衛隊の海外出動は許されないと解されてきたが，湾岸戦争（1991年1月）を契機として，「国際貢献」の掛け声の下，自衛隊の海外派遣体制の構築が始まった。湾岸戦争の際，日本政府は多国籍軍に90億ドルの戦費支援を行ったほか，「人的貢献」の名の下にペルシャ湾岸への掃海艇派遣を実現し（1991年4月），「国連協力」を旗印にPKO等協力法（「国際連合平和維持活動等に対する協力に関する法律」）を制定させた（1992年6月）。同法に基づいて自衛隊は，カンボジアで展開していたUNTAC（国際連合カンボジア暫定機構）に参加するべく海外出動した。

　橋本龍太郎首相とクリントン大統領の首脳会談における「日米安全保障共同宣言」（1996年11月。日米安保協力のアジア・太平洋地域へのグローバル化と防衛協力の緊密化が

課題とされた）に応じて「日米防衛協力のための指針」が改定され（1997年9月。「新ガイドライン」と呼ぶ），日本政府はそれを実施するために周辺事態法（「周辺事態に際して我が国の平和及び安全を確保するための措置に関する法律」）を制定した（1999年5月）。同法によって，自衛隊は「周辺事態」における米軍の軍事行動に対する「後方地域支援」（実質は兵站活動）を行うことが可能になった。ただし，自衛隊の海外派遣体制の構築という観点からみれば，周辺事態法には二つの限界があった。(a) 自衛隊の活動範囲が日本の「周辺」に限定された点，(b) 国民や地方自治体の協力を義務化できなかった点である（地方自治体にできるのは「協力要請」に止まる。9条1項）。

(a)の限界は，2001年9月11日のアメリカ同時多発テロの衝撃とアメリカを支持する国際世論を追い風にして制定されたテロ対策特別措置法（「平成13年9月11日のアメリカ合衆国において発生したテロリストによる攻撃等に対応して行われる国際連合憲章の目的達成のための諸外国の活動に対して我が国が実施する措置及び関連する国際連合決議等に基づく人道的措置に関する特別措置法」）によって突破された（2001年11月）。政府は同法に基づいて，海上自衛隊をインド洋に派遣し，洋上給油活動に従事させた。2003年3月の米英軍によるイラク攻撃の後，イラクへの自衛隊派遣を実現するべく，政府はイラク特措法（「イラクにおける人道復興支援活動及び安全確保支援活動の実施に関する特別措置法」）を成立させた（2003年7月）。同法に基づき，陸上自衛隊はイラクのサマワに駐留して人道復興支援活動を行った（2006年7月撤兵完了）。重装備の部隊を実質的な戦地に派遣した点で，画期をなすものであった。また，航空自衛隊はクウェートからバグダッドへの輸送業務に従事したが，この活動は米軍の掃討作戦の一翼を担っていた可能性が高く，自衛隊が本格的に戦争に関与したことを意味している。

(b)の限界は，武力攻撃事態法（「武力攻撃事態等における我が国の平和と独立並びに国及び国民の安全の確保に関する法律」）を中心とする有事法制の整備によって「克服」された（2003年6月）。武力攻撃事態法は地方自治体の協力義務を規定し（5，7，15条），さらに「努力義務」として国民の協力を定めた（8条）。政府は「武力攻撃予測事態」と「周辺事態」が「並存」しうることを認めることで（2003・5・27 参院武力事態特別委・石破防衛庁長官答弁），「予測事態」段階での，米軍の軍事行動に対する国民と地方自治体の動員を可能としたのであった。

2007年1月，防衛「庁」が防衛「省」に「昇格」され，同時に自衛隊の海外出動が「我が国の防衛」や「公共の秩序維持」に準ずる自衛隊の「本務」へと「格上げ」された（自衛隊法3条2項）。また，海賊対策を理由として，政府はそのための法律を制定することなく，自衛隊法82条（海上警備行動）に基づき，海上自衛隊の護衛艦2隻をソマリア沖・アデン湾に派遣した（2009年3月）。政府はその後，海賊対処法（「海賊行為の処罰及び海賊行為への対処に関する法律」）を制定し（2009年6月），護衛艦と固定翼哨戒機による監視活動を行った。

（3）政府解釈と集団的自衛権

　政府は警察予備隊について，それは治安維持を目的とする組織であり，9条2項の禁

止する「戦力」には該当しないとの立場をとった（1950・7・29 衆院本会議・吉田首相答弁）。しかし，保安隊の発足に際して政府は，9条2項は侵略・自衛の目的を問わず「戦力」の保持を禁止している，「戦力」とは近代戦争遂行に役立つ程度の装備，編成を具えるものをいう（よって保安隊は「戦力」に該当しない）との解釈を示した（1952・11・25 政府統一見解）。

　自衛隊の発足後，政府は，(a) 自衛権は独立国が当然に保有する権利であり，憲法も自衛権を否定していない，(b) 憲法は戦争を放棄したが，自衛のための抗争は放棄していない，(c) 自衛隊のように自衛を目的とし，その目的のために必要な範囲の実力部隊を設けることは憲法に違反しない，との解釈を打ち出した（1954・12・22 衆院予算委・大村防衛庁長官答弁）。(a) は，個人の正当防衛権とのアナロジーで議論される「固有の自衛権」論によって，自衛隊の存在を正当化する議論である。この「自衛のための必要最小限度の実力」の保持は憲法に違反しないという解釈は後年，政府統一見解として提示され（1972・11・13 参院予算委・吉国内閣法制局長官答弁），現在もその地位を維持している（防衛白書 2017 年版 232 頁）。

　A国がB国の武力攻撃を受けた場合に，A国自身がそれを撃退する権利を「個別的自衛権」と呼ぶ。他方，「集団的自衛権」とは，A国とB国が連帯関係にあり，B国がC国の攻撃を受けた場合，A国が武力攻撃を受けていないにもかかわらず，C国に対して反撃する権利と一般に理解されている。政府解釈は従来，「我が国が，国際法上，このような集団的自衛権を有していることは，主権国家である以上，当然であるが，憲法第9条の下において許容されている自衛権の行使は，我が国を防衛するために必要最小限度の範囲にとどまるべきものと解しており，集団的自衛権を行使することは，その範囲を超えるものであって，憲法上許されないと考えている」としてきた（1985・9・27 政府答弁書等。阪田雅裕『政府の憲法解釈』有斐閣，2013 年，48-67 頁を参照）。政府解釈が (a) の理屈から出発したからこそ，この解釈が長年維持される結果になったと解される（防衛白書 2013 年版にもこの政府解釈は明記されている）。

（4）集団的自衛権行使の「限定」解禁

　第二次安倍晋三内閣は，内閣総理大臣の私的諮問機関である「安全保障の法的基盤の再構築に関する懇談会」（安保法制懇）の報告書を受けて，政府解釈の変更による集団的自衛権行使の「限定」解禁に踏み切る。2014 年 7 月 1 日の閣議決定「国の存立を全うし，国民を守るための切れ目のない安全保障法制の整備について」（以下，「7・1 閣議決定」と略す）は，「わが国に対する武力攻撃が発生した場合のみならず，わが国と密接な関係にある他国に対する武力攻撃が発生し，これによりわが国の存立が脅かされ，国民の生命，自由及び幸福追求の権利が根底から覆される明白な危険がある場合において，これを排除し，わが国の存立を全うし，国民を守るために他に適当な手段がないときに，必要最小限度の実力を行使することは，従来の政府見解の基本的な論理に基づく自衛のための措置として，憲法上許容される」とした。

　7・1 閣議決定を受けて，集団的自衛権行使の「限定」解禁を柱とする安全保障関連

法（自衛隊法・武力攻撃事態法・周辺事態法等の10本の法律を一括改定する平和安全法制整備法〔我が国及び国際社会の平和及び安全の確保に資するための自衛隊法等の一部を改正する法律〕と，自衛隊の海外派遣を随時可能とする国際平和支援法〔国際平和共同対処事態に際して我が国が実施する諸外国の軍隊等に対する協力支援活動等に対する協力支援活動に関する法律〕の2本から成る）が2015年9月19日に成立した。

安全保障関連法の制定に対しては，国民的な反対運動が高揚したが，その際立った特徴として挙げられるのは，SEALDs（自由と民主主義のための学生緊急行動）に代表される若者主体の運動と，「安全保障関連法案に反対する学者の会」に代表される学者主体の運動が合流して，反対運動を盛り上げたことである。また，国会での法案審議の過程で内閣法制局長官経験者の参考人（大森政輔・阪田雅裕・宮崎礼壹）が集団的自衛権行使を違憲と考える立場から反対意見を述べたほか，山口繁・元最高裁長官も新聞紙上で，「集団的自衛権行使を認める立法は違憲である」と明言した事実が注目される（朝日新聞2015年9月3日）。

5 自衛権
（1）自衛権の意義と存否

「自衛権」とは国際法上，一般的に，「外国からの違法な侵害に対し，自国を防衛するため，緊急の必要がある場合，それを反撃するために武力を行使しうる権利」と定義される（田畑茂二郎『国際法Ⅰ〔新版〕』有斐閣，1973年，350頁）。武力行使禁止原則を確立した国連憲章も，自衛権を加盟国の「固有の権利」として認めている（51条）。

9条はもとより，日本国憲法には，「自衛権」という文言が一切登場しない。そこで，日本国憲法が，国際法上の自衛権まで放棄したものか否かが問題となる。A説は，「自衛権」を国家の自然権としてとらえ，独立国である以上，それを憲法で放棄することはできないとする（宮沢・コメ177頁等）。B説は，「自衛権」は国際法上の基本的権利だから，国内法たる憲法により制限・放棄できないと解する（法協・註解（上）241-242頁等）。C説は，「自衛権」が不可避的に「武力・戦力」の行使を伴う以上，戦力不保持を定める日本国憲法は「自衛権」を実質的に放棄したと解する（山内敏弘『平和憲法の理論』日本評論社，1992年，209頁，浦部・教室439-440頁，杉原編・事典351頁〔水島朝穂〕）。

政府解釈は，本条1項は，独立国家に固有の自衛権までも否定する趣旨のものではないとしており（1980・12・5政府答弁等），A説に立っているものと解される。ただし，A説が当然に，自衛隊合憲論を帰結するわけではない。学説上は，日本は自衛権をもつが，戦力や武力の行使を伴わない方法によってのみ，自衛権を発動することが許されると解する立場が通説である（宮沢・コメ177頁，清宮・憲法Ⅰ114-115頁，芦部・憲法60頁，深瀬・前掲258頁等）。「武力なき自衛権」論と呼ばれる。この立場において，自衛権は，(a) 外交交渉による侵害の未然回避，(b) 警察による侵害排除，(c) 民衆が武器をもって対抗する群民放棄，などによって行使されることになる（芦部・憲法学Ⅰ266頁）。

(2)「自衛権」の行使

自衛隊合憲論に立つ場合，本条との関係で，自衛権行使の要件について精緻な議論をする必要がある。7・1閣議決定で集団的自衛権行使を「部分」解禁する以前の政府解釈は，本条の下で認められる自衛の措置としての武力の行使について，(a) わが国に対する急迫不正の侵害があること，(b) この場合にこれを排除するためにほかの適当な手段がないこと，(c) 必要最小限度の実力行使にとどまるべきこと，という3要件に該当する場合に限られるとしてきた（1985・9・27 政府答弁書等）。

7・1閣議決定以降，(a) は，「わが国に対する武力攻撃が発生した場合のみならず，わが国と密接な関係にある他国に対する武力攻撃が発生し，これにより<u>わが国の存立がおびやかされ，国民の生命，自由および幸福追求の権利が根底からくつがえされる明白な危険があること</u>」（下線部の事態を「存立危機事態」と呼ぶ），(b) は，「これを排除し，わが国の存立をまっとうし，国民を守るために他に適当な手段がないこと」に変更された。しかし，「存立危機事態」という概念は曖昧であり，安倍晋三首相はホルムズ海峡の機雷封鎖による石油の輸入途絶を念頭に置いた国会答弁をしたこともあるから（衆院安保法制特委 2015・5・27 等。阪田雅裕『憲法9条と安保法制』有斐閣，2016年，35-39頁を参照），集団的自衛権行使の解禁は決して「限定」的なものとはいえず，「存立危機事態」という曖昧な概念の放埓な解釈によって，自衛隊が他国防衛のための戦争に参加する危険性は否定できない。

〔愛敬浩二〕

第9条 ①日本国民は，正義と秩序を基調とする国際平和を誠実に希求し，国権の発動たる戦争と，武力による威嚇又は武力の行使は，国際紛争を解決する手段としては，永久にこれを放棄する。
②前項の目的を達するため，陸海空軍その他の戦力は，これを保持しない。国の交戦権は，これを認めない。

---

1 9条解釈の類型

本条の解釈は戦後憲法史の最大の争点であったともいえるため，多種多様な学説が提示されてきた。そこで，本条解釈の類型をまず示しておく。なお，以下では，「自衛戦争」という語を「自衛のための武力行使・威嚇」を含む意味で用いる。国際法上，伝統的な「戦争」の概念は止揚されており，国連憲章の下で「自衛戦争」はありえないが（ありうるのは自衛権の発動としての武力行使），9条の文言との関係では，「自衛戦争」という用語は便宜であり，一般にも通用していると解されるので，この言葉を利用する。

(1) 非武装主義解釈

学説においては，自衛隊を違憲とする非武装主義解釈が現在も確固とした通説である。A説は本条1項が自衛戦争をも放棄したと解釈するので，2項解釈として必然的に戦力の「全面的不保持説」をとること

になる（1項全面放棄説）。B説は1項の解釈として自衛戦争までは放棄されていないとする「限定放棄説」をとりつつ、2項が戦力の不保持と交戦権の否認を定めた結果、自衛戦争も含むすべての戦争が禁止されたと解する（2項全面放棄説）。

（2）自衛隊合憲論

自衛隊合憲論を類型化すれば、次のとおりである。(a) 本条の法規範性等を否定することで、複雑な条文操作を回避する議論。後述する政治的マニフェスト説や政治規範説などがその例である。なお、「憲法変遷」を理由とする合憲論（橋本公旦）も、この議論のバリエーションの一つとして評価できる（⇒本書9章5（2）、438頁）。(b) 本条1項について限定放棄説をとり、芦田修正を利用して、2項の戦力の不保持は「前項の目的を達するため」に限定されるとして、自衛のための戦力の保持を合憲とする議論。「1項・2項限定放棄説」と呼ばれる。(c) 本条1項について限定放棄説、2項については形式上、戦力の全面不保持説をとる（この点で、(b)説とは異なる）。ただし、国家の自衛権を憲法によっても放棄できない自然権的権利として構成することで、「自衛のための必要最小限度の実力」の保持は合憲とする。政府解釈がこの立場である。

2　本条解釈を評価する視点

政府解釈が「現実」に合せて展開してきたとすれば、学説の大勢は「現実」の進行に抗して、非武装主義解釈という「原点」を維持してきたといえる。ただし、憲法学者が「現実」を無視して9条を「護持」してきたと理解するならば、個々の学説の評価を誤ることになる。非武装主義解釈は、その立場を維持することが、特定の政治的文脈において、「武力によらない平和」を実現する上で有効であるとの実践的判断に立ってきたはずである。この点で次の指摘は熟読玩味に値する。「戦後憲法学は、『非現実的』という非難に耐えながら、その解釈論を維持してきた。…その際、過少に見てならないのは、そういう『非現実的』な解釈論があり、また、それと同じ見地に立つ政治的・社会的勢力…があったからこそ、その抑止力の効果を含めて、現在かくあるような『現実』が形成されてきたのだ、という事実である」（樋口陽一「戦争放棄」同編『講座憲法学2・主権と国際社会』日本評論社、1994年、129頁）。

3　9条の法的性格

本条が憲法本文に位置づけられたにもかかわらず、その法規範性（および裁判規範性）をめぐって、他の条項とは異なる特別な議論がある。本条は単なる政治的宣言（マニフェスト）であり、その条文の字句から何らかの法的効果を導き出すことはできないとする政治的マニフェスト説（高柳賢三）や、9条の法規範性を認めながらも、「高度の政治的判断を伴う理想」が込められていることを理由として、本条の裁判規範性を否定し、「法令や政府の行為が9条違反か否かは、主として、国会、選挙その他政治的な場において検討され決定される」と主張する政治規範説（伊藤正己）がある。しかし、本条の法規範性を肯定し、本条に反する国家行為は、政治的に不当であるのみならず、違法・違憲であると考える立場が圧倒的通説である（宮沢・コメ181頁、芦部・憲法学Ⅰ297-299頁、佐藤幸・憲法論92頁、辻村・憲法64頁等）。

4　9条1項　戦争の放棄
(1)「国権の発動たる戦争」と「武力の行使」

「国権の発動たる戦争」とは，伝統的な意味での国際法上の戦争，すなわち，一般に宣戦布告もしくは最後通牒によって開始され，全面的な武力衝突が行われて，戦時国際法規が適用されるようになった状態をいうものと理解されてきた（形式的意味の戦争）。しかし，1919年の国際連盟規約，1928年の不戦条約によって，戦争禁止（制限）のルールが確立されてくると（戦争違法化原則），宣戦布告をせずに，全面的な攻撃破壊を目的とする敵対行為を，それを行おうとする戦争意思をもって遂行する国家が現れてきた（実質的意味の戦争）。「満洲事変」や「支那事変」（日中戦争）がその典型である。

そこで，国連憲章は「戦争」という言葉を使わずに，憲章自身が規定する例外（自衛の場合と集団的安全保障に基づく強制措置の場合）を除いて，武力による威嚇と武力の行使を全面的に禁止する方法を採用した（2条4項。武力行使禁止原則）。本条が戦争だけではなく，武力の行使と武力による威嚇をも放棄の対象としたのは，このような国際法上の発展を反映したものである。ただし，国連憲章が規範のレベルでは「武力行使の違法化」の水準に達したのに対して，本条はなお，戦争と武力の行使の区別を存置している点に違いがある。

「武力」とは，実力の行使を任務とする人的編成や物的装備，これらの関連施設の組織体をさす。国連憲章とは異なり，本条が「戦争」と「武力の行使」を区別していることから，本条の禁止する「武力の行使」は，国連憲章の禁止するそれよりも狭いものとなる。すなわち，「武力の行使」とは，国際法上の戦争に至らない，国家間における戦闘行動をいう。よって，警察による治安維持のための実力行使は，それが装甲車や重火器を用いて行われたとしても，「武力の行使」には該当しない（杉原編・事典349-350頁〔水島朝穂〕）。

(2)「武力行使との一体化論」

自衛隊の海外派遣体制が構築される中，政府解釈において重要な役割を担うようになったのが，「武力行使との一体化論」である。「武力行使との一体化論」とは，仮に自らは直接武力行使をしていないとしても，他の者が行う武力行使等への関連の密接性などから，日本も「武力の行使」をしたと評価される場合があるという「憲法上の判断に関する当然の事理」を述べたものだとされる（1996・5・30衆院外務委・秋山内閣法制局第一部長答弁等）。しかし，この議論は実際上，外国の武力行使と一体化しない個別協力行為を合憲化する論理として利用されてきた（浦田一郎『自衛権論の論理と歴史』日本評論社，2012年，151-156頁）。

「後方支援活動」（重要影響事態法3条1項2号）としての補給，輸送，修理および整備，医療，通信等の支援措置，「協力支援活動」（テロ対策特措法3条1項1号）によるインド洋での給油活動，「安全確保支援活動」（イラク特措法3条2号）による医療，輸送，保管等は武力行使と一体化するものではないのか。政府解釈は，(a)これらの協力行為自体は「武力の行使」ではない，(b)「非戦闘地域」（現在および活動期間を通じて戦闘行為が行われることがないと認められる地域。重要影響事態法2条3項，テロ対策特措法2条3項，イラク特措

法2条3項）においてのみ実施されるので，他国の武力行使と一体化するという問題は生じないとする（1999・4・23衆院ガイドライン特別委・大森内閣法制局長官答弁等）。しかし，これらの協力行為の本質は，武力行使の目的をもった他国の戦闘部隊に対する兵站活動であり，9条1項の禁止する「武力の行使」に当たると解される。

（3）武力による威嚇

「武力による威嚇」とは，武力行使に出ることを示唆して，国家意思を他国に強制しようとする行為をさす。政府解釈も，ほぼ同旨である（1990・10・29衆院PKO特別委・工藤内閣法制局長官答弁等）。外交交渉の最中に，相手国の領海付近に，空母機動部隊を展開して演習を繰り返すことなどもこれに当たる（新基本法コメ46頁〔水島朝穂〕）。

5　9条1項「国際紛争を解決する手段として」

A説は，「国際紛争を解決する手段としての戦争」とそれ以外の戦争との区別はきわめて不明確であること（「満洲事変」等は「自衛権の発動」と主張された），日本国憲法には戦争を予想した規定が全く存在しないこと等を理由として，本条1項の放棄の対象になんらかの限定を加えるものではないと解する（宮沢・コメ163-164頁，清宮・憲法Ⅰ112頁，樋口・憲法139-140頁等）。A説は，本条1項によって，すべての戦争や武力行使が放棄されたと考えるので，「1項全面放棄説」と呼ばれる。

B説は，この文言は本条1項の放棄の対象に限定を加える趣旨であると解する。国際法の一般的用例では，「国際紛争を解決する手段としての戦争」は，不戦条約1条にいう「国家ノ政策ノ手段トシテノ戦争」と同義とされ，これは侵略戦争を指すものとされる。「宣戦なき戦争」（実質的意味の戦争）の禁止を課題とする国連憲章の下でも，自衛権の発動としての武力行使（51条）や集団的安全保障の措置として行われる武力行使（42条以下）を認めている。B説は，このような国際法上の一般的用例を論拠にしている。ただし，本条2項によって，一切の戦力の保持が禁止され，交戦権が否認されたと解するのであれば，自衛のための戦争や武力行使は不可能になる。「2項全面放棄説」と呼ばれる立場であり，これが通説とされる（芦部・憲法57-58頁，杉原・憲法Ⅱ129頁，辻村・憲法66頁等）。一方，B説に立った上で，本条2項の解釈について，自衛のための戦争や武力の行使のための戦力の保持は許されると解して，自衛隊や駐留米軍を合憲と解する立場もある（「1項・2項限定放棄説」。佐藤幸・憲法論93-94頁，大石・講義Ⅰ66-68頁）。

なお，(a) 1項全面放棄説と (b) 2項全面放棄説は，現行9条の解釈について実際上の帰結に変わりはないが，憲法改正問題との関係では異なりうる。(b)説によれば，1項には手を着けず，2項を削除するのみで，国連憲章が容認する戦力の保持が可能となるが，(a)説によれば，1項も改正しなければ，それは許されないことになる。自由民主党の「新憲法草案」（2005年）や「日本国憲法改正草案」（2012年）のように，近年の改憲構想の中には，1項を維持し，2項を改正（ないし削除）することを提案するものが少なくないため，憲法改正における両説の帰結の差異は，実践的な意味合いを持ちつつある。

6　9条2項「前項の目的を達するため」

この文言は，提案者の名前をとって，「芦田修正」と呼ばれることが多い。この文言については，次の3つの理解がある。A説は，1項冒頭の「日本国民は，正義と秩序を基調とする国際平和を誠実に希求し」を指すとし，戦力不保持の動機を述べたものとする（清宮・憲法Ⅰ113頁，杉原・憲法Ⅱ142頁等）。B説は，1項全体の指導精神を指すと解する（宮沢・コメ166頁）。C説は，1項後段の「国際紛争を解決する手段として」の戦争（侵略戦争）を放棄するという目的を指すと解する。自衛のための戦力の保持は許されるとする1項・2項限定放棄説はこの立場である。

A説とB説の差異は，本条解釈の帰結に影響はなく，さほど重要な問題ではない。政府解釈はA説と同様，1項全体の趣旨を指すとしながらも，自衛権は否定されておらず，「自衛のための必要最小限度の実力」の保持は禁止されていないとする。その結果，「戦力」とは，「自衛のための必要最小限度」を超える実力として定義される（1980・12・5政府答弁書）。

政府解釈がC説をとっていないからこそ，「自衛のための必要最小限度の実力」とは何か，という憲法問題が成立することに注意したい。たとえば，安保法制懇はC説に依拠して集団的自衛権行使の全面解禁も合憲との立場をとったが，7・1閣議決定は「従来の政府解釈の基本的な論理」を維持すると称して「限定」解禁に止めたため，今後も「自衛のための最小限度の実力」とは何かが憲法問題として問われ続けることになる。

7　9条2項「陸海空軍その他の戦力」

「陸海空軍」は例示という程度のものなので（1973・9・13参院内閣委・角田内閣法制局長官答弁），問題は「戦力」とは何かである。A説は，長距離航空機・港湾施設・原子力技術など戦争に役立つ一切の潜在的能力を「戦力」と解する（潜在的能力説。鵜飼信成）。B説は，警察力と戦力の区別は，目的（主観的要件）と実体（客観的要件）によって決まるとし，「戦力」とは，警察力を超える戦争遂行目的・機能をもつ組織を指すと解する（警察力を超える実力説）。同説が通説である（宮沢・コメ168頁，芦部・憲法60-61頁，樋口・憲法143頁等）。B説によると，組織・編成・装備の実態に即して判断するかぎり，現在の自衛隊は「戦力」に当たるとされる。C説は，「戦力とは，近代戦争遂行に役立つ程度の装備，編成を備えたもの」をいうと解する（近代戦争遂行能力説）。D説は，「自衛のために必要な最小限度の実力」を超える実力が「戦力」に当たると解する（最小限の自衛力説）。

政府解釈は，保安隊の設置に際してC説を採用したが，自衛隊の発足後は現在までD説をとっている。「何が必要最小限度か」という判断は，時々の国際情勢によっても変わるので，一定不変のものではなく，国民の代表機関である国会が予算や法律の審議を通じて行うものとしている（1973・9・18参院法務委・角田内閣法制局第一部長答弁）。

8　9条2項「保持しない」

「保持しない」とは，旧日本軍の完全解体・消滅を確認し，将来に向かって軍隊の

組織・編成を否定したものと解される。解釈上の争点となったのは，在日米軍との関係で，不保持の対象に外国の戦力が含まれるかという問題である。

A説は不保持の対象に外国の戦力は含まれないと解する（合憲説）。その論拠は概ね，次の3説に分かれる。(a) 非戦力説：本条の禁止する「戦力」とは，日本が指揮・管理権を行使しうる戦力であり，日本に駐留する外国軍は「戦力」には該当しないとする（横田喜三郎『自衛権』有斐閣，1951年，210-211頁等）。(b) 暫定措置説：国連による集団的安全保障の方式の完成に至る過渡的措置として，外国軍隊の駐留による安全保障という考え方を憲法は否定していないとする（宮沢・コメ179-180頁）。(c) 準国連軍説：外国軍の駐留は違憲であるが，それを国連軍に準ずるものとみなしうるのであれば，憲法に違反しないとする（法協・註解上238-240頁）。

B説は，不保持の対象に外国の戦力も含まれうると解する（違憲説）。日本の指揮下にない戦力であっても，条約により日本国の意思に基づき駐在ないし駐留している場合には，違憲の問題を生じうると同説は主張する（清宮・憲法I 118頁）。学説では当初，A説も有力であったが，砂川事件第一審判決（東京地判1959（昭34）・3・30判時180号2頁）を契機として，B説が有力となった（山内敏弘『平和憲法の理論』日本評論社，1992年，104-111頁）。現在では，多数説になっている（杉原・憲法II 141頁，樋口・憲法143-144頁，野中他・憲法I 187頁〔高見勝利〕，新基本法コメ52頁〔水島朝穂〕，山内・前掲書115-119頁等）。

ただし，A説とB説のどちらが正当かを解釈論のレベルで割り切ることは困難とする見解もある（芦部・憲法I 204頁）。なお，裁判所の判断をみると，砂川事件第1審判決はB説を，同事件の最高裁判決はA説の立場を採用した。

「政府の行為によつて再び戦争の惨禍が起ることのないやうにすることを決意」（前文1段）した憲法の下では，外国軍の駐留を認めた政府の行為の憲法適合性が問われて当然であるし（樋口・注解I 447頁），日米安保体制の変容（→2章4（2））を踏まえると，A説のうち，(b)説と(c)説をとりうる現実的基盤は失われたと解される。また，米軍と自衛隊の「共同運用」をグローバルな規模で推進する日本政府の対応からみて，(a)説はあまりに形式的である。よって，B説が妥当である。

9　9条2項　「交戦権」の否認

「交戦権」の意味については，A説は国家が戦争を行う権利そのものと解する。B説は交戦国が国際法上有する諸権利と解する。C説はその両者を含める。B説について，交戦国として有する諸権利としては，交戦国相互間に適用される交戦法規上のもの（たとえば，敵の兵力を殺傷破壊し，敵国領土を攻撃・占領する権利等）と，交戦国が中立国との関係で有する権利（たとえば，戦時禁制品を相手交戦国に輸送する中立国の船舶に対して一定の措置をとる権利等）がある。

自衛戦争を認める学説は必然的にB説をとることになるが，この場合，自衛戦争はできるが交戦国として有する国際法上の諸権利は主張しないという，実際上は著しく不合理な立場をとることになる。この点，政府解釈はB説をとりつつ，「わが国が自

衛権の行使として相手国兵力の殺傷と破壊を行う場合，外見上は同じ殺傷と破壊であっても，それは交戦権の行使とは別の観念のものである」という苦しい説明をした結果，相手国の領土の占領などは，自衛のための必要最小限度を超えるものであり認められないとしている（防衛白書2017年版233-234頁）。

10　9条をめぐる憲法裁判
（1）自衛隊の合憲性

恵庭事件：自衛隊の演習の騒音に悩まされていた住民が自衛隊の連絡用電信線を数か所切断したところ，自衛隊法121条（防衛用器物損壊罪）違反を理由にして起訴された。札幌地裁は罪刑法定主義の要請を強調し，同条の「その他の防衛の用に供する物」とは，「武器，弾薬，航空機」という例示物件と同列に評価しうる程度の「密接かつ高度な類似性」を必要とするが，電信線はそれに該当しないとして，被告人を無罪とした。そして，裁判所が違憲審査権を行使しうるのは具体的な裁判に必要な限度に限られるから，無罪の結論が出た以上，憲法判断に立ち入る必要はないと判示した（札幌地判1967〈昭42〉3.29判時476号25頁）。「憲法判断の回避」という手法を使った判決としても重要である（芦部信喜・百選Ⅱ364頁）。

長沼事件（長沼ナイキ基地訴訟）：航空自衛隊のミサイル基地建設のための保安林の指定解除を農林大臣が行ったところ，保安林のある長沼町の住民が，同処分は憲法9条に違反するとしてその取消しを求める行政訴訟を提起した。第1審は，森林法の保安林制度は地域住民の生命・財産・安全等を保護するためのものであるから，保安林指定解除処分により地域住民の平和的生存権が侵害される危険がある場合，住民には取消訴訟の原告適格が認められるとしたうえで，統治行為論を斥けて，自衛隊を違憲と判示した（札幌地判1973〈昭48〉9.7判時712号24頁）。第2審は，保安林の解除による地域住民の不利益は洪水防止施設により補填・代替されたから，住民が解除処分の違法性を争う具体的な利益は失われたとした（札幌高判1976〈昭51〉8.5行集27巻8号1175頁）。最高裁も同様の理由で住民の訴えを斥けた（最一判1982〈昭57〉9.9民集36巻9号1679頁）。なお，第2審は統治行為論に言及したが，上告審は言及しなかった。

百里基地訴訟：航空自衛隊基地の建設予定地内に土地を所有するAが，基地建設反対派のBとの間で売買契約を結んだところ，売買代金の一部が不払いであるとして，Aは売買契約を解除し，本件土地を国に売却した。Aと国が原告になって本件土地の所有権等の確認を求めて出訴したところ，Bは国の本件土地取得（売買契約）は，憲法98条1項の「国務に関するその他の行為」に当り，同9条に違反して無効であり，仮に私法上の行為と解するとしても，民法90条の公序良俗違反で無効と主張した。最高裁は，国の私人としての行為には憲法は適用されず，自衛隊との間の売買契約の締結が反社会的行為であるとの認識は成立していないとして，基地設置のための土地売買契約は公序良俗に反しないと判示した（最三判1989〈平1〉6.20民集43巻6号385頁）。

イラク派兵差止訴訟：自衛隊のイラク派遣は「戦争や武力行使をしない日本において生存する権利」（平和的生存権ないしその

一内容として主張）を侵害したとして，多数の市民が損害賠償と差止めを求める民事訴訟を提起したところ，名古屋高裁は，イラク戦争の実態とそこでの自衛隊の活動についての綿密な事実認定に基づいて，武装兵員の輸送を含む航空自衛隊の空輸活動は，政府解釈によってもイラク特措法違反（武力行使を禁止した2条2項，活動を「非戦闘地域」に限定した同条3項に違反）であり，かつ憲法9条1項違反であるとして，自衛隊イラク派遣の一部を違憲と判断した。ただし，損害賠償請求を認めるに足る被侵害利益が生じていないなどとして，控訴人の請求を斥けた（名古屋高判 2008〈平 20〉4.17 判時 2056 号 74 頁）。なお，控訴人の側が上告をしなかったので同判決は確定している。

（2）安保条約の合憲性（砂川事件）

米軍立川飛行場の拡張に反対する市民が集団抗議行動を展開した際，その一部が飛行場内に数メートル立ち入ったところ，旧安保条約3条に基づく行政協定に伴う刑事特別法2条違反を理由として逮捕・起訴された事件。第1審は，憲法9条は自衛権を否定するものではないが，自衛戦争も自衛のための戦力の保持も許さないとしたうえで，米軍の駐留は日本政府の要請と，日本政府による米軍への施設・地域の提供，費用の分担等の協力があって始めて可能になる以上，日本政府の指揮権の有無にかかわらず，9条の禁止する戦力に該当すると判示した（東京地判 1959〈昭 34〉3.30 判時 180 号 2 頁〔伊達判決〕）。検察側はこの判決を不服として最高裁に跳躍上告した。

最高裁は，9条2項が禁止する戦力とは，「わが国がその主体となってこれに指揮権，管理権を行使し得る戦力をいう」から，駐留米軍は憲法の禁止する戦力に該当しない，安保条約は「わが国の存立の基礎に極めて重大な関係をもつ高度に政治性を有するもの」だから，その合憲性の判断は裁判所の判断になじまない性質のものであり，「一見極めて明白に違憲無効であると認められない限り，裁判所の司法審査権の範囲外のもの」である（統治行為論），米軍駐留は，「わが国の防衛力の不足を，平和を愛好する諸国民の公正と信義に信頼して補おうとしたもの」であり，一見極めて明白に違憲無効とはいえない，と判示した（最大判 1959〈昭 34〉12.16 刑集 13 巻 13 号 3225 頁）。

なお，砂川事件上告審判決は，田中耕太郎最高裁長官がアメリカ側の関係者と連絡を取りつつ，在日米軍の駐留を違憲と判断した第一審判決を全員一致の判決で覆すべく，精一杯の（政治的）努力をした判決であることが資料的に明らかにされている（布川玲子・新原昭治編著『砂川事件と田中最高裁長官』日本評論社，2013 年）。たとえば，当時の駐日大使（マッカーサー二世）は判決の翌日（1959 年 12 月 17 日），国務長官宛の電報の中で，「全員一致の最高裁判決が出たことは，田中裁判長の手腕と statesmanship に負うところがすこぶる大きい」と激賞した。宗主国の役人が植民地の政治家をねぎらうようなこの発言を苦々しく思い出すことなしに，この判決について考えることは難しくなったのが現在の状況である。

〔愛敬浩二〕

第3章　国民の権利及び義務　　［総論］

1　「国民の権利」と「臣民の権利」

　第3章「国民の権利及び義務」は，10条から40条の31か条からなる。大日本帝国憲法（以下，明治憲法，旧憲法）第2章「臣民権利義務」が18条から32条の15か条であったのと比べると，格段に詳細である。義務の数はほぼ同じなので，条文数が増えた分，権利の保障が厚くなったことを意味する。20世紀的権利である社会権が新たに加わったほか，明治憲法下で権利が侵害された経験に基づき詳細な内容となった規定もある（20条，31条以下。戸松・憲法85～6頁）。本章には，権利規定のほかにも，国民の要件の法定を命じる規定（10条）や，制度的保障のような，国家に一定の行為を禁止し，または義務づける客観法規定も含まれている（⇒3）。

　日本国憲法の保障する「国民の権利」は，明治憲法の保障する「臣民の権利」と比較して，次のような特徴を有する。①「臣民の権利」が，日本臣民に対して国家と憲法が与えた（後国家的）権利であったのに対して，「国民の権利」は，すべての人間が人間であることから当然に有する前国家的権利の観念に基づいている。②明治憲法の「臣民の権利」には「法律の留保」が付されていたため，法律の形式によればいかなる制限も可能であった。それに対して，日本国憲法の「国民の権利」は法律に対しても保障され，かつ権利を制限する法律の合憲性を裁判所が審査する（違憲審査制については81条参照）。③明治憲法は戦時や国家事変の場合には権利の保障が停止される（明治憲法31条）と定めるが，日本国憲法にはそのような規定は存在しない。それだけ保障の徹底化が図られているのである。

2　「国民の権利」の性格

　第3章の「国民の権利」がいかなる性質の権利なのか，まず問題となる。憲法はこれらの権利を「基本的人権」（11条・97条）や「権利及び自由」（12条）と呼んでいるが，両者が同じものか，学説の理解は一致していない。一般に「基本的人権」は，人間が生まれながらに有する前国家的な自然権の意味で使われる。日本国憲法がそのような権利の存在を承認していることは疑いがない。しかし，憲法の定める「国民の権利」は前国家的自然権という意味での基本的人権そのものではなく，基本的人権をモデルとして（基本的人権に似せて）作られた実定法上の権利だと解すべきであろう。ここでは「国民の権利」を基本的人権，人権，基本権などと呼ぶことがあるが，いずれも日本国憲法が保障する実定法上の権利の意味で用いる（権利の性格をどう理解するかによって結論が異なる場合がある⇒6 (1)「天皇・皇族」(60頁)，(3)(64頁)，9 (73頁)）。

第3章　国民の権利及び義務

3　「国民の権利」規定の内容

（1）主観的権利と客観的法規範

「国民の権利」規定が，まず第1に国家に対する国民の（主観的）権利を定めているのは当然である。国家に対して何を請求するか，その機能は権利の類型ごとに異なる。第2に，「国民の権利」規定は，客観的な憲法秩序の構成要素として，国家に対する客観法的な義務づけを定めている。社会権や参政権が国家に対して一定の法制度の構築を要請するばかりではなく，国家に対する防御作用を内容とする自由権も，自由を行使する現実的な前提を必要とする場合がある。権利規定の客観法的側面は，国家に対して国民の権利を保護し実現するための積極的な作為義務を基礎づけるのである。また，裁判所は，法律や命令を解釈するに当たって，憲法の定める「国民の権利」に適合するように解釈しなければならない（新基本法コメ73〜75頁〔小山剛〕）。

（2）制度的保障

[学説]　第3章の諸規定の中には，国民の権利を直接保障するのではなく，一定の既存の制度そのものについて，その核心部分（本質内容）を客観的に保障するものがある。それを「制度的保障」という。何が制度的保障の対象たる「制度」なのか，学説は一致していないが，政教分離（20条），大学の自治（23条），私有財産制度（29条）をあげるものが多い（第3章以外では92条の地方自治の保障があげられる）。

制度的保障は次のような性質を有する。①保障の対象は，制度それ自体（客観法）であって，国民の（主観的）権利ではない。そのため，②制度的保障の規定に違反する国家行為は，違憲ではあるが，権利侵害ではない。③権利侵害の場合は裁判所で救済を求めることができるが，制度的保障の侵害の場合は，（法律に特別の規定が存在しない限り）その是正を求めて裁判所に出訴することはできない。さらに，④制度の核心部分の保障であって，現状を固定するものではない。制度の核心部分は憲法改正によらなければ変更することはできないが，制度の周辺部分は，そのときどきの状況に適合させるため，法律による柔軟な修正や改変が許される。核心部分を侵害しない限り，周辺部分についてはいかなる制限も可能であるというわけではないが，その憲法適合性をどのように判断すべきか，確立した学説はない（政教分離について，判例は，権利〔信教の自由〕制限の場合よりも緩やかな判断方法を採用している。20条3項解説参照）。

最近は，日本国憲法の解釈上，制度的保障の概念は不要であるとする学説が有力になりつつある。制度的保障の名で呼ばれているものに共通性は希薄で，憲法により積極的に創設された制度と憲法が忌避した制度が区別されず，公法上の制度と私法上の制度も区別されていない（佐藤幸・憲法論126頁）。権利規定に客観的法規範の側面が肯定されれば，制度的保障の①〜④はその中に解消することも可能だろう。

[判例]　最高裁は，津地鎮祭事件判決（最大判1977〈昭52〉7.13民集31巻4号533頁）以降一貫して，政教分離規定は制度的保障の規定だとする（20条3項解説参照）。また，大学の自治には東大ポポロ事件判決（最大判1963〈昭38〉5.22刑集17巻4号370頁）で，私有財産制度には森林法事件判決（最大判1987〈昭62〉4.22民集41巻3号408頁）で触れて

いる。第 3 章以外では，法定メモ訴訟判決（最大判 1989〈平元〉3.8 民集 43 巻 2 号 89 頁）が，裁判の公開は制度として保障されていると述べている。

（3）国民の義務

　憲法第 3 章は，国民の「権利」だけではなく，「義務」も定めている。第 3 章 31 か条のうち「義務」は，「その保護する子女に普通教育を受けさせる義務」（26 条 2 項），「勤労の義務」（27 条），「納税の義務」（30 条）の 3 つである。明治憲法にも，兵役の義務（20 条）と納税の義務（21 条）の 2 つしか義務規定は存在しなかった。憲法に義務規定がなくとも国家はその主権に基づき国民に対して様々な義務を課すことができるので，義務規定はなくてもかまわない。むしろ，国民に義務が無制限に課されることのないように権利規定がどうしても必要なのである。憲法上の権利が詳細に規定されるのに対して義務が少ないのは当然である。また，「国民の義務」は，憲法から直接国民に義務を課すのではなく，法律による具体化があって初めて具体的な義務が生じる。これらの義務の中には，国民だけではなく，日本に在留する外国人にも及ぶものがある。

（4）国民の要件

　国民の要件，すなわち日本国籍を取得しまたは喪失する要件を法律で定めるとする 10 条は，権利規定ではないが，国民の権利享有の前提として，第 3 章の冒頭に置かれている。明治憲法第 2 章「臣民権利義務」の冒頭 18 条も「日本臣民タルノ要件ハ法律ノ定ムル所ニ依ル」と定めていたので，形式をそろえたのである。

4　「国民の権利」の類型

　憲法上の権利の分類方法について確立した学説は存在しないが，ゲオルク・イェリネクの学説をベースとして，それに修正を加えたものが多い。イェリネクは，国家に対する国民の地位（身分）を，①受動的地位，②消極的地位，③積極的地位，④能動的地位の 4 つに区別し，その地位にそれぞれ，①義務，②自由権，③受益権（国務請求権），④参政権を対応させた。イェリネクの没後，20 世紀になって社会権が憲法上の権利として登場してきた。現在の学説は，社会権を憲法上の権利の一類型として位置づけている。また，社会権の保障は経済的自由と対立するので，自由権を精神的自由・経済的自由・人身の自由に区別し，その制限が経済的自由以外に及ばないように配慮している。

　自由権と社会権には次のような違いがある。①歴史的背景：自由権は，近代国家がそれまでの封建的な共同体を破壊して成立するときに，国家からの自由を要求する権利であった。しかし，憲法上の自由の保障は，貧困や失業，過酷な労働条件などの社会問題を生み出した。社会権は，これらの社会問題を克服し，社会的・経済的弱者にも人間らしい生活を保障しようとするものである。②国家観：自由権は，自由国家・消極国家の思想に基づき，国家の介入を自由の制限であるとして排除しようとする。これに対して，社会権は社会国家・積極国家・福祉国家の思想に基づき，国家によって国民の権利を保護し実現しようとする。③権利主体：自由権は抽象的な人一般の権利であるが，社会権の主体はより具体的な一定の属性を備えた人々（生活困窮者や労働者）である。⑤作用：

第3章　国民の権利及び義務

自由権は国家の介入に対する防御権であり，不作為請求権である。これに対して，社会権は，法制度の形成や給付など国家の積極的活動を求める作為請求権である。⑥裁判的救済：自由権は，裁判によって自由規制立法が無効と判断されればそれで実現する具体的権利であるが，社会権は，裁判所が違憲判断を下しても，国家の積極的活動がなければ実現されない抽象的権利である。両者の関係について，憲法上の保障の重点が「自由権から社会権へ」移ったと考えるべきではなく，現在でも自由の保障を第一に考えるべきだとする学説が有力である（芦部・憲法85頁）。

　第3章の「国民の権利」に関する諸規定は，若干の学説を参考にすると，国民の要件の法定を命じる規定（10条），権利保障の原則的規定（11条・12条），包括的基本権（13条），法の下の平等（14条・24条），精神的自由（19〜21条・23条），経済的自由（22条・29条），人身の自由（18条・31〜39条），社会権（25〜28条），国務請求権（受益権）（16条・17条・32条・40条），参政権（15条）に分類することができる（芦部・憲法84頁，辻村・憲法100頁など。異なる分類として，渋谷・憲法107頁）。ただし，一つの権利が複数の側面を有することもあり，この分類を固定化・絶対化して考えることはできない。例えば，24条は家族生活における平等だけではなく，婚姻の自由を定めるし，26条は教育を受ける権利のほか教育の機会均等を定める。また，社会権には国家に対する請求権の側面のほかに防御権（自由権）的側面を有することは以前から認められていたが，最近では自由権の請求権的側面が注目されている。

5　「国民の権利」の効力範囲

　時間的範囲　日本国憲法が施行されたのは1947（昭和22）年5月3日であるから，第3章の「国民の権利」もそれ以前の事実には適用されないのが原則である。憲法施行前（第2次世界大戦中）の被害に国家賠償法が遡及適用されなくても憲法に違反しないとした裁判例がある（東京高判2000〈平12〉12.6訟月47巻11号3301頁）。

　空間的範囲　日本国憲法の効力が及ぶのは日本国内（日本の領土内）に限られる。したがって，「国民の権利」は，外国にいる外国人はもちろん，国内にいない在外国民（外国に滞在している国民）には及ばないのが原則である。ただし，最高裁は在外国民にも選挙権の保障が及ぶとした（在外国民選挙権訴訟：最大判2005〈平17〉9.14民集59巻7号2087頁。15条解説参照）。

　人的範囲　「国民の権利」の保障が及ぶ人々は「国民」に限られない。いかなる権利が（国民を超えて）いかなる範囲の人々に及ぶかは，次の6参照。

6　「国民の権利」の主体
（1）国　　民

　日本国民（日本国籍を有する者）が日本国憲法の保障するすべての権利を享有することは，第3章の表題からも明らかである（国籍を取得し喪失する要件については10条，国籍離脱の自由について22条2項）。もちろん，国民といっても一様ではなく，一人一人が

第3章　国民の権利及び義務［総論］

様々な属性を備えている。学説の中には、①女性、②未成年者（子ども）、③高齢者、④障害者、⑤アイヌの人々、⑥同和関係者、⑦HIV、ハンセン病等の疾病感染者、⑧性的マイノリティに細分して論じるものもある（辻村・憲法107頁以下。杉原編・事典376頁以下も参照。基本法コメ〔第5版〕〔戸波江二〕77頁はさらに犯罪被害者を扱う）。権利主体の様々な属性に留意することは、権利規定の具体的な適用の在り方を考えるうえできわめて重要であるが、憲法上は国民一般と同じ程度に権利が保障されることは疑いがない（むしろ一定の属性を備えた人々だけが享有する権利であるとすると、人一般の権利である人権の観念と矛盾する）。外国憲法の中にはこれらの主体について明文規定を置くものもあるが、日本国憲法にはその種の規定は存在しない。ここでは、これまで学説で一般的に論じられてきたものを取り上げ、様々な属性を備えた国民に対する適用の問題は、個別の権利規定の解説に譲る。

権利享有の始期と終期　民法では私権の享有は出生に始まり（民法3条1項）死亡に終わるのが原則である。まだ生まれていない胎児やすでに亡くなった死者は権利主体となり得ない。確かに、胎児も死者も、自分の意見を表明することも、集会することも、職業を選択することもできない。けれども、学説の中には、ドイツ連邦憲法裁判所の判例を参考に、胎児に生命権を、死者に名誉権・プライバシー権を認める学説がある（戸波・憲法149頁以下）。胎児は将来人となりうる存在であり、人間は死後も人間として尊重されるべきことを理由とする。ただし、胎児や死者の権利が肯定されると、それらと対立する生きている人間の権利（女性の自己決定権、表現の自由など）が制限されることにも留意しなければならない（渋谷・憲法110頁・113頁は、胎児や死者の権利主体性に否定的である。佐藤幸・憲法論141頁も消極的であるが、「物」とは異なる個別的利益主体として憲法的に扱うべき存在だとする）。

未成年者　未成年者が「国民」であるのは当然だが、現行法上多くの制限が加えられている。憲法上は選挙権が認められず（15条3項は「成年者による普通選挙」を定める）、民法上は未成年者の法律行為には法定代理人の同意が必要とされ（5条）、婚姻適齢により婚姻の自由が制限されている（731条）。これを、憲法上の権利能力はある（権利は享有する）が、行為能力（権利行使）が制限されているということもできる。これらの制限は、形式的には憲法自体が成年制度を許容していると解されること（15条3項）、実質的には成熟した判断能力があり、行為の結果に対して責任を負える人間が「国民の権利」の前提であることから、肯定される場合が多い。未成年者は、心身とも発達の途上であって、判断能力も十分ではないから、未成年者を保護するための「限定されたパターナリスティックな制約」（佐藤幸・憲法論137頁）が認められるのである（したがって、制限を受けるかわりに保護も受ける）。学説では、必要最小限度の制限にとどまるべきだとするものが多いが、岐阜県青少年保護育成条例による有害図書の規制の合憲性が問題となった事件（最三判1989〈平元〉9.19刑集43巻8号785頁）で、伊藤正己裁判官は、青少年の知る自由は、保障の程度が成人よりも低く、その制約の憲法適合性について厳格な基準は適用されないと述べている。

第3章　国民の権利及び義務

天皇・皇族　天皇および皇族が第3章の「国民」に含まれるかについて学説上争いがある。明治憲法第2章の表題は「臣民権利義務」で，天皇・皇族は「臣民」ではないから，明治憲法の権利規定は適用されなかった。日本国憲法では，2つの考え方が対立している。第1説（肯定説）は，天皇・皇族も日本国籍を有する日本国民であり，第3章の権利（の主要部分）が人間であることにより当然に有する権利であると考えれば，天皇・皇族も人間であるから，これらの権利の保障は当然に天皇・皇族にも及ぶ。ただ，憲法第1章の定める皇位の世襲制と職務の特殊性から必要最小限度の特例が認められるとする（芦部・憲法88頁）。これに対して，第2説（否定説）は，世襲の天皇制は「うまれによる差別」を憲法自身が認めたもので，人類普遍の原理の中の身分制の「飛び地」であるから，天皇・皇族には人権は保障されず，その身分に伴う特権と義務があるだけだとする（長谷部・憲法124頁）。憲法第3章の権利が，すべての人間が生まれながらに有する前国家的自然権であれば第1説のように考えられるが，憲法によって定められた実定法上の権利だとすると，第2説が支持されよう。第1説では，天皇にも信教の自由があるから，クリスチャンになるのも自由であるし，男性だけが皇位につくのは女性差別であることになる。権利の制限は可能であるが，必要最小限度とはいい難い。第2説では，このような権利侵害の主張は論理の錯誤にすぎないとされる。なお，天皇・皇族という特別の身分に属している人は権利保障の対象ではないが，身分選択の自由を認める学説もある（高橋・憲法89頁）。その学説では，退位の自由，即位拒否の自由は制限できないことになろう（2条解説参照）。

（2）外 国 人

権利主体性　第3章の「国民の権利」が，日本国内にいても日本国籍を有しない者，すなわち在留外国人にも保障されるか，かつては学説上争いがあったが，今日では，判例・学説は一致している。最高裁は，マクリーン事件判決（最大判1978〈昭53〉10.4民集32巻7号1223頁）でこう述べた。「憲法第3章の諸規定による基本的人権の保障は，権利の性質上日本国民のみを対象としていると解されるものを除き，わが国に在留する外国人に対しても等しく及ぶものと解すべきであり，政治活動の自由についても，わが国の政治的意思決定又はその実施に影響を及ぼす活動等外国人の地位にかんがみこれを認めるが相当でないと解されるものを除き，その保障が及ぶものと解するのが相当である」。このような考え方は，「権利性質説」と呼ばれるもので，学説上も圧倒的な通説である。日本国憲法上「国民の権利」が前国家的権利の観念に基づいていること，憲法は国際協調主義の立場をとっていることから，権利の性質上可能な限り「国民の権利」を外国人にも保障すべきだと考えるのである。

外国人の種類　同じ外国人でも，旅行者など短期間だけ滞在する一般の外国人と，日本に生活の本拠をもち，永住資格を認められた定住外国人を区別して考察すべきである。定住外国人とは講学上の用語で，法令上は，「出入国管理及び難民認定法」における「永住者」，「日本国との平和条約に基づき日本の国籍を離脱した者等の出入国管理に関する特例法」における「特別永住者」をさす。後述の東京都管理職選考受験事件では，特

別永住者であることから，他の定住外国人とは異なる特別の配慮を必要とするかどうかも問題となったが，最高裁判決（多数意見）は，管理職選考の受験資格が認められない理由は「特別永住者であっても異なるものではない」とした。藤田宙靖裁判官補足意見はその（特別永住者をとくに優遇する必要がない）理由をさらに詳しく説明している。

参政権 　学説 　権利性質説によれば，個々の権利の性質ごとに，外国人への保障の有無を検討しなければならない。権利の性質上外国人に保障されない権利として最初にあげられるのが，参政権である。参政権は，自分が所属する国家の政治に参加する権利であるから，国家の構成員である国民にのみ認められる権利で，外国人には保障されないと考えられたからである（例えば，芦部・憲法92頁）。

国政レベルの外国人の選挙権について，禁止説が通説である。憲法上，外国人に国政選挙権が保障されていないだけでなく，法律で選挙権を付与したら，その法律は違憲無効である。国民主権は，国家の政治的意思決定に参加する権利を当該国家の国民に限定する原理だと解されるからである。したがって，公職選挙法9条1項が日本国民である（日本国籍を有する）ことを衆議院議員・参議院議員の選挙権の要件としているのは，憲法上の要請を確認したものだということになる。これに対して，地方レベルでは，学説上許容説が有力である。憲法上，外国人に地方参政権は保障されていないが，法律で選挙権を付与しても違憲ではないと解されている（芦部・憲法92頁，辻村・憲法117頁）。

　判例 　最高裁も，定住外国人地方参政権訴訟判決（最三判1995〈平7〉2.28民集49巻2号639頁）の傍論（c）において許容説をとった。（a）「憲法の国民主権の原理における国民とは，日本国民すなわち我が国の国籍を有する者を意味する」から，「憲法15条1項の規定……による権利の保障は，我が国に在留する外国人には及ばない」。（b）「憲法93条2項にいう『住民』とは，地方公共団体区域内に住所を有する日本国民を意味する」ので，「右規定は，我が国に在留する外国人に対して，地方公共団体の長，その議会の議員等の選挙の権利を保障したものということはできない」。しかし，（c）「我が国に在留する外国人のうちでも永住者等であってその居住する区域の地方公共団体と特段に緊密な関係を持つに至ったと認められるものについて，その意思を日常生活に密接な関連を有する地方公共団体の公共的事務の処理に反映させるべく，法律をもって，地方公共団体の長，その他の議員等に対する選挙権を付与する措置を講ずることは，憲法上禁止されているものではないと解するのが相当である」。

公務就任権 　学説 　これまで「参政権」には，選挙権・被選挙権・公務就任権が含まれ，いずれも憲法15条1項（公務員の選定罷免権）によって保障されるというのが多数説であった（被選挙権の根拠規定については，判例も同様である。最大判1968〈昭43〉12.4刑集22巻13号1425頁：三井美唄労組事件）。これに対して，公務就任権は憲法22条1項の職業選択の自由で保障されるという学説が有力になってきている。15条1項は「国民固有の権利」だから外国人には保障されないが，22条1項は自由権だから権利の性質上外国人にも保障されるのである（高橋・憲法97頁，渋谷・憲法121頁）。

実 務 　従来，実務では，「当然の法理」と呼ばれる考え方に基づいて公務員の任用

第3章　国民の権利及び義務

がなされてきた。それは、公権力の行使または国家意思の形成への参画に携わる公務員となるためには日本国籍を必要とする、というものである（前田正道編『法制意見百選』ぎょうせい、1986年、367〜372頁）。人事院規則8－18が国家公務員採用試験の受験資格を（郵政一般職の採用試験を除いて）日本国民に限定しているのも、この考え方に基づいている（芦部・憲法学Ⅱ134頁）。けれども、当然の法理はあまりにも包括的でかつ漠然としている、と批判されるようになった（例えば、芦部・憲法93頁）。しかも、「国籍を必要とする」とは禁止なのか許容なのか、これも明らかではない。実務では「公権力の行使または国家意思の形成に携わる公務員」のなかにも、外国人の就任が禁止されているものと、法律等によって外国人の就任を認めることのできるものの二種類があると解されているようである（前田編・同上）。

判例　東京都管理職選考受験拒否事件は、外国籍の職員が、日本国籍のないことを理由に管理職選考の受験を拒否されたため、東京都に対して、慰謝料の支払い等を請求した事件である。第二審判決（東京高判1997〈平9〉11.26判時1639号30頁）は、次のように述べて原告の請求を一部認容した。(a)憲法15条1項や93条2項は、外国人に公務就任権を保障したものではないが、外国人が公務に就任することを禁止するものでもない。(b)公務員をその職務内容に即して①国の統治作用である立法・行政・司法の権限を直接行使する公務員、②公権力を行使し、または公の意思の形成に参画することによって間接的に国の統治作用に関わる公務員、③それ以外の上司の命を受けて行う補佐的・補助的な事務またはもっぱら学術的・技術的な専門分野の事務に従事する公務員の3つに大別すると、①への就任は外国人に禁止されるが、②の一部と③は外国人が就任しても違憲ではなく、逆に憲法22条1項、14条1項の保障が及ぶ。(c)地方公務員の管理職の中には、専ら専門的・技術的な分野においてスタッフとしての職務に従事するにとどまるなど、公権力を行使することなく、また、公の意思の形成に参画する蓋然性が少なく、地方公共団体の行う統治作用に関わる程度の弱い管理職も存在する。このような管理職に外国人が就任する権利は憲法22条1項、14条1項の保障するところであるから、外国籍の職員に管理職選考受験の機会を奪うことは違憲である。

これに対して、最高裁は、第二審判決を破棄し、管理職選考受験資格の国籍要件を合憲とした（最大判2005〈平17〉5.1民集59巻1号128頁）。(a)地方公務員法は、地方公共団体が、条例や人事院規則の定めるところにより職員に外国人を任命することを禁止するものではない。(b)外国籍の職員を日本国籍の職員と異なる取扱いをすることは「合理的理由」がなければ許されない。(c)「公権力行使等地方公務員」、すなわち、地方公務員のうちで、住民の権利義務を直接形成し、その範囲を確定するなどの公権力の行使に当たる行為を行い、若しくは普通地方公共団体の重要な施策に関する決定を行い、またはこれらに参画するものを職務とするものについては、国民主権の原理から、原則として日本国民の就任が想定されているとみるべきであり、外国人の就任は、本来わが国の法体系の想定するところではない。(d)地方公共団体は、人事の適正な運用を図るため、公権力行使等地方公務員の職とこれに昇任するのに必要な職務経験を積むために経

るべき職とを包含する一体的な管理職任用制度を構築することができる。このような制度を構築した上で，管理職への昇任を日本国籍の者に限ることは「合理的理由」に基づく区別であり，憲法14条1項に違反しない。

　最高裁判決は，公務員の採用段階と，管理職への昇任段階とを峻別し，後者についてのみ判断したため，外国人の公務就任権について何も述べていない。公務就任権が憲法上保障されているか否かにかかわらず，原告はもうすでに公務員として採用されているのだから，判断する必要はないとしたのである。なお，判決には，外国人の公務就任権を否定する意見と，肯定する反対意見が付いている。

　社会権　**学説**　憲法25条1項は，生存権の権利主体を「国民」としている。通説によれば，社会権は各人の所属する国家によって保護されるべき権利であるから，生存権の保障も外国人には及ばないのである。ただし，国政選挙権とは異なり，法律でその保障を外国人に及ぼすことは憲法上許容されている（芦部・憲法94頁）。

　判例　最高裁も，塩見訴訟判決（最一判1989〈平元〉3.2判時1363号68頁）において，「社会保障上の施策において，在留外国人をどのように処遇するかについては，国は，特別の条約の存しない限り，当該外国人の属する国との外交関係，変動する国際情勢，国内の政治・経済・社会的諸事情等に照らしながら，その政治的判断によりこれを決定することができるのであり，その限られた財源の下で福祉的給付を行うに当たり，自国民を在留外国人より優先的に扱うことも，許されるべき」であるとした。保障の有無や程度が立法裁量にゆだねられるのは，外国人には社会権が憲法上保障されていないからである。

　実定法上，健康保険法，厚生年金保険法などの被用者保険にはもともと国籍要件はなく，国民年金法，国民健康保険法などは，1981年の難民条約への加入にともなって国籍要件が撤廃された。このように，保険制度を採用するものは外国人にも適用されるが，生活保護法は保護の対象を日本国民に限っている（1条）。1954〈昭和29〉年5月8日の厚生省（現在の厚生労働省）社会局長通知「生活に困窮する外国人に対する生活保護の措置について」により，外国人も国民に準じた取扱いがされているが，判例によれば，この通知は，外国人には生活保護法が適用されないことを前提に，それとは別に事実上の保護を行うことを定めたもので，外国人は生活保護法に基づく保護の対象ではなく，同法に基づく受給権を有しない（最二判2014〈平26〉7.18判自386号78頁）。また，通知は保護の対象を永住者・定住者等に限定しており，短期滞在者や不法残留者は対象外である。判例は，不法残留者を保護の対象に含めるかどうかは立法府の裁量の範囲に属し，不法残留者が緊急治療を必要とする場合であっても医療扶助の対象としないことは憲法25条および14条1項に違反しないとした（最三判2001〈平13〉9.25判時1768号47頁）。

　出入国の自由，在留の権利　外国人に入国の自由は保障されない。判例（最大判1957〈昭32〉6.19刑集11巻6号1663頁）・通説である。これは国際慣習法上当然であると解されている。マクリーン事件判決（最大判1978〈昭53〉10.4民集32巻7号1223頁）も，国際慣習法上，国家は外国人の受け入れ義務を負わず，特別の条約のない限り，外国人を

自国に受け入れるか，いかなる条件で受け入れるかを自由裁量によって決定できるのであり，日本国憲法が外国人の入国について何も規定していないのは，国際慣習法と同じ考え方に基づくものだとした。また，同判決によれば，外国人には入国の自由がない以上，在留の権利も保障されていない。

他方で，出国の自由は外国人に保障される。学説は国際慣習法に基づくものとするが，判例は，憲法22条2項の外国移住の自由を根拠にこれを認めた（最大判1957〈昭32〉12.25刑集11巻14号3377頁）。

問題になるのは再入国の自由である。日本に在留する外国人が，一時外国に旅行して，再び日本に帰国する自由が憲法上保障されるか。実務上は，外国人が再び日本に帰国する場合もまったく新規の入国と同様に扱われる。外国人がいったん日本を出国すれば，日本との関係はなくなり，それまで有していた在留資格も消滅してしまうのである。最高裁は，「我が国に在留する外国人は，憲法上，外国へ一時旅行する自由を保障されているものではない」として，再入国の自由を否定した（最一判1992〈平4〉11.16集民166号575頁）。この判決に学説の多くは批判的である（芦部・憲法95頁，辻村・憲法114頁）。

自由権　参政権や社会権が国家による法制度の構築を前提とする権利であるのに対して，自由権は国家の介入に対する防御権であり，自然権的な性格を有するので，日本に在留する外国人も，日本国民と同様に享有するのが原則である。しかし，政治活動の自由は，参政権的機能を有するため，学説は分かれる。自由権であることを重視して日本国民よりも強度な制限は認められないとする学説もあるが，多数説は，外国人には参政権が保障されていない以上，日本の政治に対する直接的な介入となる政治活動まで保障されるものではなく，禁止しても違憲とはいえないとする（芦部・憲法96頁）。マクリーン事件判決は，「わが国の政治的意思決定又はその実施に影響を及ぼす活動等外国人の地位にかんがみこれを認めることが相当でないと解されるものを除き」，政治活動の自由の保障が外国人にも及ぶとした。また，経済的自由については，一定の職業に就くには日本国籍が必要とされ（公証人，水先人など），土地や資源などの所有にも制限が加えられている（手塚和彰『外国人と法〔第3版〕』有斐閣，2005年，213頁以下）。かつては定住外国人に対する指紋押捺が憲法13条のプライバシーの権利に違反しないか争われ，最高裁の合憲判決（最三判1995〈平7〉12.15刑集49巻10号842頁）も下されたが，この制度は現在廃止されている。

（3）法　　人

権利主体性　**学説**　第3章の「国民の権利」は，自然人ではない法人にも保障されるか（団体の法人格の有無を問わないが，通常の用語法に従う）。ドイツ連邦共和国基本法19条3項は，「基本権は，その本質上内国法人に適用されるかぎり，これにも適用される」と定めて，法人の基本権を正面から認めている。これに対して日本国憲法にはこの種の規定が存在しないため，学説は肯定説と否定説に分かれる。

否定説は，①人権は自然人に固有のものであり（法人に人間の尊厳はない），②歴史的にも，近代市民革命は中間団体の排除をめざしていたことを理由とするが，多数説は，

①法人に憲法上の権利を保障すると，その効果は究極的に自然人に帰属すること（さらに，共同集団的な人権行使が人権の効果を高める），②法人もまた自然人と並ぶ社会的実在であること（法人には自然人の総和に還元できない実体がある）を理由に法人の人権享有主体性を肯定する。また，「団体には固有の人権主体性はなく，構成員の人権を代表して主張することができるにすぎない」（高橋・憲法101頁）と説く学説もある。この点，「国民の権利」を人が生まれながらに有する権利だと考えると，法人がそれを享有するのは違和感があるが，実定法上の権利だと考えれば，民法上の権利と同じく憲法上の権利を法人が享有しても不思議はない。法人が享有するのは実定憲法上の権利だと解したうえで肯定説に賛成したい。

判例 最高裁は，八幡製鉄事件判決（最大判1970〈昭45〉6.24民集24巻6号625頁）で，「憲法第3章に定める国民の権利及び義務の各条項は，性質上可能なかぎり，内国の法人にも適用されるものと解すべきである」と述べ，肯定説に立つことを明言した。ただし，それ以前でも，博多駅事件判決（最大決1969〈昭44〉11.26刑集23巻11号1490頁）では，報道機関が報道・取材の自由を享有することを当然視していた。

権利保障の程度 巨大な法人は，一般の自然人との関係では，国家に類似した権力主体であるから，法人の権利保障の程度は，自然人よりも弱いと考えるべきであろう。自然人の権利を直接侵害する場合はもちろん，自然人の権利行使に望ましくない影響を与える場合には，自然人より大幅な制約が可能である。法人の権利と自然人の権利の対立は，法人の外の一般国民との関係でも，法人の構成員との関係でも生じる。

法人の享有できる権利 法人は何らかの目的のために結成・設立された団体である。その「目的の範囲内」において，法人は権利を有し義務を負う（民法34条）。法人の目的は法人の種類ごとに異なるから，法人がいかなる権利を享有するかは，政党・労働組合・宗教団体・報道機関・株式会社・病院など，法人ごとの個別的な考察が必要である。これらの団体の特質に応じて，政治活動の自由，労働基本権，信教の自由，表現の自由（報道・取材の自由），経済的自由，環境権などが，それぞれ認められることになる。これに対して，人間の生理的特質（肉体・性別・感覚・感情等）を前提とする権利や，選挙権，生存権などは法人に保障されない。とくに問題となるのは，外面的な精神活動，とくに政治的行為の自由である。任意加入の法人の場合は目的と関連する行為が広く認められるが，強制加入の法人の場合は目的の範囲が厳格に解釈される。任意加入団体の政治活動が自己の思想・信条に反する場合は脱退することで協力義務を免れることができるが，強制加入団体の場合は脱退の自由が認められないからである（強制加入制と消極的結社の自由の関係について，21条解説参照）。

判例 最高裁は，同じく政党や政治団体への寄付（政治献金）が法人の目的の範囲に含まれるかが問題となった事件でも，会社の場合には，定款に明示された目的に限定されず，目的達成のために直接または間接に必要な行為であればすべて目的の範囲内であり，政治献金も会社の政治的行為の一環として認められるとしたのに対して（前掲八幡製鉄事件），強制加入団体である税理士会の場合には，構成員には脱退の自由が実質的に

認められておらず，様々の思想・信条および主義・主張を有する者が存在することが予定されているとして，政治献金は税理士会の目的の範囲外の行為であるとした（南九州税理士会事件・最三判 1996〈平 8〉3.19 民集 50 巻 3 号 615 頁）。他方では，同じく強制加入団体である司法書士会が阪神・淡路大震災で被災した他の司法書士会に復興支援拠出金を寄付し，そのための特別の負担金を会員から徴収することは，司法書士会の目的の範囲内にあるとした。2 裁判官の反対意見がある（群馬司法書士会事件・最一判 2002〈平成 14〉4.25 判時 1785 号 31 頁）。

また，国労広島地本事件判決（最三判 1975〈昭 50〉11.28 民集 29 巻 10 号 1698 頁）は，労働組合の活動は，労働者の労働条件の維持改善その他経済的地位の向上を図る目的に限らず，その目的と直接間接に関係する事項にも及ぶことを認めたが，労働組合は，法的には強制加入団体ではないけれども，組合に加入していることが労働者にとって重要な利益で，組合脱退の自由も事実上大きな制約を受けているため，組合員の協力義務にも限界があるとして，臨時組合費のなかの政治意識昂揚資金について協力義務を否定した。事実上の強制加入団体としては，ほかにも，地縁による団体（地方自治法 260 条の 2）である自治会をめぐる裁判例がある（赤い羽根募金等のための自治会費の増額につき大阪高判 2007〈平 19〉8.24 判時 1992 号 72 頁，神社関係費を含めた自治会費の徴収につき佐賀地判 2002〈平 14〉4.12 判時 1789 号 113 頁）。

7　「国民の権利」が適用される法関係(1)——特殊な法律関係

特別権力関係の理論　憲法第 3 章の「国民の権利」は，国家と国民の関係，すなわち，一般の国民が国や地方公共団体の統治権に服する関係に適用される。ここでは，①国民の権利が尊重され，②権利の制限には法律の根拠を必要とし，③権利の制限に行き過ぎがあれば，裁判所に救済を求めることができる。伝統的な理論は，これを一般権力関係と呼び，これに「特別権力関係」を対立させた。特別権力関係とは，特定の国民が，法律の規定や本人の同意など特別の公法上の原因に基づき，一般権力関係とは異なる支配に服する特別の法律関係に入った場合をさし，この関係においては，国民は国家の組織の内部にとどまり，そこで活動すると解されるので，①憲法上の権利は適用されず，公権力の包括的な支配に服する，②法治主義も排除され，法律の根拠なく権利を制限することができる，③司法審査も排除され，裁判所に救済を求めることもできない，とされた。明治憲法下では広く認められた理論である。

このような伝統的な特別権力関係の理論は，日本国憲法下では通用しない。国民は国家とのあらゆる関係において権利主体である。たとえ本人の同意に基づく場合でも，国民が国家の組織や活動に依存せざるを得ないときに，国民に権利の放棄を強制することは許されない。権利の制限には法律の根拠を要し，権利侵害は裁判所で救済されることも当然である。公務員，刑事施設被収容者，国公立大学学生との関係はそれぞれ性格の全く異なる法律関係であるから，いかなる権利が，いかなる根拠で，どの程度制約されるかは，それぞれの法関係から具体的に検討する必要がある。最高裁も判決の中で特別

権力関係という観念を用いていない。
（1）公務員関係
公務員の概念　ここで「公務員」とは，憲法上の「公務員」(15 条 1 項・99 条)よりも狭く，国家公務員法・地方公務員法の適用対象たる公務員を指す(国公法 2 条，地公法 3 条参照)。憲法上，国家公務員は「官吏」(73 条 4 号)に対応し(国公法 1 条 2 項)，地方公務員は「吏員」(93 条 2 項)の一部を成す。

公務員の権利は，一般国民とは異なる特別の制限に服している。政治的行為の自由(国公法 102 条，人事院規則 14-7，地公法 36 条)や労働基本権(国公法 98 条 2 項，地公法 37 条)の制限がとくに問題になる。初期の判例や学説は，公務員の権利制限を「公共の福祉」(13 条)や「全体の奉仕者」(15 条 2 項)であることに求めたが，最近では，「公務員の人権制限の根拠は，憲法が公務員関係の存在と自律性を憲法秩序の構成要素として認めていること(15 条・73 条 4 号等)に求めるのが妥当である」(芦部・憲法 108 頁)と説く学説が広く支持されている。ただし，この説明も，公務員の権利制限には憲法上の根拠があると指摘しているだけであって（その意味で「究極の根拠」である。芦部・憲法 278 頁)，いかなる理由でいかなる権利をいかなる程度まで制限できるかは，個別的に検討しなければならない。

政治的行為の禁止　（i）猿払事件　公務員の政治的行為の自由の制限の合憲性が問題となった事件として，猿払事件が有名である。これは公務員が選挙の際特定の政党を支持する目的で選挙用ポスターを掲示したことが国公法や人事院規則に違反するとして起訴された事件である。最高裁判決（最大判 1974〈昭 49〉11.6 刑集 28 巻 9 号 393 頁。以下，猿払判決）は，被告人を無罪とした第一・二審判決を覆し，被告人を有罪とした。(a) 公務員の政治的行為の禁止が「合理的で必要やむをえない限度にとどまるものである限り，憲法の許容するところである」。その判断基準は，①禁止目的の正当性，②禁止目的と禁止される行為との合理的関連性，③禁止により得られる利益と失われる利益の均衡の 3 点である。(b) ①「行政の中立的運営とこれに対する国民の信頼を確保するため，公務員の政治的中立性を損うおそれのある政治的行為を禁止すること」は，憲法の要請にかなった正当な目的である，②この目的と公務員の政治的行為の禁止との間には合理的関連性がある，③公務員の政治的行為を「意見表明そのものの制約をねらいとしてではなく，その行動のもたらす弊害の防止をねらいとして禁止する」ことは，「単に行動の禁止に伴う限度での間接的，付随的な制約に過ぎ」ないから，得られる利益と失われる利益の均衡を失するものではない。(c) 国公法や人事院規則の規定は合憲（有罪）。

猿払判決は，これ以降の最高裁判決に大きな影響を与えた。例えば，戸別訪問禁止規定の合憲判決（最二判 1981〈昭 56〉6.15 刑集 35 巻 4 号 205 頁)，裁判官の政治活動の自由の制限に関する寺西事件判決（最大判 1998〈平 10〉12.1 民集 52 巻 9 号 1761 頁）のほか，広島市暴走族条例事件判決（最三判 2007〈平 19〉9.18 刑集 61 巻 6 号 601 頁）がこの判例理論に従っている。学説は総じて猿払判決に批判的であり，代表的な学説は「より制限的でない他の選びうる手段（LRA）」の基準によって審査すべきとした（芦部・憲法

第3章　国民の権利及び義務

210-211・282頁)。

　(ⅱ) **堀越事件**　　猿払判決は，堀越事件判決（最二判 2012〈平成 24〉12.7 刑集 66 巻 12 号 1337 頁。以下，堀越判決）で実質的に変更された。公務員が選挙の際に特定の政党を支持する目的でその機関紙や文書を配布した事件であるが，最高裁は被告人を無罪とした。(a) 国公法 102 条 1 項が禁止する「政治的行為」とは，「公務員の職務の遂行の政治的中立性を損なうおそれが，観念的なものにとどまらず，現実的に起こり得るものとして実質的に認められるものを指」す。「公務員の職務の遂行の政治的中立性を損なうおそれが実質的に認められるかどうかは，当該公務員の地位，その職務の内容や権限等，当該公務員がした行為の性質，態様，目的，内容等の諸般の事情を総合して判断する」。(b) 本件罰則規定の合憲性は，「本件罰則規定による政治的行為に対する規制が必要かつ合理的なものとして是認されるかどうかによる」。「これは，本件罰則規定の目的のために規制が必要とされる程度と，規制される自由の内容及び性質，具体的な規制の態様及び程度等を較量して決せられるべきものである」。本件罰則規定の目的は合理的かつ正当なものであり，禁止される対象は「公務員の職務の遂行の政治的中立性を損なうおそれが実質的に認められる政治的行為に限られ」るから，「その制限は必要やむを得ない限度にとどまり，前記の目的を達成するために必要かつ合理的範囲のものというべきである」。「本件罰則規定は憲法 21 条 1 項，31 条に違反するものではない」。(c)「本件配布行為は，管理職的地位になく，その職務内容や権限に裁量の余地のない公務員によって，職務と全く無関係に，公務員により組織される団体の活動としての性格もなく行われたものであり，公務員による行為と認識し得る態様で行われたものでもないから，公務員の職務の遂行の政治的中立性を損なうおそれが実質的に認められるものとはいえない」から，本件罰則規定の構成要件に該当しない（無罪）。

　堀越判決は，公務員の行為は本件罰則規定の構成要件に該当しないとして，先例である猿払判決を変更することなく無罪判決を下した。猿払判決は，行政の政治的中立の運営とそれに対する国民の信頼を確保するには「公務員の政治的中立性」が不可欠だとして，本件罰則規定のいかなる限定解釈も否定するものと思われたが，堀越判決は，禁止対象を「公務員の職務の遂行の政治的中立性」を損なうおそれが実質的に認められる行為に限った (a)。また，堀越判決は本件罰則規定の合憲性を，猿払判決の基準（制限が必要やむを得ない限度にとどまるものかどうかを，①目的の正当性，②目的と禁止との合理的関連性，③利益の均衡の 3 点から判断する）によらず，よど号ハイジャック記事抹消事件判決（→(2)判例）等にみられる総合的な比較衡量の手法によって判断した (b)。判決は，これらの違いにもかかわらず，あくまで事案の相違に由来するもので，判例変更を要するような対立はないとした（千葉勝美裁判官補足意見も参照）。けれども，学説の多くは実質的な判例変更とみている。なお，同日に下された世田谷事件判決では，本件とほぼ同一の行為でありながら，被告人が管理職的地位にあることを理由に有罪とされた。

　　争議行為の禁止　　公務員の労働基本権の制限については，28 条解説参照。

（2）刑事施設被収容関係

　従来，この関係は在監関係と，刑事施設被収容者は在監者と呼ばれた。けれども，1908年制定の旧監獄法は2005年に改正され，現在は刑事収容施設及び被収容者等の処遇に関する法律（刑事収容施設法）となっており，呼称も変更されるようになった。刑事収容施設には，刑事施設，留置施設，海上保安留置施設が含まれる。刑事施設被収容者は，受刑者や未決拘禁者などをさす。まず，被疑者として逮捕・留置され，起訴されると被告人として勾留される。被疑者・被告人は，未決拘禁者である。有罪判決が確定すると受刑者として刑罰が執行される（懲役・禁錮・拘留）。死刑の言渡しを受けた者は死刑確定者として受刑者とは区別されている。拘禁目的は，受刑者は矯正教化，刑事被告人・被疑者については，逃亡及び罪証の隠滅の防止である。その目的に必要かつ合理的な範囲内で自由の制限が認められるが，それに加えて，刑事施設内の規律・秩序維持の目的（監獄法下での「戒護」）のための制限も許される。ただし，未決拘禁者は原則として一般市民としての自由を保障されるべきであり，自由の制限は目的達成のために必要最小限度にとどめられなければならない。受刑者，未決拘禁者，死刑確定者の処遇の原則について，刑事収容施設法30条から32条参照。

　刑事施設被収容者の自由の制限根拠は，「憲法が在監関係とその自律性を憲法的秩序の構成要素として認めていること（18条・31条参照）」（芦部・憲法108頁）にあると説く学説が有力であるが，これ自体は憲法上の根拠を指摘したにすぎないことは，公務員の場合と同様である。判例・学説上ここでも特別権力関係論は用いられていない。

　判例　いずれも監獄法下の事件であるが，よど号ハイジャック記事抹消事件（最大判1983〈昭58〉6.22民集37巻5号793頁）では閲読の自由の制限が問題となった。これは原告が私費で購読していた新聞のよど号ハイジャック記事を黒く塗りつぶして配布したという事件である。最高裁は次のように述べてその違法性を否定した。(a) 未決勾留により拘禁された者は，逃亡又は罪証隠滅の防止という未決勾留の目的のために必要かつ合理的な範囲内において身体の自由及びそれ以外の行為の自由に制限を受けるほか，施設内の規律及び秩序を維持するための制限を受ける。「自由に対する制限が必要かつ合理的なものとして是認されるかどうかは，右目的のために自由が制限される程度と，制限される自由の内容及び性質，これに加えられる具体的制限の態様及び性質等を較量して決せられるべきものである」。(b) 意見，知識，情報の伝達の媒体である新聞紙，図書等の閲読の自由が憲法上保障されるべきことは，思想及び良心の自由の不可侵を定めた憲法19条の規定や，表現の自由を保障した憲法21条の規定の趣旨，目的から，いわばその派生原理として当然に導かれる。(c) 閲読の自由の制限は，新聞紙，図書等の閲読を許すことにより監獄内の規律及び秩序の維持上放置することのできない程度の障害が生ずる相当の蓋然性があると認められることが必要であり，かつ，その場合でも，制限の程度は，障害発生の防止のために必要かつ合理的な範囲にとどまるべきものである。(d) 障害発生の相当の蓋然性が存するか，それを防止するためにどのような制限措置が必要であるかは，監獄内の実情に通暁し，直接その衝にあたる監獄の長による個々の場合の

具体的状況の下における裁量的判断にまつべき点が少なくない。

この判旨（a）は，禁煙処分事件判決（最大判 1970〈昭 45〉9.16 民集 24 巻 10 号 1410 頁）に従ったものである。同判決は同じ基準を用い，「喫煙の自由は，憲法 13 条の保障する基本的人権の一に含まれるとしても，あらゆる時，所において保障されなければならないものではない」から，本件の喫煙禁止は，火災発生のおそれなどを考慮すると「必要かつ合理的な」制限であるとした。

旧監獄法施行規則の接見制限について，未決勾留者に対して 14 歳未満の者との接見を禁止することは，法律によらずに被勾留者の接見の自由を著しく制限するもので監獄法の委任の範囲を超えた無効のものであるとした判決（最三判 1991〈平 3〉7.9 民集 45 巻 6 号 1049 頁）があるほか，受刑者とその訴訟代理人である弁護士との接見時間を制限し，職員の立会いを条件としたことは憲法 13 条・32 条に違反しないとした判決（最一判 2000〈平 12〉9.7 判時 1728 号 17 頁）などがある（反対意見がある）。

信書の発受の制限が争われた事件としては，旧監獄法の定める信書の「検閲」は憲法 21 条 2 項の「検閲」には該当しないとした判決（最一判 1994〈平 6〉10.27 判時 1513 号 91 頁），死刑確定者の信書発送の不許可処分を適法とした判決（最二判 1999〈平成 11〉2.26 判時 1682 号 12 頁），受刑者の新聞社宛の信書発送の不許可処分を国賠法上違法とした判決（最一判 2006〈平 18〉3.23 判時 1929 号 37 頁）などがある。

その他，受刑者の選挙権を認めない公職選挙法 11 条 1 項 2 号を違憲とした裁判例がある（大阪高判 2013〈平 25〉9.27 判時 2234 号 29 頁）が，法改正は行われていない。

（3） 在学関係 —— 国公立大学学生

最高裁は，この領域でも特別権力関係論を用いていないが，いわゆる「部分社会の法理」がそれに代わる機能を有している。富山大学事件判決（最三判 1977〈昭 52〉3.15 民集 31 巻 2 号 234 頁）はこう述べる。「大学は，国公立であると私立であるとを問わず，学生の教育と学術の研究とを目的とする教育研究施設であって，その設置目的を達成するために必要な諸事項については，法令に格別の規定のない場合でも，学則等によりこれを規定し，実施することのできる自律的，包括的権能を有し，一般市民社会とは異なる特殊な部分社会を形成しているので」「一般市民法秩序と直接の関係を有しない内部的な問題は」裁判所の司法審査の対象外である。部分社会の法理については 76 条解説参照。

8　「国民の権利」の適用される法関係(2) —— 私人間の関係（私人間効力）

背景　近代憲法は国家権力の濫用から国民の自由を守ることを目的とし，憲法上の権利も公権力を拘束するにすぎない。国家の介入から保護された市民社会において，私人相互の関係は私的自治にゆだねられる。したがって，憲法上の権利は，国家と個人の関係を規律するもので，その効力は私人間の関係には及ばない，と解された。

しかし，このような人権観念に変化が生じた。国家類似の巨大な社会組織が形成され，自由・平等・独立の個人によって構成された市民社会という観念が崩れてくる。実際には，使用者と労働者の関係のように支配従属関係が存在し，私的自治の名目で放置する

ことはできない。それ故，国家が社会に介入し，弱者の権利保護をはかる必要がある。それと並行して，憲法観念も変化してきた。憲法は，国家権力の活動に枠をはめるだけの価値中立的秩序ではなく，一定の価値秩序を実定化した法なのであって，この憲法の価値体系は法のあらゆる領域で（公法・私法を問わず）実現されなければならないと考えられるようになる。そこで，私人間における人権保障をどのようにして達成するかが問題となってきた。もちろん，①個別的な法律がある場合にはその法律によるべきであり，ない場合が問題である。また，憲法第3章の規定の中には，②国家のみを対象とし，私人間効力がありえないものもあるし（17条・25～7条・31～40条），③明文または性質上，直接私人間に適用されるものもある（15条4項・18条・28条）。それら以外の諸規定が問題となるのである。

[学説] 憲法上の人権規定が私人間にも適用されるか（効力を有するか）について，学説では，非適用説（無効力説），直接適用説（直接効力説），間接適用説（間接効力説）などが主張された。

第1の非適用説は，近代憲法の人権観に忠実であるが，現代的な課題に応えるものではないとして，一時賛成者はいなくなった（最近再評価する学説がある。後述）。

第2の直接適用説は，憲法上の一定の権利は公法私法を問わず法のあらゆる領域で実現されなければならないとし，その権利は直接私人を拘束する，と説く。けれども，直接適用説に対しては，①「国家からの自由」を相対化し，自由権の観念を変質させてしまう，②私的自治（私法の自律性）を破壊する，などの批判がある。直接適用説は私人間の人権侵害を一気に解消しようとするが，私人間では人権を侵害される側もする側もともに人権の主体である。一方（被害者）の人権に対する制約を排除することは，他方（加害者）の人権を制約することである。私人間における人権の衝突を調整するには人権規定の効力の相対化を認めざるを得ない。

第3の間接適用説は，人権規定の効力を私法の一般条項や不確定概念を媒介として（間接的に）私人間に及ぼすという学説である。このような媒介を経ることにより，人権規定の効力は相対化され，公法・私法の区別や，私的自治の尊重が維持されるという。これが多数説である。しかし，この間接適用説にも批判がある。憲法の趣旨を取り込んで私法を解釈するといっても，どの程度読み込むことが適切なのかの基準がないため，解釈の幅が広くなりすぎて，ほとんど無効力説と変わらないものから直接効力説と変わらないものまであるからである。

ほかにも，学説の中には，アメリカの「ステイト・アクション（state action）の理論」（国家同視説）を取り入れようとするものもある（芦部・憲法117頁）。アメリカ合衆国憲法でも，憲法に拘束されるのは州（state）の行為のみである。そこで，一定の要件を備えた私人の行為を「州の行為」とみなして人権規定を適用しようとする。すなわち，この理論は，①国家が直接または間接に私人の行為にきわめて重要な程度までかかわった場合（国有財産の理論，国家援助の理論，特権付与の理論，司法的執行の理論），または，②私人の行為が，国家の行為と同視しうるような高度に公的な機能を有している場合

（統治機能の理論），私人の行為を国家の行為と同視して，人権規定を直接適用するのである。また，学説の争いを棚上げし，直接適用か間接適用かで割り切るべきではなく，いかなる憲法規定がいかなる法関係にいかなる程度で及ぶのか，というのが問題の中心であり，直接適用か間接適用かは，次の段階の技術的問題であるという学説も支持を集めた（憲法適用説とも呼ばれる。野中他・憲法Ⅰ 252 頁〔中村睦男〕）。

けれども，学説の対立は続き，最近は，非適用説を再評価する学説（高橋・憲法 116 頁。あわせて，芦部・憲法 112 頁）もある（新無効力説とも呼ばれる）。それによれば，もともと人権は自然権として全方位的に誰に対しても主張できる権利と観念されていたのであるが，それが憲法に取り入れられて「憲法上の人権」になると，国家を拘束するという憲法の特質から，国家に対してのみ主張できる権利となり，直接にも間接にも私人間に適用されることはあり得ない。自然権としての人権が民法に取り入れられれば，私人間を規律する民法の特質から，私人間で実現されるべき権利となる。人権の私人間適用とは，私法に「憲法上の人権」を読み込むのではなく，超実定法的人権に適合するよう私法を解釈するにすぎない，とされる。また，間接適用説も，その基礎づけには様々な新しい試みがなされており，例えば，憲法（国民の権利）に適合するように下位の法規範は解釈されなければならないのだから，私人間効力の問題は私法における憲法適合的解釈の場面であるとされている（新基本法コメ 87 頁〔小山剛〕）。私人間効力をめぐる学説は百花繚乱の状況であり，当分決着は付きそうにない（最近の学説状況について，渋谷・憲法 135 頁のほか，宍戸常寿「私人間効力論の現在と未来」長谷部恭男編『人権の射程』，法律文化社，2010 年，25 頁）。

判例 三菱樹脂事件（最大判 1973〈昭 48〉12.12 民集 27 巻 11 号 1536 頁）で最高裁は間接適用説を採用したと解されている。これは，入社試験の際に在学中の学生運動歴についての質問に虚偽の申告をしたという理由で本採用を拒否された事件である。最高裁は，原告勝訴の原判決を破棄し，事件を原審に差し戻した。(a) 憲法 19 条・14 条ほかの自由権規定は，もっぱら国と個人の関係を規律するもので，私人相互の関係を直接規律することを予定するものではない（直接適用説の否定）。(b) 私人相互の社会的力関係から，一方が他方に優越し，事実上後者が前者の意思に服従せざるを得ない場合に限ってこれらの規定の直接適用を認める見解もとることはできない（国家同視説の否定）。(c) 私人間に自由や平等の侵害やそのおそれがある場合には，立法措置のほか，「私的自治に対する一般的制限規定である民法 1 条，90 条や不法行為に関する諸規定等の適切な運用によって，一面で私的自治の原則を尊重しながら，他面で社会的許容性の限度を超える侵害に対し基本的な自由や平等の利益を保護し，その間の適切な調整を図る方途も存する」（間接適用説の採用）。(d) 憲法は企業の経済活動の自由（22 条・29 条）も基本的人権として保障しているので，思想信条を理由として雇入れを拒否しても違法ではない。したがって，採否の決定にあたり思想信条に関連する事項の申告を求めても違法ではない。(e) 留保解約権の行使は，客観的に合理的な理由が存し社会通念上相当として是認されうる場合にのみ許される（労働契約法 16 条はこの判例法理を取り入れた）。

学校関係では、昭和女子大事件判決（最三判1974〈昭49〉7.19民集28巻5号790頁）は、三菱樹脂事件判決を引用して「憲法19条、21条、23条等のいわゆる自由権的基本権の保障規定は……私人相互間の関係について当然に適用ないし類推適用されるものでない」としたうえで、「大学は、国公立であると私立であるとを問わず、学生の教育と学術の研究を目的とする公共的な施設であり、法律に格別の規定がない場合でも、その設置目的を達成するために必要な事項を学則等により一方的に制定し、これによって在学する学生を規律する包括的権能を有する」として、学生の退学処分を適法とした。高校の校則についても類似の論理が使われている（バイク禁止について、最三判1991〈平3〉9.3判時1401号56頁、パーマ禁止について、最一判1996〈平8〉7.18判時1599号53頁）。

日産自動車事件判決（最三判1981〈昭56〉3.24民集35巻2号300頁）は、会社の就業規則のうち女性の定年年齢を男性より5歳低く定めた部分は、「専ら女子であることのみを理由として差別したことに帰着するものであり、性別のみによる不合理な差別を定めたものとして民法90条の規定により無効であると解するのが相当である（憲法14条1項、民法1条ノ2〔現2条〕参照）」と述べた。この判決も間接適用説だと解されている。性別による差別については、最近でも、入会権者の資格を男子孫に限定したことは、男女の本質的平等を定めた日本国憲法の理念に照らし合理的理由はなく、「性別のみによる不合理な差別として民法90条の規定により無効である」とした判決がある（入会権者資格差別事件・最二判2006〈平18〉3.17民集60巻3号773頁）。

人権規定の私人間効力と類似の問題に、「国の私法的行為」に憲法の適用があるかという問題がある。百里基地事件（最三判1989〈平元〉6.20民集43巻6号385頁）で、判決は9条が私法上の行為に直接適用されることを否定し、私法的価値秩序によって相対化されたかたちで、民法90条の公の秩序の内容の一部を形成するとした。これについては81条解説参照。

9　「国民の権利」の限界

「国民の権利」も一定の制限に服する。「国民の権利」が、人が生まれながらに有する前国家的権利だとすると、人権を制限する根拠となり得るのは他の人の人権だけである（宮沢・憲法Ⅱ229頁）。これに対して、憲法によって保障された実定法上の権利であれば、権利衝突の場合だけでなく、他の憲法上の原理や規定に根拠があれば（憲法の体系的解釈から）制限が認められる。それどころか、憲法上規定のない利益のためにも制限されることもありうるのである。いかなる理由でどこまで制限されるのかについては、12条解説（本書81-82頁）の「権利に伴う義務・責任」および「公共の福祉」を、権利を制限する法律その他の国家行為の憲法適合性をどのように審査するかについては、81条解説（本書353頁）を参照。

〔工藤達朗〕

第 3 章　国民の権利及び義務

> **第 10 条**　日本国民たる要件は，法律でこれを定める。

1　10 条の趣旨

本条は，GHQ 草案にも，帝国議会に付議された政府の憲法改正草案（4 月 13 日案）にもみられなかった規定で，衆議院での修正で第 3 章冒頭に挿入された（佐藤達夫『日本国憲法成立史（4）』749 頁）。旧憲法が 18 条で「日本臣民タルノ要件ハ法律ノ定ムル所ニ依ル」と定めたことに倣ったという指摘もあるが，同条は天皇主権原理を前提として統治の客体たる「臣民」の範囲を法律事項としていた点に留意する必要がある（長谷部・注釈（2）40-41 頁〔長谷部恭男〕）。

本条の「日本国民」とは，日本国を構成する人のことをいい，「日本国民たる要件」とは，日本国を構成する人たるの資格（＝国籍）を有する要件をいう（樋口他・注解 I 199 頁〔佐藤幸治〕）。判例は，「国籍の得喪に関する要件を定めるに当たり，歴史，民族，宗教，政治，経済等の種々の要因を考慮する必要があることから，これをどのように定めるかについて，立法府の裁量判断にゆだねる趣旨のものである」（国籍法違憲判決，最大判 2008〈平 20〉6.4 民集 62 巻 6 号 1367 頁）と解している。

2　「日本国民」の範囲
（1）天皇・皇族

[学説]　憲法以前の存在としての「社会構成員」には天皇・皇族は含まれるが，憲法の制定により，天皇・皇族と国民が分離され，本条にいう国民には天皇・皇族は含まれないと説く見解がある。この見解は，天皇・皇族が世襲の身分に基礎を置き，近代人権の論理として，人権主体として国民にはなりえないことを理由としている（高橋・憲法 89 頁）。戸籍が日本国籍を公証する唯一の制度であるところ，天皇・皇族には，戸籍法の適用はないが，天皇・皇族は外国人でない以上，「日本国民」である。学説の多くは，天皇・皇族も本条にいう「日本国民」であることが想定されているとする（樋口他・注解 I 200 頁〔佐藤幸治〕）。

（2）「この憲法を確定」した「日本国民」

本条にいう「日本国民」と，前文にいう「この憲法を確定」した「日本国民」との異同が問われることがある。こうした見方は，確定された憲法が配分する立法権の行使の結果として範囲が画定した「日本国民」が，「この憲法を確定」すると想定することは，論理的な悪循環を引き起こす（長谷部・注釈（2）41 頁〔長谷部恭男〕），と批判されている。

（3）統治の主体／客体としての「国民」

また，本条にいう「日本国民」は統治の客体としての国民であるのに対し，1 条にいう「日本国民」は統治の主体としての国民であり，後者の「日本国民」は前者の「日本国民」たることを前提としつつ，それよりは範囲の狭い観念であるという見解がある（法協・註解上 314 頁）。主権者としての国民を統治の正統性の根拠としてみる立場からすると，1 条の「日本国民」は，必ずしも現在の有権者団の構成員としての国民と同視し得るわけではなく，将来世代の国民をも含む抽象的な総体としての国民であるとの理解も可能である。潜在的には

第3章　国民の権利及び義務［第10条］

統治の能動的主体となり得る者の総体を「日本国民」と捉えるならば，1条と10条の「日本国民」は一致するとも考えうる（長谷部・注釈（2）43頁〔長谷部恭男〕）。

3 「法律でこれを定める」の意味
（1）国籍法律主義

本条は，国籍の取得・喪失の条件を国会制定法（形式的意味の法律）により定めることを規定する。具体的には国籍法がこれに当たる。

判例 領土の帰属関係に変更が生じたことによる国籍の得喪は，関係国間の条約によって定められる。本条は，これを排除する趣旨ではない。サンフランシスコ平和条約2条(a)(b)により，日本は朝鮮の独立を承認し，台湾および澎湖諸島に対する権利を放棄した。同条約には，この領土の変動に伴うはずの国籍の変更について定めていなかった。日本政府は，1952（昭27）年4月19日民事甲438号法務府民事局長通達において，(i)朝鮮人・台湾人は，内地に在住している者を含めて，平和条約発効時に日本国籍を喪失する，(ii)もと内地人であっても平和条約発効時までに，朝鮮人・台湾人との婚姻・養子縁組等により内地の戸籍から除籍され，朝鮮・台湾の戸籍に入籍すべき事由が生じた者は日本国籍を喪失する，との解釈をとった（江川英文ほか『国籍法〔第3版〕』，有斐閣，1997年，212-214頁）。この解釈は，朝鮮・台湾を日本領有前の状態に復せしめる原状回復の考え方に依拠していた（同231-232頁）。判例も，当該国籍変更は通達ではなく条約に基づくものであり，本条には反しないと処理した（最大判1961〈昭36〉4.5民集15巻4号657頁）。

学説 上記通達，判例の立場からすると，本人の意思いかんにかかわらず国籍の変更を生ぜしめることになる。国籍の専断的剥奪を禁止している世界人権宣言15条2項からすれば，日本と当事国との間での取り決めにより，国籍選択権を対象者に認める必要があったかも知れない。1991（平3）年になって「日本国と平和条約に基づき日本の国籍を離脱した者等の出入国管理に関する特例法」（平3法71）が制定され，平和条約によって日本国民ではなくなった者およびその子孫に，「特別永住者」という法的地位が与えられる途が開かれた。もっともこの地位は，出入国管理及び難民認定法2条の2に定める資格がなくても，日本に在留（永住）することができるという在留資格にとどまる。特別永住者には，憲法上国および地方における参政権を保障されておらず（最三判1995〈平7〉2.28民集49巻2号639頁），「公権力行使等地方公務員に就任すること」も想定されていない（最三判2005〈平17〉1.26民集59巻1号128頁）（新基本法コメ90頁〔渡辺康行〕，長谷部・注釈（2）47-48頁〔長谷部恭男〕）。

（2）国籍法定の意義

判例 国籍法違憲判決は，国籍制度の構築は立法者の広い裁量に委ねられているという理解を示しつつ，それに対して事柄の性質に応じて平等原則による枠をはめる（立法裁量を憲法上限定する）という構成をとっている（4（1）で後述）。

学説 判例の構成に対する根本的批判として，10条で国民の範囲を法律で定めるとしたのは，「論理上法律制定以前に想定されている国民をいわば確認する規定を置くという趣旨」であるという主張がある（高橋・憲法89頁）。この学説は，憲法が国民を決める方法を明示的に選択していな

い以上，血統主義・生地主義のいずれかにより国民となり得る者が憲法の想定する国民であると解する。これを前提にすれば，国籍立法は憲法上の国民を「確認」すると同時に国籍の抵触を避けるなどの目的から「限定」するという意味をもつ。ゆえにその「限定」に合理性がなければ違憲・無効となり，限定のない状態が回復されることになる。

これに対して，国籍は「普遍的に保障されるべき人権の保障義務を各国政府に配分する上での指標」であるという見方からすれば，憲法以前に法的概念としての日本国民の存在は否定される。もっともこの見方にあっても，いったん特定の原則が採用されたなら，平等原則等，他の憲法原則に反することのない，全体として合理的・整合的な法制度がとられることが要請される（長谷部・注釈（2）42頁〔長谷部恭男〕）。

4　国籍法の定め
（1）国籍の取得

学説　国内法立法による国籍の取得については，出生によるもの（生来的取得）と，意思表示や国家行為（帰化）などの出生後の事由によるもの（伝来的取得）とがある。

生来的取得については，親子の血縁関係に基づくもの（血統主義）と，出生地との地縁関係に基づくもの（生地主義）に大別される。日本は，血統主義を基本とし，日本で生まれ，父母がともに知れないとき，例外的に生地主義を採る（国籍法（以下「法」という）2条3号）。1984年改正まで父系血統主義をとっていたが，内外の社会情勢の変化を背景に国籍立法における両性平等の実現を求める動きが高まり，女性差別撤廃条約の批准を契機に，同条約に適合するように父母両系血統主義に改められた（法2条1号）。

これと同時に1984年改正では，法3条で新たに，「父母の婚姻及びその認知により嫡出子たる身分を取得した子で20歳未満のもの」は，法務大臣への届出により日本国籍を取得できる旨が定められた。日本の民法では，母が日本国民の場合は分娩の事実により当然に法的関係が発生するので，子は，父母の婚姻や認知にかかわらず，日本国籍を取得する。よって法3条は，日本人父と外国人母との間に生まれた婚外子を想定した規定である。「父母の婚姻及びその認知により」というのは「準正により」というのと同じ意味である（江川ほか・前掲書68-69頁，88-89頁）。このため，日本人の父と外国人の母の間に生まれた婚外子の国籍取得について，違いが生じることになった（国際女性の地位協会編『コンメンタール女性差別撤廃条約』尚文社，2010年，223頁〔館田晶子〕）。

判例　婚外子であっても胎児認知された子については，法2条1号によって生来的に日本国籍を取得するが，生後認知の場合には，生来的に日本国籍を取得しない。民法784条本文は認知の効力が出生のときにさかのぼってその効力を生ずることを認めているが，国籍法上，生後認知の遡及効が否定されている。この点について最高裁は，「生来的な国籍取得はできる限り子の出生時に確定的に決定されることが望ましいところ，出生後に認知されるか否かは出生時の時点では未確定であるから，法2条1号が，子が日本人の父から出生後に認知されたことにより出生時にさかのぼって法律上の父子関係が存在するとは認めず，出

生後の認知だけでは日本国籍の生来的な取得を認めないとしていることには，合理的な根拠がある」としている（最二判2002〈平14〉11.22判時1808号55頁）。

また，生後認知され出生後に日本人父との法的親子関係が成立した子のうち，父母の法律婚により準正子となった者に限って，法3条1項（2008〈平20〉年改正前）は，届出による日本国籍取得を認めるが，生後認知のみで父母が法律婚をしていない場合には認めず，日本国籍を取得するには法5条の帰化か法8条の簡易帰化の手続によるほかなかった。法律上の婚姻関係にない，日本国民である父とフィリピン国籍を有する母との間に日本国内で出生したXが，出生後父から認知されたことを理由として法務大臣あてに国籍取得届を提出したところ，日本国籍取得の条件を備えていないとされたため，日本国籍を有することの確認を求めて提訴した事件で，最高裁はこの論点について正面から問われることになった（国籍法違憲判決）。

最高裁は，憲法10条が立法者による制度構築の広い立法裁量を認める趣旨であることを認めつつ，「そのような区別をすることの立法目的に合理的な根拠が認められない場合，又はその具体的な区別と上記の立法目的との間に合理的関連性が認められない場合には，当該区別は合理的理由のない差別として」，憲法14条1項に違反するという判断枠組みを提示する。その上で，日本国籍は「重要な法的地位」であること，父母の婚姻は「子にとっては自らの意思や努力によっては変えることのできない」事柄であることから，本件区別に合理的理由があるか否かについては「慎重に検討することが必要である」とした。最高裁によれ

ば，法3条1項は「血統主義を基調としつつ，日本国民との法律上の親子関係の存在に加え我が国との密接な結び付きの指標となる一定の要件」として準正を要求するもので，立法目的自体には合理的な根拠があり，かつ，立法当時（1984年）には，こうした区別には相応の理由があったものの，その後の「国内的，国際的な社会的環境等の変化に照らしてみると」，「子と我が国との結び付きの強弱を両親が法律的に婚姻をしているか否かをもって直ちに測ること」ができなくなり，準正を出生後の届出による国籍取得要件としておくことは「過剰な要件を課す」もので，「立法目的との間に一定の合理的関連性」がなくなった。

さらに最高裁は，Xに対する救済手段として，本件区別が憲法14条1項に違反するからといって法3条1項全体を違憲無効とし，準正子の届出による国籍取得をも否定することは，「立法者の合理的意思として想定し難い」として，是正の方法としては，日本国民たる父によって認知されたにとどまる子にも，「法3条1項の規定の趣旨・内容を等しく及ぼ」し，日本国籍の取得を認めるべきだとした。

本判決を受けて，政府は直ちに違憲とされた国籍法3条の改正に着手し，判決の趣旨に沿うよう，準正要件が削除された〔平20法88〕。

（2）国籍の喪失

学説　国籍法は，他国の国籍取得による日本国籍喪失（法11条1項），また，他国の国籍を有する者の届出による日本国籍離脱（同2項）を定める。これは，憲法22条2項により保障された，「国籍離脱の自由」の具体化であるとされる。また，外国籍を有する日本国民は，重国籍となった

時が20歳以前の場合は22歳に達するまで，20歳に達した後であればその時から2年以内に，いずれかの国籍を選択しなければならず（法14条1項），国籍選択の催告を法務大臣より受けた後，1月以内に日本国籍を選択しなければ，国籍を失う（法15条3項）。

法12条は，他国で出生して同地の国籍を取得した日本国民が，3ヵ月以内に日本国籍を留保する手続をとらないと，その出生の時にさかのぼって日本国籍を失うと規定する。

これらの規定の背景には，国籍唯一の原則の下，重国籍の発生防止という目的がある（樋口他・註解Ⅰ212頁〔佐藤幸治〕）。「国籍離脱の自由」は，「国籍から離脱しない自由」を含むことからすると，疑問がないわけではない。現在，世界各国のほぼ半数が二重国籍を許容している。

判例 最高裁は，法12条は，法2条1号および2号の規律を前提に，国外で出生して日本国籍との重国籍となるべき子に関して，例えば，その生活基盤が永続的に外国に置かれることとなると，必ずしも我が国との密接な結び付きがあるとはいえない場合があることを踏まえ，実態を伴わない形骸化した日本国籍の発生をできる限り防止し，内国秩序の観点から弊害が指摘されている重国籍の発生をできる限り回避することを目的とした規定であり，立法目的には合理的な根拠があるとした。その上で法12条は，国籍留保の意思表示を3ヵ月以内とする等，意思表示の方法や期間に配慮がなされ，その期間内に意思表示がなされなかった場合でも，法17条1項および3項において，日本に住所があれば20歳に達するまでに法務大臣対する届けにより日本国籍を再取得することができることを考慮すれば，同法の定めによる区別の具体的内容は，上記立法目的との関係において不合理なものといえず，合理的理由のない差別に当たらないとした（最三判2015〈平27〉3.10民集69巻2号265頁）。

〔糠塚康江〕

第11条 国民は，すべての基本的人権の享有を妨げられない。この憲法が国民に保障する基本的人権は，侵すことのできない永久の権利として，現在及び将来の国民に与へられる。

1 　11条の趣旨

本条は，12条および13条とともに第3章「国民の権利及び義務」の総則的規定であり，日本国憲法における基本的人権の意義および特質を示し，憲法全体の基本的立場を明らかにしている（法協・註解上321頁）。

（1）比較憲法的意義

自然権思想を背景とする近代人権宣言を継承しており，「すべての人，は生来ひとしく自由かつ独立しており，一定の生来の権利を有する」（ヴァージニア権利章典），「すべての人間は生まれながらにして平等であり，その創造主によって，生命，自由，および幸福の追求を含む不可侵の権利を与えられている」（アメリカ独立宣言），「人の譲りわたすことのできない神聖な自然的権利」（フランス人権宣言）との類似性が

第3章　国民の権利及び義務［第11条］

指摘できる。また，第二次世界大戦後の憲法や国際人権条約においても同様の規定が見られる（例として，ドイツ連邦共和国基本法1条2項「不可侵かつ不可譲の人権」，自由権規約および社会権規約前文「人類社会のすべての構成員の固有の尊厳及び平等のかつ奪い得ない権利」）。

（2）憲法史的意義（制憲過程）

当初の連合軍総司令部案の人権の章にある抽象的な総論部分の中で，基本的人権が人類の多年にわたる自由獲得の努力の成果（歴史的意義）であるという部分は日本政府との折衝において第10章に移され，一方，基本的人権の享受に伴う制約・責務に関する部分は12条にまとめられ，基本的人権の意義・特質に関する部分が11条にまとめられた。本条前段の「すべての基本的人権」とは，自然権的権利を法的なものとしてとりこんだものであり，本条後段の「この憲法が国民に保障する基本的人権」とは13条以下に列挙された個別的権利の単なる総称ではなく「すべての基本的人権」を指すというのが憲法制定時の理解であるという指摘がある（土井真一「憲法解釈における憲法制定者意思の意義（4・完）」法学論叢131巻6号1頁以下（1992年），6，14頁）。

2　基本的人権の意義

[学説]「基本的人権」という文言は，ポツダム宣言10項に由来するが，人権の中で基本的なものとそうではないものとを区別する意味ではない（芦部・憲法学Ⅱ46頁）。基本的人権には，前国家的権利または自由権のみならず，社会権・参政権等も含まれる。ただし，帝国議会の修正により人権条項に加えられた国家賠償請求権（17条）および刑事補償請求権（40条）は，人権宣言の沿革や人権の本質からすると，基本的人権ではないと解されてきたが（宮沢・コメ193頁，芦部・憲法82頁），憲法第3章で保障された権利をすべて含むという説も存在する（高橋・憲法76頁）。本条にいう「すべての基本的人権」は，憲法中の個別の規定によって保障される人権に限定されず，「新しい人権」として登場しうる権利についても開かれている（樋口他・注解Ⅰ226頁〔佐藤幸治〕）。

3　基本的人権の特質：固有性・不可侵性・普遍性

本条は，基本的人権の特質としての固有性・不可侵性・普遍性を示している。

（1）固有性

人権は，人間が人間であることにより当然に有するとされる権利であることを人権の固有性という（芦部・憲法80頁）。「与へられる」（「信託されたもの」（97条）参照）とは，君主から恩恵として与えられものではなく，憲法によって初めて認められたものでもなく，人間の尊厳ないし個人の尊重（13条前段）に由来することを意味し，人間が生まれながらに有することをいう（佐藤功・註釈（上）170-171頁，芦部・憲法80頁）。

（2）不可侵性

人権の不可侵性とは，人権が，原則として，公権力（行政権，司法権，立法権だけでなく，憲法改正権を含む）によって侵害されないことを意味する（芦部・憲法81頁）。憲法の最高法規性（98条1項）およびそれに立脚する違憲審査制（81条）によって確保することが制度的に担保されている。人権の不可侵性は，人権が絶対無制

限であることを意味するものではないが（芦部・憲法 81 頁），基本的人権を公共の福祉のために制限する場合には，公権力の側で制限する理由を明確にし，かつ，その制限が必要最小限度にとどまるように努めなければならず，かつ，そうであるかどうかは前述の違憲審査制を通じて審査される。

（2）普遍性

人権の普遍性とは，人権が，人種，性別，身分などの区別に関係なく，人間であることに基づいて当然に享有できる権利であることを意味する（芦部・憲法 82 頁）。よって，人であれば誰しも人権が保障されるはずであるから，本条の「国民」は国民以外の者を排除する意味を有しない。

4　11 条の法的意義

学説　本条の規定だけからは実定法上の効果は生じないと解するのが一般的であるが（佐藤功・註釈（上）169 頁），法的意義が追求する学説もある。たとえば，個別の人権条項の解釈適用ないし準則としての機能があるという説（樋口他・注解 I 236-237 頁〔佐藤幸治〕），「侵すことのできない永久の権利」といった文言から，人権の基底に自然権思想を読み込む解釈が実定法的に可能であるという説（新基本法コメ 95 頁〔押久保倫夫〕）が指摘できる。さらに，「侵すことのできない永久の権利」として，「現在及び将来の国民に与へられる」という本条の規定は，基本的人権が憲法改正の限界であることを示しているとして，憲法改正の限界としての機能を 11 条に見出す有力説もある（法協・註解上 326 頁，宮沢・コメ 194 頁）。

判例　11 条違反の主張について判例は否定している（最大判 1950〈昭 25〉2.1 刑集 4 巻 2 号 88 頁，最大判 1951〈昭 26〉7.11 刑集 5 巻 9 号 1419 頁，最大判 1953〈昭 28〉11.25 刑集 7 巻 11 号 1723 頁，最大判 1997〈平 9〉3.13 刑集 51 巻 3 号 1233 頁等）。

〔江島晶子〕

第 12 条　この憲法が国民に保障する自由及び権利は，国民の不断の努力によつて，これを保持しなければならない。又，国民は，これを濫用してはならないのであつて，常に公共の福祉のためにこれを利用する責任を負ふ。

1　12 条の趣旨

本条は，11 条・13 条と並ぶ第 3 章の総則的規定である。11 条が，「国民は，すべての基本的人権の享有を妨げられない」と規定したことを受けて，基本的人権の享有主体としての国民の負うべき義務ないし責任を述べたものである。

本条の性質について，通説は，法的性格を否定し，訓示規定と解する。本条の義務ないし責任を法的なものと解することについては，その内容が，非常に漠然としていることにも伴い，憲法の人権保障全体を「自由・権利の体系」から「義務の体系」へと転化させ，「近代人権宣言において措定された自由の観念を本質的に変えてしまう」おそれが指摘されている（樋口他・注解 I 243-244 頁[佐藤幸治]）。

[比較憲法的意義]

早い時期に著された注釈は，本条について，日本国憲法が「単に 18 世紀的な憲法

に止まるものではなく，国家協同体的思想をもそこに内包していることを示した」(法協・註解(上)332頁)ものと述べている。逆にいえば，近代立憲主義型の憲法において，本条のような概括的な義務規定を置く例は見られない。このような規定は，社会主義型の憲法に多く，例えば，ソビエト社会主義共和国憲法59条「公民の権利及び自由の行使は，義務及び責務の履行と不可分である」，中華人民共和国憲法33条3項「いかなる公民も，憲法及び法律の定める権利を有し，また憲法及び法律の定める義務を履行しなければならない」等の規定がある。

2 「この憲法が国民に保障する自由及び権利」

「この憲法が国民に保障する自由及び権利」とは，日本国憲法が国民に保障する自由・権利をいい，憲法11条の規定する「この憲法が国民に保障する基本的人権」より広い。「基本的人権」とは，自然権思想を背景とし，人が人である以上当然保障されるべき固有の権利であり，憲法第3章が保障する権利・自由の中には，「基本的人権」そのものではなく，その保障を具体化し，実効的ならしめるための技術的・手続的権利が含まれているとし，例えば，33条以下の刑事手続上の諸権利は，「基本的人権」に含まれないとする説もある(佐藤功『憲法[新版](上)』有斐閣，1983年，182頁)。また，「国家によってのみ創設されうるような種類の権利」(小嶋＝大石・概観71頁)を「人権」と捉えることは適切でなく，学説の多くは，国家賠償請求権(17条)及び刑事補償請求権(40条)について，11条の「基本的人権」に含み得な

いとするが(宮沢・コメ193頁，伊藤・憲法190-191頁等。反対，高橋・憲法82頁)，これら権利も，本条の自由・権利には含まれる。

なお，最高裁判所裁判官国民審査権(79条2項)と憲法改正国民投票権(96条)については，本条が憲法第3章の総則的位置にあることを理由とし，「この憲法が国民に保障する自由及び権利」から除外する説と，文理上含まれるとする説がある。

3 権利に伴う義務・責任

本条は，憲法上の権利保障に伴う義務・責任として，前段で①憲法上の権利の保持義務を，後段で②権利濫用の禁止と③「公共の福祉」のための利用責任を掲げる。

(1) 憲法上の権利の保持義務

[学説] 本条前段は，国民は，憲法上の権利が侵害されないよう努め，侵害が発生した場合には，それを是正する義務を負うべきことを宣言する。この義務は，「この憲法が日本国民に保障する基本的人権は…過去幾多の試練に堪え，現在及び将来の国民に対し，侵すことのできない永久の権利として信託されたものである」と規定する憲法97条と対応し，「現在の国民」の負う「受託者」責任としての側面をもつ。

本条は，97条と相まって，実定法上の抵抗権を基礎づけていると解する余地があることが指摘される(初宿・憲法514-515頁。但し，「《責務》があるとされていることからただちに《権利》を導出することができるかはやや疑問」とする)。抵抗権とは，「国家権力が人間の尊厳を侵す重大な不法を行った場合に，国民が自らの権利・自由を守り人間の尊厳を確保するため，他に合法的な手段が不可能となったとき，実定法

上の義務を拒否する抵抗行為」を一般に言う（芦部・憲法 375 頁）。しかし、抵抗権の法的性格・内容・行使要件等に関して、見解の一致はない。

判例 社会党委員長の刺殺事件に抗議する目的で行われた無許可の集会・デモに関連し、実定法上の抵抗権の行使要件を判示した地裁判決があるが（札幌地判 1962〈昭 37〉1.18 下刑集 4 巻 1・2 合併号 69 頁）、同判決を含め、抵抗権の行使を認めた例はない。

（2）権利濫用の禁止

学説 権利の濫用とは、「人の行為（または不行為）が外形としては権利の行使と見られるとしても、その行為が行われた具体的な状況とその実際的な結果に照らしてみると、法律上、権利の行使として認めることが妥当でないと判断されること」（前掲、佐藤功・註釈（上）183 頁）をいう。本条後段は、権利濫用の禁止を、「自由または権利に伴う、いわば個人の心構えとしての、内在的限界」（法協・註解上 335 頁）として宣言したものであり、本条のみを根拠として一定の行為を権利の「濫用」であるとして直ちに制裁や制限を加えることはできない。判例は、本条に言及し、憲法上の権利の制約を正当化することがあるが、それに対しては、「権利制約の独立した根拠を本条に求めるのではなく」、憲法上の権利の「保護範囲の確定にあたって乱用禁止のロジックを用いたにすぎない」（長谷部・注釈 60 頁［宍戸常寿］）とする読み方が示されている。

なお、民法が昭和 22 年に「権利ノ濫用ハ之ヲ許サス」（1 条 1 項）と規定したのは、本条の精神に従うものといわれる。

判例 本条に言及し、権利の制約を正当化する判決に、例えば、チャタレイ事件（最大判 1957〈昭 32〉3.13 刑集 11 巻 3 号 997 頁）や加持祈祷事件（最大判 1957〈昭 38〉5.15 刑集 17 巻 4 号 302 頁）等がある。

（3）「公共の福祉」のための利用責任

学説 本条後段によれば、国民は、憲法上の権利を消極的に「濫用してはならない」だけではなく、さらに積極的に「常に公共の福祉のために利用する責任」を負う。憲法施行直後の注釈は、この積極面に「本条が国家協同体的思想の表現たる意味が最も明白に示されている」（法協・註解上 334 頁）とした。

この積極的責任は、文字通り受け取るならば、かなり特異な内容といえる。憲法上の権利、とくに自由権の保障は、賦与された自由を権利主体がどんな目的で行使するかを原則として問わないところにその眼目があるからだ。自由行使が「公共の福祉」に「反する」場合に制限されることがあり得るとしても、「常に」「公共の福祉」に適合すべきことを求めることは、「公共の福祉」の捉え方次第ではあるが、自由権保障と根本的に相容れないおそれがあり、例えば、「新聞による言論や報道について、法が公共のための利用に限定して、これを強制すれば、新聞の自由は失われる」（伊藤・憲法 192 頁）との指摘がある。この責任についても、法的責任ではなく、憲法上の権利を制約できる法的意味をもつものとは、一般に解されていない。

4 「公共の福祉」の意味

学説 日本国憲法において「公共の福祉」の語が用いられるのは、12・13 条、22・29 条の 4 箇所である。12 条・13 条が、第 3 章の総則的位置にあることから、当初、

12・13条の「公共の福祉」は、全ての基本的人権の制約根拠になると解されていた（一元的外在的制約説）。この説によれば、12・13条は、訓示規定ではなく、法的効果を伴う規定であり、また、12・13条が一般的制約原理となるので、22・29条の「公共の福祉」は特段の意味のない確認的規定となる。この説に対しては、法令がおよそ「公共の福祉」を標榜せずに制定されることはないから、違憲審査権を行使する裁判所による規律・統制が緩やかな場合には、法律の根拠さえあれば、基本的人権のどんな制約も正当化可能であり、明治憲法下での「法律の留保」と結果として異ならないとの批判がある。

そこで、「公共の福祉」による制限を限定するため、12・13条を、法的効果を伴わない訓示規定と解した上で、「公共の福祉」による制約に服する自由・権利を、22・29条の経済的自由権と現代的人権である社会権とに限定する説が提唱された（法協・註解上294-297頁）。この説によると、あらゆる自由・権利は、その性質上、それに「内在する」制約に服する（なお、内在的制約の場合には、原則として事後規制のみが認められるとされている）が、経済的自由権と社会権については、政策上の諸目標を実現するために、権利の「外側」からくる制約に服する（内在・外在二元的制約説）。しかし、この説には、13条の法規範性を否定してしまうため、同条を新しい人権の根拠規定と解することができない点で問題があった。

以上の議論を踏まえて登場した学説が、一元的内在的制約説である（宮沢・憲法Ⅱ228-233頁）。この説は、12条を訓示規定と解する一方で、13条の法規範性を肯定

し、その上で、①「公共の福祉」とは「人権相互の矛盾・衝突を調整するための実質的公平の原理」であり、②この意味での「公共の福祉」は、条文の有無に関わらず、全ての人権に論理必然的に内在しており、③この原理は、自由権を各人に公平に保障するための制約を根拠づける場合には「必要最小限度」の規制のみを認め（「自由国家的公共の福祉」）、他方で、社会権を実質的に保障するために経済的自由権の規制を根拠づける場合には「必要な限度」の規制を認めるもの（「社会国家的公共の福祉」）とする。先行する二つの説と異なり、いずれの「公共の福祉」も、基本的人権と対立し、その制約を正当化する政府利益を内容とするものではない。

一元的内在的制約説は、基本的人権の「一般的制約根拠」（佐藤幸・憲法論133頁）の説明として用いる限り、広く支持されてきたが（芦部・憲法学Ⅱ195-200頁等）、近年、人権制約の根拠は他の人権のみとするこの説の前提は、理論的に維持できないという批判が有力である。例えば表現の自由は、街の美観の維持や静穏、性道徳の維持等を理由に制限され得るが、これらは個々人の人権には還元され得ないものであり、あえてこれらを人権として説明しようとすると、人権の内容が希薄化し（現にこの説の提唱者は、街の美観維持等の利益を、「decentな社会生活への権利」という「その時代の多くの他人の人権」として説明していた（宮沢・憲法Ⅱ231頁））、また、政府が必ずしも人権には還元できない社会全体の利益の実現を任務として活動しているという明白な事実を覆い隠すものだとする批判である（長谷部・憲法104頁。なお、同説は、「公共の福祉」を正当な国家権限の限界

を画する概念として捉える（106-110頁））。こうした批判を取り入れ，「公共の福祉」の新たな類型化が試みられ，その具体的内容として，例えば，①人権と人権の衝突を調整する措置，②他人の人権を侵害する行為を禁止する措置，③他人の利益（多数の個人の，人権とはいえないにしても重要な利益）のために人権を制限する措置，④本人の利益のために本人の人権を制限する措置を挙げる説がある（高橋・憲法123頁。他の類型化として渋谷・憲法166-172頁）。

判例 初期の判例には，「公共の福祉という基本的原則に反する場合には，生命に対する国民の権利といえども立法上制限乃至剥奪される」（最大判1948〈昭23〉3.12刑集2巻3号191頁）とするものや，「外国旅行の自由といえども無制限のままに許されるものではなく，公共の福祉のために合理的な制限に服するものと解すべきである」（最大判1958〈昭33〉9.10民集12巻13号1969頁）とするものなど，一元的外在的制約説と整合的なものが見られた。後に判例は，全逓中郵事件（最大判1966〈昭41〉10.26刑集20巻8号901頁）や博多駅事件（最大決1969〈昭44〉11.26刑集23巻11号1490頁）で，「公共の福祉」の内容を具体的事件において対立する諸利益の衡量によって明らかにする比較衡量論を用いた。総合的衡量によって人権制約の必要性・合理性を審査するという判断枠組みは，今日でも一般的である。

〔小泉良幸〕

第13条 すべて国民は，個人として尊重される。生命，自由及び幸福追求に対する国民の権利については，公共の福祉に反しない限り，立法その他の国政の上で，最大の尊重を要する。

1 13条の趣旨

本条は，その前段で「個人の尊重」を国政の基本原理として規定し，後段では，これを受けて国民各人に対し「生命，自由及び幸福追求に対する国民の権利」を保障する。明文規定のない権利に憲法上の根拠を与える条文として機能する。

〔比較憲法的意義〕

この規定は，アメリカ独立宣言（1776）に由来する。独立宣言は，「われわれは，すべての人が平等に造られ，創造主によって一定の譲り渡すことのできない権利を賦与されており，これらの権利の中に生命，自由及び幸福の追求が含まれていることを，自明の真理であると信ずる」と唄う。その後制定された合衆国憲法は，修正9条で「この憲法における一定の権利の列挙は，人民によって保持されている他の権利を否定し軽視するものと解釈されてはならない」とし，明文規定のない権利の存在を前提としているが，憲法解釈上，新しい人権の根拠条文として機能してきたのは修正14条のデュー・プロセス条項で，妊娠中絶や安楽死，同性愛の自由等に関する憲法論の受け皿となってきた。他方で，ドイツ基本法1条1項は「人間の尊厳は不可侵である。これを尊重し，かつ，保護することが，すべての国家権力に義務付けられている」と規定するが，「個人の尊重」との異同については議論がある。

2　前段　個人の尊重
（1）「個人の尊重」の意味

本条前段は，「個人の尊重」を国政の基本原理として定める。この原理は，国家や国民，民族やイエ等の実在する個人を超えた観念的存在に固有の価値を見出す全体主義的世界観を否定し，「すべての人間を自主的な人格として平等に尊重」（宮沢・コメ 197 頁）するものだ。憲法 24 条 2 項の「個人の尊厳」は，これを家族生活の領域で具体化したものであり，個人の「尊重」と「尊厳」は互換的とされてきた。

「個人の尊重」と「人間の尊厳」の異同いかん。後者が，すべての人間に共通する属性，例えば「人格的存在であること」に尊厳根拠を求め，また，人格の共同社会的拘束性を強調する傾向があるのに対して，前者は，人間の個としての多様性や個性尊重の考え方に立脚するものとし，両者を峻別する説もある（新基本法コメ 100-102 頁〔押久保倫男〕，阪本・理論Ⅱ 138-139 頁）。しかし，多くの学説は，「人間の尊厳」には当の人格の担い手である個人が自律的に選択した生き方への平等な尊重要請を含むと解し，また，「個人の尊重」の前提としてジェノサイドや拷問等の非人間的処遇は当然禁止されるとし，両者を必ずしも対立的には捉えない。

（2）「個人の尊重」の法的性格

本条前段の法的性格について，通説は，国政の基本原理を定めた原則規範と解する。この原則は，民法 2 条の「この法律は，個人の尊厳…を旨として，解釈しなければならない」との規定を通じて，私法の解釈基準として機能する。憲法上の原則規範として私法秩序に対して効力を及ぼすからであり，民法 2 条は，その「確認」規定と解される（長谷部・注釈 83 - 84 頁〔土井真一〕）。また，比例原則の憲法上の根拠について，法内容の適正を含む憲法 31 条に見出す説もあるが，自由の「最大」尊重を要請する本条後段と相まち，本条の個人尊重原理に求めるべきであろう。

他方で，本条前段を権利規定と解する説もある。その中で近年有力なのが，本来の意味での人権である「切り札としての権利」と憲法上の権利とを区別した上で，本条前段を前者の根拠規定とする説だ。「切り札としての権利」とは，政府が，ある人の行動が他人の権利や利益を侵害しているからという結果に着目した理由ではなく，その人の選択した生き方や考え方が間違っており，道徳的に正しくないといった理由に基づいて行動することを禁止するもので，たとえそれが「公共の福祉」に反する場合でも保障されなければならない。このような理由に基づく自由に対する強制や干渉は，その人が自分の選択に基づいて自分の人生を理性的に構想し，行動し得る人間であることを否定するものであり，「個人の根源的な平等性」を侵害するからとされる（長谷部・憲法 111-114 頁，147 頁）。

3　後段　幸福追求権
（1）幸福追求権の法的性格

学説　本条後段の「生命，自由及び幸福追求」の権利を一体として捉え，幸福追求権と呼ぶ。学説は，当初この権利を，憲法第 3 章の保障する権利の総称，または，各種の人権の根底に存する自然法的権利等と解し，司法的救済を受けることのできる独自の法的権利（具体的権利）としての性格を否定した。しかし，今日では，通説は，13 条が 14 条以下に明文根拠のない権利の

根拠条文となることを認めている。本条後段は，前段を受けて，①国民各人が，自律的生を遂行するために必要な主観的権利を包括的に保障したものとし，②14条以下の個別人権もここから流出派生したものと位置づけた上で，幸福追求権から解釈論的に導出される新しい人権については，個別人権規定の保護が及ばない場合に補充的に適用される（芦部・憲法120頁，佐藤幸・憲法論175-176頁等）。

13条から導出される権利を，自由（防御）権に限定する説もある。しかし，通説的見解は，個別人権の中にも，21条や25条のように防御権と請求権の性格を併せもつものもあり，また，現に13条を根拠に承認されてきたプライバシー権の性格が防御権に止まらないことなどに鑑み，新しい人権を自由権に限定しない。

判例　最高裁は，いくつかの判決で，13条が「国民の私生活上の自由」を公権力の行使に対しても保護すべきことを規定するものと解してきた。その嚆矢となったのが，京都府学連事件（最大判1969〈昭44〉12.24刑集23巻12号1625頁）で，13条に具体的権利性を認めたものだ。

（2）幸福追求権の保護範囲

学説　幸福追求権の保護範囲については争いがある。自由の内容・価値を問わず，あらゆる生活領域に関する行為の自由に及ぶとする一般的自由説と，個人の人格的生存にとって不可欠な権利・自由に限定する人格的利益説との対立だ。

一般的自由説には，非限定説と限定説がある。非限定説によれば，殺人や強盗の自由も「一応の権利」として憲法上保護されるが，「公共の福祉」による制約に服する。しかし，この説に対しては，これらの行為を「人権」として資格付けることへの抵抗感が示される。そこで，限定説は，他人の権利や対立する憲法上の価値等により保護範囲の限定を試みるが，審査基準の設定段階で，一般的自由と対立する法益の重みを人格価値との関連性で考慮に入れることになるとすれば，人格的利益説との違いは，結論として変わらない。他方で，人格的利益説に対しては，服装・身なり，飲酒・喫煙，登山・海水浴等の人によっては大事な自由が人格的生存にとって不可欠でないとされ，保護範囲から除外されるという批判がある。

もっとも，人格的利益説をとっても，これらその他の自由を「一部の人について制限ないし剥奪するには，もとより十分に実質的な合理的理由がなければならない」のであり，「平等原則や比例原則（権利・自由の規制は社会公共の障害を除去するために必要最小限度にとどまらなければならないとする原則）とのかかわりで，憲法上問題となることもありうる」（芦部・憲法121頁）とされてきた。これでは一般的自由説と同じではないかとの疑問がありそうだが，一般的自由説が人格的利益説と同一の次元に立ち，主観的権利として保護される自由の範囲を拡張しようとするものであるのに対し，この文は，一般的自由を権利として構成するものではない。自由制限にあたり，公権力は法律の留保や比例原則等の法治国家原理を客観的に遵守すべきとするもので，これを確認できれば，一般的自由の権利論的構成にこだわる必要性はない（小山＝駒村編・論点113-114頁［松本和彦］。小山・作法95-99頁は，これを「違憲の強制からの自由」とする）。人格的利益説を全体として捉えるならば，憲法明文の保障する個

別人権と同等の重要性をもち，特定性・具体性をもつものについては新しい人権として構成し，それ以外の行為に対しては，一般的自由として公権力による不合理な規制からの保護を与えるものと解される（安西他・読本86頁〔巻美矢紀〕等）。

なお，本条前段から「切り札としての権利」を読み取る説によれば，本条後段は，一般的な行動の自由を保障したものである。その制限が正当化されるためには，国家権力の側が，自由制約の「公共の福祉」適合性を説明しなければならない（長谷部・憲法146-147頁）。

判例 最高裁は，幸福追求権の保護範囲につき事案処理に必要な範囲を超えて一般的に述べないが，例えば未決拘禁者の喫煙の自由につき，それが「憲法13条の保障する基本的人権の一に含まれるとしても」とした上で，「拘禁の目的と制限される基本的人権の内容，制限の必要性などの関係を総合考察すると，前記の喫煙禁止という程度の自由の制限は，必要かつ合理的なものであると解するのが相当」とする（最大判1970〈昭45〉9.16民集24巻10号1410頁）。他に人格的生存にとって不可欠とまでいえない自由に関し，賭場開帳の自由（最大判1950〈昭25〉11.22刑集4巻11号2380頁），自己消費目的の酒類製造の自由（最一判1989〈平元〉12.14刑集43巻13号841頁），ストーカー行為（最一判2003〈平15〉12.11刑集57巻11号1147頁）の制約を扱った事案等がある。

4　13条の保障する権利

司法府が新しい人権を解釈的に導出することには，民主主義との緊張関係や「人権のインフレ」が指摘されてきた。新しい人権の承認条件として，①歴史性，②普遍性，③公共性を挙げる説（芦部・憲法学Ⅱ348頁）は，この批判を考慮したものだが，社会一般の受容を過度に強調することには，少数者保護の観点からより慎重な検討が必要だ（高橋・憲法147-148頁）。以下では，多くの学説が，新しい人権として認めてきたものを取り上げる。

（1）プライバシー権

学説 プライバシー権は，アメリカ判例法理の展開の中で，「一人にしておいてもらう権利」として登場した。商業主義的ジャーナリズムによる有名人の私生活の暴露等に対する不法行為責任を根拠づける私法上の権利（古典的プライバシー権）であり，住居や寝室等の空間的イメージによる保護の限界を伴う。しかし，今日では，情報技術の進展により，一般の人々の膨大な個人情報が集積されている現状を踏まえ，個人の自律（他者とコミュニケートし，人間関係を形成する個人の能力としての側面が重視される）の観点から，個人情報の取得・保存・利用等の適正な管理のために，自己に関する情報をコントロールする対公権力の側面を備えた憲法上の権利としてプライバシー権を構成する説（自己情報コントロール権説）が通説となり，その内容には，自己情報の閲読・訂正・抹消請求権という意味での積極的権利が含まれる。

しかし，自己に関する全ての情報のコントロールにつき憲法上の保護が及び，また，その保護の程度は同一と解すべきか。この説の代表的提唱者は，「道徳的自律の存在にかかわる情報（プライバシー固有情報）」と「道徳的自律の存在に直接かかわらない外的事項に関する個別的情報（プライバシー外延情報）」とを区別する（佐藤幸・憲

法論 182-186 頁）。前者には，思想・信条，精神や身体に関する基本情報，社会的差別の原因となる情報等が含まれる。文字通りの意味でコントロールの対象となるのは，プライバシー固有情報であり，その取得・保全・利用等は原則として禁止される。全ての個人情報を，当該個人によりコントロール可能な権利の対象と見ることはできないが，プライバシー外延情報についても，その集積・結合次第では主観的権利の侵害と見るべき場合がある（長谷部・注釈 122-123 頁［土井真一］）。

自己情報コントロール権説に対しては，今日のデータ社会においては，もはや仔細な個人情報はあり得ず，権利主体である個人が何かの不利益を知った時点で事後的にコントロールできるだけでは不十分とし，それゆえ，個人情報を管理・利用する制度の構築にあたって，法律の留保による形式的正当化に加え，情報システムの技術的・法的堅牢性に対する構造審査の必要が説かれる（情報基本権説）。人格関連性に関わらず，氏名や住所等の単純個人情報であっても，それが，集積・結合利用可能な情報システムに接続される時点で，前倒し的に権利の侵害可能性を考慮すべきとするものだ（小山・作法 100-103 頁，山本龍彦「データベース社会におけるプライバシーと個人情報保護」公法研究 75 号〔2013 年〕90 頁）。従来の考え方をとる場合でも，この説の趣旨をも考慮に入れるべきであろう。

判例 最高裁は，自己情報コントロール権説の問題関心と重複する領域を，「国民の私生活上の自由」という概念の下で扱ってきた。

（ⅰ）「容ぼう等」の撮影　最高裁は，公安条例違反の証拠保全を目的として警察官が行った写真撮影の合憲性が争われた前掲・京都府学連事件で，「国民の私生活上の自由」の一つとして，「何人も，その承諾なしに，みだりにその容ぼう・姿態（以下「容ぼう等」という。）を撮影されない自由を有するものというべきである」とし，「これを肖像権と称するかどうかは別として，少なくとも，警察官が，正当な理由もないのに，個人の容ぼう等を撮影することは，憲法 13 条の趣旨に反し許されない」と判示する。

但し，判例は，犯罪捜査の必要上，警察が被疑者の写真撮影を行う際に，その対象に第三者の容ぼう等を含んでも許容され得るとし，また，本人の同意がなく，令状のない場合（刑訴法 218 条 3 項のような身柄の拘束の場合を除く）であっても，①現行犯性（又はそれに準ずる場合），②証拠保全の必要性・緊急性，③撮影方法の相当性を要件とし，撮影を許容する。したがって，速度違反車両の自動監視装置（オービス）による運転手の容ぼうの写真撮影は，この 3 要件に当てはめ，適法であり，また，同乗者の容ぼうを含んでも，憲法 13 条に違反しない（最二判 1986〈昭 61〉2.14 刑集 40 巻 1 号 48 頁）。

判例は，容ぼう等の撮影の許容性を 3 要件充足の場合に限定する趣旨か。後に最高裁は，公道上及びパチンコ店内にいる被疑者の容ぼう等のビデオ撮影の適法性が争われた事件で，京都府学連事件判決は，「警察官による人の容ぼう等の撮影が，現に犯罪が行われ又は行われた後間もないと認められる場合のほかは許されないという趣旨まで判示したものではない」とし，撮影を適法とした。その理由は，「被告人が犯人である疑いを持つ合理的な理由が存在して

第3章 国民の権利及び義務［第13条］

いたものと認められ，かつ，前記各ビデオ撮影は，強盗殺人等事件の捜査に関し，防犯ビデオに写っていた人物の容ぼう，体型等と被告人の容ぼう，体型等との同一性の有無という犯人の特定のための重要な判断に必要」な限度において，「公道上を歩いている被告人の容ぼう等を撮影」したものであり，「いずれも，通常，人が他人から容ぼう等を観察されること自体は受忍せざるを得ない場所におけるものである」からとする（最二決2008〈平20〉4.15刑集62巻5号1398頁）。

他方で，防犯目的（行政警察活動）での警察による監視カメラの設置はどうか。釜ヶ崎監視カメラ事件において，大阪地裁は，監視カメラによる画像情報が「録画」されていないことを理由に肖像権侵害を退け，また，日雇労働者の労働運動の拠点である解放会館前に設置されたカメラによる継続的監視についてはプライバシー侵害を認めたが，その他道路・公園等に設置されたカメラについては，適法とした。但し，「公共の場所にいるという一事によってプライバシーの利益が全く失われると解するのは相当でなく」，「監視の態様や程度の如何によってはなおプライバシーの利益を侵害するおそれがある」（大阪地判1994〈平6〉4.27判時1515号116頁）との説示がある。

路上での「容ぼう等」の撮影に関連する問題に，Nシステムがある。端末の設置された公道上の特定の地点を走行する車両すべての前方部を撮影し，車両ナンバーのみデジタル処理した上で保存し，車両利用犯罪等の捜査に利用することを可能とするもので，犯罪に関係ない車両一般の行動履歴の追尾まで技術的には可能となる。そこで，Nシステムによる容ぼう等の撮影や車両ナンバーの取得・管理の合憲性を争う国賠訴訟が提起されたが，東京地裁は，①公権力により取得・保有・利用される情報の性質，②その目的の正当性，③公権力による取得・保有・利用の方法の正当性，及び，④情報の管理方法の適正さ等を総合判断し，適法とする（東京地判2001〈平13〉2.6判時1748号144頁，東京地判2007〈平19〉12.26訟月55巻12号3430頁）。平19地判の控訴審では，Nシステムに法律上の根拠がないことが争われたが，判決は，自動車検問に関する判例（最三判1980〈昭55〉9.22刑集34巻5号272頁）を援用し，「警察は，警察法2条1項により，強制力を伴わない限り犯罪捜査に必要な諸活動を行うことが許される」とした（東京高判2009〈平21〉1.29判タ1295号193頁）。

（ⅱ）「指紋」の採取　外国人登録法の定めていた指紋押捺制度の合憲性について，最高裁は，「指紋は，指先の紋様であり，それ自体では個人の私生活や人格，思想，信条，良心等個人の内心に関する情報となるものではないが…，採取された指紋の利用方法次第では個人の私生活あるいはプライバシーが侵害される危険性がある。このような意味で，指紋の押なつ制度は，国民の私生活上の自由と密接な関連をもつものと考えられる」とする。その上で，憲法13条に言及し，「個人の私生活上の自由の一つとして，何人もみだりに指紋の押なつを強制されない自由を有する」とするが，この自由も「公共の福祉」による相当の制限に服するとし，外国人の公正な管理という立法目的の合理性・必要性，及び当時の具体的押捺制度の方法としての相当性を肯定し，合憲とする（最三判1995〈平7〉12.15

刑集49巻10号842頁）。

(ⅲ)「前科等」の開示　前科や犯罪経歴に関する情報は，社会公共の関心事となり得る。しかし，最高裁は，「前科及び犯罪経歴（以下「前科等」という。）は人の名誉，信用に直接にかかわる事項であり，前科等のある者もこれをみだりに公開されないという法律上保護に値する利益を有する」とした。その上で，区長が，弁護士会の照会に応じて前科等を報告するにあたっては，「格別の慎重さ」が要求されるとし，「漫然と弁護士会の照会に応じ，犯罪の種類，軽重を問わず，前科等のすべてを報告すること」を国賠法上違法としたが，13条には言及していない（最三判1961〈昭56〉4.14民集35巻3号620頁）。

(ⅳ)「氏名・住所等」の管理・利用　住民基本台帳法の改正（1999）によって，氏名・生年月日・性別・住所・住民票コード及び転出入等の変更情報を加えた本人確認情報が，本人の同意のないまま，住基ネットに接続され，国・地方公共団体の機関が共通に利用することができるようになった。その合憲性が争われた裁判で，最高裁は，憲法13条に言及し，「個人の私生活上の自由の一つとして，何人も，個人に関する情報をみだりに第三者に開示又は公表されない自由を有する」と判示した。しかし他方で，これら本人確認情報は，「個人の内面に関わるような秘匿性の高い情報」とはいえないとし，また，①住民サービスの向上及び行政事務の効率化という目的の正当性，②住基ネットのシステム上の欠陥等による外部からの不正アクセスや情報漏洩等の具体的危険はないこと，③目的外利用や秘密の漏洩等は懲戒処分又は刑事罰で禁止されていること，④本人確認情報の保護に関する審議会等を設置し，その適切な扱いを担保するための制度的措置を講じていること等を理由として，住基ネットによる本人確認情報の管理・利用は，当該個人がこれに「同意」していないとしても，憲法13条により保障された自由を侵害しないとする（最一判2008〈平20〉3.6民集62巻3号665頁）。

氏名・住所等の開示につき，私人間の事案だが，江沢民講演事件がある。早稲田大学が，中国国家主席の講演会を行うに際し，参加を希望する学生の学籍番号・氏名・住所・電話番号を記載した名簿を提出するよう，警備にあたる警視庁から求められ，学生の「同意」なく，その写しを提出したことの違法性が争われた。最高裁は，これら個人情報は，「秘匿されるべき必要性が必ずしも高いものではない」が，「自己が欲しない他者にみだりにこれを開示されたくないと考えることは自然なこと」とし，「プライバシーに係る情報」として法的保護の対象とする（最二判2003〈平15〉9.12民集57巻8号973頁）。

（2）人格権

[学説]　人格権とは，一般に，人の人格的生存と密接に結び付くものとして，私法上保護の対象とされてきた非財産的な権利をいう。広くはプライバシー権や後述の自己決定権等を含むが，人格的利益説は，そのような権利・利益の中から，人格価値そのものにかかわる権利（佐藤・憲法論179頁，辻村・憲法142-144頁等）を分節化し，対公権力との関係で，13条の保障する権利とする。名誉権や氏名権等が含まれる。

[判例]　最高裁は，北方ジャーナル事件において，出版物の差止請求の根拠として，「人格権としての個人の名誉の保護（憲法

13条）」に言及する（最大判 1986〈昭 61〉6.11 民集 40 巻 4 号 872 頁）。また，夫婦同氏制の合憲性が争われた裁判で，「氏名」は「人格権の一内容を構成する」とする一方で，「婚姻の際に『氏の変更を強制されない自由』が憲法上の権利として保障される人格権の一内容であるとはいえない」とし，民法 750 条は憲法 13 条に違反しないと判示した（最大判 2015〈平 27〉12.16 民集 69 巻 8 号 2586 頁。但し，「氏を含めた婚姻及び家族に関する法制度の在り方を検討するに当たって考慮すべき人格的利益であるとはいえる」とする）。

（3）自己決定権

学説　自己決定権とは，自己の生き方に関わる重要な事項につき，公権力から干渉されることなく決定できる自由をいう。憲法 13 条は，そのような自由の中から，基本的人権として捉えるにふさわしい内実をもつものを保障する。学説上，①結婚・離婚，出産・避妊等，家族の在り方やリプロダクションに関する事項，②医療拒否，生命の処分に関する事項，③髪型・服装等のライフスタイルに関する事項が，挙げられてきた。

①②については，生殖補助医療や終末医療等の発展により，人為の領域が拡大していることにも配慮が必要で，自己決定権に，防御権としての側面に加え，自己決定の環境・制度の適正設営請求権を読み込む説がある（山崎友也「現代における『自己決定権』の存在意義」公法研究 78 号〔2016 年〕104 頁）。

学説が，これら事項に関する決定の自由を新しい人権として類型化するのは，これらの領域が，公権力によって善き生の理想に関する特定の見解を押し付けられ，また，本人保護（パターナリズム）を理由として社会の多数派の道徳を強制されやすい点に鑑み，司法府による少数者保護が必要と考えるからだ。

他方で，とくに②については，本人保護を理由とする介入を否定できない場合がある。決定主体としての個人の「自律の能力」が，疾病や加齢等により喪失・低下している状況であり，その場合に限って介入が肯定され得る。個人の自律の保障を旨とする人格的利益説にとって内在的制約と捉えることができる（「限定的なパターナリスティックな制約」，「弱いパターナリズム」等といわれる）。しかし，その場合でも，何が本人の「最善の利益」となるかについて，可能な限り，本人意思を推定すべきである。

生命の処分については，「自殺の自由」の扱いを含め，深刻な議論がある（長谷部編・注釈 107-110 頁〔土井真一〕）。「どのように人生を終えるかも本人にとって重要であることは確かだが，個人の尊重という基本原理が生命をも個人の自由に委ねる趣旨を含んでいるのかどうかは，にわかに判断できない難しい問題」（毛利他・憲法 II〔第 2 版〕68 頁〔毛利透〕）だというのが，多くの学説の立ち位置と思われる。

判例　最高裁はこれまで一度も自己決定権に言及していない。生命の処分に関し，エホバの証人輸血拒否事件の控訴審は，治療方針に対する患者の同意は，「各個人が有する自己の人生のあり方（ライフスタイル）は自らが決定することができるという自己決定権」に由来するとし，「人はいずれは死すべきものであり，その死に至るまでの生きざまは自ら決定できるといわなければならない」（東京高判 1998〈平 10〉2.9

判時1629号34頁)と判示した。しかし,最高裁は,患者が「宗教上の信念」に基づき「輸血を伴う医療行為を拒否するとの明確な意思を有している場合,このような意思決定をする権利は人格権の一内容として保護されなければならない」とし,このような患者について,術中救命に必要な事態が生じたときには輸血をするとの医師による説明がなかったことを違法としている(最三判2000〈平12〉2.29民集54巻2号582頁)。また,安楽死についてはいくつかの事案がある。最高裁は,喘息の発作から意識回復が困難となった患者から,家族の要望に応じて気管内チューブを抜くなどして死に至らしめた医師が殺人罪に問われた事案で,患者の検査が不十分と認定し,本人の同意を推定できないとして殺人罪の成立を認めた(最三判2009〈平21〉12.7刑集63巻11号1899頁)。

髪型・服装等の自由については,校則による規制が争われている(原付免許の取得につき,最三判1991〈平3〉9.3判時1401号56頁,パーマにつき,最一判1996〈平8〉7.18判時1599号53頁)。

(4)環境権

学説 環境権とは,良好な環境を享受する権利であり,1960年代の公害問題を背景に,13条と25条を併用し,主張されてきた。しかし,「環境」を,自然環境に限るか,文化的・歴史的環境を含むかで対立があり,後者を含む場合,前者との矛盾・対立が生じ得る(例えば捕鯨の禁止)。また,「環境」は,消費の非排除性を特徴とする典型的な公共財であり,これを個人によってコントロール可能な主観的権利として構成することには,理論的困難を伴う。自然環境の悪化が,個人の生命・健康等の侵害に及び,個別化された権利・利益の侵害となる場合を別とし,良好な環境一般の保護は,立法による解決に委ねるほかはない。逆にいえば,特定個人の権利・利益の侵害にならないからといって,生物多様性の保全等の必要性はないと多くの人々は考えないはずであり,環境保護団体に原告適格を認める「自然の権利」論や客観訴訟の活用が提唱されている。

判例 環境権そのものを認めた判例はないが,大阪空港訴訟控訴審判決は,「平穏,自由で人間たる尊厳にふさわしい生活を営むこと」の最大限の尊重が「人格権」の中に含まれるとし,飛行機の離着陸による騒音被害に対して損害賠償等を認めた(大阪高判1975〈昭50〉11.27判時797号36頁。その上告審として最大判1981〈昭56〉12.16民集35巻10号1369頁)。

〔小泉良幸〕

第 3 章　国民の権利及び義務［第 14 条］

> **第 14 条** ①すべて国民は，法の下に平等であつて，人種，信条，性別，社会的身分又は門地により，政治的，経済的又は社会的関係において，差別されない。
> ②華族その他の貴族の制度は，これを認めない。
> ③栄誉，勲章その他の栄典の授与は，いかなる特権も伴はない。栄典の授与は，現にこれを有し，又は将来これを受ける者の一代に限り，その効力を有する。

1　14 条の趣旨

　明治憲法は，平等については「日本臣民ハ法律命令ノ定ムル所ノ資格ニ応シ均ク文武官ニ任セラレ及其ノ他ノ公務ニ就クコトヲ得」（19 条）として公務就任権の平等を唯一設けているだけであった。神勅天皇制を統治原理とし，女性に隷従を強いる「家」制度を社会の構成原理とした当時の憲法体制は，そもそも平等に親和性がなかった。これに対して日本国憲法は，本条 1 項で法の下の平等と差別の禁止を定め，その理念を具体化するために貴族制度と栄典に伴う特権を禁止して，平等を一般原則化している。さらに個別分野として，家族関係における両性の本質的平等（24 条），ひとしく教育を受ける権利（26 条），選挙権における平等（15 条 3 項・44 条）を定めている。なお，象徴天皇制を導入したことで，天皇皇族の身分が世襲で残され，憲法が設けた例外域になっている。

2　平等の理念

（1）国民としての地位

　平等は，古来「等しいものは均一に，等しくないものは別異に，処遇すべし」という法諺と等置されてきた。平等とは人と人との比較から生じる観念である。平等を要請するためには，例えば a, b の二者が存在する場合に，a と b を「等しいもの」たらしめ，かつ，人々の現実的な正義感に訴えるエレメントを指し示す必要がある。平等が決定的意味をもったのは，封建的な身分制を破壊して，そこから人権主体としての「人一般」＝個人を析出するという前近代の克服の過程においてである。「人一般」という抽象的な人間像を前提に，人権主体である点において相互に差別されることのない存在であるということが，a と b を「等しいもの」たらしめるエレメントであった。このような個人から構成される社会を構築することが，近代の課題であった。フランス人権宣言 1 条「人は，自由，かつ，権利において平等なものとして生まれ，生存する。社会的な区別（distinctions sociales）は，共通の利益（utilité commune）に基づいてのみ可能である」は，前近代から近代へのパラダイム転換を象徴する定式である。この定式は，個人を高度に抽象的に描くことで個人に付着した様々な属性や個人をとりまく諸事情を捨象して，人権主体として「同じ状況にある」ものとみなした。国民の地位（＝国家のメンバーシップ）を承認された（同じ状況にある）者だけに，国家によって「権利を持つ権利」が保障されるのである（この局面で成立する「平等」を絶対的平等としての「基底的平等」と捉え，近代国家の論理を支える原理として，その後も国家法を拘束するとの見解がある（佐々木弘通「平等原則」安西文雄ほか『憲法学の現代的論点〔第 2

版〕』有斐閣，2009年，327頁以下参照）。

（2）形式的平等／実質的平等と機会の平等／結果の平等

ここに成立する平等が「権利における平等」，すなわち「形式的平等」である。人は，人生の出発点において，「権利における平等」を保障され，平等に与えられた機会（機会の平等）を人生の中でどのように生かすかは，各人の自由と能力にゆだねられた。「生まれながらの平等」の宣言は，「身分」による分配を「才能」と「功績」による分配に転換した。

当然のことながら現実の人々の「才能」と「功績」には差異がある。その差異の影で人々の現実の貧富の較差が拡大し，資本主義の発展とともに増大の一途をたどった。そうであるからといって，結果の平等を求めることは，自由と対立する。この問題を考える際に注目されたのは，貧困の世代間連鎖，社会的な諸事情により，すでにスタートラインで，個人の努力では如何ともし難いハンディを背負わされ，潜在的能力があっても資財や条件等を欠くためにそれを利用できない局面である。こうして，現実に機会を利用できる実質的な平等が必要ではないかとの平等観が，人々の共感を得るようになった（高橋・憲法157-159頁）。消極的に「国家が差別しない」だけでなく，積極的に「国家による平等」が求められるに至ったのである。こうした背景を介して社会権が登場した。この意味で，現代憲法が実質的平等の要請に対応していると解しても，形式的平等が原則であることに変わりはない（芦部・憲法128頁，辻村・憲法158頁）。

（3）平等の新たな地平
1）ポジティヴ・アクション

法的に差別が解消されたとしても，過去からの差別の蓄積が負の遺産となって，社会的偏見から平等な機会が与えられない場合がある。このため，政府がその差別を積極的に解消する政策を取る必要が意識される。このような政策は，ポジティヴ・アクション（積極的差別是正措置，アファーマティヴ・アクション）と呼ばれる。例えば，女性差別撤廃条約4条1項は，差別とならない女性を優遇する「暫定的特別措置」をとることを締約国に奨励している。これをうけて，男女共同参画社会基本法は，「機会に係る男女間の格差を改善するため必要な範囲において，男女のいずれか一方に対し，当該機会を積極的に提供する」「積極的改善措置」（2条2号）を定め，男女雇用機会均等法も「雇用の分野における男女の均等な機会及び待遇の確保の支障となっている事情を改善することを目的として女性労働者に関して行う」特例措置を認めている（8条）。

[学説] ポジティヴ・アクションには，強制力の強い措置から単なる啓発活動まで様々なバリエーションがある。これらの措置は，個人ではなく個人の帰属する集団を指標とすることから，個人を基礎とする近代立憲主義との緊張をもたらす。そこでどのような措置であれば可能であるのか，慎重な見極めが必要になる。一般に人種や性など特定の要素だけに着目して，それを理由に優遇措置を組み込むことは，当該要素もたないそれ以外の人々に対して「逆差別」効果をもたらし，違憲となる（辻村みよ子『ポジティヴ・アクション―法による平等の技法』岩波書店，2011年）。

2）間接差別禁止の法理
法律の規定が性中立的でも，その適用が社会の現実を

反映して一方の性に差別的に機能することもある。これを間接差別という。欧米では、雇用分野において使用者に対して性差別的効果の有無や正当化理由の有無に関する説明を求めることで差別を是正する間接差別禁止の法理が確立された。日本では2006年6月に成立した改正男女雇用機会均等法が、「労働者の性別以外の事由を要件とするもののうち、…実質的に性別を理由とする差別となるおそれがある措置として厚生労働省令で定めるもの」を禁止し（7条）、同省令のなかで間接差別となるおそれがある措置が明示されている。

[学説] 直接差別との関係、性差別と他のカテゴリーによる差別との関係などに加え、日本では、コース別採用や世帯主要件による実質的な性差別の事例があるため、理論・実務の両面にわたっての検討が課題となっている（辻村・憲法163-164頁）。また、民法750条が性中立的書きぶりをしているにもかかわらず、96％の夫婦が夫の氏に統一している状況は、実質的に見ると女性が差別されている間接差別の典型だという指摘がある（高橋・憲法179頁）。

[判例] 最高裁は、「夫婦同氏制それ自体に男女間の形式的な不平等が存在するわけではない」、すなわち別異取扱い自体がないという判断を示した（最大判2015〈平27〉12.16民集69巻8号2586頁）。14条の平等の理念につき、実質的平等が保たれるように図ることは、「趣旨に沿う」と確認したにとどまった。

3 「法の下の平等」の意味

[学説] 憲法14条1項は、国家に対して国民を不合理な形で別異に取扱ってはならないことを命ずる客観的法規範（平等原則）である。またこの規定から、国民は「平等に取り扱われる権利」（平等権）をもつ、と解される（渡辺他・憲法Ⅰ 133頁〔渡辺康行〕）。ワイマール時代のドイツでは、平等条項は立法者を拘束しないという見解が有力であった。その影響を受け、日本国憲法制定初期の学説の一部は、14条1項を法適用の平等と解していた（立法者非拘束説、法適用平等説）が、判例および通説は、法の内容が不平等な場合に、それを平等に適用しても意味がないとして、立法者拘束説（法内容平等説）をとっている。

国家活動は何らかの意味で別異取扱いを生み出すものである（例えば、法は、一定の要件に一定の法的効果を結びつけるものである点で、広い意味の差別をしている）から、平等権に他の憲法上の権利と同じような強い保護を想定するのは難しい。判例は、本条について、「国民に対して絶対的な平等を保障したものではなく」、「事柄の性質に即応して合理的と認められる差別的取扱をすることは、なんら右各法条の否定するところではない」（最大判1964〈昭39〉5.27民集18巻4号676頁）と述べ、合理的な根拠があれば、別異取扱いも正当化されるとの判断を示した（相対的平等）。こうして、法的取扱いの区別が合理的理由に基づくか否かが決定的に重要な意味と持つことになると、第1項後段に示された列挙事項に特別な意味を認める必要がなくなる。上記判例の中で、最高裁は「右各法条に列挙された事由は例示的なものであって、必ずしもそれにかぎるものではない」として、後段列挙事由を例示と解している（例示説）。他の事由に基づく別異取り扱いも14条1項違反になる可能性があるという意味で、これらの事由が例示であることに異論

を唱える学説はない（渋谷・憲法202頁）。

平等原則適合性は、まず憲法14条1項が保障対象とする別異取扱いがあるかどうかを確認し、それがあるという場合には、当該別異取扱いが正当化できるかどうか、という2段階で審査される（渡辺他・憲法Ⅰ 137頁以下〔渡辺康行〕）。

判例 最高裁の平等審査の範型をなすと見做されているのが、尊属殺重罰規定違憲判決（最大判1973〈昭48〉4.4刑集27巻3号265頁）である。もっとも、尊属重罰規定では、別異取扱いがあることが明らかなので、第1段階の審査は暗黙の裡に済まされている。第2段階の正当化の審査は、立法目的と目的達成手段という「二段構え」で行われている。法廷意見は、刑法200条（平成7年法律91号による改正前）につき、①尊属に対する報恩尊重という社会生活上の基本的道義を保護しようとする目的から、尊属の殺害を刑の加重要件とすること自体は、「合理的根拠を欠くもの」ではないが、②加重の程度が死刑または無期懲役と極端に重い点で「立法目的の達成手段として甚だしく均衡を失し」、「その差別は著しく不合理」であるとして、違憲の判断を下した。この判決は、立法目的と手段審査の名目で、「人の区別の可否」（尊属殺を刑の加重要件とする罪を設けること）と「別異取扱いの程度」（刑の加重の程度）を審査し、「程度」が極端でさえなければ、「尊属に対する尊重報恩」を維持するために尊属殺と普通殺を「区別すること」（別異取扱い）を許容した。このため、加重の程度が著しいとはいえない尊属傷害致死重罰規定（旧刑法205条2項、1995年刑法改正により廃止）については、憲法14条に違反しないという判断が下された（最一判1974〈昭49〉9.26刑集28巻6号329頁）。これに対して昭和48年判決において、田中二郎裁判官は、個人の尊厳を基本的立脚点とする現行憲法の下では、尊属殺に関して刑の加重規定を設けること自体が14条1項に反するという意見を書いた（「人の区別」自体が違憲）。

4 14条1項後段列挙事由

学説 個人の根源的平等の憲法的要請からすれば、上記田中裁判官意見がいうように、平等審査の核心は人と人の区別の合理性の審査にある。今日の学説の多くは、審査基準の設定における考慮要素として、人と人とを区別する際に指標となった人の属性（区別事由）を重視している。有力説によると、14条1項後段に掲げられた列挙事由（「人種、信条、性別、社会的身分又は門地」）に基づく別異取扱いは、「民主主義の理念に照らし、原則として不合理なものである」から、それ以外の場合と異なり、立法目的が「やむにやまれぬ」必要不可欠なものであることを要求する「厳格審査」基準または立法目的が重要なものであることを要求する「厳格な合理性」の基準を適用するのが妥当である（特別意味説）、とされる（芦部・憲法134頁）。特別意味説は、相対的平等観と例示説の組合せによる平等概念の相対化に一定の歯止めをかけようとする試みといえる（長谷部・注釈（2）172頁〔川岸令和〕）。その画期性を活かすために、有力説は、対象となっている実体的な権利の性質に着目して、いわゆる「二重の基準」に該当する対応の区分をこの場面で導入している（芦部・憲法131-132頁）。特別意味説をとった場合、それぞれの列挙事由の意味、そしてそれらの事由に基づく

別異取扱いがなぜ不合理な差別になるのかが，探求されなければならない。

(1) 人　種
人種とは，皮膚・毛髪・体型等の身体的特徴によりなされる人類学上の区別である（髙橋・憲法162頁，辻村・憲法164頁）。これに基づく差別が不合理であることのコンセンサスは広範に確立しているが，未だ世界各地で根絶されていない。日本でもアイヌ民族や在日韓国人・朝鮮人に対する差別問題は解決されていない。日本国籍を有しない「外国人」を日本国籍保持者から区別することについては，一般には，外国人にも日本国民と同様に憲法上の権利が保障されるかという権利の享有主体性の問題として論じられる。

(2) 信　条
信条は，本来宗教上の信仰を意味する概念であったが，個人が内心において信ずる事柄と広く解されている（髙橋・憲法162頁，辻村・憲法165頁）。とくに差別的取扱いが行われやすい労働関係については，労働基準法が思想・信条によって労働条件を差別することを禁じている。

(3) 性　別
性別は，本来，男女の生物学的・身体的性差によることを意味するが，今日では，社会的・文化的性差としてのジェンダーによる差別が問題となる（辻村・憲法165頁）。文言上，「男女平等」でなく，「性差別禁止」条項である点に留意する必要がある。LGBTI（当事者の自称であるLesbian, Gay, Bisexual, Transgender and Intersexの頭文字をとったもので，いわゆる「性的マイノリティ」を示す）に対する差別も，当然に禁止される。上記2(3)および24条の解説を参照。

(4) 社会的身分
社会的身分（social status）については，「生来の身分，たとえば被差別部落出身」とか，「自己の意志をもってしては離れることのできない固定した地位」というように，狭く解する説，広く「人が社会において一時的ではなくしめている地位」と解する説（判例の立場），両者の中間にあって，「人が社会において一時的にではなく占めている地位で，自分の力ではそれから脱却できず，それについて事実上ある種の社会的評価が伴っているもの」と解する説がある。後段列挙事項に特別な意味を認める立場は，狭義説ないし中間説の解釈と結びつくとされる（芦部・憲法136頁）。

(5) 門　地
門地（family origin）とは，家系・血統等の家柄を指し，社会的身分の一部をなす。貴族制度も門地による差別であり，本項により禁止されるが，これは2項により絶対的に禁止されている。天皇・皇族は門地にあたるが，憲法制定者が設けた例外である（髙橋・憲法164頁）。

判例 最高裁は，区別事由について，14条1項後段列挙事由のいずれに該当するか検討するという，条文を手がかりとしたアプローチ（文理アプローチ）をとっていないが，国籍法違憲判決（最大判2008〈平20〉6.4民集62巻6号1367頁），婚外子法定相続分違憲決定（最大決2013〈平25〉9.4民集67巻6号1320頁）において，区別事由それ自体の問題性を実質的アプローチによって炙り出し，実質的に特別意味説と同様の帰結を導いている（安西文雄「憲法14条1項後段の意義」論ジュリ13号（2015年）71頁以下参照）。国籍法違憲判決は，国籍が「我が国の構成員としての資

格」であるとともに、基本的人権の保障などを受ける上で意味をもつ「重要な法的地位」であること、併せて「父母の婚姻により嫡出子たる身分を取得するか否かということは、子にとっては自らの意思や努力によっては変えることのできない…事柄である」ことを指摘し、区別に合理的理由があるか否かを「慎重に検討」して、違憲判断を下した。また、婚外子法定相続分違憲決定は、民法900条4号ただし書前段（平成25年法律第94号改正前）につき、その「存在自体が…嫡出でない子に対する差別意識を生じさせかねないこと」を認め、「家族という共同体の中における個人の尊重がより明確に認識されてきたこと」、「父母が婚姻関係になかったという、子にとっては自ら選択ないし修正する余地のない事柄を理由としてその子に不利益を及ぼすことは許されず、子を個人として尊重し、その権利を保障すべきであるという考えが確立されてきている」ことを重要な柱として（もっとも「個人の尊重」、「個人の尊厳」が14条1項の解釈にどのように組み込まれているのかは読み取りが難しい）、14条1項に違反すると判断した。

5 「政治的、経済的又は社会的に関係において、差別されない」

[学説] 14条1項後段は、差別が禁止される局面について、「政治的、経済的又は社会的関係」であるとする。ある学説の整理（渋谷・憲法211頁）によれば、「政治的関係」とは、「共同生活」に属する諸権利その他の諸利益に関係し、政府の政策決定に参加する権利、政府の提供する制度を利用する権利に関係する（投票価値の平等については、15条・43条の解説を参照）。「経済的関係」は、「経済生活」に属する諸権利その他の諸利益に関係する。「社会的関係」は、上記2種以外の関係を指し、「身体の所在」に属する諸権利その他の諸利益に関係するものと、「共同生活」のうち政治的関係に属するもの以外ということになる。多くの学説は、このような分類は一応のものであって、問題となった関係がこれら3分類のいずれに該当するか特定することに実益がなく、結局のところ「あらゆる関係」を網羅していると考えている（髙橋・憲法162頁、長谷部・注釈（2）212頁〔川岸令和〕）。

もっとも、「社会的関係における差別」は、国民の社会生活における差別を指し、私人間関係における差別が含まれるように思われるという指摘がある（木下・只野・新コメ163頁）。近代国家は各人の属性を捨象することで一括して国民としての地位を承認したが、現実の諸個人は身体を有する生身の人間である。各人の「属性」が良くも悪くもその人間のアイデンティティを構成している。その属性に否定的な意味付けを与え、差別の源泉としまうのが、「その人間をとりまく社会『関係』の磁場である」ことを考慮すれば、14条1項後段に〈私〉の関係性に着目したアプローチの端緒を見出すことは、理論的課題として想定しうるだろう（石川健治「公法における『人』の属性―憲法と『人の法』」公法研究75号（2013年）47頁以下参照）。

[判例] 最高裁は、14条1項について私人間に適用がないと解している（最大判1973〈昭48〉12.12民集27巻11号1536頁）。

6 14条1項前段と後段の関係

[学説] かつて、通説は、「平等とは差別

をうけないこと」（法協・註解349頁）として，憲法14条後段の「差別の禁止」を，前段の「法の下の平等」の要請に吸収されるものとして理解してきた。近年は，「区別事由」そのものが差別的性格をもつか否かを問うことが平等にとっての本質的争点であるという認識から，平等の内容を限定的に捉えて，それに違反する「差別」を原則違憲とする強い保護を求める学説の流れがある。被差別者の「地位の格下げ」「スティグマの押しつけ」が問題となる場合には審査基準の厳格化を求める見解（安西・前掲論文参照），差別が二級市民性を構造的に再生産する場合に憲法14条の私人間直接効力を認める見解（巻美矢紀「私人間効力の理論的意味」安西他・読本259頁以下参照），「自尊の権利」としての平等権が個人の尊厳と並んで私人間にも妥当すべき「憲法的公序」とする見解（宍戸・憲法解釈論107頁）等がこの系譜に属する。14条1項後段の列挙事由を「疑わしい区別（suspect classification）」として合憲性の推定を働かせず，審査の厳格度をあげる通説は，この系譜の思考を加味しようとしたものである。

通説は，前段と後段を連続して捉えて，合憲性審査の厳格化によって，差別問題を炙り出すアプローチをとる。この考えをさらに徹底させて，前段と後段の分離を主張する学説（木村草太『平等なき平等条項——equal protection条項と憲法14条1項』（東京大学出版会，2008年）195頁以下参照）がある。この学説は，後段が人種や性別などにより「差別されない」規定であることから，後段を〈差別抑制〉要請を規定したものとみなし，一般平等条項たる前段と区別して後段を「差別禁止条項」と読み解く。

前段の〈平等〉問題では，別異取扱いの合理性が問われるのに対し，後段の〈差別〉問題では，差別か否かが，その意図や効果という点から，より直接的に問われるとする。

判例 前述のように，判例は後段を例示とし，特別な意味を与えず，連続してとらえている。

7 平等権侵害の場合の救済方法

ある規定が平等権を侵害している場合，当該規定を違憲無効としただけでは救済にならないことがある。自由権侵害の場合は妨害排除で事足りるが，平等原則違反法令の後始末のためには格差是正が必要である。ところが，違憲判断の結果，復帰すべき水準が直ちに導かれるわけではない。典型的には，法律が一定の権利を付与しているが，その要件が不合理な差別となる場合である。その規定を無効にすると，権利を付与する要件がなくなってしまい，差別的取扱いが認定されても権利は認められないことになってしまう。一般論として，不合理とされる要件の改正は立法者にゆだねるべきであるが，それでは被差別者の直接救済にはならない。差別された者に本来認められるべきであった権利を裁判所が認める法理論が必要となる。そのような理論構成の一つが，国籍法違憲判決で採用された「部分無効の法理」である（10条解説4（1），本書76-77頁参照）。「この解釈は，法律解釈として権利付与とその制限という構造を読み込む」もので，「一つの条文で権利付与の要件を定めているような場合には」，「結論志向の恣意的で無理な解釈という批判が生じやすい」，むしろ権利付与とその制限という構造を「憲法と法律との関係として捉える」方法が容易であるという見解（高

橋・憲法 167-168 頁）がある。もっともこの論理が成り立つ前提として，憲法上実体的権利の存在が確認されなければならない。かような批判があることを踏まえ，「部分無効の法理」の精緻化と同時に国会の迅速な立法的対応を促す最高裁の統制機能の充実が望まれる。

8　14条2項・3項
（1）貴族制度の廃止

貴族とは，国民の中で一般のものから区別された種類で，各種の世襲的特権を伴うものをいう（宮沢・憲法Ⅱ 286 頁）。政府の原案では現存の華族につきその実質は奪うも名目上は一代限り存置するものとしたが（原案補則 97 条），衆議院はこれを削除して即時華族制度を全廃した（法協・註解 353 頁）。名目のみであっても門地による区別は本条の趣旨に反するからである。

（2）栄典に伴う特権の禁止

栄典授与はそれを受けた者に栄誉権を享受せしめるに止まり，これに政治的経済的特権は一切与えられない。ここにいう栄典は憲法 7 条 7 号にいう栄典に限られず，広く公に与えられる栄典をすべて含む。文化勲章受領者に対する年金支給は，本項との抵触を慮って，勲章とは別建ての制度として文化功労者に対する年金授与の制度を設け（文化功労者年金法），これによって年金を支給している。学説は，常識の限度にとどまる限り本項にいう「特権」にあたらないとして，肯定する見解が支配的である（樋口他・注解Ⅰ 330-331 頁〔浦部法穂〕）。

〔糠塚康江〕

第15条 ①公務員を選定し，及びこれを罷免することは，国民固有の権利である。
②すべて公務員は，全体の奉仕者であつて，一部の奉仕者ではない。
③公務員の選挙については，成年者による普通選挙を保障する。
④すべて選挙における投票の秘密は，これを侵してはならない。選挙人は，その選択に関し公的にも私的にも責任を問はれない。

1　15条の趣旨

憲法前文と1条で定められた国民主権原理を実現するため，公務員の選定・罷免権が国民の権利であり（1項），公務員は全体の奉仕者であることを明記する（2項）。

公務員の選挙につき，成年による普通選挙（3項）と秘密選挙，投票の無答責原則（4項）を保障している。

（1）比較憲法的意義

現代の選挙原則には，普通・平等・自由・直接・秘密選挙の5原則がある。ドイツ連邦共和国基本法（38条1項，28条1項）では5原則をすべて明文で保障しているが，日本国憲法では15条で普通・秘密選挙について定め，93条2項で地方公共団体の長・議員等の直接選挙を保障する。

（2）憲法史的意味

大日本帝国憲法には選挙権の規定はなく，男子普通選挙制導入（1925年）まで制限選挙制が採用されていた。総司令部案14条ではじめて「国民固有の権利」と明記され，制憲過程において，成年者による普通選挙

の保障が貴族院の審議段階で追加された。

公務員の罷免権（リコール権・解職権）については「公務員の終局的任命権が国民にあるという国民主権の原理を表明したもので、かならずしも、すべての公務員を国民が直接に選定し、罷免すべきだとの意味を有するものではない」（宮沢・コメ 219 頁）と解されてきた。しかし憲法上にも、地方公共団体の長など（憲法 93 条）と最高裁裁判官（同 79 条 2 号）について規定があるため、国会議員等の罷免制度の可否について議論があった。これまでは法制化には至っていないが、主権論との関係で今後の課題であるといえる（本書 20 頁参照）。

2　15 条 1 項　選挙権・被選挙権の性格

（1）選挙権の性格

[学説]　国民の国政参加権（参政権）のなかで選挙権は最も重要な権利であり、憲法上に「国民固有の権利」と明記された意味は大きい。しかし、歴史的には制限選挙制を正当化するために選挙権公務説（A）が、普通選挙を要求する過程で選挙権権利説（B）が説かれ、（権利と公務の）二元説（C）や（国家法人説に由来する）権限説・請求権説（D）が説かれてきた。現代では普通選挙制を正当化する理論として（B）選挙権権利説（権利一元説、主権的権利説）が有力であるが、日本では今日でも（C）二元説（選挙権を「選挙に参加することができる資格または地位」と解したうえで、「参政の権利」と「選挙という公務に参加する義務（公務執行の義務）」の二重的性格を指摘する立場等）が通説といえる。（B）・（C）説問に大差はないといわれるが、理論的には、（A）説では強制投票制が容認されるが（B）説では容認されない等の差異がある（辻村・憲法 313 頁参照）。

[判例]　最高裁大法廷は「国民主権を宣言する憲法の下において、公職の選挙権が国民の最も重要な基本的権利の一である」（最大判 1955〈昭 30〉2.9 刑集 9 巻 2 号 217 頁）とする。衆議院議員定数判決（最大判 1976〈昭 51〉4.14 民集 30 巻 3 号 223 頁）以来、「国民の最も重要な基本的権利」としての選挙権の権利性や選挙権の平等を強調してきた。在外国民選挙権訴訟判決（最大判 2005〈平 17〉9.14 民集 59 巻 7 号 2087 頁）では権利の行使についても権利性を認めたことから、権利説の立場に近いと解されるが、二元説との境界は明確ではない。

（2）被選挙権の性格

[学説]　戦前から通説であった二元説（C）では、被選挙権を（権利ではなく）権利能力と解し（権利能力説）、「選挙人団によって選定されたとき、これを承諾し、公務員となりうる資格」（清宮・憲法Ⅰ 142 頁）であると説明してきた。しかし現在では、（下記 1968〈昭 43〉12.4 最高裁判決の影響もあり）被選挙権の内容を立候補権として捉え（立候補権説）、被選挙権を基本的権利と解して、憲法上の選挙原則をこれにも適用する見解が有力となった（野中他・憲法Ⅰ 543 頁、辻村・憲法 313 頁以下参照）。公務就任権（公務員になる資格ないし能力）も広く参政権に含めて考えることが一般的である（芦部・憲法 260 頁）が、近年では、国会議員などと一般職の公務員とを区別し、後者は職業選択の自由の問題として捉える主張もある（高橋・憲法 97 頁以下参照）（本書 142 頁参照）。

[判例]　最高裁は、選挙犯罪の受刑者に対して選挙権と被選挙権の停止を定める公

職選挙法252条の合憲性に関する判決（前記1955〈昭30〉2.9）で権利性を否定した。その後，労働組合員の立候補権に関する三井美唄炭鉱事件判決（最大判1968〈昭43〉12.4刑集22巻13号1425頁）で，「立候補の自由は，選挙権の自由な行使と表裏の関係にあり，自由かつ公正な選挙を維持するうえで，きわめて重要である」，「憲法15条1項には，被選挙権者，特にその立候補の自由について，直接には規定していないが，…同条同項の保障する重要な基本的人権の一つと解すべきである」と指摘し，立候補権説の立場を確認した。

（3）外国人等の選挙権・被選挙権

学説 外国人の権利保障に関する通説・判例（権利性質説）に従い，外国人の選挙権・被選挙権について，A否定説，B（国政選挙）否定・（地方選挙）許容説，C（国政選挙）否定・（地方選挙）要請説などに分かれる。公選法の欠格事由については，後述の成年被後見人のほか，受刑者の排除に関して合憲性が問題となる。

また，立候補の自由（被選挙権）に関して，被選挙資格年齢を選挙資格年齢よりも高くする公選法10条（参議院議員と都道府県知事の場合は30歳，衆議院議員と地方議会議員の場合は25歳と定める）の合憲性に疑いが残る。現行の供託金制度（公選法92条1-3項では，衆議院小選挙区では300万円，比例代表では10人以上の立候補で，1人600万円，合計6000万円以上の供託金が必要。同法94条1項により1人当選の場合4800万円没収等）についても，立候補の自由の不当な侵害であるとして供託金違憲国賠請求訴訟が提起されている。

判例 在日韓国人選挙権訴訟判決では，傍論で立法裁量による地方選挙権の容認を認めた（最三判1995〈平7〉2.28民集49巻2号639頁）。公選法11条1項の欠格事由をめぐる判決でも，東京地裁判決（2013〈平25〉3.14判時2178号3頁）は成年被後見人の選挙権をはく奪した同条を違憲とし，法改正が実施された。受刑者についても，選挙権の制限を違憲とする高裁判決が出現したが（大阪高判2013〈平25〉9.27判時2234号29頁），最高裁では別の東京高裁合憲判決について上告棄却している（最二判2014〈平26〉7.9判時2241号20頁，辻村・選挙権174頁参照）。

3 15条2項　全体の奉仕者としての公務員

15条2項は，公務員が「全体の奉仕者」（国民全体の利益に仕える者）であり，「一部の奉仕者」（国民の一部——たとえば，ある職業に従事する者のグループ——の利益のみに仕える者（宮沢・コメ220頁））ではないことを明示している。「公務員」とは，国または公共団体の公務に参与する者の総称であり，国家公務員・地方公務員法上の公務員以外に，国会議員・地方議会議員や準公務員といわれる日本銀行の職員なども含まれると解されてきた（樋口他・註解Ⅰ333頁〔中村睦男〕）。

学説 本規定が公務員の権利制約の根拠規定になると解する傾向があったが，近年では，「公務員の人権制限の根拠は，憲法が公務員関係の存在と自律性を憲法秩序の構成要素として認めていること（15条・73条4号等）に求めるのが妥当であると解されている（芦部・憲法108頁）。

判例 公務員の政治活動や労働権制限の根拠として「全体の奉仕者」論を用いる傾向があった（猿払事件・最大判1974〈昭

49）11.6 刑集 28 巻 9 号 942 頁）が，全逓東京中郵事件判決（最大判 1966〈昭 41〉10.26 刑集 20 巻 8 号 901 頁）がこの論法を批判し，全農林警職法事件判決（最大判 1973〈昭 48〉4.25 刑集 27 巻 4 号 547 頁）では「公務員の特殊性と職務の公共性」が根拠として明示された。〔⇒ 28 条，本書 181 頁〕

4　15 条 3 項　普通選挙の保障
（1）普通選挙と憲法上の「成年」

15 条 3 項は「公務員の選挙」について「成年者による普通選挙」を保障している。ここでいう「選挙」とは，一般国民による選挙（公選）を指し，「公務員」とは，憲法上，国会議員選挙（43 条），地方公共団体の長，地方議会議員，法律で定めるその他の吏員（93 条）を対象とする。

「成年者」とは，民法上の成年とは異なり，憲法上の成年として法律（公選法等）で定められる。旧憲法下では 1925 年に 25 歳以上の男性に選挙権が認められた後も女性が排除されていたが，1945 年 12 月に承認され，1946 年 4 月 10 日の衆議院選挙で満 20 歳以上の男女による普通選挙が実現した。諸外国では，選挙年齢を満 18 歳以上とする国が約 90% を占め，日本でも，2015 年公選法改正により「18 歳以上」に引き下げられ，2016 年 7 月の参議院選挙から実施された。

（2）普通・平等選挙と投票価値平等

普通選挙は，制限選挙に対立する概念で，歴史的には租税額や財産による選挙・被選挙資格の制限をしない選挙として成立した。現代では，財産のみならず人種・信条・性別・社会的身分・教育等による一切の差別を禁じる原則と解され，44 条但書に明示される。男女普通選挙制が確立された後は，普通選挙原則は平等選挙（一人一票原則）と不可分のものと理解されている。

平等選挙とは，本来，不平等選挙に対立するもので，歴史的に存在した等級選挙や一人二票投票制などを否定するものとして登場したが，今日では，一人一票原則（数的平等）を超えて投票価値の平等が要請されている。日本では，1950 年公選法で人口比例原則が重視され，議員一人当たり人口の最大較差は衆議院では 1 対 2 未満，参議院では 1 対 2.6 程度にとどまっていたが，その後の人口の都市集中などにより議員定数の不均衡が拡大し，1962 年以降数多くの選挙無効請求訴訟が提起された。

[学説]　最大較差 1 対 2 までを合憲と解する見解（芦部説）が長く通説的地位を占めてきた。しかし，権利を重視する立場では 1 対 2 以下でも不均衡の合理性の論証が求められるはずであり，原則はあくまで 1 対 1 とする見解が支持されつつある（辻村・憲法 326 頁，長谷部・憲法 171 頁参照）。

[判例]　参議院議員定数に関する最初の 1964〈昭 39〉年 2 月 5 日最高裁大法廷判決（民集 18 巻 2 号 270 頁）では，「立法政策の当否の問題」とされたが，衆院議員定数に関する上記 1976〈昭 51〉年大法廷判決で最大較差 1 対 4.99 の不均衡に違憲判断が下された。違憲審査の基準は，(a)「諸般の要素をしんしゃくしてもなお，一般に合理性を有するものとは考えられない程度」をこえ，さらに(b)「合理的期間内における是正」が行われない場合に限って違憲となる，という二つを示した。(a)につき，判例の検討結果から 1 対 3 の基準と解されてきたが，1994 年小選挙区比例代表並立制導入時に成立した衆議院議員選挙区画定審

議会設置法で，最大較差が1対2未満になることを基本とする旨が定められたため，以後は1対2が限度とされた。最高裁(大)2011〈平23〉年3月23日判決（民集65巻2号755頁）では前記(b)の合理的期間論により合憲判決となったが，(a)につき1対2.30に対して「違憲状態」とした。その後も，大法廷判決（2013〈平25〉11.20民集67巻8号1503頁，2015〈平27〉11.25民集69巻7号2035頁）は一人別枠方式を批判しつつ，「違憲状態」の判断にとどめた。違憲とした個別意見も含め，判決の効力については，上記1976〈昭51〉年判決以来，「事情判決」の法理採用により選挙を有効と解してきた（判例の展開は，辻村・憲法324-325頁の一覧表参照）。

参議院では，1994年公選法改正まで一度も定数是正されなかった結果，定数不均衡が拡大し，最大較差1対6.70に及んだ。最高裁(大)は1983〈昭58〉年4月27日判決（民集37巻3号345頁）等で，二院制下の現行選挙制度の合理性や偶数定数・半数改選制，参議院の地域代表的・職能代表的性格などの特殊性をあげて，人口比例原則の譲歩を容認してきた。その後の判決（最大判1996〈平8〉9.11民集50巻8号2283頁）で最大較差1対6.59の不均衡を違憲状態と判断して以降は，最大判2012〈平24〉10.17（民集66巻10号3357頁）と，最大判2014〈平26〉11.26（民集68巻9号1363頁）が，最大較差各1対5.00，1対4.77の不均衡を「違憲状態」と判断した。多数意見は，従来通り「事情判決」の法理により選挙を有効としたが，上記2014〈平26〉年判決の山本裁判官の反対意見のなかで，はじめて1対2未満（1対1.5）の基準と違憲無効の立場が示されて注目された（辻村・選挙権137頁以下参照）。2017〈平成29〉9月27日判決では，最大較差3.08の不均衡に対して合憲判決が下された。

（3）**自由選挙と戸別訪問禁止の合憲性**

自由選挙とは不自由選挙に対するもので，立候補や投票行動の自由（棄権の自由・強制投票の禁止），選挙運動の自由などが含まれる。日本では1925年に不正選挙を防止するため厳しい選挙運動規制が定められたが，1945年衆議院選挙法改正時にも，戸別訪問全面禁止規定が維持された。

学説 自由選挙原則は憲法上に明示されていないため，学説では，選挙運動の自由について憲法21条の要請と解することが一般的である（芦部・憲法212頁）。しかし従来の学説では，選挙権の公務性と選挙事項に関する広い立法裁量論により選挙権の制約が安易に容認される傾向があり，15条の選挙権の権利性を踏まえた検討が求められる（辻村・憲法332頁参照）。

判例 初期には「公共の福祉」論による戸別訪問禁止の合憲判断が一般的であったが，最高裁1969〈昭44〉年4月23日判決（刑集23巻4号235頁）等では，戸別訪問の弊害論（ⅰ不正行為温床論，ⅱ情実論，ⅲ無用競争激化論・煩瑣論，ⅳ迷惑論）が展開された。下級審では弊害論を批判した違憲無効判決が続いたが，最高裁では合憲判決が維持されている（百選Ⅱ360頁〔長谷部恭男〕参照）。

（4）**選挙権行使の保障**

権利としての選挙権の保障が，選挙権行使の場面まで含まれるか否かが問題となる。1950年の公選法では疾病・身体障害・産褥のため「歩行が著しく困難な選挙人」に対する在宅投票制が採用されていたが，悪用を理由に1952年に在宅投票制が廃止さ

第 3 章　国民の権利及び義務［第 16 条］

れた。選挙権行使の侵害に対して慰謝料計 80 万円の支払いを求めた在宅投票制訴訟では一審札幌地裁小樽支部判決（1974〈昭 49〉12.9 判時 762 号 8 頁）は廃止を違憲とした（1975 年の公職選挙法改正によって一部の重度身体障害者について在宅投票制が復活した）。最高裁判決（最一判 1985〈昭 60〉11.21 民集 39 巻 7 号 1512 頁）は，憲法 47 条の立法裁量論を前提に立法不作為への国家賠償法 1 条の適用を否定した。

国外に居住のため国内に住所を有しない日本国民の選挙権行使の制限が問題となった在外国民選挙権訴訟では，在外投票を衆議院小選挙区・参議院選挙区選出議員選挙に認めなかった公選法に関して，2005〈平 17〉年 9 月 14 日最高裁大法廷判決（民集 59 巻 7 号 2087 頁）は，違憲と判断し，選挙人 1 人あたり 5000 円の慰謝料の支払いを命じた〔⇒ 17 条，110 頁参照〕。

5　15 条 4 項　秘密選挙と選挙無答責

15 条 4 項は「投票の秘密はこれを侵してはならない」として明示的に投票の秘密を要求している。秘密選挙とは，自由な選挙を確保するために投票について秘密が保障された選挙であり，「投票検索の禁止」が含まれる。同項は，さらに「選挙人は，その選択に関し公的にも私的にも責任を問はれない」と定め，選挙人の選択を理由として不利益をもたらす法律行為を一切無効とする（宮沢・コメ 227 頁）ことで選挙人の投票の秘密を補強し，投票の自由の保障を確保している。

判例は，詐偽登録罪等の捜査のためには投票の秘密は制約されるとし最三判（1948〈昭 23〉6.1 民集 2 巻 7 号 125 頁），投票の秘密に係る法的利益は害されてない（1997〈平 9〉3.28 判時 1602 号 71 頁）としたが，学説から批判がある（佐藤幸・憲法論 405 頁）。

〔辻村みよ子〕

第 16 条　何人も，損害の救済，公務員の罷免，法律，命令又は規則の制定，廃止又は改正その他の事項に関し，平穏に請願する権利を有し，何人も，かかる請願をしたためにいかなる差別的待遇も受けない。

1　16 条の趣旨

本条は，いわゆる請願権を定める条文である。請願は，国又は地方公共団体の機関に対し，その職務に関する事項について希望や要望を申し立てる行為をいう。本条は，請願を権利として認め，権利行使に対し不利益を受けないことを保障している。そこで，本権利は国務請求権・受益権として分類されてきた。また，参政権的な側面を持つ権利として，今日なお重要な機能を果た

しうる規定である。さらに，より積極的に請願権を位置付ける学説も現れている（渡辺久丸『請願権』（新日本出版社，1995 年）121 頁，吉田栄司「請願権の意義」争点 173 頁）。

請願権の主体には，選挙権の行使できない未成年者や外国人も含まれている。また，請願法 2 条は法人にも請願を認めている。広く請願の機会を開き，様々な意見が政治に伝えられることに請願権保障の意義がある。

第3章　国民の権利及び義務

（1）比較憲法的意義

請願権は，近代議会が成立する以前の絶対君主制の時代に遡ることのできる権利であり，近代議会の発展の途上においても，為政者にお願いや苦情を伝える重要な方法であった（池田政章「請願権の研究」立教36巻1号（1992年）1頁）。このことはイギリスの「権利章典」（Bill of Rights）に，「国王に請願することは臣民の権利であり，したがってこのような請願を理由とするあらゆる収監および訴追は，違法である」と成文化されたことに確認することができる。

（2）憲法史的意義

明治憲法30条は，「日本臣民ハ相当ノ敬礼ヲ守リ別ニ定ムル所ノ規程ニ従ヒ請願ヲ為スコトヲ得」と一般的な条項を定め，さらに50条は「両議院ハ臣民ヨリ呈出スル請願書ヲ受クルコトヲ得」と帝国議会両議院への請願を認めていた。しかし，請願のできる事項の範囲は限定されており，「相当ノ敬礼」を守らない請願は却下されるなど，権利としての性格は希薄であった。そうではあれ，大正デモクラシー期や選挙法改正時に請願権数が急増するなど，民主化運動にあたり請願は一定の役割を果たした（新基本法コメ136頁〔宮地基〕）。

2　請願権行使の手続

請願権を具体化させ，一般の官公署に対する請願の方式・手続等について定める一般法として，請願法（昭和22年法律第13号）が制定されている。国会の各議院に対する請願については国会法第9章に（細目について衆議院規則第11章，参議院規則第11章），地方公共団体の議会に対する請願については地方自治法124条，125条に，規定が設けられている。

請願法2条は，「請願は，請願者の氏名（法人の場合はその名称）及び住所（住所のない場合は居所）を記載し，文書でこれをしなければならない。」とし，請願の様式について規定しており，同法3条1項は，「請願書は，請願の事項を所管する官公署にこれを提出しなければならない。」などとして，請願書の堤出先を規定する。そして同法5条は，「この法律に適合する請願は，官公署において，これを受理し誠実に処理しなければならない。」と規定している。

3　請願権の内容

請願の受理が拒否される場合には，「請願を受けた官公署が確定的にその受理自体を拒むことは，憲法及び法により認められた請願権を侵害する。」とされた例がある（東京高判2002〈平14〉10.31判時1810号52号）。

しかし，受理した請願について誠実に処理すべき旨の国法上の義務を課すことを超える法律上の拘束が課せられるものではない。下級審判例に，「請願をしたことにより，請願者と請願を受けた官公署との間に，特別な公法上の法律関係を生じさせるものではなく」，「また，請願者に対し，当該官公署に請願の内容について審理を求め，あるいは，その採否や結果の通知等を求める権利を生じさせるものではない。」（東京高判2011〈平23〉6.8裁判所ウェブサイト）としたものもある。

もっとも，立法不作為が争われる訴訟において，立法を求める請願が各議院において委員会の審査を経た後に議決され（国会法80条），内閣において措置することが適当と認められて内閣に送付されている場合

第 3 章　国民の権利及び義務［第 17 条］

（同法 81 条），立法不作為による権利侵害の明白性または立法措置の必要性の明白性（最大判 2015〈平 27〉12.16 民集 69 巻 8 号 2427 頁）を裏付ける根拠となると理解することができる（札幌高判 1978〈昭 53〉5.24 高民 31 巻 2 号 231 頁参照。新基本法コメ 137 頁〔宮地基〕）。

4　「平穏に請願する権利」の意味
本条にいう「平穏に請願する権利」は，暴力の行使や脅迫が許されないことは当然として，大衆的なデモ行進を背景とする請願を平穏でないとすることは許されない（樋口他・注解 I 352-353 頁〔浦部法穂〕）。

5　将来の請願行為の萎縮
将来の請願行為をしにくくしたり，請願をした者を萎縮させることは許されない。下級審判例に，署名者に対する町の戸別訪問調査について，「仮に署名者の署名が真正になされたかに疑義があっても，請願者として署名がなされている者を戸別訪問してその点を調査することは原則として相当ではない」とし，当該個別訪問は，不当な目的を有し，手段としての態様に相当性が認められないとして請願権を侵害し違法とされた例がある（名古屋高判 2012〈平 24〉4.27 判時 2178 号 23 頁〔上告棄却により確定〕，関ヶ原町事件）。

6　制度運用上の課題
請願の採択や処理については，各機関の判断に任されている。制度運用上の課題として 2 点挙げるなら，第 1 に各議院（地方議会）への請願の場合，紹介議員が必要とされており（国会法 79 条，地方自治法 124 条），つまり，自らの見解と同じくする議員の存在が事実上の要件とされている点が，請願権保障の趣旨に合致するか疑問もある。第 2 に，受理された請願が十分な審議されていないとの批判も強く，誠実処理の観点から問題となる。慣行上，会期末に一括処理されており，会期不継続の原則から，審査未了・廃案とされるものが圧倒的に多い。

〔青井未帆〕

第 17 条　何人も，公務員の不法行為により，損害を受けたときは，法律の定めるところにより，国または公共団体に，その賠償を求めることができる。

1　17 条の趣旨
本条は，公権力の行使により不法に加えられた損害について，国または公共団体の賠償責任を定めるものである。本条を具体化する法律が国家賠償法（昭和 22 年法律）であり，多くの学説は不法行為に関する一般法である民法（709 条以下）の特別法であると理解している。

（1）比較憲法的意義
近代憲法史的にみると，国家賠償制度が確立したのは，比較的最近のことである。かつては主権免責法理（「国家無答責」）に基づき，権力的作用について国家賠償が否定されることが一般的であった。本条はちょうど国家責任制度が世界的に確立する趨勢のなかで制定されたものであり，マッカーサー草案や内閣草案になかった本条は

第3章　国民の権利及び義務

40条とともに，衆議院での審議の段階で追加された条文である。

（2）憲法史的意義

　国や地方公共団体の賠償責任に関する条文を欠く旧憲法下では，国家無答責の原則のもと，国家責任は否定されていた。行政裁判法16条は「行政裁判所ハ損害要償ノ訴訟ヲ受理セス」と定めており，司法裁判所は国や公共団体の活動を私経済作用と権力的作用に分けて，後者については伝統的な公法私法二元論により，民法の規定の適用を否定し，賠償責任を認めていなかった。もっとも，前者の私経済作用については，民法に基づく賠償責任が認められていた。

2　法的性格

　[学説]　かつては，本条の性格について，(A) プログラム規定であり，法律が定められることで初めて具体的な権利となると説明されたが（法協・註解上387頁），(B) 現在では単なるプログラム規定ではなく抽象的権利を定めたものと解する学説が有力である（樋口他・注解Ⅰ 358頁〔浦部法穂〕）。これらに対し，権利を具体化する法律がないならば，不法行為に関する一般法たる民法がその欠缺を充填する法として機能するという理由から，対立には意味がないとも指摘されている（渋谷・憲法489頁）。

　[判例]　なお，最高裁大法廷は，国家賠償請求権が法律による具体化を予定していることについて，「公務員の行為が権力的な作用に属するものから非権力的な作用に属するものにまで及び，公務員の行為の国民へのかかわり方には種々多様なものがあり得ることから，国又は公共団体が公務員の行為による不法行為責任を負うことを原則とした上，公務員のどのような行為によりいかなる要件で損害賠償責任を負うかを立法府の政策判断にゆだねたものであって，立法府に無制限の裁量権を付与するといった法律に対する白紙委任を認めているものではない。」との判断を示している（郵便法違憲訴訟・最大判2002〈平14〉9.11民集56巻7号1439頁）。

　そして同判決は，郵便法の定める書留郵便物に関する故意または重過失および特別送達に関する軽過失につき免責または責任制限を認める規定について，「公務員の不法行為による国又は公共団体の損害賠償責任を免除し，又は制限する法律の規定が同条に適合するものとして是認されるものであるかどうかは，当該行為の態様，これによって侵害される法的利益の種類及び侵害の程度，免責又は責任制限の範囲及び程度等に応じ，当該規定の目的の正当性並びにその目的達成の手段として免責又は責任制限を認めることの合理性及び必要性を総合的に考慮して判断すべきである」とした上，違憲とした（前記2002〈平14〉年9月11日最高裁判決）。

3　「公務員」の範囲

　本条にいう「公務員」はその趣旨から，広く，「国および公共団体の作用ないし事務を担当し，権限を行使する者のすべて」を指すものと解されている。

4　「不法行為」と代位責任

　[学説]　通説は，本条にいう「不法行為」を民法の不法行為と同義に捉え，過失責任主義を採用した国家賠償法1条1項は合憲であると説明している。公務員の故意・過失による責任を前提に，憲法17条の賠償

責任を，国や公共団体の代位責任と理解するものである。

しかしそもそも，公務員個人の故意過失の有無と国・公共団体の賠償責任は次元を異にする問題であり，代位責任論へ有力な批判が説かれてきた（樋口他・注解I360頁〔浦部法穂〕，西埜章『国家賠償法コンメンタール』勁草書房，2012年，74-75頁）。自己責任論にたち，本条にいう「不法行為」を民法の不法行為よりも広義に捉えるなら，国家賠償法1条1項の合憲性も問われる可能性がある。もっとも，自己責任論に立ちつつ，同条は立法政策的に責任成立要件を限定したものと見ることもできる。

判例 国の責任に関する論点として，ワクチン接種により一定の割合で生じてしまう後遺障害への国家補償をめぐり，損失補償と損害賠償のいずれの構成で行うかが問題となったことがある。このようなケースにおいて，故意・過失の要件を満たす事案は限られるため，下級審判例のなかには憲法29条3項の損失補償を認めたものがある（東京地判1984〈昭59〉5.18判時1118号28頁）。しかし，東京高判1992〈平4〉12.18判時1457号3頁が過失を認定したことを機に，故意・過失要件を緩やかに解して損害賠償によることとする判例法理が形成された。

5 物の瑕疵

本条の「不法行為」には，物の瑕疵も含まれると解されている。国家賠償法2条1項は「道路，河川その他の公の営造物の設置又は管理に瑕疵があつたために他人に損害を生じたときは，国又は公共団体は，これを賠償する責に任ずる。」とし，営造物責任を定めている。

6 憲法訴訟の受け皿として

国賠訴訟は，統治に関わる様々な公権力の行使につき，その合憲性を争う受け皿として用いられている。訴訟物が損害賠償請求権であることから権利保護の資格は認められ，損害賠償の対象となりうる法的利益の侵害の有無が問題となるとはいえ，行政訴訟よりも国家行為の違憲性を問いやすい構造にあるからである。行政処分，立法，事実行為の適法性・合憲性と，故意過失の判断が，一体的にではなく独立して論ぜられることにより，司法が憲法判断を示すルートとして機能しうる。

例として，立法行為について7参照。そのほか，事実行為の違憲性を争う手段として，首相の靖国参拝の合憲性を争う訴訟が挙げられる（最二判2006〈平18〉6.23判時1940号122頁，靖国参拝訴訟）。最高裁は「他人が特定の神社に参拝することによって，自己の心情ないし宗教上の感情が害されたとし，不快の念を抱いたとしても，これを被侵害利益として直ちに損害賠償を求めることはできない」とした。下級審判例には，傍論において憲法判断をしたものもある（福岡地判2004〈平16〉4.7判時1859号125頁，大阪高判2005〈平17〉9.30訟月52巻9号2979頁）。

7 立法行為（立法不作為を含む）を争う国賠訴訟

（1）立法行為（立法不作為を含む）が「公権力の行使」の対象となるか

学説 立法行為（立法不作為を含む）が，国家賠償法1条1項の「公権力の行使」に該当するか。今日の判例・学説は肯定するが，かつては消極的に解する学説が有力に説かれた（下山瑛二『国家補償法』筑摩書

房，1973年，123-124頁，新正幸『憲法訴訟論〔第2版〕』信山社，2010年，312頁）。しかし，その後，在宅投票制度廃止違憲国賠訴訟の理論的検討が進められるなかで，今日においては肯定説が一般に採られるにいたっている。

判例 最一判1985〈昭60〉11.21民集39巻7号1512頁において例外的ながら肯定され，その後の判例の展開を経て，立法行為違憲国賠訴訟は，損害賠償請求訴訟としての側面が弱まり，実質的な違憲確認訴訟として機能する可能性も生じている（後述(4)参照）。

（2）違憲即違法説と区別説

学説 学説においては，立法内容が違憲であるなら立法行為も直ちに国賠法上違法となるとする違憲即違法説が有力に説かれている（阿部泰隆『国家補償法』有斐閣，1988年，140頁）。

判例 前掲1985〈昭60〉年11月21日最高裁判決およびそれ以降の判例は，立法内容の違憲と国賠法上の違法を区別する区別説に立っている。「国会議員の立法行為（立法不作為も含む，以下同じ。）が同項の適用上違法となるかどうかは，国会議員の立法過程における行動が個別の国民に対して負う職務上の法的義務に違背したかどうかの問題であって，当該立法の内容の違憲性の問題とは区別されるべきであり，仮に当該立法の内容が憲法の規定に違反する廉があるとしても，その故に国会議員の立法行為が直ちに違法の評価を受けるものではない」。

もっとも，後掲2015〈平27〉年12月16日最高裁判決までは，国賠法上違法と判断しない場合に，あえて憲法判断を示すことはなかったものと観察されうる。そうであるならば，少なくとも法的責任の問われる違憲の場合には違法とされるものであり，この点でいえば，違憲即違法説とそれほど大きな違いがあるわけではなかった。しかし，平成27年判決により違憲かつ合法という判断例が示された今日，状況は流動的である。

（3）違法性判断基準

1985〈昭60〉年11月21日最高裁判決は，「国会議員の立法行為は，立法の内容が憲法の一義的な文言に違反しているにもかかわらず国会があえて当該立法を行うというごとき，容易に想定し難いような例外的な場合でない限り，国家賠償法1条1項の規定の適用上，違法の評価を受けない」とした。この基準は，その後の判例の展開のなかで，一定の変化を遂げてきている。

最大判2005〈平17〉9.14民集59巻7号2087頁（在外国民選挙権訴訟）は，「立法の内容又は立法不作為が国民に憲法上保障されている権利を違法に侵害するものであることが明白な場合や，国民に憲法上保障されている権利行使の機会を確保するために所要の立法措置を執ることが必要不可欠であり，それが明白であるにもかかわらず，国会が正当な理由なく長期にわたってこれを怠る場合などには，例外的に，国会議員の立法行為又は立法不作為は，国家賠償法1条1項の規定の適用上，違法の評価を受けるものというべきである。」とした（なお同判決は60年判決は「以上と異なる趣旨をいうものではない。」としているが，学説では異論が強い）。

2005〈平17〉年9月14日最高裁判決では，「立法がすでに存在する場合」と「存在しない場合」とで前段と後段に分けて論じられていたところ，最大判2015〈平27〉

12.16民集59巻8号2427頁（再婚禁止期間違憲訴訟）では，「立法がすでに存在する場合」と「存在しない場合」とをまとめ，「法律の規定が憲法上保障され又は保護されている権利利益を合理的な理由なく制約するものとして憲法の規定に違反するものであることが明白であるにもかかわらず，国会が正当な理由なく長期にわたってその改廃等の立法措置を怠る場合などにおいては，国会議員の立法過程における行動が上記職務上の法的義務に違反したものとして，例外的に，その立法不作為は，国家賠償法1条1項の規定の適用上違法の評価を受けることがあるというべきである。」とされた。さらに，当該事件については，民法733条1項の規定のうち100日の再婚禁止期間を設ける部分が憲法14条1項及び24条2項に違反するとの憲法判断が示されたが，国賠法1条1項の適用上違法の評価を受けるものではないとされた。

（4）実質的な違憲確認訴訟の可能性

1985〈昭60〉年11月21日最高裁判決は国賠法上違法と認められる場合にのみ，憲法判断を示すことを基本としていたものと思われ，国賠法上違法とされない場合に，それでもなお憲法判断を示したことは，2015〈平27〉年12月16日最高裁判決の新たな特徴と考えられる。これは，立法行為を争う違憲国賠訴訟において損害の填補という性格がさらに希薄になったからであろう。かかる意味において実質的な違憲確認訴訟として機能する可能性を示したものと解しうる。

とはいえ，いかなる立法行為（立法不作為）についても国家賠償訴訟を用いて違憲判断を求めうると解するのは，到底，妥当ではない。憲法訴訟としての国賠訴訟がどうあるべきか，ルール化は今後の展開を待つ段階にある。

〔青井未帆〕

第18条 何人も，いかなる奴隷的拘束も受けない。又，犯罪に因る処罰の場合を除いては，その意に反する苦役に服させられない。

1 18条の趣旨

身体が不当な拘束を受けてしまうと自由権そのものが存在しえなくなる。そのため，憲法は18条において奴隷的拘束の禁止を定め，31条以下の手続的保障とあわせて人身の自由を保障している。奴隷的拘束は人間の尊厳を踏みにじるものであることから，18条は13条と並んで人権保障の基本原理を保障しているといえる。

ここでいう「奴隷的拘束」とは，自由な人格者であることと両立しない程度の身体の自由の拘束状態をいう（芦部・憲法243頁）。奴隷は，身体を拘束された上で，あらゆる自由を否定され，非人間的扱いを受ける。奴隷的拘束はまさにそのような状態に置かれる状態を指すことから，絶対的に禁止される（長谷部・憲法259頁）。そのため，たとえ本人の同意があっても許されず，また犯罪による処罰の場合も許されない。

もっとも，公権力がこのような拘束を行うことが絶対的に禁止されるのは当然であって，むしろ問題は私人による同種の行為をも禁止するところに主眼があると指摘

される（佐藤幸・憲法論329頁）。したがって，奴隷的拘束の禁止は私人間にも適用されると考えられている。私人による奴隷的拘束等の例として，監獄部屋（監禁と同様の状態下で鉱山採掘等に従事させられること）や娼妓契約（前借金により長期間自由を拘束され酌婦などをさせられること）などがしばしば引き合いに出される。

（1）比較憲法的意義

憲法18条は，アメリカ合衆国憲法修正13条（1865年）の影響を受けているとされる（野中他・憲法Ⅰ405頁〔高橋和之〕）。同規定は，「奴隷制度及びその意に反する苦役は，合衆国またはその管轄に属するいかなる場所においても存在してはならない。ただし，適正な手続により有罪の宣告を受けた犯罪に対する刑罰として科される苦役については，この限りではない」（高橋編・憲法集81頁〔土井真一訳〕）と定める。南北戦争の終了後，すべての州において奴隷を解放するために制定されたのが修正13条であり，奴隷制を終わらせたという象徴的意味を持つ。そのため，奴隷制は絶対的に禁止され，私人間にも直接適用される。連邦最高裁も，「…修正13条は，修正14条と同様，何らかの立法の追加を受けなくても，間違いなく自力執行的である」と述べている（Civil Rights Cases, 109 U. S. 3, 20（1883））。

かつて連邦最高裁は，黒人奴隷が自由州に移動した際に自由になってしまうと所有者が財産（黒人）を失うことになるので，自由州と奴隷州とに分けるミズーリの妥協（連邦法）を違憲とした（Dred Scott v. Sandford, 60 U.S. 393（1857））。黒人奴隷は人間ではなく財産であり，黒人奴隷を自由州で解放することは憲法の財産権を侵害するとしたのである。こうした判断があったことを踏まえると，憲法が個人の尊厳を前提としているとしても，奴隷禁止を定める条文がなければ，奴隷解放が財産権を侵害するという論理が通用する余地がある。修正13条はそうした論理を封殺する意味を持つ。そのため，日本においても憲法29条が財産権を保障している以上，憲法18条が奴隷的拘束の禁止を定めることには意味があるのである。

また，修正13条については，その制定過程において奴隷制の終結の他に連邦権限の拡大や自由および平等の保障，さらには労働成果の享受などの意味が込められており，幅広い射程を持つことが指摘されている（小池洋平「合衆国憲法修正第13条の奴隷制の廃止が意味するもの」ソシオサイエンス21号〔2015年〕124頁以下）。そのため，修正13条は奴隷解放のみならず，その後の状況に合わせて発展する可能性を秘めており，心理的・肉体的な強制によって隷属させる奴隷的取扱いのみならず，負債に基づく労働の強制もそれに入ると考えられるようになっている。

アメリカの奴隷制の禁止は人身取引禁止と相まって世界にも影響を与えた。19世紀末から20世紀にかけて，アメリカでは白人女性をかどわかして売春婦にする国際犯罪があるという噂が広まり，「白人奴隷」が存在していると危惧されるようになった。ヨーロッパでも同様の噂が広がっており，人身取引対策が大きな検討課題となっていた。そこで1904年には「婦女売買取締に関する国際協定」，1910年には「婦女売買禁止に関する国際条約」が採択された。また，1926年には「奴隷条約」，1956年には「奴隷制度，奴隷取引並びに奴隷制度に類

似する制度及び慣行の廃止に関する補足条約」が採択され，現在では「ILO 条約」や「市民的及び政治的権利に関する国際規約」によって奴隷制や奴隷の取扱いが禁止されている（中川かおり「人身取引に関する国際条約と我が国の法制の現状（総論）」外国の立法 220 号〔2004 年〕3 頁）。なお，同規約の 8 条 1 項は，「何人も，奴隷の状態に置かれない。あらゆる形態の奴隷制度及び奴隷取引は禁止する」としており，日本も締結している。

このように，奴隷禁止の対象は奴隷そのものだけでなく，人身取引や強制労働などにも及び，時代を経るにつれてその対象が拡大している。淵源たるアメリカの制定過程がそうであったことからしても，また奴隷禁止が普遍的に妥当する内容であることからしても，奴隷禁止の意味や対象は時代とともに発展的に解釈することが許されているものといえる。

（2）憲法史的意義

大日本帝国憲法には 18 条と同様の規定がなく，GHQ 草案（1946 年 2 月 12 日作成）17 条の「何人モ奴隷，農奴又ハ如何ナル種類ノ奴隷役務ニ服セシメラルルコト無カルヘシ　犯罪ノ為ノ刑罰ヲ除クノ外本人ノ意思ニ反スル服役ハ之ヲ禁ス」（「日本國憲法」入江俊郎文書 15（「三月六日発表憲法改正草案要綱」の内）（国立国会図書館））に由来する。かつてのアメリカのような帝国議会における審議過程では，日本には本当の意味での奴隷はいないのではないかという意見が出され，監獄部屋や娼妓契約が議論の対象とされた（長谷部・注釈 256 頁）。日本国憲法制定時には，アメリカのような奴隷制がなかったにもかかわらず，それに匹敵するような人身売買や強制労働が存在していたことから，これを広く禁止するために 18 条が設けられた（新基本法コメ・142 頁〔宮地基〕）。制定過程では異論もあったものの，当時の状況からすると，18 条は私人にも適用されることが想定されていたといえる。

2　18 条の私人間適用

奴隷的拘束は絶対的に禁止されるので，私人間にも適用されると考えられているが，民法 90 条を通して適用されるのか，直接適用されるのかについては議論がある。通説は直接適用を認める（芦部・憲法 243 頁）。もっとも，人身保護法，労働基準法 5 条，職業安定法 63 条，刑法 220 条などのように，18 条の趣旨を具体化した立法が複数存在することから，実際の問題としては民事事件において公序良俗違反で対応するか，それとも憲法 18 条を直接適用するかという問題となる。

判例　この点について直接言及した判例は見当たらないが，酌婦契約が公序良俗違反に当たるかどうかが争われた事件（最二判 1955〈昭 30〉10.7 民集 9 巻 11 号 1616 頁）では，憲法に言及しないまま，未成年との酌婦契約は公序良俗に違反し無効としている。なお，裁判を通じて雇用契約に基づく就労義務の履行を強制することは憲法 18 条および労働基準法 5 条の趣旨からしてできないとした裁判例がある（長野地諏訪支判 1964〈昭 39〉8.10 労働関係民事裁判例集 15 巻 4 号 915 頁）。

3　「その意に反する苦役」の射程

18 条は奴隷的拘束のみならず，犯罪による処罰の場合を除きその意に反する苦役に服させられないとしている。「その意に

反する苦役」の意味については，広く本人の意思に反して強制される労役と解するA説（芦部・憲法243頁）と，個々人の主観により感じる労務ではなく客観的に一般人が苦痛だと判断するであろう労務と解するB説（高橋・憲法284頁）などに分かれる。A説は本人の意思に反する行為の強制を対象とするため，かなり広い範囲がその対象になってくる。ただし，そうなると本人が苦痛と感じる仕事はすべてその対象になってしまうおそれがあり，自分の好きな業務以外はすべて「その意に反する苦役」に該当してしまうことになる。一方，B説をとると，本人にとって耐えがたい苦痛であっても，客観的には許容限度内とされてしまう場合に対応できないという問題がある。

この問題は，「その意に反する苦役」が絶対的禁止を指すのか，それとも相対的禁止を指すのかにも関わる。絶対的禁止を指すのであれば，「その意に反する苦役」の該当性がそのまま結論に直結するので，A説かB説かの選択はきわめて重要となる。このとき，A説を採用すると，災害救助義務や裁判員制度など多くの現行制度に抜け穴が生じてしまう可能性がある。他面，相対的禁止を指すのであれば，A説とB説は保護範囲の場面で違いが生じるものの，その帰結は侵害の正当化をどのように判断するかに左右されることになる。ただし，その判断方法は必ずしも明らかにされていない。

結局，絶対的禁止にせよ相対的禁止にせよ，主観か客観かの二択ではなく，負担を課す必要性や正当性，負担の程度，負担の免除事由などを総合的に考慮して判断することになると考えられる（百選Ⅰ・388頁〔土井真一〕，佐藤幸・憲法論329頁）。

そのため，何が「その意に反する苦役」に当たるかについて，具体的に現行制度をみていく必要がある。18条は犯罪による処罰の場合を対象から除外しているので，懲役刑や労役場留置はこの除外事項に当たる（最三判1958〈昭33〉5.6刑集12巻7号1351頁）。

特定の職業については当該職業の性質に照らして職務従事義務（公証人法3条，弁護士法24条，消防組織法21条，保護司法8条の2）に関する規定が置かれているが，それらは職業を選択した時点で伴う義務であり，「その意に反する苦役」には当たらないと解されている（新基本法コメ・143頁〔宮地基〕）。また，職業に伴う申請や届出も同様である。ただし，そうした義務が不合理と考えられる場合には職業の自由の問題となる。

一方，公共的観点から国民に課される義務が存在する。裁判員制度は長時間にわたって一般国民を裁判という特殊な任務に従事させ，法定事由に該当しなければ辞退することを認めず，公判等に理由なく出頭しない場合には過料が科せられるなどの制度となっていることから，「その意に反する苦役」に当たるかどうかが問題となる。最高裁は，裁判員の職務等を「苦役」というのは適切でなく，裁判員法は国民の負担を過重にしないという観点から辞退について柔軟な制度を設けたり，経済的措置を講じたりしていることを踏まえると「苦役」には該当しないとした（最大判2011〈平23〉11.16刑集65巻8号1285頁）。なお，類似の公務として国会や裁判所での証言義務が存在するが，これらも重要な公益があり，かつ一時的な義務であることから「そ

の意に反する苦役」には当たらないと解されている。

また，非常災害等における地域住民の労務負担（災害対策基本法65条・71条，災害救助法7条・8条など）も「その意に反する苦役」に当たるかどうかが問題となる。これについては，緊急の公益を実現するために不可欠で労務も一時的であること，あるいは罰則がないことを理由に「その意に反する苦役」に該当しないと解されている。

ただし，公益性や緊急性があれば「その意に反する苦役」に該当しないことになるわけではない。たとえば徴兵制は国を守るという重要な公益があり，また敵国の攻撃を防ぐ場面では緊急性が生じることがあるが，日本には憲法9条が存在するため，「その意に反する苦役」に当たると解されている。

公共への害悪を防ぐために入院措置がなされることがあるが，特定の場所に身柄を移して閉じ込める以上，人身の自由との関係では強度の緊張関係をもたらす可能性がある。精神障害者や感染症患者は，公共に対して重大な害悪をもたらす危険性があるため，入院措置が認められている（精神保健及び精神障害者福祉に関する法律29条，感染症の予防及び感染症の患者に対する医療に関する法律19-21条）。これについても重要な公益性と緊急性を理由に「その意に反する苦役」に該当しないと解されている。ただし，一定の場所に隔離する措置である以上，その措置は必要最低限の期間でなければならず，その処遇にも慎重な配慮を行う必要がある。

類似のものとして，犯罪予防等のために一定の処分を行う保安処分がある。犯罪を行う前の予防的措置などがその典型であり，再犯予防のための治療なども保安処分に含まれる。現行制度では非行少年に対する保護処分や売春婦に対する補導処分などが保安処分に近いものとして存在する。保安処分は具体的危険が生じていないにもかかわらず，抽象的危険を理由に身体を拘束したり自由を制限したりすることから，憲法18条のみならず，13条との関係でも問題となる。

〔大林啓吾〕

第19条　思想及び良心の自由は，これを侵してはならない。

1　19条の趣旨

日本国憲法は，精神活動の自由を保障するための条文を，本条と20条（信教の自由）と21条（表現の自由）と23条（学問の自由）の4つ，定めている。そこで一般に，本条と21条がそれぞれ，内面的な精神活動の自由と外面的な精神活動の自由を一般法的に保障し，20条と23条がそれぞれ，宗教と学問という特定主題に関する内面・外面双方にわたる精神活動の自由を特別法的に保障するものと解されている。

比較法的には，内面的精神活動の自由の保障規定を，信教の自由や言論・表現の自由の保障規定と別個の条文で保障する例は，稀である（芦部・憲法学Ⅲ98頁）。

内面的精神活動の自由の保障は，外面的精神活動の自由が広く保障される社会では，独立して問題とされる必要が少ない。然る

に戦前の日本では,外面的精神活動の自由の保障が破壊され,内面的精神活動の自由の保障まで損なわれた。その経験を踏まえて,日本国憲法はあえて内面的精神活動の自由の保障規定を独立して設けた(1946年2月13日に総司令部が日本政府に提示した憲法草案の中に,既に本条に相当する規定が存在した)。そうだとすると本条には,次の2つの意義があると考えられる。一方で本条は,精神的自由の原理的な保障規定としての意義を持ち,本条が憲法典上にそもそもの原理原則を明らかにすることで,外面的精神活動の自由を保障する諸規定が,本来あるべき高い水準(「優越的地位」を語られるような)での保障を実現することを期している。同時に他方で本条は,それ自体独自の「思想及び良心の自由」という個別人権(以下,「内心の自由」とも記す)の保障規定としての意義をも持ち,外面的精神活動の自由の保障規定の解釈ではどうしても零れ落ちる問題場面を,本条の解釈論で掬うことを目指している。

以下では,前記2つの意義のうちの後者に絞って論じていく。

2 「思想及び良心」

「思想及び良心の自由」という個別人権の保障に関して,従来の学説の多くは,本条にいう「思想及び良心」とは何かの解釈問題と,その自由を「侵してはならない」とはどういうことかの解釈問題とを,切り離して別々に論じる傾向を持った。

まず「思想及び良心」について,従来の学説の多くは,語義上は同じでない「思想」と「良心」の両者を「一体的なもの」(佐藤幸・憲法485頁)と捉え,「思想及び良心の自由」を「内心の(ものの考え方ないし見方の)自由」(宮沢・コメ235頁)であると理解してきた。その上で,かく一体的に捉えられた「思想及び良心」の中味について,人の内心を深いレベルから浅いレベルまで3つに分けるという枠組みを共有しつつ,そのどこまでが憲法上保護される「思想及び良心」にカバーされるかを論じてきた。この3つのレベルとは,深いレベルの内心A――謝罪広告事件に関する最大判1956〈昭31〉7.4民集10巻7号785頁の田中耕太郎裁判官の補足意見の言う,「宗教上の信仰に限らずひろく世界観や主義や思想や主張をもつこと」――,中間レベルの内心B――前記判決の藤田八郎裁判官の反対意見の言う,「事物に関する是非弁別…の判断」――,そして浅いレベルの内心C――宮沢・憲法Ⅱ340頁の言う「事実に関する知識ないし技術的知識」――,である。そして一般にはこの枠組みの下,「思想及び良心」の内容について,内心Aのみがそれだとする狭義説(信条説)と,内心AのみならずBもそれに当たるとする広義説(内心説)が学説上対抗する,と説明されてきた(渋谷・憲法331-332頁)。

だが,第1に,狭義説または広義説によって一律な内容のものとして確定された「思想及び良心」が,「侵してはならない」について後で問題とする複数の制約類型の全てについて,いつも同じように問題となるのではない。そうではなく,複数の制約類型のそれぞれについて,当該類型が内心の自由の憲法的価値のどんな側面を脅かすのかに応じて,そこで保護されるべき「思想及び良心」の内容が違ってくると考えられる。また第2に,本条の保障対象となるべき「思想及び良心」は,静態的に人の内

心を捉えて深いものから浅いものまで拾い上げた、いわば実体的な内心A〜Cに尽きない。いわば過程的な内心、すなわち人の内面における自主性・自発性という動態的な精神作用もまた、本条の保障対象たる「思想及び良心」の内容だと考えられる。

3 「侵してはならない」
（1）伝統的な侵害類型論と、絶対的保障の根拠

次に「侵してはならない」について、従来の学説の多くは、この規定が禁止する国家行為の類型として以下の3つを挙げ、その禁止を絶対的なものだと説いてきた。第1に、内心に基づく不利益取扱い。第2に、内心の告白を強制すること（沈黙の自由の保障）。そして第3に、特定思想の強制である（樋口他・注解Ⅰ 379-385頁〔浦部法穂〕、樋口・憲法221頁、辻村・憲法178頁、渋谷・憲法332-338頁など）。

内心の自由がかような絶対的保障に与る理由は何か。人の精神活動が内心に留まり外部的行為に及ばない限りは社会に対して害悪を及ぼしえないこと（＜無害性ゆえの「絶対」的保障＞の論理）、よく指摘される。これに対して、社会に対して害悪を及ぼす外部的行為の根源はその人の内心にあるから、害悪の未然防止のためには人の内心を取り締まることこそが有効であるとする、戦前日本の発想を対置しうる。この発想を否定するには、＜根底的価値ゆえの「絶対」的保障＞の論理を十分に踏まえる必要がある。すなわち内面的精神活動の自由は、「優越的地位」に立つとされる表現の自由（外面的精神活動の自由）よりもさらに手前に位置するのであり、その表現の自由を支える「個人的な価値（自己実現の価値）」と「民主政に資する社会的な価値（自己統治の価値）」（芦部・憲法175頁）は、一層根底的な次元において、内心の自由を支えている。かくして内心は、個人にとってその尊厳の宿る最高度にプライベートな空間として不可侵の価値を持つのである。

（2）「意図」型の侵害に対応する本条解釈論

＜無害性ゆえの「絶対」的保障＞の論理は、人の内心における精神活動のありように対する否定的評価（それが有害であるとの評価）に基づいて、公権力がその人を不利益に取り扱うこと（前記第1の制約類型）を、文字通り絶対に禁止する。この「不利益取扱い」型の制約類型に対応する本条解釈論の規範内容を、こう定式化できる。＜公権力が、特定内容の内心を侵害する意図をもって、その特定内容の内心を保持する個人を、正にそれを内心に保持するという理由に基づいて、不利益に取扱うことは、絶対的に禁止される＞。ここで特定内容の内心とは、内心A・Bのみならず内心Cも含む。「ものの見方・考え方とはいえないような知識・事実の知不知であっても、たとえば、特定の事実を知っていることじたいを理由に何らかの不利益を加えるというようなことが、かりにあれば、それは、やはり本条に違反するものとみなければならない」（樋口他・注解Ⅰ 381頁〔浦部法穂〕）。

ところで内心の自由に関する前記3つの制約類型は、憲法制定後まもなく、旧憲法下の思想弾圧とコンフォーミズムの経験を背景として形成されたものであり、それらを本来貫くのは、公権力が特定内容の内心を狙い撃ちにする「意図」型の侵害を禁止する、という観点である。旧憲法下の統治

実践は，特定内容の内心に基づく不利益取扱い（第1の制約類型）を中心に置きつつ，それを行うのに先行して，特定内容の内心の保有者の探索を行い（第2の制約類型），またそれを行った後にはさらに，その特定内容の内心に代えて公権力にとって望ましい内容の内心を保有させようとした（第3の制約類型）。

今日，前記第2の制約類型は，「意図」型の文脈から切断されて語られることが多い。だがこの制約類型はそれ自体，表現しない自由に対する制約にも当たり，既に原則として21条により禁止されている。ゆえに本条解釈論としては，内心の告白強制が，告白させた内心が特定内容だと判明した場合にはそのことに基づく不利益取扱いを行うという「意図」型の侵害の文脈にある限りにおいて，「不利益取扱い」型の本条解釈論をいわば本来発動すべき場面を一段階前倒しで発動して，その告白強制を絶対的に禁止する，と解するのがよい。次に前記第3の制約類型については，具体的にどんな国家行為がこの類型に該当するのかの定義を未だ明確かつ説得的に行えていないという弱点を持つ。現代国家においては多くの統治実践が一定の価値観に立脚する政策に基づいて行われるため，制約類型の定義が不明確な現状の解釈論の下では，あらゆる国家行為が本条の射程に入ってきかねない。この制約類型に対応する本条解釈論は，解釈論として未成立だと評価される。

（3）非「意図」型の侵害に対応する本条解釈論

「不利益取扱い」型の本条解釈論は，規制する公権力側の規制理由・意図に着目し，内心の自由に対する「意図」型の侵害を文字通り絶対に禁止する。一方，＜根底的価値ゆえの「絶対」的保障＞の論理は，それだけでなく，規制される個人の側の被侵害利益に着目し，公権力の意図に関わらず，外部的行為に対する規制により人の内心が甚だしい傷害を受けている場合に（非「意図」型の侵害），それをよほどの不都合が社会に生じない限り救済することをも，要請する。公権力が規制対象とする人間の行為一般（外部的行為）は，その大部分を占める外面的行為と，そのごく少数を占める自発的行為とに分類できる。それに応じて，非「意図」型の制約類型には，一般類型としての「外面的行為の規制」型と特殊類型としての「自発的行為の強制」型の2つを区別できる。

「外面的行為の規制」型の制約類型に対応する本条解釈論の規範内容は，こうである。＜一般的な法的規制が諸個人に対して行う外面的行為の強制・禁止が，ある個人の保持する深いレベルの内心と衝突するとき（「衝突」審査），同規制からその個人を免除することが憲法上の要請である。但し，免除しないことを正当化する非常に強い公共目的が存在する場合には（「公益」審査），免除が要請されない。また，免除が要請される場合には可能な限り，被免除者に対して当該規制に代替する負担が課されるべきである＞。本解釈論は良心的兵役拒否制度や信仰の自由の保障に関するアメリカ・（旧西）ドイツの憲法学から輸入された。本解釈論が保護するのは，「深いレベルの内心」（＝内心A）であり，「衝突」審査のハードルを越えるのは容易でない。だがそれを越えることができれば，「公益」審査によりごく例外的に免除要請が否定されない限り，原則として保護される。その意味で本解釈論は，内心Aを強力に保護する

が，文字通り「絶対」的に保護するのではない。

「自発的行為の強制」型の制約類型に対応する本条解釈論の規範内容は，こうである。＜公権力が強制的に個人に自発的行為を行わせることは絶対に許されない＞。自発的行為とは，行為者の自発性・自主性に基づいてはじめて，意味があると社会的・文化的にみなされる行為である。それに対して外面的行為とは，当人の自発性に基づいていなくてもその行為が現実に行われること自体に意味があるという性格の行為である。何が自発的行為に当たるかは，その定義にあるように最終的には社会的意味づけの次元で決せられ，当人がそうだと主張すればそうなるのではない。自発的行為に当たる行為類型はごく限られており，これまでの判例で問題とされた行為で自発的行為に当たると考えられるのは，当人の内心の反省に基づいてはじめて意味がある謝罪行為（謝る・詫びる行為），当人の内心の志に基づいてはじめて意味がある献金行為（寄付を行う行為），当人の内心の愛国心に基づいてはじめて意味がある国歌斉唱行為（式典・儀式において起立して国歌を斉唱する行為），のわずか3類型にすぎない。本解釈論が保護するのは，過程的な内心である自主性・自発性である。人の自発性にかかわらず必要に応じて公権力が外面的行為を強制することは許されてしかるべきだが，自発的行為を強制することだけは絶対に禁止しないと，およそ内心の自発性が憲法的保護に与る機会が存在しなくなってしまう。

4　主な判例
(1)　「特定思想の強制」型の本条解釈論

最高裁は，謝罪行為の強制に関わる，前述の謝罪広告事件判決や，ポストノーティス命令事件に関する最三判 1990〈平 2〉3.6 判タ 734 号 103 頁，また，国歌斉唱行為等の強制に関わる，「君が代」ピアノ伴奏事件に関する最三判 2007〈平 19〉2.27 民集 61 巻 1 号 291 頁，起立斉唱命令事件に関する最二判 2011〈平 23〉5.30 民集 65 巻 4 号 1780 頁，最一判 2011〈平 23〉6.6 民集 65 巻 4 号 1855 頁，最三判 2011〈平 23〉6.14 民集 65 巻 4 号 2148 頁，で，学説の多くが挙げる前記第 3 の制約類型たる「特定思想の強制」型の本条解釈論をベースにした憲法論を行った。紙幅の制約上，本稿ではその代表例として，起立斉唱命令事件に関する一連の諸判決だけを取り上げる。本件では，公立高校または中学校の教諭等に対して，卒業式等の式典における国歌斉唱の際に国旗に向かって起立し国歌を斉唱すること（以下「国歌斉唱行為」と言う）を命ずる校長の職務命令が，本条に違反しないかが争われた。第二小法廷判決は裁判官 4 名の全員一致で，第一小法廷判決は 4 対 1 で，第三小法廷判決も 4 対 1 で，合憲だと判断した。

最高裁はまず，本件職務命令が，内心の自由の直接的な制約には当たらないとした。それは国歌斉唱行為の強制が＜特定の「歴史観ないし世界観」（＝内心 A）を否定することと「不可分に結び付く」行為＞の強制ではないからだ。＜特定の「歴史観ないし世界観」を否定することと「不可分に結び付く」行為＞とは具体的にはどんな行為か。それは「特定の思想…に反する思想の

表明」行為である。つまり最高裁によれば，本条が禁止する「特定思想の強制」とは，特定思想（＝内心Aに反する思想）の表現行為の強制である。

既述のように，「特定思想の強制」型の解釈論の弱点は，あらゆる国家行為が「特定思想の強制」に該当することになりかねない点にあるが，最高裁は逆に，「特定思想の強制」を非常に狭く限定することで，本条解釈論からその内実を喪失させてしまった。《特定思想の表現行為》の強制は，第1に，既に21条が「表現しない自由」の侵害としてよほど強い公共目的を実現するためでない限り禁止しているし，第2に，それを必要とする公共目的を想定するのが非常に困難な，現実味のない制約類型である。やはり「特定思想の強制」型の解釈論は，意義のある本条解釈論になりおおせていない。

最高裁は次に，本件職務命令が，内心の自由の間接的な制約には当たるとしたが，その制約は憲法上許されるとした。なぜ間接的な制約に当たるのか。それは国歌斉唱行為が「国旗及び国歌に対する敬意の表明の要素を含む行為」だからだ。最高裁にとって，内心の自由に対する直接的制約（＝「特定思想の強制」）が，《特定思想の表現行為》を強制することであるのに対して，内心の自由に対する間接的制約とは，＜二重に薄められた《特定思想の表現行為》＞を強制することである。すなわち，職務命令が命じた国歌斉唱行為は，第1に，表明行為そのものではなく，「表明の要素を含む行為」である。第2に，表明される内容は，自らの思想（「歴史観ないし世界観」）に反する特定思想そのものではなく，「歴史観ないし世界観との関係で否定的な評価の対象となる」何か（本件の場合には「『日の丸』や『君が代』」）に対する「敬意」である。要するに，直接的制約の場合には，＜①自らの思想に反する特定思想そのものを，②正に表明する行為＞が強制の対象であるのに対し，間接的制約の場合には，＜①自らの思想との関係で否定的評価の対象となる物事に対する敬意の念を，②表明する要素を含む行為＞が強制の対象なのである。

このように最高裁による間接的制約論は，あくまで「特定思想の強制」型の解釈論をベースとしており，「外面的行為の規制」型の解釈論とは発想を異にする。内心Aを保護するためには，「外面的行為の規制」型の本条解釈論によるべきであり，その当てはめ判断の中心は「衝突」審査に置かれる。だが最高裁の解釈論は，内心上の衝突そのことではなく，強制の対象行為が＜二重に薄められた《特定思想の表現行為》＞に当たるかどうかを専ら問題とし，それに当たる場合にも，「外部的行動（引用者注：強制の対象行為を指す）…の制限が必要かつ合理的なものである場合には，…許容され…る」，と述べて，規制する側に一応の理由があれば足りるという非常に緩い合憲性審査を行うに留まる。最高裁のこの間接的制約論がどんな内心を（強力に）保護するための解釈論なのか，不明である。

（2）「不利益取扱い」型の本条解釈論，その他の本条解釈論

まず，起立斉唱命令事件に関する一連の諸判決は，内心の自由の直接的制約に当たる場合として，(p)「特定の思想を持つことを強制したり，これに反する思想を持つことを禁止したりする」場合と，(q)「特定の思想の有無について告白することを強

要する」場合の2つを挙げた。(p) には前段と後段があるが, 一体として学説の多くが挙げる前記第3の制約類型たる「特定思想の強制」を指すと解される。(q) は前記第2の制約類型たる「内心の告白の強制」型を指す。次に, 私人間の争いを事案とした三菱樹脂事件に関する最大判1973〈昭48〉12.12民集27巻11号1536頁は, 「憲法…の規定」が「国または公共団体」の「このような行為」——すなわち「特定の思想, 信条を有する者をそのゆえをもつて雇い入れることを拒」む行為——を「直接禁止する」, との理解を示した。この理解は, 既述の「不利益取扱い」型の本条解釈論を述べるものだから, 最高裁はこれをも本条の規範内容として承認していると解される。

「不利益取扱い」型の本条解釈論においては, 外部的行為に基づく不利益取扱いについて, その不利益取扱いが実は外部的行為により明らかになった内心に基づくのか, それとも（公権力側の主張する通り）外部的行為それ自体のもたらした弊害に基づくのかが, 常に問題となる。三菱樹脂事件判決は,「元来, 人の思想, 信条とその者の外部的行動との間には密接な関係があ〔る〕」, と述べた上で, 特に「学生運動への参加のごとき行動」に関する事実は, その者の「政治的思想, 信条」を「推測」させうる事実である, という正当な判断を行っていた。それに対して麹町中学内申書事件に関する最二判1988〈昭63〉7.15判時1287号65頁は, 「右の記載に係る外部的行為によつてはXの思想, 信条を了知し得るものではない」, とただ断言したが, 「右の記載に係る外部的行為」はほぼ全て「学生運動への参加のごとき行動」に関する事実だから, 先例と良識に反する判断だった。

最高裁が判決理由の中で「思想・信条の自由」論を行った著名な判例に, 強制加入団体が政治団体（政治資金規正法上の団体）に対して寄付・献金を行うための費用を自らの会員から強制徴収することが許されるかが問題となった, 南九州税理士会事件に関する最三判1996〈平8〉3.19民集50巻3号615頁がある。だが判決理由をよく読むと, 最高裁の言う「思想・信条の自由」の内実は, 内心の自由ではなく, 「政治団体に対して金員の寄付をする」ことの自由（寄付しない自由を含む）, すなわち, 政治目的でお金を出すという外部的行為の自由であり, 21条や15条1項などに基礎づけられる自由である。

〔佐々木弘通〕

第20条 ①信教の自由は, 何人に対してもこれを保障する。いかなる宗教団体も, 国から特権を受け, 又は政治上の権力を行使してはならない。
②何人も, 宗教上の行為, 祝典, 儀式又は行事に参加することを強制されない。
③国及びその機関は, 宗教教育その他いかなる宗教的活動もしてはならない。

1 20条の趣旨

本条は, その1項前段と2項において, 個人の人権としての「信教の自由」を保障し, その1項後段と3項において, 国家に対して政教分離原則を課している。なお, 89条前段も政教分離原則を規定するもの

まず，信教の自由の保障について，明治憲法もその28条で信教の自由を保障していたが，日本国憲法とはその保障の性質を全く異にしていた。すなわち，旧憲法は「外見的立憲主義の憲法」（＝君主主権原理を基礎とするため権利保障と権力分立が制約されたままである憲法）であったから，信教の自由はあくまで臣民の権利として保障されていた。それに対して日本国憲法は「立憲的意味の憲法」（＝国民主権原理を基礎とした上で人権保障と権力分立を不可欠の原理とし，究極的には個人主義を基盤的原理とする憲法）であるから，信教の自由は人権として保障されているのである。

次に，政教分離原則についてだが，「立憲的意味の憲法」を採用する諸国においても，国家と宗教団体との関係を律する憲法原則の内容は様々である。その内容は一般に，国が1つの宗教を公定する国教型（イギリス），諸宗教団体に公法人の地位を認めて一定の特権を付与する公認宗教型（ドイツ），国教制を否定し諸宗教団体を私的団体として遇する政教分離型（アメリカ，フランス），の3つに大別して整理される。日本国憲法は政教分離型を採用した。

ところで，一般に政教分離原則（＝「教会と国家の分離」原則）というものは，何の前提もなく存在するものではなく，先立つ国教制（＝教会と国家の結合関係）を否定することから出発して，その後，何らかの普遍的原則に従って（つまり，特定的にかつて結合していた教会だけを対象とするのでなく），将来にわたって教会と国家の分離の関係を維持しようとするものである。ゆえに，どんな理由からどんな国教制をどう否定したかという問いは，どんな理由からどんな内容の政教分離原則を採用したかという問いと，表裏の関係にある。この点，日本国憲法の場合はどうであったか（以下，拙稿「憲法70年と政教分離原則」法教440号28頁以下，同441号〔2017年〕133頁）。

その発端は，日本が1945年8月にポツダム宣言を受諾したことに遡る。ポツダム宣言は，旧憲法下の日本の，対外的な「無責任ナル軍国主義」（同宣言6項）の根絶を何よりも求めたが，そのためには対内的な「民主主義的傾向ノ復活強化」及び「言論，宗教及思想ノ自由並ニ基本的人権ノ尊重〔ノ〕確立」（同10項）が不可欠なので，そのことをも求めていた。この2つの要求は，帝国日本の対外的な軍国主義と対内的な神権的天皇制とが分かちがたく結びついているという認識に基づいていた。この対内面での要求は，憲法的には「外見的立憲主義の憲法」から「立憲的意味の憲法」への質的転換を求めるものである。

1946年11月に制定された日本国憲法は，ポツダム宣言による2つの要求にどう答えたか。まず，その対内的要求に応えるために，「立憲的意味の憲法」を日本史上初めて本格的に採用した。だが，象徴天皇制という形での，「ほんの少し」（奥平康弘）の天皇制を残した（憲法第1章）。天皇制は，「立憲的意味の憲法」の基盤的原理たる個人主義とは原理的に矛盾する世襲制に基づく。ゆえに，たとえ「ほんの少し」であれ天皇制を残した限りで，対内的要請に対しては満額回答を行っていない。そのことのゆえに，その対外的要請に対しては，そもそも軍を持たないという，満額を上回る回答を行ったのである（憲法第2章）。

さて，戦後日本が政教分離原則を初めて採用したのは，日本国憲法の制定に先立ち，

第3章　国民の権利及び義務［第20条］

1945年12月15日に連合国軍最高司令官（SCAP）が日本政府に宛てて発した，「国家神道，神社神道ニ対スル政府ノ保証，支援，保全，監督並ニ弘布ノ廃止ニ関スル件」と題する覚書によってであった（一般に神道指令と呼ばれる）。日本国憲法の政教分離規定は，占領期間限りの通用力しか持たない神道指令に規定された政教分離原則を，占領終了後も憲法的に堅持する趣旨のものであった。

神道指令が主眼としたのは，その標題にあるように，旧憲法下における国家神道体制を，廃止・解体すること（＝国家と神社神道の分離）であった。神道指令のプロジェクトは，第1に，狭く見れば，アメリカ流の「教会と国家の分離」原則の考え方によって，同原則が前提とするキリスト教とはずいぶん違った性格の宗教性を持つ神道を相手に，国家神道の解体を企てたものであった。またそれは，第2に，広く見れば，「立憲的意味の憲法」を1946年の日本社会に安定的に根づかせ軌道に乗せるためにどんな改革が必要かという問いに対する一つの取り組みであった。

神道指令（以下で引用するに際しては，読者の便宜のため，句読点を補ったり，読点を句点に代えたりする。）は，その全体的な目的について次のように述べる。「本指令ノ目的ハ，①宗教ヲ国家ヨリ分離スルニアル。マタ，②宗教ヲ政治的目的ニ誤用スルコトヲ防止シ，③…アラユル宗教，信仰，信条ヲ正確ニ同ジ法的根拠ノ上ニ立タシメルニアル。④本指令ハ，啻（ただ）ニ神道ニ対シテノミナラズ，アラユル宗教，信仰，宗派，信条乃至哲学ノ信奉者ニ対シテモ，政府ト特殊ノ関係ヲ持ツコトヲ禁ジ，マタ軍国主義的乃至過激ナル国家主義的「イデオロギー」ノ宣伝，弘布ヲ禁ズルモノデアル」（送り仮名と記号①〜④は引用者）。

まず，①と③は，アメリカ流の「教会と国家の分離」原則の考え方の簡潔な表現である。宗教を国家から分離すると，あらゆる宗教が「正確ニ同ジ法的根拠ノ上ニ立」つことになるのだ。その上で④は，「神道」に対しての禁止を，あらゆる「宗教」に対しても及ぼす，という論理をとっている。これは，国家が，自らが神社神道との間にとるべき分離の関係を基本として，それと同様の分離の関係を，他の諸宗教のいずれに対しても平等にとるべし，という要請である。これこそが，日本の政教分離の基本的発想である。

それに対して，なぜ日本が「教会と国家の分離」原則を採用するのかの固有の文脈を表現するのが，②と④である。②は，日本で国家と宗教との結合がどんな意味で危険かを示している。宗教勢力が国家の政治を濫用するという形ではなく，国家が宗教を政治的に利用することこそが，日本の政教分離において克服対象とされた。そこで具体的に念頭に置かれたのは，④にある，国家神道が「軍国主義的（militaristic）乃至過激ナル国家主義的（ultra-nationalistic）「イデオロギー」ノ宣伝，弘布」に使われていたという事実である。

ここで「軍国主義」とは「日本国民ヲ欺キ，侵略戦争ヘ駆リ出サシメ，或ハ他国民ノ論争ノ解決ノ手段トシテ武力ノ行使ヲ謳歌セシメルニ至ラシメルガ如キ主義」のことである。また「過激ナル国家主義」（＝超国家主義）とは，その「特殊ナル起源」のゆえに「日本ノ天皇」・「日本ノ国民」・「日本ノ諸島」がそれぞれ，「他国ノ元首」・「他国ノ国民」・「他国」に「優ルトス

123

ル主義」のことである（ここで日本の「国民」と「諸島」の優越性は「天皇」の優越性に由来し，その天皇の優越性が神話的な「特殊ナル起源」に基づく点で，「過激ナル国家主義的イデオロギー」はそれ自体が宗教的なものだと理解される）。そして両者は一体のものとして，「日本ノ支配ヲ…他国民乃至他民族ニ及ボサントスル日本人ノ使命ヲ，擁護シ或ハ正当化スル教ヘ，信仰，理論」として働いた，と神道指令は捉えている。「軍国主義」と「過激ナル国家主義」とを一体のものと捉えるのは，ポツダム宣言が，帝国日本の対外的な軍国主義と対内的な神権天皇制とを不即不離のものと捉えたのと同じである。

「軍国主義的乃至過激ナル国家主義的「イデオロギー」ノ宣伝，弘布」の禁止が，神道指令の大目的であった事実は，日本で政教分離の要請される所以を，専ら憲法20条の「信教の自由」のよりよき保障という文脈のみで捉えるのでは決定的に不十分であり，さらに，憲法2章の平和主義と憲法1章の象徴大皇制との密接な関連の中で，理解しなければならないことを示している。別言すると，日本国憲法の政教分離原則は，その本体たる「立憲的意味の憲法」の一内容をなす（憲法が保障する広義の宗教的自由である）というに留まらず，「ほんの少し」として残した天皇制を徹底的に「ほんの少し」化することと，軍の不保持を定めたことの両者と並んで，その「立憲的意味の憲法」そのものを1946年以降の日本社会に安定的に根づかせ軌道に乗せるための，重要不可欠の憲法上の工夫なのである。

日本国憲法の政教分離原則は，国家神道体制の解体をその原点とする。だがそれは，アメリカ流の「教会と国家の分離」原則の考え方を基礎とするから，宗教そのものについては，むしろ肯定的に評価している。この肯定的評価とは，社会的には巨善にも巨悪にも働きうる潜在力を本来的にもつ宗教を丸ごと，人間社会の本質的側面の一つとして尊重する，という趣旨である。正にそう評価するからこそ，諸個人の自発性にのみ支えられるべき宗教が，国家と癒着・結合することを厳しく戒めるのが，アメリカ流の信教の自由と政教分離の考え方である。宗教を丸ごと肯定的に評価するのでなく，たとえば社会的有用性など，よい宗教と悪い宗教を区別することにつながる，宗教の外にある価値尺度による，宗教に対する「肯定的」評価には，要注意である。そのような評価は，たとえ見かけは戦前と異なっても，国家がその目的を遂行するための手段として宗教を利用することにつながる蓋然性が高い。

2　本条1項前段・2項　信教の自由

（1）「信教の自由」保障の条文と規範内容

本条1項は，信教の自由を保障する。その具体的中味としては一般に，内面的な精神活動に関しては信仰の自由，そして外面的な精神活動に関しては宗教的行為の自由と宗教的結社の自由の，計3つの自由が挙げられる。本条2項は，宗教的行為を行う・行わないの自由の，後者の局面を，旧憲法下の現実に鑑みてあえて取り上げ規定するものである。

内面的な精神活動の保護については，歴史的には信仰の自由の法理が，ある範囲において世俗化することを通じて，内心一般の自由の法理を提供してきた。本書の19

第3章　国民の権利及び義務［第20条］

条の解説（116頁以下）で述べた，内心の自由に関する3つの解釈論の起源はいずれも，信仰の自由論にある。ここで内面の信仰に即してそれぞれの解釈論の内容を述べ直せば，次のようになる。第1に，「不利益取扱い」型の解釈論によれば，＜公権力が，特定内容の信仰を侵害する意図をもって，その信仰を保持する個人を，正にその信仰を内心に保持するという理由に基づいて，不利益に取扱うことは，絶対的に禁止される＞。第2に，「外面的行為の規制」型の解釈論によれば，＜一般的な法的規制が諸個人に対して行う外面的行為の強制・禁止が，ある個人の保持する特定内容の信仰と内心の深いレベルで衝突するとき（「衝突」審査），同規制からその個人を免除することが憲法上の要請である。但し，免除しないことを正当化する非常に強い公共目的が存在する場合には（「公益」審査），免除が要請されない。また，免除が要請される場合には可能な限り，被免除者に対して当該規制に代替する負担が課されるべきである＞。第3に，19条の解説では「自発的行為の強制」型の解釈論（＝＜公権力が強制的に個人に自発的行為を行わせることは絶対に許されない＞）を挙げたが，そこにおける自発的行為の宗教的原型は礼拝行為であり，その強制は憲法20条2項が明文で禁止している。19条論とは違って20条論においては，内面の信仰が外面へと展開する場面まで含めて広く信教の自由として憲法的保護に与るため，19条論ほど，その解釈論において，一定の外部的行為に憲法の保護を及ぼすことがどのようにその人の内面を保護することになるのかを論証する必要性が強くない。

　外面的な精神活動の保護については，宗教的行為の自由と宗教的結社の自由はそれぞれ21条の表現の自由と結社の自由の，宗教的側面に当たるのだ，と説明されることが少なくない。だがこの説明には不十分なところがある。第1に，宗教的行為は，確かにその中に宗教的表現行為を含むものの，宗教的表現行為に当たらない宗教的行為も存在すると考えられる（例えば前記した礼拝行為は宗教的行為の代表格であるが，他者に対する表現行為というよりも，人が内心で天上の神とコミュニケートするときに身体が必然的にとる外部的行為である）。ゆえに，何が憲法上保護された宗教的行為であるかを，「宗教」の理解を手がかりに構成していくことが解釈論の課題となる。第2に，21条の保護に与る表現の自由と結社の自由について，「宗教」を主題とするものとそうでないものとは，全く同一の憲法的保護を受けるのか，それとも両者ではその保護のありように何か違いがあるのか，という点についても，「宗教」の理解を手がかりに解明していくことが解釈論上求められる。例えば結社の自由に関わる，宗教団体の内部紛争に対する裁判的解決の限界として一般に，「宗教上の教義ないし信仰の内容にかかわる事項についてまで裁判所の審判権が及ぶものではない」（日蓮正宗管長事件に関する最三判1993〈平5〉9.7民集47巻7号4667頁）と考えられており，これは団体一般と異なる宗教団体の特殊性であり，その根拠は政教分離原則にあるとされている。だが，国教制を採る国でも，同時に信教の自由を保障していれば，公定宗教はともかくそれ以外の私的な宗教について，「宗教上の教義ないし信仰の内容にかかわる事項」に裁判所が介入してよいとはされないのだとすると，この点は正に

「宗教」的な結社の自由の特殊性だと考えられることになる。

（2）主な判例

加持祈禱事件に関する最大判1963〈昭38〉5.15刑集17巻4号302頁は，真言宗の僧侶が加持祈禱行為により人を死に至らしめたことが，「所論のように一種の宗教的行為としてなされたものであったとしても…著しく反社会的なものであ（り）…信教の自由の保障の限界を逸脱した」として，これを傷害致死罪（刑法205条）に当たるとした。一般に加持祈禱行為は，表現行為には当たらない宗教的行為であろう。

宗教法人オウム真理教解散命令事件に関する最一判1996〈平8〉1.30民集50巻1号199頁は，宗教法人法の規定に基づいてされた，宗教法人オウム真理教に対する本件解散命令について，「宗教法人が解散しても，信者は，法人格を有しない宗教団体を存続させ…ることが妨げられるわけではな〔い〕」から，「解散命令は，信者の宗教上の行為を禁止したり制限したりする法的効果を一切伴わない」としつつも，「〔そうだ〕としても，これ〔＝信者の宗教上の行為〕に何らかの支障を生じさせることがあるとするならば，…憲法がそのような規制を許容するものであるかどうかを慎重に吟味しなければならない」と論じた上で，結論的には本件解散命令が憲法20条1項に違反しないとした。今の引用の前半部分が，本件は信教の自由の保護範囲外の事案だと述べるのだとすると，後半部分の憲法論が何であるのか，わかりにくい。端的に，法人格を取得・維持することまでが（宗教的）結社の自由の保護範囲に入る（樋口・憲法236頁，大石・講義Ⅱ209頁）とした上で，それに対する制約を憲法的に正当化できるかを検討するという理路が，ありえた。

剣道実技拒否事件に関する最二判1996〈平8〉3.8民集50巻3号469頁は，「エホバの証人」の信仰ゆえに剣道実技の履修を拒否した生徒に対する退学処分を違法と判断した。最高裁は，校長の裁量権の逸脱・濫用という行政法的判断枠組みの内で，生徒の履修拒否が「信仰の核心部分と密接に関連する真しなもの」であり，退学処分という「重大な不利益を避けるためには剣道実技の履修という自己の信仰上の教義に反する行動を採ることを余儀なくさせられ」たとし，学校が剣道実技履修の「代替措置を採ることは可能」だったと論じている。ここに今後，「外面的行為の規制」型の憲法解釈論へとつながる芽を見出しえよう。

3　本条1項後段・3項　政教分離原則

（1）政教分離原則の条文と規範内容

政教分離原則は国家に対する禁止規範であるが，事柄の実質として，国家自身が宗教的活動を行うこと（自己活動型）の禁止と，国家が＜社会における宗教性を帯びた主体＞に対して援助を行うこと（他者援助型。宗教団体を援助する場合と，非宗教団体の行う宗教活動を援助する場合とがある（百選Ⅰ〔第3版〕92頁以下〔日比野勤〕））の禁止，を区別できる（高柳信一「国家と宗教」法セ増刊『思想・信仰と現代』（1977年）2頁以下）。条文的には，「国及びその機関」が「宗教的活動」を行うことを禁止する本条3項が自己活動型に，国が「宗教団体」に対して「特権」を与えたり「政治上の権力を行使」する権限を授けたりすることを禁止する本条1項後段が（さらに89

条前段も）他者援助型に，概ね対応する。自己活動型の禁止について，国家が自ら宗教的活動を行うことは，「公共の福祉」の実現のためにそれをどうしても行わなければならないケースを想定するのは困難だから，原則として違憲であり，それを行う強力な理由が論証できた場合にも，それが特定宗教に偏することは原則として違憲だと考えられる。他者援助型の禁止について，特定宗教のみならず宗教一般に対する意図的な援助も違憲であるが，援助の広範な対象者の中に宗教的主体が含まれるような場合は基本的には合憲だと考えられている。

国のある行為が，自己活動型と他者援助型のどちらに当たるかは，事柄の実質としては，事実関係をよく検討した上で道理に即してよく考えれば，一義的に決定できよう（例えば県による玉串料奉納は，宗教団体に対するお金の支出ではあるが，本質的にはそれ自体が県の宗教行為だと把握される）。そのことと，当該行為の憲法適合性をどの憲法条文の下で論じるかは，別の問題である。最高裁は，政教分離原則に関するリーディング・ケースとなった，津市地鎮祭事件に関する最大判1977〈昭52〉7.13民集31巻4号533頁から長い間，自己活動型のみならず他者援助型についても，専ら本条3項の問題として扱う姿勢を一貫して示してきた。これは，国家が宗教的主体に対して援助を行うことも，同項の「宗教的活動」に当たるという解釈論による。ところが，空知太神社事件に関する2010年の最高裁判決（後述）では，この一貫した姿勢を崩したので，それが何を意味するのか論議されている。ただ，最高裁が政教分離原則の規範内容として，後述する「相当限度のかかわり合い」論の基本的考え方

に立つ点には，変わりがない。以下，判例法の基本的ありようを見よう。

なお，政教分離原則は，個人の人権（主観的権利）とは違い，客観的法規範だから，それに違反する行為を国家が行った場合に，どういう訴訟であればその行為の違憲判断を裁判所に行わせることができるかという問題が存在する。国家賠償訴訟においては，国が政教分離原則に違反する行為を行っても，原告は同行為が自己の何らかの主観的利益を侵害したと言えない限り訴訟に勝てないし，裁判所も同行為の違法性を判断しなくてよい。地方公共団体の行為については，住民訴訟（人が，自己の主観的利益の侵害の有無と無関係に，住民という資格で，地方公共団体の執行機関及び職員の客観的な違法行為の是正を求めて争う訴訟）を活用できるが，国については，住民訴訟に相当する訴訟の仕組みが法律上設けられていない。

（2）津地鎮祭事件に関する1977年判決

津市地鎮祭事件では，市体育館の建築着工にあたり，市が主催して，土地の平安堅固や工事の無事安全等を祈願する儀式（起工式，いわゆる地鎮祭）を，神職主宰のもとに神式に則り挙行し，その挙式費用を公金から支出したことが，政教分離原則に違反しないかが争われた。第1審は合憲，第2審は違憲と判断したが，最高裁は10対5で合憲と判断し，地方自治法旧242条の2第4号請求を棄却した。

最高裁はまず，憲法上の政教分離原則の規範内容について，戦前の国家神道の歴史を踏まえ，「憲法は，政教分離規定を設けるにあたり，国家と宗教の完全な分離を理想とし」たとする。だが「現実の国家制度

として，国家と宗教との完全な分離を実現することは，実際上不可能に近い」から，「政教分離原則が現実の国家制度として具現される場合には，それぞれの国の社会的・文化的諸条件に照らし，国家は実際上宗教とある程度のかかわり合いをもたざるをえないことを前提としたうえで，そのかかわり合いが，信教の自由の保障の確保という制度の根本目的との関係で，いかなる場合にいかなる限度で許されないこととなるかが，問題とならざるをえない」。ゆえに日本国憲法の「政教分離原則は，…国家が宗教とのかかわり合いをもつことを全く許さないとするものではなく，宗教とのかかわり合いをもたらす行為の目的及び効果にかんがみ，そのかかわり合いが右の諸条件（引用者注：日本国の社会的・文化的諸条件）に照らし相当とされる限度を超えるものと認められる場合にこれを許さないとするものである」，とした。憲法上の政教分離原則の規範内容に関するこういう基本的考え方を便宜上，「相当限度のかかわり合い」論と呼ぼう（なお，今の引用部分を念頭に置いて目的効果論ないし基準と呼ぶ用法も存在する）。これは，国家が宗教と関与するのを原則として容認しつつ例外的にその行き過ぎた関与を違憲として否定するという論理であり，政教分離を程度問題，量的問題として把握している。だが憲法上の政教分離原則の制定趣旨は，国家による政治的動員目的での宗教利用の否定という，政教分離の質的問題としての把握に立ちつつ，原則として国家が宗教に関与するのを否定するものだった。最高裁の論理は，原則と例外を逆転させている（本判決の論述自体，当初は＜原則は分離，例外が関与＞だったのを最後で逆転させている）。

次に最高裁は，憲法20条3項の禁止する「宗教的活動」をこう定義した。いわく，それは「宗教とのかかわり合いをもつ…行為〔のうち〕，そのかかわり合いが右にいう（引用者注：前記引用文中の「右の諸条件に照らし」を指す）相当とされる限度を超えるもの」である。これを言い換えると，「当該行為の目的が宗教的意義をもち，その効果が宗教に対する援助，助長，促進又は圧迫，干渉等になるような行為」である，と。その上で，この「宗教的活動」に該当するか否かの判断方法について，こう述べた。「ある行為が右にいう宗教的活動に該当するかどうかを検討するにあたっては，(e)＜当該行為の主宰者が宗教家であるかどうか，その順序作法（式次第）が宗教の定める方式に則ったものであるかどうかなど，当該行為の外形的側面＞のみにとらわれることなく，(a)＜当該行為の行われる場所＞，(b)＜当該行為に対する一般人の宗教的評価＞，(c)＜当該行為者が当該行為を行うについての意図，目的及び宗教的意識の有無，程度＞，(d)＜当該行為の一般人に与える効果，影響＞等，諸般の事情を考慮し，社会通念に従って，客観的に判断しなければならない」((a)～(e)および＜　＞の記号は引用者)，と。以上の，「宗教的活動」の定義とその該当性判断に関する説示を指して，一般に目的効果基準と呼んでいる。

最後に最高裁は，この合憲性判断枠組みに従った当てはめ判断を「本件起工式」について行い，合憲であるとの結論に至った。その当てはめ判断の仕方から，次のような特徴が浮かび上がる。すなわち，(a)～(e)の考慮要素は，必ず全ての要素を逐一検討してその1つにでも問題があれば違憲

となる，というような重みを持つものではなく，それら諸要素を検討しつつも結局は「諸事情を総合的に考慮して判断」して違憲か合憲かを決するという「総合判断アプローチ」における目安であること。そしてその「総合判断アプローチ」は，広く「諸般の事情」をかき集めて判断するものというよりも，(b) の＜一般人の評価＞――それは社会学的調査に基づくものではなく，裁判官がそうだとみなすものである――をいちばんの決め手として，「宗教とのかかわり合い」が「相当とされる限度を超える」かどうかを判断するものであること，裏返せば当該行為の目的と効果に関する判断は必ずしも合憲性判断の決め手となっていないこと，これである。

(3) その後の諸判例

その後の最高裁は，以上のような基本的考え方と本条3項に関する合憲性判断方法によって，政教分離原則に関する諸事件の合憲性判断を行った。

自衛官合祀事件に関する最大判1988〈昭63〉6.1民集42巻5号277頁は，本件事案を，私的な親睦団体である隊友会が，殉職した自衛隊員の合祀の申請を県護国神社に対して行うのに，自衛隊職員が協力した事案と捉えた上で（この捉え方には争いがある），この協力行為を「宗教的活動」に当たらないと判断した。箕面市忠魂碑・慰霊祭事件に関する最三判1993〈平5〉2.16民集47巻3号1687頁は，まず，基本的には戦前から公有地上に存在した「忠魂碑」を，市が，同公有地を小学校用地とするために，同「忠魂碑」の代替地を売買により取得した行為と，その代替地＝市有地上に同「忠魂碑」を移設・再建した行為，さらに同市有地を「忠魂碑」の敷地として遺族会に無償貸与する行為とが，いずれも「宗教的活動」に当たらないと判断した。また，同「忠魂碑」前で挙行された神式の慰霊祭と仏式の慰霊祭それぞれに，市教育委員会委員兼教育長が来賓として参列した行為が，「憲法上の政教分離原則及びそれに基づく政教分離規定」に違反しないと判断した。なお本判決は，本条1項後段の「宗教団体」と89条の「宗教上の組織若しくは団体」を等置した上で，目的効果基準の論理を踏んだ上で最終的に，「換言すると，特定の宗教の信仰，礼拝又は普及等の宗教的活動を行うことを本来の目的とする組織ないし団体」と定義し，財団法人日本遺族会及びその支部はこれに当たらないとした。

愛媛県玉串料事件に関する最大判1997〈平9〉4.2民集51巻4号は，県が靖國神社又は県護国神社による例大祭・みたま祭・慰霊大祭に際して玉串料・献灯料・供物料を奉納した行為は，「宗教的活動」に当たり，また89条の禁止する公金支出にも当たり違憲であると判断した。

県知事「大嘗祭」参列事件に関する最一判2002〈平14〉7.11民集56巻6号1204頁は，県知事が皇室行事「大嘗祭」に参列した行為が，「憲法上の政教分離原則及びそれに基づく政教分離規定」に違反しないと判断した。小泉首相靖国参拝事件に関する最二判2006〈平18〉6.23判時1940号122頁は，損害賠償請求をその対象たりうる法的利益が存在しないとして棄却し，2001年8月13日の小泉純一郎首相による靖国神社への参拝行為が違憲かどうかの判断に立ち入らなかった。

空地太神社事件に関する最大判2010〈平22〉1.20民集64巻1号1頁は，神社に対する市有地の無償での利用提供行為を89

条に違反し「ひいては」20条1項後段に違反すると判断した。既に言及したように，本判決は，従来の判例とは異なり，条文としては20条3項でなく主に89条前段に依拠した。その上で，89条前段に違反するかどうかの合憲性判断枠組みを定式化するに際して，目的効果の言い回しを使わず，その判断方法を述べるに際しての考慮要素として，(a)～(e)とは全く異なる諸要素を挙げた。だが，政教分離原則の規範内容に関する基本的考え方として，「相当限度のかかわり合い」論に立っていることは明らかであり，またその合憲性判断を，＜一般人の評価＞を決め手とする総合判断アプローチにより行っていることも明らかである。これらの点において，本判決は先例を踏襲している。なお，本判決の半年後に出た，白山ひめ神社事件に関する最一判2010〈平22〉7.22判時2087号26頁は，同神社の鎮座2100年を記念する大祭にかかる諸事業の奉賛を目的とする団体の発会式に，市長が出席して祝辞を述べた行為が，「憲法上の政教分離原則及びそれに基づく政教分離規定」に違反しないと判断したが，その際に再び目的効果基準の言い回しを用いている。

空知太神社事件に関する上記の2010年大法廷判決は，本件利用提供行為を違憲だと判断した後，その違憲状態の解消方法には，「神社施設を撤去し土地を明け渡す以外にも適切な手段がありうる」と述べて，他のありうる手段として，本件土地の譲与，有償譲渡，適正な時価での貸し付けの3つを挙げた。その際に最高裁は，「〔市〕において直接的な手段に訴えて直ちに本件神社物件を撤去させるべきものとすることは，…地域住民らによって守り伝えられてきた宗教的活動を著しく困難なものにし，氏子集団の構成員の信教の自由に重大な不利益を及ぼすものとなる」，との懸念を表明した。そこで本判決は，「本件利用提供行為の違憲性を解消するための他の合理的で現実的な手段が存在するか否か」について更に審理を尽くさせるため，破棄差戻しの判決を出した。その後，市は，適正時価での貸し付け方式を選択した（本件手段）が，第2次上告審たる最一判2012〈平24〉2.16民集66巻2号673頁は，本件手段が本件利用提供行為の違憲性を解消するための手段として合理的かつ現実的なものであることを確かめた上で，市が本件手段を実施することは89条，20条1項に違反しないとした。本件の事実関係の大筋はこうだった。すなわち，空知太神社は明治期以来ずっと公有地の貸下げを受けて同地上に存在してきた。そこで，本来ならば1946年に政教分離原則を憲法上採用した時点で，公有地の無償利用関係が清算されて然るべきだった。ところが，2004年の本件訴訟の提起まで遂にそれがなされないままだったのである。このように，本来は憲法制定時点になされるべきだった問題の解決が21世紀にまで先延ばしにされてしまった事案だからこそ，政教分離原則に反する状態の解消方法として，「神社施設を撤去し土地を明け渡す」よう求めるのは関係者の信教の自由に重大な不利益を及ぼし適切でないと考えられた。憲法秩序が確立した後に生じた，宗教団体に対する公有地の無償の利用提供行為の事案であれば，政教分離原則に反する状態の解消方法として，宗教施設の撤去と土地明け渡しを求めることに，基本的には特段の問題はないはずである。

〔佐々木弘通〕

第 3 章　国民の権利及び義務［第 21 条］

> **第 21 条**　①集会，結社及び言論，出版その他一切の表現の自由は，これを保障する。
> ②検閲は，これをしてはならない。通信の秘密は，これを侵してはならない。

1　21 条の趣旨

本条 1 項は，広い意味での人々の表現活動を保障する規定である。集会や結社自体は「表現」とは言いがたい。しかし，たしかに集会や結社は一定の意見を共有してそれを外部に訴えようとしたり，一定の問題について議論したりするためになされることが多く，表現活動の一環としての性格を有している。憲法は集会や結社のこの側面に注目して，それらを 21 条に含めて保障しようとしたのだといえよう。

2 項は，検閲の禁止と通信の秘密を規定する。検閲の禁止は，表現制約の特定の形態を特に取り出して禁止するものである。通信の秘密は，公表されているか否かに関わらず人々のコミュニケーション過程の自由を保障するという観点から，21 条で規定されたのであろう。

以下では，まず言論・出版の自由を中心とする表現の自由について，検閲の禁止も含めつつ解説する。関連して取材の自由にも触れる。その後，集会の自由，結社の自由，通信の秘密について解説する。

2　表現の自由の意義
（1）自己実現と自己統治

表現の自由は，フランス人権宣言 11 条やアメリカ合衆国憲法修正 1 条など，近代憲法に当初から含まれていた古典的人権である。しかも，同じく古典的人権である財産権への保障が，現代国家において大きく相対化されているのと異なり，今日一般に承認されている二重の基準論の下，表現の自由は特に裁判所が手厚く保障すべきであるとされている。

では，表現の自由をそのように重視すべき理由は何なのだろうか。表現の自由の意義として，多くの場合自己実現と自己統治という 2 つの価値が挙げられる。自己実現とは，個人が独立する人格を有する自律的存在として自己を発展させていくことであり，その過程では，自ら思考し，その結果を外部に表明することの自由が不可欠である。自己統治とは，民主政において国家権力は国民の意思に沿って行使されなければならないということであり，表現の自由は諸個人が政治過程に参加し，人々の間で強制によらない共同意思が形成されるために必須の要件とされる。

最高裁判所は，主に自己統治との関係で表現の自由の重要性を承認しており，「表現の自由は，民主主義国家の政治的基盤をなし，国民の基本的人権のうちでもとりわけ重要なものであ」る（猿払事件・最大判 1974〈昭 49〉11.6 刑集 28 巻 9 号 393 頁判例 1-4）などと述べている。

3　表現の自由の保障内容
（1）情報発信の自由

表現の自由の保護が，個人の認識や思想を外部に表現する活動を含むことは当然である。表現活動はすべて，一応 21 条 1 項

によって保護されると考えるべきである。

表現の自由によって保護されるか否かが問題となる活動に，いわゆる象徴的表現といわれるものがある。これは，通常は表現行為とは考えられない行動によって，何らかのメッセージを伝えようとする活動であり，公衆の面前での国旗焼却などが典型的に挙げられる。これも表現の自由によって保護される行為と考えるべきである。

（2）情報受領の自由

情報発信者はそれを他者に伝えるために発信しているのだから，その意図を実現するには情報が相手方に届かなければならない。受け手の側から見れば，情報を受領する自由が保障されている必要がある。

最高裁も，「新聞紙，図書等の閲読の自由（は）憲法上保障されるべき」である（よど号記事抹消事件・最大判 1983〈昭 58〉6.22 民集 37 巻 5 号 793 頁）とか，「表現の自由の保障は，他面において，これを受ける者の知る自由の保障をも伴うものと解すべき」である（札幌税関事件・最大判 1984〈昭 59〉12.12 民集 38 巻 12 号 1308 頁）と判示している。

（3）情報収集の自由

国の政策決定が国民の目に触れない情報によって行われるのでは，それを国民の自由な議論の結果だとみなすことはできない。そこで，21 条は情報の発信・受領に加えてその収集の権利も保障していると解釈すべきだとの考え方が有力に説かれるようになった。情報収集の権利が特に問題となるのは，ジャーナリストの取材活動についてである。取材の自由の憲法上の位置づけについては，後述する。

4　明確性の理論

表現の自由を制約する法律は，どのような表現を規制するのか明確に定めなければならず，規制内容が不明確な法律は違憲とすべきだとされる。その主要な根拠は，不明確な規制は表現活動を控えさせる強い萎縮効果を発生させ，本来許されるはずの表現もなされなくなってしまうからだという点に求められる。

最高裁も，輸入書籍に対する税関検査の合憲性が問題となった札幌税関事件で，「法律をもって表現の自由を規制するについては，基準の広汎，不明確の故に当該規制が本来憲法上許容されるべき表現にまで及ぼされて表現の自由が不当に制限されるという結果を招くことがないように配慮する必要があ」ると判示している。ただし，事件で争われた，「風俗を害すべき書籍」を輸入禁止品として定める規定については，わいせつな書籍を意味すると理解でき，不明確ではないとした（前掲最大判 1984〈昭 59〉12.12）。

5　事前抑制の禁止原則
（1）事前抑制禁止の根拠

かつては，印刷物について公権力の許可なしの公刊を禁ずる検閲が，広く行われていた。表現の自由の要求は，まずこの検閲の廃止を訴えることから始まったのである。表現行為がなされる前にそれを規制してしまうことを一般に事前抑制と呼ぶ。検閲はその典型例である。

事前抑制が表現制約として特に強力な手法であり，原則として許されないと考えられる理由としては，まず，それによって表現がそもそも人々に知られることなく終わってしまい，はたして本当に規制される

必要があったのかどうか後から評価することが困難となること，そして，それだけに規制する側の一方的予測に基づく恣意的判断がなされやすく，規制範囲が過大なものになりがちであることが挙げられる。

（2）検閲の絶対的禁止

判例は，まず事前抑制の典型例である検閲は，絶対的に禁止されているとする。検閲は，「行政権が主体となって，思想内容等の表現物を対象とし，その全部又は一部の発表の禁止を目的として，対象とされる一定の表現物につき網羅的一般的に，発表前にその内容を審査した上，不適当と認めるものの発表を禁止すること」と定義されている（上記札幌税関事件判決）。この定義には，狭すぎるとの批判もある。これまで最高裁が検閲該当性を認めた事例はない。

（3）裁判所による事前差止め

名誉毀損やプライバシー侵害を理由として，裁判所に対して印刷物発行の事前差止めが求められる場合がある。裁判所によるものなので，上記定義からして「検閲」にはあたらないが，事前抑制の一種とはいえるので，慎重な審査が必要である。名誉毀損の論説を含む雑誌の差止めが求められた事件で最高裁は，公共の利害に関する事項についての事前差止めは原則として許されず，「その表現内容が真実でなく，又はそれが専ら公益を図る目的のものではないことが明白であって，かつ，被害者が重大にして著しく回復困難な損害を被る虞があるとき」にのみ例外が認められると判示した（北方ジャーナル事件・最大判1986〈昭61〉6.11民集40巻4号872頁）。

6 事後的規制についての違憲審査基準論

事後的規制の違憲審査については，学説上は，問題となる規制が内容に基づくものであるか，そうではなく表現行為がなされる時・場所・方法などに着目するものであるかによって分けるべきだという考えが一般的である。ある表現を特定の内容ゆえに禁止することは，民意形成過程を正面から歪めることを意味し，特に害悪が大きいからである。他方，表現活動の外形面が他の人々に与える弊害を防ぐ必要性は，否定できない。

学説上は，内容に基づく規制について，違法行為の煽動や猥褻表現，名誉毀損といった伝統的に一定の制約が認められてきた内容については，規制が認められるための要件をできるだけ限定的かつ明確な形であらかじめ定めておくことが望ましいとされる。これを，何が名誉毀損かといった定義づけの段階で保護すべき利益との衡量を行うという意味で定義づけ衡量と呼ぶ。その他の場合に内容に基づく規制がなされたときには，最も厳格な審査を行うべきであり，やむにやまれぬ利益のために必要不可欠な場合にのみ合憲となると考えるべきである。

これに対し内容中立的規制については，中間的な審査基準，つまり重要な目的のために必要な限度の制約かどうかで判断すべきだということになる。また，内容中立的規制の場合，同じ内容を伝えるための代替手段が十分存在することも必要である。

猿払事件最高裁判決は，公務員の政治活動禁止を，「意見表明そのものの制約をねらいとしてではなく，その行動のもたらす弊害の防止をねらいとして禁止する」「間

接的，付随的な制約に過ぎ」ないとし，利益衡量において表現制約で失われる利益を軽く見積もった（最大判 1974〈昭 49〉11.6 刑集 28 巻 9 号 393 頁）。これは，学説の二分論に類似しているが，内容的には異なっている。公務員の政治的行為の（政府が主張する）弊害（行政の中立的運営とこれに対する国民の信頼が損なわれるおそれ）は，まさにその内容の政治性によるものなのだから，その禁止は内容に基づく規制にほかならない。また，仮に「間接的，付随的な制約」であるとしても，だからといって緩やかに認めてよいということにはならないはずである。

なお，同じ禁止についての最近の最高裁判決は，このような論理を使わなかった（堀越事件・最二判 2012〈平 24〉12.7 刑集 66 巻 12 号 1337 頁）。学説からの強い批判にさらされてきた猿払判決の立場から離れるものであると理解したい。

7　内容に基づく規制
（1）違法行為の煽動表現

煽動表現とは，違法行為の教唆には至らなくとも，その決意を生じさせたり，決意を強めたりする刺激を与える表現である（破壊活動防止法 4 条 2 項参照）。国家側としては，実行行為を引き起こしかねない活動をできるだけ早い段階から禁止したいと考える。現在の日本でも，破壊活動防止法 39 条・40 条が政治目的での建造物放火，殺人，強盗などの罪の煽動を罰しているほか，国税通則法 126 条 1 項や地方税法 21 条 1 項も税金不納などの煽動を罰している。しかし，どのような表現が，それを受け取る側に違法行為を行う決意を生じさせるかを客観的に判定することは非常に困難である。煽動罪の適用は，表現の危険性についての国の一方的判断に基づくものとなる蓋然性が高い。

学説上は，アメリカで発達した「明白かつ現在の危険」に類する基準を用いるべきだという主張が強い。煽動罪の適用は，表現行為が明らかに，しかも切迫した時期に重大な害悪を引き起こすといえる場合に限られるというテストである。しかし，最高裁は破壊活動防止法の煽動罪規定について，同法が禁じる煽動行為は「重大犯罪をひき起こす可能性のある社会的に危険な行為」であって「表現の自由の保護を受けるに値しない」として，限定解釈を施すことなく合憲と評価している（最二判 1990〈平 2〉9.28 刑集 44 巻 6 号 463 頁）。

（2）わいせつ表現

わいせつ表現への制約も，各国で昔から行われてきた。日本では，刑法 175 条がわいせつな文書等の頒布・公然陳列を処罰している。判例によれば，わいせつ文書とは「徒に性欲を興奮又は刺戟せしめ，且つ普通人の正常な性的羞恥心を害し，善良な性的道義観念に反するもの」である。では，そのような表現の頒布はなぜ禁止されるべきなのか。「チャタレー夫人の恋人」の日本語訳者らが刑法 175 条の罪で起訴された事件で，最高裁判決は同条を，「人間を動物と区別するところの本質的特徴の一つ」としての羞恥感情によって維持される性道徳を守るためのものだと位置づけている（チャタレー事件・最大判 1957〈昭 32〉3.13 刑集 11 巻 3 号 997 頁）。

学説上は，法的制裁，特に刑罰を，道徳の維持のために用いることは許されないのではないかという問題提起がなされてきた。国家による正しい思想の押しつけになるの

ではないかということである。わいせつ表現禁止の根拠として、社会環境としての良好な性風俗の維持や、見たくない人の利益の保護を挙げ、処罰範囲をこれに対応させてより限定すべきだという主張もある。

判例はその後、チャタレー事件判決のわいせつ定義を維持しつつ、「文書を全体としてみたときに、主として、読者の好色的興味にうったえるものと認められるか否か」を重視する姿勢を示しており、「芸術性・思想性等による性的刺激の緩和」も考慮に入れる判断枠組をとるようになっている（「四畳半襖の下張」事件・最二判1980〈昭55〉11.28刑集34巻6号433頁）。

現在、すべての都道府県で、「有害図書」とされる書籍の18歳未満の者への販売を禁止する条例（名称は「青少年保護育成条例」など）が存在する。これは、青少年に対して、刑法上の禁止よりも広く性表現の販売を禁じるものである（著しく残虐な表現も「有害図書」とされる）。最高裁は、岐阜県の条例の合憲性が争われた事件で、「著しく性的感情を刺激し、又は著しく残忍性を助長するため、青少年の健全な育成を阻害するおそれがある」図書が、「青少年の健全な育成に有害であることは、既に社会共通の認識になっているといってよい」と述べ、規制の合憲性を認めた（最三判1989〈平元〉9.19刑集43巻8号785頁）。

18歳未満の児童を相手とする性交ないしこれに類する行為を撮影したいわゆる児童ポルノについては、「児童買春、児童ポルノに係る行為等の処罰及び児童の保護等に関する法律」（児童買春・児童ポルノ禁止法）7条が特別の刑罰規定をおいており、所持するだけで処罰される（1項）。

（3）名誉毀損表現

人の名誉を侵害する表現に対しても、伝統的に制約が認められてきた。刑法上は230条1項が「公然と事実を摘示し、人の名誉を毀損した者」を処罰している。名誉毀損は、相手方の名誉権を侵害するため民法上の不法行為ともなる。民法710条は名誉毀損を不法行為の一例として挙げており、民法723条は名誉毀損に対する救済について特則を設けている。法的に保護される名誉とは、その人の社会的評価のことであるとされてきた。しかし、論争において相手を批判する言説が含まれるのは当然であり、それをすべて名誉毀損として禁止していては、自由な議論は不可能である。

刑法自身、戦後追加された230条の2で一定の場合の免責を認めている。刑法230条の2第1項は、公共の利害に関する事実について、発言の目的が専ら公益を図ることにある場合、摘示事実が真実であることの証明があったときは、罰しないことにしている。3項は公務員と公職候補者に関する事実については、常に真実性を審査する旨定める。こうして、公共の利害に関する事実や公務員に関する事実については、表現者が真実であると証明できれば罰せられないことにはなった。ただ、発言時に表現者が真実だと信じていても、裁判になったときにそれを裁判所に対して証明することができるとは限らない。だとすれば、実際には真実であるにもかかわらず、証明できるかどうか不安なので発言を控えておこうという萎縮効果が働くことが危惧される。

判例は、刑法230条の2が名誉の保護と正当な言論の保障との調和を図ったものであるとした上で、「これら両者間の調和と均衡を考慮するならば、たとい刑法230

の2第1項にいう事実が真実であることの証明がない場合でも，行為者がその事実を真実であると誤信し，その誤信したことについて，確実な資料，根拠に照らし相当の理由があるときは，犯罪の故意がなく，名誉毀損の罪は成立しない」との解釈を示している（「夕刊和歌山時事」事件・最大判1969〈昭44〉6.25刑集23巻7号975頁，民事の名誉毀損についても同様。最一判1966〈昭41〉6.23民集20巻5号1118頁参照。いわゆる「相当性理論」）。これにより，表現者の立証すべきレベルが緩和され，免責されるかどうかの判断を表現時にすることが容易になったともいえよう。ただし，「相当の理由」の具体的判断については，なお表現者に厳しすぎるとの声もある。なお，インターネットの個人利用者による名誉毀損については，表現者がマスメディアとは異なって高い調査能力を持つわけではなく，また被害者の反論も容易であるから，求められる立証の程度をより引き下げるべきだとの主張もあるが，最高裁はこの場合にも従来の法理を適用している（最二判2010〈平22〉3.15刑集64巻2号1頁）。

なお，民法上の不法行為では意見による名誉毀損も認められうるが，その要件について判例は「公共の利害に関する事項について自由に批判，論評を行うことは，もとより表現の自由の行使として尊重されるべきものであ」るとして，公益目的や前提事実の真実性の証明がなされた場合には，「人身攻撃に及ぶなど論評としての域を逸脱したものでない限り」違法性を欠くとしている（長崎教師批判ビラ事件・最一判1989〈平元〉12.21民集43巻12号2252頁）。

（4）ヘイトスピーチの問題性

以上の名誉毀損は，具体的な個人あるいは法人の名誉の名誉について問題となる。これに対し，近時特定の人種・民族に属する人々を誹謗・中傷し，日本社会からの排除を求めるような言論活動が活発化して社会問題となっている。このような言論は，「ヘイトスピーチ」と呼ばれている。

ヘイトスピーチについては，それを処罰する国もあるが，日本はそのような法規定を有していない。特定の被害者がいないような言論の禁止は，表現の自由との関連で慎重に考えるべきであろう。2016年には，「本邦外出身者に対する不当な差別的言動の解消に向けた取組の推進に関する法律」が成立した。本法律は，国及び地方公共団体に，外国出身者及びその子孫で日本に適法に居住する者に対するヘイトスピーチの解消に向けた取組を求めるが，強制的な規制を認めるものではない。

（5）プライバシー侵害

名誉毀損とは別に，プライバシー権に対する侵害も民法上の不法行為を構成する（刑法上は，プライバシーを保護法益とする表現犯罪の類型はない）。表現行為が，他人に知られたくないと一般に認められるような私生活上の事項を公表するものであるとき，プライバシー侵害が問題となる。

最高裁は，「プライバシー侵害については，その事実を公表されない法的利益とこれを公表する理由とを比較衡量し，前者が後者に優先する場合に不法行為が成立する」という一般的定式化を示している（最二判2003〈平15〉3.14民集57巻3号229頁）。被害者が公職者や社会的に影響力のある人物であれば，私生活についての批判もある程度甘受せざるを得ないとされている（「逆転」事件・最三判1994〈平6〉2.8民集48巻2号149頁）。

なお，少年法61条は，未成年で犯罪に問われた者については，本人であることが推知できるような報道をしてはならないと定めている。したがって，実名報道や本人の顔写真を使った報道は同条により禁じられていることになる。ただし，同条には罰則がついておらず，これは同条遵守については報道機関の自主的な判断を尊重する趣旨であると解されている。

(6) 営利的表現

営利的表現とは，利益を上げる目的で商品やサービスを売り出そうとしてなされる広告のことである。広告については，以前から様々な制約が課されている（医療法6条の5など）。このような広告について，表現の自由の保護をどの程度及ぼすべきか。商品やサービスの購入がもたらしうる経済的・肉体的弊害を防止するのは，国家の重要な役割であり，それを誘引する広告について確実な証拠に基づく必要最小限度の規制しか認めないことが妥当かには，疑問が残る。また，利益を得るための商品の宣伝という明白な目的をもつ言論であるため，規制の萎縮効果を危惧する必要が他の場合よりも少ないともいえるであろう。それでも，内容による規制には変わりないのであるから，中間的な審査基準で判断すべきではあろう。

かなり以前の事件であるが，あん摩師はり師きゅう師および柔道整復師法（当時，現在は「あん摩マッサージ指圧師，はり師，きゅう師等に関する法律」）7条の広告制限規定が問題となった訴訟で，最高裁は簡単にその合憲性を認めている（最大判1961〈昭36〉2.15刑集15巻2号347頁）。営利的表現についての今日の議論状況からすれば，説得性を欠くものである。

(7) 放送についての番組編集準則

放送法4条1項は，放送事業者に対し，番組編集にあたって，①公安および善良な風俗を害しないこと，②政治的に公平であること，③報道は事実を曲げないですること，④意見が対立している問題については，できるだけ多くの角度から論点を明らかにすること，という4つの準則を守るよう求めている。特に②と④は放送事業者の意見表明を制約する「公正原則」とも呼ばれ，その合憲性が議論されている。この準則違反に対する処罰規定はないが，政府は，この違反に対し行政上の不利益処分がなされる可能性はあるとしている。

この準則は，かつては放送事業者が使える周波数帯が限定的であったことで正当化されていたが，今日ではもうこの理由づけの説得力は乏しい。もう一つ，放送は動画や音声によって視聴者に即時に強い影響力を及ぼすので，各放送事業者が均衡のとれた内容を伝える必要があるともいわれる。しかし，これに対しても，放送に特別強い影響力があるとはいえないとの批判がなされている。インターネットなど新たなメディアも登場している状況で，有線も含む放送全体において，個々の事業者に公正さを求める必要性はもはや非常に乏しいのではないか。

8　内容中立的規制

(1) ビラはり・立て看板規制

ビラはりや立て看板の規制は，内容中立的になされる表現規制の典型例といえる。現行法では，2種類の法規制が問題となる。多くの地方自治体は屋外広告物条例を制定して規制を実施しており，違反者には懲役や罰金といった刑罰を科している。また，

軽犯罪法1条33号は「みだりに他人の家屋その他の工作物にはり札を」する行為を，拘留または科料をもって禁じている。これらの法規およびその適用の合憲性が問題となってきた。屋外広告物条例の場合は景観・風致の保護，軽犯罪法は財産権の保護を目的にしているが，同一の行為について両者の規制が問題となることが多い。

これらの規制は，たしかに内容にかかわらないものであるが，特定の表現手段を明示的に取り上げて規制するものではある。しかもその手段は，マスメディアへのアクセスをもたない市民にとって，自分たちの意見を訴えるために重要なものである。したがって，法的規制が許されるか否かは，中間的な審査基準で検討すべきものであろう。

判例は，これらの規制について合憲性を簡単に認める傾向にある。その際には，「この程度の規制」と述べるなど，規制の表現の自由への侵害度合いを少なく見積もっている（大阪市屋外広告物条例事件・最大判1968〈昭43〉12.18刑集22巻13号1549頁，軽犯罪法違反事件・最大判1970〈昭45〉6.17刑集24巻6号280頁）。これに対し，大分県の屋外広告物条例に基づく処罰の合憲性が問題となった事件の最高裁判決で，伊藤正己裁判官の補足意見は，人目に触れやすい場にビラやポスターを貼布することの表現手段としての簡便・有効性を指摘し（その際，その場のパブリック・フォーラム性を指摘している。パブリック・フォーラムについては，後述する），禁止が広範囲にすぎるのではないかという疑問を呈した。これは，多数意見に欠けている視点の指摘として重要であるが，同意見は結局，本件規制が内容にかかわるものではないことを理由にして，違憲とまではいえないという結論に至っている（最三判1987〈昭62〉3.3刑集41巻2号15頁）。

（2）ビラ配布規制

私人の所有する土地でビラを配付する行為は，刑法130条の住居侵入罪あるいは不退去罪に問われうる。私人の土地に勝手に入る権利は基本的には存在しないが，しかし私有地の用いられ方は様々であり，常に所有者や管理者の意見が優越するというわけではない。ある私鉄の駅構内で管理者の退去要請を無視して演説したりビラを配ったりした者が住居不退去罪に問われた事件で，最高裁は処罰を合憲としたが，この判決には，「一般公衆が自由に出入りすることのできる場所においてビラを配布すること」の表現の自由にとっての重要性を指摘し，「形式的に刑罰法規に該当する行為というだけで，その規制を是認することは適当ではない」とする伊藤正己裁判官の補足意見がついている（最三判1984〈昭59〉12.18刑集38巻12号3026頁）。

ビラ配りのために集合住宅の共用スペースに立ち入る行為を処罰することの合憲性も問題とされた。最高裁は，自衛隊宿舎の集合ポストおよび各戸の新聞受けにイラク戦争反対を訴えるビラを配布する行為が，住居侵入罪に問われた事件で，「表現そのもの」ではなく「表現の手段」の処罰が問題になっているとしたうえで，被告人らが立ち入った場所は「一般に人が自由に出入りすることのできる場所ではない」ことなどを考慮して処罰を合憲としている（最二判2008〈平20〉4.11刑集62巻5号1217頁）。しかし，「手段」だからといって簡単に処罰してよいということにはならないのであり，本件立ち入りの表現活動のための意義

をより重視すべきではないかとの批判がある。

9 取材の自由
(1) 取材の自由の憲法上の位置づけ
上述したように，情報収集活動としての取材の自由が21条1項で保障されているかどうかが議論されてきた。最高裁は，「報道のための取材の自由も，憲法21条の精神に照らし，十分尊重に値いする」と繰り返し判示している。あいまいな位置づけであるが，報道の自由の十分な保護のために必要な限りで取材の自由も憲法上の保護を受けるという趣旨であろうか。

(2) 国家秘密取材への制約
取材の自由への直接的な規制として，国家秘密についての取材活動を制約する規定が挙げられる。国家公務員法111条は，秘密漏洩を含む一定の違法行為を公務員に対してそそのかす行為を処罰しており，国家秘密をめぐる取材活動はこの禁止に該当しうる。この問題をめぐる有名な事件として，外務省機密漏洩事件がある。最高裁は，「報道機関が公務員に対し根気強く執拗に説得ないし要請を続けることは，それが真に報道の目的からでたものであり，その手段・方法が法秩序全体の精神に照らし相当なものとして社会観念上是認されるものである限りは，実質的に違法性を欠き正当な業務行為というべきである。」とした。ただ，取材方法が刑罰法規に触れる場合や，「法秩序全体の精神に照らし社会観念上是認することのできない態様のものである場合」には，処罰されるとした（最一判1978〈昭53〉5.31刑集32巻3号457頁）。

本判決を受け，安全保障に関する秘密保護を強化した「特定秘密の保護に何する法律」（特定秘密保護法）22条2項は，「専ら公益を図る目的を有し，かつ，法令違反又は著しく不当な方法によるものと認められない限り」，取材行為を正当業務行為とする旨規定している。

(3) 取材源秘匿権
取材活動を行うためには，対象人物と信頼関係を構築し維持することが不可欠である。したがって，国家が記者に対し取材源の開示を求めることは，取材の自由行使を抑止する効果を有することになる。

特に，記者が民事や刑事の裁判で証人として証言を求められる場合に，取材源についての証言を拒否できるのかが問題となる。民事訴訟法は，197条1項3号は「技術又は職業の秘密に関する事項」についての証言拒否権を認めているので，取材源が記者にとって職業上の秘密と認められれば，法律上証言拒否権が認められることになる。最高裁は，「取材源の秘密は，取材の自由を確保するために必要なものとして，重要な社会的価値を有する」と述べ，取材源の秘密は原則として職業の秘密として証言拒否の対象となると判示した。ただし，拒否権が認められない例外として，取材方法が刑罰法令に触れる，取材源となった者が開示を承諾している，社会的意義や影響のある重大な民事事件の解決にその証言が必要不可欠であるといった場合を挙げている（NHK記者取材源開示拒否事件・最三決2006〈平18〉10.3民集60巻8号2647頁）。

これに対し，刑事訴訟法には概括的に証言拒否を認める条項はなく，証言拒否権が認められる列挙された職業にもやはり記者は含まれない（刑訴149条）。しかし，取材の自由への配慮は刑事訴訟においても必要であるはずである。

なお，取材テープの提出を令状で強制することが許されるかも問題となるが，最高裁は比較衡量の上これを認めることが多い（博多駅事件・最大決1969〈昭44〉11.26刑集23巻11号1490頁）など。

10　集会の自由
（1）パブリック・フォーラム論
　集会とは，多数の人々が一定の場所に何らかの目的で集まることである。多数の人々が集団で行進するデモンストレーション（デモ）も，動く集会として保障される。しかし，集会を行うにはある程度広い場所が必要であり，その利用関係において他の法益との衝突が生じやすい。また，国家権力からは長らく，多数人が集まることから治安が乱されるおそれがあるとの警戒の念にさらされてきた。

　集会の自由を実質的に保障するためには，道路や公園といった，人々が自由に行き来し集うことのできる場の集会への利用が原則として認められていることが必要である。また，国家や地方自治体が設立した集会場など一般の利用に供される施設も，集会に適した場として原則として自由な利用が保障されなければならない。このように，表現活動に適した公共の場（パブリック・フォーラム）での表現活動の自由はできるだけ保障されるべきだという説（パブリック・フォーラム論）は，アメリカの判例理論として発展したものであるが，日本でも有力に唱えられている。基本的に，パブリック・フォーラムでの集会をその内容を理由にして禁止することはできず，内容中立的な根拠に基づく場合にも慎重な審査が求められる。

　最高裁は，ある集会のための市民会館利用申請を不許可とした処分の合憲性が問題となった泉佐野市民会館事件において，公の秩序を乱すおそれによって不許可とするには，「単に危険な事態を生ずる蓋然性があるというだけでは足りず，明らかな差し迫った危険の発生が具体的に予見されることが必要である」とした。また，平穏な集会を他のグループが実力で阻止しようとしていることは，不許可の理由とはならない旨を判示した（最三判1995〈平7〉3.7民集49巻3号687頁）。当該事案での過激派組織に対する不許可処分は合憲とされたのだが，集会の自由の意義に配慮した判決といえる。

（2）デモ行進に対する規制
　道路交通法77条1項4号は，「道路に人が集まり一般交通に著しい影響を及ぼすような行為」として公安委員会が定めた行為をしようとする者に，警察署長の許可を求めている。デモ行進は通常これに該当し，道路交通法上の許可が必要になる。最高裁は，この許可制につき，「一般交通の用に供せられるべき道路の機能を著しく害する」ような場合以外には許可が義務づけられていると解釈し，その合憲性を認めた（最三判1982〈昭57〉11.16刑集36巻11号908頁）。

　さらに，多くの地方公共団体が，公共の安全を確保する観点から，条例で，集団行進などの実施に公安委員会の許可を義務づけている。条例の具体的な名称は様々であるが，一般に公安条例と呼ばれる。しかし，あらゆるデモ行進が治安上の危険となるわけではなく，このように包括的な規制を設けることの合憲性は激しく争われてきた。最高裁は，いくつかの公安条例について審査する機会をもったが，すべて合憲と判断

している（東京都公安条例事件判決・最大判 1960〈昭 35〉7.20 刑集 14 巻 9 号 1243 頁など）。

11　結社の自由

21 条 1 項は表現の自由の一環として，あるいはそれと密接な関係を有する自由として結社の自由を規定しているから，ここで問題となるのは主として表現活動のために結成された結社であるということになる。憲法上の結社の自由は，国家が法人格を付与するか否かとは別問題だと考えられている。

団体としての活動自体を禁じる法制度の代表的なものとして，破壊活動防止法（破防法）による団体規制がある。破防法は，暴力主義的破壊活動（4 条 1 項で定義）を行った団体が，将来もそのような活動を継続する明らかなおそれがあると認めるに足りる十分な理由がある場合には，公安審査委員会が当該団体に対し一定の活動を禁止し（5 条），さらにそれでも足りないときには解散の指定を行うことができると定めている（7 条）。解散指定が行われた場合には，構成員に，当該団体のためにするいかなる行為も禁止される（8 条）。破防法によるこの規制に対しては，「暴力主義的破壊活動」の範囲が広汎すぎる（政治的目的を有する一定犯罪の予備・陰謀や煽動まで含んでいる）とか，結社の存在そのものを否定する解散指定は裁判によってしか行えないのではないかという批判がなされている。この解散が命じられたことはまだ一例もない。

政治資金規正法は，広く政治団体一般を規制対象として金銭の流れを規制している。しかし，選挙に参加して国会での議席を目指すというように国家権力と特別の関係にある政党はともかく，単に市民に対して政治上の主張を行っているだけの団体の活動にまで監視の目を向けるのは，過度に広汎な規制といわざるをえない。たとえば，同法はあらゆる政治団体に選挙管理委員会または総務大臣への届出義務を課し，届出なしに寄附を受け支出をなすことを罰則つきで禁止している（6 条・8 条・23 条）。しかし，いちいち国家権力に届け出なければ政治団体としての活動が実質的にできないという法制度が，憲法上の結社の自由保障に適合しているとはいえないだろう。また，何が政治活動で何がそうでないかの区別は難しいから，NPO などの市民団体が当局から一方的に政治団体とみなされ，届出義務違反で罰せられる危険もある。

12　通信の秘密

（1）通信の秘密の意義

21 条 2 項後段は通信の秘密を保障している。通信とは，特定人間の情報のやり取りである。憲法は，情報を公開したい者にはその自由を認めるとともに，非公開でやり取りしたい者にはそのような形態での情報流通も保障しているわけである。通信の秘密にはプライバシー保護の意味が含まれているのは当然であるが，憲法がこれを 21 条に規定した趣旨は，公開・非公開を問わず当事者が望む情報流通の形態を保障しようというところにあると理解できよう。また，通信の秘密は，他者との自由な意見交換によって自己実現を図るために不可欠であり，また公開の表現活動を行う準備としての他者との意思疎通の自由を確保するためにも重要であり，表現の自由とも密接な関係を有している。

通信の秘密で保障される通信手段も，技術の発達とともに多様化している。郵便だけでなく電話やファックスも含むのは当然であり，新しい手段である電子メールも対象となる。また，秘密は通信内容だけでなく，その存在に関する事項すべてに及ぶ。公権力がこれらの情報流通を監視し収集することは禁じられる。今日，郵便業や電気通信事業を営む者には，検閲の禁止（郵便法7条，電気通信事業法3条）や，秘密を漏らすことの禁止（郵便法8条，電気通信事業法4条）が規定されている。ただし，両事業とも営んでいるのは民間業者であるから，これらは通信の秘密を実際に確保するため法律によって民間業者に課された義務であると解するべきであろう。

（2）通信の秘密の制限

郵便の秘密への制約としては，刑事訴訟法が定める郵便物の押収（100条・222条），刑事収容施設の被収容者が発受する信書の検査（「刑事収容施設及び被収容者等の処遇に関する法律」127条・135条・140条・222条など）などがある。また，電気通信の秘密への制約として「犯罪捜査のための通信傍受に関する法律」（通信傍受法）による通信傍受がある。現に行われている通信の傍受であるため，捜査上必要な会話以外の内容も傍受される危険はぬぐえない。

インターネットにおいては，電気通信によってあるサーバーに送られた内容を，不特定多数の者がダウンロードして閲覧できるという，通信と表現が混在した状況が出現している。この場合でも，公開されている部分以外の通信については，通信の秘密が及ぶと解される。しかし，内容が公開される以上，そこから生じる各種の法的問題への対処が必要となり，その限りで通信の秘密が限定されることもやむをえない。「特定電気通信役務提供者の損害賠償責任の制限及び発信者情報の開示に関する法律」（プロバイダ責任制限法）は，このようなインターネット上の情報によって権利を侵害されたとする者は，その権利侵害が明らかであり，かつ情報開示について正当な理由がある場合には，発信者情報の開示をプロバイダに請求することができると定める（4条1項）。

〔毛利　透〕

第22条 ①何人も，公共の福祉に反しない限り，居住，移転及び職業選択の自由を有する。
②何人も，外国に移住し，又は国籍を離脱する自由を侵されない。

1　職業の自由

（1）意義，保護領域等

(a)　近代社会が成立した際，従来の身分制秩序が解体されたことで，それまで各自が所属する身分・団体によって異なる特権と地位に組み込まれていた人々は，平等な権利を享有する人一般となり，職業についても，従来のさまざまな職能団体の独占や規制から解放されて，職業を選択する自由を獲得した（樋口・憲法250頁参照）。薬事法事件判決（最大判1975〈昭50〉4.30民集29巻4号572頁）は，職業活動の意義を，「各人が自己のもつ個性を全うすべき場として，個人の人格的価値とも不可分の関連

を有するものである」と説いている。

本条の職業「選択」には，狭義の選択に加えて，「職業活動」「職業遂行」の自由が含まれる（職業「選択」と「遂行」ないし「活動」は，別個の基本権ではなく，ともに職業の自由という一体的基本権に含まれる〔前掲薬事法事件判決〕）。営利法人もまた，職業の自由の主体となる。自ら選択した職業を遂行する自由のなかには，営業の自由も含まれる（22 条説。法協・註解上 442 頁，宮沢・憲法 II 391 頁など）。これに対し，芦部・憲法 224 頁は，職業選択の自由に営業の自由が含まれるとしつつも，「営業の自由そのものは，財産権を行使する自由を含むので，29 条とも密接にかかわる」と指摘する。

（b） 本条の「職業」は，すでに確立している職業類型の中から特定の職業を選択し，遂行する自由に加え，非典型的な職業的活動の自由を含む。既存の職業類型の一部を組み合わせ，新しい職業モデルを実践することも，職業の自由に含まれる。また，職業選択・職業活動には，独立して営まれる自営業のほか，被用者としての職業選択・職業活動を含むが，被用者としての職業活動をめぐる諸問題には，労働基本権が，より直接的に関係しよう。公証人（公証人法に基づき，法務大臣が任命する公務員であるが，依頼人から受け取る手数料が収入源）など，国家と結びついた職業も，本条の職業に含まれると解される（覚道豊治『憲法』ミネルヴァ書房，1973 年，276 頁）。さらに，憲法より下位の法律による禁止（売春や賭博開帳）や国家による独占（有料職業紹介）は，基本的には，当該活動を保護領域から除外する理由とはならず，権利の制限として正当化されることを要する。

（c） 職業の自由の保障は，外国人にも及ぶが，合理的理由ないし必要があれば日本国民とは異なる制約に服する（公証人法 12 条，電波法 5 条，鉱業法 17 条・87 条，銀行法 47 条，船舶法 3 条，外国人土地法 1 条など）。しかし，現実には，外国人の職業活動は在留資格制度によって限定されており，「外国人の経済活動の制限は，国民に対するそれとは，その質をまったく異に」している（安念潤司「『外国人の人権』再考」芦部信喜先生古稀祝賀『現代立憲主義の展開 上』有斐閣，1993 年，172 頁）。

関連して，職業選択に公務就任が含まれるかという問題がある。外国人の公務就任・管理職昇進をめぐり争われた外国人管理職試験受験事件の第 2 審は，公務のうち外国人が就任しうる範囲の職務については，22 条 1 項の職業の自由による保障が及ぶとしたが（東京高判 1997〈平 9〉11.26 高民 50 巻 3 号 459 頁），最高裁はこの問いに明示的に答えていない（最大判 2005〈平 17〉1.26 民集 59 巻 1 号 128 頁参照）。

（2） 制限と正当化

（a） 職業選択，職業活動に対する規制は，法律の根拠を要する。委任立法については，授権の趣旨が「規制の範囲や程度等に応じて明確に読み取れる」ことを要する（新薬事法判決〔最二判 2013〈平 25〉1.11 民集 67 巻 1 号 1 頁〕）。条例による制限は許容される。

（b） 薬事法判決によれば，職業活動は，人格的価値との不可分の関連がある一方で，「社会的相互関連性」があるため，職業の自由は「いわゆる精神的自由に比較して，公権力による規制の要請がつよ」い。憲法 22 条 1 項が「公共の福祉に反しない限り」という留保を付しているのも，「特にこの

点を強調する趣旨に出たもの」である。職業の種類，性質，内容，社会的意義及び影響はきわめて多種多様であり，「その規制を要求する社会的理由ないし目的も，国民経済の円満な発展や社会公共の便宜の促進，経済的弱者の保護等の社会政策及び経済政策上の積極的なものから，社会生活における安全の保障や秩序の維持等の消極的なものに至るまで千差万別で，その重要性も区々にわたる」。「これに対応して，現実に職業の自由に対して加えられる制限も，…それぞれの事情に応じて各種各様の形をとる」。

これらのことから同判決は，具体的な規制措置の決定に当たり立法府の裁量を認めたが，その「合理的裁量の範囲については，事の性質上おのずから広狭」があり，「具体的な規制の目的，対象，方法等の性質と内容に照らして，これを決すべき」であるとした。同判決は，許可制という強い制約が消極目的から加えられた場合には，その合憲性について，学説で厳格な合理性と呼ばれる比較的厳格な審査を行うという枠組みを定立した。

(c) 職業の選択と遂行の区別は，実質的正当化の段階で重要な意味を持つ。学説では，ドイツ薬局判決（BVerfGE 7, 377）を参考に，規制の強度を三分する見解も有力である。芦部・憲法228頁は，「参入制限についても，一定の資格とか試験のような要件ではなく，本人の能力に関係しない条件，すなわち本人の力ではいかんともなし得ないような要件」による制限である場合には，「薬局距離制限事件の最高裁判決のように，厳格にその合理性を審査する必要があろう」とする。ただし，「本人の力ではいかんともなし得ないような要件」とい

う説明はミスリーディングであり，本人の資格・能力と無関係に課せられる要件と解すべきであろう。いずれにせよ，薬局開設のように，資格が要求され（主観的要件），資格取得のために長期の育成期間を要する場合に，危険防御のためにさらに客観的要件を課す必要があるかは極めて疑わしい。

なお，インターネットを用いた医薬品販売の禁止につき，制限の強度を実質的に判断したものに，東京地判2010〈平22〉3.30判時2096号9頁がある（本件規制はそれ自体としては営業活動の態様に対する規制であるが，「当該業者としては，事実上，医薬品の販売に係る営業活動そのものを制限される結果となることを考慮すると，本件規制はその法的性質としては営業活動の態様に対する規制ではあるものの，上記の業態の業者に関する限り，当該規制の事実上の効果としては，規制の強度において比較的強い」）。

(d) 一般化すれば，許可制のような強力な制限については，国の政策的・技術的裁量を尊重すべき特段の事情がない限り，厳格な合理性の基準で審査される。小売市場事件判決（最大判1972〈昭47〉11.22刑集26巻9号586頁）は，小売市場の距離制限が積極目的の規制であることから，「社会経済の分野において，法的規制措置を講ずる必要があるかどうか，その必要があるとしても，どのような対象について，どのような手段・態様の規制措置が適切妥当であるかは，主として立法政策の問題として，立法府の裁量的判断にまつほかない」とした。学説では，薬事法判決と小売市場事件判決を対置して，一時，目的二分論（規制二分論）という判例理解が定着したが，過度の一般化である。積極目的は，立法裁量を尊

重する必要の有無を判断する指標の一つとして理解すべきであろう。

なお、公衆浴場距離制限第三小法廷判決（最三判1989〈平元〉3.7判時1308号111頁）は、「規制目的二分論」はとらず、「適正配置規制の目的は、国民保健及び環境衛生の確保にあるとともに、公衆浴場が自家風呂を持たない国民にとって日常生活上必要不可欠な厚生施設であり、入浴料金が物価統制令により低額に統制されていること、利用者の範囲が地域的に限定されているため企業としての弾力性に乏しいこと、自家風呂の普及に伴い公衆浴場業の経営が困難になっていることなどにかんがみ、既存公衆浴場業者の経営の安定を図ることにより、…公衆浴場自体を確保しようとすることも、その目的としているものと解されるのであり、前記適正配置規制は右目的を達成するための必要かつ合理的な範囲内の手段と考えられる」とした。また、酒類販売免許制事件判決（最三判1992〈平4〉12.15民集46巻9号2829頁）は、積極目的／消極目的の区分になじまない租税について、「財政・経済・社会政策等の国政全般からの総合的な政策判断を必要とするばかりでなく、課税要件等を定めるについて、極めて専門技術的な判断を必要」とし、「租税法の定立については、国家財政、社会経済、国民所得、国民生活等の実態についての正確な資料を基礎とする立法府の政策的、技術的な判断にゆだねるほか」ないとしている。

2 移動の自由
(1) 意義, 保護領域

(a) 22条は、1項において「何人も、公共の福祉に反しない限り、居住、移転…の自由を有」し、2項において「何人も、外国に移住し、又は国籍を離脱する自由を侵されない」と規定する。明治憲法下では、国籍は特定の国家に所属することを表わす資格であり、それを個人の自由意思で離脱することは許されず、原則として政府の許可が必要であった（法協・註解上438頁）。なお、22条2項は、無国籍になる自由を含むものではない。国籍法11条1項（「外国の国籍を取得したときは、日本の国籍を失う」）は、国籍離脱の自由の制限ではなく、国籍離脱の前提である（芦部・憲法232頁）。

(b) 居住・移転の自由の位置づけについて、当初は、職業の自由に引きつけて理解する見解が有力であったが、現在では、精神的自由（および人身の自由）、人格発展の前提としての側面も併せ持つ複合的な自由とする見解が有力となった（野中ほか・憲法Ⅰ 458頁〔高見勝利〕）。沿革的にも、居住・移転の自由は、封建社会を解体し近代社会を形成したときに、職業の自由の当然の前提として認められただけではなく、信教の自由とも密接に結びついていた（1555年アウグスブルクの和議など）。

解釈上問題となったのは、①1項の「居住、移転」に「旅行」の自由が含まれるのか、②海外旅行は1項、2項のどちらで保障されるのかである。判例・通説は、1項の「居住、移転」を広く解し、旅行のような短期間の滞在・移動も含まれると解する（宮沢・憲法Ⅱ 388頁、樋口ほか・注解Ⅱ 105頁〔中村睦男〕など）。これに対し、少

数説は「居住，移転」を，「居所」の決定・変更のように一定の場所に長期間定住するものに限定する。この場合，旅行の自由は，13条の幸福追求権により保障されることになる（初宿・基本権331頁）。

判例では，出国の自由の事案であるが，帆足計事件判決（最大判1958〈昭33〉9.10民集12巻13号1969頁）が，1項の「居住，移転」に国内旅行が含まれるとしている。また，出国の自由については，2項の「外国に移住」に含めている（最大判1957〈昭32〉12.25刑集11巻14号3377頁）。出国と表裏の関係にある入国の自由についての判例の立場は明らかではない。しかし，出国の自由について2項説をとる場合には入国も2項となろう。なお，2項における移住と国籍離脱の差異は，国籍を保持するか国籍から離脱するかであり，前者の場合には，法的には日本国の主権による外交的保護が及ぶ。

(c) 1項の「居住，移転」のうち，国内における移動の自由は，外国人にも保障される（外国人登録令違反事件判決〔最大判1957〈昭32〉6.19刑集11巻6号1663頁〕）。外国人の出国については，22条説（1項説と2項説がある）と，国際人権上の保障（人権宣言13Ⅱ，人権B規約12Ⅱ）が98条（2項）を経由して憲法上も採用されているとする説（芦部・憲法学Ⅱ140頁，プラクティス5頁〔曽我部真裕〕）がある。なお，朝鮮国籍を持つ者が出国の証印を受けずに朝鮮に出国しようとし，出入国管理令25条2項（「旅券に出国の証印を受けなければ出国してはならない」）違反の現行犯で逮捕された事件で，最高裁は，同項の規定は「出国それ自体を法律上制限するものではなく，単に，出国の手続に関する措置を

定めたもの」であり，これにより外国移住の自由が事実上制限される結果が生じる場合があるとしても，出入国の公正な管理を行うという目的を達成する公共の福祉のため設けられたものであり，合憲とした（最大判1957〈昭32〉12.25刑集11巻14号3377頁）。

問題となるのは入国の自由である。判例（前掲外国人登録令違反事件判決，さらに，マクリーン事件判決〔最大判1978〈昭53〉10.4民集32巻7号1223頁〕を参照）は，憲法22条1項は「日本国内における居住・移転の自由を保障する旨を規定するにとどまり，外国人がわが国に入国することについてはなんら規定していない」のであり，「憲法上，外国人は，わが国に入国する自由を保障されているものでないことはもちろん，…在留の権利ないし引き続き在留することを要求しうる権利を保障されているものでもない」とする。通説もまた，外国人には入国の自由はなく，入国の自由がない以上，在留についてもそれを憲法上の権利と言うことは困難であろうとする（宮沢・憲法Ⅱ390頁，佐藤幸・憲法論142頁など）。

(再) 入国の自由は，「わが国に在留する外国人」にも保障されない（森川キャサリーン事件〔最一判1992〈平4〉11.16集民166号575頁〕）。判例は，庇護請求権についても否定する（尹秀吉〔ユン・スンギル〕事件〔最二判1976〈昭51〉1.26判タ334号105頁〕）が，学説では，庇護請求権や永住権者等の再入国については別に考える見解も有力である（辻村・憲法114頁など。詳しくは参照，百選Ⅰ〔第5版〕22頁〔齊藤正彰〕）。

（2）制限と正当化

(a) 移動の自由の複合的性格から、一般に、審査密度は職業の自由より厳格であると解される（伊藤・憲法358頁、渋谷・憲法228頁：「厳格な審査基準」）。国内における居住・移転に対する現行法上の制約として、①破産者の居住に関する制限（破産法37条）、②自衛官の指定場所居住義務（自衛隊法55条）、③懲役刑・禁固刑を受けた者に対する刑務所への拘禁、④夫婦同居義務（民法752条）、⑤親権者の子に対する居所指定権（民法821条）、⑥感染症患者に対する入院の勧告および強制（感染症予防法19～21条）、⑦精神障害者に対する措置入院（精神保健福祉法29条）、⑧建築基準法39条、84条等による被災地の立ち入り規制、建築制限などがある。

(b) 日本国民の入国については、国は、これを拒むことができない。出国については、外務大臣による旅券発給拒否の要件が問題になる。旅券法13条1項5号（現7号）は「著しく且つ直接に日本国の利益又は公安を害する行為を行う虞があると認めるに足りる相当の理由がある者」につき旅券発給を拒否できると定めるが、帆足計事件判決において最高裁は、「公共の福祉のために合理的な制限」としてこれを合憲とし、旅券の発給を拒否した外務大臣の処分についても違法ではないとした。学説では、旅券法の文言が漠然かつ不明確であるとする違憲説も有力である（野中ほか・憲法Ⅰ466頁〔高見勝利〕。「憲法違反の疑いが強い」とするものとして、芦部・憲法231頁）。

〔小山　剛〕

第23条　学問の自由は、これを保障する。

1　23条の趣旨

本条は、19条、20条、21条と並んで、人の精神的活動の自由を保障する。従来、「学問」とは、真理探究を目的とする論理的・知的な精神活動として定義され、それが、人の内心で行われる場合には19条による保障と重なり、他方で、研究成果の公表などの外部的行為となって現れる場合には21条による保障と重なるものと解されてきた。23条は、その意味で、19条、21条の特別法として捉えられるが、その場合、日本国憲法がことさら23条を設けた意味を十分に説明できない。そこで、学説は、沿革上の理由に訴え、明治憲法下における学問弾圧、典型的には京大瀧川事件(1933)や天皇機関説事件(1935)等の教訓を踏まえて特に規定されたものであるとし、または、既存の知識体系を懐疑し、新しい知を生み出す学問は、体制的価値への批判を含むから、政治権力の圧力に晒されやすく、特にその保障の必要性が高いことなどを理由としてきた。

このような理解は、「学問」とは、人一般の人権であり、本条は国民一般の学問研究の自由を保障したものとする見解と結び付きやすい。憲法制定議会での政府答弁（清水伸・審議録(2)468-474頁）のとる立場であり、学説上も有力な立場である（芦部・憲法168頁）。

他方で、学問の自由の主体を、「沿革的には高等な学術研究機関、及びその所属者である」（法協・註解上459頁）とする指

摘が早くからある。学問の自由とは「大学の自由（academic freedom）」を意味するのであり，日本国憲法がことさら本条を設けたのは，内心における思索（19条）や研究者個人の自己実現（21条）等には還元されない「大学≒高等学術研究機関」における学問研究の公共的価値に着目した面があり，むしろ，この側面に本条固有の意義が見出されるべきである（佐藤・憲法論240-241頁，長谷部・憲法236-238頁，高橋・憲法204-205頁等）。このような理解は，本条の「学問」を，それぞれの専門領域に応じた学問共同体の規律と作法に則ってなされる営みとして定義する見解（渡辺他・憲法Ⅰ202頁〔松本和彦〕等）と親和的である（但し，松本は「学問共同体の作法から大きく外れた『異端の学問研究』をどのように位置付けるのかという難問」を指摘する）。また，この見解は，本条の保障に「大学の自治」まで含むべき理由をも提供する。このように定義された「学問」は，「専門領域のディシプリンに応じた共同体（『〔学部〕教員団』，『学会』等）の内部で固有の手続と方法に基づいて営まれるため，その極めてデリケートな相互の理性的な説得と批判のプロセスを，ディシプリン外の諸勢力（政治・行政のみならず，場合によっては司法・『大学』当局も含む）による破壊から防除する必要がある」（新基本法コメ206頁〔松田浩〕）からだ。「大学」における研究教育の自由を，「専門職能にもとづく〈義務＝自由〉であるところの，『職責』としての自由」とする説（蟻川恒正「国立大学法人論」ジュリ1222号（2002年）66頁）も同趣旨と解される。

〔比較憲法的意味〕
英米では，思想の自由や表現の自由等の市民的自由が保障されれば，学問の自由は保障されるものと考えられ，大学教授を典型とする研究者に一般市民の享受しない特別の自由が必要とは考えず，合衆国においては，大学の自由は，修正1条の表現の自由の下で扱われてきた。他方で，ドイツでは，19世紀に入り，学問の自由が憲法上の自由としての地位を獲得した（フランクフルト憲法152条（1849））。しかし，それは，市民的自由の保障が確立していない状況下で，大学教授に特権として保障された研究・教授の自由であり，学外活動に関しては，大学教授も一般市民と同じく，政治的自由を制限されていた（樋口他・注解Ⅱ117-118頁〔中村睦男〕）。学問の自由条項として，現行憲法では，イタリア憲法33条1項「芸術および学問は自由であり，その教授も自由である」や，ドイツ基本法5条3項「芸術および学問，研究および教授は自由である」等の例がある。ドイツ基本法は，但し，「教授の自由は，憲法に対する忠誠を免除するものではない」とする。

2　学問の自由

学問の自由の内容には，学問研究の自由，研究成果発表の自由，教授の自由が含まれる。

（1）学問研究の自由と研究成果発表の自由

〔学説〕　①　学問研究の自由　従来の学説は，学問研究の自由を純粋な思索を典型とする人の内心における活動と見立て，19条の場合と同じく，絶対的保障が及ぶと解してきた。しかし，研究は，実験，観測，調査等の外部的行為を伴う。原子力研究や生命科学等の先端科学技術研究においては，事故発生時に自然環境や生態系，人の生

命・身体等に及ぼすリスクは予測し難く，これらの危険性を根拠として研究活動を規制すべきかが論じられている。学会のガイドライン等による専門家集団の自主規制によって解決を図るべきとする説が従来優勢であった。しかし，近年では，必要最小限度の法律による規制が例外的に許される場合があるとする説（芦部・憲法学Ⅲ209頁）や，危険の発生に高度の蓋然性が認められない場合でも，予想される害悪の大きさによっては，予防原則に基づく事前規制が容認されるべきとの説も有力である（渡辺他・憲法Ⅰ207頁〔松本和彦〕，市川・憲法133頁等）。法律による規制の稀有な例として，ヒトに関するクローン技術等の規制に関する法律がある。そこでは，「人の生命及び身体の安全の確保」「社会秩序の維持」と並んで，「人の尊厳の保持」が規制目的として挙げられている。「人の尊厳」はあいまいな概念であるが，この文脈では，個人の生命の一回性と種としての人の同一性の保持とを意味する（渋谷・憲法440頁）。

　研究の自由は，公権力に対してのみならず，研究者の所属する機関の設置者・管理者等との関係においても保障されるとされてきた（芦部・憲法学Ⅲ208頁，伊藤・憲法282頁等）。国公立大学の教員は，国立大学法人や地方自治体等と雇用関係にあるが，本条の効力として，研究活動に関して任命権者や上司の指揮監督を受けないと解すべきであろう。私立大学の教員については，右と同様に解すべきとする説と，間接効力説の枠組みを用いた上で，その設立目的に照らし，一定の制約を認める説とがある。

　また，研究活動には研究費が必要であり，国家による研究助成がなければ，理系・文系を問わず研究活動に支障が生ずる。しかし，通説によれば，学問研究の自由は，国家による介入を受けることなく研究活動を行う消極的自由権であって，国家に対して研究助成を請求する積極的権利まで含まない。国家による研究助成は，研究内容や見解の評価・選別に基づくものであり，また，どの研究領域に重点的に助成するかについても，政府の政策的判断に委ねられているが，そのこと自体を本条の規律下に置くことは難しい。但し，国家による研究助成が不合理な差別となる場合には，14条違反となり得る。

　② **研究成果発表の自由**　学問の自由は，研究成果の発表の自由を含む。研究成果の発表については，通常の表現の自由の場合に比して，より手厚い保護を説く見解（伊藤・憲法285-286頁）もあるが，その趣旨は，学問共同体内部での自主規制が原則であるべきことをいうものだ。通説的見解は，この点に留意しつつ，研究成果発表の自由に関する違憲審査は，表現の自由の規制に準じた基準で行われるべきと解している（芦部・憲法学Ⅲ212頁）。

　判例　23条に関するリーディング・ケースとなった東大ポポロ事件上告審で，最高裁は，「学問の自由は，学問的研究の自由とその研究結果の発表の自由とを含むもの」であるとし，続けて，「同条が学問の自由はこれを保障すると規定したのは，一面において，広くすべての国民に対してそれらの自由を保障するとともに，他面において，大学が学術の中心として深く真理を探究することを本質とすることにかんがみて，特に大学におけるそれらの自由を保障することを趣旨としたものである」（最

大判 1963〈昭 38〉5.22 刑集 17 巻 4 号 370 頁）と判示する。国民一般の享受する市民的自由との連続性を意識しつつも，本条の意義が「大学」における研究活動の自由を「特に」保障した点にあることを強調している。

（2）教授の自由

学説　学問の自由は伝統的に「大学の自由」と同義と解されてきた。「大学の自由」は，大学における教授の自由を不可欠の要素とする。天皇機関説事件後，政府は，同説を「誤り」とする「国体明徴声明」（1935）を発令し，更に，『国体の本義』（1937）を発行・配布し，全国の大学等に向けて，教授すべき内容を指示した。このような行為は，日本国憲法下では違憲となる。

教授の自由には，研究成果の発表という側面と学問の継受・発展のための教育的側面とがある。教授の自由が，典型的には大学教授に保障されるべきものであることに異論はないが，初等・中等教育機関の教員にも保障されるべきか否かについては肯定説と否定説がある。肯定説をとる場合，教科書使用義務や学習指導要領の拘束力等が，本条との関係で問題となる。

判例　前掲・東大ポポロ事件で，最高裁は，「教育ないし教授の自由は，学問の自由と密接な関係を有するけれども，必ずしもこれに含まれるものではない」と判示した。その上で，大学における学問の自由を「特に」保障した憲法の趣旨と，学校教育法 52 条（現 83 条）が，「『大学は，学術の中心として，広く知識を授けるとともに，深く専門の学芸を教授研究』することを目的としていることに基づいて，大学において教授その他の研究者がその専門の研究の結果を教授する自由は，これを保障されると解するのを相当である」とし，「大学における自由は，右のような大学の本質に基づいて，一般の場合よりもある程度で広く認められると解される」と述べている。

けれども，その後，最高裁は，旭川学テ事件で，「憲法の保障する学問の自由は，単に学問研究の自由ばかりでなく，その結果を教授する自由をも含むと解されるし，更にまた，専ら自由な学問的探求と勉学を旨とする大学教員に比してむしろ知識の伝達と能力の開発を主とする普通教育の場においても，例えば教師が公権力によって特定の意見のみを教授することを強制されないという意味において，また，子どもの教育が教師と子どもとの間の直接の人格的接触を通じ，その個性に応じて行われなければならないという本質的要素に照らし，教授の具体的内容及び方法につきある程度自由な裁量が認められなければならないという意味においては，一定の範囲における教授の自由が保障されるべきことは肯定できないではない」と判示した（最大判 1976〈昭 51〉5.21 刑集 30 巻 5 号 615 頁）。「更にまた」以降の「教授の自由」は，およそ教育を行う上で必要な教育裁量権としての性格を有するものと解すべきであるが，このような「自由」まで含むとされた「教授の自由」は，児童生徒の批判能力の欠如と教育の機会均等とを理由に制約に服する。

3　大学の自治

通説によれば，本条は，大学自治の保障を含む。大学における研究活動の自主・独立性をより確実なものとするための「制度的保障」であるとされ，人事の自治と施設及び学生の管理の自治とが，その主要な内容とされてきた。加えて，研究教育の内

容・対象・方法（例えばカリキュラム編成）の決定の自治や，財政自治権を挙げる説もある。

なお，国公立・私立を問わず，「大学」を本条の権利主体と捉えた上で，「大学」の享有する学問の自由の中には「大学の自治権」を含むとし，「制度的保障」の概念を不要とする説がある（赤坂・講義 102-103 頁，阪本・理論Ⅲ 197-198 頁）。いずれにせよ，大学内部において「大学」と個々の研究者の自由とが緊張関係に立つ面もあり得る（佐藤・憲法論 243 頁）。

（1）人事の自治

 学説 人事の自治とは，学長・教授その他の研究者の採用・昇任等を「大学」が自主的判断に基づいて行うことをいう。運用上，「教授その他の研究者の組織」，すなわち，「学部教授会，研究科委員会，評議会等」が，人事の自治の主体とされてきた。研究者の組織による自治が，「いわば学問共同体が共同体としての自己同一性を確保するための必須条件」（新基本法コメ 210 頁〔松田浩〕）と考えられてきたからだ。

従来，国立大学では，学長選考を原則として全教員の投票による選挙で実施してきた。しかし，法人化に伴い，学長は，学外者を含む学長選考会議による選出に委ねられた（国立大学法人法 12 条）。学長選考会議の選考に先立ち，運用上，教員らの意向投票が実施されているが，投票結果は，学長選考会議の選考を法的に拘束しない。

 判例 前掲・東大ポポロ事件で最高裁は，「大学における学問の自由を保障するために，伝統的に大学の自治が認められている。この自治は，とくに大学の教授その他の研究者の人事に関して認められ，大学の学長，教授その他の研究者が大学の自主

的判断に基づいて選任される」と判示している。「大学の自治」が 23 条によって保障されるか否か，明言を避けている。

学長選考に関し，九州大学が，評議会決定に基づき，Ⅰ教授を学長代行に選考し，文部大臣（当時）に対して任命を上申したが，米軍用機の構内への墜落事故の取材に際し，同教授の行った発言が問題視され，文部大臣が発令を延期し，新たに別の教授の任命を大学が申出るまで任命しなかった事件（九大事件）がある。人事の自治の侵害が争点となった（東京地判 1973〈昭 48〉5.1 訟月 19 巻 8 号 32 頁）。

（2）施設及び学生の管理の自治

 学説 大学の施設及び学生の管理もまた，大学の自主的判断に基づいて行われなければならない。これに関連し，大学構内への警察の立入りが問題とされてきた。多くの学説は，大学の内部秩序の維持は大学自らの責任によるべきであり，警察が大学構内に立入ることは，裁判所の令状がある場合や緊急止むを得ない場合等を除いて，大学側の要請がない場合には，原則として許されないとする（東大ポポロ事件 1 審（東京地判 1954〈昭 29〉5.11 判時 26 号 3 頁）等のとる立場である）。

 判例 東大ポポロ事件とは，大学公認の劇団が，当局の許可を得て，学内で，松川事件をテーマに行った演劇の上演会に，教職員や学生の活動を内偵する目的（警備公安活動）で警察官が潜入していることを学生らが発見し，暴行等を加えたため，暴力行為等処罰ニ関スル法律 1 条違反に問われた事件である。裁判の中で，学生らの行為は，大学自治に対する侵害を防止する正当行為であるとの抗弁があり，①大学自治の主体に学生を含むか，②本件集会は，大

学自治の保護を受けるかが争点となった。

最高裁は，まず，大学自治は，「大学の施設と学生の管理についてもある程度で認められ，これらについてある程度で大学に自主的な秩序維持の権能が認められている」と判示する。その上で，①「大学の施設と学生は，これらの自由と自治（教授その他の研究者の研究，その結果の発表，研究結果の教授の自由とこれらを保障するための自治）の効果として，施設が大学当局によって自治的に管理され，学生も学問の自由と施設の利用を認められるのである。もとより，憲法23条の学問の自由は，学生も一般の国民と同じように享有する。しかし，大学の学生としてそれ以上に学問の自由を享有し，また大学当局の自治的管理による施設を利用できるのは，大学の本質に基づき，大学の教授その他の研究者の有する特別な学問の自由と自治の効果として」であるとし，学生は「大学の自治」の主体ではないとする（学生＝営造物利用者）。また，②「大学における学生の集会も，右の範囲において自由と自治を認められるものであって，大学の公認した学内団体であるとか，大学の許可した学内集会であるとかいうことのみによって，特別な自由と自治を享有するものではない」とし，「学生の集会が真に学問的な研究またはその結果の発表のためのものでなく，実社会の政治的社会的活動に当る行為をする場合には，大学の有する特別の学問の自由と自治は享有しないといわなければならない」として，本件集会への警察官の立入りは，「大学の学問の自由と自治」を侵害しないとした。

他に警察官による大学構内への立入りが争われた事件に愛知大学事件がある（名古屋高判1970〈昭45〉8.25判時609号7頁）。

〔小泉良幸〕

第24条 ①婚姻は，両性の合意のみに基いて成立し，夫婦が同等の権利を有することを基本として，相互の協力により，維持されなければならない。
②配偶者の選択，財産権，相続，住居の選定，離婚並びに婚姻及び家族に関するその他の事項に関しては，法律は，個人の尊厳と両性の本質的平等に立脚して，制定されなければならない。

1　24条の趣旨
（1）憲法史的意義

近代の打ち立てた公私の領域区分論は，近代家族を共同体から解放し，家族を私的領域として市民社会に対峙させた。公的領域は人間関係が法的に処理される法的空間であるが，私的空間には法は入り込むことはない。事実上，個人として解放されたのは，公共空間の対等の構成員とされた家長にとどまり，女性は家族という親密圏に囲われた。もっとも近代国家は家族に無関心であったわけではない。家族は，近代国民国家にとって市民社会の構成員を育成する「苗床」であり，労働力再生産の場であった。それに適合的な家族モデルが家父長家族であった。近代において，これを社会の基本単位とする政治的公序が打ち立てられた。こうして夫優位の性別役割分担の下，

家族は女性の活動領域とされ，女性はアンペイドワークの従事に追い遣られた（吉田克己「家族における〈公私〉の再編」法哲学年報 2000『〈公私〉の再構成』（有斐閣，2001年）48-51 頁）。

日本の「家」制度も家父長家族という意味で典型的な近代家族であったが，①市民社会構成員というより家族を通じた国家臣民の育成の観点が前面に出ている点，②典型的な近代家族が核家族であるのに対して複数の世帯を含むことがありうる団体主義的性格を有していた点で異なっていた。そして何より，③〈私的領域としての家族〉が未発達で，「家族」＝「いえ」は構成員との関係では公的存在であった。その上位に〈公私〉の重層構造が成立し，より上位の団体＝「公」との関係では，「家」は「私」として一段階劣ったものとみなされ，家長は，より上位の「公」の利害を体現して（政治権力のいわば下請けとして）家内の個人を抑圧する主体として現れた（同 51－52 頁）。

（2）制定過程

憲法 24 条は，そのような「家」制度を解体し，個人の尊厳（それゆえ当然に個人の根源的平等性）を核心とする日本国憲法のもとに相応しい公序を家族生活に求めるものである。この趣旨に沿って，民法の親族・総続編が改正された（1947 年）。本条は，いわゆるシロタ草案 18 条→GHQ 草案 23 条→日本政府案 22 条をもとに，帝国議会の審議を経て憲法 24 条として制定された。シロタ草案とは，GHQ の人権起草委員会試案全 41 ヵ条中，家族条項を有していたワイマール憲法や北欧諸国，旧ソ連憲法等を参照して，ベアテ・シロタ・ゴードン氏が起草したとされる部分を指し，18 条のほかに，妊婦および幼児をもつ母親に対する国の保護，婚外子に対する法的差別の禁止と婚外子の権利，長男の権利の廃止，児童の医療の無償など，女性や子どもを保護する諸条項を含んでいた。しかし，社会権的な家族保護条項は，「法を通して，他の国に新しい型の社会思想を押し付けることは不可能」だとして，GHQ 内部での検討過程で削除された。総論部分にあたる 18 条だけが生かされ，マッカーサー草案 23 条（「家族は，人類社会の基礎であり，その伝統は，善きにつけ悪しきにつけ国全体に浸透する。婚姻は，両性が法律的にも社会的にも平等であることを争うべからざるものである〔との考え〕に基礎をおき，親の強制ではなく相互の合意に基づき，かつ男性の支配ではなく〔両性の〕協力により，維持されなければならない。これらの権利に反する法律は廃止され，それに代わって，配偶者の選択，財産権，相続，本居の選択，離婚並びに婚姻および家族に関するその他の事項を，個人の尊厳と両性の本質的平等の見地に立って規制する法律が制定されるべきである。」）となった。提案者たる日本政府は，政府案 22 条について，当初，「家」制度の廃止を意味しないと説明していたが，貴族院の審議を通して，「家」制度の廃止は憲法上要請されることが明確となった（ベアテ・シロタ・ゴードン＝平岡磨紀子〔構成・文〕『1945 年のクリスマス――日本国憲法に「男女平等」を書いた女性の自伝』柏書房，1995 年，148〜219 頁，若尾典子「女性の人権と家族像――憲法 24 条の解釈をめぐって」名古屋大学法政論集 213 号（2006 年）113 頁以下）。

シロタ草案は，現行 24 条に当たる規定（18 条）を家族や婚姻の保護規定の総論部

分とし，後続の社会保障条項とともに社会権として位置づけられていたが，GHQ草案成立段階で後続部分は削除され，衆議院・貴族院の審議過程で議論された結果，家族保護規定は憲法に明記されることもなかった。「保守派議員らの日本型家父長家族」と「社会国家型の家族保護論」の「両者を同時に排除する形で，「家」制度の否定による近代化・民主化が志向され」て，「個人尊重主義を基礎とした画期的な憲法24条が成立した」(辻村・憲法と家族83頁)。

2　婚姻の自由
(1)　婚　　姻

婚姻が成立するための要件は，当事者である両性の合意のみであり，当事者以外の第三者の意思によって，婚姻の成立や効力が妨げられてはならない。婚姻の自由には，婚姻しない自由，離婚の自由および再婚の自由を含む。民法第4編第2章は，「婚姻の自由の内容を形成する法律」とみなすことができるが，これとは別の利益の保護を目的とした規律が含まれる場合は婚姻の自由の制限となり，憲法上の正当化が要求される(小山・作法42頁)。

(2)　婚姻の自由の制約

[学説]　重婚禁止規定による一夫一婦制(民732)，近親者間の婚姻制限による優生学的配慮あるいは倫理的配慮(民734)は，合理的制限として認められる。また，婚姻の年齢に制限を設けること自体も，結婚するには精神的・肉体的に幼すぎることの問題，婚姻カップルの間に生まれてくる子供の健康と福祉を守るための規制として，問題はない(新基本法コメ212頁〔武田万里子〕)。もっとも，民法731条が，婚姻適齢を男性18歳，女性16歳と2歳の差を設けていることは，両性の社会的・文化的役割に対するステレオタイプの帰結であり，平等の観点から正当化できないとの批判があった。加えて，16歳という最低年齢設定の合理性も疑問視されてきた。2018年3月13日の閣議決定で，2022年4月1日に，男女とも18歳へ改正されることが決定された。

婚姻の形式的成立要件として，何らかの届出や公示を求めることも，それにより各種の法律効果が伴う以上本条に反しないとされる。もっとも「戸籍制度とその運用は『家』制度の残滓を引きずっており，個人の尊厳および法の下の平等を害しうると解するならば，戸籍法上の届出を要求する民法739条に憲法上問題がないとはいえない」(渡辺他・憲法Ⅰ 456頁〔宍戸常寿〕)。事実上の婚姻関係にあるが戸籍法上の届出を行っていない「事実婚」については，民法の解釈・運用において「内縁」として一定の保護が図られており，社会保障関係の法律では，事実上の配偶者に法律上の配偶者と同等の権利を認めているものもある(国民年金法5条7項，厚生年金保険法3条2項など)。他方，民法は相続を法律婚に限定しており(民890条，900条)，法律婚を優遇している。現行の婚姻法は，上述のように「夫婦同氏制の強制など必ずしも婚姻の自由を十全に保障しているわけではないので，その点も考慮して具体的に判断することが重要」となる(長谷部他・注釈Ⅱ 509頁〔川岸令和〕)。

[判例]　女性に対してのみ設けられている再婚禁止期間(民法733条)は，最高裁の違憲判決(最大判2015〈平27〉12.16民集69巻8号2427頁)を経て6カ月から100

日に短縮されたが，後述するように禁止期間を設けること自体に検討の余地がある。また民法の採用する夫婦同氏制度（民750）は「一方の氏の放棄を強制」しており，「単なる方式以上の実質的な制限を定めるもので行過ぎ」との批判が憲法制定直後から向けられていた（法協・註解上474頁）。夫婦同氏制判決（最大判2015〈平27〉12.16民集69巻8号2586頁）は，「本件規定は，婚姻の効力の一つとして夫婦が夫又は妻の氏を称することを定めたものであり，婚姻をすることについての直接の制約を定めたものではない」とした。最高裁は，家族を「社会の自然かつ基礎的な集団単位」と捉え，「夫婦およびその間の未婚の子どもや養親子」を家族として念頭において，そのような「社会構成要素である家族の呼称」として「氏」を捉えたのである。これに対して，岡部裁判官意見は，「夫婦が称する氏を選択しなければならないことは，婚姻の成立に不合理な要求を課したものとして婚姻の自由を制約するもの」とした。

（3）同性婚

学説　本条が「両性の合意」「夫婦」という文言を用いていることから，「両性間の婚姻が異性間の婚姻と同程度に保障されると解することは憲法上の文言上困難である」（渋谷・憲法463頁）とされるが，同性婚は家族の形成・維持に関する自己決定権（13条）によって保障され，24条との調整の問題だという指摘がある（辻村・憲法と家族125頁）。憲法が同性婚を異性婚と同程度に保護しなければならないことを命ずるものではない（長谷部・憲法184頁）としても，憲法はあえて「同性婚」を排除しているわけではないという解釈も可能である。そうであれば，同性婚を法律に

よって制度として設けても違憲とはいえないとする見解が成立する余地がある（齊藤笑美子「家族と憲法——同性カップルの法的承認の意味」憲法問題21号（2010年）112〜114頁，木下＝只野・新コメ288頁〔木下智史〕）。2001年4月のオランダの例を嚆矢として，同性婚を許容する国は20ヵ国を超え（2017年現在），日本では，2015年に東京都渋谷区が同性カップルを「結婚に相当する関係」と認める証明証を発行することを規定する条例を制定し，これに続く自治体がある。

民法上の法律婚を唯一正統な「婚姻」とすることを批判し，「婚姻法」を廃止して当事者間の合意により多様な結合関係の構築を認めるべきだとする「契約的家族観」を解く見解がある（安念潤司「『人間の尊厳』と家族のあり方——『契約的家族観』再論」ジュリ1222号（2002年）21頁以下）。「同性婚」の承認が，社会的に「二級市民」扱いされる者たちによる「婚姻」制度上の正統な認知を通じた自尊回復闘争であることを考慮すれば，「契約的家族観」と前提を共有しながら，「正規の婚姻として認められる結合関係の類型を増加させる」という帰結も考え得るだろう（田代亜紀「現代『家族』の問題と憲法学」佐々木弘通＝宍戸常寿編『現代社会と憲法学』（弘文堂，2015年）86頁，巻美矢紀「憲法と家族」長谷部恭男編『論究憲法—憲法の過去から未来へ』有斐閣，2017年，349頁）。

3　家族生活における個人の尊厳と両性の平等

（1）家族生活における個人の尊厳

学説　24条2項は，個人の尊厳と両性の平等が家族生活の場面で確保されるべき

ものであることを定める。この考え方は，民法の解釈原理としても採用されている（民2）。「夫婦が同等の権利を有すること」「両性の本質的平等」の保障が夫婦関係に及ぶことから考えると，「個人の尊厳」は，「とりわけ親子関係で意味」をもち，「親子関係立法は，子どもの福祉と並んで，親が子どもの自律的能力を育成し，さらに成長段階に応じて子どもの自律性を尊重するような内容を含むべきである」との指摘がある（渡辺他・憲法Ⅰ 457頁〔宍戸常寿〕）。

判例 最大決2013〈平25〉9.4民集67巻6号1320頁は，民法900条4号ただし書前段（平25改正前）について，「個人の尊厳と法の下の平等を定める憲法に照らして不断に検討され，吟味されなければならない」という前提をとり，「家族という共同体の中における個人の尊重がより明確に認識されてきた」という変化から，「〔法律婚という〕制度の下で父母が婚姻関係になかったという，子にとっては自らの選択ないし修正する余地のない事項を理由としてその子に不利益を及ぼすことは許されず，子を個人として尊重し，その権利を保障すべきであるという考え方が確立されてきている」として，違憲判断を下した。もっともこの決定は，「個人の尊厳」「個人の尊重」の憲法上の根拠条文を示していない。

（2）婚姻および家族生活における両性の平等

学説 夫婦の同等の権利の保障は，性別に基づく差別の禁止（14条1項）を夫婦間に適用したものであるとされる（長谷部他・憲法注釈Ⅱ 510頁〔川岸令和〕）。旧民法下では妻は夫に従うものとされていた（妻の無能力（民旧14条），夫による妻の財産管理権（同801条1項），父の単独親権（同877条1項）など）。こうした夫婦間の差別的取扱いは禁止される。夫婦間の「相互の協力」は，「道義的意義も多分にあるが」，民法は，同居・協力義務（民752条），婚姻費用の分担（民760条），日常家事債務の連帯責任（民761条），親権の共同行使（民818条）などを定めている（法協・註解475頁）。もっとも24条が「個人の尊厳と両性の本質的平等」を定めていることからすれば，「性別に基づく差別の禁止」を超える意義を見出すことも，後述するように可能であるやも知れない。

判例 最高裁は，夫婦が同等の権利を有することについて，「夫と妻の間に，夫たり妻たるの故をもって権利の享有に不平等な扱いを関係における夫と妻が実質上同等の権利を享有することを期待した趣旨の規定」と解し，「個々具体的な法律関係においては，常に必ず同一の権利を有すべきものであるということまでの要請を包含するものではない」との判断で，いわゆる夫婦別産制を定めた民法762条および生計を一にする夫婦の所得の計算について民法762条に依拠する所得税法を合憲とした（最大判1961〈昭36〉9.6民集15巻8号2047頁）。この判断に対しては，「夫の名義で財産が形成されることが多い現状を踏まえると，結果的に家事労働が評価されず，実際には妻に不利な規定である」（渋谷・憲法467頁）との批判がある。他方，「女性の財産形成の困難さに対する政策支援」の必要性を認識しつつも，「性別役割分担夫婦たる主婦婚をモデルとする家族政策」が変更を迫られている現状を踏まえ，「ごく早い時期に，夫婦別産制および個人課税単位を憲法24条に反しないとしたことが評価されるべき」（百選Ⅰ 71頁〔若尾典子〕）と

4　立法上の原則と立法裁量

学説　24条2項は、配偶者の選択・財産権・相続・離婚等のほか婚姻・家族その他に関する法律は、すべて、「個人の尊厳」と「両性の本質的平等」に立脚して制定すべきことを立法府の義務として定めている。いいかえれば、憲法が家族法に求める原理（客観法的要請）は、「個人の尊厳」と「両性の本質的平等」に尽きる。憲法は、夫婦の性別役割分担を含意した近代家族モデルを含め、特定の家族モデルを公序として強いているわけではない（若尾・前掲「女性の人権と家族像」138頁）。さらに「24条2項は、憲法13・14条の原則を家庭生活の場面に具体化したものであるから、家族法の制定・改廃に関する立法府の義務違反の問題はこの規定から直接に導かれる」とする見解がある（辻村・憲法と家族124-125頁）。

判例　夫婦同氏規定最高裁判決は、婚姻および家族に関する事項の内容については、「憲法が一義的に定めるものではなく、法律によってこれを具体化することがふさわしい」としつつ、憲法24条2項は、「具体的な制度の構築を第一次的には国会の合理的な立法裁量に委ねる」とともに、その立法に当たっては、「個人の尊厳と両性の本質的平等に立脚すべきであるとする要請、指針を示すことによって、その裁量の限界を画した」という理解を示している。さらに、その要請・指針は、「憲法上直接保障された権利とまではいえない人格的利益を尊重すべきこと、両性の実質的な平等が保たれるように図ること、婚姻制度の内容により婚姻することが事実上不当に制約されることのないように図ること等についても十分に配慮した法律の制定を求めるものであり、この点でも立法裁量に限定的な指針を与えるもの」だ、とする。他方で、「特に、憲法上直接保障された権利とまではいえない人格的利益や実質的平等は、その内容として多様なものが考えられ、それらの実現の在り方は、その時々における社会的条件、国民生活の状況、家族の在り方等との関係において決められるべきものである」、とされた。こうした理解から、夫婦同氏制は、「個人の尊厳と両性の本質的平等の要請に照らして合理性を欠く制度」ではなく、憲法24条に違反しない、と結論づけられた。

婚姻の自由は、国家による婚姻制度の構築に依存するが、「法制度依存性は、その利益の憲法上の権利性を奪う」理由とはならない（小山・作法28頁、42頁）。夫婦同氏規定最高裁判決が、「個人の尊厳」と「両性の本質的平等」が立法者による制度構築の裁量に対する限界を画する点に憲法24条2項の独自性を見出した点に注目するなら、立法府による家族制度の構築について、憲法上の権利に対する制約があるのか、あるいは現行制度が立法裁量の枠を超えるものであるのか否か、憲法上の正当化を求める裁判所による統制の途が開かれる可能性が示されたとみることもできる。今後の解釈論上の課題となろう。

〔糠塚康江〕

> **第 25 条** ①すべて国民は，健康で文化的な最低限度の生活を営む権利を有する。
> ②国は，すべての生活部面について，社会福祉，社会保障及び公衆衛生の向上及び増進に努めなければならない。

1　25条の趣旨　生存権，国の生存権保障義務

本条は，生存権を定めたものであって，憲法が社会国家的理念に立つことを明らかにするものであると解され，日本国憲法における社会権規定の原則的な規定とされている（以下，学説等の詳細については，新基本法コメ214頁以下〔尾形健〕を参照されたい）。

〔比較憲法的意義〕

社会権が主として各国の憲法典に登場するのは20世紀以降であり，ドイツのワイマール憲法（1919年）は，「経済生活の秩序は，すべての人に人たるに値する生存を保障することを目指す正義の諸原則に適合するものでなければならない」（151条）と規定し，フランスの1946年憲法前文は社会権的な権利保障を含む社会的・経済的原理を「われわれの時代に特に必要なもの」と認め，イタリア共和国憲法（1948年）も第一部第三章（「経済的関係」）において社会権的保障を掲げている。

〔憲法史的意味〕

明治憲法に社会権規定はなかったが，学説では，穂積陳重や牧野英一などが，それぞれ独自の社会権・生存権論を展開していた。本条の直接の淵源となったのは，連合国最高司令官総司令部（GHQ／SCAP）より手交されたマッカーサー草案である（1946年2月13日。草案24条）。その後，日本政府による『憲法改正草案要綱』（1946年3月6日）を経た『帝国憲法改正草案』（同年4月17日）では，「法律は，すべての生活分野について，社会の福祉及び安寧並びに公衆衛生の向上及び増進のために立案されなければならない」（23条），とされた。そして，衆議院帝国憲法改正案委員小委員会において，日本社会党の議員から，政府案23条に対し，「すべて国民は健康にして最小限度の文化的水準の生活を営む権利を有する」，との規定を挿入すべき旨の案がだされ，若干の修正を経て，これが最終的に現行憲法25条1項となった。本条は，わが国における社会保障制度をはじめとする福祉国家的施策の理念ないし根拠とされてきたが，特に1990年代，福祉国家の病理を鋭く指摘する立場（阪本・理論Ⅲ308-309頁）など，憲法体制における福祉国家の正当性を根本から問い直す見解もみられる。

2　生存権保障の享有主体──外国人と生存権保障

生存権保障を論ずる前提として，その享有主体性が問題となる。本条1項は「国民」の生存権を保障しており，日本国民が享有主体であることに異論はないであろう。一方，外国人の社会保障受給権との関係では，生存権の享有主体性が問題となりうる。通説的見解は，社会権について，参政権と異なり外国人に原理的に認められないものではなく，財政事情等の支障がない限り，法律において外国人に社会権の保障を及ぼすことは，憲法上何ら問題はない，と述べ

第 3 章　国民の権利及び義務［第 25 条］

る（芦部・憲法 94 頁）。この見解が，外国人の生存権保障は政策上望ましいというにとどまるのかはやや不明確であるが，社会保障制度には様々なものがあり，また，問題となる生活保障の要請の程度も事案等に応じて異なる場合もありうるから，具体的事情に即して検討することが重要となるように思われる（佐藤幸・憲法論 148 頁）。

判例　最高裁は，後述の堀木訴訟最高裁判決等を引用しつつ，「…社会保障上の施策において在留外国人をどのように処遇するかについては，国は，特別の条約の存しない限り，当該外国人の属する国との外交関係，変動する国際情勢，国内の政治・経済・社会的諸事情等に照らしながら，その政治的判断によりこれを決定することができるのであり，その限られた財源の下で福祉の給付を行うに当たり，自国民を在留外国人より優先的に扱うことも，許されるべきことと解される」，とした（最一判 1989〈平 1〉3.2 判時 1363 号 68 頁〔第一次塩見訴訟〕）。社会保障制度の支給対象者の決定に加え，外国人の地位に関する政治的判断という，「二重の意味」で立法裁量を肯定している（佐藤進ほか編『社会保障判例百選〔第 2 版〕』有斐閣，1991 年，11 頁〔中村睦男〕）。また，最高裁は，生活保護法が不法残留者を保護の対象としないことについても，本条に反しないとしている（最三判 2001〈平 13〉9.25 判時 1768 号 47 頁）。生活保護法上，外国人は，行政上の措置により事実上の保護の対象となりうるに留まり，同法の保護の対象となるものではなく，同法上の受給権を有しない（最二判 2014〈平 26〉7.18 判自 386 号 78 頁）。

3　25 条の法的性格
（1）25 条 1 項・2 項の関係

従来，本条 1 項は生存権保障の目的・理念を宣言し，2 項はその実現のための方法を定めたものとして，両者は関連するものと解されてきた（佐藤功・註釈（上）435 頁）。一方，両者の規範内容を区別する見解もある。裁判例では，2 項は事前の積極的防貧施策をなすべき努力義務を，1 項はそれにもかかわらず落ちこぼれた者に対する事後的・補足的・個別的な救貧施策をなすべき義務を，それぞれ国に対し宣言したものと解し，2 項に関する施策について広い立法裁量を認めるものがあった（堀木訴訟控訴審判決・大阪高判 1975〈昭 50〉11.10 行集 26 巻 10・11 号 1268 頁）。学説はこのようなカテゴリカルな区別（1 項＝救貧施策，2 項＝防貧施策）には批判的であるが，1 項・2 項の内容の相違をふまえ，1 項は最低限度の生活を営む権利の保障，2 項はそれを上回る生活保障の向上・増進に関する国の責務を定めたものとして，規範内容を区別する考え方がある（内野正幸『憲法解釈の論点〔第 4 版〕』日本評論社，2005 年，102 頁）。また，最近では，本条 2 項は国家の客観法的責務，1 項は主観的権利として区別すべきことも主張されている（小山剛「『憲法上の権利』各論 16　生存権（2）」法学セミナー 724 号（2015 年）71 頁，74 頁）。

1 項・2 項の規範内容を区別する見解については，憲法が要請する生活保障のレベルに相違があることの指摘としては重要であるが，生活保障制度は多様であり，具体的事件における当事者の状況も様々でありうるから，1 項・2 項の区別というよりも，25 条全体として，問題となる施策や状況

に応じ，生活保障の要請の程度に濃淡があると解することもできるように思われる（佐藤功・註釈（上）438-439 頁，尾形健『福祉国家と憲法構造』有斐閣，2011 年，127 頁，146-147 頁，150 頁参照）。

（2）法的性格

本条が保障する権利の法的性格については，自由権的側面と社会権的側面に区別することができる。

(a) **生存権の自由権的側面**　まず，国は生存権の実現を阻害してはならず，生存権の実現に努力すべき責務に違反しその障害となる行為をするときは，立法や処分が無効・違法となるとして，生存権の「自由権的効果」が主張された。課税等によって憲法 25 条 1 項にいう「健康で文化的な最低限度の生活」を阻害することが禁じられることも主張される。一方，国家による給付に関し，いったん法律で具体化された給付権を剥奪することが違憲となりうると解する立場がある（長谷部・憲法 280-281 頁）。最近では，生存権具体化立法における給付水準の引下げといった「制度後退」の場面で，給付水準等の引下げには厳格な司法審査が妥当するなどと説かれている（憲法 25 条から導出される「制度後退禁止原則」。棟居快行『憲法学の可能性』信山社，2012 年，第 26 章参照。自由権的側面に関する理論的研究として，松本奈津希「生存権の自由権的側面による最低生活保障」一橋法学 17 巻 1 号〔2018 年〕65 の頁のほか，関連して，柴田憲司「生存権の『制約』可能性」『戸波江二先生古稀記念『憲法学の創造的展開』上巻』信山社，2017 年所収 677 頁参照）。

判例　生存権の自由権的側面に関する事例としては，総評サラリーマン税金訴訟・最三判 1989〈平 1〉2.7 判時 1312 号 69 頁がある。本件では，昭和 46 年分の給与所得にかかる課税制度が給与所得者の「健康で文化的な最低限度の生活」を侵害するとして争われた。最高裁は，堀木訴訟最高裁判決（後述）を引用しつつ，上告人は昭和 46 年度分の課税最低限が総評理論生計費を下回ることを主張するが，それは日本労働組合総評議会（総評）にとっての望ましい生活水準にほかならず，これをもって「健康で文化的な最低限度の生活」のための基準とすることはできない，などとして，その主張を排斥した。また，低所得高齢者に対し介護保険料の免除等の措置がないことが本条・憲法 14 条に反するとして争われた事例があるが，最高裁はその主張を斥けている（最三判 2006〈平 18〉3.28 判時 1930 号 80 頁）。

給付水準の引下げに関する事例としては，生活保護老齢加算廃止違憲訴訟・最三判 2012〈平 24〉2.28 民集 66 巻 3 号 1240 頁がある。本件では，生活保護法の保護基準改定により，70 歳以上の被保護者等に支給されてきた老齢加算を段階的に減額・廃止したことが本条等に反するかが争われた。最高裁は，堀木訴訟最高裁判決（後述）を引用しつつ，老齢加算部分の保護基準改定に関し，厚生労働大臣は専門技術的・政策的見地からの裁量権を有すること等を前提に，①最低限度の生活の具体化にかかる判断の過程及び手続における過誤・欠落の有無等の観点，および②廃止に際し激変緩和等の措置を取るか否かにつき，被保護者の期待的利益・生活への影響等の観点から，裁量権の逸脱・濫用の有無を審査する枠組みを示した（なお，後掲最二判 2012〈平 24〉4.2 も参照）。そして，これらの点から裁量権の逸脱・濫用がないとした上で，本件改

定が本条を具体化した生活保護法3条・8条2項に反しない以上，本条にも違反しないとした。最高裁は，給付水準引下げに際し，制度後退禁止原則等の憲法的拘束は直接作用しないものととらえている（岡田幸人・曹時65巻9号209頁，234-237頁）。

(b) 生存権の請求権的側面　本条にいう権利をめぐって主に論じられたのは，特にその請求権的側面（「健康で文化的な最低限度の生活」が営めるよう，国に対して何らかの措置を求めることを，本条をもとに裁判所において主張しうるか）であった。A説（プログラム規定説）は，本条は，将来の政治・立法に対する基本的方向を指示したものであって，法的にはプログラム的意義のものと捉える。これに対し，一定の法的意味があるとするB説（法的権利説）があり，B-1説（抽象的権利説）は，（論者によって若干ニュアンスは異なるが）生存権は，具体的な立法措置を伴う場合には法的権利と捉えることができると解する。B-2説（具体的権利説）は，本条は合理的・客観的に確定可能で明確な規範内容をもち，立法権に対し本条実現のための立法を行うことを憲法上義務付けていると解し，立法不作為に関し本条違反であることの確認が可能であるとする。さらに，不作為の違憲確認訴訟にとどまらず，具体的な給付請求も可能となるとする立場もある（給付請求権説。長谷部恭男編『リーディングズ現代の憲法』日本評論社，1995年，155頁〔棟居快行〕，渋谷・憲法278頁等）。

判例　最高裁は，食糧管理法違反被告事件・最大判1948〈昭23〉9.29刑集2巻10号1235頁において，国民は，本条1項から直接国家に対し具体的・現実的に最低限度の生活への権利を有するものでなく，社会的立法・社会的施設の創造拡充に従ってはじめて具体的・現実的な生活権が設定充実されるものとした。

その後，生活保護基準の違法性が争われた朝日訴訟で，1審判決（東京地判1960〈昭35〉10.19行集11巻10号2921頁）は，生活保護法が本条を具体化したものであり，保護の無差別平等を定める同法2条は保護請求権を付与したものと解した。そして，「健康で文化的な生活水準」（生活保護法3条）とは本条1項に由来するものであるが，その具体的内容は「…人間としての生活の最低限度という一線を有する以上理論的には特定の国における特定の時点においては一応客観的に決定すべきもの」であり，「最低限度の水準は決して予算の有無によつて決定されるものではなく，むしろこれを指導支配すべきものである」などとして本件保護基準を違法とし，学説が生存権の権利性を論ずる契機を与えた。2審（東京高判1963〈昭38〉11.4行集14巻11号1963頁）では国側が勝訴したため，原告が上告したところ，上告係属中に死亡したため，最高裁（最大判1967〈昭42〉5.24民集21巻5号1043頁）は，本件訴訟は上告人（原告）の死亡により終了したと判示したが，「なお，念のために」として，本条および生活保護法に関する判断を傍論で示した。すなわち，食糧管理法違反被告事件を引用しつつ，本条の具体的権利は生活保護法によって与えられるところ，「健康で文化的な最低限度の生活」は抽象的な相対的概念であり，その認定判断は厚生大臣（当時）の合目的的な裁量に委ねられ，現実の生活条件を無視して著しく低い基準を設定する等，憲法・生活保護法の趣旨・目的に反し裁量権の逸脱・濫用があった場合

に，司法審査の対象となる，というのであった。

そして，障害福祉年金と児童扶養手当との併給を認めない児童扶養手当法の規定が本条・憲法14条等に反するとして争われた堀木訴訟（最大判1982〈昭57〉7.7民集36巻7号1235頁）で，最高裁は，食糧管理法違反被告事件を引用し，本条の権利が本条2項による社会的立法等により具体的・現実的生活権が設定充実されるとした上で，次のように述べた。「健康で文化的な最低限度の生活」とは極めて抽象的・相対的な概念であり，本条を具体化する立法措置は立法府の広い裁量に委ねられ，それが著しく合理性を欠き明らかに裁量の逸脱・濫用と見ざるを得ない場合を除き，裁判所が審査判断するのに適しない。

以上の最高裁判例からは，本条は直接具体的権利を国民に保障するものではなく，その実現は立法・行政措置に委ねられるが，その措置が著しく合理性を欠く場合や著しく低い給付の基準を設定するなど，憲法等の趣旨・目的に反する場合には，憲法違反となりうることが示されている。これらをふまえると，最高裁は，B-2説は採用しないが，およそ本条に法的拘束力を認めない立場（ある種のA説的理解）とも異なっており，広い立法・行政裁量を前提としつつも，B-1説的な立場にたつものということができるように思われる。学説では，以上の判例につき，本条で保障される生存権は具体的権利として法的効力をもたないが国家を義務付ける客観法的側面においては法的効力を有するものとして，最高裁は，本条は客観法的な効力は有するが主観的権利という法的性格は有しないと解している，と捉える立場がある（高橋・憲法320-322頁，小山・作法119頁参照）。

4　政治部門の裁量統制

今日では，以上のA説～B-2説の対立よりも，生存権の法的性格を論ずる際に必要なのは，「生存権が裁判規範として効力を有することを前提にして，いかなる訴訟類型において，いかなる違憲審査基準によって，生存権に裁判規範性を認めるか」，であって，政治部門の裁量統制をいかに図るかが重要となる，とされる（樋口他・注解Ⅱ150-152頁〔中村睦男執筆〕）。学説では近時，立法裁量の統制に関する議論が様々に展開されている（渡辺他・憲法Ⅰ373頁以下〔工藤達朗〕など参照）。

裁量統制の枠組みとして，先述のように，本条1項・2項の規範内容に違いを見出し，1項に関する最低生活保障については厳格な司法審査が要求されるとすることや，平等原則が争われる場面について「『厳格な合理性』基準」を用いるべきことなどが論じられた。いずれにしても，本条をめぐる主張をする当事者のおかれた状況，問題となる具体的権利の性格・内容，対象とすべき国家行為の類型，そして問題となる権利を支える制度の論理などに留意しつつ，裁判所の憲法構造における地位にも配慮しながら，本条の実体的価値を実現すべく，政治部門による裁量の司法的統制を個別具体的に行うことが重要となる（尾形・前掲書第4章参照）。本条をめぐる主張がなされる場面を区別すると，①憲法25条具体化立法を前提とする国家行為の合憲性，②憲法25条具体化立法の合憲性，③立法不作為の合憲性，といったタイプが考えられる（樋口他・注解Ⅱ152-154頁〔中村睦男〕，横大道聡編著『憲法判例の射程』弘文堂，

第3章 国民の権利及び義務［第25条］

2017年，177-178頁〔柴田憲司〕参照）。

判例 ①は，朝日訴訟のように，生存権具体化立法に基づく行政活動が問題となる場面といえる。ここでの裁判所による統制のあり方としては，二つを区別することができる。第一に，行政裁量の判断過程統制審査を行う手法がある。先述した生活保護老齢加算廃止違憲訴訟（前掲最三判2012〈平24〉2.28。最二判2012〈平24〉4.2民集66巻6号2367頁も参照）は，老齢加算の廃止に関する厚生労働大臣の裁量権行使につき，「最低限度の生活の具体化に係る判断の過程及び手続における過誤，欠落の有無等の観点」から裁量の逸脱・濫用の審査を行っている。第二に，行政が行った法解釈の違法性を判断する形で，行政活動に対し司法的統制を及ぼす手法がある。生活保護受給者が行った生活保護費を原資とした貯蓄等が，生活保護法上活用されるべき「資産」（同法4条1項）等にあたるとして収入認定の対象となるかが争われた事件で，最高裁は，学資保険の満期返戻金を収入認定し保護の額を減じた行政の解釈について，生活保護法の趣旨目的にかなった貯蓄等は収入認定の対象とすべき資産には当たらないと判断した（最三判2004〈平16〉3.16民集58巻3号647頁〔中嶋訴訟〕）。

②は，堀木訴訟のように，本条を具体化する立法の合憲性が問題となる場面といえる。公的年金等の制度相互間の給付を調整する規定（併給調整規定）の合憲性が争われた例（最二判1982〈昭57〉12.17訟月29巻6号1074頁〔岡田訴訟〕，同1121頁〔森井訴訟〕）などのほか，国民年金法（平成元年法律第86号による改正前のもの）が，学生等について国民年金の強制加入被保険者とせず，任意加入のみを認めていたことや，障害のある学生等に無拠出制の年金を支給する旨の規定を設けるなどの措置を講じなかったことなどが本条・憲法14条1項に反するとして争われた一連の訴訟がある（学生無年金障害者訴訟・最二判2007〈平19〉9.28民集61巻6号2345頁等）。最高裁は，堀木訴訟を引用し，広い立法裁量論を前提に違憲の主張を退けた。ただし，下級審裁判例では，国民年金制度の立法事実の変化等をふまえ，憲法14条違反と判断したものもある（東京地判2004〈平16〉3.24判時1852号3頁等）。

③は，立法不作為の合憲性を問題とする場面といえる。先述の学生無年金障害者訴訟では，国民年金法の昭和60年改正時に，学生に関し在学中の障害を理由とする年金受給がより容易となるような制度を設けなかった点で，20歳前に障害を負った者と20歳以後に障害を負った学生との間に憲法14条違反の状態が生じ，是正措置がなされず上記差別が放置されたため，立法不作為の違法が存在したと判断し，立法不作為に基づく国家賠償請求を認めた下級審判決がある（前掲東京地判2004〈平16〉3.24のほか，新潟地判2004〈平16〉10.28賃金と社会保障1382号46頁，広島地判2005〈平17〉3.3判タ1187号165頁も参照）。再婚禁止期間違憲訴訟で，最高裁は，立法不作為の国家賠償請求が認められるか否かについて，法律の規定が憲法上保障又は保護されている権利・利益を合理的理由なく制約するものとして憲法の規定に違反するのが明白にもかかわらず，国会が正当な理由なく長期にわたってその改廃等の立法措置を怠る場合などにおいては，例外的に，その立法不作為は国家賠償法上違法となりうるとした（最大判2015〈平27〉12.16民集69巻8

号2427頁)。生存権実現にかかる立法不作為について，この判断枠組みがどこまで妥当するか，さらなる検討が求められる（なお参照，遠藤比呂通『市民と憲法訴訟』信山社，2007年，153-157頁）。

5 生存権と環境権

学説では，良好な環境を維持・形成することが幸福追求の目標でもあるとして，環境権の根拠として，憲法13条を援用しつつ，本条も援用されてきた。公害の原因となる行為を阻止し，現在の環境を保持する点で，環境権は自由権的であるが，既に汚染された環境の改善のために何らかの措置を要求する点で，環境権は社会権的な側面があるといえる（阿部照哉「環境権」法教第2期1号〔1973年〕223頁，224-225頁，沢井裕「環境権論の基礎にあるもの」大阪弁護士会環境権研究会編著『環境権』日本評論社，1973年，1頁，15頁）。保障される内容に関しては，自然環境に限定する立場（狭義説）と遺跡・寺院などの文化的環境や公園・道路などの社会的環境をも含める立場（広義説）などがある（辻村・憲法293頁）。

もっとも，最近では，環境とは公共の利益であることなどから個人の権利と観念することがそもそも難しく，また，権利内容も権利主体も不明確であることなどが指摘されている（渡辺他・憲法Ⅰ 123-124頁〔松本和彦〕，383頁〔工藤達朗〕）。このため，本条2項にいう「公衆衛生」に良好な環境を保全し回復することが含まれるとして，個人の権利としてではなく国家活動に対する客観法的な義務付けと捉えるべきことが主張されている（渡辺他・憲法Ⅰ 383頁〔工藤達朗〕）。環境基本法は，「この法律は，環境の保全について，基本理念を定め，並びに国，地方公共団体，事業者及び国民の責務を明らかにするとともに，環境の保全に関する施策の基本となる事項を定めることにより，環境の保全に関する施策を総合的かつ計画的に推進し，もって現在及び将来の国民の健康で文化的な生活の確保に寄与するとともに人類の福祉に貢献することを目的とする」，と定めるが（1条），ここでは国民等も責務の担い手とされているものの，同法は国家の環境保護義務を定めたものともいえる（同法3-7条。赤坂正浩ほか『ファーストステップ憲法』有斐閣，2005年，37-38頁〔赤坂執筆〕）。

判例 裁判例では，大阪空港控訴審判決（大阪高判1975〈昭50〉11.27判時797号36頁）は，憲法13条と本条を引用しながら，「個人の生命，身体，精神及び生活に関する利益は，各人の人格に本質的なもの」であり，その総体を「人格権」ということができるとして，空港における航空機騒音に関し人格権侵害を認めた（大飯原発運転差止訴訟1審判決・福岡地判2014〈平26〉5.21判時2228号72頁も参照）。また，個人の法益に還元しうる場合には，環境的利益が法的に保護されるとしたものがある。国立マンション事件最高裁判決（最一判2005〈平18〉3.30民集60巻3号948頁）は，景観法や地方公共団体の条例をふまえつつ，良好な景観に近接する地域内に居住し，その恵沢を日常的に享受している者が有する，「良好な景観の恵沢を享受する利益」（景観利益）は法律上保護に値するものと解した。

〔尾形　健〕

第3章　国民の権利及び義務［第26条］

> **第26条** ①すべて国民は，法律の定めるところにより，その能力に応じて，ひとしく教育を受ける権利を有する。
> ②すべて国民は，法律の定めるところにより，その保護する子女に普通教育を受けさせる義務を負ふ。義務教育は，これを無償とする。

1　26条の趣旨

歴史的には，当初，教育は，統治とは無関係の私的事柄とされたが，各人の人格形成・発展，社会の成熟等のために，公による教育の重要性が意識され，19世紀前半の自由主義理論では，教育（知識）は人間的自然の回復を課題とし，自己及び他人・社会にとっても幸福の手段となり，よき統治と人民の教育は不可分の関係にあるとされた（芦部信喜編『憲法Ⅲ人権（2）』有斐閣，1981年，363-365頁〔奥平康弘〕）。「教育は，人格の完全な発展並びに人権及び基本的自由の尊重の強化を目的としなければならない」（世界人権宣言26条2項）。こうして，人間の自由・幸福は豊かな知識・教養を前提にしてはじめて有意義に実現されるものであり，幸福追求権の前提を形成するものの一つといえる（佐藤幸・憲法論368頁，長谷部・憲法289頁）。本条は，こうした意味での知識・教養を獲得するための教育を，国民が享受する権利を定め，かつ，義務教育の無償等を明示し，国家の一定の役割を明らかにしたものと考えられる。

〔比較憲法的意義〕

19世紀後半から20世紀はじめにかけて，欧米諸国で義務教育制度と公教育の無償性の原則が実現されていく過程で，憲法典においてもそれを明示するものが現れるようになった（例えばワイマール憲法〔1919年〕145条）。第二次世界大戦後の憲法典で，教育等の機会均等が掲げられ（フランス1946年憲法前文13項・イタリア共和国憲法34条等），本条も，そうした系譜に連なるものといえる（以上樋口他・注解Ⅱ165頁〔中村睦男〕）。国際人権の文脈でいえば，世界人権宣言は，「すべて人は，教育を受ける権利を有する。教育は，少なくとも初等の及び基礎的の段階においては，無償でなければならない。初等教育は，義務的でなければならない」と定め（26条1項），社会権規約も，締約国が教育についてのすべての者の権利を認めるべきこと，および，その完全な実現のため，初等教育の義務化と無償化の承認等を求めている（13条）。

〔憲法史的意義〕

明治憲法に本条に相当する規定は存しなかったが，教育は，兵役・納税と並んで国民の三大義務の一つと説かれ，1879・80〈明治12・13〉年に教育令が施行・改正された後，1886〈明治19〉年の小学校令で初等教育の義務教育制が定められた。本条は，2項で戦前から実質的に存在した義務教育制度を明文化しつつ，1項で教育の機会均等を定め，教育に関し憲法の位置付けを与えている（法協・註解上496頁，樋口他・注解Ⅱ165-166頁〔中村睦男〕）。日本国憲法成立とほぼ同時期に，教育基本法（昭和22年法律第25号。平成18年法律第120号により全部改正）・学校教育法（昭和22年法律第26号）等，教育法制の基礎が整備された。本条によれば，憲法は公教育を前

提としていると解されるが，そこには，ある歴史的段階において欧米諸国で成立し，現に展開しつつある公教育の継承・発展という側面と，戦前のわが国の教育体系をふまえた側面という，二つの点があることに留意すべきことも指摘されている（芦部編・368頁〔奥平康弘〕）。

2　教育の自由

すでにふれたように，教育は，歴史的には，私的事柄として位置づけられたが，近代憲法下では，知識・思想など情報の取得や流通にかかわる活動は，私人の自由に委ねられるのが原則とされた（長谷部・憲法289頁）。そして，「子どもの教育は，その最も始源的かつ基本的な形態としては，親が子との自然的関係に基づいて子に対して行う養育，監護の作用の一環としてあらわれる」（旭川学力テスト事件・最大判1976〈昭和51〉5.21刑集30巻5号615頁）。この点で，本条が保障する教育を受ける権利の前提には，私人の教育の自由があると解されている（樋口他・注解Ⅱ171頁〔中村睦男〕）。

この点で，親権者の教育の自由が第一次的なものと解されるが（木下・只野・新コメ311頁〔倉田原志〕）。民法820条は，親権者の教育の権利および義務について定める。ドイツ連邦共和国基本法は，「子どもの育成及び教育は，両親の自然の権利」であるとする〔6条2項〕），公立学校に替えて私立学校を選択する自由，公立小中学校間での選択の自由，学校での義務教育に替えて家庭教育を選択する自由等が論点となる（米沢広一『教育と憲法15講〔第4版〕』北樹出版，2016年，176頁以下）。市町村教育委員会による就学すべき小・中学校等の指定制度（学校教育法施行令5条2項）などがこの点で問題となりうるが，小学校でいじめ等により不登校状態に陥っているような場合には，子供の教育を受ける権利確保のため，指定外への学校への就学が認められることも重要であろう（保護者の意向や子供の状況等に合致しない場合に，保護者の申立てにより，市町村教育委員会が相当と認めるときは，指定外の学校に変更することができる〔学校教育法施行令8条〕。米沢・前掲177頁）。本条2項は，国民に，「その保護する子女に普通教育を受けさせる義務」を課している。学校教育法上，保護者（親権者等）等に9年の普通教育を受けさせる義務を課し，その義務の履行の督促を受けたにもかかわらず履行しない者は10万円以下の罰金に処せられる（学校教育法16条・17条・144条）。先述のように，教育の私事性を完全には消去し得ない以上，学校教育法上の就学義務と本条2項の義務とは異なるものと解すべきであろう（樋口他・注解Ⅱ176頁〔中村睦男〕，新基本法コメ233頁〔西原博史〕）。

また，教育の自由は，教師の教育の自由としても論じられるが，この点について，最高裁は，次のように述べている。「…知識の伝達と能力の開発を主とする普通教育の場においても，例えば教師が公権力によつて特定の意見のみを教授することを強制されないという意味において，また，子どもの教育が教師と子どもとの間の直接の人格的接触を通じ，その個性に応じて行われなければならないという本質的要請に照らし，教授の具体的内容及び方法につきある程度自由な裁量が認められなければならないという意味においては，一定の範囲における教授の自由が保障されるべきことを肯

定できないではない」。しかし，大学教育と異なり，普通教育では児童生徒に教授内容を批判する能力がなく，教師が児童生徒に対して強い影響力・支配力を有すること，普通教育においては，子どもの側に学校や教師を選択する余地が乏しく，教育の機会均等をはかる上からも全国的に一定の水準を確保すべき強い要請があることなどから，「普通教育における教師に完全な教授の自由を認めることは，とうてい許されないところといわなければならない」。

判例 私立学校を設置する学校法人に対し，そこに在籍していた生徒の親らが，学校法人が生徒を募集する際，学校案内や学校説明会等において説明された教育内容を生徒入学後に廃止したことが，在学契約上の債務不履行にあたり，親らの学校選択の自由を侵害するなどとして争われた事件で，最高裁は，旭川学力テスト事件を引用しつつ，次のように判断した。「親の学校選択の自由については，その性質上，特定の学校の選択を強要されたり，これを妨害されたりするなど，学校を選択する際にその侵害が問題となり得るものであって，親が子を入学させる学校を選択する際に考慮した当該学校の教育内容や指導方法…が子の入学後に変更されたとしても，学校が教育内容等の変更を予定しながら，生徒募集の際にそのことを秘して従来通りの教育を行う旨説明，宣伝したなどの特段の事情がない限り，親の学校選択の自由が侵害されたものということはできない」（江戸川学園取手中学・高校事件・最一判 2009〈平 21〉12.10 判時 2071 号 45 頁）。

3　教育を受ける権利

本条 1 項は教育を受ける権利を保障するが，これについては，①その内容と，②法的性格について議論がある（諸学説につき，争点 176 頁〔大島佳代子〕参照）。

（1）内　容

かつては，本条 1 項にいう権利は，憲法 25 条で保障される生存権の文化的側面に関するものであるなどと解されたこともあったが（法協・註解 495 頁等），その後，教育学等の影響もあり，「子どもの学習権」として把握すべきことが主張され，裁判例でもこの趣旨を述べるものがあった（第二次家永訴訟一審判決〔いわゆる杉本判決〕・東京地判 1970〈昭 45〉7.17 行集 21 巻 7 号別冊 1 頁等。子どもの自律と保護を形成的に組合せて子どもの権利を論ずる，中川明『教育における子どもの人権救済の諸相』エイデル研究所，2016 年，13 頁以下も参照）。最高裁も，旭川学力テスト事件において，次のように，本条の背後に，子どもの学習権があることを明らかにした。「この規定〔本条〕の背後には，国民各自が，一個の人間として，また，一市民として，成長，発達し，自己の人格を完成，実現するために必要な学習をする固有の権利を有すること，特に，みずから学習することのできない子どもは，その学習要求を充足するための教育を自己に施すことを大人一般に対して要求する権利を有するとの観念が存在していると考えられる。換言すれば，子どもの教育は，教育を施す者の支配的権能ではなく，何よりもまず，子どもの学習をする権利に対応し，その充足をはかりうる立場にある者の責務に属するものとしてとらえられているのである」。なお，本条にいう「教育」には，以上のような子どもの学習権のほか，社会教育等も含むとの見解がみられた（佐藤功・註釈（上）446-447 頁，芦

第3章　国民の権利及び義務

部編・前掲書386-388頁〔奥平康弘〕）。

(2) 法的性格

教育を受ける権利については，大別して自由権的側面と社会権的側面とに分けることができ，「いわば『学習権』を媒介に自由権的性質と社会権的性質とが結びついた」ものと解される（佐藤幸・憲法論369頁。樋口他・注解Ⅱ166-168頁〔中村睦男〕，芦部編・前掲書382-385頁〔奥平康弘〕，争点176頁〔大島佳代子〕参照）。

自由権的側面としては，子どもの学習権を阻害する国等の行為が問題となるが，最高裁は，「子どもが自由かつ独立の人格として成長することを妨げるような国家的介入，例えば，誤つた知識や一方的な観念を子どもに植えつけるような内容の教育を施すことを強制するようなことは，憲法26条，13条の規定上からも許されない」，という（旭川学力テスト事件）。もっとも，本条にいう「教育を受ける権利」とは，「国家が教育の機会均等につき配慮すべきことを国民の側から権利として把握したもの」，と解され（法協・註解上500頁，宮沢・コメ274頁等），この権利は直接本条を根拠に主張しうる具体的請求権であるかが論じられた（佐藤功・註釈(上)447頁。学説につき，芦部編・前掲書371-372頁〔奥平康弘〕，樋口他・注解Ⅱ171頁〔中村睦男〕木下・只野・新コメ308頁〔倉田原志〕等）。大別すると，法的権利性を否定する立場（今日この見解をとるものとして，大石・講義Ⅱ278頁）と，一定の権利性を承認しようとする立場がある。今日では，「教育というものの本質に照らし，『教育の自由』をはじめとした憲法により保障されるべき中核の部分と，政策考慮を反映した法律によって初めて具体化される部分との

二つの部分をもつ」と解する立場のように（芦部編・前掲書372頁〔奥平康弘〕），抽象的権利と捉える見解が有力である（佐藤幸・憲法論369-370頁）。

なお，本条は，「法律の定めるところにより」教育を受ける権利を保障し，義務を定めるが，この点については，明治憲法下の教育制度勅令主義を否定し，教育制度についても国会制定法で規律されるべきとする，教育制度法定主義を表明したものと解されている（佐藤功・註釈(上)444頁，大石・講義Ⅱ278頁）。

(3) 能力に応じた教育の機会均等

本条1項は，国民は，「その能力に応じて，ひとしく」教育を受ける権利を有する，と定める。「能力に応じて，ひとしく」とは，「教育を受ける権利における平等，すなわち，〔憲法〕14条の定める平等原則の教育における適用を意味する」と解されてきた（佐藤功・註釈(上)445頁）。教育基本法は，「すべて国民は，ひとしく，その能力に応じた教育を受ける機会を与えられなければならず，人種，信条，性別，社会的身分，経済的地位又は門地によって，教育上差別されない」，と定める（4条1項）。「能力に応じて」とは，「それぞれの適性と教育を受けるに必要な能力に応じて」という意味とされる（樋口他・注解Ⅱ173頁〔中村睦男〕）。

女子のみを入学させる学校を設けることについて，かつては，「同じような内容の学校がひとしく男子のために設けられている場合には，実質上差別と見られないから，本条に違反しないと見ていいだろう」（宮沢・コメ274頁）とする見解もあったが，この理由付けで正当化しうるかどうかは，今日再検討すべき点もあるかもしれない

（合憲性を疑問視するものとして，尾吹善人『憲法教科書』木鐸社，2001年，〔第6刷〕，100頁）。また，教育の機会均等については，障害児教育に関し，障害児のニーズに応じて発達を保障しつつ非障害児との共生を目指す，インクルーシブ教育も重要となる（米沢・前掲150-151頁，障害者権利条約24条，教育基本法4条2項も参照。日米比較を通じた問題点の検討として，尾形健編『福祉権保障の現代的展開』日本評論社，2018年，第6章〔今川奈緒〕，インクルーシブ教育の憲法上の諸問題につき，中川明『寛容と人権』岩波書店，2013年，246頁以下参照）。

判例 市立高等学校への入学を希望し学力検査を受験した原告が，調査書の学力評定及び学力検査の合計点では合格点に達していたが，進行性の筋ジストロフィー症に罹患し，高等学校の全課程を無事に履修する見込みがないと判定され，入学不許可処分を受けたことに対し，その違法性が争われた事件で，裁判所はその違法性を認めたが，その際，憲法26条等を引用しつつ，次のように判示した。「障害を有する児童，生徒も，国民として，社会生活上あらゆる場面で一人の人格の主体として尊重され，健常児となんら異なることなく学習し発達する権利を保障されているのであり，このことは『世界人権宣言』や『障害者の権利宣言』を待つまでもないことである」。「少なくとも，普通高等学校に入学できる学力を有し，かつ，普通高等学校において教育を受けることを望んでいる原告について，普通高等学校への入学の途が閉ざされることは許されるものではない。健常者で能力を有するものがその能力の発達を求めて高等普通教育を受けることが教育を受ける権利から導き出されるのと同様に，障害者がその能力の全面的発達を追求することもまた教育の機会均等を定めている憲法その他の法令によって認められる当然の権利であるからである」（神戸地判1992〈平成4〉3.13行集43巻3号309頁）。

朝鮮学校在学者を高等学校修学支援金支給の対象から除外したことが争われた，朝鮮学校無償化訴訟では，その適法性を肯定した裁判例があったが（広島地判2017〈平29〉7.19 LEX/DB25546443，東京地判2017〈平29〉9.13 LEX/DB25448992，大阪地判2017〈平29〉7.28 LEX/DB25448879 は，「公立高等学校に係る授業料の不徴収及び高等学校等就学支援金の支給に関する法律」（平成25年法律第90号による改正により「高等学校等就学支援金の支給に関する法律」とされた）の趣旨（国の財政的負担において高等学校等における教育に係る経済的負担の軽減を図り後期中等教育段階における教育の機会均等に寄与することを目的とするもの）をふまえつつ，同法の委任に基づき制定された同法施行規則中の規定（「文部科学大臣が定めるところにより，高等学校の課程に類する課程を置くものと認められるものとして，文部科学大臣が指定したもの」とする規定。同法施行規則1条1項2号ハ）の削除を違法と判断し，また，朝鮮高等学校を対象外としたこと（不指定処分）を違法とした。

4　教育と国家

先述のように，教育は，歴史的に私事性を有していたが，しかし，「このような私事としての親の教育及びその延長としての私的施設による教育をもってしては，近代社会における経済的，技術的，文化的発展

と社会の複雑化に伴う教育要求の質的拡大及び量的増大に対応しきれなくなるに及んで、子どもの教育が社会における重要な共通の関心事となり、子どもの教育をいわば社会の公共的課題として公共の施設を通じて組織的かつ計画的に行ういわゆる公教育制度の発展をみるに至り、現代国家においては、子どもの教育は、主としてこのような公共施設としての国公立の学校を中心として営まれるという状態になつている」（以上、旭川学力テスト事件）。こうして、教育の領域に国家が一定の役割を果たすことが求められるようになる。

（1）義務教育の無償

本条2項は、「義務教育は、これを無償とする」と定める。本条1項の権利の法的性格と異なり、この規定については、これ自体として直接法的効果を持つ規定と解されている（大石・講義Ⅱ 279頁）。ただ、義務教育無償の範囲については、A説（授業料無償説）と、B説（就学必需費〔修学費〕無償説）とがあった（さしあたり樋口他・注解Ⅱ 177-178頁〔中村睦男〕）。B説は、授業料の他に、教科書代金・教材費・学用品費等義務教育就学に必要な一切の費用を無償とする見解とされる。最高裁は、「義務教育諸学校の教科用図書の無償措置に関する法律」制定以前の事案ではあるが、「国が義務教育を提供するにつき有償としないこと、換言すれば、子女の保護者に対しその子女に普通教育を受けさせるにつき、その対価を徴収しないことを定めたものであり、教育提供に対する対価とは授業料を意味するものと認められるから、同条項の無償とは授業料不徴収の意味と解するのが相当である」、として、A説によることを明らかにしている（最大判1964〈昭39〉2.26 民集18巻2号343頁）。ただし、これを前提にしたとしても、就学費用等にかかる費用負担のあり方が過重であって、実質的に子どもの学習権ないし教育を受ける権利の制約に相当するような場合には、本条の趣旨に反するとみる余地もあろう（樋口他・注解Ⅱ 179頁〔中村睦男〕）。現在、「義務教育諸学校の教科用図書の無償措置に関する法律」により、義務教育諸学校で使用される教科用図書（教科書）が無償で給与されている。また、「高等学校等就学支援金の支給に関する法律」により、高等学校の生徒等に対し、その授業料に充てるために高等学校等就学支援金が支給されている（所得制限がある〔同法3条2項3号〕）。

もっとも、公教育を維持する観点からなされるべき「無償」措置と、経済的格差を是正し、教育の機会均等を実現する観点からなされるべき「無償」措置とは、いちおう区別することができる（新基本法コメ234頁〔西原博史〕）。学校教育法は、経済的理由により就学困難と認められる学齢児童・生徒に対し、市町村が必要な援助を与えるべきことを定め、就学援助制度を講ずることを求めているが（19条）、こうした制度も、本条の趣旨に照らして不断に吟味すべきものであろう（この点に関する現状の問題点とその検討として、尾形編・前掲書第5章〔藤澤宏樹〕参照）。

（2）教育と国家

公教育維持の観点から、教育の領域において、国家が一定の役割を果たさざるを得ないとした場合、教育に関するイニシアティヴをとるのは、どの主体だろうか。従来より、「教育権の所在」として論じられてきた点であるが、これについては、A説（国家の教育権説）とB説（国民の教育

権説）との対立があった（各説の整理につき，今井功・最判解刑事篇昭和51年度205頁以下参照）。A説は，国民全体の教育意思は議会制民主主義の下，国会の法律制定を通じ具体化されるから，国は，法律により，公教育における教育の内容・方法について包括的に定めることができると解する。これに対しB説は，子どもの教育の責務を担うのは親を中心とする国民全体であり，子どもの教育の内容・方法について，国は側面から助成するための諸条件の整備に限られ，原則として介入権能を持たず，教育は，その実施に当たる教師が，内容・方法を決定・遂行すべきものと主張する（A説的見解の裁判例として第一次家永訴訟一審判決・東京地判1974〈昭49〉7.16判時751号47頁〔いわゆる高津判決〕，B説的見解の裁判例として前掲・第二次家永訴訟一審判決参照）。しかし最高裁（旭川学力テスト事件）は，いずれの立場も「極端かつ一方的」であるとして排斥し，先述の子どもの学習権を前提に，子どもの教育に利害と関心を持つ関係者（親・教師・国）が，それぞれの立場からその決定・実施に対する権能を有するものとした。その上で，国は，「憲法上は，あるいは子ども自身の利益の擁護のため，あるいは子どもの成長に対する社会公共の利益と関心にこたえるため，必要かつ相当と認められる範囲において，教育内容についてもこれを決定する権能を有するもの」と解した。

　こうして，国は，「必要かつ相当と認められる範囲」で教育の領域における決定権を有するとされたが，その境界は必ずしも明確ではない。結果的に，国の広範な決定権が肯定されているようにみえるが，場合によっては，思想・良心の自由や表現の自由など，市民的自由との関係で，その介入の射程を見極める必要もあるように思われる（親の教育の自由につき，芦部編・前掲書408-411頁〔奥平康弘〕参照。教育権と教育の自由の対抗をめぐる史的展開を概観するものとして，新基本法コメ229-232頁〔西原博史〕）。なお，平成18年法律第120号により全部改正された教育基本法では，改正前の教育基本法同様，教育が不当な支配に服することのない旨定めるが，教育が，「この法律及び他の法律の定めるところにより」行われ，教育行政は，「国と地方公共団体との適切な役割分担及び相互の協力の下，公正かつ適正に行われなければならない」，と定めたが（16条1項），これは，旭川学力テスト事件で示された国の「必要かつ相当と認められる範囲」での関与という国家的責任の原則を法制化したものと評されている（新基本法コメ232頁〔西原博史〕）。また，この改正では，教育の目標として，「伝統と文化を尊重し，それらをはぐくんできた我が国と郷土を愛する」態度を養うことが掲げられたが（同法2条5号），「愛国心」を教育することの是非について，様々な議論がある（理論的検討として，齊藤愛『異質性社会における「個人の尊重」』弘文堂，2015年，227頁以下参照）。

判例 ① **国の関与の基本枠組み**　先述のように，教育における当事者の役割については，文部省（当時）による全国中学校一せい学力テスト実施の適法性等が争われた旭川学力テスト事件で，次のように示された。「まず親は，子どもに対する自然的関係により，子どもの将来に対して最も深い関心をもち，かつ，配慮をすべき立場にある者として，子どもの教育に対する一定の支配権，すなわち子女の教育の自由を

有すると認められるが，このような親の教育の自由は，主として家庭教育等学校外における教育や学校選択の自由にあらわれるものと考えられるし，また，私学教育における自由や前述した教師の教授の自由も，それぞれ限られた一定の範囲においてこれを肯定するのが相当であるけれども，それ以外の領域においては，一般に社会公共的な問題について国民全体の意思を組織的に決定，実現すべき立場にある国は，国政の一部として広く適切な教育政策を樹立，実施すべく，また，しうる者として，憲法上は，あるいは子ども自身の利益の擁護のため，あるいは子どもの成長に対する社会公共の利益と関心にこたえるため，必要かつ相当と認められる範囲において，教育内容についてもこれを決定する権能を有するものと解さざるをえず，これを否定すべき理由ないし根拠は，どこにもみいだせないのである」。

② **具体的事例**　教育における国の関与が問題とされた例としては，次のものがある。

（ⅰ）**教科書検定制度**　教科書検定制度の合憲性が争われた，第一次家永訴訟上告審判決（最三判 1993〈平 5〉3.16 民集 47 巻 5 号 3483 頁）で，最高裁は，同検定制度が憲法 26 条に反しないかについて，旭川学力テスト事件を引用しつつ，普通教育の場では教育内容の正確性や中立・公正性，全国的に一定の水準であることなどが求められ，それは高等学校の場合でも異ならず，本件検定制度がその要請を実現するためのものであることは明らかであり，審査基準（検定基準）も「右目的のための必要かつ合理的な範囲を超えているもの」とはいえない，などとした。

（ⅱ）**学習指導要領の法的拘束力**　旭川学力テスト事件では，当時の中学校学習指導要領につき，「全国的な大綱的基準としての性格をもつ」などとして，「全体としてみた場合，…必要かつ合理的な基準の設定として是認することができる」としていた。伝習館高校事件（最一判 1990〈平 2〉・1・18 民集 44 巻 1 号 1 頁，最一判 1990〈平 2〉・1・18 判時 1337 号 3 頁）では，学校教育法所定の教科用図書を使用せず，高等学校学習指導要領から逸脱する授業・考査の出題をしたこと等を理由に県立高等学校教諭が懲戒免職処分とされたことの違法性が争われたが，最高裁は，当該教諭の授業等が「日常の教育のあり方を律する学校教育法の規定や学習指導要領の定め等に明白に違反するもの」であったなどとして，懲戒免職処分を適法とした（民集 44 巻 1 号 1 頁登載事件の判旨）。最高裁はまた，「高等学校学習指導要領…は法規としての性質を有するとした原審の判断は，正当として是認することができ」，そのように解することが憲法 26 条等に反しないことは，旭川学力テスト事件の趣旨とするところである，としている（判時 1337 号 4 頁登載事件の判旨）。

（ⅲ）**公立学校における国旗掲揚・国歌起立斉唱**　学習指導要領や通達などに基づく，教育現場への公権力の関与が問題となることがある。東京都教育委員会教育長が発出した通達に基づき，都立学校の入学式・卒業式などで，教職員らが国旗に向かって起立し，国歌斉唱・そのピアノ伴奏等が求められ，教職員がこの通達に基づく校長の職務命令に従わない場合は服務上の責任を問われるなどして，入学式・卒業式等の国旗掲揚・国歌斉唱の適正な実施を求

第3章　国民の権利及び義務〔第27条〕

めた通達が，国旗に向かった起立や国歌斉唱，そしてその際のピアノ伴奏の強制は思想・良心の自由等を侵害するものであるとして，起立斉唱等の義務を不存在の確認等を求めて争われた事案がある（東京地判2006〈平18〉9.21判時1952号44頁）。裁判所は，旭川学力テスト事件をふまえつつ，本件通達について，通達・職務命令が，大綱的基準を逸脱し，教職員に対し一方的な一定の理論や観念を生徒に教え込むことを強制するようなものである場合には，教育基本法10条1項（平18法120による改正前のもの）所定の不当な支配に該当するものとして，違法になるものと解するのが相当であるとした（上告審では原告らが敗訴した。最一判2012〈平成24〉2.9民集66巻2号183頁）。これらの点については，第19条の解説（本書119頁）を参照されたい。

〔尾形　健〕

第27条 ①すべて国民は，勤労の権利を有し，義務を負ふ。
②賃金，就業時間，休息その他の勤労条件に関する基準は，法律でこれを定める。
③児童は，これを酷使してはならない。

1　27条の趣旨

本条は，福祉国家的体制の下にあっても，国民の生活は各人の勤労によって維持されることを原則としつつ，国民の勤労の権利を定め，労働条件に関し国会が制定する法律によって条件付けることを要求し，かつ，児童を労働者として酷使することを禁ずることを定める（佐藤・憲法論373頁参照）。

〔比較憲法的意味〕

各国憲法で労働者の権利が明示されたのは20世紀以降とされる（ワイマール憲法〔1919年〕163条2項参照）。第二次世界大戦後の例としては，1946年フランス憲法前文（5項）や1948年イタリア共和国憲法4条1項などが挙げられている（樋口他・注解Ⅱ188-189頁〔中村睦男〕）。国際人権法の文脈では，社会権規約が，締約国が労働の権利を認めるべきものとし（6条），また，「すべての者が公正かつ良好な労働条件を享受する権利を有することを認める」ものとしている（7条）。

〔憲法史的意味〕

明治憲法には本条に相当する規定はなかった。マッカーサー草案で，それまでの総司令部の草案の文言を整理し，「何人モ働ク権利ヲ有ス」（25条）とされていたが，日本側の修正等を経て現行のような文言となった。2項の「勤労の義務」は，帝国議会衆議院での審議の際，挿入された（清水伸・審議録550頁，佐藤達夫〔佐藤功補訂〕『日本国憲法成立史』第4巻有斐閣，1994年，760頁参照）。

2　勤労の権利

（1）意　義

憲法は，資本主義的経済体制において，各人が自らの選択によって働く場を見出すことを前提に，私企業などへの就職の機会が得られるよう国に対し配慮を求め，就職できない場合には，適切な措置が講じられることを要求すべく，27条1項で「勤労の権利」を保障している（佐藤・憲法論373頁。以下，学説等の詳細については，初

宿正典＝大石眞編『憲法 Cases and Materials　人権〔第 2 版〕』有斐閣，2013 年，538-540 頁〔尾形健〕参照）。

「勤労の権利」は，労働の自由（苦役からの自由〔憲法 18 条〕・職業選択の自由〔22 条 1 項〕）を前提とし，生存権（25 条）・教育権（26 条）とも密接な関係を有する権利とされる（樋口他・注解Ⅱ 191-192 頁〔中村睦男執筆〕）。労働法学説では，個人を主体に，その発意で職業キャリアを準備・形成し（憲法 26 条），キャリア展開のために仕事を選び（22 条 1 項），キャリアの機会確保に向けて各種措置を求める権利（27 条）を展望し，個人の主体性・幸福追求権（憲法 13 条）に基礎をおきつつ，職業選択の自由と「勤労の権利」の双方にも基礎付けられた，「キャリア権」保障を提唱するものがある（諏訪康雄「キャリア権の構想をめぐる一試論」日本労働研究雑誌 468 号〔1999 年〕54 頁，57-58，63 頁）。

また，労働における性差別の問題も，本条との関係で重要である（宍戸常寿＝林知更編『総点検　日本国憲法の 70 年』（岩波書店，2018 年 182 頁〔大河内美紀〕）。

（2）法的意味

本条にいう「勤労の権利」保障の法的意味については，次のような立場がある（樋口他・注解Ⅱ 190 頁〔中村睦男〕，葛西まゆこ「労働者保護と憲法 27 条」法時 80 巻 12（2008 年）23 頁，23-25 頁，新基本法コメ 235 頁〔倉田原志〕）。①本条は国民の具体的権利を定めたものではなく，将来の政治・立法に対する基本的方向を示したものと解する立場（ただし，「勤労の権利」実現は阻害されてはならず，これに反する契約や団体内の規約・法令等は無効とされる）。

②国に対する関係では法律の改廃による積極的侵害は違憲となる余地があるが，国の不作為による侵害については救済法方法がなく，使用者との関係では，解雇の自由を制限する法理として法的効力を認める立場。③本条の規範内容（「勤労の権利」の権利内容）を具体化するのに必要な立法を制定し予算措置を講ずることが立法府に憲法上義務付けられ，この規範を法的基準として裁判活動を行うことが司法府には憲法上義務付けられることなどにより，「勤労の権利」は具体的な法的権利と解する立場，などである。

②説でも示唆されるように，本条は，私人間（対使用者関係）でも問題とされる。民法上，雇用契約に関し，契約当事者双方に解約の自由が認められるが（627 条 1 項），しかし現行法は，業務災害や産前産後にかかる解雇制限や，均等待遇との関係で解雇を制限するなど（労働基準法 19 条・3 条等），労働者の「辞職の自由」は職業選択の自由として保持する一方，使用者の「解約の自由」は，労働者に与える打撃の大きさから，これを規制する。また，裁判例では，客観的に合理的な理由を欠き社会通念上相当と認められない解雇を解雇権の濫用として無効とする解雇権濫用法理が発達し（日本食塩製造事件・最二判 1975〈昭 50〉4.25 民集 29 巻 4 号 456 頁など），これが立法上明確化されている（労働契約法 16 条。以上につき菅野和夫『労働法〔第 11 版補正版〕』弘文堂，2017 年，728-729 頁）。こうした解雇規制の根拠として，本条が挙げられる（和田肇『人権保障と労働法』日本評論社，2008 年，206 頁，284-285 頁）。

3　労働基準の法定

　労働者と使用者の契約を当事者の完全な自由に委ねると，自己の勤労を提供するのみの労働者は，不利な条件でも契約せざるを得ない場合もあり，雇用条件についても国による統制が必要となる。本条2項は，賃金・就労時間等の勤労条件に関する基準を法律で定めることを要請し，3項で児童の酷使を禁ずる。この規定には，20世紀初頭のアメリカで連邦最高裁判所が労働立法等を違憲としたことをふまえ，立法府が労働保護立法を制定する際の憲法的根拠を与えるという，比較憲法的背景があった（以上につき，小嶋和司『憲法概説』良書普及会，1987年，225-226頁，奥平康弘『憲法Ⅲ』有斐閣，1993年，265-266頁，長谷部・憲法293頁）。これを受けて，労働基準法・最低賃金法・労働安全衛生法・労働契約法などが制定されている。

　近時の労働法学説では，本条2項に，より積極的な意義を見出そうとする立場がある（西谷敏『規制が支える自己決定』法律文化社，2004年，268-272頁，同『労働法〔第2版〕』日本評論社，2013年，25-26頁）。つまり，同項は，立法者が労働条件基準の法定によって労働関係当事者の私的自治を制約することを許容するのみならず，それを義務付けている。したがって，立法者が，許容された範囲を越えて私的自治を制約することは憲法22条などに反する（過剰禁止）が，同時に，憲法の義務付けに反して適切な労働条件基準の法定を怠ることも，同項違反として許されない（過少禁止）。立法者は，この過剰禁止とか過少禁止の範囲内において，裁量権を持つ。この見地から，合理的根拠がなくホワイトカラー労働者の一定部分を労働時間規制の適用から除外することは，本条2項に反する過少禁止に該当する，などとされる。

　また，最近では，憲法学説において，本条2項にいう「法定」の内容は，憲法25条1項の最低生活への権利によって実体的な規律を受けていると指摘されている（佐々木弘通＝宍戸常寿編『現代社会と憲法学』弘文堂，2015年，95頁〔遠藤美奈〕）。

4　勤労の義務

　本条1項は，勤労権と並び，国民の勤労の義務について定める。勤労の義務については，一般に，社会主義憲法における労働の義務とは異なるという点についてコンセンサスがあるが，勤労の義務は道徳的な意味の規定と解するA説（法協・註解上513-514頁，長谷部・憲法98-99頁）と，一定の法的意味を認めるB説とがある。B説によれば，生活保護法4条1項や雇用保険法32条のように，社会保障給付について就労等の要件を課すことに関し，「勤労の義務に関する憲法の趣旨を確認し，具体化したもの」と解する限りで，一定の法的意味があるとする（樋口他・註解Ⅱ196頁〔中村睦男〕）。B説的見解に対し，近時，勤労の義務によって生存権保障等が制約されることを疑問視し，批判する見解も有力である（笹沼弘志『臨床憲法学』日本評論社，2014年，139-142頁，前田雅子「個人の自立を支援する行政の法的統制」法と政治67巻3号〔2016年〕1頁，尾形健編『福祉権保障の現代的展開』日本評論社，2018年，第2章〔辻健太〕など参照）。

〔尾形　健〕

> **第 28 条** 勤労者の団結する権利及び団体交渉その他の団体行動をする権利は，これを保障する。

1　28 条の意味

本条は，憲法 27 条と並び，勤労者（労働者）の権利を保障するものである。憲法は，「…25 条に定めるいわゆる生存権の保障を基本理念とし，勤労者に対して人間に値する生存を保障すべきものとする見地に立ち，一方で，憲法 27 条の定めるところによつて，勤労の権利および勤労条件を保障するとともに，他方で，憲法 28 条の定めるところによつて，経済上劣位に立つ勤労者に対して実質的な自由と平等とを確保するための手段として，その団結権，団体交渉権，争議権等を保障しようとするものである」（全逓東京中郵事件・最大判 1966〈昭 41〉10.26 刑集 20 巻 8 号 901 頁）。

〔比較憲法的意味〕

労働者の団結権・団体交渉権・争議権等の労働基本権を憲法で保障する例は多くはないとされる（保障する例として，1946 年フランス憲法前文 6〜8 項，1948 年イタリア共和国憲法 39 条・40 条・46 条等。樋口他・注解 II 198 頁〔中村睦男〕）。国際人権法の文脈では，社会権規約が，すべての者の労働組合結成・加入の権利や同盟罷業の権利等を締約国が約束すべきことを求める（8 条）。

〔憲法史的意味〕

明治憲法には労働基本権を保障する規定は存しなかった。本条のもととなったのはマッカーサー草案であるが（26 条），同草案で示されて以降，若干の修正を経て本条として成立した。

2　労働基本権
（1）意　義

先にみたように，本条は，「経済上劣位に立つ勤労者に対して実質的な自由と平等とを確保するための手段として，その団結権，団体交渉権，争議権等を保障しようとするもの」とされる（前掲・全逓東京中郵事件。以下，学説等の詳細については，初宿正典＝大石眞編『憲法 Cases and Materials　人権〔第 2 版〕』有斐閣，2013 年，540 頁以下〔尾形健〕参照）。労働基本権は，かつては憲法 27 条の「勤労の権利」をも含めて観念されたこともあるが，今日では，労働基本権とは，本条が保障する団結権・団体交渉権・団体行動権を意味するものと解される（樋口他・注解 II 198-199 頁〔中村睦男〕）。労働法学説では，憲法 13 条の個人尊重の理念（人間の尊厳理念）の一内容である自己決定の理念は，自己にも他者にもかかわる事柄の決定に関与する権利を包摂するものと解すべきであって，労働条件等にかかる労働者の自己決定・関与は，ほかの労働者との連帯を媒介することで可能となることなどをふまえ，憲法 28 条の労働基本権保障を憲法 13 条に基礎をおく人格的自律権・自己決定権に関連づけて理解する立場がある（西谷敏『労働組合法〔第 3 版〕』有斐閣，2012 年，39-40 頁〔以下西谷・前掲労組法と略〕）。憲法 27・28 条にいう「勤労」は「労働」と同じ意味とされ，憲法 28 条にいう「勤労者」とは，肉体的・精神的労働を他人に提供し，その対価として賃金・報酬などを得て生活する者

第 3 章　国民の権利及び義務　［第 28 条］

をいう（佐藤功・註釈（上）466 頁，宮沢・コメ 280 頁）。公務員が憲法 28 条にいう「勤労者」に含まれるかは争いがあるが（消極に解するものとして大石・講義Ⅱ 248 頁），最高裁は含まれると解してきた（政令 201 号事件・最大判 1953〈昭 28〉4.8 刑集 7 巻 4 号 775 頁，前掲・全逓東京中郵事件，全農林警職法事件・最大判 1973〈昭 48〉4.25 刑集 27 巻 4 号 547 頁，全逓名古屋中郵事件・最大判 1977〈昭 52〉5.4 刑集 31 巻 3 号 182 頁）。

（2）労働基本権保障の法的効果

本条の保障は，(i)国家権力からの自由，とくに刑罰権からの自由の側面，(ii)民事法上，使用者の経済的自由権（契約の自由・財産権など）を労働者に有利に修正するという，使用者に対する権利の側面，(iii)国の行政機関である労働委員会による救済を受ける権利という側面に分けられ，自由権的な部分と社会権的な側面を併せ持つ複合的性格を有する（樋口他・注解Ⅱ 199-200 頁〔中村睦男〕）。(i)については，正当な争議行為は刑事制裁の対象とならない（争議行為の刑事免責。労働組合法（以下「労組法」という）1 条 2 項はこのことを注意的に規定したものとされる）。(ii)に関しては，正当な限界を超えない争議行為は，債務不履行による解雇や損害賠償等の問題を生ずる余地がなく，また違法性を欠くものとして不法行為責任を生ずることがない（争議行為の民事免責。労組法 8 条はこのことを明示したものと解される）（以上につき，前掲・全逓東京中郵事件参照）。これらのことは，本条が，使用者その他の関係者に対し労働基本権を尊重すべき「公の秩序」（民法 90 条）を設定したことを意味する（菅野和夫『労働法〔第 11 版補正版〕』弘文堂，2017 年，32 頁等）。そして，(iii)の観点からは，労働基本権保障を確実なものとすべく，国による積極的措置が要請される。労組法上の不当労働行為をめぐる労働委員会の救済命令等（労組法 7 条，27 条以下）は，この点にかかわる。労使関係の紛争処理については，個別労働関係紛争の解決の促進に関する法律に基づく紛争調整委員会によるあっせん（12 条以下）や，労働審判法に基づく裁判所で行われる労働審判委員会による労働審判（7 条以下）等，今日，法整備が進められた。

3　労働基本権の内容
（1）団　結　権

団結権は，労働者が労働条件の維持・改善をはかることを主たる目的として，一時的または継続的な団結体を結成し，それを運営することを保障する権利とされる（菅野・前掲 33 頁）。その主たるものは労働組合であるが，現行法制上「労働組合」にはいくつかの種類がある。①労組法上の定義に合致する労働組合（労組法 2 条本文，但書 1 号・2 号。同法上の規約の必要記載事項〔5 条 2 項〕のすべての要件に合致することも求められる）があり，この組合は，刑事免責（労組法 1 条 2 項）・民事免責（同 8 条）をはじめ，労組法が規定する法的保護のすべてを享受する（この組合は「法適合組合」ともよばれる）。一方，②労組法 2 条本文の定義には合致するが，同条但書 1 号・2 号のいずれかまたは両方の要件を満たさない組合があり，これは，労組法上の「労働組合」ではないため，同法上の法的保護すべてを享受しないが，本条にいう労働組合には該当し，この組合でも，刑事免責・民事免責等，同条の法的保護は

177

享受する(「憲法上の労働組合」。以上につき，菅野・前掲780-781頁)。そして，③労組法2条本文の要件を満たさない，使用者からの独立性・自主性を喪失する団体(「御用組合」)は，実質的に労働組合とは認められず，本条の保障を受けない(樋口他・注解Ⅱ208頁〔中村睦男〕，西谷・前掲労組法82頁)。

労働組合においては，その組織拡充を図るべく，組合員たることを雇用の条件とすることにより，組合員の地位取得や維持を強制する，労働協約上の制度が採用されることがある。これを組織強制という(菅野・前掲799頁)。使用者が労働協約において，自己の雇用する労働者のうち当該労働組合に加入しない者や当該組合の組合員ではなくなった者を解雇する義務を負う制度であるユニオン・ショップ制などはその一つである。ユニオン・ショップ協定は，組合の組織強化に資する反面，①組合に入らない自由(または組合を脱退する自由)，②組合選択の自由(自ら好む組合を結成しまたはこれに加入する自由)，③雇用の安定保障と対立する(菅野・前掲799-800頁，土田道夫『労働法概説〔第3版〕』弘文堂，2014年，359-360頁等)。労働法学説は，②組合選択の自由が，憲法28条が保障する団結権の一内容であり，ユニオン・ショップ制はこれと衝突するため，特定の組合への加入強制ではなく，いずれかの組合への加入を強制する一般的組織強制のみを有効とする立場が説かれるなど，組合選択の自由との調整を図りつつ，一定限度でその効力を肯定している(菅野・前掲800-801頁)。ユニオン・ショップ制については，労働者の「消極的団結自由をあまりにも甚だしく制約する」ものとして，使用者に対し未加入者・脱退者・被除名者の解雇を義務づけるかぎりで憲法13条・公序良俗違反として無効と解する有力説がある(西谷敏『労働法における個人と集団』有斐閣，1992年，156頁-157頁)。

また，労働組合は，組織を維持強化し，その目的実現のため，組合員に対し一定の統制等を課すことがある(樋口他・注解Ⅱ211頁〔中村睦男〕)。この点については，(ⅰ)統制権の根拠と，(ⅱ)その妥当範囲が問題となる。(ⅱ)については，組合員の協力義務がどこまで認められるか，という形で争われている。

判例 ユニオン・ショップ協定に関して，三井倉庫港運事件(最一判1989〈平成元〉12.14民集43巻12号2051頁)は，Y会社との雇用契約に基づく従業員であったXらが，同社とユニオン・ショップ協定を締結していたA組合を脱退し，即刻B組合に加入したところ，Y会社はXらをユニオン・ショップ協定に基づき解雇したことが争われた。最高裁は，「ユニオン・ショップ協定のうち，締結組合以外の他の労働組合に加入している者及び締結組合から脱退し又は除名されたが，他の労働組合に加入し又は新たな労働組合を結成した者について使用者の解雇義務を定める部分は，…民法90条の規定により，これを無効と解すべきである(憲法二八条参照)」，とした。また，労働組合加入の自由について，「一般に，労働組合の組合員は，脱退の自由，すなわち，その意思により組合員としての地位を離れる自由」を有しており，労働組合の統制権も，「組合からの脱退の自由を前提として初めて容認される」ところ，特定の労働組合から脱退する権利をおよそ行使しないことを組合員に義務付け，脱退

の効力そのものを生じさせない旨の従業員と使用者との間の合意等は，公序良俗に反する，としたものがある（東芝労組事件・最二判2007〈平成19〉2.2民集61巻1号86頁）。

労働組合の統制権とその範囲については，地方選挙に関し，労働組合が決定した統一候補の選に漏れた者が独自に立候補したことに対し，統制違反者として処分（組合員資格の停止）を課したことが争われた三井美唄労組事件（最大判1968〈昭和43〉12.4刑集22巻13号1425頁）がある。最高裁は，「憲法28条による労働者の団結権保障の効果として，労働組合は，その目的を達成するために必要であり，かつ，合理的な範囲内において，その組合員に対する統制権を有する」とした上で，立候補の自由の重要性をふまえつつ，「立候補を取りやめることを要求し，これに従わないことを理由に当該組合員を統制違反者として処分するがごときは，組合の統制権の限界を超えるものとして，違法といわなければならない」，とした。

組合員の協力義務については，一定の臨時組合費の徴収が争われた国労広島地本事件（最三判1975〈昭50〉11.28民集29巻10号1698頁）において，最高裁は，「問題とされている具体的な組合活動の内容・性質，これについて組合員に求められる協力の内容・程度・態様等を比較考量し，多数決原理に基づく組合活動の実効性と組合員個人の基本的利益の調和という観点から，組合の統制力とその反面としての組合員の協力義務の範囲に合理的な限定を加えることが必要である」，として，比較衡量による判断を行い，各臨時組合費徴収のうち「政治意識昂揚資金」の協力義務を否定するなど，

それぞれの可否について判断している（最三判1975〈昭50〉11.28民集29巻10号1634頁も参照）。

（2）団体交渉権

労働者が使用者と団体交渉を行うことを保障する権利が，団体交渉権である（菅野・前掲35頁）。労組法上，使用者が，正当な理由なく自らが雇用する労働者の代表者との団体交渉を拒むのは，不当労働行為とされる（7条2号）。団体交渉の結果締結されるのが労働協約である。労組法上，労働協約に定める労働条件等の基準に反する労働契約の部分は無効となる（16条）。この点で，労働協約より有利な労働契約上の合意の効力が問題となるが（「有利原則」の問題），労働法学説は，有利原則を認めるか否かは，個々の労働協約規定がこれを許容する趣旨か否かで決すべきであって，労使が労働条件の最低基準として労働協約を締結したときは，これより有利な労働契約上の合意は有効であるが，その趣旨が明らかでないときは，わが国の企業別労働協約の実態や団結権を尊重する本条の趣旨から，有利原則は否定されるべきである，とする（水町勇一郎『労働法〔第7版〕』有斐閣，2018年，395-396頁）。

（3）団体行動権

労働法学説では，憲法にいう「団体行動権」とは，「争議権」と，争議行為以外の団体行動をなす権利である「組合活動権」とに区別される（菅野・前掲36頁，西谷・前掲労組法59頁・399頁，土田・前掲396頁等）。「争議行為」とは何かについて，A説（争議行為とは争議手段として労働組合が行う行為であるとして，同盟罷業〔ストライキ〕・怠業を含め，争議意思をもって実行される一切の集団的・同盟的行為とする

立場。(山口浩一郎『労働組合法〔第2版〕』有斐閣, 1996年, 223頁), B説(争議権とは, 基本的に団体交渉における労使の対等性を確保し, 交渉の行き詰まりを打開するための権利として把握し, その目的は団体交渉の目的事項たることとみる立場〔菅野・前掲38-39頁〕)がある。団体交渉における基本的圧力手段は労働力の集団的な不提供であることから, B説は, 争議権の内容を集団的な労務の不提供(ストライキ・怠業等)の保障を中心的内容として, この集団的労務不提供を維持・強化するための一定限度のピケ行為(ピケッティング・職場占拠)および使用者との取引拒否の呼びかけ(ボイコット)の保障を付随的内容として理解する。なお, 労働関係調整法によれば, 「争議行為」とは, 「同盟罷業, 怠業, 作業所閉鎖その他労働関係の当事者が, その主張を貫徹することを目的として行ふ行為及びこれに対抗する行為であつて, 業務の正常な運営を阻害するものをいふ」(7条。もっとも, 実定法上の「争議行為」の定義は, その立法趣旨に応じて定立された, 憲法28条保障の目的とは異にする別個の概念であるともいわれる。菅野・前掲904頁)。争議権の行使は, 一定の法律上の制約に服する場合がある(労働関係調整法36条, 電気事業及び石炭鉱業における争議行為の方法の規制に関する法律2条・3条等)。

　本条によって, 正当な争議行為は刑事免責・民事免責が認められるが, 争議行為の正当性判断は, (i)争議行為の目的と, (ii)その手段の双方を勘案して判断される(西谷・前掲労組法412-413頁。菅野・前掲910頁以下も参照)。

　(i)争議行為の目的　　憲法28条で保障される争議権は, 同条保障の趣旨・目的の範囲内で保障される(西谷・前掲労組法413頁, 土田・前掲396-398頁)。これとの関係で, 「政治スト」(国または地方公共団体の機関を直接の名宛人として, 労働者の特定の政治的主張の示威・貫徹を目的として行うストライキ。菅野・前掲911頁参照)が認められるかが問題とされた。政治スト違法説・政治スト全面合法説があるが, 労働条件の維持改善に直接ないし密接にかかわる法律の制定改廃等を目的とする経済的政治ストと, 平和や民主主義擁護などの国民的政治課題が直接問題となる純粋政治ストとを区別し, 前者について本条の保障を及ぼす立場(経済的政治スト合法説)が有力である(樋口他・注解 II 222-223頁・前掲〔中村睦男〕, 佐藤幸・憲法論379頁)。最高裁は, 全農林警職法事件(最大判1973〈昭48〉4.25)において, 「私企業の労働者たると, 公務員を含むその他の勤労者たるとを問わず, 使用者に対する経済的地位の向上の要請とは直接関係があるとはいえない警職法の改正に対する反対のような政治目的のために争議行為を行なうがごときは, もともと憲法28条の保障とは無関係なものというべきである」, と言及している(全司法仙台事件・最大判1969〈昭44〉4.2刑集23巻5号685頁も参照)。このほか, 労働者が自己の労働関係についての要求を提起せずに, すでに使用者と争議状態にある他の労働者の要求の実現を支援する目的で遂行するストライキ(「同情スト」)についても問題となる(菅野・前掲912頁)。

　(ii)争議行為の手段　　争議行為の手段として, 「ストライキ」(同盟罷業。労働者の集団的な労務不提供。樋口他・注解 II 225頁〔中村睦男〕), 「怠業」(労働者が全体と

して使用者の指揮命令に従いつつ，これを部分的に排除して不完全な労務を提供する戦術をいう。典型的な怠業としてスローダウン〔通常通りの業務に従事しながらその能率を低下させるもの〕などがある。西谷・前掲労組法429頁），「ピケッティング」（ストライキを行う労働者がそのストライキを維持・強化するために，労務を提供しようとする労働者や業務を遂行しようとする使用者側の者，そして出入構しようとする取引先に対し，見張り，呼びかけ，説得，実力阻止その他の働きかけを行う行動。菅野・前掲918頁），「生産管理」（労働組合がその要求を貫徹するために，一時的に企業施設・資材・資金等をその手に収め，使用者の指揮命令権を排除しつつ，自らの意思によって企業の経営を行う争議手段。樋口他・注解Ⅱ226頁〔中村睦男〕），などが問題とされてきた。

判例 最高裁は，ピケッティング行為にかかる信号所立入り等が住居侵入罪等に問われた国労久留米駅事件（最大判1973〈昭48〉4.25刑集27巻3号418頁）において，「勤労者の組織的集団行動としての争議行為に際して行なわれた犯罪構成要件該当行為について刑法上の違法性阻却事由の有無を判断するにあたつては，…当該行為の具体的状況その他諸般の事情を考慮に入れ，それが法秩序全体の見地から許容されるべきものであるか否かを判定しなければならない」，とした（御国ハイヤー事件・最二判1992〈平4〉10.2判時1453号167頁も参照）。

生産管理は，終戦直後にわが国で一時期用いられた争議行為の一態様である（百選Ⅱ306頁〔二本柳高信〕）。最高裁は，山田鋼業事件（最大判1950〈昭25〉11.15刑集4巻11号2257頁）において，「わが国現行の法律秩序は私有財産制度を基幹として成り立つており，企業の利益と損失とは資本家に帰する。従つて企業の経営，生産行程の指揮命令は，資本家又はその代理人たる経営担当者の権限に属する。労働者が所論のように企業者と並んで企業の担当者であるとしても，その故に当然に労働者が企業の使用収益権を有するのでもなく，経営権に対する権限を有するのでもない。従つて労働者側が企業者側の私有財産の基幹を揺がすような争議手段は許されない」，などとして，その正当性を認めなかった。これ以降，最高裁は，一切の生産管理を違法とする姿勢を示している（愛光堂印刷事件・最二判1952〈昭27〉2.22刑集6巻2号288頁，理研小千谷工場事件・最大判1951〈昭26〉7.18刑集5巻8号1491頁も参照。樋口他・注解Ⅱ226-227頁〔中村睦男〕，百選Ⅱ307頁〔二本柳高信〕も参照）。

4 公務員の労働基本権

判例では，公務員も憲法28条にいう「勤労者」であるが，労働基本権のうち，いくつかのものが認められていない場合がある。具体的には，①警察職員・消防職員・海上保安庁又は刑事施設において勤務する職員・自衛隊員は，団結権・団体交渉権・争議権のすべてが否認され（国家公務員法108条の2第5項・地方公務員法52条5項・自衛隊法64条），②非現業の国家公務員および地方公務員は，団結権が認められているが，団体交渉権が制限され，また争議権が否認されており（国家公務員法108条の2第3項・108条の5第2項・98条2項，地方公務員法52条3項・55条2項・37条1項），そして③現業の公務員（行政執

行法人等の職員）は，団結権及び団体交渉権が認められているものの，争議権は否認されている（行政執行法人の労働関係に関する法律4条1項・8条・17条）。その合憲性については，戦後憲法史上，激しく争われたが，最高裁判例は，いくつかの変遷を辿っている。大別すると，第1期（政令201号事件による争議行為一律全面禁止合憲の時期），第2期（全逓東京中郵事件などにより，公務員の争議行為の刑事上の正当性が原則的に認められた時期），第3期（全農林警職法事件以降の，合憲限定解釈的手法を否定し，争議行為の一律禁止を合憲とした時期）に区別される（樋口他・注解Ⅱ229-231頁〔中村睦男〕。判例展開等につき，渡辺賢『公務員労働基本権の再構築』北海道大学出版会，2006年，第1部参照）。

[判例] 第1期で，最高裁は，本条の労働基本権も「公共の福祉のために制限を受けるのは已を得」ず，殊に国家公務員は「国民全体の奉仕者」（憲法15条）であることなどを指摘し，国家公務員に対する争議行為の禁止等を合憲とした（政令201号事件）。その後，第2期に入り，全逓東京中郵事件において，最高裁は，労働基本権が「国民生活全体の利益の保障という見地からの制約を当然の内在的制約として内包しているもの」としつつ，制約の合憲制判断について，(i)制限の必要最小限度性，(ii)国民生活全体の利益への害を避けるために必要やむを得ない場合について考慮されるべきであること，(iii)制限違反に伴う法律効果は，必要な限度をこえないように十分な配慮がなされなければならないこと，(iv)代償措置の必要性などが示された。都教組事件（最大判1969〈昭44〉4.2刑集23巻5号305頁）では，全逓東京中郵事件の趣旨をふまえつつ，地方公務員法37条1項前段にいう争議行為等の共謀・そそのかし・あおり行為等を処罰する同法61条4号について合憲限定解釈をした。その趣旨はさらに，国家公務員法110条1項17号の「あおり」の解釈にも引き継がれた（全司法仙台事件・前掲最大判1969〈昭44〉4.2）。

しかしながら，第3期に入り，最高裁は，全農林警職法事件において，第2期の立場を大きく変更し，「〔非現業の（以下同じ）〕公務員は，…憲法15条の示すとおり，実質的には，その使用者は国民全体であり，公務員の労務提供義務は国民全体に対して負うものである」こと，「公務員の地位の特殊性と職務の公共性にかんがみるときは，これを根拠として公務員の労働基本権に対し必要やむをえない限度の制限を加えることは，十分合理的な理由があるというべきである」ことなどを示した。そして，「公務員の従事する職務には公共性がある一方，法律によりその主要な勤務条件が定められ，身分が保障されているほか，適切な代償措置が講じられているのであるから，国公法98条5項がかかる公務員の争議行為およびそのあおり行為等を禁止するのは，勤労者をも含めた国民全体の共同利益の見地からするやむをえない制約というべきであつて，憲法28条に違反するものではないといわなければならない」，とした（その上で，全司法仙台事件を覆した）。これ以降，判例の流れは，公務員の労働基本権を尊重する姿勢から，現行法の制限を広く合憲とする判決へと推移した（都教組判決を覆した岩手県教組学テ事件・最大判1976〈昭51〉5.21刑集30巻5号1178頁，全逓東京中郵事件を覆した名古屋中郵事件・最大判1977〈昭52〉5.4刑集31巻3号182頁等。なお人

事院勧告の完全実施等の要求を掲げたストライキに関与したことを理由とする懲戒処分の適法性を肯定したものとして, 最二判2000〈平12〉3.17判時1710号168頁参照)。学説の多くは, 第3期の傾向には一般に批判的である (さしあたり樋口他・注解Ⅱ231-232頁〔中村睦男〕。最近の公務員制度改革と労働基本権に関して, 宍戸常寿＝林知更『総点検 日本国憲法の70年』岩波書店, 2018年, 187-189頁〔大河内美紀〕, 渡辺・前掲書31-32頁など参照)。

〔尾形　健〕

第29条 ①財産権は, これを侵してはならない。
②財産権の内容は, 公共の福祉に適合するやうに, 法律でこれを定める。
③私有財産は, 正当な補償の下に, これを公共のために用ひることができる。

1　29条「財産権」の趣旨

財産権は, 市民革命後の近代国家において, 自由な市場経済を確立するために必要なものと解されたことから, 経済的自由権に位置づけられ, フランス人権宣言17条によれば所有権は「神聖不可侵」とされていた。もっとも, 同条やアメリカ合衆国憲法修正5条などが規定するように, 近代国家でも, 正当な補償を条件に公用収用は認められていた。しかし, それを除けば, 近代国家では経済的自由権につき, 最低限度の秩序維持を目的とする制約しか許されなかったのである。

その後, 資本主義の進展に伴い, 貧富の差が拡大すると, 国家が社会的経済的弱者を保護する必要が生じ, さらに第1次世界大戦後に世界恐慌が起きると, 国家が経済の舵取りまで乗り出すようになる。こうして, 現代の積極国家では経済的自由権につき, 社会経済政策にもとづく制約も許されるに至る。

しかし, そもそも, 経済的自由権の中でも財産権は, 民法や商法等を前提として初めて成立する,「国家による制度の設営があってはじめて存立しうる権利」(長谷部・憲法の理性133頁),「内容形成を立法に委ねる権利」(小山・作法155-58頁)であり,「国家からの自由」ではなく,「国家による自由」といえる。たしかに, 表現の自由などもそれを支える様々な法制度に依拠しているが, 財産権の場合, そもそも, その内容それ自体が法律により定められているという点で質的に異なる。

しかし, 他方, 財産権は自生的な秩序として形成されてきたこともたしかであり, だからこそ, ロックのように自然権と考える見解も主張されてきたのである。もっとも, 複雑化した現代社会では, 予測可能性を担保し, 安全な取引を実現するためには, やはり実定化は必要となるが, 財産権の中核として, 立法裁量の限界を画す, 憲法上の財産権を観念あるいは構成しうるであろう (高橋・憲法85-86頁参照)。

2　29条1項

(1) 財産権の保障内容

学説　憲法上の財産権の種類につき通説は, 私法・公法を問わず, 財産価値のあるすべての権利と解する。他方, 憲法上の財産権の保障内容につき通説は, 客観法と

して，個人が財産権を享有しうる法制度である私有財産制度を保障するとともに，主観的権利として，個人の現に有する具体的な財産上の権利を保障するものと解している。

これに対し有力説は，私有財産制度の保障につき，個人の自律的生存に必要な「人間が，人間としての価値ある生活を営む上に必要な物的手段の享有」と，それを超える生産手段を区別した上で，前者を保障するものと解し，一定の社会化は憲法改正を経なくても可能と主張した（今村成和）。

そもそも，憲法上の財産権も他の憲法上の権利と同様，「複合的性格」（長谷部・憲法109頁，245-46頁）を有する。すなわち，「生存財産」の議論が示唆するように，財産権の保障は，なにより自律に不可欠なものである。また経済的自立は政治的独立に必要であり，民主主義の条件でもあるし，財産権の憲法レベルの保障による安定性は自由な市場経済の確立の条件である。それゆえ，これら社会の根底にある利益を多数者から保護するためにも，財産権を憲法上の権利として保障することが必要なのである（安西他・読本183-84頁〔巻美矢紀〕）。

もっとも，憲法上の財産権の種類は既述のとおり極めて多く，ある具体的な財産権が憲法上の保障を受けるかどうか，受けるとしてどの程度の保護に値するかは，具体的な財産権の制限に関する合憲性判断の中で考慮するほかないであろう。

判例 共有森林につき民法256条1項の共有物分割請求権を制限する，旧森林法186条の合憲性が争われた森林法違憲判決（最大判1987〈昭62〉4.22民集41巻3号408頁）は，憲法29条は「私有財産制度を保障しているのみでなく，社会経済的活動の基礎をなす国民の個々の財産権につきこれを基本的人権として保障する」ものと判示した。

もっとも，本事案は，旧森林法186条による制限付きの共有森林を生前贈与されたもので，現に有する具体的な財産上の権利の侵害にあたらず，また私有財産制度の中核の侵害ともいえない事案であった。にもかかわらず，上記判決は本件規定を「憲法上，財産権の制限に該当」するとしたことから，憲法上の財産権の保障内容として，学説では議論されたことのない，第3の類型が示唆されたものと考えられた。すなわち，上記判決は「近代市民社会の原則的所有形態」として単独所有を位置づける大上段の議論をした上で，そうした単独所有への移行を可能ならしめる民法の共有物分割請求権に対する制限を，憲法上の財産権の制限にあたるとしたことから，単独所有あるいは「自由な財産権」を，第3の類型として示唆したものと考えられた（長谷部恭男編著『リーディングズ　現代の憲法』150頁〔安念潤司〕）。

このまさに画期的な問題提起を受けて，学説の関心は，その説明に向けられた。代表的な見解として，利益集団多元主義の政治の状況においても，民法，とりわけ財産法に関する規定は政治的に中立と考えられていることから，それを法律家集団の共通了解たる「ベースライン」として説明する見解（長谷部・憲法255頁），明治民法によるローマ法的な一物一権主義（単独所有）の法制度としての選択を，日本国憲法が追認したものとして説明する見解（小山＝駒村編・論点236頁〔石川健治〕）などが示された。

さらに最近では，よりシンプルな理解を

第3章　国民の権利及び義務［第29条］

試みる，いわゆる「平等エンプティ論」（奥平康弘）とパラレルな，「財産権エンプティ」論なる興味深い議論も示されている。それによれば，最高裁は，憲法上の財産権の保障内容という，憲法と民法との関係も問われうる難問を回避し，民法と特別法とのズレを「直観的制限」として，法律上の争訟性さえ満たせば，2項の「公共の福祉」適合性審査を行うという，「理論的負荷の軽い客観法的審査」に舵を切った，換言すれば単に制度の合理性を審査しているにすぎない。そして，財産権がエンプティ，いわば「空虚な器」であるからこそ，人的結合を強制するような団体法的性格の強い財産上のルールなど，憲法13条の人格権や21条の消極的結社の自由の侵害として議論されるにふさわしいものも，「財産権」侵害の名のもとに主張されているとされる（宍戸常寿ほか編著『憲法学のゆくえ』日本評論社，2016年，208頁〔山本龍彦〕）。

しかし，後述の3（2）のとおり，財産権制約の合憲性の判断において，各判決は異なる厳格度の審査を行っているものと考えられ，憲法上の財産権の保障内容を前提に，その視点から当該財産権に対する制約の強度を検討して，厳格度を変えているものと考えることもできる。

（2）現に有する具体的な財産上の権利に対する侵害

判例　財産権の内容を事後に変更する法律は，2項との関係で客観法たる「公共の福祉」適合性が問題になるほか，法律成立前に具体的な財産上の権利を取得していた者との関係では，1項で保障される現有財産の侵害として問題になる。この点，農地改革において不要になった買収農地を元の所有者に売却するにあたり，買収時の対価から，時価の7割相当額に引き上げる特措法の合憲性につき争われた事件で，最高裁判決（最大判1978〈昭53〉7.12民集32巻5号946頁）は，前者の問題につき総合衡量により合憲とした。そして，後者の現有財産の侵害の問題，すなわち特措法施行前に取得した買収時の対価で売り払いを求める権利の侵害についても，審査の厳格度を高める要素ではなく，総合衡量の考慮要素の一つと位置づけている（横大道聡編『憲法判例の射程』弘文堂，2017年，159頁〔村山健太郎〕）。

3　29条2項
（1）「公共の福祉」の意味

学説　学説は2項の「公共の福祉」を，財産権の制約根拠と解している。人権総則の12条・13条の「公共の福祉」の意味との関係も含めて議論されてきたが，有力説は，29条2項の「公共の福祉」を，職業の自由に関する22条1項のそれと同様，内在的制約のほか，政策的制約も妥当しうると解している。すなわち，冒頭の趣旨で述べたとおり，現代国家で認められるようになった，社会経済政策による制約も妥当しうるから，「公共の福祉」が再言されていると解している（佐藤幸・憲法論133頁）。

判例　2（1）の森林法違憲判決によれば2項は，「それ自体に内在する制約」を除き，「立法府が社会全体の利益を図るために加える規制」の法的根拠と解され，「公共の福祉」との適合性を要求するものとされている。

立法府が社会全体の利益を図るために加える規制について，上記判決は「社会公共の便宜の促進，経済的弱者の保護等の社会政策及び経済政策上の積極的なものから，

社会生活における安全の保障や秩序の維持等の消極的なものに至るまで多岐にわたる」としており，上記有力説の政策的制約のほか，内在的制約も含めて解している。

(2) 財産権制約の合憲性の判断枠組み

判例 2(1)の森林法違憲判決は，財産権の種類・性質の多様性，また上記の規制理由・規制の多様性から，比較衡量により判断するとし，裁判所としては，立法府の比較衡量にもとづく判断を尊重すべきであるとして，立法裁量を前提に，立法目的が「公共の福祉に合致しないことが明らかである」か，規制手段が「必要性若しくは合理性に欠けていることが明らかである」場合に2項に違反するとした。

そして，立法目的は「森林の細分化を防止することによって森林経営の安定化を図り…もって国民経済の発展に資すること」にあり，公共の福祉に合致するが，手段がそもそも合理性に欠けていることが明らかで，また必要性も欠けていることが明らかであるとして，2項に違反し無効であるとした。

上記判決をめぐり学界では当初，本件規制の立法目的は積極目的であるところ，22条1項の消極目的規制に関する薬局距離制限違憲判決を引用し（最大判1975〈昭50〉4.30民集29巻4号572頁），手段審査は，22条1項の積極目的規制に関する小売市場判決（最大判1972〈昭47〉11.22刑集26巻9号586頁）でとられた「明白の原則」より厳格なものであることから，いわゆる規制目的二分論との整合性が議論された。もっとも，その後，そもそも本件がなぜ「憲法上，財産権の制限に該当」すると解されるかにつき学界の関心が向けられるうになる（2(1)の〔判例〕参照）。

前掲の森林法違憲判決は財産権に関する唯一の法令違憲判決であるが，財産権規制の先例としては，その後に示された証券取引法判決（最大判2002〈平14〉2.13民集56巻2号331頁）が引用されている。この判決は，インサイダー取引規制の一環として短期売買差益請求権を定める証券取引法164条1項につき，合憲と判断したもので，比較衡量に至る議論の展開は，森林法違憲判決とほぼ同じであるが，その後の立法裁量の尊重，さらに最終的な判断枠組みとしての目的・手段審査に関する言及がなく，比較衡量を採用したものであるとの見解が有力である（大石和彦・慶應法学13号（2009年）3頁以下）。

もっとも，証券取引法判決をはじめ，それを引用する諸判決もまた，適用段階や結論においては，目的・手段との関係で説明しており，しかも，厳格度の異なる審査をしている（合理性・必要性の欠如の「明白性」の要件を外したり，必要性を「相当性」に変えたりしている）。それゆえ，比較衡量の考慮要素として示された要素，具体的には「規制の目的，必要性，内容，その規制によって制限される財産権の種類，性質及び制限の程度等」の検討により，黙示ではあるが，事案類型を設定した上で，目的・手段審査の厳格度を設定しているものと解されうる（蟻川恒正・法教429号92頁，『最高裁判所判例解説 民事篇』法曹会，平成14年度(上)193-94頁〔杉原則彦〕参照）。

(3) 条例による財産権制約の可否

学説 2項は財産権の内容を「法律で」定めると規定し，法律の留保を定めているため，条例による財産権の制約が許されるか問題となる。この点，有力説は，財産権

の内容と行使を区別し、前者については、全国的な取引の対象となるから法律で定めなければならないが、行使については条例で定めることも許されるとする。しかし、財産権の内容と行使の区別は相対的であるから、通説は両者を区別しない。そして、条例も民主的手続を経て制定されたものであるから、条例による財産権の制約も許されるとする。

判例 奈良県ため池条例事件判決（最大判1963〈昭38〉6.26 刑集17巻5号521頁）は、ため池の堤とうの工作を禁止する条例の合憲性につき災害を未然に防止するためのものとして、合憲と判断し、条例による制約を肯定したものと一般に解されている。もっとも、上記判決はため池の破損などの原因となる、ため池の堤とうの使用行為を、そもそも「憲法、民法の保障する財産権の行使の埒外」としていることから、条例による財産権の制約の可否につき肯定したわけではないとの見解も有力である。

4 29条3項 損失補償

学説 正当な補償を条件とした公用収用は、冒頭の趣旨で述べたように、近代国家でも認められていた。

① 根 拠 　損失補償の根拠につき、1項の財産権保障のコロラリーとして、収用前後を通じて財産価値を保障することに求める見解と、特定の個人の犠牲のもとに社会全体が利益を得ることから、社会全体の負担の公平を図るという平等原則に求める見解がある。

② 補償の要否 　損失補償は、公用収用、すなわち道路や公園の設置などのために私人の特定の土地の所有権を取り上げることを想定していた。しかし、積極国家化により、社会経済政策のための財産権の制約が許されようになると、規制の場合であっても補償を要する場合があると解されるようになり、さらに対象が所有権から財産権に拡大されることにより、2項と3項の境界線が曖昧になる（小山＝駒村編・論点250-251頁〔石川健治〕）。通説は、損失補償の根拠を社会全体の負担の公平化という平等原則に求めることから、規制の場合でも「特別の犠牲」にあたる場合には補償を要すると解している。

③ 「特別の犠牲」の基準 　「特別の犠牲」の該当性につき、通説は、(a)規制対象が一般人か特定人か（形式的基準）、および(b)侵害の強度が、内在的制約として受忍すべき程度か、財産権の本質的内容を侵害する程度のものか（実質的基準）、の両方をともに考慮して判断する。具体的には、消極的な目的のために課す必要最小限度の一般的な財産権の制限には補償は不要、積極的な目的のために課す必要な特定の財産権の収用その他の制限には補償は必要と解する（田中二郎）。

これに対し、一般人か特定人かは相対的であることから、実質的基準のみを考慮すべきであるとする見解が有力である。それによれば、財産権の剥奪や本来の効用の発揮を妨げる侵害は当然に補償が必要、その程度に至らない財産権の規制は、(i)当該財産の存在と社会的共同生活の調和を保つためである場合は、財産権に内在する社会的拘束として補償は不要であるが、(ii)他の特定の公益目的のために、当該財産の本来の社会的効用とは無関係に偶然に課せられる制限であるときは補償を要するとされる（今村成和）。

④ 「公共のために用ひる」の意味 　通

第3章　国民の権利及び義務

説は，収用された財産が特定の私人に移転する場合であっても，農地改革のように，それが公共の利益に資する場合を広く含むと解している。

⑤　「正当な補償」の内容　完全補償説は，市場価格を基準として，収用的侵害の前後を通じて財産価値に変動を生じさせないことと解する。これに対し，相対的補償説は，市場価格に基づき合理的に算出された相当な額と解する。損失補償を1項のコロラリーと考えるならば，完全補償が必要である。

⑥　補償規定を欠く法令の効力　規制でも補償を要する場合があるとなると，補償の要否につき明確でなくなることから，憲法上補償が必要なのに法律に補償の根拠規定を欠く場合が生じうる。通説は，私人の裁判的救済を理由に，29条3項を直接の根拠として損失補償を請求しうると解し，補償規定のない法令の効力を維持する。これに対し，ドイツの歴史や憲法を参照して，端的に違憲無効と解し，立法者に選択させる方が，権限分配の観点から優れているとする有力説もある（棟居快行）。

⑦　国家賠償と損失補償の谷間の問題　強制的な予防接種の後遺症につき，違法性や過失の認定が困難であることから国家賠償請求は難しい一方，生命や健康は財産権ではないことから損失補償請求も難しいようにみえる。もっとも，財産権でも適法な国家行為による損失補償が認められるのであるから，生命・健康についてはなおさら損失補償が認められるとする有力説などが主張された。

判例　①　補償の要否　3の奈良県ため池条例事件判決は，財産権行使のほとんど全面的な禁止につき，「災害を未然に防止

するという」という消極目的を理由に，受忍の責務を負うとした。もっとも，河川付近地制限令事件判決（最大判1968〈昭43〉11.27刑集22巻12号1402頁）は，「河川管理上支障のある事態の発生を事前に防止する」という消極的な目的のための「一般的な制限」は原則として受忍すべきであるが，先行投資により「一般的に当然に受忍すべきものとされる範囲をこえ，特別の犠牲を課したものとみる余地」がある場合は補償を請求しうるとした。

②　「公共のために用ひる」の意味　農地改革において買収農地が特定の私人に譲渡されたことにつき，自作農創設特別措置法の目的から，公共性は否定されないとした（最二判1954〈昭29〉1.22民集8巻1号225頁）。

③　「正当な補償」の内容　農地改革に関し最高裁は，市場価格にもとづき「合理的に算出された相当な額」をいうとして，相対的補償説を示した（最大判1953〈昭28〉12.23民集7巻13号1523頁）。もっとも，農地改革は民主主義の確立を目的とするもので，財産権の帰属ルールそれ自体に疑義が生じたものであるから，憲法上の財産権以前の問題と解されうる。なお，最高裁は，土地収用法の解釈として，完全補償説を示している（最一判1973〈昭48〉10.18民集27巻9号1210頁）。

④　補償規定を欠く法令の効力　①の河川付近地制限令事件判決は，補償規定がない場合でも，29条3項を直接の根拠として補償請求する余地を認めた。もっとも，本件は刑事事件であり，補償規定がないことを理由に，規制は違憲無効と解した方が被告人の救済になるものであった。なお，直接請求の肯定は，判例が完全補償説に立

脚していることを示唆している。

⑤ **予防接種事故** 最高裁は予診の不十分さをとらえて過失の認定をゆるやかにし（最一判1976〈昭51〉9.30民集30巻8号816頁），国家賠償請求による救済を認めた。

〔巻美矢紀〕

第30条 国民は，法律の定めるところにより，納税の義務を負ふ。

1 30条の趣旨

本条は，納税が国民の義務であることをいうものである。本条にいう国民には，国籍保有者という意味での日本人のほか，外国人はもとより，法人も含まれ，天皇，皇族もまた本条にいう国民に含まれる。

納税の義務は「国民主権の下で，基本的人権を確保するため，国家の存立を図るには，国民は能力に応じてその財政を支えなければ当然」のこととも解されるが（佐藤幸・憲法論171頁），かかる納税の義務を，日本国憲法の，しかも基本権カタログの中において定めることの必要性そのものについては学説からは強い批判が寄せられてもいる（新基本法コメ・251頁〔中島徹〕）。

〔比較憲法的意味〕　フランス人権宣言は，「公的強制力の維持および行政の支出のために，共同の租税が不可欠である。共同の租税は，すべての市民の間で，その能力に応じて，平等に分担されなければならない」（13条）としていたところであり，また，ワイマール憲法134条も，「すべての公民は，その資力に応じて法律の定めるところにより，等しくすべての公の負担を分担する」と定めていた。現在でも同様の規定は，たとえばイタリア共和国憲法53条1項などにみられる。

〔憲法史的意味〕　大日本帝国憲法においても，租税法律主義に関する規定（明憲62条以下）とともに，「臣民の義務」として納税の義務に関する規定が置かれていた（21条）。日本国憲法30条は，これを引きついだものといえるが，帝国憲法改正草案には存在せず，衆議院の修正において，新たに挿入されたものである。

2 租税根拠論

学説　国家は，統治に必要な貨幣を入手する必要がある。現代の国家は，この統治に必要な貨幣の入手を主として租税という形式で行うのが通常である（「租税国家」）。もっとも，なぜ人々が租税を負担しなければならないか，換言すれば租税の正当化根拠はどのようなものかについては，古くから論じられており，大別して，利益説と義務説の二説があるといわれる（学説の概観及び以下の叙述につき，金子宏『租税法〔第22版〕』弘文堂，2017年，21頁以下）。

この点，日本国憲法が措定する国家は，国民の福祉のために，様々な公共的サービスを提供するものと考えられるのであって，その意味で，少なくとも抽象的には，利益説のような考え方も十分に説得力がある。さらにいえば，利益説的発想は，国民が納める／納めた税に適ったサービスが提供されているか，という評価の観点を与えてもくれるのであって，全面的に否定されるべ

きものではないだろう。

他方，本条が「納税の義務」に言及していることに鑑みれば，そこに義務説的な発想を読み取る余地も十分にある。また，日本国憲法が一定の福祉政策の実施を予定していると考えられることからすると，利益説が主張するような税負担の基準を全面的に受け入れることには無理があろう。

このように両説とも一長一短があり，本条をいずれかからのみ解釈するのには無理がある。したがって，本条については，「両者を止揚する意味で民主主義的租税観を表明したもの」と解するべきであろう（金子・前掲171頁）。

判例 この点，判例も，本条について，「およそ民主主義国家にあっては，国家の維持及び活動に必要な経費は，主権者たる国民が共同の費用として代表者を通じて定めるところにより自ら負担すべきものであり，我が国の憲法も，かかる見地の下に，国民がその総意を反映する租税立法に基づいて納税の義務を負うことを定め」たものと解している（最大判1985〈昭60〉3.27民集39巻2号247頁〔サラリーマン税金訴訟上告審判決〕）。

3 法律の定めるところによる，納税の義務

本条は，国民に納税を義務付けるには法律の根拠を要することを言うとともに，法律によれば，国民が納税の義務を負うことをいうものでもある。前者は，憲法84条の定めるところと重なるが，後者については，法律によれば，いかなる内容の義務でも課すことができるのかが問われなければならない。

この点，本条が，租税の賦課徴収による財産権制約の正当化根拠を定めたものとする説がある（清水伸・審議録（2）721頁以下，谷口勢津夫『税法基本講義〔第5版〕』弘文堂，2016年，20頁以下）。ただし，このように解するとしても，財政目的による財産権の制約が直ちに目的違憲とされるわけではないというにとどまり，個別の租税法律が常に正当化されるわけではない。また，個別の租税法律は，憲法が保障する財産権以外の基本権との関係でも問題になるのであって，常に財産権の保障との関係で正当化されれば足りるわけではない。

4 納税者基本権

本条の背景には，納税者が，その支払った税金を公務員が憲法条項に則って使用することを要求する権利（納税者基本権）があり，違憲，違法な租税の支出に対しては，納税者は自己の納税者基本権の侵害を理由として，相当額の税額控除等を求めることができるとする有力説がある（北野弘久『税法学原論〔第6版〕』青林書院，2007年，68頁以下）。この学説は，予算における歳出と歳入を法的に統合的に把握し，公金支出の合法性・合憲性を司法的に統制する途を開こうとするものとして注目に値するが，裁判所がそのような統制を行う適性を有するかは疑問があるところである（なお，最二判1993〈平5〉10.22 LEX/DB22007784〔自衛隊関係費納税拒否訴訟上告審判決〕も参照）。

〔片桐直人〕

> **第 31 条** 何人も，法律の定める手続によらなければ，その生命若しくは自由を奪はれ，又はその他の刑罰を科せられない。

1 31条の要請

憲法 31 条は刑罰権の行使にあたっては法律の手続に従っていなければならないとしており，いわゆる適正手続を定めている。適正手続の保障は，国家権力を法によって統制する法の支配の要請やあらかじめ法律によって犯罪と刑罰を定めておかなければならないとする罪刑法定主義などの理念が背景にある。したがって，その趣旨は，国家権力が刑罰権を独占する以上，その行使に際しては手続的保障を定めることで，刑罰権の濫用を抑制し，人権保障をはかる点にある（佐藤幸・憲法論 330 頁）。

(1) 比較憲法的意義

適正手続は，英米法では法の支配の一環として，大陸法では罪刑法定主義を表すものとして発展してきた（野中他・憲法 I 408-409 頁）。英米法の世界では，古くはマグナカルタ 39 条にさかのぼる。そこでは，裁判または国法によらなければ逮捕・監禁等をされないと定められた。その後，アメリカでは修正 5 条や修正 14 条などのデュー・プロセス条項が定められ，憲法の中に適正手続規定が設けられた。大陸法の世界では，フランス人権宣言 7 条が法律によらなければ訴追や逮捕等をされないと規定し，同 8 条が事後処罰の禁止を定めたことに始まり，その後罪刑法定主義が発展していった。

(2) 憲法史的意義

日本では，大日本帝国憲法 23 条が「日本臣民ハ法律ニ依ルニ非スシテ逮捕監禁審問処罰ヲ受クルコトナシ」と罪刑法定主義について定めていたのに対し，日本国憲法はアメリカ憲法の影響を受けて現行規定の形になったとされる（高井裕之「適正手続 (31 条)」法学教室 260 号〔2002 年〕28 頁）。大日本帝国憲法時代は，一定の場合には法律によらなくても緊急勅令を発することが認められているなど，人権保障の観点からすると不十分であったこともあり，日本国憲法 31 条は罪刑法定主義のみならず手続の法定を要求した。もっとも，31 条がアメリカ流のデュー・プロセスをそのまま要請しているかというと必ずしもそうではない。日本国憲法の英語原文に「デュー・プロセス」という言葉はなく，アメリカでデュー・プロセスの解釈をめぐる混乱（実体的デュー・プロセスを認めるべきか否かなど）があったことを踏まえて挿入しなかった可能性がある。

2 適正手続の意味

大日本帝国憲法の下では天皇が刑罰権を含む統治権を掌握し，国民は臣民の権利を付与されたにすぎなかったが，日本国憲法下では実質的な権力分立が導入され，国民には基本的人権が保障されることとなった。大日本帝国憲法時代，特別高等警察などにより刑罰権が濫用されていたことがあったことを踏まえると，人身の自由はきわめて重要な権利として位置づけられることとなり，31 条は国会や裁判所による刑罰権の濫用統制や人権保障を考慮に入れた解釈が求められる。

憲法 31 条が要請する内容については学

説の対立があるものの，手続の法定，手続の適正，実体の法定を要請するものと考えられている（芦部・憲法243-244頁）。手続の法定とは法律で定められた手続が適正でなければならないことをいい，手続の適正とは実体についても法律で定めなければならないことをいい，実体の法定とは実体的規定も適正でなければならないことをいう。

手続の法定を行うのは当然ながら国会であり，国会は科刑手続について法律で手続を定めなければならない。憲法は32条以下で詳細な刑事手続規定を置いているが，31条の法定手続の要請はそれ以外の場合の刑事責任追及にも広く及ぶものであり，強制処分法定主義（刑訴法197条1項但書）などはその表れといえる（毛利他・憲法Ⅱ313頁）。また，国会が手続に関する法律を制定さえすればいいというわけではなく，手続の公正を期すために適正な手続を定める必要があり，裁判所がその有無をチェックする役割を担う。その典型例が告知・聴聞であり，公権力が国民に刑罰等を科す場合には，当事者にあらかじめその内容を告知し，弁解と防御の機会を与えなければならない。

以上は手続上の問題であるが，実体の法定や適正はその射程に入らないのかという問題がある。つまり，刑罰規定そのものがあらかじめ定められていなければならないかどうか，さらには刑罰規定の内容が適正でなければならないかどうか，ということである。前者は罪刑法定主義の問題であり，31条にはそれが明確に示されていないため，31条から罪刑法定主義を導出することを否定する見解がある。もっとも，31条から実体の法定を導き出すことを否定する見解であっても，日本国憲法が罪刑法定主義を採用していないとするのではなく，遡及処罰の禁止を定める39条や行政命令による罰則の禁止を定める73条6号など他の条文から導き出せるとする。遡及処罰の禁止は罪刑法定主義の派生原理の1つではあるものの，基本的には後出しを禁止するものであり，あらかじめ罪刑を明確に法定化しなければならないという要請と完全に同一になるわけではない。また，73条6号は行政命令によって罰則を設けることができる場合とできない場合を示しているにすぎず，罪刑法定主義そのものを示しているわけではない。そうなると，刑罰に対する法定を求める31条に罪刑法定主義の根拠を求めるのが素直な解釈になると考えられる。後者の問題は，人権侵害を惹起するような内容であってはならないなど，内容の適正に関する問題である。内容の適正を求めるとすれば刑罰規定の明確性などが要請されることになるが，これに対しては罪刑法定主義から要請されるとすべきとの指摘もある。だが，罪刑法定主義の根拠を31条に求めるのであれば，いずれにしても31条から明確性が要請されることに変わりはない。

学説　学説は，31条の内容につき，手続の法定のみを要求するA説，手続の法定と内容の適正を要求するB説，手続と実体の法定を要求するC説，手続と実体の法定および手続の適正を要求するD説，手続と実体の法定および実体の適正を要求するE説などがある（野中他・憲法Ⅰ410頁〔高橋和之〕，新基本法コメ253-254頁〔南野森〕）。31条の条文を素直に読むとA説が妥当のように思えるが，多数説はE説をとっている（渋谷秀樹「適正手続（31条）」法学教室141号〔1992年〕38頁）。

第3章　国民の権利及び義務［第31条］

判例　まず手続の法定につき，令状主義が問題となった事件ではあるが，GPS捜査違憲訴訟（最大判2017〈平29〉3.15刑集71巻3号13頁）において強制処分については令状またはこれに代わる手段が担保されていなければ「適正手続の保障という観点から問題が残る」とした上で，「GPS捜査が今後も広く用いられ得る有力な捜査手法であるとすれば，その特質に着目して憲法，刑訴法の諸原則に適合する立法的な措置が講じられることが望ましい」とし，科刑のみならず捜査過程において強制処分のような場合には法定手続が求められることを確認している。

次に手続の適正については，第三者所有物没収事件（最大判1962〈昭37〉11.28刑集16巻11号1593頁）が，「所有物を没収せられる第三者についても，告知，弁解，防禦の機会を与えることが必要であって，これなくして第三者の所有物を没収することは，適正な法律手続によらないで，財産権を侵害する制裁を科するに外ならない」としており，告知・聴聞などの適正手続が要求されることを示している。

実体の法定については，大阪市売春取締条例事件（最大判1962〈昭37〉5.30刑集16巻5号577頁）が「憲法31条はかならずしも刑罰がすべて法律そのもので定められなければならないとするものでなく，法律の授権によってそれ以下の法令によって定めることもできると解すべき」と述べており，31条が罪刑法定主義を前提としている，という立場をとっているといえる（毛利他・憲法Ⅰ317頁）。実体の適正については，当事者が不明確性を理由に31条違反を唱えた事件が多数あり，最高裁は不明確とはいえないとしてその主張をしりぞけ

ているが，裏返していえば，31条が明確性を要請していることを認めているともいえる（破壊活動防止法事件・最一決1970〈昭45〉7.2刑集24巻7号412頁や徳島市公安条例事件・最大判1975〈昭50〉9.10刑集29巻8号489頁）など）。

3　適正手続の射程

行政国家化が加速した現代においては行政手続を整備することがきわめて重要となるが，憲法は行政手続に関する定めを明示的には置いていない。現在，行政手続法をはじめとして，不服審査については行政不服審査法，裁判手続については行政救済法などが制定され，地方公共団体においても各種行政手続に関する条例が制定されるようになっている。行政手続についても適正さが求められることにはほぼ異論がないが，その憲法上の根拠については争いがある。

学説　憲法31条は刑事手続を念頭に置いたものであるため，行政手続を含むと考えることができるかどうかについてはそれを肯定する見解と否定する見解とに分かれる。肯定する見解は31条の適正手続の要請を行政手続に適用するというものと準用または類推するものとがある。一方，否定する見解は行政手続に適正手続が要請されないというわけではなく，その根拠は31条ではなく13条に求められるとしたり，法治国家原理から要請されるとしたりする。

いずれを根拠とする場合であっても，個別の行政手続においてどの程度適正さが要請されるかについては明らかではない。そもそも行政手続は刑事手続に近いものもあれば刑事手続と性質の異なるものもあり，その性質は多種多様である。そのため，31条の適正手続の要請をそのまま行政手続一

般に適用するわけにはいかないが，実質的に刑事手続に近いものについてはそれを適用し，それ以外の場合はその内容に見合った適正さを求めるべきであるとの見解がある（渡辺他・憲法Ⅰ286頁）。

判例 憲法31条の適正手続が行政手続に及ぶかどうかのリーディングケースは成田新法事件（最大判1992〈平4〉7.1民集46巻5号437頁）である。最高裁は，「憲法31条の定める法定手続の保障は，直接には刑事手続に関するものであるが，行政手続については，それが刑事手続ではないとの理由のみで，そのすべてが当然に同条による保障の枠外にあると判断することは相当ではない」としながらも，「一般に，行政手続は，刑事手続とその性質においておのずから差異があり，また，行政目的に応じて多種多様であるから，行政処分の相手方に事前の告知，弁解，防御の機会を与えるかどうかは，行政処分により制限を受ける権利利益の内容，性質，制限の程度，行政処分により達成しようとする公益の内容，程度，緊急性等を総合較量して決定されるべきものであって，常に必ずそのような機会を与えることを必要とするものではない」とした。この判示だけでは31条の適正手続が行政手続にも及ぶかどうかがはっきりとしないが，園部逸夫裁判官の補足意見は不利益処分には適正手続が要請されるとし，可部恒雄裁判官の意見は所有権に対する重大な処分の場合には適正手続が要請されるとしている。

〔大林啓吾〕

第32条 何人も，裁判所において裁判を受ける権利を奪はれない。

1　32条の趣旨

本条は民事，刑事，行政事件のそれぞれについて，独立かつ公平な裁判所による裁判を受ける権利を保障するものである。民事，行政事件については，裁判所に救済を求める権利（裁判請求権）の保障と国に対する「裁判の拒絶」の禁止を意味し，刑事事件については被告人が公正な裁判を受ける権利の保障を意味する（⇒後者について憲法31条および37条参照）。

裁判を受ける権利は，一般に受益権・国務請求権に位置付けられるが，今日においては基本的人権を確保するための手続上の権利という点にも重点が置かれている（奥平康弘『憲法Ⅲ』有斐閣，1993年，383頁，樋口他・注解Ⅱ248頁〔浦部法穂〕）。

〔比較憲法的意義〕

裁判を受ける権利は，近代司法制度の確立とともに歴史的に明確化されてきたものであり，各国の憲法で謳われるに至ったものである。

〔憲法史的意義〕

明治憲法24条は「日本臣民ハ法律ニ定メタル裁判官ノ裁判ヲ受クルノ権ヲ奪ハル丶コトナシ」と定めていた。しかしそれは，民事・刑事の裁判を受ける権利の保障を意味するものと理解されており，行政事件の裁判は通常裁判所とは別の系列に属していた。しかも，行政事件においては出訴事項に限定列挙主義がとられ，一審にして終審の行政裁判所が東京に置かれていたのみであったため，権利保障は不十分であっ

た。日本国憲法32条は，かかる観点より見れば，裁判を受ける権利の範囲を行政事件にまで拡大したところに特徴がある。

2 「裁判所」の意味

本条にいう「裁判所」は憲法76条1項に定められる裁判所を指し，最高裁判所及び法律により設置された下級裁判所として，高等裁判所，地方裁判所，家庭裁判所，簡易裁判所がある（裁判所法2条1項）。

この「裁判所」は，訴訟法の定める管轄権を有する具体的な裁判所を指すか。最大判1949〈昭24〉3.23刑集3巻3号352頁は消極に解し，管轄違いの裁判所による裁判は違法ではあるが違憲ではないとした。かつて学説でもA消極説が説かれたが（宮沢・コメ299頁），今日ではB積極説が多い（佐藤功・註釈（上）523頁，樋口他・注解Ⅱ285頁〔浦部法穂〕）。なお，Bに立ちながらもC中間説として，本条の目的が「恣意に対する保護」であることから，管轄違いの場合は直ちには違憲とはならないとする説がある（芦部編・憲法Ⅲ人権（2）291頁〔芦部信喜〕）。

3 裁判員裁判における「裁判所」

裁判員法（平成16年法律63号）により，国民の中から選出された裁判員が裁判官とともに，事実の認定，法令の適用，刑の量定という刑事訴訟手続きに関与することとされ（裁判員法6条1項），裁判員には職権の独立が認められている（8条）。職業裁判官ではない裁判員が裁判体を構成することは本条に違反しないか。

判例 最大判2011〈平23〉11.16刑集65巻8号1285頁は，「公平な『裁判所』における法と証拠に基づく適正な裁判が行われること（憲法31条・32条・37条1項）は制度的に十分保障されている上，裁判官は刑事裁判の基本的な担い手とされているものと認められ，憲法が定める刑事裁判の諸原則を確保する上での支障はないということができる」と判断している。また，被告人が裁判員制度による審理裁判を受けるか否かについての選択権が認められていないことも，合憲とされている（最二判2012〈平24〉1.13刑集66巻1号1頁）。

4 訴訟と非訟

国家が私生活関係に対して後見的に介入して紛争を処理する非訟事件の拡大（「訴訟の非訟化」）において，非訟事件手続法・家事事件手続法などが定める，非対審・非公開を原則とする手続が，32条および82条に違反しないか。

＊2011〈平23〉年5月に，かつての非訟事件手続法および家事審判法は，それぞれ非訟事件手続法（平23法51）と家事事件手続法（平23法52）に全面改正されている。

判例 当初，最高裁判例は，金銭債務臨時調停法にもとづく非公開及び決定によってなされた「調停に代わる裁判」の合憲性を認めていた（最大決1956〈昭31〉10.31民集10巻10号1355頁）。しかし，この決定は最大決1960〈昭35〉7.6民集14巻9号1657頁（以下，昭和35年判決）により変更され，以後，判例は「性質上純然たる訴訟事件」であるか否かによって32条および82条の保障対象を決定してきている。

昭和35年判決は，「若し性質上純然たる訴訟事件につき，当事者の意思いかんに拘わらず終局的に，事実を確定し当事者の主

張する権利義務の存否を確定するような裁判が，憲法所定の例外の場合を除き，公開の法廷における対審及び判決によつてなされないとするならば，それは憲法82条に違反すると共に，同32条が基本的人権として裁判請求権を認めた趣旨をも没却するものといわねばならない。」とした。そして金銭債務臨時調停法7条の「調停に代わる裁判」の意味を合憲的に限定解釈した上で，当該事案が純然たる訴訟事件であるとして，金銭債務臨時調停法7条による調停に代わる裁判をすることを正当とした裁判所の判断は憲法82条および32条に違反するという適用違憲の判断をした。

その後の判断として，最大決1965〈昭40〉6.30民集19巻4号1089頁は，家事審判法9条1項乙類3号に規定する婚姻費用分担に関する処分について，「家庭裁判所は夫婦の資産，収入その他一切の事情を考慮して，後見的立場から，合目的の見地に立つて，裁量権を行使して，その具体的分担額を決定するもので，その性質は非訟事件の裁判であり，純然たる訴訟事件の裁判ではない」ため，家事審判法に従ってなされた本件審判は憲法82条・32条に違反しないとした。

また，最大決1966〈昭41〉12.27民集20巻10号2279頁は，非訟事件手続法による過料の裁判について，「民事上の秩序罰としての過料を科する作用は，国家のいわゆる後見的民事監督の作用であり，その実質においては，一種の行政処分としての性質を有するものであるから，必ずしも裁判所がこれを科することを憲法上の要件とするものではなく」，「法律上，裁判所がこれを科することにしている場合でも，過料を科する作用は，もともと純然たる訴訟事件としての性質の認められる刑事制裁を科する作用とは異なるのであるから，憲法82条，32条の定めるところにより，公開の法廷における対審及び判決によつて行なわれなければならないものではない。」と判断した。

学説　学説は，判例の硬直的な判定方法には総じて批判的であり，より柔軟に事件の類型や性質，内容に即した審理方法の可能性を探るべきとの立場にある（芦部・憲法258頁，佐藤幸・憲法論613頁，新基本法コメ264頁〔柏崎敏義〕）。

前掲1966〈昭41〉年12月27日最高裁判決へは，「たとえ過料の裁判の本質が『行政』作用であるとしても，行政事件をも司法権の範囲内とする日本国憲法の下では，ただちにそれに対する不服申立ての裁判を非訟手続で行うことが許されるとすることには論理の飛躍があ（り）」，これを正当化するには，学説通説と同様の立場をとる必要があるとの指摘もなされている（長谷部・憲法308-309頁）。

5　非訟事件における手続保障

判例　上記の訴訟非訟二分論に基づき，非訟事件における手続保障を判例は立法政策と解している。当時の家事審判法9条1項乙類に関わる家事審判手続の抗告審が，抗告の相手方に対して抗告状及び抗告理由書の副本または写しを送達しなかったことが，憲法31条・32条に反するとして特別抗告された事案で，最三決2008〈平20〉5.8判時2011号116頁は，「本質的に非訟事件である婚姻費用の分担に関する処分の審判に対する抗告審において手続にかかわる機会を失う不利益は，同条所定の「裁判を受ける権利」とは直接の関係がないというべ

きであるから，原審が，抗告人（原審における相手方）に対し抗告状及び抗告理由書の副本を送達せず，反論の機会を与えることなく不利益な判断をしたことが同条所定の「裁判を受ける権利」を侵害したものであるということはできず，本件抗告理由のうち憲法32条違反の主張には理由がない。」とした。しかし，同時に，原々審の審判を不利益に変更したことについて，「家事審判手続の特質を損なわない範囲でできる限り抗告人にも攻撃防御の機会を与えるべきであり，少なくとも実務上一般に行われているように即時抗告の抗告状及び抗告理由書の写しを抗告人に送付するという配慮が必要であった」とも述べている。

同様の事案で，「抗告人に攻撃防御の機会を与えることのないまま，原々決定を取り消し，本件申立てを却下するという抗告人に不利益な判断をしたことは，明らかに民事訴訟における手続的正義の要求に反するというべきであり，その審理手続には，裁量の範囲を逸脱した違法があるといわざるを得ない。」とした最二決2011〈平23〉4.13民集65巻3号1290頁がある。

学説 学説においては，裁判を受ける権利の保障内容に，審尋（審問）請求権が含まれるとする説が説かれている（渡辺他・憲法Ⅰ 440頁〔渡辺康行〕）。なお，前掲2008〈平成20〉年5月8日最高裁決定における那須裁判官反対意見も参照）。

また，判例における「手続的正義」という用語の使用法について，当事者の権利としてではないながらも，裁判所の裁量統制のための基本原則と位置付けられているとし，32条が保障されない非訟事件において「手続的正義」が代替機能を引き受けているという理解として，戸松秀典・今井功編『論点体系 判例憲法2』（第一法規，2013年，345頁〔笹田英司〕）がある。

6 審級制度

誤判是正のためには，裁判を受ける複数の機会が与えられることは不可欠であり，審級制度は裁判を受ける権利の実効的な保障のために不可欠である（渋谷・憲法485頁）。

判例は，審級制度の構築について，広い立法裁量を認め，憲法81条による制約以外の点について，「立法を以て適宜に之を定むべきものである」とする（最大判1948〈昭23〉3.10刑集2巻3号175頁）。

民訴法337条の許可抗告制度について，最三決1998〈平10〉7.13判時1651号54頁。国税反則取締法2条による裁判所の許可について，最大決1969〈昭44〉12.3刑集23巻12号1525頁。少額訴訟の判決に対する異議後の判決に対して控訴できないとする民訴法380条1項について，最三判2000〈平12〉3.17判時1708号119頁。少年の保護事件に係る補償に関する法律5条1項の補償に関する決定は，刑事補償法上の裁判とは性質を異にするので上訴を認めなくても違憲ではないとするものとして，最二決2001〈平13〉12.7刑集55巻7号823頁。1996年の民訴法改正により採用された上告理由の制限の合憲性について，最三判2001〈平13〉2.13判時1745号94頁。婚姻費用の分担に関する処分の審判に対する抗告審において手続にかかわる機会を失う不利益は，「裁判を受ける権利」とは直接の関係がないとした決定として，最三決2008〈平20〉5.8家月60巻8号51頁。即決裁判手続における控訴を制限する刑訴法403条の2の合憲性（最三判2009〈平21〉

7.14 刑集 63 巻 6 号 623 頁）等。

7　実効的な保障のために

本条の解釈として，貧困者に対する法律扶助は国の責任ではないと理解されている（樋口他・注解Ⅱ283頁〔浦部法穂〕）。しかし裁判を受ける権利が保障されていても，資力がなければ画餅に帰してしまうのであり，裁判を受ける権利の実質化のために，法律扶助制度が順次拡充されてきている。2000年に民事法律扶助法が制定され，2004年には総合法律支援法が制定され（民事法律扶助法が廃止），2006年10月から，民事法律扶助業務，国選弁護人関連業務などが，独立行政法人「日本司法支援センター（法テラス）」によって行われている。

〔青井未帆〕

第33条　何人も，現行犯として逮捕される場合を除いては，権限を有する司法官憲が発し，且つ理由となつてゐる犯罪を明示する令状によらなければ，逮捕されない。

1　33条の趣旨

憲法33条は，身体の拘束に対する令状主義を定めている。令状を要求することには2つの目的がある（野中他・憲法Ⅰ417頁）。1つは不当な逮捕を防ぐことである。犯罪捜査にあたる者の判断だけで逮捕を認めてしまうと恣意的な逮捕が行われてしまうおそれがあるので，司法官憲のチェックをかませたのである。もう1つは，被疑者の防御権の確保である。逮捕理由が明示されなければ逮捕の正当性がわからず自己を防御するための手段を確保できないので，理由を明示した令状を要求しているのである。令状を発行する司法官憲は裁判官を指すと解されており（芦部・憲法247頁），ここからも不当な逮捕の抑制の意味が込められていることがうかがえる。大日本帝国憲法23条は罪刑法定主義を規定していたものの，手続を法律に委ねていたので，33条以下の条文は法律をも拘束する憲法的刑事手続としての意義を有するとされる（争点・158頁〔大石眞〕）。

〔憲法史的意味〕

GHQ草案（1946年2月12日作成）30条は，「何人モ裁判所ノ当該官吏カ発給シ訴追ノ理由タル犯罪ヲ明示セル逮捕状ニ依ルニアラスシテ逮捕セラルルコト無カルヘシ但シ犯罪ノ実行中ニ逮捕セラルル場合ハ此ノ限ニ存ラス」（「日本國憲法」入江俊郎文書15（「三月六日発表憲法改正草案要綱」の内）（国立国会図書館））となっており，現行の条文に近い内容で起草されていた。もっとも，GHQ草案では，捜索・押収に対する令状主義の規定においても身体の拘禁が含まれていた。GHQ草案33条では「人民カ其ノ身体，家庭，書類及所持品ニ対シ侵入，捜索及押収ヨリ保障セラルル権利ハ相当ノ理由ニ基キテノミ発給セラレ殊ニ捜索セラルヘキ場所及拘禁又ハ押収セラルヘキ人又ハ物ヲ表示セル司法逮捕状ニ依ルニアラスシテ害セラルルコト無カルヘシ各捜索又ハ拘禁若ハ押収ハ裁判所ノ当該官吏ノ発給セル格別ノ逮捕状ニ依リ行ハルヘシ」（「日本國憲法」入江俊郎文書15（「三月

198

六日発表憲法改正草案要綱」の内）（国立国会図書館））となっていたのである。その後，GHQ草案30条がそのまま逮捕に関する令状主義を内容とする現行の33条となり，GHQ草案33条からは「身体」の文言が消えて，住居，書類，所持品を対象とする形で現行の35条となった。GHQ草案33条に身体も含まれていたのはアメリカ憲法修正4条を反映させていたからであると考えられるが，日本の憲法については逮捕に特化したGHQ草案30条を設けたことにより，捜索や押収を中心とする同33条と役割分担をはかる形になった。

2　令状主義の例外としての現行犯逮捕

　憲法33条は，令状主義の例外として現行犯逮捕を認めている。その理由としては，①犯罪と犯人が明らかであり誤認逮捕のおそれがないこと，②逃亡や罪証隠滅を防ぐためにただちに逮捕する必要性が高く令状をとっている暇がないこと，が挙げられる（野中他・憲法Ⅰ419頁）。刑訴法は現行犯の射程につき，「現に罪を行い，又は現に罪を行い終った者」〔刑訴法212条1項〕とした上で，「罪を行い終ってから間がないと明らかに認められるときは，これを現行犯人とみなす」〔刑訴法212条2項〕としており，いわゆる準現行犯を含めている。これについては，違憲とする立場もあるが，時間的接着性や場所的近接性を厳格に解することで憲法上の現行犯に含める見解が多い（新基本法コメ・266頁〔齊藤正彰〕）。刑訴法212条2項は具体的場面として，(1)犯人として追呼されているとき，(2)贓物又は明らかに犯罪の用に供したと思われる兇器その他の物を所持しているとき，(3)身体又は被服に犯罪の顕著な証跡があるとき，(4)誰何されて逃走しようとするとき，の4つを挙げている。

　なお，最高裁は当該事件の逮捕につき「刑訴法212条2項2号ないし4号に当たる者が罪を行い終わってから間がないと明らかに認められるときにされたものということができる」（最三決1996〈平8〉.1.29刑集50巻1号1頁）とするなど，各号の要素を併合的に用いることもある。ただし，4号については現行犯逮捕からの逸脱ではないかとの指摘がある（渡辺他・憲法Ⅰ290頁）。

3　緊急逮捕

　令状主義は逮捕前手続を要請するものであるが，刑訴法210条は緊急逮捕を認め，その後に逮捕状を請求する手続をとっている。後で逮捕状が発せられない場合は被疑者を釈放しなければならないとしているとはいえ，事前手続を求める令状主義とは相いれないおそれがあるため，これをどのように位置づけるかについては学説上議論が分かれる。

　学説　緊急逮捕については，合憲説，違憲説，相対的合憲説の3つに分かれる（争点・162-163頁〔清野幾久子執筆〕）。合憲説が多数を占めるものの，逮捕に接着した時期に逮捕状が発せられる限り令状に基づく逮捕とみなせるとするA説，緊急逮捕は実質上現行犯といえるとするB説，アメリカ憲法修正4条が合理的逮捕を認めていることに着目してこの合理的逮捕に当たるとするC説などがある。違憲説は，33条の文言に反すること，逮捕時において令状がないこと，人権保障上の問題などを理由に違憲とする。相対的合憲説は，対

象を重大犯罪に限定し，事後の令状が発行されなかった場合に相当の補償をすることを条件として合憲としている。

判例 最高裁は緊急逮捕違憲訴訟（最大判 1955〈昭 30〉12.14 刑集 9 巻 13 号 2760 頁）において，刑訴法 210 条の合憲性につき，「かような厳格な制約の下に，罪状の重い一定の犯罪のみについて，緊急已むを得ない場合に限り，逮捕後直ちに裁判官の審査を受けて逮捕状の発行を求めることを条件とし，被疑者の逮捕を認めることは，憲法 33 条規定の趣旨に反するものではない」とした。ここでは捜査権の濫用統制がはかられていることを理由に合憲としているが，33 条の趣旨を明らかにしないまま判示している。そのため，小谷勝重裁判官と池田克裁判官の補足意見は，33 条の令状主義は捜査権力を持った者が権力を濫用してきたという歴史的経験からそれを防ぐために公正な立場にある裁判官に令状発行の権限を与えたものであると説明した上で，令状主義の例外を認めないことは捜査上迅速に被疑者の身体を確保することができなくなり捜査を遂行できなくなることから，憲法自体現行犯逮捕を例外としており，緊急逮捕もこれに準じるものとして認められるとした。

4 別件逮捕

憲法 33 条との関係で合憲性の問題が指摘されるものとして，別件逮捕がある。別件逮捕とは，ある捜査について逮捕状を請求しうるだけの証拠がない場合に，その犯罪についてではなく，証拠のそろっているより軽微な犯罪の逮捕状を取得して逮捕し，本来の捜査についての自白を得ようとする捜査手法をいう。別件を軸にして考えてみた場合，逮捕・勾留中での余罪の追及が現行法上可能である以上，このような捜査手法も許容されることになる。しかし，別件逮捕は，本来の捜査について逮捕状を取得しないまま身柄を拘束することになるので，33 条の令状主義の趣旨を潜脱するおそれがある。

この点につき，最高裁はいわゆる狭山事件（最二決 1977〈昭 52〉8.9 刑集 31 巻 5 号 821 頁）において，「『別件』中の恐喝未遂と『本件』とは社会的事実として一連の密接な関連があり，『別件』の捜査として事件当時の被告人の行動状況について被告人を取調べることは，他面においては『本件』の捜査ともなるのであるから，第一次逮捕・勾留中に『別件』のみならず『本件』についても被告人を取調べているとしても，それは，専ら『本件』のためにする取調というべきではなく，『別件』について当然しなければならない取調をしたものにほかならない」とした上で，「『別件』中の恐喝未遂と『本件』とは，社会的事実として一連の密接な関連があるとはいえ，両者は併合罪の関係にあり，各事件ごとに身柄拘束の理由と必要性について司法審査を受けるべきものであるから，一般に各別の事件として逮捕・勾留の請求が許されるのである。しかも，第一次逮捕・勾留当時『本件』について逮捕・勾留するだけの証拠が揃っておらず，その後に発見，収集した証拠を併せて事実を解明することによって，初めて『本件』について逮捕・勾留の理由と必要性を明らかにして，第二次逮捕・勾留を請求することができるに至ったものと認められるのであるから，『別件』と『本件』とについて同時に逮捕・勾留して捜査することができるのに，専ら，逮

捕・勾留の期間の制限を免れるため罪名を小出しにして逮捕・勾留を繰り返す意図のもとに，各別に請求したものとすることはできない。」とした。つまり，本件と別件を同時進行で捜査できるとし，それらが一連の密接な関連性を有する以上，別件逮捕には当たらないとしたのである。また，令状主義の潜脱につき，逮捕・勾留期間の請求を免れる意図の有無を取り上げているが，捜査機関がそのような意図を持っていたことを自白するとは考えられないことから取調べ状況から判断するしかないと指摘される（森井暲「狭山事件上告棄却決定」ジュリスト660号〔1977年〕92頁）。

このように，別件逮捕と余罪の追及との違いを見出すことは難しく，別件逮捕であったことが明らかになるとしても，それ は事後的である可能性が高い。そのため，後で別件逮捕が判明したときは逮捕・勾留中の自白に証拠能力を認めないという方法で救済すべきと指摘される（野中他・憲法Ⅰ 419頁）。しかし，最高裁は「違法な別件逮捕中における自白を資料として本件について逮捕状が発付され，これによる逮捕中に本件についての勾留請求が行われるなど，勾留請求に先き立つ捜査手続に違法のある場合でも，被疑者に対する勾留質問を違法とすべき理由はなく，他に特段の事情のない限り，右質問に対する被疑者の陳述を録取した調書の証拠能力を否定すべきものではない。」（最三判1983〈昭58〉7.12刑集37巻6号791頁）としており，証拠能力は否定されないとしている。

〔大林啓吾〕

第34条 何人も，理由を直ちに告げられ，且つ，直ちに弁護人に依頼する権利を与へられなければ，抑留又は拘禁されない。又，何人も，正当な理由がなければ，拘禁されず，要求があれば，その理由は，直ちに本人及びその弁護人の出席する公開の法廷で示されなければならない。

1　34条の趣旨

憲法34条は，身体拘束後の手続に関する規定であり，理由告知，弁護人依頼権，接見交通権，理由開示について定めている。大日本帝国憲法23条は「日本臣民ハ法律ニ依ルニ非スシテ逮捕監禁審問処罰ヲ受クルコトナシ」と定め，逮捕監禁後の手続を広く法律に委ねていたが，本条はそれに憲法的統制をかけたことになる。実際上は法律の規定に基づいて行われているかどうかが重要になるが，憲法の趣旨を踏まえた運用になっていなければならない。

ここでいう「抑留」は一時的な身体の拘 束を指し，「拘禁」は継続的な身体の拘束を指すとされる（芦部・憲法247頁）。刑訴法は，逮捕・勾引後の留置を「抑留」，勾留・鑑定留置を「拘禁」とみなす前提で，「拘禁」に当たる勾留・鑑定留置には理由開示の手続を設けており，不当な拘禁の防止をはかっている（刑訴法82-86条・167条5項）。

また，直ちに告げなければならない「理由」の内容については，単に犯罪事実の名称ではなく，「抑留又は拘禁」の根拠となった犯罪事実または公訴事実が含まれると解されている（佐藤幸・憲法論338頁）。

第3章　国民の権利及び義務

身体の拘束は，不法入国者の強制収容や感染症患者の強制入院など刑事手続以外にも行われることがあるため，そのような場合に34条が準用されるかどうかという問題がある。被拘束者が自己の利益を守ることが困難であると予想される場合には弁護人依頼権が保障されるべきとの見解がある（野中他・憲法Ⅰ422頁）。

〔比較憲法的意義〕

英米法系の国では，不当な身体の拘束を受けている者の身柄を裁判所に移すように求める令状（ヘイビアスコーパス）が認められている。ヘイビアスコーパスはイギリスのコモンローに由来するものであり，アメリカ憲法1条9節2項は「反乱または侵略に際して公共の安全のために必要な場合を除き，人身保護令状を求める特権を停止してはならない」（高橋編・憲法集61頁〔土井真一訳〕）と定めている。公開法廷における拘禁理由の開示を求める34条後段は裁判所における審理を確保するという点においてヘイビアスコーパスの影響を受けているといえる。これにならって人身の自由の迅速な回復を制度化したものが人身保護令状である（長谷部・憲法267頁）。

人身保護法4条は法律上正当な手続によらない身体の拘束について裁判所に救済を求めることができるとしているが，最高裁の人身保護規則4条はその運用についていくつかの要件を設けており，十分に実施されているとはいえない状況にある（毛利他・憲法Ⅱ322頁）。

2　弁護人依頼権

憲法37条が刑事被告人に対する弁護人依頼権を定めているので，34条は抑留・拘禁された被疑者に対する弁護人依頼権の規定であると解されている（新基本法コメ・269頁〔齊藤正彰〕）。弁護人依頼権はその名の通り弁護人を選任する権利であり，それを妨げることは許されない。もっとも，取調べの際に常時弁護人が傍にいなければならないことまでをも要求するわけではなく，弁護人の実質的な援助が期待できないような拘禁状態下で取調べを行うことが禁止される（安念潤司「憲法問題としての『手続上の権利』」ジュリスト884号〔1987年〕250頁）。最高裁は，「単に被疑者が弁護人を選任することを官憲が妨害してはならないというにとどまるものではなく，被疑者に対し，弁護人を選任した上で，弁護人に相談し，その助言を受けるなど弁護人から援助を受ける機会を持つことを実質的に保障しているものと解すべきである。」（最大判1999〈平11〉3.24民集53巻3号514頁）と判示している。

37条3項は国選弁護人を付ける権利も規定されているが，34条にはそれが見当たらないことから，被疑者の段階で国選弁護人付与の権利があるかどうかについては争いがある。この点につき，37条3項の原文にあるaccusedは被疑者と被告人の双方を含む概念であることを踏まえると，34条は被疑者の段階から保障されることを明らかにしたにすぎず37条の国選弁護人付与は被疑者にも及ぶとする見解がある（野中他・憲法Ⅰ443頁）。2004年の刑訴法改正により一定の重大犯罪について国選弁護人を付けられるようになり，2016年の改正ではさらに適用範囲が広がっている（高橋・憲法289頁）。

3　接見交通権

弁護人依頼権を実質的に保障するために

は立会人なしに弁護人と接見する接見交通権が保障されなければならない。最高裁（最一判1978〈昭53〉7.10民集32巻5号820頁）は，刑訴法39条1項の規定する接見交通権が憲法34条前段に由来するとし，「接見交通権は，身体を拘束された被疑者が弁護人の援助を受けることができるための刑事手続上最も重要な基本的権利に属するものである」とした上で，「捜査機関は，弁護人等から被疑者との接見の申出があったときは，原則として何時でも接見の機会を与えなければならないのであり，現に被疑者を取調中であるとか，実況見分，検証等に立ち会わせる必要がある等捜査の中断による支障が顕著な場合には，弁護人等と協議してできる限り速やかな接見のための日時等を指定し，被疑者が防禦のため弁護人等と打ち合せることのできるような措置をとるべきである」と判示した。同判決は，接見等の日時等の指定はあくまで必要やむをえない例外的措置としているが，しかし，その指定方法は捜査機関の裁量に委ねられている。そのため，最高裁は著しく合理性を欠き，弁護人等と被疑者との迅速かつ円滑な接見交通が害される結果になるような場合でなければ違法にはならないとされている（最三判1991〈平3〉5.10民集45巻5号919頁）。

4　正当な理由

34条後段は拘禁に対して公開法廷における正当な理由の提示を要求している。ここでいう「正当な理由」の意味については，ある程度の証拠の提示によって支えられた理由という意味と解するものや（野中他・憲法Ⅰ421頁），拘禁の必要性を基礎づける理由（佐藤幸・憲法論338頁）と解するものなど，いくつかの見解が存在する。この点につき，少なくとも刑訴法60条1項が定めるように逃亡・罪証隠滅のおそれがある等の具体的理由が告知さなければならないことに加え，公開法廷での開示としていることを踏まえ，衆人環視に耐えられるだけの理由が必要であると解する見解もある（渡辺他・憲法Ⅰ292頁）。

〔大林啓吾〕

第35条 ① 何人も，その住居，書類及び所持品について，侵入，捜索及び押収を受けることのない権利は，第33条の場合を除いては，正当な理由に基いて発せられ，且つ捜索する場所及び押収する物を明示する令状がなければ，侵されない。
② 捜索又は押収は，権限を有する司法官憲が発する各別の令状により，これを行ふ。

1　35条の趣旨

35条は，住居，書類，所持品に対する侵入，捜索，押収について令状主義を定めたものである。令状主義の目的は，裁判所による事前審査を行い，一般令状（捜索場所や押収物を明示することなく広く捜索等を認める令状）を禁止し，捜索等を受ける者の防御権を確保することである。33条の令状主義の対象は人（身柄）であったが，35条は主として物や空間を対象とするも

のである。住居，書類，所持品はそれ自体財産であると同時に私生活に密接に関わるものであり，不当な侵害は許されない。また，35条の文言が住居，書類，所持品を対象としているからといって，身体に関わる検査等に対する令状が不要になるわけではない。むしろ，所持品ですら令状が求められるのであれば，身体に関わる検査等には一層令状主義が要請されることになる（渡辺他・憲法Ⅰ294頁）。なお，本条の侵入，捜索，押収は，刑訴法において捜索，差押え，領置，提出命令，検証，鑑定といった言葉で規定されている（渡辺他・憲法Ⅰ293頁）。

（1）比較憲法的意義

35条は，アメリカ憲法修正4条の影響を強く受けている（緑大輔「無令状捜索押収と適法性判断——憲法35条による権利保障」修道法学28巻1号〔2005年〕448頁）。修正4条は，「不合理な捜索及び逮捕または押収から，その身体，家屋，書類及び所有物の安全を保障される人民の権利は，これを侵してはならない。宣誓または確約によって証拠付けられた相当の理由に基づくものであって，捜索すべき場所及び逮捕すべき人または押収すべき物件を特定して記載するものでなければ，いかなる令状も発してはならない」（高橋編・憲法集76頁〔土井眞一訳〕）と定める。これは，不合理な捜索や逮捕によって財産や身体を侵害されない権利を保障し，相当の理由に基づかなければ令状を発してはならないとするものであり，令状主義の原則を打ち出したものとして知られる。修正4条は逮捕も含めているが，日本国憲法では逮捕を独立して扱うことになったので（33条），35条は捜索や押収を中心とした規定となった。

（2）憲法史的意義

GHQ草案33条は「人民カ其ノ身体，家庭，書類及所持品ニ対シ侵入，捜索及押収ヨリ保障セラルル権利ハ相当ノ理由ニ基キテノミ発給セラレ殊ニ捜索セラルヘキ場所及拘禁又ハ押収セラルヘキ人又ハ物ヲ表示セル司法逮捕状ニ依ルニアラズシテ害セラルルコト無カルヘシ」（「日本國憲法」入江俊郎文書15（「三月六日発表憲法改正草案要綱」の内）（国立国会図書館））と規定しており，アメリカ同様「相当の理由」（probable cause）の文言が入っているなど，かなり修正4条に近い内容になっていた。「相当の理由」の文言自体はその後紆余曲折を経ている。日本側が出した3月2日案ではいったん「相当の理由」が削除され「正当ナル令状」（30条）と変更されたが（「日本國憲法」入江俊郎文書15（「三月六日発表憲法改正草案要綱」の内）（国立国会図書館）），GHQとの議論を経て閣議に提出された3月5日案の段階では再度「相当の理由」が復活した（「日本國憲法（三月五日案）」佐藤達夫文書41（国立国会図書館））。3月5日を基にして作成された憲法改正草案要綱31条では，「国民ガ其ノ身体，家庭，書類及所持品ニ付侵入，捜索，拘禁及押収ヲ受ケザル権利ハ相当ノ理由ニ基キ且捜索スベキ場所及拘禁又ハ押収スベキ人又ハ物ヲ明示スル令状ヲ発スルニ非ザレバ侵サルルコトナカルベキコト　捜索又ハ拘禁若ハ押収ハ権限アル司法官憲ノ発スル各別ノ令状ニ依リ之ヲ行フベキコト」（「憲法改正草案要綱」佐藤達夫文書46（国立国会図書館））となった。ところが，その後の口語化作業を経て4月17日に発表された憲法改正草案では再び同文言が削除された（「憲法改正草案」佐藤達夫文書74（国立国

会図書館))。現行憲法33条における逮捕に関する令状主義との区別をはかる関係で、現行憲法35条は文言の修正が行われ、その際に「相当の理由」の文言が消え、代わりに「正当な理由」(adequate cause) が盛り込まれた。多少の変化はみられるものの、基本的な内容は修正4条をベースに形成されたといえる。実際、緊急逮捕違憲訴訟（最大判1955〈昭30〉12.14刑集9巻13号2760頁）における斎藤悠輔裁判官の補足意見は、「憲法33条中の『現行犯として逮捕される場合を除いては』とある規定並びに同35条中の『第33条の場合を除いては』とある規定は、アメリカ憲法修正第4条と同じく、合理的な捜索、逮捕、押収等を令状を必要とする保障から除外する趣旨と解すべきものと考える」と述べており、その解釈の是非はともかく、最高裁裁判官も修正4条の影響があったと考えていたことがうかがえる。なお、修正4条の相当な理由の解釈は判例・学説ともに必ずしも定まっているわけではなく、一般には犯罪が行われたという合理的な疑いより強いが、犯罪が行われたという確証よりは弱いとされる。

2 正当な理由

35条は、令状は正当な理由に基づいて発せられ、かつ捜索する場所及び押収する物を明示する令状でなければならないとしている。35条が修正4条の影響を受けているからといって「相当な理由」と同じ内容が要請されるわけではなく、むしろ文言が「正当な理由」に代わっていることからすれば、それ自体の内容の意味を考えなければならない。ただし、「相当な理由」にせよ「正当な理由」にせよ、その趣旨は裁判所によるチェックと防御権の機会の確保にあるので、その意義を減殺させるような内容は許されないといえる。

この規定が要求する内容につき、侵入、捜索、押収を必要とするだけの十分な理由がなければならず、捜索や押収の対象たる場所や物を個別具体的に特定することを求めているとされるが（佐藤幸・憲法論325頁）、明示すべき内容について最高裁は、捜索する場所及び押収する物を令状に明示すればよく、正当な理由に基づいていることを明示する必要はないとしている（最大決1958〈昭33〉7.29刑集12巻12号2776頁）。しかし、35条が防御権の機会を保障するものであることや一般令状を禁止する趣旨であること、また法令が理由付記を命じている場合——処分の性質と法令の趣旨によって要請の程度は異なるものの——、行政手続においてすら不利益処分に対して適用法条とその理由を明示する必要があることがあることからすれば（最二判1963〈昭38〉5.31民集17巻4号617頁、最一判1992〈平4〉12.10集民166号773頁）、明示があまりにも抽象的にすぎる場合は35条に違反すると考えられる。

3 「33条の場合を除いて」の意味

35条は33条の場合を令状主義の例外としている。最高裁はこの意味について、「この法意は同法33条による不逮捕の保障の存しない場合においては捜索押収等を受けることのない権利も亦保障されないことを明らかにしたもの」（最大判1955〈昭30〉4.27刑集9巻5号924頁）とし、現行犯として逮捕できる場合は実際に逮捕したかどうかに関係なく捜索押収令状が不要であるとした。また、緊急逮捕を行おうとした際

に被疑者宅で被疑者不在のまま捜索押収を行い，その後帰宅した被疑者を逮捕したという事件において，最高裁は35条に違反しないとしている（最大判1961〈昭36〉6.7刑集15巻6号915頁）。これらの判例に対しては，逮捕に失敗して逃亡されたような場合を除き令状主義の例外として考えるべきではない，また逮捕に至る連続的プロセスの一環となっていない場合に無令状の捜索押収を認めるべきではないとの批判がある（野中他・憲法Ⅰ424頁）。

4 違法収集証拠排除法則

違法に収集された証拠は令状主義の趣旨に反するので証拠能力が否定される（収集証拠排除法則）。この点につき，最高裁は，「令状主義の精神を没却するような重大な違法があり，これを証拠として許容することが，将来における違法な捜査の抑制の見地からして相当でないと認められる場合においては，その証拠能力は否定される」（最一判1978〈昭53〉9.7刑集32巻6号1672頁）としている。この判決は上着ポケットから所持品を取り出した行為に令状主義を潜脱する意図はなかったとしたが，強制採尿が問題となった事件（最二判2003〈平15〉2.14刑集57巻2号121頁）では，逮捕手続に重大な違法があるとして捜索差押許可状の発付に当たり疎明資料とされた被疑者の尿に関する鑑定書が違法収集証拠として証拠能力が否定された。ただし，その許可状に基づく捜索により発見された覚せい剤およびそれに関する鑑定書については令状に基づいて押収されたものであるとして証拠能力が否定されないとした。

また，X線検査違法判決（最三決2009〈平21〉9.28刑集63巻7号868頁）は，捜査機関が荷送人や荷受人の承諾を得ないまま荷物にX線を照射して内容物の射影を観察する行為はプライバシーを侵害し検証許可状が必要となる強制処分に当たるとした上で，本件X線検査は違法であるが，嫌疑の濃さ，X線検査の必要性，宅配業者の承諾，検査の対象の限定などを踏まえると令状主義を潜脱する意図があったとはいえず，本件で発見された覚せい剤等は捜索差押許可状に基づく捜索において発見されたものでありその発付に当たっては本件エックス線検査の結果以外の証拠も資料として提供されたものとうかがわれることなどの諸事情にかんがみればその証拠収集過程に重大な違法があるとまではいえないとしてその証拠能力を肯定し，有罪判決を維持している。さらにGPS捜査違法判決（最大判2017〈平29〉3.15刑集71巻3号13頁）は，本人の承諾を得ないまま車両にGPSを付けて位置情報を把握する捜査はプライバシーを侵害し令状が必要となる強制処分に当たるとした上で，本件GPS捜査は違法であるが，GPS捜査に密接に関連するとはいえない証拠能力については肯定されるとして有罪判決を維持している。このように，違法収集証拠が排除されるか否かについては，重大な違法があるかどうかが主な争点となるが，重大な違法があっても証拠能力が否定されたものと密接に関連しない証拠については証拠能力が肯定される。

5 行政警察と行政調査――職務質問，検査，検問など

警職法2条1項により，警察官は犯罪が行われたり行われようとしたりしていると合理的に疑いのある場合に職務質問を行う

ことができる。この職務質問に付随して，捜索に至らない程度の有形力を行使する場合に令状が要求されるかどうかが問題となる。米子銀行強盗事件判決では，「職務質問ないし所持品検査は，犯罪の予防，鎮圧等を目的とする行政警察上の作用であって，流動する各般の警察事象に対応して迅速適正にこれを処理すべき行政警察の責務にかんがみるときは，所持人の承諾のない限り所持品検査は一切許容されないと解するのは相当でなく，捜索に至らない程度の行為は，強制にわたらない限り，所持品検査においても許容される」（最三判1978〈昭53〉6.20刑集32巻4号670頁）とした。ただし，「所持品検査の必要性，緊急性，これによって害される個人の法益と保護されるべき公共の利益との権衡などを考慮し，具体的状況のもとで相当と認められる限度においてのみ，許容される」としており，具体的状況における必要性や緊急性のみならず，個人のプライバシーなどの法益を侵害する程度も重要になってくる。

警職法2条1項は一定の状況下での職務質問を認めていることから，犯罪の嫌疑がある自動車を止めて職務質問することは可能であるが，個別の犯罪の嫌疑がないにもかかわらず，交通取締等のために一斉検問を行うことが許されるかという問題がある。一般令状を禁止することが令状主義の要請に含まれていることからすると，個別の嫌疑なしに一斉検問を行うことは35条との関係で問題となる。この点につき，自動車検問事件判決は，警察法2条1項が定める警察官の交通取締の責務を引き合いに出しながら，「自動車の運転者は，公道において自動車を利用することを許されていることに伴う当然の負担として，合理的に必要な限度で行われる交通の取締に協力すべきものであること，その他現時における交通違反，交通事故の状況などをも考慮すると，警察官が，交通取締の一環として交通違反の多発する地域等の適当な場所において，交通違反の予防，検挙のための自動車検問を実施し，同所を通過する自動車に対して走行の外観上の不審な点の有無にかかわりなく短時分の停止を求めて，運転者などに対し必要な事項についての質問などをすることは，それが相手方の任意の協力を求める形で行われ，自動車の利用者の自由を不当に制約することにならない方法，態様で行われる限り，適法なものと解すべきである」（最三判1980〈昭55〉9.22刑集34巻5号272頁）としている。しかし，公道において自動車を使用する時点で一斉検問に応じることを許諾しているかのような論理が正当といえるかどうか，また一斉検問において任意といえるような状況がありうるのかどうかについては検討の余地がある。

また，35条は刑事手続を念頭に置いたものであるが，刑事手続に当たらないからといってただちに令状が不要になるわけではない。川崎民商事件判決は，「憲法35条1項の規定は，本来，主として刑事責任追及の手続における強制について，それが司法権による事前の抑制の下におかれるべきことを保障した趣旨であるが，当該手続が刑事責任追及を目的とするものでないとの理由のみで，その手続における一切の強制が当然に右規定による保障の枠外にあると判断することは相当ではない」（最大判1972〈昭47〉11.22刑集26巻9号554頁）としている。ただし，令状を要件としない行政手続がただちに35条違反になるわけでもなく，当該検査が，実質上，直接的物理

的な強制と同視すべき程度にまで達しているかどうかによって判断される。成田新法事件判決（最大判1992〈平4〉7.1民集46巻5号437頁）も、行政手続だからといって一切の強制が令状主義の枠外にあるとするのは相当ではないとしつつ、行政手続は、「刑事手続とその性質においておのずから差異があり、また、行政目的に応じて多種多様であるから、行政手続における強制の一種である立入りにすべて裁判官の令状を要すると解するのは相当ではなく、当該立入りが、公共の福祉の維持という行政目的を達成するため欠くべからざるものであるかどうか、刑事責任追及のための資料収集に直接結び付くものであるかどうか、また、強制の程度、態様が直接的なものであるかどうかなどを総合判断して、裁判官の令状の要否を決めるべきである」としている。

〔大林啓吾〕

第36条　公務員による拷問及び残虐な刑罰は、絶対にこれを禁ずる。

1　36条の趣旨

憲法36条は、拷問や残虐な刑罰につき、「絶対にこれを禁ずる」と強い口調で禁止している。拷問や残虐な刑罰は国家権力の濫用の最たるものであることに加え、そうした非人道的行為はきわめて強い人権侵害をもたらす。そのため、拷問や残虐な刑罰の禁止は普遍的に妥当するものであり、「絶対に」という言葉はそれを強調する役割を果たしている。また、大日本帝国憲法時代にはその規定がなく、旧刑法によって公務員による拷問が禁止されていたものの、実際には拷問が行われていたことから、その反省の意味も込められている（芦部・憲法255頁）。

（1）比較憲法的意義

かつて君主制国家では拷問が行われたり残虐な刑罰が科されたりしていたことから、名誉革命後、イギリスでは権利章典（1689年）を定め、その10条において残虐な刑罰の禁止に関する規定を置いた。それを引き継いだのがアメリカ憲法修正8条であり、同規定は「残虐で異常な刑罰は、これを科してはならない」（高橋編・憲法集78頁〔土屋真一訳〕）と定めている。「残虐」の意味については憲法制定当時に「残虐」と考えられていたものを指すのか、それとも時代ごとに「残虐」の意味も変わるので現在において「残虐」と考えられていたものを指すのかをめぐって、連邦最高裁でも見解が分かれているが、時代ごとに考えるべきとするアプローチ（発展的基準）が有力になっている。同じ問題は日本における「残虐」の解釈にも当てはまるが、日本の最高裁も発展的基準のように時代に応じて判断するアプローチをとっている。

第二次世界大戦が終わると、残虐な刑罰の禁止は世界に広がり、1948年に採択された世界人権宣言はその5条で「何人も、拷問又は残虐な、非人道的若しくは屈辱的な取扱若しくは刑罰を受けることはない」と定め、1966年に採択された国際人権規約でも7条で同様の規定を設けている。また、拷問については、1987年に拷問等禁止条約が発効され、1999年には日本も加入している。そこでは、公務員等が情報

収集等のために身体的，精神的な重い苦痛を故意に与える行為が拷問に当たるとし，各締約国が「拷問」を刑法上の犯罪とし，公務員等が残虐かつ非人道的な又は品位を傷つける取り扱い等を行うことを防止することとした。

（2）憲法史的意義

憲法36条はアメリカ憲法修正8条がモデルとなっており，ほぼ同じ内容であるが，修正8条にある「異常な」を入れるかどうかについては変遷があった。GHQ草案（1946年2月12日作成）では，「…残虐若ハ異常ナル刑罰ヲ科スヘカラス」（35条）とされていたが，日本側が提出した3月2日案では「残虐ナツ刑罰ハ之ヲ課スルコトヲ得ズ」（28条）（「日本國憲法」入江俊郎文書15（「三月六日発表憲法改正草案要綱」の内）（国立国会図書館））とされ，「異常ナル」が削除された。その後，GHQとの議論においてこの点が議論となり，「異常ナル刑罰トハ如何ナルモノナリヤ　残虐ナラズシテ異常ナルモノノ例如何ト問フニアマリ要領ヲ得ズ何レモ之ヲ削除ス」（「三月四，五両日司令部ニ於ケル顛末」入江俊郎文書15（「三月六日発表憲法改正草案要綱」の内）（国立国会図書館））ることになり，3月5日に閣議に提出された草案では，「公務員ニ依ル拷問又残虐ナル刑罰ハ絶対ニ之ヲ禁ス」（32条）（「日本國憲法（三月五日案）」佐藤達夫文書41（国立国会図書館））となり，ほぼそのまま現行の条文となった。

2　拷問・残虐の意味

拷問の意味については，憲法38条2項が自白を得るための拷問を禁止しているため，それとの異同が問題となる（新基本法コメ・275-276頁〔齊藤正彰執筆〕）。38条2項の存在を踏まえると，36条は一般的な意味で設けられたと解されるので，自白にかかわらず拷問一般を禁止するものと考えられる。また，36条が普遍性を持つ以上，それはオープンエンド条項と考える余地があり，時代や社会の変化に合わせてその意味も変わる可能性がある。拷問については，拷問等禁止条約が公務員等が情報収集等のために身体的，精神的な重い苦痛を故意に与える行為が拷問に当たるとしているので，自白にかかわらないだけでなく，精神的な苦痛もそれに含まれる。

残虐な刑罰の意味については，最高裁が「不必要な精神的，肉体的苦痛を内容とする人道上残酷と認められる刑罰」（最大判1948〈昭23〉6.23刑集2巻7号777頁）と判示しており，以降の判例もこれを踏襲している。残虐な刑罰に当たるかどうかについては，死刑が残虐な刑罰に該当するか否か，該当しないとしても絞首刑は残虐な方法といえないかどうかが主な問題となってきた。

死刑が残虐な刑罰に当たるかどうかにつき，最高裁は憲法13条および31条の反対解釈によって合憲と判断している。すなわち，13条は生命に関する権利に対して最大の尊重を求めているものの，それと同時に公共の福祉による制約を認めていることから，生命に関する権利にも制限または剥奪されることが予定されていること，そして31条は適正手続を定めているものの，それは同時に適正手続に基づく生命の剥奪を認めているものである，ということである。そのため，憲法は死刑の存在を想定しているものであることから，「刑罰としての死刑そのものが，一般に直ちに同条にいわゆる残虐な刑罰に該当するとは考えられない。」（最大判1948〈昭23〉3.12刑集2巻

死刑の合憲性を認めるにあたり，最高裁は「各国の刑罰史を顧みれば，死刑の制度及びその運用は，総ての他のものと同様に，常に時代と環境とに応じて変遷があり，流転があり，進化がとげられてきたということが窺い知られる。わが国の最近において，治安維持法，国防保安法，陸軍刑法，海軍刑法，軍機保護法及び戦時犯罪処罰特例法等の廃止による各死刑制の消滅のごときは，その顕著な例証を示すものである。」と述べながら死刑の合憲性を判断しており，残虐な刑罰該当性も時代に応じて考えるアプローチを採用している。このことは，島保裁判官，藤田八郎裁判官，岩松三郎裁判官，河村又介裁判官の意見からもうかがえる。それによれば，「ある刑罰が残虐であるかどうかの判断は国民感情によって定まる問題である。而して国民感情は，時代とともに変遷することを免れないのであるから，ある時代に残虐な刑罰でないとされたものが，後の時代に反対に判断されることも在りうることである」と述べており，時代によってその内容が変わることを示唆している。ただし，このようなアプローチに基づいて将来的に死刑制度が36条違反になるとすれば，憲法解釈論としては無理があるので，立法政策論と考えるべきではないかとの指摘がある（佐藤幸・憲法論340頁）。

また，本件では死刑執行方法が残虐かどうかについても判断されており，最高裁は「ただ死刑といえども，他の刑罰の場合におけると同様に，その執行の方法等がその時代と環境とにおいて人道上の見地から一般に残虐性を有するものと認められる場合には，勿論これを残虐な刑罰といわねばならぬから，将来若し死刑について火あぶり，はりつけ，さらし首，釜ゆでの刑のごとき残虐な執行方法を定める法律が制定されたとするならば，その法律こそは，まさに憲法第36条に違反するものというべきである。」とした。抽象的ではあるものの，残虐該当性については時代と環境に照らして人道上の見地から一般に残虐性を有するかどうかを基に判断することが示されたといえる。ここでも，時代に応じて判断するアプローチが示されている。このアプローチに基づくのであれば，現在の状況や国際動向を踏まえることとなる。そのため，最近の国際的動向としては死刑廃止の方向に進んでいることから，死刑が残虐な刑罰に当たる可能性があると指摘されている（渡辺他・憲法Ⅰ300頁）。

なお，現在の絞首刑が残虐な刑罰に当たらないかどうかについて最高裁は，「現在各国において採用している死刑執行方法は，絞殺，斬殺，銃殺，電気殺，瓦斯殺等であるが，これらの比較考量において一長一短の批判があるけれども，現在わが国の採用している絞首方法が他の方法に比して特に人道上残虐であるとする理由は認められない」（最大判1955〈昭30年〉4.6刑集9巻4号663頁）としている。また，最高裁は死刑が残虐な刑罰に当たらない以上，無期懲役刑もそれには当たらないとして合憲の判断を下している（最大判1949〈昭24〉12.21刑集3巻12号2048頁）。

死刑執行期間につき，刑訴法475条2項は判決確定後6カ月以内に執行しなければならないとしているが，実際には6カ月を大幅に徒過してから執行されることが多い。そのような法務大臣の判断は許されるのかどうかという問題に加え，長期にわたっていつ死刑が執行されるのかという状態に置

かれることが残虐な刑罰に当たるのではないかという問題がある。後者の点を理由に死刑の確定判決を受けた者が国家賠償請求訴訟を提起した事件があるが、裁判所は速やかに死刑執行を受けることが死刑確定者にとって利益であるということはできないとして請求を棄却している（東京地判1998〈平10〉3.20判タ983号222頁）。

3 残虐な刑罰と犯罪・刑罰の均衡の関係

残虐な刑罰の問題については、刑罰の種類や方法が残虐に当たるという問題だけでなく、犯罪と刑罰が極端にその均衡を失している場合も問題となりうる。微罪に対して重罰を科す場合など、犯罪と刑罰が著しく均衡を失していれば、そのような刑罰は一般に非人道的であるともいえるわけであり、残虐な刑罰に当たる可能性が出てくるからである。

[学説] これについては13条や31条の問題として考えるべきとの見解があるが、刑罰の目的からみて不必要な刑罰を加えることが残虐な刑罰に当たるとする見地からすれば極端に均衡を失する刑罰も残虐な刑罰の問題として捉えることになるとの見解もある（野中他・憲法Ⅰ 437頁）。

[判例] 尊属殺重罰規定違憲訴訟（最大判1973〈昭48〉4.4刑集27巻3号265頁）は尊属殺重罰規定の問題を平等違反として処理したが、田中二郎裁判官の意見は「刑法200条の定める法定刑が苛酷にすぎるかどうかは、憲法14条1項の定める法の下の平等の見地からではなく、むしろ憲法36条の定める残虐刑に該当するかどうかの観点から、合憲か違憲かの判断が加えられて然るべき問題であると考えるのである。」とし、犯罪と刑罰の不均衡も36条の残虐な刑罰の問題になるとしている。

〔大林啓吾〕

第37条 ①すべて刑事事件においては、被告人は、公平な裁判所の迅速な公開裁判を受ける権利を有する。
②刑事被告人は、すべての証人に対して審問する機会を充分に与へられ、又、公費で自己のために強制的手続により証人を求める権利を有する。
③刑事被告人は、いかなる場合にも、資格を有する弁護人を依頼することができる。被告人が自らこれを依頼することができないときは、国でこれを附する。

1 37条の趣旨

憲法は37条-39条において被告人の諸権利について規定している。科刑は国家権力の行使の最たるものであると同時に自由に重大な制限を加えるものであるため、科刑手続は慎重かつ公正に行う必要がある（芦部・憲法249頁）。大日本帝国憲法下では被告人の諸権利に関する規定がなく、1946年2月8日にGHQに提出した松本案にもそうした規定はみられなかった。その後、1946年2月13日のGHQ草案の36条に日本国憲法37条とほぼ同じ内容の規定が盛り込まれ、最終的に現行の内容となった。

〔比較憲法的意義〕

37条は英米法的な当事者主義および弾

効主義な色彩が濃いとされる（佐藤幸・憲法論341頁）。37条は，1項で公平，迅速，公開の裁判を受ける権利を，2項で証人審問権を，3項で弁護人依頼権を保障しているが，これらの規定は，被告人が検察側と対峙しながら裁判に挑む英米法的な当事者主義を前提としている。また，当事者主義の構造は弾劾主義ともつながる。裁判官と検察官の役割が分かれていないまま刑事裁判を行う糾問主義と異なり，弾劾主義は検察官と被告人の対立に基づき裁判官が判断するという構造をとる。

2　公平，迅速，公開な裁判

37条1項は，公平，迅速，公開の裁判を受ける権利を保障している。裁判の公開については憲法82条にも規定があるが，被告人の権利を明確に保障するためにこうした規定を設けたと解される（芦部・憲法249頁）。

まず，公平な裁判所の裁判の意味につき，最高裁は「構成其他において偏頗の惧なき裁判所の裁判」（最大判1948〈昭23〉5.5刑集2巻5号447頁）がそれに当たるとし，法律の誤解又は事実の誤認等により被告人に不利益な裁判がなされても37条違反にはならないとした。ここでいう「構成」は除斥，忌避，回避の制度を備えた裁判所のことをいい，「其他」は裁判官に予断を与えない訴訟手続の構造を指すとされる（福田厚「『不公平な裁判をする惧れ』とは何か」法学教室第二期6号〔1974年〕144頁）。

学説では，訴追者側の利益に偏った裁判をするおそれのない裁判所がそれに当たるとし，①裁判所が訴追者と利害関係を有している場合，②裁判所が訴追者側に従属している場合，③裁判所が事件について偏見を有している場合がそうしたおそれに当た

るとされる（野中他・憲法Ⅰ 439頁）。こうしたおそれを防ぐ制度として，捜査過程と公判を切断する起訴状一本主義（刑訴法256①）や両当事者の証拠調べを認める当事者主義的手続（刑訴法298）が存在している。

次に，迅速な裁判が規定されているのは，裁判が不当に遅延することは裁判の拒否に等しいからである（芦部・憲法249頁）。しかも，裁判の不当な遅延は被告人の身柄拘束が長期に及び過度な負担がかかってしまうことになり，被告人の利益を著しく損なってしまう。ただし，公正な裁判を実現するためには一定の時間がかかるのも事実であり，早く終わりすぎると十分に審理が尽くされないおそれが出てくる。

当初，最高裁は，裁判が遅れたことを理由に破棄差戻をすると裁判が一層遅れてしまうことから裁判の遅延は原判決破棄の理由にはならないとし，被告人の権利としての性格が弱かったが，高田事件判決（最大判1972〈昭47〉12.20刑集26巻10号631頁）は「審理の著しい遅延の結果，迅速な裁判をうける被告人の権利が害せられたと認められる異常な事態が生じた場合には，これに対処すべき具体的規定がなくても，もはや当該被告人に対する手続の続行を許さず，その審理を打ち切るという非常救済手段がとられるべきことをも認めている趣旨の規定である」とした。

なお，公開裁判については82条との異同が問題となりうるが，それについては82条および32条の章を参照のこと。

3　証人審問権および証人喚問権

証人審問権は，被告人に審問の機会が十分に与えられない証人の発言には証拠能力

が認められないという直接審理の原則を保障するものである（芦部・憲法251頁）。ここでいう証人とは，供述証拠を提供する供述者を指す。刑訴法320条は反対尋問の機会のない伝聞証拠の証拠能力を原則として否定することで証人審問権を実質的に保障している。アメリカにおいて刑事免責と引き換えに得られた尋問調書の証拠能力が争われたロッキード事件丸紅ルート判決（最大判1995〈平7〉2.22刑集49巻2号1頁）は日本が刑事免責制度を採用していないことを理由にしてその証拠能力を否定しており，証人に対して審問する機会がなかったことも問題を含んでいたと指摘される（長谷部・憲法267頁）。また，証人との対面が必要になるかも問題となるが，最高裁はビデオリンク方式によって被告人と証人とが直接対面していなくても供述を聞いたり尋問したりすることはできることから証人審問権は侵害されないとしている（最一判2005〈平17〉4.14刑集59巻3号259頁）。

証人喚問権は自分に有利な証人の喚問を要求する権利を保障したものである（野中他・憲法Ⅰ434頁）。最高裁は証人申請の選択について合理性が認められる限り裁判所の裁量が認められるとしているが，学説からは裁量の限定をはかろうとする見解が多い（新基本法コメ・281頁〔青井未帆〕）。

4　弁護人依頼権

弁護人依頼権は34条でも被疑者に対して保障されているが，37条3項は被告人に対してもそれを保障している。刑事裁判において検察側と対峙することを踏まえると弁護士の援助によって被告人に検察側との対等性を確保する必要があるからである（渡辺他・憲法Ⅰ304頁）。あらためて37条3項で弁護人依頼権を保障したのは被疑者の段階と被告人の段階とで付与する理由が異なるからである。弁護人依頼権の保障範囲や保障の程度については争いがあり，依頼の機会確保のみならず告知や依頼方法の教示も含み，また被告人が明示的に弁護人選任を拒否した場合でなければその権利の制限につながるような解釈を認めるべきでないとの見解がある（野中他・憲法Ⅰ445頁）。ただし，最高裁は，「被告人が自ら行使すべきもので裁判所，検察官等は被告人がこの権利を行使する機会を与え，その行使を妨げなければいいのである」（最大判1949〈昭24〉11.30刑集3巻11号1857頁）と述べるにとどまっている。

〔大林啓吾〕

> **第38条** ①何人も，自己に不利益な供述を強要されない。
> ②強制，拷問若しくは脅迫による自白又は不当に長く抑留若しくは拘禁された後の自白は，これを証拠とすることができない。
> ③何人も，自己に不利益な唯一の証拠が本人の自白である場合には，有罪とされ，又は刑罰を科せられない。

1 38条の趣旨

憲法38条は，不利益供述の禁止，自白排除の法則，補強証拠の法則など，取調過程の証拠に関する被告人の権利について定めている。戦前，旧刑法282条が罪を自白させるための拷問を禁止していたにもかかわらず，実際には自白偏重の弊風が残り捜査関係者による自白の強要や拷問が行われたこともあり，本条が制定されるに至った（高田卓爾「自白の強要は防止されたか」ジュリスト131号20頁（1957年））。自白偏重は捜査機関を自白獲得へと向かわせて，結果的に不当な手段に頼ってしまったり誤った内容により冤罪を生み出したりしてしまうことに加え，そもそも供述するか否かは自分で決定すべき事項であることからすると，自白偏重や自白強制は許されないといえる（毛利他・憲法Ⅱ 329-330頁）。

（1）比較憲法的意義

38条1項の不利益供述の禁止はアメリカ憲法修正5条の自己負罪拒否特権に由来する（芦部・憲法252頁）。同条は，「何人も，刑事事件において，自己に不利な証人になることを強制されない」（高橋編・憲法集77頁〔土井真一訳〕）と定めており，連邦最高裁がミランダ判決（Miranda v. Arizona, 384 U.S. 436 (1966)）において同条を根拠としてミランダ警告（Miranda warning）の法理を形成したことから，いわゆる黙秘権が保障されることとなった。

日本では，刑訴法146条・198条2項・311条1項・319条などによって黙秘や証言拒否に関する規定が置かれている。

（2）憲法史的意義

1946年2月13日のGHQ草案38条にほぼ現行規定と同様の文言が設けられていた（「日本國憲法」入江俊郎文書15（「三月六日発表憲法改正草案要綱」の内）（国立国会図書館））。同時に刑訴法改正作業も行われており，途中自白の証拠能力に関する規定などは留保されたり削除されたりしたが，GHQの要請もあり刑訴応急措置法10条に憲法38条と同じ文言が導入され，その後の刑訴法の改正作業において公判廷の自白をどうするかなどの議論を経て，現行の刑訴法319条が制定されるに至った（三井誠「自白規定の制定経過」法学教室237号〔2000年〕125頁）。

2 不利益供述の禁止

38条1項の「自己に不利益な供述」とは，刑事責任を問われる供述と理解されており，民事責任が問われるような供述は対象にならないと考えられている（野中他・憲法Ⅰ 428頁）。本条項が黙秘権をも含んでいるかどうかについては学説上の争いがあり，不利益供述のみを保障していると考えるA説からすれば黙秘権を認める刑訴法311条1項はその趣旨を拡充するものとなり，黙秘権を保障すると考えるB説か

らすれば刑訴法311条1項の範囲と重なるということになる（新基本法コメ・283頁〔青井未帆〕）。

　問題は，不利益事項の範囲と強要の程度である。不利益事項の範囲としては，氏名の供述が含まれるかどうかという問題があるが，最高裁は，氏名は不利益事項に当たらないとしている（最大判1957〈昭32〉2.20刑集11巻2号802頁）。強要の程度については，麻酔分析やポリグラフの問題がある。麻酔分析は理性を失わせて供述を引き出そうとするものであることから本条項に違反し，ポリグラフは生理的反応と結びつけて解釈する点において本条項の射程内にあると考えられている（佐藤幸・憲法論346頁）。

　不利益供述の禁止について最も問題となるのは行政手続への援用である。いくつかの法律は，一定の行政目的を実現するために，応答，報告，記帳を義務づけ，義務違反者に対しては罰則を設けている。具体的には，所得税法は納税に対する質問，道交法は事故を起こした運転者に警察への報告，麻薬取締法は麻薬取扱者に帳簿記入を義務づけている。これらは犯罪捜査を目的とするものではないが，犯罪捜査につながりうる事項であることから本条項の対象になるかどうかが問題となる。

　これらについてはいずれも最高裁が判断を下している。川崎民商事件判決（最大判1972〈昭47〉11.22刑集26巻9号554頁）は，38条の要請は「純然たる刑事手続においてばかりではなく，それ以外の手続においても，実質上，刑事責任追及のための資料の取得収集に直接結びつく作用を一般的に有する手続には，ひとしく及ぶものと解するのを相当とする」としながらも，納税質問検査は刑事責任の追及を目的とする手続ではなく，そのための資料の取得収集に直接結びつく作用を一般的に有するものでもなく，公益上の必要性と合理性があるとして合憲としている。また，交通事故報告義務事件判決（最大判1962〈昭37〉5.2刑集16巻5号495頁）は，事故の応急措置のために報告義務を定めているにすぎず，「警察官が交通事故に対する前叙の処理をなすにつき必要な限度においてのみ，右報告義務を負担するのであって，それ以上，所論の如くに，刑事責任を問われる虞のある事故の原因その他の事項までも右報告義務ある事項中に含まれるものとは，解せられない。」として合憲とした。もっとも，犯罪捜査に当たる警察自らが報告を受けることになることもあり，奥野健一裁判官の補足意見は，多数意見の結論には同意しつつも，「犯罪構成要件のうちの客観的事実を報告せしめられることになるから，少くとも事実上犯罪発覚の端緒を与えることになり，多数意見の如く全然憲法38条の不利益な供述を強要することにあたらないと断定することには躊躇せざるを得ない」としている。麻薬取締法記帳義務事件判決（最二判1954〈昭29〉7.16刑集8巻7号1151頁）は，「いやしくも麻薬取扱者として麻薬を取扱った以上は，たとえその麻薬が正規の手続を経ていないものであつても，右帳簿記入の義務を免れないものと解するのが相当である」とし，麻薬取扱者はそれに関わる義務を受諾して免許を受けているのだからそれと引き換えに不利益供述権を放棄しているかのような論調で合憲とした。ただし，この論理が通用することになると，様々な免許や許可にも援用されて不利益供述権を保障する意味が相当程度薄れてしまうおそれがあることから，麻薬という特殊な事柄

に限って認められると考えるべきである。

3 自白排除の法則

38条2項は，強制，拷問，脅迫による自白と，不当に長く抑留若しくは拘禁された後の自白の証拠能力を否定している。いわゆる自白排除の法則を打ち出したわけであるが，その目的をどのように理解するかによって証拠能力が否定される範囲が変わってくる。A説（任意性説）は任意になされなかった自白を排除するのが目的であるとし，その理由として任意性を欠く自白に虚偽が含まれる可能性が高いこと（虚偽排除）や虚偽の有無にかかわらず任意性を欠く自白を排除しなければ不利益供述拒否権などが侵害されてしまうこと（人権擁護）のいずれかまたは両方が挙げられる。これに対してB説（違法排除説）は，任意性の有無にかかわらず，取調の方法が違法である場合に自白を排除するのが目的であるとする。最高裁は任意性の有無に着目して判断する傾向にある（最二判1958〈昭33〉6.13刑集12巻9号2009頁）が，任意性に基づくと本人の主観の審査に踏み込まざるをえなくなり実証困難になる可能性があるので違法性を客観的に判断する方が適切であるとの指摘もある（渡辺他・憲法I

309頁）。

4 補強法則

38条3項は，本人の自白しか証拠がない場合は有罪にできないとしている。たとえ任意に得られた自白であっても，自白だけで有罪になることを認めてしまうと自白偏重になりかねないことから，それを防ぐために設けられた予防的ルールと理解されている。有罪とするためには他の証拠が必要になることから，いわゆる補強法則を要請している。刑訴法319条2項は，「被告人は，公判廷における自白であると否とを問わず，その自白が自己に不利益な唯一の証拠である場合には，有罪とされない」としており，公判廷における自白にも補強法則を要求しているが，最高裁は「公判廷における被告人の自白が，裁判所の自由心証によって真実に合うものと認められる場合には，公判廷外における被告人の自白とは異り，更に他の補強証拠を要せずして犯罪事実の認定ができると解するのが相当である」（最大判1948〈昭23〉7.29刑集2巻9号1012頁）とし，公判廷の自白は38条3項の「本人の自白」に含まれないとしている。

〔大林啓吾〕

第39条 何人も，実行の時に適法であつた行為又は既に無罪とされた行為については，刑事上の責任を問はれない。又，同一の犯罪について，重ねて刑事上の責任を問はれない。

1 39条の趣旨

39条は，前段で遡及処罰の禁止または事後法の禁止を定め（事後処罰の禁止），前段後半および後段で二重の危険または一事不再理の原則を定めている。事後処罰は罪刑法定主義の要請に反することに加え，国民は将来処罰されてしまうかもしれないことから自由に行動できなくなり，国民の

法的地位も安定しなくなる。また、その時々の議会の多数派によって少数派の権利を侵害するような立法が制定されるおそれもあり、恣意的な立法に歯止めをかけられなくなる。そのため、事後処罰の禁止は刑事手続上の大原則の1つであると同時に、権利保障や裁量統制に関わる側面も有している。

(1) 比較憲法的意義

事後処罰の禁止はフランス人権宣言8条に由来するといわれる。同条は、「何人も、犯罪行為の前に制定、公布され、適法に適用された法律によってしか処罰されてはならない」(高橋編・憲法集340頁〔高橋和之訳〕)と定めている。ドイツ連邦共和国基本法103条2項のように「裁判」の箇所で「ある行為がなされる以前にその可罰性が法律によって明定されていた場合にのみ、その行為を罰することができる」(高橋編・憲法集243頁〔石川健治訳〕)と定められていることもあれば、アメリカ憲法1条9節3項のように連邦議会の権限の箇所で「私権剥奪法または遡及処罰法を制定してはならない」(高橋編・憲法集61頁〔土井真一訳〕)と定められることもある。

(2) 憲法史的意味

日本国憲法には、同じ条文の中に事後処罰の禁止(前段)と二重の危険または一事不再理の原則(前段後半および後段)が定められ、しかも後段をアメリカ憲法的な二重処罰の禁止として理解するか大陸法的な一事不再理の原則と理解するかの余地があるが、制定過程においても変遷が見られた。

当初、1946年2月13日のGHQ草案では、37条2項「何人モ同一ノ犯罪ニ因リ再度厄ニ遭フコト無カルヘシ」、39条「何人モ実行ノ時ニ於テ合法ナリシ行為ニ因リ刑罰ヲ科セラレルル無カルヘシ」(「日本國憲法」入江俊郎文書15(「三月六日発表憲法改正草案要綱」の内)(国立国会図書館))となっており、3月5日案の段階でも33条および35条(遡及処罰規定については若干の追加修正有)において同じような内容であったが、その後の憲法改正要綱35条では「何人ト雖モ実行ノ時ニ於テ適法ナリシ行為又ハ既ニ無罪トセラレタル行為ニ因リ刑事上ノ責任ヲ問ハルルコトナカルベキモノトスルコト」(「憲法改正草案要綱」佐藤達夫文書46(国立国会図書館))とされた。この時点では二重処罰の禁止に関する事項が削除されたが、1946年4月17日に発表された憲法改正草案36条は現行の条文と同じ形となった。アメリカ憲法が遡及処罰の禁止と二重の危険を分けているように、GHQはもともと事後処罰の禁止と二重処罰の禁止の両方を入れ込もうとしていたことがうかがえる。

2 事後処罰の問題

39条1項は刑事上の責任を問われないと規定しているので、事後的に刑罰を科せられないという刑罰不遡及が要請される。しかし、訴訟法の手続規定もそれに含まれるかどうかという問題がある。たとえば、2010年の刑訴法改正により一定の犯罪については公訴時効が廃止され、その他の一定の犯罪についても時効期間が延長された。そしてその経過規定ではこの改正施行時に公訴時効が完成していない罪に対しても遡及適用すると定められた。そのため、こうした改正が遡及処罰の禁止に反するかどうかという問題が出てくる。また、本条の対象に判例が含まれるかという問題もあるが、これについては判例を法源とみなすかどう

3 二重の危険または一事不再理の原則

39条前段後半と後段は、両方をあわせて英米法的な二重の危険として理解するか、それとも大陸法的な一事不再理（有罪にせよ無罪にせよ一度判決が確定した以上再び刑事責任を問われない）として理解するか、あるいは前段後半が一事不再理で後段が二重処罰の禁止として理解するかによって、内容に違いが生じる可能性がある。特に問題となるのが検察官の上訴である。アメリカでは陪審制度をとっていることもあり、原則として下級審で無罪判決が下された場合、検察官が上訴することは二重の危険に反すると考えられているため、二重の危険として捉えると検察官の上訴が可能かどうかを考えなければならない。もっとも、無罪判決を「既に無罪とされた行為」とみなすのであれば、「危険とは、同一の事件においては、訴訟手続の開始から終末に至るまでの一つの継続的状態と見るを相当とする」（最大判1950〈昭25〉9.27刑集4巻9号1805頁）と考えて、検察官の上訴も許されるという解釈も可能であると指摘される（芦部・憲法254頁）。

また、本条後段の「重ねて刑事上の責任を問はれない」とは、刑事罰に限定されるか否か、換言すれば行政罰を併科することを認めるものなのかという問題がある。最高裁は、刑事罰と行政罰は性格が異なることから、追徴税を併科しても本条に違反しないとしている（最大判1958〈昭33〉4.30民集12巻6号938頁）。もっとも、義務の態様次第では事実上の刑罰に近くなる可能性もある。たとえば、アメリカでは一定の性犯罪者に対して出所後に居住地域制限や移動制限などを課す地域があり、日本でも大阪府の条例のように出所後の住所の報告義務を課しているところがある。制約の程度次第では本条との関係が問題になってこよう。

〔大林啓吾〕

第40条 何人も、抑留又は拘禁された後、無罪の裁判を受けたときは、法律の定めるところにより、国にその補償を求めることができる。

---

1 40条の趣旨

国家の刑罰権行使は、慎重にも慎重を期して、人権侵害を未然に防がなければならず、日本国憲法は31条から39条にかけて、この目的のための諸制度を用意している。しかし、人間が制度を動かす以上、誤りを完全に防ぐことはできない。本条は、国家の犯す最大の不法の1つである冤罪への救済を、個人の請求権として補償を求めることを保障するものであり、結果に対して金銭による救済を図るところに眼目がある。

〔憲法史的意義〕

大日本帝国憲法には刑事補償規定はなかったものの、既に1931（昭和6）年以来、刑事補償法（昭和6年法律60号、以下「旧法」とする）が存在していた（施行は昭和7年）。しかしながら、それは権利を保障したものではなく、「恩恵」として与えられるに過ぎなかった。本条は、17条とともに憲法制定過程において衆議院の審議の

段階で追加された条項である。

2　刑事補償法の仕組み

　本条は, 刑事補償請求権の具体的な内容や要件につき,「抑留又は拘禁された後」,「無罪の裁判を受けたとき」という要件を課しつつ, 法律に具体化を委ねている。その法律が, 1950 (昭和25) 年の刑事補償法 (昭和25年法律1号, 以下, 刑補法とする) である。

　刑補法は「未決の抑留又は拘禁」(同法1条1項) 及び「刑の執行又は拘置」(同法1条2項) による補償を, 刑事訴訟法による通常手続, 再審, 非常上告の手続などにおいて「無罪の裁判を受けた者」が, 国に対して請求できることを定める。また, 免訴又は公訴棄却の場合にも, もしこれらの裁判をすべき事由がなかったならば「無罪の裁判を受けるべきものと認められる充分な事由があるとき」は, 補償を請求できる (25条)。

　請求の手続について, 本人がその請求をしないで死亡した場合は, 相続人から請求をすることができる (同2条)。補償の請求は, 無罪の裁判をなした裁判所に対してしなければならない (同6条)。また無罪の裁判が確定した日から3年以内に補償の請求をしなければならない (同7条)。請求を受けた裁判所は, 検察官および請求人の意見を聞き, 決定を出さなければならない (同14条)。決定に不服がある場合, 請求人は上級審に即時抗告あるいは異議を申し立てることができ, さらに最高裁に特別抗告することもできる (同19条)。

　なお, 公務員の故意・過失による違法が存在する場合には, 刑事補償と同時に, 国家賠償を求めることができる (5条1項)。

3　刑事補償請求権の法的な性格

　本条と17条との違いは, 国家機関の故意または過失を補償の要件とはしていない点と, 補償の額が定型化されている点である。それでは刑事補償の原因となる国の行為の「違法性」はどう理解できるか。

　学説　違法性については大別して2つの理解がある。まず〔A〕一定の犯罪の嫌疑がある者を抑留または拘禁し, 有罪判決を期待しうる合理的根拠がある場合に, これを起訴するのは, 国の正当な行為であって, かかる行為自体が当然に「違法」ではないものの, 正義・衡平の見地から, 無罪とされた場合には, 多大な犠牲への金銭的事後救済を行うものが刑事補償であると説明する学説がある (佐藤幸・憲法論360頁)。本条が「賠償」ではなく「補償」としている理由は, この趣旨を表すと理解される。

　これに対し,〔B〕一定の犯罪の嫌疑が晴れた場合, 抑留又は拘禁は, 客観的には「違法」というべきであるとして, 違法行為に対する損害賠償である点において17条と性質を同じくするとする説がある (法協・註解上688-689頁)。もっとも, この説においても, 刑事補償における「違法」が通常の意味における「違法」とは異なることは認められている。

　判例　判例は〔A〕説に立つ (最三決1991〈平3〉3.29刑集45巻3号158頁)。無罪判決が確定した場合において, 直ちに捜査・訴追が違法となるべきかについて, 判例は, 無罪であったことが判明したとしても, それは国賠法上の違法を意味しないとの立場である (芦別国賠請求訴訟・最二判1978〈昭53〉10.20民集32巻7号1367頁)。

4 「抑留又は拘禁された後」の意味

憲法34条，38条にも見られるこれらの言葉について，前者が一時的な，後者が継続的な身体の拘束を意味している。旧法においても，拘留や自由刑の執行，死刑執行のための拘置，労役場留置について補償されることになっていた。本条により，これらに加え，逮捕・勾引などの後の留置が補償されることになった。

なお，刑訴法484条から486条までの収容状による抑留，同法481条2枝による留置，更生保護法63条2項または3項による引致状による抑留および留置は，刑の執行または拘置とみなされる（刑補法1条3項）。

また，法廷等の秩序維持に関する法律2条における監置への補償は刑補法の規定が準用されている（法秩法8条）。そして，犯罪人の引き渡しに関する条約により引渡しを受けた犯罪人が無罪であった場合に，引渡しのためになされた抑留・拘置（刑補法26条），日米安保条約に基づく地位協定実施に伴う刑事特別法20条による合衆国軍事裁判所または合衆国軍隊による抑留・拘禁は，刑訴法による抑留・拘禁とみなされる。

5 「無罪の裁判」

(1)「無罪の裁判」の意味

[学説]「無罪の裁判」の意味について，二つの説が区別される。〔A〕刑訴法と同様に形式的な意味の無罪の裁判とする説（法協・註解上690頁）と，〔B〕形式的に無罪判決があったか否かに関わりなく，自由を拘束したことの根拠がないものであったことが明らかになった時と解する説（佐藤功・註釈(上)613-614頁）である。

この学説の対立は，刑補法25条の理解に関わる。免訴や控訴棄却で訴訟が終結し，形式的に無罪の裁判はなされていないが，実体的には無罪であったと認められる場合について，同条は補償の請求ができるものとしている。〔A〕説によれば，同条は憲法の趣旨の拡張であり，B説によれば，同条は憲法の要請の具体化である。

[判例]「無罪の裁判」の意味について，最三決1991〈平3〉3.29刑集45巻3号158頁は，「刑訴法上の手続における無罪の確定裁判」としており，すなわち，〔A〕説の立場にある。

(2) 実体的な無罪判断を得る手段として

冤罪という実体的な真実が，刑補法25条を通じて晴らされた例を見ておく。第1は，いわゆる調布駅南口事件である。本件の経緯を概説すると，7人の少年が傷害などの容疑で逮捕され，東京家裁八王子支部は，そのうち5名について少年院送致を決定したが，東京高裁が現決定を取消し，審理は差し戻された。家裁八王子支部は，1名については不処分としたが，残りを刑事処分相当として検察に送致し，検察は5名全員を傷害罪で起訴した。東京地裁八王子支部は1名について「差戻審での家裁による検察官送致は不利益変更禁止の原則に違反する」として公訴を棄却した（東京地八王子支決2001〈平13〉2.6）。検察が控訴し，東京高裁は起訴を有効としたが，最高裁が不利益変更と認め，公訴が棄却された。これを受けて残りの4名について検察は公訴を取り消したことにより，実体判断が得られる機会がなくなった。

そこでなされた刑事補償請求における控訴審決定で，「そのまま実体審理を遂げて

も，いずれも無罪の判決を受けるべきものと認められる十分な事由がある」とされ，4名は補償を受けるべき対象と認められた（東京高決2001〈平13〉12.12高刑54巻2号159頁）。

第2は，いわゆる横浜事件である。先の大戦中に起こった最大の言論弾圧とされる本件の第4次再審第一審判決（横浜地判2009〈平21〉3.30判例集未登載）は，第3次再審上告審判決（最二判2008〈平20〉3.14刑集62巻3号185頁）を踏襲して免訴を言い渡したものの，無罪の公示がされないことが，被告人の名誉回復を望む遺族らの心情に反することを慮り，刑補法25条によるならば，刑の廃止および大赦という免訴事由がなかったならば無罪の裁判をうけるべきものと認められる十分な事由があるかが判断され，決定の中で実体的な判断が示されるのであり，刑補法24条1項により公示されることで，一定程度は免訴判決を受けた被告人の名誉回復を図ることができる旨が示された（なお，横浜地決2010〈平22〉2.4も参照）。

これらは，刑事補償手続が無罪判断の代替という役割を果たした例であり，通常の手続からこぼれ落ちる問題を救済した点は評価されるべきであろう。しかし，刑事補償手続一般において，実体判断を重視することが適当でるあるかは，疑問もある。結果責任をより一層重視する立場からは，刑補法25条が無罪の可能性を刑事補償請求権の要件としていることへ，刑事裁判と同様の審理を強いるものであり，憲法17条に違反するとの批判がなされている（渋谷・憲法496頁）。

6　運用と課題
（1）補償対象の拡大

本条の趣旨を踏まえ，補償の対象はこれまで拡大してきた。1976(昭51)年の刑訴法改正により，無罪の判決が確定したときは，被告人であった者に，その裁判に要した費用を補償する「費用補償制度」が創設された（刑訴1編16章）。また1992(平4)年に「少年の保護事件にかかる補償に関する法律」（法律84号）が制定されたことにより，審判が開始せずまたは保護処分に付さない旨の判断がされ，その決定が確定した場合に補償が認められることとなった（同法2条）。

（2）課　題

依然として制度化されていない課題として，第1に，身体を拘束されたが不起訴となり釈放された被疑者に対する補償がある。不起訴処分を本条の「無罪の裁判」に当るとすることは，本条の文言から難しい。とはいえ，正義・衡平の見地から，立法的な解決が図られるべきことは，しばしば主張されてきた（法協・註解上690-691頁，奥平康弘『憲法Ⅲ』有斐閣，1993年，396-397頁）。

判例は，「抑留または拘禁された被疑事実が不起訴となつた場合は同条の補償の問題を生じないことは明らか」として，被疑者には本条が直接には適用されないことを示した。ただし「不起訴となつた事実に基く抑留または拘禁であつても，そのうちに実質上は，無罪となつた事実についての抑留または拘禁であると認められるものがあるときは，その部分の抑留及び拘禁」にも刑事補償が法適用されると述べている（最大決1996〈昭31〉12.24刑集10巻12号1692頁）。

これを受けて翌年の昭和32年法務大臣訓令「被疑者補償規定」により，「その者が罪を犯さなかつたと認めるに足りる十分な事由があるときは，抑留又は拘禁による補償をする」（同2条）こととされている。もっとも，これは司法的な救済手続を備えておらず，依然として問題が残っている。

第2に非拘禁補償の問題がある。現行法では，身体拘束を受けなかった場合は，刑事訴追を受けて無罪の裁判が確定しても，補償の対象とはならない。これに対して，刑事訴追を受けたというそのこと自体により，身体拘束を受けなかったとしても，様々な圧迫や制約を受けることから，補償の対象とすべきであるとの指摘もある（日弁連「非拘禁者に対する刑事補償制度を求める意見書」(2009〈平21〉年3月18日）。なお，この問題について第71回国会法務委員会(1973(昭和48)年）では，非拘禁の場合の補償は立法政策として相当ではないとの政府見解が示されている。

第3に，刑事補償金額は，現行法制定時には拘禁1日につき「200円以上400円以下」であった。数次の改正を経て，補償日額は1992(平成4)年改正で「1000円以上12500円以下」（刑補法4条1項）となり，現在に至る。果たして，長期にわたって拘禁されて無罪となった場合の補償が，現行の補償額で十分といえるか。また基準日額の下限は30年以上にわたって据え置かれてきた結果として，1000円から12500円という幅が生じているが，これで果たして「一定額の補償」「補償額の定型化」といえるのか，疑問がある。

〔青井未帆〕

第4章　国　会　［総論］

1　本章の趣旨

　憲法の規定は一般に，人権保障に関する部分（人権宣言）と，公権力の機構について定めた部分である統治機構とに分けることができる。統治機構の基本原理は，国民主権と権力分立である（芦部・憲法287頁）。

　国民主権については別に解説されているので（本書19頁以下参照），ここでは権力分立という観点から，本章が定める国会の位置づけを確認したい。国家権力の諸作用を区分して異なる機関に配分し，相互の抑制と均衡（check and balance）を図る仕組みを，権力分立と呼ぶ。通常は，立法権，行政権（あるいは執行権），司法権の分立が考えられるので，三権分立の語が用いられることも多い。なお，日本国憲法の「行政権」（憲65）の英訳はexecutive powerであり，「執行権」とも訳出される。行政権（執行権）の主体は，日本国憲法では「内閣」であるが，「政府」の語が用いられることもある。

（1）比較憲法的意味

　①　1789年のフランス人権宣言（人及び市民の権利宣言）16条は，「権利の保障が確保されず，権力の分立が定められていないすべての社会は，憲法をもたない」と定めている。近代的意味（立憲的意味）の憲法の定義を示したものとして知られる条文であり，権力分立が権利保障と並ぶ基本原則としてあげられている。とはいえ，分立のあり方や国家権力の諸機能を分担する機関相互の関係は，時代によって変遷しており，また各国ごとに異なっている。

　権力分立の思想的淵源としてよく引かれるのが，フランスの思想家モンテスキューである。君主制から議会制への移行期にあった18世紀のイギリスをモデルに，モンテスキューは立法，執行，司法の三権の分立を論じている。それは，権力の分立だけでなく，当時の諸勢力の均衡をも意識したものであった。モンテスキューによれば，人民を代表するため選ばれる団体と貴族の団体とが，立法を担当する（両院制）。執行とは，講和または戦争をし，外交使節を派遣または接受し，安全を確立し，侵略を予防する作用であり，君主の権限である（モンテスキュー／野田良之他訳『法の精神・上』岩波書店，1989年，291頁以下）。

　国王と議会が対峙する中で生成したのが，王権と議会との均衡の体制としての議院内閣制（後述）であった。やがて次第に国王の権限は制約され，諸権力間の均衡は議会優位へと傾いてゆく。イギリスでは19世紀にかけて，国会主権の原理が確立する一方，国王の権限は次第に名目化し，大臣の合議体である内閣が執行権を担うようになる。またフランスでも，国民主権の原則のもと，国民代表である議会の優位が定着し，19世紀末には議会中心の政治体制が誕生する。19世紀は，議会の世紀ともいわれる。

　しかし20世紀に入ると，議会の優位は大きく揺らぐようになる。社会保障，経済政策

第4章　国　会

など国家の役割が拡大するとともにその高度化・専門化が進み，官僚機構を擁する執行権の役割が増大してゆく。また，恐慌，戦争などの際には迅速な決定が求められ，議会にかわり，政府に権限が集中する。執行権が，法律の執行（アウトプット）の役割を超え，政策形成（インプット）においても中心的役割を果たす行政国家現象や執行権の強化といった傾向が顕著となった。現代の憲法の中には，フランスの第5共和国憲法（1958年制定）のように，議会制度の構造を合理化し，明確に執行権優位の構造をとるものもある。政府あるいは執行権の統制は，20世紀以降の諸憲法にとって，重要な課題となっている。

　裁判機関が法律の憲法適合性を判断する違憲立法審査の仕組みの導入も，議会中心の権力分立を変化させた要因である。19世紀初頭，この仕組みをいち早く確立したのは，アメリカであった。その後，20世紀に入ると，ヨーロッパでも導入がはじまる。第2次世界大戦後になると，違憲立法審査の仕組みは各国に拡がってゆく。違憲立法審査には，アメリカのように通常の裁判所（司法裁判所）が違憲立法審査権を行使するタイプ（司法裁判所型）と，憲法判断を専門に行う機関を設置するタイプ（憲法裁判所型）とがある。

　②　権力分立のあり方は，国によっても異なる。立法権と執行権の関係に着目した場合，2つのモデルが区別できる。イギリス型の議院内閣制とアメリカ型の大統領制である。

　イギリスは成文の憲法典をもたない。議院内閣制（parliamentary government）は，慣行などを通じ，歴史的に形成・確立されてきた仕組みである。イギリス型の議院内閣制は，議会による内閣の信任と内閣の議会に対する責任によって特徴づけられる。柔軟な分立といえよう。一方，大統領と議会が別々に選挙され，それぞれの分立がはかられているのが，アメリカ型の大統領制である。不信任と解散のような仕組みはない。厳格な分立といえよう。

　モデルであるイギリス，アメリカには，それぞれ，必ずしも一般化できないような特殊な要素もある。イギリスの議院内閣制は，非公選の第二院（貴族院），強い規律をもった二大政党，首相による下院の解散といった特質を備えている。これらが伝統的にイギリス・モデルを特徴づけてきた。安定した議会多数派を基盤とする首相・内閣の地位は強固であり，立法権・執行権の融合の体制などともいわれる。また選挙は，政権選択として位置づけられ，二大政党間の政権交代が行われてきた。もっとも最近では，多党化により二大政党制に揺らぎが生じ，また下院の解散を制限する法律も制定されるなど，伝統的なモデルに変化が生じている。

　イギリスに限らず，議会の多数党が内閣を組織する議院内閣制のもとでは，立法権・執行権の融合，首相・内閣の優位といった現象が生じやすい。立法権・執行権の間のチェック・アンド・バランスが機能しにくいのである。そこで重要となるのが，野党を中心とした政府統制機能の強化であり，議会内少数派の制度上の位置づけである。イギリスでは，野党第1党の党首は公的な処遇を受け，「影の内閣」を組織するなど，野党の役割が重視されてきた。内閣・多数党と野党間で抑制と均衡が図られてきたとみること

もできる。ドイツでは，議員の4分の1以上の申立により調査委員会が設置される。またフランスでは，2008年の憲法改正によって，野党・少数会派への配慮が求められるようになった。

　アメリカの大統領制の場合も，分権的な二大政党制，連邦制など，特有の要素がある。大統領は議会多数派の信任に依拠する必要がないため，アメリカでは政党の規律はさほど強くない。大統領と議会双方が選挙される仕組みのもとでは，大統領と議会多数党の党派が食い違うと分割政府という問題が生じる。しかし，緩やかな政党規律ゆえに，双方の対立が緩和されてきた（ただし近年，政党間の対立も強まっている）。また，立法権と執行権の厳格な分立がはかられていることから，議会のみが立法権を行使する。議会の地位は強力である。

　以上の他にも，選挙される大統領と議会（下院）の信任に基礎を置く政府とを並存させた仕組み（半大統領制，執行権の二元制）をとるフランスのような例もある。また，2つのモデルを継受した各国の間にも，憲法の規定に応じて，様々なバリエーションがある。

　憲法が定める制度だけでなく，憲法の規定を具体化する諸制度，政党のあり方，さらには制度の運用をめぐる慣行などによっても，統治機構の機能は大きく異なる。実定憲法をもたないイギリスにおいて，憲法学者ダイシーが，制定法や裁判所により創出される規範（憲法律）と，公権力を規律するが裁判所によっては強行されない了解や慣行（憲法習律）とを区別したことはよく知られている。イギリスとは異なり，実定憲法が統治機構について規定を置く場合でも，統治機構の実際の機能を規定するものとして，こうした「憲法典外の要素」（樋口他・注解Ⅲ9頁）は重要である。とくに憲法の規定が比較的簡略である場合には，そうした要素の比重が大きくなる。

（2）憲法史的意義

　戦前の明治憲法では，天皇が統治権の総攬者であった（明治憲法4条）。帝国議会は，憲法の規定上，天皇の立法権に協賛する機関にすぎず，議会の権限には種々の制限があった（「41条」参照）。帝国議会はまた，直接選挙される衆議院と公選によらない貴族院から構成されており，しかも両者の権限は対等であった。さらに行政権についても，憲法は，「国務各大臣ハ天皇ヲ輔弼シソノ責ニ任ス」（同55条）と定めるにとどまっていた。内閣の議会に対する責任は明示されておらず，議会の構成とは無関係に内閣が組織された（超然内閣）。大正デモクラシー期には，衆議院の多数党が内閣を組織する政党内閣の慣行が生じたが，これも短命に終わった。帝国議会の権限・役割は，立法機関としても，政府統制機関としても，極めて不十分なものであった。

　こうした歴史をもふまえ，日本国憲法の制定にあたっては，議会中心の統治機構の構築が目指された。1946年2月に連合軍最高司令官総司令部が作成した憲法草案（GHQ草案）は，イギリスの議会制度をモデルとしていたが，国会を一院制とし，国会自らが開会を決定する権限を認め，解散を内閣不信任の場合に限るなど，イギリスよりも議会優位に踏み込んだ規定も置いていた。また議員の資格争訟，議事規則制定権・懲罰権，歳

第4章 国　会

費の保障，不逮捕特権，免責特権などは，アメリカ合衆国憲法1条5節・6節が定めるものである。国政調査権の規定も，アメリカで認められてきた議会調査権を思わせる。イギリス型をベースにアメリカ憲法の要素をも取り込むことで，議会の強化が図られている。最終的な案文では，二院制が採用され，国会の開会や解散についても変更がなされるなど，修正が加えられているが，国会中心の構造は，基本的に維持されている。国会は憲法の「中核体」（金森徳次郎『国会論』文壽堂，1947年，1頁）というべき存在となった。

　さらに，憲法が定める国会中心主義を支えるための制度も導入されている。アメリカの議会図書館をモデルに設立されたのが国立国会図書館である。国会図書館は，戦前，官僚が情報を独占し国民に十分真実が届かなかったという反省のうえに，立法補佐機構として設けられたものである。また，衆参両院には，議員の立法活動を補佐するために，議院法制局も設置された。

　このように，帝国議会から国会へと，日本の議会の位置づけは大きく変化した。しかしながら，戦前との連続性がすべて払拭されたわけではない。また，当初構想された国会中心主義の実現をめぐっても，少なからぬ積み残しの課題がある。日本国憲法の統治機構の定めは，比較憲法的にみると簡略であり，その機能は憲法を具体化する諸制度や慣行などに依存する度合いが大きい。国会を「中核体」として位置づけた憲法の趣旨をふまえ，あらためてそれにふさわしい国会のあり方を考える必要がある。

2　国　会
（1）日本国憲法と権力分立

　国の統治機構の冒頭に置かれているのが，国会について定めた本章（第4章）である。続いて，内閣（第5章），裁判所（第6章），財政（第7章）に関する規定が置かれている。各章の冒頭で，国会には立法権（41条），内閣には行政権（65条），裁判所には司法権（76条）が帰属することが，それぞれ示されている。

　日本国憲法はこのように，権力分立の仕組みを採用している。とはいえ，各作用を担う諸機関の関係は，全くの独立・対等の関係ではない。司法権を行使する裁判所については，国会・内閣からの強い独立性が保障されている（76条3項・78条等）。裁判所には，立法をはじめとする国家行為の憲法適合性を判断する権限（違憲審査権，81条）も認められている。一方，国会（とくに衆議院）と行政権を行使する内閣との間には，次にみるように，国会の優位のもと，緊密な関係がある。

（2）立法権と行政権──議院内閣制

　① 憲法は，国会に3つの地位を与えている。国権の最高機関・唯一の立法機関（41条），そして全国民の代表（43条）である。国会は，選挙された全国民を代表する議員（43条）から組織される衆議院・参議院の両院から構成される。両院制（二院制）である（42条）。憲法は，国民による選挙という強い民主的正統性を備えた全国民の代表としての国会を，国権の最高機関として位置づける。全国民の代表である議員には不逮捕特権

（50条）や免責特権（51条）などの特典が認められる。また，国会を構成する両議院には，組織や議事運営に関する強い自律権（58条）が保障されており，国政に関する調査のような強力な権限も付与されている（62条）。国会の最も重要な権限が立法権である（憲41）。国会はさらに，租税や予算など財政に関する議決権も有する。明文での言及はないが，こうした諸権限を通じた行政権の統制（政府統制）も，立法と並ぶ国会の重要な役割である。

　他方で，国会と内閣の間には緊密な関係もある。内閣は，国会が指名する内閣総理大臣を長として組織される（66条1項）。内閣総理大臣及び国務大臣の過半数は国会議員でなければならず，また内閣は，行政権の行使について国会に対して連帯して責任を負う（66条1項・3項）。衆議院には内閣不信任の権限が認められる一方，内閣は衆議院を解散することができ（69条7条3項），一方的な国会の優位だけでなく，抑制と均衡が図られている。内閣が国会の信任のうえに成立し，国会に対して責任を負うこのような仕組みは，議院内閣制と呼ばれる。議会政の語が用いられることもある（争点・218頁〔高見勝利〕）。

　②日本国憲法は，国会を国権の最高機関と形容している。選挙される議会が立法権，政府・財政統制の権限を有することは主要国の憲法に共通した原則であるが，国権の最高機関という明文規定が置かれるのは，異例である。戦前の大日本帝国憲法下の帝国議会の地位が弱かったことから，国会中心主義という視点が強調されることになったのである。

　もっとも，行政国家といわれる現代において，国会中心主義を具体化するためには課題も多い。加えて，1950年代半ば以降，政権党が衆参両院の多数を占め，政権交代が機能してこなかった。1990年代には，政治改革，行政改革を通じ，イギリスをモデルとした議院内閣制の運用の改革が試みられた。政権交代可能な仕組みの構築を目指し，衆議院の選挙制度が改正され，行政機構の再編による内閣・首相の主導性の強化が目指された。こうした改革を通じ首相の主導性は強まったが，政権交代は機能しておらず，所期の目的は達成されていない。

　日本国憲法では，少数派に配慮した「少数派権」（吉田栄司『憲法的責任追及制論Ⅰ』関西大学出版会，2010年，24頁）ともいうべき規定が置かれている。各議院4分の1以上による臨時会の召集要求権（53条），秘密会の要件としての3分の2の特別多数（57条1項）の議決と5分の1以上による公開の要求権（57条3項），資格争訟による議席喪失（55条）・懲罰としての議員除名（58条2項）についての3分の2の特別多数の議決，さらには衆議院による法律案の再議決についての3分の2の特別多数（59条2項）の議決などである。

〔只野雅人〕

第4章　国会

> **第41条**　国会は，国権の最高機関であつて，国の唯一の立法機関である。

1　41条の趣旨

国の統治機構を定めた諸規定の冒頭に位置づけられるのが本条であり，「国権の最高機関」，「国の唯一の立法機関」という2つの地位を国会に付与している。

（1）比較憲法的意義

議会は，民主主義体制に限らず，様々な政治体制のもとでほぼ共通して設置されている機関である。組織や権限は憲法体制によって様々であるが，主要民主主義国の議会には，普通直接選挙による選出（二院制の場合には少なくとも一院について），立法権限，政府統制権限，財政統制権限など，共通の特徴がある。

強い権限を備えた議会は，通例，中心的な国家機関であるが，本条のような「国権の最高機関」という形容は異例であり，国会中心主義を強く印象づける規定となっている。一方，「唯一の立法機関」に類する規定としては，たとえば，「この憲法によって付与される立法権は，すべて合衆国連邦議会に属する」とするアメリカ合衆国憲法1条1節がある。もっとも大統領制をとるアメリカでは，法律案に対する大統領の拒否権が認められる（同7節）。また，日本国憲法とは異なり連邦制がとられていることから，連邦議会の権限の及ぶ事項が憲法に列記されている（同8節）。フランス第5共和国憲法では，大統領，政府に次いで，議会の章が置かれる。「国政を決定し，遂行する」権限が政府に付与され（20条），議会には，法律の議決，政府の統制，公共政策の評価という権限が与えられる（24条）。法律事項が憲法に列記される一方，その他の事項は政府の命令事項とされる。また，政府には立法過程に関与する様々な権限が認められるなど，執行権優位の憲法構造がとられる。

日本国憲法の場合，立法権の範囲を制限する規定はなく，また内閣が立法権の行使に関与することを直接認めた規定もない。

（2）憲法史的意義

戦前の大日本帝国憲法では，天皇が統治権の総攬者であり（明治憲法4条），帝国議会は天皇の立法権に協賛するものとされていた（同37条）。帝国議会の権限には様々な制約があった。天皇は，議会閉会中緊急の必要がある場合に法律にかわるものとして発せられる緊急命令（同8条）や，法律に基づかない独立命令（同9条）を制定することができた。また，議会の財政に関する権限にも，緊急財政処分（同70条）や予算不成立の場合の前年度予算施行（同71条）などの重大な例外があった。

日本国憲法では，国会を国権の最高機関，唯一の立法機関と位置づけ，政府統制，財政統制の権限を付与するなど，その地位の強化を図っている（「4章」参照）。国会中心主義，あるいは国会優位の権力分立制ということもできるが，国会・議院の権限が当然に内閣や裁判所の権限に優越するわけではない。この点はとくに，次に見る「国権の最高機関」の意味をめぐり問題となる。

2　国権の最高機関

[学説]「国権」とは，国家権力あるいは国の統治権のうち，「主権の属する国民を除いた統治機構」（佐藤功・注釈（下）623頁）における諸機関の権限の総称であると解される。「最高機関」が何を意味するかにつ

いて学説は、〔A〕各種の国家作用を統轄する機関と解する統括機関説、〔B〕主権者・国民により直接選挙され立法権等の重要な権限を付与された国会に対する敬称にすぎないとする政治的美称説、〔C〕立法権をはじめとする広汎な権限を通じ三権あるいは国政全般の総合調整機能が認められるとする説（総合調整機能説、最高責任地位説）、などに分かれる。

統括機関説は、日本国憲法制定後初期に唱えられたものである（佐々木・憲法256頁）。統治権は法人としての国家に帰属するという国家法人説を前提に、各種の国家作用（国権）を分担する諸機関を統轄する機関が必要であるとして、国会を統括機関と位置づける。国政調査権（62条）などは、統括に基づく独自の権能とされる。

しかし、国会の権限といえどもあくまで憲法の規定を根拠に認められるものであり、また内閣の解散権や裁判所の違憲立法審査など、国会（議院）が抑制を受ける場合もある。そこで、「国権の最高機関」という規定から一定の権限が当然に帰結されるわけではないとし、この規定を国会に対する敬称にとどまるとみる政治的美称説が有力化した（芦部・憲法295頁など）。もっとも、政治的美称説をとる論者の中にも、最高機関性を根拠として、憲法上いずれの機関の権限に属するか不明の権限は国会の権限に属するとの推定を受けると説く立場もあった（清宮・憲法1203頁）。ただし、どの様な権限が国会に推定されるのかは必ずしも明らかではない。

一方、国会を統括機関とまで位置づけることはできないとしても、「最高機関」を根拠に、憲法上認められた広汎な権限を通じ、相互に独立し国権の作用を担う機関に対する総合調整的機能を国会に認める見解もかねてより主張されてきた（田中正己「国権の最高機関性（2・完）」自治研究34巻2号〔1958年〕57頁）。近時の有力説も、「国会は並列関係にある三権の中で一番高い地位にあり、国政全般の動きに絶えず注意しつつ、その円滑な運営を図るべき立場にある」と解する（最高責任地位説）。最高機関性は、「国家諸機関の機能および相互関係を解釈する基準」とされ、総合調整機能、国会への権限推定等が導かれる（佐藤幸・憲法論431頁）。主権者国民を直接代表する国会に「国権の最高機関」という異例ともいえる地位を認めた憲法の趣旨に沿う解釈といえよう。

3 国の唯一の立法機関
(1) 唯一の立法機関

国会は「国の唯一の立法機関」であるとされる。この規定は、国会による立法権の独占（国会中心立法の原則）、他の機関による立法への関与の禁止（国会単独立法の原則）を含意している。

国会中心立法の原則には、憲法の明文規定により、議院規則の制定（58条2項）、内閣による政令の制定（73条6項）、最高裁判所規則の制定（77条1項）、地方公共団体による条例の制定（94条）という例外が設けられている。

憲法は、「法律案は、この憲法に特別の定のある場合を除いては、両議院で可決したとき法律となる」（59条1項）と定め、国会単独立法の原則の趣旨を確認している。特段の規定がない限り、立法権は国会両院の一致した意思により行使される。一の地方公共団体のみに関わる特別法の制定については、住民投票が必要とされる（95条、

第4章 国会

国会67条, 自治261条・262条)。

学説 ① 国会単独立法の原則との関係で問題となるのが, 内閣による法律案の提出である。内閣法は「内閣総理大臣は, 内閣を代表して内閣提出の法律案, 予算その他の議案を国会に提出し, 一般国務及び外交関係について国会に報告する」(内閣5)と定め, 内閣に法律案提出権を認めるが, 憲法上明文の規定はない。内閣に法律案提出権を認めることを違憲とみる説もあるが(杉原・憲法Ⅱ219-220頁, 松井・憲法162頁), 合憲説が大多数を占める。

合憲と解する論拠としては, 法律案の提出は法案の準備行為にすぎない, 議院内閣制のもとでは国会の多数党が内閣を組織するので内閣の法律案提出権を論じる議論の実益が乏しい, 内閣が国会に提出する「議案」(72条)の中に, 法律案が含まれると解しうる, といった点があげられる。法律案の提出は立法の重要な構成要素であり, それが準備行為にすぎないとみるのは妥当ではないであろう。また, 法律案を内閣が提出しても, 大臣が与党議員として提出しても事実上違いはないことはたしかであるが, 「国権の最高機関」が国会への権限推定を含意するとみる場合には(「41条」参照), なお明文の根拠が求められよう。憲法の起草の経緯を見ると, 憲法改正草案要綱(1946年3月6日)の段階では,「内閣総理大臣ハ内閣ヲ代表シテ法律案ヲ提出シ」と定められていた(68条)。しかし, 議案には予算なども含まれるので「法律案」では狭すぎるとして, 帝国議会に提出される段階では現在のように改められたという経緯が認められる(樋口他・注解Ⅲ235頁〔中村睦男〕)。こうした経緯をふまえると,「議案」は法律案を含むと解することもできよう。

1950年代初頭, 厳格な権力分立のもとで議員のみが法律案を提出するアメリカをモデルとして, 憲法や法律により内閣提出とされている議案以外は党を通じ議員より提出するという試みがなされたことがある(政府依頼立法)。しかし実質は政府提出であり, かかる試みは失敗に終わった。

内閣に法律案提出権が認められる一方で,「唯一の立法機関」の構成員である国会議員による議案(法律案を含む)の提出には, 衆議院の場合には20名以上, 参議院の場合には10名以上の賛同者が必要である(国会56条)。支持者を満足させるための「おみやげ法案」「利権法案」の防止を名目に, 1955年の国会法改正で導入された措置である。議員の法律案提出権は国会法や議院規則を通じ, 議院自律権の行使によって具体化されるとみれば, ただちに違憲とはいえないであろうが(宍戸常寿「衆議院議員による議院提出法案の不受理」自治研究75巻2号〔1999年〕105頁), 少数会派や無所属議員の議案提出を制約する措置の合理性には疑問も残る。

② 諸外国では, 国政上の重要事項について, 国民投票(レファレンダム)が実施されることがある。本条や59条1項の規定からすると, 国民投票のみで法律を成立させたり, 国民投票での承認を法律制定の条件とするような制度(裁可型国民投票)を採用することは困難であろう。では, 国政上の重要事項について国民の賛否を問い, その結果をふまえ国会が必要と判断した立法措置をとるといった仕組み(諮問型国民投票)であればどうか。

政治的意思決定能力をもった「国民」を主権者とする国民主権理解をとれば(「前

文」参照)，かかる制度は合憲となろう。そのような理解をとらない場合であっても，かかる制度はあくまで諮問的な性格をもつにとどまり，法的に国会を拘束するものではないとみれば，違憲とはいえないと解することもできよう（芦部・憲法42頁）。政府は，「法的な効力は与えない，どこまでも国会が唯一の立法機関であるという憲法41条の原則に触れないという形に制度を仕組むということであれば，先ずその点は憲法に違反しない」としている（浅野＝杉原監修・答弁集349頁）。

判例 法律案の提出について，国会法の発議要件とは別に，所属会派の承認をうること（機関承認）が衆議院では不文の慣習とされてきた。裁判所は，かかる先例の存在を認定したうえで，議院自身の自律的判断の余地を広く認め，議員の権限行使を一部制限するようにみえても，「そのことをもってそのような取扱いが一見明白に憲法に抵触するものとは到底いえ」ないとした（東京高判1997〈平9〉6.18判時1618号69頁）。

(2) 立法の概念

立法とは，形式的には，法律という法形式の規範を制定する作用である（形式的意味の立法）。この意味での立法は，国会のみがなし得る。問題となるのは，法律という法形式によらなければ定められない事項の範囲（実質的意味の立法）をどのように画定するかである。憲法上立法事項に限定はないが，行政機関が定める命令（政令，省令等）ではなく，法律という形式で国会のみが定めうる事項の範囲が問われる。

学説 ① 伝統的に，「法規（Rechtsgesetz）」の定立は法律のみに留保された事項であると解されてきた。法規とは，国民の権利を制限しあるいは国民に義務を課する一般的抽象的法規範を指す。「一般的抽象的」とは，「広く人の行為・国家の作用・社会の秩序などについての規制の一般的・抽象的基準を定めること」を意味する（佐藤功・註釈（下）627頁）。不特定多数の者を対象とすることを一般性，不特定多数の事件を対象とすることを抽象性として，両者を区別する場合もあるが，以下では「一般性」として一括する。

こうした法規の定めを，国王の命令ではなく議会が定める法律にのみ留保することは，歴史的に重要な意味を有していた。その意義は今日においても変わらない。政令や省令で新たに義務を課したり権利を制限したりする規定を設けることも可能であるが，その場合には，国会の立法権を制約しないよう，法律の個別具体的な委任が必要である（内閣法11条，国組法12条3項，委任命令については「73条」を参照）。

しかし今日では，権利の制限や義務の賦課だけでなく，給付作用のように，国民に新たに権利利益が付与される場面も少なくない。そこで，制限的規範だけでなく受益的規範も含んだ，国民の権利義務に関わる一般的抽象的法規範の制定というような，従来の法規の概念を拡張した定義がとられることも少なくない。

さらに，そうした限定を付さず，実質的意味の立法を，一般的抽象的法規範の定立と解する立場もある（芦部・憲法296頁）。また，憲法が立法事項を限定していないことから，法律は「憲法の下において始原的規律を行う最高位の法規範」であるというように，立法権を形式的側面から捉える見解もある。こうした立場では，行政権は法律の根拠なく行動できないことが強調され

る（高橋・憲法368頁）。しかしこれらの定義をめぐっては，法律でなければ定められない事項の範囲が明確にならないという問題も指摘されうる（渋谷・憲法531頁）。

内閣法制局の立法実務では，「人に権利を与え，又は義務を課する規定」のほか，「行政機関の組織及び権能に関する規定」が法律事項とされている（大森政輔＝鎌田薫編『立法学講義〈補遺〉』商事法務，2011年，316-319頁）。「行政機関の組織及び権能に関する規定」は，国民の権利義務に関する一般的抽象的法規範という定義にはおさまりにくい。41条以外に根拠を求め，「法律の定める基準に従ひ，官吏に関する事務を掌理すること。」（憲法73条4号）という内閣の職務に関する憲法規定を根拠に，行政組織法・作用法上の基本的な定めは法律に留保された事項であると説明することもできよう（「73条」を参照）。

②　法律の一般性は，「名宛人の特定性と事案の具体性を立法部の恣意の温床とみる」（渋谷・憲法530-531頁）という観点から求められるものであるが，社会国家化が進展する中で，個別具体的な事件について制定される法律（処分的法律あるいは措置法）が問題となってきた。社会国家とは無関係に，そうした法律が制定される例もある。そもそも，民法や刑法などを別にすれば，人一般を対象とした法律は考えにくく，法律の一般性は，相対的なものである。また現実には，個別性が強い法律の制定が必要な場合があることも認めざるを得ない。それゆえ，一般性が求められる根拠にも留意しつつ，権力分立や平等原則との関係で，そうした法律の合憲性を考えてゆくべきであろう（芦部・憲法296-297頁）。

判例　「無差別大量殺人行為を行った団体の規制に関する法律」は，役職員・構成員が，「例えばサリンを使用するなどして，無差別大量殺人行為を行った団体」を規制対象とする旨を定めている。かかる限定を付すことで，結社の自由に対する過剰な規制を回避しようという狙いがあった。規制対象は事実上，地下鉄サリン事件を引き起こした宗教団体・オウム真理教とその後継団体であった。裁判所は同法が定める保護観察処分につき，法所定の「要件を満たすものである限り，当該団体が宗教団体であるかどうかを問わず適用されるもの」で，「一般的・抽象的法規範としての性格を有していることが明らか」であるとしている（東京地判2001〈平13〉6.13訟月48巻12号2916頁）。

〔只野雅人〕

第42条　国会は，衆議院及び参議院の両議院でこれを構成する。

1　42条の趣旨

国会が衆議院と参議院から構成されることを定める本条は，憲法が二院制（bicameralism）を採ることを明らかにしている。日本国憲法の二院制をめぐっては，両院制の語が用いられることも多い。両院のうち，より強い権限あるいは民主的基盤をもつ議院が第一院（下院），もう一方が第二院（上院）と呼ばれるのが一般的である。日本の場合，衆議院が第一院，参議院が第二院となる。

（1）比較憲法的意義

　二院制は広く各国の議会にみられるが，一院制の議会も多い。列国議会同盟（Inter-Parliamentary Union）の統計によると，二院制議会79に対し，一院制議会は114にのぼり，ほぼ6割が一院制である（2018年4月現在）。政治学者レイプハルトは，人口規模が1000万人を超えると二院制が採られる傾向があると指摘している。また，連邦制をとる国では一般に，人口規模にかかわらず，二院制が採用されるとも指摘する。人口あるいは地域的な複雑性や多元性と二院制との相関を示唆する指摘であり，興味深い。レイプハルトは，第二院は第一院より規模（議員定数）が小さい，任期は第一院より第二院の方が長い，第二院は部分改選によることが多い，といった傾向をも指摘している（アレンド・レイプハルト／粕谷祐子＝菊池啓一訳『民主主義対民主主義〔原著第2版〕』勁草書房，2014年，163-164頁）。いずれもが，日本の両院制にもあてはまる指摘である。衆議院は定数465人で任期4年であるのに対し，参議院は定数242名で任期6年であり，3年ごとに半数が改選される。

　第一院については，普通直接選挙・人口比例原則（投票価値の平等）を基礎とした組織，立法権・政府統制権といった主要権限の付与など，共通した特質が認められるが，第二院の組織・権限は国によって違いが大きい。アメリカでは，第二院（上院）の議員は，各州2名ずつ直接選挙される。同じく連邦制をとるドイツでは，第二院（連邦参議院）は各州政府の代表から構成され，また表決権も州ごとに一括して行使される。両国とも，州を代表する役割を担う第二院の権限は強い。単一国家であるフランスの第二院（元老院）は間接選挙により選出される（各県毎に国会議員・地方議員・補助選挙人が選挙を行う）。民主的基盤が弱いことに応じ，権限は下院に劣る。イギリスの第二院（貴族院）は選挙されず，また権限も下院に劣る。各議院の正統性（民主的基盤＝民主的正統性，連邦国家においては州の代表という正統性）の強弱と権限の強弱との間には，相関が認められる。

　日本の場合，衆参両院はともに普通直接選挙で組織される。衆議院の優越があることから，形式的に見れば両院関係は不対等である。しかし3でみるように，実質的には参議院の憲法上の権限は相当に強い。

（2）憲法史的意義

　戦前の大日本帝国憲法は，直接選挙により組織される衆議院と公選によらない貴族院の両院制を採用していた。衆議院は，当初は制限選挙（25歳以上の男子で一定以上の納税額がある者のみが選挙権を有した）で選ばれていたが，1925年に納税要件が撤廃され，男子普通選挙が導入された。一方貴族院は選挙されず皇族・華族・勅任議員議員から構成され，また選挙の仕組みは法律ではなく勅令（貴族院令）で定められた。衆議院とは異なり解散もなかった。民主的基盤の弱さにもかかわらず，貴族院の権限は衆議院と対等であった。特権的な貴族院は，天皇制を支える「皇室の藩屛」として，憲法上強い正統性を有していたのである。

　日本国憲法の両院は，ともに「全国民を代表する選挙された議員」（43条）で組織される。任期の長短や解散の有無など，主権者・国民との距離には両院で微妙な差異はあるが，両院ともに普通直接選挙を基盤としている。権限関係も実質的には対等に

第 4 章　国　会

近い。

2　両院の権限・活動，両院関係
（1）両院の権限・活動

　憲法は，「国会」と「議院」（「両議院」，「衆議院」「参議院」）」という言葉を，区別して用いている。憲法上，両院一致の議決により行使される国会の権限としては，法律の議決（立法権），内閣総理大臣の指名，弾劾裁判所の設置，財政の統制，条約の承認，憲法改正の発議が，また各議院がそれぞれ行使する権限としては，各種の議院自律権（議院の組織・運営・議院規則制定の権限），国政調査がある。衆議院だけの権限としては内閣に対する不信任があるが，その場合内閣は，衆議院を解散することもできる（69 条）。参議院だけの権限としては，緊急集会がある（54 条 2 項・3 項）。

　両院制という仕組みを採用していることから，両議院の議事・議決は，それぞれ独立して行われる（独立活動の原則）。他方，国会として一体性を保つ必要があるため，両院は同時に召集され，また同時に閉会する（同時活動の原則）。衆議院が解散された場合，参議院は同時に閉会となるが，国に緊急の必要があるときは，内閣は参議院の緊急集会を求めることができる（54 条）。

（2）両院関係

　① 国会の権限行使には両院の一致が必要であるが，両院制がとられる以上，両院の議決が食い違い，意思が一致しない場合が当然に想定される。両院の合意形成のために，憲法は，両院協議会と衆議院の優越の仕組みを採用している。

　憲法改正の発議については，両院は対等である。憲法改正原案について両院に不一致がある場合は，憲法に定めはないが，いずれか一方の議院より両院協議会の開催を要求することができる（国会法 86 条の 2）。

　一方，予算の議決，条約の承認，内閣総理大臣の指名については，衆議院の優越が認められている。予算については衆議院の先議が認められ，また両院の議決が異なった場合は，両院協議会を開催しても一致が得られなければ，衆議院の議決が国会の議決となる。参議院が，衆議院の可決した予算を受け取った後，国会休会中の期間を除いて 30 日以内に議決しないときも同様である（60 条 1 項・2 項）。先議以外の規定は，条約の承認にも準用される（61 条）。内閣総理大臣の指名について衆参両院で異なる議決をした場合には，やはり両院協議会を開催しても一致が得られなければ，衆議院の議決が国会の議決となる。衆議院が指名の議決をした後，国会休会中の期間を除いて 10 日以内に参議院が指名の議決をしないときも同様である。これらについて，衆議院の優越は明瞭である。

　法律案をめぐって，両院の議決が異なった場合には，両院協議会を開催することも可能であるが（59 条 3 項），衆議院は出席議員の 3 分の 2 以上の特別多数により再議決をすることができる（59 条 2 項）。また参議院が，衆議院の議決した法律案を受け取ってから，国会休会中の期間を除き 60 日以内に議決をしないときは，衆議院は参議院が法律案を否決したものとみなすこともできる（59 条 4 項）。ここでも衆議院の優越が定められている。

　憲法ではなく，法律で国会の権限とされた事項についても，衆議院の優越が認められている場合がある。国会の会期延長は「両院一致の議決」でなされるが（国会 12 条），両院の議決が一致しない場合，また

は参議院が議決しない場合は，衆議院の議決が国会の議決となる（国会法13条）。法律で衆議院の優越をどこまで定めうるかが問題となるが，法律で国会に新たな権限を認めることが許される以上，その際に衆議院の優越を認めることも許されるとみることもできよう（宮沢・コメ346頁）。一方，会計検査官，人事官，公正取引委員会委員長・委員，国家公安委員など，独立性の強い行政機関等の長や委員は，両議院の同意を得て内閣により任命されるが，衆議院の優越が認められていないため，衆参の議決が一致しない場合には任命が行えない事態も生じる。

② 以上のような衆議院の優越からすると，形式的な権限配分からみれば，日本国憲法の両院制は不対等型である。しかし，衆議院の優越の意味は，予算の議決，条約の承認，内閣総理大臣の指名の場合と，法律案の議決の場合とでは異なっている。留意すべきは，ひとつの政党だけで衆議院の3分の2以上の議席を占めるのが容易ではないことである（現行憲法下では，現在まで，そのような例はない）。両院の多数が食い違う局面では，衆議院の多数党が単独で再議決を行うことは困難である。そうすると，この規定は参議院に事実上の拒否権を与えたものとしても機能しうる。法律案が可決されない場合，議決について衆議院の優越が認められた予算，さらには内閣の存立にまで影響が及ぶこともあり得る。1990年代以降，衆参の多数が食い違う「ねじれ」が常態化する中でこうした事態が生じ，参議院の権限の強さが認識されるようになった。

3 二院制の趣旨と参議院の独自性

その存在が憲法体制のあり方と密接に関連する連邦国家型の第二院や貴族院型の第二院とは異なり，日本のような単一国家において，しかも衆議院と同様に普通直接選挙で組織される第二院がなぜ必要なのかを説明することは容易ではない。憲法もこの点についてとくに定めるところはない。かえって，両院議員をともに選挙された全国民の代表と位置づけている。

1946年2月の連合国軍最高司令官総司令部による当初の憲法草案（GHQ草案）では，国会は一院制であった。その後，二院制を主張する日本側との折衝を経て，憲法改正草案要綱（3月6日）では，「両議院ハ国民ニ依リ選挙セラレ全国民ヲ代表スル議員ヲ以テ之ヲ組織スルコト」（第38）とされ，選挙された第二院が置かれることとなった。憲法の審議と並行して行われた参議院の選挙制度をめぐる議論では，候補者推薦制，間接選挙なども検討されているが，結局直接選挙によることとなり，定数250名を，全国区を一選挙区として単記投票制で選挙される議員（全国区，100名）と，都道府県を選挙区として単記投票制で選挙される議員（地方区，150名）に振り分ける仕組みが採用された。

当初強調されたのは，両院関係は衆議院の優越が認められた不対等なものであるという認識を前提とした，「数の支配する衆議院」と「理の支配する参議院」といったイメージであった。とはいえ，直接選挙される参議院に「理性の府」であることを求めるのには限界がある。やがて参議院の「政党化」も問題となってゆく。

参議院の独自性との関係で論点となってきたのが，都道府県選挙区という仕組みで

第4章　国会

ある。当初は，人口に比例する形で各都道府県に2ないし8の偶数定数が配分され，議員1人あたりの選挙区間の人口較差は最大でも2.62倍であった。しかしその後是正措置がとられなかったことから，1980年代には最大較差は5倍を超えるようになった。

判例　最高裁は，参議院の独自性を理由にこうした較差を合憲と判断し，都道府県選挙区については「事実上都道府県代表的な意義ないし機能を有する要素」が加味されているとした（最大判1983〈昭58〉4.27民集37巻3号345頁）。

しかし2000年代以降は，投票価値の平等の要請をより厳格に解するようになり，2012年には較差が違憲状態にあるとの判断を示すとともに，不平等の解消には各都道府県を選挙区とする仕組みの見直しが必要であると判示している（最大判2012〈平24〉10.17民集66巻10号3357頁）。2014年にも同様の判断が示されたことから（最大判2014〈平26〉11.26民集68巻9号1363頁），2015年，徳島県・高知県，鳥取県・島根県を合区して1選挙区にするという措置がとられるに至っている（投票価値の平等をめぐっては「15条」を参照）。

2014年の大法廷判決は，両院制の趣旨について，「一定の事項について衆議院の優越を認める反面」，「立法を始めとする多くの事柄について参議院にも衆議院とほぼ等しい権限を与えつつ，参議院議員の任期をより長期とすること等によって，多角的かつ長期的な視点からの民意を反映させ，衆議院との権限の抑制，均衡を図り，国政の運営の安定性，継続性を確保しようとしたもの」であると述べている。両院の権限関係が対等に近いという認識にもとづき，参議院についてもその権限の強さに応じた民主的基盤（投票価値の平等）が求められたとみることもできよう。

〔只野雅人〕

第43条　①両議院は，全国民を代表する選挙された議員でこれを組織する。
②両議院の議員の定数は，法律でこれを定める。

1　43条の趣旨

43条第1項は，国会を構成する両院議員がともに全国民の代表であること，そして選挙されるべきことを定める。国民主権をふまえた規定である。41条では国会に対し，選挙された全国民の代表から構成されることに鑑み，国権の最高機関，唯一の立法機関の地位を付与している。

43条第2項は，議員定数についての定めを法律に委ねている。

(1) 比較憲法的意義

①　全国民を代表する議員という言葉は，大革命後に制定されたフランス1791年憲法に見出される。同憲法は「県選出の議員は特定の県の代表でなく，国民全体の代表であり，議員にはいかなる委任も与えられない」と規定している。革命以前のヨーロッパの議会では，議員は都市や身分を代表していた。団体代表主義ということができよう。議員は選出母体の訓令に拘束された。命令委任と呼ばれる仕組みである。フ

ランス革命下では，地域的割拠制や身分制を廃して統一的な国民を創出すべく，議員は個人の集合体である国民を代表するものとされた。個人代表主義ということができよう。議員を拘束する指示が禁止され，議員はいったん選挙されれば任期中は自由に，罷免されることもなく，選出母体の意思からは独立して，国民全体の意思を形成するものとされた。代表委任あるいは自由委任と呼ばれる仕組みである。ここには，近代憲法当初における典型的な代表像を見出すことができる。こうした代表のあり方は，古典的代表あるいは純粋代表と呼ばれる。

今日でも，ドイツ連邦共和国基本法やフランス第5共和国憲法には，命令委任を禁止する規定が置かれている。一方，日本国憲法にはこの種の規定は存在せず，かえって，議員の選定罷免が国民固有の権利（15条1項）であると定められている（国会議員のリコールにつき，「15条」本書100頁参照）。

議員はいったん選挙されれば，選出母体の拘束を受けず自由に活動するという原則（法的独立性）は，今日においても維持されている。しかし現実には，選挙された議員が有権者の意向から完全に独立して活動することは困難である。議員は有権者の意向を踏まえ行動せざるを得ない。こうした，事実のレベルにおける有権者と議員の関係の変化を記述するために，純粋代表に対して，半代表という概念も用いられてきた。半代表の概念は，議員は有権者の意向を踏まえ行動すべきであるという規範的含意を伴って用いられることもある。純粋代表と半代表のいずれから理解するかによって，本条の全国民を代表する議員の意味は異なりうる。

② 議員定数についての定めは，法律に委ねられることも多いが，憲法に規定が置かれることもある。フランス第5共和国憲法は，両院の定数の上限（下院577，上院348）を規定している。またアメリカ合衆国憲法やドイツ基本法は，各州の第二院の議員数について規定する。日本国憲法は，議員定数についての定めを法律に委ねている。

（2）憲法史的意義

天皇が統治権の総攬者（明治憲法4条）とされた明治憲法のもとでは，議員は天皇の立法権行使に協賛する帝国議会の構成員であった。衆議院は一定の要件を満たす男子帝国臣民の公選によって組織されたが，貴族院は公選によらず，皇族・華族のほか勅任議員から組織された。これに対して国民主権原理を採る日本国憲法では，両院議員はともに，主権者である国民全体を代表するものとされ，また選挙されなければならない。

2 全国民を代表する選挙された議員

（1）全国民を代表する議員

学説 ①うえでみたように，全国民を代表する議員という規定は本来，議員の有権者（選出母体）からの独立を意味していた。通説的見解も，自由委任あるいは代表委任を基礎に，本条の代表は，「代表機関の行為が法的に代表される者（国民）の行為とみなされるという趣旨の法的代表ではなく，国民は代表機関を通じて行動し，代表機関は国民意思を反映するものとみなされるという趣旨の政治的な意味」であると解している。その一方で，「国民意思と代表者意思の事実上の類似」という社会学的側面をも加味する必要性が指摘される（芦

第 4 章　国　会

部・憲法 292-293 頁)。本条の代表は「実在する民意を忠実に反映しつつ,同時に自ら独自に統一的な国家意思形成を行うことを目指す代表観」を指すとする見解（佐藤・憲法論 427 頁),あるいは「議員が地域や職能など部分の代表であることを禁止する」（禁止的規範的意味）という古典的な意味と,「全国民の意思を反映すべしという積極的要請」（積極的規範的意味）とが含まれるとする見解もある（樋口・憲法 324-325 頁)。

　本条の代表には,主権者国民からの独立とその意思の反映という 2 つの側面があるとして,問題となるのはいずれが重視されるのかという点である。議員が特定の利益集団と強く結びつき部分的な利益の代表として行動すると,利益誘導という病理も生じる。そこであえて,禁止的規範的意味（議員の独立）の意義を強調する立場がある（樋口・憲法 329 頁)。一方,「議員は選挙民から独立することによってではなく,選挙民と結びつくことによって国民代表とならなければならない」（渡辺良二『近代憲法における主権と代表』法律文化社,1988 年,223 頁）とする見解もある。

　②　先にみたように,フランス革命期における国民全体を代表する議員という観念は,団体代表主義から個人代表主義への転換を含意していた。議員は,特権の主体であった都市や身分などではなく,個人の集合体である国民を代表するものとされたのである。そこでの個人は,身分や職業などの社会的条件の相違を捨象した,政治的に等価な,抽象的な個人として観念される。

　しかし,現実の社会内部の構造や諸関係は複雑である。政治的に等価な個人の意思の集積には解消されない,代表されるべきさまざまな集合的要素を想定することもできる。歴史的に強い自律性やアイデンティティを備えたものとして存在してきた領域的単位,あるいは社会職業的な諸活動の単位などを尺度として,必ずしも個人には解消されない集合的要素の代表が考えられることもある。前者が地域代表であり,連邦国家では,州を代表する第二院といった形で憲法秩序に組み込まれる。後者は,利益代表あるいは職能代表といわれ,19 世紀末から 20 世紀初頭のヨーロッパで強く主張された。もっとも,社会職業的単位により選挙人を区分する適正な仕組みを実現することは容易ではない。

　こうした社会学的構成要素を考慮した代表は,国民全体とは区別される部分代表を認めることにもつながるだけに,禁止的規範的意味とは両立しにくい。そうした考慮は,「実在する民意を忠実に反映する」という要請には馴染む面もあるが,しかし全国民の代表の基礎にある個人代表主義との間では,やはり強い緊張を生じる（樋口・憲法 326 頁)。通説的見解は,憲法の代表は政治代表だけでなく社会学的代表の側面を含むと解しているが（芦部・憲法 294 頁),その際にも,こうした要素の考慮を正面から行うことまでもが含意されているわけではなく,適切な選挙制度の選択や政党を通じた社会学的要素の代表の実現が考えられている。

　社会学的要素の考慮は,二院制という仕組みを通して実現されることも少なくない。連邦国家のように,領域的単位が国家の構成要素として憲法秩序に組み入れられている場合が典型である。また,単一国家の不対等型の二院制のもとで,権限の劣る第二院の選挙制度にそうした考慮を加味するこ

とも考えられる。普通直接選挙・投票価値の平等など，より強い民主的正統性をもった第一院の優位が保障されていれば，第二院の民主的正統性はその分損なわれても，そうした考慮は正当化され易いであろう。しかし両院関係が対等型に近い場合には，そうした考慮がどこまで可能かが問題となる（「42条」をも参照）。

判例　1983年の大法廷判決（最大判1983〈昭58〉4.27民集37巻3号345頁）によれば，「議員の国民代表的性格」とは，選出方法にかかわらず「特定の階級，党派，地域住民など一部の国民を代表するものではなく全国民を代表するものであつて，選挙人の指図に拘束されることなく独立して全国民のために行動すべき使命を有するものであるということを意味」する。また同判決は，参議院議員選挙制度に関し旧全国区については「事実上ある程度職能代表的な色彩が反映されることを図」ったものであり，地方区については「事実上都道府県代表的な意義ないし機能を有する要素を加味した」ものであるとして，踏み込んだ評価を行っている。「職能代表的な色彩」「都道府県代表的な意義ないし機能」という直截的な表現は，その後の判決では用いられなくなってゆく。

（2）選挙された議員

選挙（公選）という枠の中にあっても，有権者が直接議員を選出する仕組みが採られる場合もあれば，そうでない場合もある。アメリカの大統領選挙では，各州の選挙人が選んだ大統領選挙人が大統領を選挙する（大統領選挙人があらかじめ立場を明示しており，実際には直接選挙として機能している）。フランスの上院（元老院）選挙は，各県毎に国会議員・地方議員・補助選挙人が元老院議員選挙人団を構成する。広義にはともに間接選挙といえるが，別に選挙された者を選挙人とする後者のような仕組みは，とくに複選制と呼ばれる。以下では前者のような仕組みを間接選挙という。

学説　93条は，地方公共団体の選挙につき直接選挙を明示するが，本条は「選挙」とのみ規定している。複選制は「国民意思との関係が間接的に過ぎる」（芦部・憲法266頁）ことから，本条の「選挙」には含まれないと解されている。一方，本条は間接選挙を排除しない（佐藤功・註釈（下）640-641頁，芦部・憲法266頁），あるいは参議院については間接選挙も許されるとする見解も有力である（樋口他・注解Ⅲ49頁〔樋口陽一〕）。

しかし，アメリカやフランスでは，間接選挙（複選制）が憲法上明示されていることからすると，普通選挙は直接選挙を原則としており，明文規定がない日本国憲法では直接選挙が当然に予定されていると解することも，十分に可能であろう（佐藤幸・憲法論405頁）。

（3）政　党

政党は，普通選挙の定着とともに，さまざまな意見や利害を国政に媒介するための組織として発展してきた。今日の代表民主政では政党が大きな役割を演じており，「議会制民主主義を支える不可欠の要素」，「国民の政治意思を形成する最も有力な媒体」である（最大判1999〈平11〉11.10民集53巻8号1704頁）。政党は，選挙や議会に関する法制度の中に組み込まれており，全国民の代表の実質と関わる重要な意義を要している。とはいえ，その憲法上の位置づけは国によって異なる。

ドイツ基本法は，「政党は，国民の政治

的意思形成に協力する。政党の結成は自由である。政党の内部秩序は、民主制の諸原則に合致していなければならない。」(21条)と定める。ナチスへの反省から、「自由で民主的な基本秩序」を侵害する政党は憲法上許容されず、解散も命じられる。同じく政党についての定めを置くフランス第5共和国憲法でも、政党は「国民主権と民主主義の原理を尊重しなければならない」とされるが(4条1項)、内部組織や活動内容についてのドイツのような強い規制はない。

日本国憲法は結社の自由(21条1項)について定めるのみで、政党に関する規定を置かない。とはいえ、政党は単なる私的結社にとどまらない。1994年の政治改革関連法が政策本位・政党本位の制度設計を行って以降、政党は制度上さまざまな場面で、公的な位置づけを与えられている。

[学説] 政党をめぐりとくに問題となってきたのが、拘束名簿式比例代表制のもとで、党籍を喪失した議員の議席を喪失させる制度の合憲性である。自由委任あるいは禁止的規範的意味を原則とみる立場からは、いったん選挙されると、議員は全国民の代表として自由な活動が保障されるべきことになるので、この種の制度は憲法上許されないと解されよう。一方、積極的規範的意味を重視する立場からは、選挙時に有権者がなした選択から離反した議員の行動を抑止するために、この種の制度も許容されると解する余地がある。その場合、政党による除名と議員の自発的な離党を区別し、後者については議席を喪失させる制度も許されると解する見解もあった。選挙時に有権者がなした選択からの離反を抑止することにこの種の制度の趣旨があるとすれば、こうした区別には意味があろう。2000年に、除名か離党かという党籍喪失の原因に着目するのではなく、選挙の際に競合して名簿を届け出た他の政党等に移動した場合に限り、議席を喪失させる制度が導入されている(政党間移動の禁止、公選99条の2、国会109条の2)。

[判例] ① 政策本位・政党本位の仕組みを目指した1994年の政治改革関連法により、公職選挙法では、国会議員を5人以上有するか直近の国政選挙で2％以上の得票をした「政党その他の政治団体」(候補者届出政党)に対し、衆議院議員選挙における所属候補者の小選挙区・比例区への重複立候補のほか、小選挙区での政党独自の選挙運動、候補者個人には認められない政見放送など、様々な特典が認められた。また、国会議員5名以上を有するか、国会議員を有し直近の国政選挙において2％以上の得票をした政治団体に、政党助成金が交付されるようになった(政党助成法)。

最高裁(最大判1999〈平11〉11.10民集53巻8号1704頁)は、政党の重要な国政上の役割に鑑み、政策本位・政党本位の制度の導入は立法裁量の範囲に属するとし、候補者届出政党の要件についても、「国民の政治的意思を集約するための組織を有し、継続的に相当な活動を行い、国民の支持を受けていると認められる政党等が、小選挙区選挙において政策を掲げて争うにふさわしいものであるとの認識の下に、政策本位、政党本位の選挙制度をより実効あらしめるために設けられた」として、立法府の裁量の範囲内であると判示した。候補者届出政党独自に認められる選挙運動手段についても、それ以外の組織・候補者との選挙運動上の差異は「候補者届出政党にも選挙運動

を認めたことに伴って不可避的に生ずるということができる程度のもの」であるとしている。

② 衆参両院の比例代表選挙では、欠員が出た場合、名簿における当選人となるべき順位に従って、繰上補充が行われる（公選法112条2項・4項）。その際、除名、離党その他の事由により当該名簿届出政党に所属する者でなくなった旨の届出が選挙会に対しなされている場合には、その者について繰上補充は行われない（公選法98条3項）。政党から除名された名簿登載者が、適正な手続を経ずに正当な理由なく一方的になされた除名処分は無効であるとして当選訴訟（公選法208条）を提起した日本新党繰上補充事件において、1審・東京高裁は、拘束名簿式比例代表選挙では、政党による名簿登載者の選定が「選挙機構の必要不可欠かつ最も重要な一部」であり、「民主的かつ公正な適正手続が定められておらず、かつ、当該除名がこのような手続に従わないでされた場合」には除名処分は無効となるとし、独自に審査を行い、除名処分を無効と判断した（東京高判1994〈平6〉11.29判時1513号60頁）。一方、最高裁は、「政党等の内部的自律権をできるだけ尊重」することが立法趣旨であるとし、選挙会の審査に誤りがないのに裁判所が除名処分の有効性について判断することはその趣旨に反すると判示した（最一判1995〈平7〉5.25民集49巻5号1279頁）。

有権者は名簿順位を含めて名簿を選択していると捉え、政党が有権者によるそうした選択を一方的に変更する制度は直接選挙の原則に反するとの指摘もある（高橋和之「国民の選挙権vs政党の自律権」ジュリスト1095号54頁）。

3 議員定数

現行憲法下当初の議員定数は、衆議院466、参議院250であった。議員定数は最大時には、衆議院512、参議院252であった。現行法が定める議員定数は、衆議院465（小選挙区289・比例区176）、参議院242（選挙区146、比例区96）である（公選法4条1項・2項）。1990年代以降、議員定数は削減されてきた。直接選挙による議院についてみると、日本の議員定数は、アメリカ（下院435・上院100）に比べれば多いが、ヨーロッパ主要国と比べると少ない（イギリスの庶民院650、ドイツの連邦議会598、フランスの国民議会577）。両院がともに直接選挙であることを考慮しても、人口規模からみて日本の議員数は必ずしも多くない。

〔只野雅人〕

第44条 両議院の議員及びその選挙人の資格は、法律でこれを定める。但し、人種、信条、性別、社会的身分、門地、教育、財産又は収入によつて差別してはならない。

1 44条の趣旨

本条は、両議院の議員の資格（被選挙権）およびその選挙人の資格（選挙権）についての定めを法律に委ねる一方で、人種、信条、性別、社会的身分、門地、教育、財産又は収入を列挙し差別を禁じることで、

国会の裁量を制約している。選挙権（被選挙権）についての差別を禁じるこうした原則は平等選挙と呼ばれ，普通選挙（15条3項）とも表裏の関係にある。さらに今日では，それぞれが行使する1票の価値の平等（投票価値の平等）もまた重要となっている。

(1) 比較憲法的意義

主要国の憲法でも，選挙権・被選挙権や平等選挙についての規定が置かれている。アメリカ合衆国憲法は，下院議員定数が各州の人口に応じて配分されるべきこと，性別を理由とした投票権差別の禁止，18歳選挙権等について定める。ドイツ連邦共和国基本法は，平等選挙，18歳選挙権・成年者の被選挙権等について定める。フランス第5共和国憲法は，平等選挙原則のほか，政治上・民事上の権利を有する成年男女のフランス国民に選挙権が保障されるべきことを定める。また，公選の議員職・公職への男女の平等なアクセスの促進についても規定している。

本条の場合，差別事由が列記されている点で他国より詳細であるが，両議院の議員の資格・その選挙人の資格は法律事項とされており，平等選挙と立法裁量の関係が問題となる。

(2) 憲法史的意義

明治憲法では，衆議院が公選とされていたが，平等選挙原則は規定されていなかった。当初，一定額以上の納税をしている25歳以上の男子臣民に選挙権が与えられた。納税要件は次第に緩和され，1925年には男子に限り普通選挙が導入されたが，女性の参政権は認められなかった。日本国憲法は，成年者による普通選挙を明示すると共に，本条によって，性別や財産又は収入による差別を禁じている。

2 両議院の議員の資格およびその選挙人の資格

憲法は「資格」という表現を用いるが，両議院の議員となりうる「資格」は被選挙権，その選挙人の「資格」は選挙権と呼ばれるのが一般的である（それぞれの法的性格，それらの制限をめぐる学説・判例については「15条」参照）。

本条の規定を受け，公職選挙法が選挙権，被選挙権について定めている。両院議員の選挙権を有するのは，日本国民で年齢満18年以上の者である（公選法9条1項）。国籍と年齢が要件となっている。2016年より選挙権年齢が18歳に引き下げられた。地方公共団体の議会の議員・長については，さらに，引き続き3カ月以上市町村の区域内に住所を有する者であることが条件とされる。実際に選挙権を行使するには，住所を有する市町村の選挙人名簿に登録されている必要がある。

衆議院議員・参議院議員の被選挙権はそれぞれ，日本国民で年齢満25年以上の者，30年以上の者に認められる。都道府県知事の被選挙権は，年齢満30年以上の者，地方公共団体の議会の議員・長の被選挙権については25年以上の者に認められる。

他方で公職選挙法は選挙権・被選挙権の欠格事由についても規定する。ア）禁錮以上の刑に処せられその執行を終わるまでの者，イ）禁錮以上の刑に処せられその執行を受けることがなくなるまでの者（刑の執行猶予中の者を除く），さらには，ウ）公職にある間に犯した収賄罪等で刑に処せられ実刑期間経過後5年を経過しない者または刑の執行猶予中の者，エ）法律が定める

選挙・投票・国民審査に関する犯罪で禁固以上の刑に処せられその執行猶予中の者（公選法が定める選挙犯罪については罰金刑でも選挙権が停止される）等は選挙権を有しない（公選法11条1項）。被選挙権の欠格事由も同様であるが、ウについてはさらに5年間、被選挙権が停止される（公選法11条の2）。

なお、憲法改正国民投票については、日本国民で年齢満18年以上の者であることのみが要件とされている（憲改3条）。選挙のような欠格事由はなく、受刑者等も投票が可能である。

判例 受刑者の選挙権を制限する上記公選法規定の合憲性について、受刑者であることから一律に公民権をも剥奪されなければならないとする合理的根拠はないなどとして違憲と判断した高裁判決（大阪高判2013〈平25〉9.27判時2234号29頁）もあるが、選挙権は権利性・公務性を併有しており、公務適格性の観点から合憲であるとした判決もある（広島高判2017〈平29〉12.20裁判所ウェブサイト）。最高裁は立ち入った判断を示していない（最二判2014〈平26〉7.9判時2241号20頁）。

3 平等選挙
（1）平等選挙

本条では、両院議員の資格・その選挙人の資格について、法律に定めを委ねる一方で、具体的に差別が禁じられる事由を列挙している。「人種」、「信条」、「性別」、「社会的身分」、「門地」は憲法14条後段の列挙事由と重なる（「14条」参照）。「教育」、「財産又は収入」は本条独自のものである。こうした事由による差別は、法の下の平等（14条）、成年者による普通選挙の原則（15

条3項）によっても禁じられると解しうるが、本条は重ねて明文で、その趣旨を明確にしている。「教育」「財産又は収入」は、帝国議会に提出された時点の日本国憲法草案（帝国憲法改正案）にはなく、とくに衆議院の審議で加えられたものである。

「財産又は収入」とは、経済的能力を意味する。「財産又は収入」という要件は、制限選挙のもとでの選挙権・被選挙権の制約の核心であった。公職選挙法92条は、両院議員選挙の立候補に当たり、主要民主主義国では異例ともいえる高額の選挙供託金を課している（選挙区選挙300万円、比例代表選挙600万円）。被選挙権それ自体を「財産又は収入」で制限しているわけではないが、資力が十分でない候補者の立候補を抑止する効果は否定し得ない。被選挙権の制約としてだけでなく（「15条」参照）、本条との関係でも違憲の疑いが指摘される（高橋・憲法310-311頁）。

「教育」とは、狭義には学歴を意味する。しかしそれだけでなく、一定の読み書きの能力や知識など、広く知的能力をも含みうる。公職選挙法は両議院の議員の選挙について自書による投票を原則とするが、「心身の故障その他の事由」により自ら候補者の氏名等を記載することができない選挙人については、代理投票（公選法48条）を認めている

（2）投票価値の平等

投票価値の平等は、両院議員選挙だけでなく、都道府県議会選挙をめぐっても問題となる。前者については別に取り上げられているので（「15条」本書103頁参照）、ここでは後者について解説する。

選挙区・定数に関する公選法の規定の概要は次の通りである。まず、都道府県議会

の議員選挙は，一つの市の区域を選挙区とすることを基本として，条例で定められる。隣接市町村と合わせたり，市町村を単位とすることも可能である（公選法15条1項）。各選挙区の人口は，当該都道府県における議員1人あたりの人口の半数以上でなければならず，これに達しなければ合区が行われる（同条2項）。選挙区は，「行政区画，衆議院（小選挙区選出）議員の選挙区，地勢，交通等の事情を総合的に考慮して合理的に行わなければならない」（同条7項）。選挙区の議員数は，人口に比例して条例で定められる。ただし「特別の事情があるときは，おおむね人口を基準とし，地域間の均衡を考慮して定めることができる」（同条8項）。

なお公職選挙法は，急激な人口変動を考慮した例外的措置として，いわゆる特例選挙区の制度を認めている。1966年1月1日現在設けられている選挙区の人口が，当該都道府県の議員1人あたりの人口の半数に達しなくなった場合でも，「当分の間」，合区しないことができるとされている（公選法271条）。

判例 最高裁は，都道府県議会選挙についても，投票価値の平等が憲法上要請されると解しており，公選法の規定は，この要請を受け，地方公共団体議会の議員定数配分につき「人口比例を最も重要かつ基本的な基準とし，各選挙人の投票価値が平等であるべきことを強く要求していることが明らかである」としている。この点をふまえ，地方公共団体議会の裁量権を考慮しても不平等が合理性が認められない程度に達しているか，合理的是正期間内に是正がなされず違法といえるかが，判断される（最一判1984〈昭59〉5.17民集38巻7号721頁）。これまで，最大較差が3倍を超え，人口の多い選挙区の定数が人口の少ない選挙区の定数より少ない逆転現象が生じているような事案で，違法状態あるいは違法との判断がなされている（たとえば，最大較差3.09倍を違法としたものとして，最三判1991〈平3〉4.23民集45巻4号554頁）。

特例選挙区をめぐっては，最高裁は，その扱いは都道府県議会が原則として決定できるとして裁量を認めるが，当該区域の人口が議員1人あたりの人口を「著しく下回る場合」には，特例選挙区の設置を認めない趣旨であるとしている（最一判1989〈平1〉12.18民集43巻12号2139頁）。

〔只野雅人〕

第45条 衆議院議員の任期は，4年とする。但し，衆議院解散の場合には，その期間満了前に終了する。

1　45条の意義

本条は，衆議院議員の任期を4年と定めている。解散がなされた場合には，任期は短縮される。

（1）比較憲法的意義

下院の任期は国により異なるが，4年または5年が多い。列国議会同盟（Inter-Parliamentary Union）の統計では，193ヶ国中4年が75，5年が103である。主要国についてみると，アメリカが2年（解散はない），ドイツが4年，フランスが5年などとなっている（フランスの場合のみ，

任期の定めは組織法律による）。
　（2）憲法史的意義
　大日本帝国憲法には議員任期に関する定めはなく、衆議院議員選挙法により、衆議院議員の任期は4年とされていた。

2　任　期
（1）任　期
　議員としての地位にあることのできる期間が任期である。衆議院議員の任期は、総選挙の期日から起算される。任期満了による総選挙が衆議院議員の任期満了の日前に行われたときは、前任者の任期満了の日の翌日から起算される（公選法256条）。補欠選挙で当選した議員の場合は、前任者の残任期間が任期となる（公選法260条1項）。

（2）衆議院解散の場合
　衆議院が解散された場合には、任期は期間満了前に終了する。解散から40日以内に、総選挙が実施される（公選法54条1項）。現行憲法下で行われた24回の総選挙（2018年3月現在）のうち、任期満了による選挙は1回のみ（1976年、第34回）であり、あとはいずれも解散によっている。
　判例　衆議院の任期（4年）は参議院（6年）よりも短く、しかも解散がある。最高裁は、「衆議院は、その権能、議員の任期及び解散制度の存在等に鑑み、常に的確に国民の意思を反映するものである」としている（最大判2011〈平23〉3.23民集65巻2号755頁）。

〔只野雅人〕

第46条　参議院議員の任期は、6年とし、3年ごとに議員の半数を改選する。

1　46条の趣旨
　本条は、参議院議員の任期が6年であること、3年ごとに半数ずつ改選されることを定める。
（1）比較憲法的意義
　第一院よりも一般に任期が長いこと、部分改選の仕組みがとられる場合があることは、二院制の特徴である（「42条」参照）。また通例解散もない。主要国の公選による第二院をみると、アメリカの上院は任期6年で、2年ごとに3分の1ずつ、フランスの元老院（間接選挙）は、任期6年で2分の1ずつ改選される。アメリカでは各州の上院議員を3つに分け、フランスでは選挙区となる県を2分して、改選が行われる。イタリアの元老院は、任期5年で解散がある。

（2）憲法史的意義
　大日本帝国憲法のもとでは、貴族院は選挙されていなかった。皇族議員は成年に達したとき、公・侯爵は満30歳に達したときに議員となった。伯・子・男爵は互選により任期7年で議員となった。勅任議員については、互選による議員の他、終身議員が認められていた（貴族院令）。

2　任　期
　参議院議員の任期は、前の通常選挙による参議院議員の任期満了の日の翌日から起算する。通常選挙が前の通常選挙による参議院議員の任期満了の日の翌日後に行われたときは、通常選挙の期日から起算する（公選法257条）。補欠選挙で当選した議員の場合は、前任者の残任期間が任期となる

（公選法260条1項）。

　通常選挙は，半数ずつ3年ごとに行われる。それぞれ同数の議員が選出されるので，参議院議員定数は偶数となる。選挙区選挙では，各都道府県に偶数の定数が配分されてきた。

　判例　かつて最高裁は，解散がないなど憲法の二院制の本旨に鑑み，参議院選挙区選挙については区割り・議員定数を「より長期にわたつて固定し，国民の利害や意見を安定的に国会に反映させる機能をそれに持たせること」も立法政策として許容されるとしていた（最大判1983〈昭58〉4.27民集37巻3号345頁）。投票価値の平等についての判断を厳格化している近時の判決では，直接このような表現は用いられていない。近時の判決は，二院制の趣旨について，「立法を始めとする多くの事柄について参議院にも衆議院とほぼ等しい権限を与えつつ，参議院議員の任期をより長期とすること等によって，多角的かつ長期的な視点からの民意を反映させ，衆議院との権限の抑制，均衡を図り，国政の運営の安定性，継続性を確保しようとしたものと解される」としている。（最大判2014〈平26〉11.26民集68巻9号1363頁）。

〔只野雅人〕

第47条　選挙区，投票の方法その他両議院の議員の選挙に関する事項は，法律でこれを定める。

1　47条の意義

　本条は，選挙区，投票の方法をはじめとする両院議員の選挙に関する事項の決定を，法律に委ねている。広い立法裁量が認められているようにみえるが，投票価値の平等（「15条」参照）のような憲法上の要請に反する場合には，憲法違反の問題も生じうる。

（1）比較憲法的意義

　選挙制度は様々な構成要素からなり，その仕組みも国によって異なる。多くの事項は立法により定められるが，選挙権・被選挙権，議員定数，選挙区など，重要事項についての定めが憲法に置かれることもある（「42条」「44条」を参照）。スイス，スペインなど，憲法において，下院議員選挙は比例代表制によることが定められている例もある。

（2）憲法史的意義

　大日本帝国憲法は，衆議院の組織を帝国議会が定める選挙法に委ねる一方，貴族院の組織は勅令である貴族院令によるとしていた（明治憲法35条・34条）。日本国憲法は両議員の選挙制度を法律事項としている。

2　両院議員の選挙に関する事項
（1）選挙区，投票の方法，その他の選挙に関する事項

　選挙区とは，選挙に関する区域あるいは選挙の単位である。選挙区の画定にあたっては，都道府県や市区町村などの行政区画が利用されることが多い。そうした既存の区画の考慮が，投票価値の不均衡を生み出す要因となる場合もある（「15条」参照）。連邦国家における州のように一定の領域それ自体を国家の構成要素とし，そうした領

域の代表が憲法に規定される場合もあるが，選挙区は通例，「選挙手続上の便宜的な地理的単位」である（林田和博『選挙法』有斐閣，1958年，102頁）。

投票の方法をめぐっては，様々な手法がある。公職選挙法では，投票は自書によることが原則であるが，地方公共団体の議会・長の選挙では記号式投票や電子投票も可能である。また，点字投票，代理投票，期日前投票，不在者投票，在外投票などの制度もある。

さらに投票と関わり，直接選挙か間接選挙か（「43条」参照），選挙人が候補者に投票するのか政党等の名簿に投票するのか，1回投票制か2回投票制か，大選挙区制をとる場合には選挙人が1票のみをもつのか（単記投票制）複数の票をもつのか（連記制）等，選挙制度の設計にあたっては多くの選択肢がある。

それ以外にも，選挙に関し定めるべき事項は多岐にわたる。公職選挙法は，選挙権・被選挙権，選挙の区域，選挙人名簿，選挙期日，投票，開票，選挙会，公職の候補者，当選人，特別選挙，同時に行う選挙の特例，選挙運動，争訟，罰則等の章を設け，両議院議員選挙のみならず地方公共団体の議会・長の選挙も含めて，詳細な規定を置いている。選挙に関する事項の定めは広く法律に委ねられているが，法の下の平等（投票価値の平等），選挙権，政治表現の自由など，憲法上の要請との抵触がある場合には，憲法上の問題が生じうる。

判例 最高裁は，選挙制度について，「国民の利害や意見が公正かつ効果的に国政の運営に反映されることを目標とし，他方，政治における安定の要請をも考慮しながら」，各国の実情に応じ具体的に決定されるべきもので，「そこに論理的に要請される一定不変の形態が存在するわけではない」と指摘する。そして，憲法は「およそ議員は全国民を代表するものでなければならないという制約の下」「両議院の議員の各選挙制度の仕組みの具体的決定を原則として国会の広い裁量にゆだねている」とする。そのうえで，法の下の平等などの憲法上の要請に反し，広い立法裁量を考慮してもなお限界を超え是認できない場合，はじめて憲法違反の問題が生じるとする（最大判1999〈平11〉11.10民集53巻8号1577頁）。

（2）選挙制度の諸類型

選挙制度は，各国の実情に応じ様々である。制度の選択にあたり重要なのが，選挙区と当選者の決定方法（代表方法）である。選挙区に配分される議員定数が1名のみの場合が小選挙区，2名以上の場合が大選挙区と呼ばれる。代表方法は，最多得票者を当選者とする多数代表法と，得票に比例した議席を配分する比例代表法に大別される。小選挙区と多数代表法を組み合わせた仕組みを，小選挙区制と呼ぶ。大選挙区と多数代表法を組み合わせる場合には，単記制と連記制がありうる（さらに制限連記制と完全連記制がある）。比例代表法による場合には，政党があらかじめ名簿登載者の順位を決定する拘束名簿式がとられることが多いが，選挙人の投票を考慮して順位の決定・変更を認める非拘束名簿式もある。多数代表法による選挙と比例代表法による選挙を組み合わせた混合制度がとられることもある。ここでは，主要国の下院の選挙制度について概観したい（上院については「42条」参照）。

イギリス庶民院では，小選挙区制がとられてきた。当選可能性がある候補者数が限

られることから，大政党に議席が集中しやすく，大政党は，得票に比して過大な議席を得る傾向がある。大政党の候補者以外は当選を見込みにくいことから，小選挙区制は，二大政党制を生み出しやすいといわれる。イギリスではこの仕組みのもと，保守党・労働党が議席の多くを占め，両党間で政権交代が行われてきた。しかし近時では，野党の多党化も進み，得票面では二大政党制という構図に変化がみられる。

フランス国民議会では，同じ小選挙区制ではあるが，2回投票制がとられてきた。1回目の投票で当選するには絶対多数の得票が必要である。当選者がない場合には，1回目に登録有権者数の12.5％以上の得票をした候補者間で，第2回目の投票が行われ，最多得票者が当選となる。2回目の投票は，従来，右派と左派の候補の一騎打ちの形をとることが多かったが，近時では新興勢力の台頭により，構図が複雑化している。

ドイツ連邦議会では，小選挙区制と比例代表制を組み合わせた仕組み（併用制）がとられている。有権者は，小選挙区と比例代表選挙区（州選挙区）で1票ずつを投じる。各党の獲得議席は，基本的に比例代表制によって決まる。総定数598のうち299は，小選挙区から選出される。残りの議席は，比例代表名簿から充当される。過度の小党分立を抑止するために，比例代表選挙での5％以上の得票（全国）または小選挙区での3議席以上の獲得が，議席配分の条件となる（阻止条項）。小選挙区での政党の獲得議席が，すでに比例代表で配分されるべき議席を上回っている場合には，超過議席が生じる。この場合には，全国的に各党の得票と議席が比例するように，調整議席が配分される。2017年の連邦議会選挙では46の超過議席が生じ，65の調整議席が配分された結果，議員総数は709名となった。

3 両院議員の選挙制度
(1) 衆議院議員選挙制度

衆議院では従来，中選挙区制と呼ばれる独特の仕組みがとられてきた。130ほどの選挙区に，2～5程度の議席が配分され，選挙人は候補者1名のみに投票する（単記投票制）。1994年，「政策本位・政党本位」の選挙の実現を掲げた政治改革関連法の成立により，小選挙区制と比例代表制を組み合わせた仕組み（並立制）が導入された（政党本位の制度については，「43条」参照）。

当初，小選挙区の定数は300，比例区の定数は200（11ブロック，定数7～33）とされた。その後定数が削減され，現在は小選挙区289，比例区176（11ブロック，定数6～28）である。選挙人は，小選挙区，比例区でそれぞれ1票を投じる。国会議員5人以上を有するか直近の国政選挙で2％以上の得票をした政党等（候補者届出政党，「43条」参照）に所属する候補者には，小選挙区・比例区での重複立候補が認められる。重複立候補者は，比例代表名簿で同一順位とすることができ，その場合は小選挙区での惜敗率（当選者に対する得票の比率）により順位が決定される。小選挙区で当選しなかった候補が比例区で当選者となること（復活当選）には批判も強く，2000年に，得票が小選挙区選挙の供託金の没収点（有効投票の10分の1）に達しなかった候補者の復活当選を認めない法改正がなされた。

判例 衆議院議員選挙制度の合憲性をめぐる諸問題のうち，投票価値の平等，政

党をめぐる問題は別の項目で扱われるので（「15条」「43条」本書103頁、239-240頁参照）、ここでは小選挙区制・比例代表制の合憲性について取り上げる。

最高裁は、小選挙区制については、「民意を集約し政権の安定につながる特質を有する反面、このような支持を集めることができれば、野党や少数派政党等であっても多数の議席を獲得することができる可能性があり、政権の交代を促す特質をも有しており」「特定の政党等にとってのみ有利な制度とはいえない」、「死票を多く生む可能性があることは否定し難いが、死票はいかなる制度でも生ずるものである」などと指摘し、「選挙を通じて国民の総意を議席に反映させる一つの合理的方法」というとしている（最大判1999〈平11〉11.10民集53巻8号1704頁）。

重複立候補については、小選挙区で落選した候補者が比例区で「復活当選」することに批判があった。最高裁は、「小選挙区選挙において示された民意に照らせば、議論があり得る」としつつも、重複立候補を認める制度のもとでは、ある選挙で当選しなかった者が他の選挙の当選人となることは「当然の帰結」であり、憲法に反するとはいえないとしている（最大判1999〈平11〉11.10民集53巻8号1577頁）。

（2）参議院議員選挙制度

当初は、定数100の全国区（全国を単一選挙区とする単記投票制）と定数150の地方区（都道府県を選挙区とする単記投票制で、2〜8の偶数定数が配分された）を組み合わせた制度がとられた。1982年、全国区にかわり拘束名簿式比例代表制（全国一選挙区）が導入され、さらに2000年には非拘束名簿式が導入された。選挙人は、政党等の名簿登載候補者か名簿に投票する。双方への投票が名簿ごとに合算され、比例代表により議席が配分される。当選人となるべき順位は、得票数の最も多い候補者から順に定められる。

判例 非拘束名簿式をめぐっては、名簿登載候補者個人には投票したいが名簿届出政党等には投票したくないという投票意思を認めない点が選挙権（15条1項）の侵害に当たる、超過得票に相当する票が他の名簿登載者に流用されることが直接選挙（43条1項）に反する、といった点が問題となりうる。最高裁は、名簿式比例代表制は「政党の選択という意味を持たない投票を認めない制度」であるから、選挙権の侵害があるとはいえないとし、また非拘束名簿式は「投票の結果すなわち選挙人の総意により当選人が決定される点において、選挙人が候補者個人を直接選択して投票する方式と異なるところはない」から、直接選挙にあたらないとはいえないと判示している（最大判2004〈平16〉1.14民集58巻1号1頁）。

〔只野雅人〕

第48条 何人も、同時に両議院の議員たることはできない。

1　48条の趣旨

48条は、国会議員が両院議員を兼ねることを禁じている。大日本帝国憲法にも同様の規定があった（明治憲法36条）。

2　兼職の禁止

両院議員の兼職の禁止は、両院制の当然の帰結である。各議院の議員が、他の議院の議員となったときは、退職者となる（国会法108条）。

国会法は、それ以外にも、任期中は議員と国又は地方公共団体の公務員（大臣等を除く）との兼職を禁じている。ただし、「両議院一致の議決に基づき、その任期中内閣行政各部における各種の委員、顧問、参与その他これらに準ずる職に就く場合」は例外である（国会法39条）。

〔只野雅人〕

第49条　両議院の議員は、法律の定めるところにより、国庫から相当額の歳費を受ける。

1　49条の趣旨　議員の歳費

本条では、議員が「全国民の代表」であることを前提として、歳費受領権を定めるとともに、その歳費は、それぞれの選挙区（民）等からではなく国庫から支出され、その具体的な額は、法律（国会法35条、国会議員の歳費、旅費、手当等に関する法律）によって決定されると定められている。

2　議員の独立と「歳費」

歳費という観念には、歴史的に、いくつかの異なる考え方が存する。その一つが近代議会制以前の考え方で、議員は選出母体によって拘束され、その議員活動のための費用も選出母体によって賄われるとする、中世の身分制議会以来の考え方である。その後、近代の国民代表議会の時代になると、選挙区からの議員の独立が強調され、議員は、自らが議会活動の経費をまかなえる名望家から選出されるのが一般的となった。さらに、20世紀に入ると、普通選挙運動の展開を受けて、自己に資力のない者でも議員になれるように、歳費を国庫から支給することが主張された。イギリスの1911年国会法は、議員の選挙区からの独立を徹底し、議員歳費について最初に定めた制定法とされている。

3　「歳費」の性格

歳費の性格については、議員の職務を「公務たる職業」（佐藤功・註釈（下）684頁）として、「議員の勤務に対する報酬たる性質」とする報酬説（宮沢・コメ374頁）と議員を非専業的な素人である国民代表と考えて、その職務遂行上必要な経費を償還するという弁償説（法協・註解下790頁）の2つの対立する考え方が主張され、前者が通説とされている。確かに、本来の議員歳費については、国会法35条で「一般職の国家公務員の最高の給与額より少なくない」額と定められ、課税対象にもなることから、今日では、報酬とみなすのが妥当であろう。

4　「相当額」とは

歳費を報酬であると解せば、次に、その「相当額」が問題となる。一般的には、議員としての職務、地位に見合った、議員としての生活を維持する上での必要かつ十分な額とされる。具体的には、議長は首相と、副議長は閣僚と同額で、「議員は、一般職

国家公務員の最高の給与額より少なくない」（国会法35条）額（東大・京大の学長の給与額あるいは大臣政務官）と同額と定められている。

5　歳費以外の給付

本条では歳費だけが規定されているが，本来の歳費以外の通信費，派遣旅費，退職金などの財産的給付について本条が禁じているとは解されない。とりわけ通信費は課税対象とならないことから，実費弁償の側面がつよいといえよう。つまり，歳費以外の給付で，非課税として取扱われるものは，実費弁償と考えられている。なお，このほかに，各会派には立法事務費が交付されている（国会における各会派に対する立法事務費の交付に関する法律1条1項）。

〔原田一明〕

第50条　両議院の議員は，法律の定める場合を除いては，国会の会期中逮捕されず，会期前に逮捕された議員は，その議院の要求があれば，会期中これを釈放しなければならない。

1　50条の趣旨　議員の不逮捕特権

本条は，議員の不逮捕特権を定め，議員の身柄の逮捕によって議員活動を不当に阻害されないことを趣旨として，51条とともに，議員の特権（特典）に関する規定である。憲法50条および51条の両条は，議会制度の進展とともに確立された「古典的な特典」（宮沢・コメ375頁）と位置付けられ，明治憲法53条でも「両議院ノ議員ハ現行犯罪又ハ内乱外患ニ関ル罪ヲ除ク外会期中其ノ院ノ許諾ナクシテ逮捕セラルルコトナシ」と定められていた。

2　不逮捕特権の意味

まず，本条が「起訴からの自由」までも保障しているのかが問題となるが，第一次国会乱闘事件における東京地裁判決は，明文の規定がない以上，不逮捕特権には不起訴特権は含まれないと判示した（東京地判1962〈昭37〉1.22判時297号7頁）。本件では，起訴が必ずしも身柄の拘束までをも意味するものではなく，本条を不起訴特権とまで解する必要はないとされている。また，本条や国会法33条で定める「逮捕」という文言に，訴追は含まれない。それ故に，議員の院内での犯罪行為が憲法51条の免責特権に該当しない場合には，検察からの訴追を受け，司法審査に服することになる（大津地判1963〈昭38〉2.12下刑集5巻1＝2号67頁）。

3　法律による例外の定め

本条によれば，「法律の定める場合」には，不逮捕特権の例外を定めることが可能である。明治憲法53条が「内乱外患ニ関ル罪」をあげていたのと比べると，立法府が法律で例外を定める場合でも，議員の活動の自由を保障する本条の趣旨に照らして，当該立法裁量は限定されると解するべきである。しかし，いかなる場合にも議員を逮捕できないとするのも不合理であるから，例外的に逮捕できる場合を限定的に法律に委任していると解すべきことになる。

さらに，「法律の定める場合を除いては」との文言が，「国会の会期中逮捕されず」

にかかるのか（佐藤功・註釈（下）688 頁），あるいは本条全体にかかるのかというような特例の範囲も問題となる。

　この点，本条後段では，法律で特例を定めることを特に禁止する特段の理由が認められないことから，この文言は，本条全体にかかると解されている（宮沢・コメ376頁）。したがって，院外で現行犯逮捕された議員については，たとえ会期前の逮捕であっても，法律により議院はその釈放を要求できないと定めることも可能となる。ただし，法律による緩和や制限が可能であるとしても，そもそも本条の趣旨そのものを否定するようなことは認められない。したがって，特定の犯罪について，会期中でも議院の許諾なく逮捕することができるとか，逆に国会議員は会期外でも逮捕できないなどと法律で規定することは本条の趣旨に反して，認められないことになる。

　この法律による特例として，国会法33条は，「院外における現行犯罪の場合」と所属議院の「許諾」のある場合には，議院はその釈放を要求できないと定めている。特に「院外」とされているのは，院内の議員の現行犯は，議院の内部自律権として各議院において自律的に判断するものとされているからである。したがって，それ以外に議員が院外で会期中逮捕されるのは，原則として，議院の許諾がある場合に限られている。そこで，議院許諾の要件が重要になるが，この点については，以下の項目6で述べることにする。

4　「国会の会期中」

　本条の「国会の会期中」という文言であるが，参議院の緊急集会は会期制度の例外と解されて，不逮捕特権の性質上，緊急集会中の参議院議員にも，本条の特典が適用される。その意味で，国会法100条は，この趣旨を確認的に規定したものである。

5　会期前の逮捕

　会期前に逮捕された議員の取り扱いについては，1955（昭和30）年の国会法の改正により，内閣はその議員の所属する議院の議長に会期の始めに令状の写しを添えて氏名を通知すると定められた（国会法34条の2，なお，本条により衆議院議員に対して内閣から通知があったのは16回で，いずれも召集当日に通知がなされている，衆先96号）。また，その場合の要求手続については，国会法34条の3で「議員が，会期前に逮捕された議員の釈放の要求を発議するには，議員20人以上の連名で，その理由を附した要求書をその院の議長に提出しなければならない」と定められている。

6　議院の許諾の意味

　憲法上は，現行犯罪以外の場合は，いわゆる令状主義の保障を受けるので（33条），議員の逮捕には，裁判官の発する令状と議院の許諾の両方が必要になる。そこで，令状と許諾の先後関係が問題となるが，国会法は，裁判官が令状を発する前に，内閣は各議院に逮捕許諾請求をしなければならないと規定しており（34条），議院への逮捕許諾請求は令状の発給に先行すると解されている。

　逮捕請求がなされた場合には，当該議員の所属議院は，これに許諾を与えるか否かを決定するが，その場合，いかなる基準によって許諾を与えるかが問題となる。そもそも本条の趣旨が，議員への不当で，政治的な動機に基づく逮捕などの逮捕権の濫用

を防止するという点にあるとすれば，許諾の基準もその逮捕の動機が正当か否かの観点から判断されることになろう（宮沢・コメ378-9頁）。したがって，すでに逮捕が正当である以上，許諾にあたって，議院が別途，条件又は期限を付すのは難しい（すなわち，無条件となる。ただ，許諾するか否かが議院の裁量であると解すれば，それに条件又は制限をつけることも法律的には可能であるとの考え方もある。宮沢・コメ379-380頁）。これに対して，むしろ議院に期待されているのは，当該逮捕が正当か否かの法技術的判断ではなく，その議員の逮捕が議院の職務遂行にとって妨げとなるか否かによるべきとの考え方も有力に主張されている（佐藤幸・憲法論471頁）。この説によれば，場合によっては，許諾を与える際に条件をつけることも可能とされよう。

このように，学説は2つに分かれるが，衆議院では，許諾に際して逮捕に期限を付した例がある（昭和29年2月23日衆議院で動議可決，衆先95号参照）が，裁判例としては，許諾の基準を職務遂行の妨害か否かに求められるとしつつ，他方で，許諾は無条件でなければならないとした事例がある（東京地決1954〈昭和29〉3.6裁時154号1号）。この東京地裁決定後の参議院の議院運営委員会では，期限付きの逮捕許諾についてこの地裁決定を踏まえて，許諾請求に議院は何らの条件を付すことができないことが確認されている（昭和29年4月14日第19回国会参議院議院運営委員会犬養健法務大臣答弁）。

次に，議員の逮捕許諾の手続であるが，内閣から議院に要求書が提出された場合には，議長はまず議院運営委員会にこれを付託し，その報告をまって会議に付し，これ

を議決することになっている（衆先93号，参先109号）。また，逮捕許諾の理由説明およびこれに対する質疑並びに身上弁明は，秘密会で行われる（衆委先163号，参委先89号）。なお，これまでに逮捕許諾の要求書が提出されたのは，衆議院で15件（この内，12件が議決された），参議院で3件（参委先89号）の例がある。

7　議院の逮捕許諾権の基準

現行犯罪以外の場合に議院の許諾を必要とする趣旨をまとめれば，①行政権による不当な逮捕を防ぎ，議員の身体的自由を保障することと②議院の審議権を確保することの二つが挙げられるが，このことに関連して，逮捕許諾についての議院の判断基準は，憲法にも国会法にも明文の定めはない。ただ，上記の①の観点からは，逮捕が適法かつ必要かが問題とされるが，②からは逮捕の適法性・必要性とは別に，議院の審議に当該議員が出席する必要性があるか，さらには国会の会期終了を待つことができない緊急性があるかが検討されることになる。先に引用した昭和29〈1954〉年の東京地裁決定は，①を前提としつつ，そこで②の要請を実質的に考慮することで，前述したような折衷的な考え方を示している。

この点については，現行憲法が制定されて間もなく生じた昭和電工疑獄事件で芦田均内閣総理大臣に対する逮捕許諾請求に関連してなされた入江俊郎衆議院法制局長の答弁（昭和23年12月3日，第4回国会衆議院議院運営委員会）が重要である。そこでは，逮捕許諾をする場合には，「単に犯罪の確証があるというだけでなくして，…住居不定であるとか，証拠隠滅のおそれがある場合とか，あるいは逃亡のおそれがあ

る場合」かをも考慮して判断すると述べられている。このように許諾請求は，かなり慎重に行われ，議員の逮捕には，正当な理由が求められてきたのであるが，その一方で，逮捕の理由が正当で，逮捕権の濫用のないことが明らかな場合には，議院は許諾を与えなければならないとも考えられている。したがって，議会多数会派が，正当な理由に基づく逮捕にもかかわらず，議員活動の自由への侵害のみを根拠に，許諾を与えないことは許されない（佐藤功・註釈（下）688-689頁）。

〔原田一明〕

第51条　両議院の議員は，議院で行つた演説，討論又は表決について，院外で責任を問はれない。

1　51条の趣旨　議員の発言・表決の免責

本条は，議員の免責特権を定める。前条とともに，古典的な権力分立観を背景に，国王や議会多数派（＝内閣）からの自由な議員活動への干渉を排除し，議会内少数派の発言権を保障するとの観点から，歴史的に生成された議員の特典である。したがって，議員個人の特権であると同時に，国会の審議を活性化するための前提であると考えられている。すなわち，議会内での議員による自由な発言を保障することで，全国民の代表としての議員の自由な活動や職務遂行を保障することを意図している。

2　「議院で行った」発言の意味

「議院で行った」発言には，単なる私語が含まれないのはもちろん，議長や委員長の許可なく行われたヤジ的な発言も，含まれない。なお，本会議や委員会において不穏当な発言をした者に対しては，議長は職権で（衆先400号），あるいは院議をもって懲罰委員会に付し，（衆先401号）委員長は不穏当な発言の取り消しや退場を命ずる（衆委先63号，64号）など院内の秩序罰を科すことができることになっている（国会法121条以下参照）。

第一次国会乱闘事件（東京地判1962〈昭37〉1.22判時297号7頁）では，免責特権の対象となる行為は憲法に列挙された「演説，討論又は表決」に限定されず，議員の国会における意見表明行為にも拡大され，さらには，職務付随行為も含まれることが示唆された。その後の第二次国会乱闘事件での第一審（東京地判1966〈昭41〉1.21判時444号19頁）および第二審判決（東京高判1969〈昭44〉12.17判時582号18頁）では，議員の職務に密接に関連する範囲内であれば，免責特権は広く及ぶと判断された。ただし，免責特権は，あくまでも議員の発言自体に起因する行為に限られ，暴行・傷害・監禁・公務執行妨害等暴力の行使に由来する違法行為等は免責の対象には含まれないと解されている（福岡高判1963〈昭38〉3.23刑集21巻4号558頁）。

3　議員を起訴する場合に議院の告訴・告発は必要か

第一次国会乱闘事件の昭和37年東京地裁判決では，議員の院内活動について議院

の告発を起訴条件とすれば，職務行為と無関係な犯罪についても検察庁は起訴できなくなり，多数派による犯罪隠蔽の恐れも生ずると述べて，議院に職務行為該当性の判断権がないことを理由に，議院の院内活動にかかわる起訴に議院の告訴・告発は必要ないと判断した。確かに，議会多数派の意向によって起訴されるか否かが左右されるのは問題であるが，議院自律権の視点，すなわち，他の国家機関からの干渉を排除するという観点からすれば，議院の意思（＝議院の告発）を起訴条件としないことへの批判もありうるところである。

4　国会議員への国家賠償責任

政府による議員の発言への弾圧を避けるために刑事責任の追及が厳格に解される一方で，一般国民に対してその名誉やプライバシーを侵害する発言をした議員個人に民事責任が認められる余地がないかが問題とされた。この論点に関わって，例えば，国会議員が衆議院社会労働委員会で行った発言により，一般私人の名誉を毀損し，自殺に追い込んだとして，国会議員に対しては民法709条，710条により，国に対しては国賠法1条に基づいて損害賠償請求訴訟が提起された。第一審判決では，免責特権を絶対的なものと位置付けたうえで，その場合でも，国賠法1条1項の違法性は阻却されないとの判断を示した（札幌地判1993〈平成5〉7.16民集51巻8号3866頁）。これに対して，最高裁は，免責特権が絶対的なものか否かには言及せず，質疑等により結果的に個別の国民への権利侵害が生じたとしても，直ちに議員の職務上の法的義務違反があったとはいえないとして，議員個人の民事責任に対して消極的な判断を下した。

つまり，憲法51条も，国会議員の広い裁量の必要性を裏付けているから，質疑等により個別の国民の名誉を低下させることがあったとしても当然に国家賠償法上の違法性が認められるわけではない。国の責任が認められるためには，議員がその職務とはかかわりなく違法又は不当な目的をもって事実を摘示し，あるいは，虚偽であることを知りながらあえてその事実を摘示するなど，議員がその付与された権限の趣旨に明らかにそむいてこれを行使したものと認めうるような特別の事情が必要であると判示した（最三判1997〈平9〉9.9民集51巻8号3850頁）。すなわち，判例は，議員の名誉毀損的な発言が国家賠償法上違法とされる場合を，きわめて例外的な場合に限定したことになる。

5　地方議会議員の免責特権

この点，最高裁は，本条が，国会議員に対して議院における発言の免責特権を与えているからといって，その理をそのまま地方議会にあてはめ，地方議会における議員の発言についても憲法上免責特権が保障されていると解すべきではない，と判断している（最大判1967〈昭42〉5.24刑集21巻4号505頁）。

〔原田一明〕

第52条 国会の常会は，毎年1回これを召集する。

1　52条の趣旨　常会

議会は「一定のかぎられた期間内」（宮沢・コメ391頁）である会期中だけに活動能力を有し，定期的に，少なくとも予算との関係で毎年1回は常会が開かれるのが近代的な議会制の原則とされ，本条はこの原則を確認する。

2　「毎年一回」の意味

国会法では，「常会は，毎年一月中に召集するのを常例とする。」（2条）とされて，国会議員は，常会においては，1月中の一定の期日に各議院に集会することが命ぜられる。このように集会を命ぜられることを召集といい，召集によって議員が集会した後に，会議体として活動するための必要条件（議長，副議長，常任委員長，事務総長の選任など）をそなえれば（これを各議院の「成立」という），国会は活動できる状態となる。ちなみに，「常会の召集証書は，少なくとも十日前にこれを公布しなければならない。」（国会法1条2項）と定められている。通常国会の会期は，150日間である（国会法10条）から，常会の会期外などで国会を開催する必要が生じた場合には，常会以外に臨時会の開催が予定されている。

3　当日起算主義

国会法133条は，「この法律及び各議院の規則による期間の計算は，当日から起算する」と定めるほか，国会法14条は「国会の会期は，召集の当日からこれを起算する」と定め，当日起算主義を期日計算の原則としている。このことから，国会の運営に関しては，民法140条が定める「期間の初日は，参入しない」とする原則が適用されないことに注意が必要である。この当日起算主義は，明治憲法下の明治40（1907）年の第23回国会において予算案の提出について「提出の日より起算する」と解され（議事解説214頁），これが国会法においても受け継がれ，確立された先例となっている。

4　会期制度の特色

アメリカ，イギリスなどの議会の活動期間は，議員の構成が同じであることに着目して，下院議員の総選挙から次の総選挙までの間の「立法期」（議会期）を基準とする。この立法期を単位として，議事や議決の継続性が問題とされてきた。したがって，イギリスやアメリカで会期（Session）という場合には，単に議員任期中の年会期を指すに過ぎない（第1会期，第2会期）。これに対して，わが国では，立法期を細分化した複数の会期をそれぞれ独立した意思をもつ「議会」と擬制し，そのぞれぞれの会期間で議事や議決が継続しない，「会期不継続の原則」が認められている。つまり，わが国では，会期が変われば議院の態度も変わると考えて，議院の意思は会期ごとに自由に形成されるという「会期の独立性」が強調されてきたのである。

5　会期不継続の原則とその問題点

国会法68条は，上述の会期制度を前提として，「会期中に議決に至らなかった案件は，後会に継続しない」と会期不継続の

原則を定める。したがって、会期末までに本会議で議決されなかった法律案は、すべて審議未了、廃案とならざるを得ず、野党はこの会期不継続を利用して、会期末の廃案を目指して与党・政府との攻防を繰り返してきた。

もちろん帝国議会時代から認められている閉会中の委員会による継続審査という仕組は存在するが（国会法47条2項・3項、68条ただし書）、その手続に移行するにはあらかじめ院議による決定が必要とされるなど面倒な手続を経由しなければならないことから、その利用は限定的なものにとどまっている。

以上のように、わが国の議事運営は、特有の会期制度と厳格な会期不継続の原則とをその特色としている。しかしながら、議事運営の合理性の観点からの要請とわが国特有の会期制度とを連動させることに一体いかなる意味があるのか、むしろわが国特有の会期制度の呪縛から逃れて、立法期を単位とした議事・議案の継続性という考え方へと変革すべきとの主張が有力に唱えられている（参照、大石眞『議会法』（有斐閣、2001年）136頁、佐藤幸・憲法論446-7頁）。ただ、この場合には、会期不継続の原則ばかりでなく、一事不再議の原則などをも含め、憲法が前提とする「会期の独立性」をいかに解するか、憲法が会期制度を「予想している」とするならば（宮沢・コメ391頁）、憲法が前提とする会期制度の変更には、憲法改正をも視野に入れた検討が必要となろう（この点、森本昭夫「会期の独立性」立法と調査385号（2017年）2頁以下参照）。

〔原田一明〕

第53条　内閣は、国会の臨時会の召集を決定することができる。いづれかの議院の総議員の4分の1以上の要求があれば、内閣は、その召集を決定しなければならない。

1　53条の趣旨　臨時会

通年議会制をとらず、常会の召集が法定されている以上、常会開会中以外の期間に国会を開催する必要が生じた場合には、臨時会が召集されることになっており、本条はこの臨時会の召集決定について定めている。

2　少数会派からの臨時会の開催要求

本条後段は、国会の少数派の意向を尊重するために、ドイツのワイマール憲法などを参考に定められた。衆参いづれかの総議員の4分の1以上の要求がある場合には、政治的な理由等によって臨時国会の召集を不当に延期することは許されない。しかし、他方で、本条については、国会が必要に応じて国会の開催を要求する場合と内閣が臨時会の召集を必要とする場合の双方に対応することも必要で、そのために内閣には臨時会の召集決定権が認められているとの見解も有力である。

臨時会、特別会の会期は、原則として両議院一致の議決で決定されるが（国会11条）、これが一致しない場合には衆議院の議決により決定されると衆議院の優越が定められている（国会法13条、なお、この点

に関連して，憲法59条の項目4を参照）。また，衆議院議員の任期満了による総選挙後並びに参議院議員の通常選挙後には，国会法2条の3により，その任期が始まる日から30日以内に臨時会が召集されることになっている。さらに，会期の延長も，両議院一致の議決で行われるが，常会の延長が1回だけであるのに対して，臨時会と特別会は2回までの会期延長が認められている（国会法12条2項）。なお，臨時会の召集詔書は，「おおむね7日前」に公布されることになっている（衆先16号）。

3　総議員の意味

ここでの「総議員」の意味については，法律で定められた議員定数（法定議員数）か，現にその任にある議員（死亡や辞職による欠員は含まない）の総数（現在議員数＝宮沢・コメ399頁）かについて見解が分かれているが，実務上は，明治憲法時代から，両院ともに，法定議員数とするのが確立した先例となっている（明治憲法下の先例は，議事解説51頁参照，現憲法下は衆先228号，参先233号，衆規106条1項，参規84条参照）。

4　臨時会の召集が拒否された場合

本条では，要求があれば，内閣は「召集を決定しなければならない」と定められていることから，内閣は召集決定の法的義務を負うと解されている（佐藤功・註釈（下）713頁）。これまで，本条に基づいて，衆議院の総議員の4分の1以上の要求で臨時会が召集されたのは，31回である（衆先19号）。なお，それまでに，内閣が臨時国会の召集に応じなかったケースは，3回で，平成15（2003）年11月27日の自衛隊のイラク派遣問題の時と平成17（2005）年11月1日の米軍の普天間飛行場の移設問題の際の2回は，小泉純一郎内閣の下での事例であり，その後の1回は，平成27（2015）年10月21日の内閣改造の所信表明に対する第二次安倍晋三内閣の際の例である。これらの事例において，召集が見送られた理由としては，憲法53条の解釈に関わって，臨時国会の召集期日が明文で定められていない以上，この要求を受けた内閣には臨時会を召集する法的義務までは課されていないことが挙げられた。ただ，このように内閣が自己の判断で召集を不当に遅らすことや召集しないことができるのかについて，学説からは，内閣は「召集決定の法的義務を負う」のであって，「違憲の疑いが濃い」（佐藤功・註釈（下）713-714頁）との批判が有力に主張されてきた。この点に関連して，例えば，平成24（2012）年の自民党憲法改正草案の憲法53条では，要求権が実質的に機能するように，「要求があった日から20日以内に臨時国会が召集されなければならない」と召集の時期も明確にされている。内閣が臨時会の召集決定を行う相当な期間を「20日以内」とすることの適否をも含めて参考とすべき提案である。

〔原田一明〕

第4章　国　会［第54条］

> **第54条** ①衆議院が解散されたときは，解散の日から40日以内に，衆議院議員の総選挙を行ひ，その選挙の日から30日以内に，国会を召集しなければならない。
> ②衆議院が解散されたときは，参議院は，同時に閉会となる。但し，内閣は，国に緊急の必要があるときは，参議院の緊急集会を求めることができる。
> ③前項但書の緊急集会において採られた措置は，臨時のものであつて，次の国会開会の後10日以内に，衆議院の同意がない場合には，その効力を失ふ。

1　54条の趣旨　衆議院の解散と特別会，参議院の緊急集会

本条は，衆議院が解散された場合の事後的な手続と衆議院解散中の緊急な対応措置としての参議院の緊急集会に関して定める。

2　衆議院解散後の総選挙

衆議院解散後の総選挙は，解散の日，すなわち解散詔書が公布された当日から起算して40日以内に行われることになっている（当日起算主義については，52条の項目3を参照）。本条と同様のことは公職選挙法でも定められ，そこでは総選挙の期日について，少なくとも12日前に公示することも定められている（公選法31条4項）。

3　特別会

衆議院の解散による衆議院議員の総選挙が行われた当日から起算して30日以内に召集された国会を特別会と称する（国会1条3項も参照）。ここで衆議院の解散の効果の発生時点は，「詔書が衆議院に到達した時」（宮沢・コメ402頁）とされ，議長に詔書が伝達された時点において解散の効果が発生するとされている。

衆議院の特別会では，まず，議長，副議長，常任委員長の選任など，議院の構成に関する手続が行われる。また，特別会では，その召集とともに内閣は総辞職するとされている（憲法70条）。このことは，新たに選出された議員によって衆議院の構成が変わったことを受けて，それに合わせて，内閣も新たに再編されるものと考えて，両院では最初に内閣総理大臣の指名が行われることになっている。なお，特別会の会期の決定・延長に関しては，臨時会と同様である（国会法11～13条）。ちなみに，本条では，衆議院解散による総選挙後の特別会の召集の場合にのみ，30日以内と期日を指定しているが，衆議院議員任期満了による総選挙後の期日の指定は憲法には定めがなく，国会法によって，その任期がはじまる日から30日以内に臨時会が召集されることになっている（国会法2条の3参照）。

4　参議院の同時閉会

二院制をとることから，衆議院の解散の後，総選挙によって新たに衆議院が成立するまでの間，参議院も同時に閉会となる。この同時閉会には，参議院の特別の行為は必要なく，衆議院の解散を受けて，自動的に閉会することになっている。

5　参議院の緊急集会

本条に基づいて，内閣には，参議院の緊急集会を求める権限が付与されている。参

議院の緊急集会が召集されるのは，①解散によって衆議院が不存在の場合（衆議院解散後，総選挙を経て特別会が召集されるまでの最長70日間）で，かつ②国に緊急の必要があるときに限られている。さらに，緊急の必要があるときとは，国会の議決が必要な事項について，総選挙後の特別会を待てない差し迫った事情がある場合というように，厳密かつ限定的に運用されている（例えば，自衛隊法76条1項の内閣総理大臣の防衛出動命令には，武力攻撃事態等及び存立危機事態における我が国の平和と独立並びに国及び国民の安全の確保に関する法律9条の定める国会の承認が必要であるが，衆議院解散のときは，参議院の緊急集会による承認が求められることになっている）。

緊急集会が開かれた例は，過去に2度あるが，いずれの事例も予期せぬ解散の結果の後処理が議題とされたものである。第1回目は昭和27〈1952〉年8月31日に開かれ，最高裁判所裁判官の国民審査の事務を管理する中央選挙管理委員会委員の任命が議題とされた。第2回目は，昭和28〈1953〉年3月18日の召集で，暫定予算等が参議院で議決された。

前述したように，緊急集会の要求権は内閣にあり，閣議でその開催を決定し，内閣総理大臣から，集会の期日を決定し，案件が提示され，参議院議長に開会が請求されることになっている（国会法99条）。また，緊急案件がすべて議決された時には，議長は終会の宣言をすると定められている（国会法102条の2）。したがって，参議院が自ら緊急の必要があると判断した場合でも，緊急集会を開くことができないのみならず，内閣が発議した議案以外を参議院が独自に審議することもできないことになっている（国会法101条）。また，この緊急集会でとられた措置は，あくまでも臨時のものであって，衆議院の事後承認が受けられなかった場合（これまでの先例では，事後承認は次の国会の召集当日になされる例である。また衆議院ではその「同意を求める件」を審査するために特別委員会が設置される）には，過去にまで遡及することはないが，当該議決の将来の効力は失われると解されている（宮沢・コメ410頁）。

〔原田一明〕

第55条　両議院は，各々その議員の資格に関する争訟を裁判する。但し，議員の議席を失はせるには，出席議員の3分の2以上の多数による議決を必要とする。

1　55条の趣旨　議員の資格争訟の裁判

本条は，憲法44条により法律で定められた議員資格に関する争訟が生じた場合，すなわち，議員が被選挙権を有しているか否か，兼職が禁止されている特定の公職についているか否かについて争いがあり，当該議院の他の議員からその審査・議決を求められた場合に，その議員の所属議院が裁判することを定めている（国会法111条）。本条は，議院の内部組織について各議院が自主的な決定権をもつという議院自律権のあらわれの一つである。

2　議員の資格争訟裁判

資格争訟裁判によって議席が奪われるのは，議員の身分取得後の資格に基づくものではなく，議員の身分取得前の資格による（鈴木隆夫『国会運営の理論』聯合出版社，1953年，264頁）。本条での議員の資格とは，憲法44条が定める資格で，具体的には公職選挙法の被選挙資格（公選法10条・11条）であり，資格争訟の対象となるのは，例えば被選挙資格として定められた年齢に達していない場合など，議員の身分取得前における資格の有無の問題，すなわち，議員が当選に際して法律の定める資格がなかったことに基づく争いである。

議員資格に問題があると考える場合には，まず，その旨を議長に文書で提起し，議長はその訴状を，衆議院においては常任委員会である懲罰委員会に，参議院では，資格争訟特別委員会に付託し，その審査を経て，議院の議決によって決定する（国会法111〜113条，衆規92条17号，同法132条，189〜199条，参規193〜206条）。したがって，議員の資格争訟は，あくまでも議院の権限であり，その他の選挙に関する争訟である選挙訴訟や当選人決定行為の効力を争う当選訴訟が裁判所の権限とされるのとは異なっている。この資格争訟裁判の結論には，「確定的な効力」が認められ，すべての国家機関を拘束する。また，資格争訟を提起できる対象は，当該議院の議員に限られている。

3　司法審査との関係

憲法が明文で資格争訟裁判権を議院に付与していることから，通常裁判所の裁判権は否認されている。したがって，たとえ議院の判断に不服であっても，司法的救済を受けることはできない（裁判所法3条①の「日本国憲法に特別の定のある場合」に該当し，裁判所の権限が否定される）。ただ，現在では議員の兼職規定も整備され（国会法108条・31条2項，公選法90条など），今日，議員資格に問題が生じるケースはほとんどなく，国会発足後の両議院で資格争訟の裁判が提起されたという実例もない。

〔原田一明〕

第56条 ①両議院は，各々その総議員の3分の1以上の出席がなければ，議事を開き議決することができない。
②両議院の議事は，この憲法に特別の定のある場合を除いては，出席議員の過半数でこれを決し，可否同数のときは，議長の決するところによる。

1　56条の趣旨　定足数と表決

本条は，国会の議事手続に関連して本会議の議事定足数と議決要件にかかわる通則について規定する。

2　定足数

定足数とは，会議体が会議を開き，審議し，その意思を決定するために必要とされる人数あるいはその参加比率をいうが，本条1項では，各議院の活動条件を総議員の3分の1以上の出席としている。このような合議体の活動条件として求められる一定数を定足数という。本会議の定足数は，議決にも，議事の開催にも，そのどちらにも

要求されている（定足数を欠くときには，議長は延会の措置をとることになっている，衆規106条2項。衆先230号では，この時は「議長は，休憩し又は延会する」とする）。なお，ここでの「総議員」の意味については，53条の項目3を参照。

　問題となるのは，憲法改正の発議のための会議の定足数で，憲法改正の発議そのものが憲法96条1項により各議院の総議員の3分の2以上の賛成が必要とされているので，事実上，3分の2以上の出席がなければ議決することはできないことになる。ただ，憲法改正案の審議のための会議の定足数については，通常の場合と同様，3分の1で足りるとする考え方がある一方で，憲法改正の重要性に鑑みて3分の2とすべきであるとの考え方もある。憲法改正提案の重要性や硬性憲法の趣旨からすれば，後者が妥当であろう。

　本条は，委員会の会議には適用されない。国会法49条では，委員会の定足数は，その委員の半数以上と定められているが，委員会審議における過半数の運用は柔軟に行われている（但し，議長が定足数を欠いた決算委員会の会議を違法とし，その議事を無効とした事例がある。衆委先40号参照）。なお，委員会での定足数の算定は，衆議院では委員の法定数，参議院では委員の実数と各々の議院で異なっている。

3　多数決主義

　本条2項では，議院の意思決定手続（議決方法）として多数決原則が採用され，単純多数決制（絶対多数決制）に加えて，可否同数の場合の議長決裁権（衆先317号，参先337号参照）を定めている（この多数決は，本会議では，議事日程の順序変更・追加（衆規112条，参規88条），延会（衆規105条2項，参規82条），質疑・討論の終局（衆規142条，参規111条・120条）で，委員会では発言時間の制限（衆規68条1項，参規47条），質疑・討論の終局動議（参規48）で用いられている）。「出席議員」のなかに棄権者，無効票，白票が含まれると，これらは反対票と同様に扱われるとして，問題とされてきたが，学説は，この点，議院の自律的判断に委ねるべきであるとする（小嶋和司，佐藤幸治）。ただ，実際には，棄権票等をつねに反対票と数えるべき合理的理由はないから，出席議員の過半数の算定基盤に，白票等を算入することは妥当ではなかろう（大石眞）。

4　議長決裁権

　議長決裁権は，帝国議会時代に，衆議院では，4回行使された先例があるが，いずれも消極的，現状維持的に議案を否決する方向で行使されてきた（衆先317号）。これに対して，参議院では，議長決裁権が積極的に行使された事例が，昭和50（1975）年7月の政治資金規正法の可決の際の河野謙三議長の例と平成23（2011）年3月の子ども手当支給法の可決の際の西岡武夫議長の例（参先337号）の2度認められる。決裁権をいかに行使するかは，それぞれの議院の判断にゆだねられることになろうが，議長の決裁権が常に消極的・現状維持的なものとされ，議長自身の判断を常に認めないことが妥当かについてはなお検討の余地があろう（白井誠『国会法』信山社，2013年，155頁以下）。

5　定足数を欠いた議決の効力

　議決の定足数を欠く会議でなされた議決

は，本条に違反し，違法とされるはずである。しかし，定足数を欠くか否かについて疑義がある場合に，その適否を裁判所で争うことができるかをめぐっては，2つの考え方がある。1つは，裁判所は具体的な訴訟事件のなかで，議決の効力について審査・判断でき，無効とすることもできるとする考え方がある。ここでは，定足数が憲法上の要求で，司法裁判所はその可否を判断できるとすることになる。これに対して，いま1つの考え方は，定足数の充足如何については，議院の自律的決定にゆだねられるべきで，あくまでも議院による認定が尊重されるべきで，裁判所が議院の内部事項の有効無効を判断することはできないとする考え方である。この点，議決の効力が問題とされた警察法改正無効事件（最大判1962〈昭37〉3.7民集16巻3号445頁）では，定足数の認定についても，「裁判所は両院の自主性を尊重すべく同法制定の議事手続に関する所論のような事実を審理してその有効無効を判断すべきではない」と判示された。なお，このように定足数の認定が議院の内部事項で司法審査も及ばないとするならば，定足数を憲法典で規定する実益も乏しく，議院規則で定めればよい（小嶋和司）とする傾聴に値する見解もある。

〔原田一明〕

第57条 ①両議院の会議は，公開とする。但し，出席議員の3分の2以上の多数で議決したときは，秘密会を開くことができる。
②両議院は，各々その会議の記録を保存し，秘密会の記録の中で特に秘密を要すると認められるもの以外は，これを公表し，且つ一般に頒布しなければならない。
③出席議員の5分の1以上の要求があれば，各議員の表決は，これを会議録に記載しなければならない。

1　57条の趣旨　会議の公開，会議録，表決の記載

本条では，両議院の会議を原則として公開とするとともに，秘密会を開く権限をも認めている。確かに，会議の公開は国民に国政に関する十分な情報を提供し，正常な民主政の過程を維持する上で，重要な原則である。しかし，その一方で，議員の発言や表決についての免責特権や代表制に関する自由委任の原則からすれば，議院が必要に応じて秘密会を開く権限や非公開とされた審議内容の公表を禁止する権限を留保することも時に必要で，本条はこの両者の調整を図った規定である。

2　会議の公開原則

公開原則は，本会議に関して定められたもので，委員会については，原則公開ではなく，議員のほかは，報道関係者を含めて，原則として委員長の許可がなければ，傍聴できないと定められている（国会52条1項）。このことは，本会議が従来議事手続の中心に位置づけられてきたことから導かれるが，今日，委員会の公開も憲法上の要請であると説く注目すべき見解もある（渋谷・憲法562頁）。

3　公開の内容

会議公開の具体的な内容としては，傍聴の自由，報道の自由が中心とされるが，それに加えて，会議録の公表も重要である。本会議の会議録は，公表と一般頒布が憲法上定められ，実際の公表の方法としては，官報への掲載による（衆規 206 条・207 条，参規 160 条）が，現在では，インターネットによる国会会議録の検索システムが整備され，国民からのアクセスは容易になっている。

4　秘 密 会

本会議の秘密会の要件は憲法上定められているが（国会法 62 条も参照），委員会については決議により，すなわち出席議員の過半数の賛成で秘密会とすることができることになっている（国会法 52 条 2 項）。現憲法下で本会議を秘密会とした例はないが，委員会については，「政策，外交又は議員の身上その他重要事項等に関し秘密を要する場合」にしばしば秘密会が開かれている（衆委先 218 号，同 219 号では「秘密会においても，議員の傍聴は，禁止しないのを例とする」とされている）。近年で多いのは，議員逮捕について許諾を求めた場合の理由の説明，質疑，一身上の弁明に関する議院運営委員会における秘密会の例である（なお，特に秘密を要すると委員会で議決された秘密会議の記録は密封して保存されている，衆委先 279 号）。

〔原田一明〕

第 58 条　① 両議院は，各々その議長その他の役員を選任する。
② 両議院は，各々その会議その他の手続及び内部の規律に関する規則を定め，又，院内の秩序をみだした議員を懲罰することができる。但し，議員を除名するには，出席議員の 3 分の 2 以上の多数による議決を必要とする。

1　58 条の趣旨　役員の選任，議院の自律権，懲罰

衆参両院は，それぞれ独立にその権能を行使できるのが原則とされている。このことは，行政府や裁判所などの他の国家機関，さらには議院相互間においても，他からの干渉を排除し，独立に活動するための権能が認められており，これらを総称して，議院の自律権という。つまり，具体的には，議院の内部組織の自主的決定権（組織自律権），議院の運営に関する自主的決定権（運営自律権），憲法上独立した機関の財務上の独立性を確保するための自主的決定権（財務自律権）などである。本条では，前二者について定め，財務自律権については，国会法 32 条で規定されている（なお，内閣が議院予算を減額することへの対抗策として，内閣の予算作成権を実質的に制限する「二重予算制度」が認められ，独立機関の財務上の独立性が確保されている。財政 19 条参照）。

また，本条 2 項では，院内の秩序保持のために，議院には「院内の秩序をみだした」議員に対する懲罰権が定められている。国会法 122 条には，具体的に，公開議場による戒告・陳謝，登院停止，除名の 4 つが定められている。

2　議事手続と司法審査

　議事手続の適法性が争われた場合に司法審査が及ぶかどうかについては，2通りの考え方がある。1つは，議院の運営自律権を重視して，司法審査を原則として否定する考え方である。いま1つが，裁判所は法律内容の合憲性についても審査できるのであるから，法律制定に関する議事手続に明白な憲法違反が認められる場合には，司法判断も可能とする考え方である。

　この点に関連して，最高裁は，与党が会期延長決議を強行し，法案を成立させたことが問題とされた，警察法改正無効訴訟（最大判1962〈昭37〉3.7民集16巻3号445頁）で，次のように判断した（因みに，本件はまさに衆議院規則に違反して行われた議院運営の当否が問われた事案である）。「同法（警察法）は両院において議決を経たものとされ適法な手続によって公布されている以上，裁判所は両院の自主性を尊重すべく同法制定の議事手続に関する所論のような事実を審理してその有効無効を判断すべきでない」。ただ，本件で問題とされたのは，定足数や過半数の計算もなされないまま議決されたという手続問題についてであり，混乱したのは正に会期延長の議決であって，新警察法の議決自体ではなかった点に留意すべきである。

3　議院規則と法律の抵触

　議院規則の所管事項は，各議院の「会議その他の手続及び内部の規律」に関する事項であり，これらについては，原則として，規則の排他的所管事項と解されている。そうだとすれば，本来規則で定めるべき事項を法律で定めた場合に，議院自律権の侵害になるのかどうかが問題とされ，規則優位説と法律優位説，さらには，紳士協定説などが主張された。紳士協定説とは，本来議院規則で規定すべきものを法律で定めたとしても，それは両議院の道義的義務，すなわち「紳士協定」にすぎず，違憲とは言えないとする学説である。しかし，自律権の考え方を徹底すれば，内部運営に関する限り，一院の意思で定められる規則が優位すべきであるとして，両議院の意思の一致が必要な法律で各議院の内部事項について定めることはやはり違憲であるとする学説が有力に主張されている（渋谷・憲法572頁）。

4　除名と司法審査

　院内の秩序保持の観点からなされる懲罰権は，議院の運営自律権として憲法上，明文で認められていることから，議院の判断が最終的で，司法審査には服さない。この点に関連して，地方議会議員の懲罰について最高裁は，出席停止のごとき懲罰は内部規律の問題として司法審査の対象とはならないが，除名処分については議員の身分の喪失に関する重大事項であることから，単なる内部規律の問題にとどまるものではないと判断したことがある（最大判1960〈昭35〉10.19民集14巻12号2633頁）。また，国会両議院と地方議会との間には，最高裁判所が説示すように（最大判1967〈昭42〉5.24刑集21巻4号505頁），現行法上の相違があり，地方議会の懲罰は地方自治法に根拠を有する処分（同135条1項では，戒告，陳謝，出席停止，除名の四種類の懲罰が規定）であって，自律的な法規範に基づく行為とはいえない側面があることに留意が必要である。

〔原田一明〕

第 4 章 国 会

> **第 59 条** ①法律案は，この憲法に特別の定のある場合を除いては，両議院で可決したとき法律となる。
> ②衆議院で可決し，参議院でこれと異なつた議決をした法律案は，衆議院で出席議員の 3 分の 2 以上の多数で再び可決したときは，法律となる。
> ③前項の規定は，法律の定めるところにより，衆議院が，両議院の協議会を開くことを求めることを妨げない。
> ④参議院が，衆議院の可決した法律案を受け取つた後，国会休会中の期間を除いて 60 日以内に，議決しないときは，衆議院は，参議院がその法律案を否決したものとみなすことができる。

1 59 条の趣旨　法律案の議決，衆議院の優越

本条は，両議院での可決による法律成立手続の原則について定めるとともに，法律案につき，両議院での議決が一致しない場合に，憲法上の例外として認められる衆議院の優越について定める。

2 法律制定についての衆議院の優越の位置づけ

憲法典では，法律の制定，予算の議決，条約締結の承認，内閣総理大臣の指名について衆議院の議決に優越性を認めているが，法律の制定については衆議院で出席議員の 3 分の 2 以上の特別多数による再議決が要件とされ，単純多数での衆議院の議決が国会の議決になる予算の議決等のその他の場合とは異なる扱いがなされている。このことからすれば，予算や条約といった年度や相手国との関係があるような特例的な場合を除いて，通例の法律制定の場面では，参議院は，かなり強力な「拒否権」が行使できる仕組みになっている。そして，このことが，いわゆる「ねじれ国会」の下での法案の成立を困難にする一因となったことから，平成 17 (2005) 年の郵政解散選挙のように，与党が衆議院で 3 分の 2 以上を獲得したという例外的な場合を除いて，わが国の国会では，両議院の議決の一致が法律制定手続の「原則」とされたのである。

3 法律制定手続の原則と例外

したがって，法律成立手続は，両院で可決されたときに法律となるのが原則である。すなわち，憲法上，特別の定めのある例外的な場合を除いて，この原則に反する手続を別途法律で定めることは憲法違反の疑いがある。確かに，憲法では明文で，法律の制定，予算の議決，条約締結の承認等の議決について衆議院の優越が認められているが，憲法に特別な定めがない場合であっても，法律によって衆議院の優越の範囲を拡張して衆議院の議決を国会の議決と定めることができるかについては，本条の法律制定手続の「原則」を踏まえて，慎重に判断する必要がある。

4 会期決定及び会期延長についての衆議院の優越

国会法では，臨時会，特別会の会期決定及び会期延長については両議院の一致の議決を求めているが，両議院の議決が一致しない場合又は参議院が議決しない場合に，衆議院の議決が優越することが定められて

いる（国会法11〜13条）。さらに，予備費の支出についても，事後的にではあるが，国会の承認を得なければならないと定められている（憲法87条2項）。そこでは，両議院一致の議決が必要とされているのであるが，この点に係わって，憲法は衆議院の優越を「原則」としているのであり，両議院の議決が不一致の場合に，国会法という法律によって衆議院の議決を国会の議決とすることができるとの見解が有力に唱えられた（清宮四郎『憲法の理論』有斐閣，1969年，415〜6頁）。しかしながら，憲法が衆議院の優越を「原則」とすることを疑問として，むしろ憲法42条の両院制を前提に，本条1項の法律成立手続を「原則」として，憲法上別に定められていない限り，両院の意思が合致してはじめて国会の意思とすることがあくまでも原則であるとする反論もなされている（尾吹善人『日本憲法―学説と判例』木鐸社，1990年，114〜5頁）が，通説も，国会実務も，法律で新たに衆議院の優越を定めることに特に異論は提起されていない（鈴木隆夫『国会運営の理論』聯合出版社，1953年，299頁）。

5　議員の法案提出権と機関承認

衆議院議員が法案を議会事務局議事部議事課に提出する場合には，国会法上の要件に加えて所属会派のいわゆる機関承認，具体的には国会対策委員長の承認印が必要とされる。したがって，この機関承認を欠く法案の提出は，議長がこれを受理しないという取り扱いが行われてきた。この機関承認の慣行をめぐっては，国民投票法案不受理事件において，司法判断が示されている。本件では，衆議院議員Xが提出した法案は，機関承認を欠いているとして議院事務局では受理法律案として取り扱うことはできないとされたが，これに対して，Xは衆議院事務局に対して，議員立法の提出には機関承認を要するとの先例はなく，衆議院先例集にも機関承認についての記述がないことから，周知性を欠き，不明確であるとして先例として取り扱うべきではない等と主張して国賠法に基づいて100万円の慰謝料の請求を求めた（東京地判1996〈平8〉1.19訟月43巻4号1144頁）。東京高等裁判所は，本件先例の存否，先例の国会における取り扱い等については，議院の自律権の範囲内の事項であり，裁判所は独自に適法，違法の判断をすべきではなく，本件では国賠法1条の違法の立証がなされていないとして請求を棄却した（東京高判1997〈平9〉6.18訟月46巻6号2996頁，最二判1999〈平11〉9.17訟月46巻6号2992頁）。ただ，この機関承認については，法令上の根拠もなく，議院先例集にもその記載がない慣行であり，これによって議員の議案発議権が強く拘束されていることはやはり問題であろう。

6　両院協議会制度について

両院協議会とは，二院制を前提として，国会で両院の意見が異なった場合に両院で協議を行い意見の一致を図るための協議機関である。憲法では，法律案の議決（59条），予算の議決（60条），条約の承認（61条で60条を準用することが定められている），内閣総理大臣の指名（67条）について両院協議会による協議が前提とされている。予算，条約，内閣総理大臣の指名についてはその請求が義務付けられている（必要的両院協議会）が，法律案についてはその開催は任意である（任意的両院協議会）。

ただ，内閣総理大臣の指名については，衆議院第一主義をとる議院内閣制の趣旨からすれば，両院協議会での協議を義務づける意味はないように思われる。なお，その開催要件等は，法律に委任され，国会法でその詳細が定められている。

両院協議会は，請求権を有する議院が他院に請求することによって設置される。請求を受けた議院は原則として拒否することはできない（国会法88条）が，法律案について参議院が請求した場合，衆議院はこの請求を拒むことができる（国会法84条2項）。

また，協議委員は各議院から10人ずつ選出され（国会法89条），その選出は，両院ともに連記無記名投票で行われることになっている（衆規250条1項，参規176条1項）。このことから，各議院の多数派が協議委員を独占的に選出することになる。

協議会の議長は衆参の各議院の協議委員から交互に出すものとされ，初回の議長についてはくじ引きで決定される（国会法90条）。なお，協議会において成案を決定するには，出席協議委員の3分の2以上の多数によるとされている（国会法92条1項）。

両院協議会制度については，衆参ねじれの状況のなかでその機能への注目が高まったが，それが必ずしも十分に機能していないとされたことから，両院協議会の構成を国会の会派構成を反映としたものに改めるとか，成案を得るための議決要件を緩和して過半数に改めるべきであるなどの改善策が提示されてきた。

しかし，与野党の合意ということであれば，衆参のねじれ国会においては，両議院の意思の不一致が確定的になるまでにおいても，各議院の審議のなかで，実質的な協議会の機能はすでに果たされているともいえることから，あえて両院協議会を利用するまでもないという現実があるとの指摘もある。また，ねじれ国会での参議院による法律案の否決という選択は，最初から原案を修正したり譲歩しようという誘因が働かない場合だともいえるのであって，そもそも与野党間のコンセンサスを得ることができない事例だということもできる。そのような事情を前提とすれば，従来の改革案がその抜本的な改革だとは言えない。両院協議会制度の抜本的な改革ということであれば，憲法改正を前提として，両院の権限関係や衆参のねじれの解消策，参議院の役割の見直しなどとともに両院制の仕組み全体を視野に入れた改革が必要だと思われる（森本昭夫「両院協議会改革の難航」立法と調査374号〔2016年〕169頁以下参照）。

7　みなし否決

ここで「議決しないとき」とは，否決もせず，可決や修正可決もしないときをいう。その上で「否決したものとみなす」とは，単に60日の期間が経過することではなく，衆議院は，参議院が否決したものとみなすと議決することができることを意味する（宮沢・コメ458頁，佐藤功・註釈（下）766頁）。

具体的な事例としては，平成20（2008）年の169回国会のねじれ国会のなかで，揮発油税の暫定税率の存廃を巡って与党と野党第一党が正面から対立したものが挙げられる。そこでは，与党側から，本条4項により参議院が否決したものとみなすべきとの動議が提出され，衆議院本会議で可決された後に，本条2項により再可決が行われ，衆議院の議決が国会の議決とされている。

〔原田一明〕

第4章 国　会〔第60条〕

> **第60条** ①予算は，さきに衆議院に提出しなければならない。
> ②予算について，参議院で衆議院と異なつた議決をした場合に，法律の定めるところにより，両議院の協議会を開いても意見が一致しないとき，又は参議院が，衆議院の可決した予算を受け取つた後，国会休会中の期間を除いて30日以内に，議決しないときは，衆議院の議決を国会の議決とする。

1　60条の趣旨　衆議院の予算先議，予算議決に関する衆議院の優越

本条は，衆議院の予算先議権を定めるとともに，予算の議決に関する衆議院の参議院に対する優越を定めている。

2　衆議院の予算先議権の位置づけ

予算は国民の経済的負担に直接関連しているから，国民代表議会である下院の審議を優先させるという近代憲法の原則に淵源を有している。ただ，わが国の衆参両院のように，ともに公選の議員から構成されている両院制の場合には，下院先議原則を理論的にうまく説明することができない。そこで，「議院内閣制の論理」に基づく「衆議院第一主義」に依拠して，先議院である衆議院による後議院としての参議院への優越が定められていると説明されてきた。このことからして，議案の先議・後議については，単に順序が先か後かということにとどまらない，先議議案の優位性を示しているということに留意すべきである。

3　予算案の提出と予算関連法案

財政法27条によれば，「内閣は，毎会計年度の予算を，前年度の1月中に，国会に提出するのを常例とする」と定められ，総予算は常会の会期のはじめに提出されることになっている（衆先165号，参先153号）。なお，衆議院先例集166号では，「予算に関係がある法律案は，先に衆議院に提出されるのを例とする」として，予算に関連する内閣提出法律案は，衆議院で先議されることになっている。

さらに，予算については，衆議院に先議権が認められているばかりでなく，法律案とは異なって再議決手続は必要ではなく，衆議院の議決が国会の議決とされることから，衆議院の優越性が強く働くことになっている。このことを受けて，国会法85条1項では，予算に関連して両院協議会を求めることができるのは，衆議院のみに限定されている。

4　予算の自然成立

予算の議決については，衆議院の優越が認められているほか，参議院が衆議院から予算案の送付を受けた後，30日以内に何ら議決をしない場合も，衆議院の議決のみで国会の議決が得られたものとみなされる。つまり，予算案は，衆議院で議決され，その30日後にはかならず自然成立することになる。なお，日本国憲法には，予算が不成立の場合の規定が存在しない。財政法30条では「暫定予算」制度が設けられているが，暫定予算も成立しない場合には，制度上，「予算の空白」が生じることになるが，この点については，憲法87条等の解説（本書395頁以下）を参照。

〔原田一明〕

第4章　国会

> **第61条**　条約の締結に必要な国会の承認については，前条第2項の規定を準用する。

1　61条の趣旨　条約締結の承認に関する衆議院の優越

本条では，条約締結の際の国会承認に関する衆議院の優越について，予算に関する憲法60条2項の規定を準用することが定められている。また，条約の国会承認手続については，憲法60条1項に定められている予算に関する衆議院先議手続は準用されない。したがって，条約の承認手続の場合には，内閣はどちらの議院に先議することも可能とされている。ただし，通例は，条約についても「おおむね先に衆議院に提出される」（衆先343号）ことになっている（条約が参議院に先に提出された例として参先154号）。

2　参議院先議の条約の取り扱い

そこで，衆議院先議の大多数の条約案については，予算と同様の取扱いがなされるが，参議院先議の条約については，国会法で，参議院が衆議院の回付案に同意しなかったとき，または衆議院が参議院の送付案を否決したときには，参議院の側から両院協議会を求めなければならないと定められている（同法85条2項）。つまり，条約締結承認案に関する両院協議会は，59条の項目6でも述べたように，先議の衆参いずれの議院からも提出することができ，その開催は必要的・義務的なものと考えられている。

〔原田一明〕

> **第62条**　両議院は，各々国政に関する調査を行ひ，これに関して，証人の出頭及び証言並びに記録の提出を要求することができる。

1　62条の趣旨　議院の国政調査権

行政が法律の枠内で行われるべきだとする法治主義の要請を前提として，国会による行政統制権を実効的にするために，議院の基礎的権能として国政調査権が認められている。この行政に対する政治的統制を有効かつ適切に行使し，国会が最高機関に相応しい国政の中心機能を果たすためには，国政上の情報を自ら収集，入手し，これらを国民に適切に提供することによって世論を形成することが重要である。さらに，国会が行政府と対等な立場に立って様々な手段で行政責任を追究してゆく権能を有することは，憲法の明文の規定をまつまでもなく，立憲主義の不文法理に依拠して当然に認められると考えられてきた。それにもかかわらず，憲法62条で明文の規定が設けられたのは，明治憲法下の議院法（73条・75条）によって本来明治憲法でも認められていたはずの国政に関する調査が，事実上否定されてきた経験によるものである。

2　国政調査権の本質的性格

国政調査権の位置づけあるいはその本質については，立法や財政などの本来の国会の権能と並ぶ独立の権能（＝独立権能説）

であるとみる考え方と，国会の権能を補充するための補助的権能（＝補助的権能説）であるとの学説の対立がある。この点，自衛隊の次期主力戦闘機の選定に関わって，当時の日商岩井副社長が外国為替及び外国貿易管理法及び議院証言法違反などで起訴された日商岩井事件判決（東京地判 1980〈昭 55〉7.24 刑裁月報 12 巻 7 号 538 頁）のなかで，「国政調査権は議院等に与えられた補助的権能と解するのが一般であって，予算委における国政調査の範囲は，他に特別の議案の付託を受けない限り，本来の所管事項である予算審議に限定さるべき」であるとして，「補助的権能」説に依拠した判断が示されている。

ところが，今日，国政調査権を考える上で重要なことは，第一に，行政監視機能への関心の高まりとともに，調査権の対象は，法律や予算審議に限定されず，むしろ国政全般に及んでいること，その上で，第二に，国会による国民への情報提供や争点提起機能の重要性などの観点から，政府に対する民主的統制手段としての調査権をいかに活性化してゆくかにその力点が移りつつある。また，わが国が議院内閣制であることからすれば，国会両議院は第一義的に政府統制の役割（機能）を担うと考えられ，国政調査権は政府情報の収集と分析を含めて，両議院の独立した権能とされよう。

3　委員会での国政調査権の範囲

日商岩井事件において，東京地裁は，予算委員会における国政調査の範囲について，原則として予算審議に係る事項に限定さるべきであるが，予算審議にとって必要とする予算委員会の判断は重大明白な過誤のない限り尊重されるべきであるとの判断を示した（前掲東京地判 1980.7.24）。さらに，下級審判決の中には，調査権の範囲に関連して，個々の行政行為の妥当性についても調査可能であるとの判断も示された。すなわち，

「議院の国政調査権は，国会の権限を効果的に行使するために認められた調査の権限であって，これによって議員が直接に行政に関与するものでないことはもちろんであるが，しかし国会は憲法上立法及び予算議決の権限を有するほか，広く行政部に対する監督の権限を有すると解されるのであるから，これらの権限の行使に資するため，議院は個々の行政行為の妥当性も調査の対象とすることができるものと解すべきである」る（札幌高判 1961〈昭 36〉8.12 高刑集 14 巻 7 号 459 頁）。

なお，国政調査のために本会議の議決によって特別に設置された委員会は，当該事項の調査に関する限りは，国政調査権を包括的に委譲されているのであって，当該特別委員会の委員以外の議員には，調査権限は認められていないと解されている（東京高判 1950〈昭 25〉4.27 刑集 5 巻 2 号 341 頁）。

4　国政調査権の限界

国政調査権は，国会運営が委員会中心主義で行われていることから，実際には委員会によって行使される。調査権の行使に当っては，他の国家機関の作用そのものを行うことができないのみならず，その権限行使に重大な影響を及ぼすことも許されない。

そこで，具体的には，司法権との関係，行政権とりわけ検察事務や公務員の守秘義務との関係などについて問題になるが，司法権・検察権との関係では，現に裁判所に

係属中の事件に関する調査を行う場合には，司法権の独立等を事実上侵害することにならないか，調査方法が適切かに留意する必要がある。この点，すでに項目2で引用した日商岩井事件東京地裁判決では，「国政調査権の行使が，三権分立の見地から司法権独立の原則を侵害するおそれがあるものとして特別の配慮を要請されている裁判所の審理との並行調査の場合とは異り，行政作用に属する検察権の行使との並行調査は，原則的に許容されているものと解するのが一般であり，例外的に国政調査権行使の自制が要請されているのは，それがひいては司法権の独立ないし刑事司法の公正に触れる危険性があると認められる場合（たとえば，所論引用の如く，（イ）起訴，不起訴についての検察権の行使に政治的圧力を加えることが目的と考えられるような調査，（ロ）起訴事件に直接関連ある捜査及び公訴追行の内容を対象とする調査，（ハ）捜査の続行に重大な支障を来すような方法をもって行われる調査等がこれに該ると説く見解が有力である。）に限定される」と判示している。また，捜査機関の見解を表明した報告書ないし証言が，当該事件について並行調査を行った委員会の議事録等に公表されたからといって，直ちに裁判官に予断を抱かせるものではなく，裁判の公平も害しない，との下級審の判断もある（東京地判1956〈昭31〉7.23判タ60号107頁）。

なお，国政調査のために派遣された議員であっても，その調査にあたって居住権者の意思に反して住居に立ち入ることは許されない，というように，証人尋問，記録の提出要求を超えて，強制力を伴う住居侵入，捜索，押収，逮捕などは許されていない（札幌高判1955〈昭30〉8.23高刑集8巻6号845頁）。

さらに，調査権の目的や方法が基本的人権を侵害するようなことも許されない。したがって，国民は調査目的と関連性のない又は不当に個人のプライバシーにわたる質問や資料の提出要求に対してはこれを拒否することができる。議院における証人の宣誓及び証言等に関する法律では，「正当の理由」なしには証言を拒否できないと定められているが（同法7条・5条の2），上記のような場合は，「正当の理由」があると解される。

5　東京電力福島原子力発電所事故調査委員会の設置

今日，特定事項に対する国政調査が影を潜め，一般的な委員会活動に伴ってなされるものへと国政調査の一般化がみられるとの指摘がある。その一方で，福島原発事故の事故原因の客観的な解明のために平成23（2011）年に設けられた「東京電力福島原子力発電所事故調査委員会」は，高度の専門性と独立性，政治的中立性を確保するとの観点から，国会議員をメンバーとしない第三者委員会として設置されている。ここでは，各議院の国政調査権がこの「事故調」に実質的に委任されたわけである。このことが，今後の各議院の国政調査権に与える影響については，別途，検討が必要である（笹田栄司ほか『トピックからはじめる統治制度』有斐閣，2015年，85-6頁）。

6　予備的調査制度

国政調査権を発動するかどうかは，議会運営上，多数決によって決定されることになっている。このことから，議会内の少数会派が政府・与党に対してその統制のため

第4章　国　会　[第63条]

に調査権を発動することは著しく困難である。この点に着目して，国政調査権に少数者調査権の機能をも持たせるべく平成9年の衆議院規則の改正によって導入されたのが，衆議院の予備的調査制度である。

予備的調査制度（衆議院規則56条の2，56条の3・86条の2）の導入にあたって，衆議院事務局に調査局（議院事務局法15条），衆議院法制局には法制企画調整部（議院法制局法9条）がそれぞれ新設され，事務局体制も整えられた。予備的調査とは，委員会が行う審査・調査のための下調査として，衆議院調査局長・法制局長に調査を命ずるもので，国政調査権を補完する意味を持ち，少数者調査権の機能をも果たすことが目指された。具体的には，委員会は審査又は調査のため，調査局長又は法制局長に対し，その審査又は調査のために必要な予備的調査を行うことができるとして，さらに40人以上の議員からの要請があれば，委員会は予備的調査命令を発することもできる。ただ，これは，あくまでも「予備的」調査であって，強制力は伴わず，その調査結果は報告書の形で委員会に提出され，委員長から議長に，議長から議院に報告されることになっている。議員の要請に基づく予備的調査は特定テーマに関連して行われており，近年のものとしては，年金記録についてや神奈川県警の警察官の不祥事に関するもの，医原性クロイツフェルト・ヤコブ病に関するもの，新潟県刈羽村生涯学習施設等建設における電源立地促進対策交付金の使途に関するものなどがある（具体的事例については，衆議院のHP参照）。

〔原田一明〕

第63条　内閣総理大臣その他の国務大臣は，両議院の一に議席を有すると有しないとにかかはらず，何時でも議案について発言するため議院に出席することができる。又，答弁又は説明のため出席を求められたときは，出席しなければならない。

1　63条の趣旨　国務大臣の議院出席の権利と義務

権力分立の趣旨を厳格に解すれば，内閣総理大臣その他の国務大臣という行政府の構成メンバーが立法府である議院に出席し，発言する権能を当然に有するということにはならない。しかし，議院内閣制の下で，内閣は法案等の各種の議案を国会に提出し，行政権の行使について国会に対して連帯責任を負い，国会もまた，議案の内容を精査し，行政活動をコントロールしなければならないことになっている。このことから，本条では，国務大臣等の議院への出席の権利と義務を定めている。

2　国会と内閣の協働関係

本条は，議院による首相等の出席要求とそれに対する首相等の国会での発言権を前提としている。その意味で，憲法59条（法律案の成立），60条（予算の成立），61条（条約の承認），72条（内閣の議案提出権・国政報告），73条3号（条約締結権，国会承認），86条（予算編成権・国会議決），さらには66条3項（国会への連帯責任）

などの諸規定と連関して議院（国会）と内閣との双方向的で実効的な国政運営を前提とした規定であると位置づけることができる。つまり，本条は，与野党間の対立を前提とするのではなく，むしろ内閣と議院との協働的な国政運営を前提とした規定であることに留意すべきである。このことから，内閣の法律案の提出権の所在もこれらの協働的な関係から導かれるものと考えられることになる（白井誠『国会法』信山社，2013年，82-4頁）。

3　政府委員制度の改革

明治憲法54条では，国務大臣を補佐する政府職員として，いわゆる政府委員の議院出席権が規定され，戦後も国会法で政府委員の本会議及び委員会への出席が認められてきた。

しかし，平成11（1999）年の国会審議の活性化及び政治主導の政策決定システムの確立に関する法律の制定に伴う国会法の改正によって，従来の「政府委員」については大臣責任制との関わりから見直され，議院の会議又は委員会に出席できる政府職員の範囲を限定した。具体的には，内閣官房副長官，副大臣，大臣政務官（国会69条1項・70条）並びに両議院の議長の承認を得るという条件付きで，人事院総裁，内閣法制局長官，公正取引委員会委員長，原子力規制委員会委員長及び公害等調整委員会委員長（国会69条2項，これらは政府特別補佐人と称されている）とされている。

〔原田一明〕

第64条 ①国会は，罷免の訴追を受けた裁判官を裁判するため，両議院の議員で組織する弾劾裁判所を設ける。
②弾劾に関する事項は，法律でこれを定める。

1　64条の趣旨　弾劾裁判所

本条では，裁判官に対する公の弾劾（憲法78条）を行うために，両議院それぞれ7名，合計14名の国会議員で組織される常設の弾劾裁判所を国会に設けて，日本国憲法では，裁判官の弾劾は国民代表機関である国会が行うとされている。弾劾裁判所の構成や弾劾事由などについては，国会法第16章および裁判官弾劾法に委任されている。

2　裁判官弾劾制度

裁判官は，憲法や法律に基づいて公正な裁判を行い，国民の権利を保障するという重大な職責を有している。そこで，裁判官には独立した公正な裁判を行うために，裁判官の職権行使の独立や強い身分保障が認められている。しかし，裁判官であっても，国民の信頼を裏切るような行為を犯した場合には，別途対応することが必要である。そこで，日本国憲法では，公務員を罷免することは国民の権利であるとする一方（15条1項），裁判官には強い身分保障が要請されていることから，罷免事由等を限定した裁判官弾劾制度が採用されている（裁判官弾劾裁判所HP参照）。そこでは，裁判官の職に相応しくない「重大な非違のある裁判官を排除し，もって裁判の公正と司法に対する国民の信頼を確保する」（佐藤幸・

憲法論458頁）ことが裁判官弾劾制度の目的だと考えられている。

3 裁判官の罷免事由と罷免の事例

裁判官弾劾法2条は，裁判官の罷免事由を，①「職務上の義務に著しく違反し，又は職務を甚だしく怠ったとき」，②「その他職務の内外を問わず裁判官としての威信を著しく失うべき非行があったとき」とする。

弾劾裁判所では，制度発足以来，9件の罷免訴追事件が提訴された（弾劾裁判所では，その他に，辞めさせた裁判官に資格を回復させるかどうかを判断する資格回復事件も7件取り扱われている）。初期の頃の無断欠勤（1948〈昭23〉年11月27日判決），闇取引への関与など知人への捜査情報の漏洩（1950〈昭25〉年2月3日判決）の2件は，罷免事由に該当しないと判断されたが，その後の7件はいずれも罷免事由に該当するとされている。この7件のうち，上記の①の事由に該当するとされたものとしては，裁判事務処理の著しい遅延（1956〈昭31〉年4月6日判決），事件関係者からの便宜供与（1981〈昭56〉年11月6日判決）の事例があり，②に該当する事案としては，①にも同時に該当するとされた前述の1956〈昭31〉年4月6日判決のほか，事件関係者から便宜供与を受け，その隠ぺいを図った事件（1957〈昭32〉年9月30日判決），検事総長の名をかたって首相に電話をかけ，ロッキード事件の処理を仰いだ等の会話が録音されたテープを公開し政治的な動きをしたとされた事例（1977〈昭52〉年3月23日判決），児童買春事件（2001〈平13〉年11月28日判決），ストーカー行為（2008〈平20〉年12月24日判決），電車内での盗撮行為（2013〈平25〉年4月10日判決）の事例がある。

〔原田一明〕

第5章 内　　閣　　【総論】

1　明治憲法との比較

　憲法第5章は内閣の構成と権限について定める。その中核は，構成については内閣が国会に対して責任を負う合議体であり，権限については行政権の主体であると規定する点にあるといえよう。

　これらはいずれも，明治憲法からの大きな改正点である。明治憲法は天皇を輔弼すべき「国務各大臣」については定めていた（明治憲法55条1項）が，大臣の合議体としての内閣に関する規定はもたなかった。内閣制度はすでに明治憲法制定前に発足していたが，連帯責任を負うまとまりの強い合議体が実質的に天皇の権限を簒奪してしまう危険を避けるために，憲法ではあえて内閣に言及されなかったのである。憲法上の建前は，各大臣が天皇を独自に補佐する単独輔弼制ということになったため，内閣の法的基盤は弱体であった。内閣の首班たる内閣総理大臣についても憲法上の言及はなく，その地位は，内閣自体と同様，勅令たる「内閣官制」に基づくものであった。総理大臣は，法的には他の大臣の人事権も一切もっていなかった（総理になる命を受けた者が，他の大臣の候補者を推薦する慣行は成立したが）。総理大臣に合議体をリードする強い権限がなかったため，実際にも内閣としての一体性を保つことは非常に難しかった。

　また，内閣は当然行政権の主体ではなく，天皇輔弼機関にとどまるものであったが，さらにいえば，明治憲法にはそもそも「行政権」についてのまとまった規定がなかった。天皇が本来的統治権者だとされる以上，議会や裁判所の権限確定との関連で立法権や司法権について定めることは必要になるが，それ以外の，天皇自らが行使できる権限を他の2権と併置して概念化することは，必要ではないし，適切でもなかったろう。大臣の輔弼権限は，原則として天皇の権限行使全般にわたるのであり，法律執行はその中の一つにすぎなかった（明治憲法6条）。

　これに対し，日本国憲法は第5章の冒頭にある65条で，「行政権は，内閣に属する。」と簡潔に規定し，「行政権」と「内閣」を憲法上の重要な概念として登場させた。この条文にいう「行政権」についての詳細な解釈は65条の解説で行うことにし，ここでは国家の統治機構構造における内閣の地位について，比較法的見地をまじえて解説しておくことにする。

2　大統領制と議院内閣制

（1）統治機構の二類型

　今日の立憲主義国家の統治機構における行政権の担い手としては，通常，大統領と内閣という2つの選択肢が存在する。両者の最大の相違は，その議会との関係にある。大統領は，国民から（事実上の場合も含め）直接選ばれることで議会に対抗しうる民主的正

第5章 内　閣

統性を得る。その地位は議会の信任に依存しない。これに対し，内閣は（事実上の場合も含め）議会から選ばれ，議会に責任を負うことで間接的に正統化される。このような統治機構のあり方を議院内閣制と呼ぶ。周知のとおり，大統領制をとる代表的な国はアメリカ合衆国であり，議院内閣制の代表国はイギリスである。日本国憲法も議院内閣制を採用している。

　大統領制と議院内閣制の比較は，統治機構論で長く論じられてきたテーマである。もちろん，各国の具体的な統治機構のあり方は様々であり，大統領制と議院内閣制の優劣を抽象的に論じることにはあまり意味はない。ここではそれぞれの代表国とされるアメリカとイギリスを主に念頭に置きつつ，両体制の特徴につき少々解説しておくことにする。

　歴史的には，アメリカの大統領制は，議会の信任に依存する内閣が成立する前の段階での君主制における君主が，共和国において大統領に置き換えられたものといえる。その地位は議会に依存するものではなく，犯罪行為を理由として弾劾されない限り，任期途中で解任されることもない。大統領は行政権のトップであるだけでなく，立法への拒否権も有し，政治過程全体に影響力を行使することができる。法律執行権は大統領に属するのであり，合議で決める必要はない。各省の長官は，法的には大統領への助言者およびその命令執行者にとどまる。このように強い権限を有する大統領であるが，実際には，自己の政策を実現するのは簡単ではない。大統領と議会とは別々に選挙されるため，大統領の所属する政党と議会の多数党とが異なることは珍しくなく，そのような場合，大統領の望む法案を成立させるのは困難である。アメリカでは大統領が議会解散権をもたないこともあり，大統領と議会多数派が同じ政党である場合でさえ，大統領の議会への影響力行使には限界がある。現代政治において，行政権の担い手に積極的な政策形成への参加が求められるようになると，大統領制におけるこのような立法の困難さが強く意識されるようになってきた。

　議院内閣制は，君主制において，君主と議会を媒介するために，君主の家臣である大臣たちが独自の集団としての内閣を形成したことに起源を有する。内閣は君主と議会双方に責任を負いつつ活動するものとされた。その後，君主から政治的実権が失われていくと，内閣自体が行政権の主体だと考えられるようになり，またその地位は議会にのみ依存することになる。重要性を増した内閣の活動を指導するため，その首長として内閣総理大臣の地位が確立する。イギリスでのこのような議院内閣制進展は，18世紀から20世紀にかけての諸慣行の成立によるものであったが，20世紀になるとこの議院内閣制を意識的に憲法上とりいれる国が増加した。君主制国だけでなく，ドイツのように大統領を有する国家であっても，それを名目的存在にして，議会に責任を負う内閣に行政権を与える体制は議院内閣制といえる。

（2）議院内閣制の特徴
　議院内閣制においては内閣の存続は議会の意思に依存しているから，内閣の頻繁な交代による政治の不安定化が生じる危険がある。しかし，実際にはイギリスの内閣は長期

間にわたって存続することが多い。それは，政治の現実においてむしろ議会が内閣に依存するという状況が出現してきたからである。内閣は実際には議会多数党のリーダーの集合であり，与党議員たちへの内閣の影響力は強い。選挙が常に，どの党のリーダーを内閣総理大臣とするかを大きな争点として争われることによっても，議員たちの内閣への依存度は高まる。また，首相は実質的に庶民院の解散権を有していたので，「いつ選挙があるか分からないぞ」という威嚇で議員たちを従わせることもできた。内閣不信任は，与党議員が造反する場合にしか成立しないが，党のリーダーたちに決定的に背いて次の選挙を戦う覚悟まである議員は少ない。政策実現過程においても，内閣の法案は通常与党の賛成多数で可決されるから，議会対策で苦しむ場面はアメリカの大統領よりもはるかに少ない。イギリスで議論となったのは，むしろ内閣の力が強すぎて「選挙による独裁」と化しているのではないかという問題点である。内閣が選挙の時期を操作するのを防ぐため，2011年には庶民院が解散される場合を限定する法律が制定された。こうして，首相から大きな政治的権限が奪われたが，その後政権が特に不安定化したということはないようである。

しかしもちろん，議院内閣制がどこでもこのように安定的に運用できるというわけではない。やはり内閣の頻繁な交代が問題となる国は，日本を含め多い。議院内閣制の運用は，内閣の議会解散権の有無，二院制における第二院の権限といった法的仕組みや，政党状況など様々な要因で異なってくる。日本では，実務上，内閣に自由な衆議院解散権があるとの解釈がなされているが，参議院の権限が比較的強く，これが近年の内閣不安定の大きな要因となっているといえよう。これは，イギリスの貴族院が政治的実権をほぼ失っているのと対照的である。予算や条約については衆議院に絶対的優越が認められているが（60条2項・61条），法律を成立させるためには原則として衆参両院での可決が必要である（59条1項）。与党が，参議院での否決を覆すため必要な衆議院での3分の2の多数を有している（59条2項）場合は，多くないであろう。内閣は，自己の望む政策を実現するには事実上衆参両院で多数からの支持を必要とする。しかも，議院内閣制国として議会内での政党のまとまりは強いから，アメリカでしばしばなされるような個別の議員に対する説得工作が功を奏する状況でもない。参議院多数が野党に握られると，内閣はとたんに弱体化してしまうのである。

最近，強すぎる参議院に対する問題意識は高まっているが，しかしその権限縮小には憲法改正が必要であり，自己の権限縮小に参議院が同意する見込みは低い。

（3）半大統領制

なお，現在の第5共和制フランスなどかなり多くの国で，実権を有する大統領と内閣とがともに存在する，半大統領制と呼ばれる体制がとられている。行政府内に，国民から選ばれる大統領と，大統領と議会双方の信任に依存する内閣とが並存するわけである。戦前・戦後のフランスは議院内閣制であったが，イギリスとは対照的に長く内閣の不安定に苦しんできた。これに対し1958年制定の第5共和制憲法は，強力な大統領を創設することで行政権を安定させようとしたのだが，行政の対議会責任という要請をも満たす

ため，内閣も存続させた。このような体制では，大統領と内閣総理大臣のどちらが行政権の実質的トップとしての権力を握るかは，そのときどきの政治状況に大きく左右されることになる。大統領と異なる政党が議会多数派を占めた場合，政治の停滞を回避するには，大統領が大幅に譲歩して内閣を組織させるしかない。フランスでは，大統領と内閣の党派が異なるコアビタシオンと呼ばれる状況が何度か出現した。しかし，コアビタシオンは政治責任を不明確化させるなどの批判もあり，現在では大統領選挙と議会選挙を接近させ，その出現をできるだけ防ごうとしている。

3　日本国憲法解釈における議院内閣制論
(1) 議院内閣制の本質論

　日本国憲法中の国会と内閣の関係についての定めとしては，①内閣は行政権の行使について国会に対して連帯責任を負う（66条3項），②内閣総理大臣は国会議員の中から国会が指名する（67条1項），③過半数の国務大臣は国会議員の中から選ぶ必要がある（68条1項），④衆議院で内閣不信任案が可決されるか，あるいは信任決議案が否決された場合，10日以内に衆議院が解散されない限り，内閣は総辞職しなければならない（69条），⑤衆議院議員総選挙後に初めて国会が召集されたとき，内閣は総辞職しなければならない（70条）などといったものがある。これらの条文から，憲法は行政権の担い手たる内閣の存続が議会の信任に依存しているという意味で議院内閣制をとっている，と結論づけることに特に問題はない。しかし，解釈論上の道具概念として議院内閣制を用いる（「条文から明確には読み取れないが，日本国憲法は議院内閣制をとっているのだから，……と解釈すべきだ」というような主張をする）場合には，議院内閣制とはいかなる制度なのか，その「本質」を理論的に論じる必要が生じる。

　日本ではとりわけ，衆議院の解散権という内閣と国会の関係についての重大な問題が憲法上明確には規定されていないことから，その解釈にあたり議院内閣制をどう理解すべきかにまでさかのぼって議論することが必要だと感じられた。議院内閣制においては，内閣は自己の判断に責任を担いうる主体であって一方的に議会に従属するわけではないから，その自立性を確保するために，議会の内閣不信任に対抗する手段としての解散権を内閣に与える必要がある，とする見解は，69条所定の場合以外にも内閣に解散権を認めようとする。これに対し，議院内閣制の本質は内閣が議会に責任を負うことにとどまり，解散権を認めず議会優位が帰結する体制もその一類型であるとするなら，議院内閣制論から解散権について解釈論を導くことはできないことになる。樋口陽一は，前者の見解を「均衡本質説」，後者を「責任本質説」として整理した（樋口陽一「議院内閣制の概念」争点（新版）180頁）。

　樋口はこの整理から，議院内閣制といってもいくつかの理解があるのだから，それを決め手として憲法解釈を行うことには慎重であるべきだという姿勢を示し，自身の解釈論では，むしろ解散に「選挙民意思による政治的な争点についての裁定」のための機能が期待されるようになったことを69条非限定説の根拠としている（樋口・憲法Ⅰ

317-318 頁)。しかし，20 世紀議院内閣制論における内閣と議会の「均衡」要請にはすでにこのような民主主義的契機が含まれていたと考えるなら（高見勝利「議院内閣制の意義」新争点 218 頁，220 頁），今日においては民主主義的見地をふまえたこちらの見解の方が議院内閣制理解として優れている，ということもできるだろう。さらに，日本国憲法は，衆議院解散に続く総選挙の後には，与党が勝とうが負けようが内閣は一度総辞職しなければならないと定めており (70)，解散は国民の裁定によって内閣と国会の均衡を確保するためというよりは，端的に国民の意思をそれら双方に及ぼすための手段としてとらえられているといえる（大石眞『立憲民主制』信山社，1996 年，196-202 頁)。日本国憲法の議院内閣制がこのように民主主義的契機を強く含むという観点からは，解散権についてもそれと整合的な解釈をすることが説得的だということになろう。とはいえ，内閣に自由な解散権を認めることがより民主主義に資するといえるかどうかの結論は，論者の民主主義観や解散権が現実に果たしている機能の評価によって異なってくる。

(2) 内閣の政治的性格の強調

1990 年代の行政改革においては内閣機能の強化が図られたが，その主眼は，特に行政各部に対する内閣の政治的指導性を確保することにあった。その頃から，憲法学において行政府内部での政治的指導層と官僚組織の関係（政官関係）についての議論が不足していたとの指摘がなされるようになった。これは，日本の政策形成が官僚主導で行われ，民主的に選ばれた内閣にリーダーシップが欠如してきたという問題意識によるものであった。この観点から，国会に対して責任を負う内閣の政治的性格を行政各部の官僚組織と対照させ，内閣の執政者としての性格，つまり高度の政治的総合調整を行い政策形成をリードする性格を強調する説が唱えられた（佐藤幸治『日本国憲法と「法の支配」』有斐閣，2002 年，209 頁以下)。確かに行政権の内部秩序への憲法学の関心は，独立行政委員会の問題を除いては低調であり，この点への反省を迫ることには大きな意義があった。

もちろん，内閣は政治的判断を行う機関だからこそ国会に対して政治的責任を負っている。ただし，内閣の政治的性格を承認することから，第 5 章の諸条文の解釈に一義的な帰結がもたらされるわけではない（高橋和之『現代立憲主義の制度構想』有斐閣，2006 年，1 頁以下参照)。法的には内閣の行政各部に対する優位は当然のことであるし，従来の議院内閣制論も，内閣の責任を論ずる際には，政策形成におけるその積極的役割を前提にしていたはずである。日本で内閣のリーダーシップが発揮されてこなかったとしても，その要因が法的制度にあったとはいえないのではないか。また，内閣が適切な政治的判断をなせるためには官僚組織の適切な補助が必要なのであり，両者を異質な組織として二分することは，内閣が憲法上望まれる政治的役割を果たすことに必ずしも資するわけではないように思われる（毛利透『統治構造の憲法論』岩波書店，2014 年，339 頁以下参照)。

（本項目および 66 条までの解説は，芹沢斉ほか編『新基本法コンメンタール 憲法』（日本評論

第5章　内閣

社，2011年）の対応する項目の叙述〔毛利透〕に修正を加えたものである。）

〔毛利　透〕

第 65 条　行政権は，内閣に属する。

1　65 条の趣旨

「内閣」がいかに組織されるかが66条以下で規定されている以上，本条文解釈における課題は，「行政権」の意味と「属する」の意味の解明に限定される。

2　「行政権」の意味
(1) 控除説

まず，「行政権」とはいかなる権限のことか。従来は，控除説と積極説が対立しているとされてきた。積極説とは何らかの積極的な定義を与える見解であり，控除説とは，行政を積極的に定義することはできず，国家作用から立法と司法を除いたものというように解する見解である。通説とされてきたのは，控除説である。この説には，現実の多様な行政作用を定義としてまとめることが難しいという理由だけでなく，権力分立の成立経緯からする歴史的背景があった。つまり，かつて君主が持っていた包括的な統治権のうち，立法と司法がそれぞれ議会，裁判所の権限として分化して成立したのが権力分立であり，だとすれば，行政権は君主の権限として残ったものすべてを包括すると考えておけばよいということになる。

ただし，控除説を理解するにあたっては，控除される前の国家作用の範囲に注意が必要である。行政定義は行政法学において盛んに論じられてきたが，そこでの問題関心は行政権と私人との法的関係の規律にあった。権力分立論も，国家の私人に対する統治権力を分割・均衡させることをねらいとした議論である。しかし，憲法解釈論として控除説が唱えられるとき，その母体となる国家作用が対私人の統治権力だけではない，文字どおりあらゆる国家作用と解されることがある。内閣の解散権の根拠として控除説がもちだされる場合などがその例である。しかし，このような控除説は観念できない。国家は領土内の私人に対しては包括的な統治権力を有するという前提にたつから，控除の母体を観念することが一応できるのであるが，そうでない国家機関どうしの関係において，各機関がどのような権限をもっているのかは憲法以前に決まっているわけではない。また，外交は立法でも司法でもないから，その権限は内閣に帰属する，ということにもならない。条約承認を「立法」と言わないのに，条約締結を控除された「行政」と呼ぶのは，おかしな話であろう。このように，控除の母体を国家の私人に対する統治作用に限定する学説を限定的控除説と呼ぶこともあるが，この点を意識的に論じない控除説も，少なくとも主として念頭においていたのは，国家の私人に対する統治作用の中の分類であったと思われる。

では，控除の母体を国家の私人に対する統治作用と考えれば，控除説は支持できる

282

か。少なくとも憲法学における控除説への支持理由は、それに積極的な利点を認めるというより、それが無難なものであり、かつ説得的な積極説の定義がないというかなり消極的なものであった（代表的なものとして、清宮・憲法Ⅰ 300-301頁。ただし、毛利透「議院内閣制と行政権」宍戸常寿・林知更編『日本国憲法の70年』岩波書店、2018年、221頁、227-228頁参照）。明治憲法から日本国憲法への統治構造の転換にもかかわらず、かつての君主が始原的に有していた包括的統治権をそのまま内閣の権限へと移行させることには、簡単には納得しがたいものがあるはずである。そもそも国民を主権者とする日本国憲法が、何らかの国家機関の始原的統治権を前提にしていると考えることはできず、憲法の第4章、第5章、第6章の冒頭条文は、国会、内閣、裁判所に各々の主要な権限を創設的に付与するものだと解するべきであろう。そうだとすると、各々の権限についてやはり積極的な定義が必要になる。控除説は、その無難さから消極的な支持を受け続けてきたが、理論的に日本国憲法に適合的とはいえない。

（2）法律執行説

では、積極説としてはいかなるものがあるか。田中二郎による「法のもとに法の規制を受けながら、現実具体的に国家目的の積極的実現をめざして行なわれる全体として統一性をもった継続的な形成的国家活動」という定義（田中二郎『新版行政法上巻［全訂第2版］』弘文堂、1974年、4-5頁）などいくつかが知られているが、各人の独自説にとどまっている。これは、この定義が行政をめぐる法的問題に対しどのような意味をもつかが不明確であったためであろう。これに対し、近年の憲法学においては、行政とは端的に法律の執行であると考えればよいとの説（法律執行説）が何人かから唱えられている（高橋和之『現代立憲主義の制度構想』有斐閣、2006年、126-135頁、松井茂記「『行政権』と内閣総理大臣の権限および地位」多胡圭一編『二十一世紀の法と政治』有斐閣、2002年、1頁、54-54頁、毛利透『統治構造の憲法論』岩波書店、2014年、219頁以下）。これは、そもそも行政がなすべき独自の国家作用があるわけではなく、その内容は完全に法律に依存させて考えればよいとするものである。法律の執行は、控除説においても行政の中心的内容とされていたものであるが、同説はそれ以外の場合にも、行政権が独自の判断で国民に対して支配的作用を及ぼすことを認めるものであった。行政について、法律に依存しない何らかの積極的定義をなす場合にも、そのような独自の権限発動を認めることになろう。しかし、日本国憲法の統治構造からして、国家の意思を国民に対してまず示すのは立法権の役割であり、国民に対する権限行使は常に法律に基づくべきではないか。だとすれば、行政は法律の執行であると考えるべきであり、またそれで足りることになる。

控除説からこの法律執行説を批判するとすれば、それでは行政に対する現実の国民からの期待に応えられないのではないか、ということになろう。日本の判例では、法律上の根拠規範なしに行政指導を行うことは一貫して合法とされており、さらに一定の場合に行政指導を行わないことが違法とされることすらある。この法感覚が国民多数のそれを反映したものであり、国民はむしろ行政に独自の判断による行動を求めているのだとしたら、その期待を憲法解釈に

反映することも許されるのではないか。これに対し法律執行説からは、国家権力抑制という憲法解釈上の重要な観点からして、国民の期待によって行政権の行使可能性を広げるのは危険である、と答えることになろう。

(3) 執政権説

法律執行説に対しては、もう一つ、それでは内閣の政治的性格をとらえられないという批判が寄せられている。法律執行は通常、内閣自体ではなくその下に置かれた「行政各部」(72条) の官僚組織が行う職務であり、それを内閣の主要な職務とすることは、国会に責任を負う政治的存在としてのその地位にふさわしくないとされる。内閣の第一の権限は、国政の諸課題を総合調整し、指導的決定を行なうこと、すなわち執政にあるということになり、65条の行政権とはこの執政権を意味するととらえるべきだという。執政権説はもちろん控除説に対しても批判的であるが、法律執行説は内閣の権限をより明確に法律に従属するものとして主張するから、内閣独自の政治的判断権を強調する執行権説からは、対立軸をより明確に示す説として批判の対象になる (佐藤幸治『日本国憲法と「法の支配」』有斐閣, 2002年, 209-227頁, 阪本昌成「議院内閣制における執政・行政・業務」佐藤幸治他編『憲法五十年の展望Ⅰ』有斐閣, 1998年, 203頁, 石川健治「統治のゼマンティク」憲法問題17号 (2006年) 65頁)。

しかし、実質的に両者にどの程度の対立があるのかには疑問を投げかけることもできる。法律執行説も、法律執行や73条の諸権限行使の場面での内閣の政治的判断権を肯定ないし強調しているからである。とすると、法律執行説と執政権説の最大の相違は、憲法体系内での65条の位置づけということになろう。執政権説は、65条の「行政権」を私人との関係で国家権力がもつ法的権限としてではなく、むしろ66条3項が国会に対して責任を負う職務として規定する「行政権」と同一のものとして理解する。つまり、65条の「行政権」も、議院内閣制において内閣が国会に対し責任を有しつつ行使すべき政治的権限を意味していると考えるのである。66条3項の「行政権」が65条のそれとは違った意味をもっていることは、法律執行説も認めるところであり、確かに近接した条文の同じ文言は同じ意味を有するという理解の方が素直とも言いうる。しかし、65条をむしろ41条や76条1項と対応した条文ととらえれば、65条は国家権力と私人の関係、66条3項は国会と内閣の関係というように、両条文は異なった文脈に置かれていると考えることができ、そうであれば同じ言葉の意味が異なっていてもおかしくないという反論も可能であろう。執政権説に対しては、執政権とは輪郭のあいまいな概念であり、国家作用としてそれを他から区分することは困難であって、国会の立法権や裁判所の司法権に対抗して内閣が有する主たる権限としてそれを挙げることが憲法体系上適切なのか、という疑問を提起できよう。

3 「属する」の意味

(1) 内閣の権限

65条は、行政権は内閣に「属する」というが、内閣が常に直接権限を行使することを求めているとは解されていない。法律の執行は通常、各大臣やあるいは行政組織 (72条でいう行政各部) のより下級の役職

者に委ねられている。執政的性格の強い作用であっても，内閣の議を経ることなくなされることも多いであろう。ただし，行政権の内閣への帰属という憲法上の要請を満たすためには，行政権行使において内閣が最終的決定権を有していることは確保されている必要がある。法律で執行権者として特定の大臣が定められている場合であっても，その大臣の権限行使は内閣の決定によって拘束される。国家行政組織法1条，2条は，国の行政機関を内閣の「統括」の下に置くと述べているが，「統括」とは，このような強い上下関係を意味すると解する必要がある。つまり，内閣は行政権行使全体を指揮監督する権限と責務を有しているのであり，現実の行政権行使はその明示あるいは黙示の同意の下に行なわれていると解すべきである。

（2）独立行政委員会の合憲性

この関係で，内閣から独立して職権を行使することが認められている，独立行政委員会の合憲性が問題とされてきた。このような委員会は，アメリカ合衆国で，行政事務の複雑化に対応するために法律で多く設立されてきたものであるが，アメリカでも大統領との権限関係をめぐっては憲法問題が議論されている。日本でも，アメリカにならい戦後初期に多く設立された。その後廃止されたものも多いが，現在でも公正取引委員会，公害等調整委員会，中央労働委員会，人事院などが存続している。一例として，独占禁止法に基づき設置されている公正取引委員会について説明すると，まず同委員会は内閣総理大臣の「所轄」に属するとされる（独禁法27条2項）。この「所轄」とは，内閣からの独立性が保障される組織の位置づけの際によく使われる用語である。委員長および委員の任期は5年で，内閣総理大臣が両議院の同意を得て任命する（独禁法29条2項・30条1項）。職権行使の独立性が保障され（独禁法28条），一定の事由がなければ罷免されないという身分保障がある（独禁法31条）。同委員会は，行政調査を行い，命令を発する権限を有する（独禁法45条以下）。このような私人への強制的権限の行使を，内閣の指揮監督を受けない機関に認めることが憲法上許されるであろうか。

政治的中立性が求められる事務のように職権行使の独立性を保障することに合理的理由がある場合には，内閣が人事や財務上一定の監督権を有しておれば65条の要請は満たされたことになるという主張もなされているが，このような権限だけで委員会の事務が内閣に「属する」ようになるとは言いがたいところであり，やはり独立行政委員会の合憲性を認めるには65条が例外を認める規定であるという立場をとるしかないと思われる。その根拠として，文面上は，41条や76条1項とは異なり，65条は例外を許さない旨を強調する文言を有していないことを挙げることができる。また，権力分立の元々のねらいが，立法権と司法権を行政権者から分離し，その権限行使を統制しようとすることにあったことから，行政権の集中を積極的に求める解釈をなすべき必要性は乏しいことを，実質的理由として挙げることもできる。内閣は国会に政治的責任を負っており，政治的＝党派的に振舞うことが当然予定されている。だとすれば，政治的中立性を必要とする一定の事務については，そのような内閣から独立した機関に委ねることが，むしろ憲法の趣旨に沿うといえることになる。そして，内閣

からの独立性が保障されていても，国会による監視がなされていれば，委員会への一定の民主的コントロールは存在するといえ，それがまったく独善的に職務を遂行するというような事態は避けられる。

ただし，憲法は法律の「誠実な執行」を含む行政権をあえて政治的な内閣に与えたのであり，法律執行の適正さは国会への責任というかたちで確保するというのがその基本的立場であろう。内閣から独立した行政権の行使に対しては，国会が及ぼせる影響力に大きな限界があるのは確かであり，そのような例外を政治的中立性というあいまいな要件で認めることは憲法上大きな問題を発生させる。これに対し，国会が，内閣にある法律の執行を任せた場合にはそのねらいを十分達成できない「政府の失敗」が発生すると判断した場合には，内閣からの執行権限分離が許容されることになる，という見解も提唱されている（上記の学説の整理も含めて，駒村圭吾「内閣の行政権と行政委員会」新争点228頁参照）。憲法の統治機構構造に即した優れた見解であるが，いかなる場合に「政府の失敗」が生じたことになるのかについてより詳しい議論が必要であろう。

〔毛利　透〕

第66条 ①内閣は，法律の定めるところにより，その首長たる内閣総理大臣及びその他の国務大臣でこれを組織する。
②内閣総理大臣その他の国務大臣は，文民でなければならない。
③内閣は，行政権の行使について，国会に対し連帯して責任を負ふ。

1　66条の趣旨

66条は，内閣の組織（1項），国務大臣の資格（2項），および内閣の国会に対する責任（3項）について定めている。

2　内閣の組織

(1) 内閣総理大臣およびその他の国務大臣

1項は，内閣の組織について，それが内閣の首長たる内閣総理大臣（以下，「総理大臣」と記すことがある。また，首相と呼ばれることも多い。）とその他の国務大臣からなること，および組織の詳細は法律で規定することを定めている。実際には，内閣の組織について詳しく規定する法律として内閣法が制定されている。なお，憲法上，国務大臣という用語は内閣総理大臣を含む場合（63条・66条・74条・99条・103条）と含まない場合（7条5項・68条1項）がある（75条については解釈が分かれる）。74条は「主任の国務大臣」という用語を用いており，憲法は一定の所掌事務を割り当てられた複数の国務大臣が存在することを前提にしているといえる。内閣法3条1項が，「各大臣は，別に法律の定めるところにより，主任の大臣として，行政事務を分担管理する。」と定めるのは，これを受けたものである。内閣府については主任の大臣は内閣総理大臣であり（内閣府設置法6条2項），各省については各省大臣が主任の大臣である（国家行政組織法5条1項）。ただし，分担管理する事務を有さない国務

大臣を置くことも許される（内閣法3条2項）。このような大臣を無任所大臣と呼ぶことがある。

(2) 職権行使の手続

内閣法4条1項は内閣の職権行使は閣議によるとするが、同条2項で主宰者を内閣総理大臣と定めるなどの他、その運営の仕方について詳しい法律上の規定はなく、内閣の判断に任されているところが大きい。大臣たちが実際には会合せずに、文書を持ち回して各大臣の署名を得ることで閣議の議決とする、いわゆる持ち回り閣議も行われているが、違憲あるいは違法とは考えられていない。また、閣議の議決は全員一致によることが慣行とされている。内閣の対国会連帯責任（66条3項）の見地から、この全員一致を憲法上の要請とする見解も多いが、議決の仕方自体とその議決結果を大臣として受け入れるかは別問題であり、全員一致は単なる慣行と評価すべきだろう。閣議は非公開で行われるが、2014年4月以降、インターネット上で議事録が公表されている。

憲法は内閣総理大臣を内閣の首長であると規定するが、これは総理大臣に他の大臣とどの程度異なる権限を与える趣旨なのか。憲法は、総理大臣に他の大臣の任免権を与え（68条）、また内閣の存続を完全に総理大臣に依存させており（70条）、内閣が基本的に総理大臣の意向によって運営されることを認めているように読める。しかし、他方で憲法は65条や73条の権限をあえて内閣という合議体に与えており、他の大臣の意向を無視して内閣を運営できるというほどの強い権限を首長個人に与えているとも理解しがたい。内閣における総理大臣の地位の優越性は、政策形成の指導者として他の大臣に働きかけることが積極的に認められているという程度にとどまるものといえよう。総理大臣が、行政各部の長としての各省大臣に対して有する指揮監督権の範囲については、72条の解説を参照のこと。

2 文民条項

(1) 由来と意義

内閣を構成する大臣は、すべて文民でなければならない（66条2項）。この条項は、帝国議会での憲法改正審議中、9条2項冒頭に「前項の目的を達するため」という文言が、いわゆる芦田修正によって加わったことにより、再軍備を許容する解釈可能性が生じたと考えた極東委員会の要望を受け、総司令部が追加を申し入れた文言に由来する。英語では、大臣は civilians でなければならないというものであった。Civilian とは、軍との関係では軍人でない者を意味するが、9条の戦力不保持との関係で日本側は申し入れの意図を図りかねたようである。が、結局その訳語として「文民」という語が考え出され、66条2項に挿入された（宮沢俊義「文民の誕生」ジュリ80号〔1955年〕2頁）。

軍組織は軍人以外の者の命令に服さなければならないという文民統制は、軍に対する民主的コントロールを確保するために重要な要件である。立憲主義を確保するためには、軍に民主的に選ばれた政治家からの独立性が認められてはならないが、それでも軍人が国民の支持を得て政治家になり、その身分のままで軍も含む行政権の指導者となることは考えられ、実際にも様々な国でそのような例がある。しかしこのような場合、強固な組織的まとまりを有する軍が独自の判断で活動できることになり、外部

からのコントロールは非常に弱体化してしまう。議院内閣制下での文民条項の意義は，軍の指揮監督者に，議会から軍組織の外部者を送り込むことにより，軍への実効的統制を確保しようとするところにあるといえよう。

（2）解釈論

戦前の日本で慣行上あるいは法令上の制度として一貫してとられていた軍部大臣現役武官制とはまったく逆に，日本国憲法下では，防衛大臣も含むすべての大臣は現役の自衛官であってはならない。現実に軍事組織たる自衛隊が存在する今日，文民条項がこの意味を有することは異論なく承認されている。ただし，再軍備前には，軍が存在しないのになぜ大臣が文民でなければならないという規定が必要なのか，うまく説明できなかった。そこで，この条項は無意味であるとする説（A説）も提唱されたが，旧軍との関係で意味をもたせようとする解釈も登場した。文民条項の趣旨を旧軍隊による政治支配に対する反省を示すものととらえ，文民を職業軍人の経歴を有しない者と解する説（B説）である。また，それでは排除される者の範囲が広すぎるとして，職業軍人の経歴を有していても，強い軍国主義思想の持ち主でなければ文民に該当し，大臣になる資格を有するとする説も主張された（C説）。もはや歴史的意義を有するにとどまる論争であるが，B説では大臣となる資格を有さない者の範囲が広くなりすぎるから民主主義の観点から問題があり，C説については，個人の思想というあいまいな要件で大臣となる資格を区切ることの不適切さをやはり指摘すべきである。今日の目からすれば，文民条項挿入の要望が日本の再軍備に対する警戒によるものだったことからも，A説が妥当だったといえるだろう。

ただし，この論争は，退役自衛官が皆文民に含まれるかをめぐる，現実的意味を有する議論にも影響を与えている。文民が軍人でない者を意味するとすれば，自衛官も自衛隊を辞めれば文民となると解するのが素直である（a説）。一方，徴兵制のない現在，自衛官は皆それを職業としているわけであるが，B説の立場で文民条項が旧職業軍人を排除すると考えるなら，旧自衛官も排除されるという考えが出てくるのも当然である（b説）。しかし，一度自衛官になったら，たとえその後国民の支持を受けたとしても生涯大臣となる資格を失うというのは，民主主義の観点からは過剰な排除であるといわざるをえない。文民条項が大臣職から現役自衛官のみを排除するものだとの説に対しては，自衛官を辞職した次の日から大臣になれるのでは規定の意味が大きく失われるとの反論もあるが，自衛隊組織の拠り所を公式に失うことは，その者の内閣および自衛隊との関係に無視できぬ差異を生ぜしめるはずであり，やはり大きな意義を有する要請だといえるのではないか。現在の政府見解は，旧軍との関係ではC説，自衛隊との関係ではa説である。

3 内閣の対国会連帯責任

（1）責任の対象・相手方・性質

内閣は行政権の行使について，国会に対して連帯責任を負う（66条3項）。議院内閣制の中核をなす重要な条文である。

本項でいう「行政権」とは，内閣が行使する権限のすべてを指すとするのが通説的見解である。65条の「行政権」については学説が分かれているが，内閣は他にも憲

法上あるいは法律上様々な権限を有しており，内閣が負う責任の対象をその権限の一部に限定する理由はない。また，後述のとおりこの責任が法的な構成要件への該当を前提としない政治的責任である以上，そのような限定をなす実益も乏しい。

内閣は「国会」に対して「責任」を負う。しかし，憲法は立法や内閣総理大臣の指名などとは異なり，内閣の責任追及に関して両院の意思が異なった場合の定めを置いておらず，むしろ内閣に総辞職を強要する最も強力な責任追及手段である内閣不信任決議権を衆議院にのみ与えている。したがって，内閣が責任を負う相手としての「国会」とは，衆参双方の議院のことを意味すると解するのが妥当である。実際にも，内閣あるいは大臣の責任を追及する決議は，各院が独自に行っている。そして，その責任追及は，内閣が，自身に対してあらかじめ定められた規範に違反したことによって発動されるものではなく，各議院の判断で，いつでも，どのような事態に対してでも発動されうる。この意味で，内閣の責任は法的というより政治的責任である。ただし，憲法で定められているという意味で法的であることは当然である。

（2）責任の態様

議院内閣制において内閣が議会に対して負う責任には，様々なレベルがある。まず，大臣はその職務遂行に関して議会での質問・批判に応えなければならない。つまり，大臣には国会に対する説明責任がある。憲法は，議院が大臣に出席を要請した際にはそれに応じるよう義務づけ（63条），この説明責任義務を確保しようとしている。内閣総理大臣による一般国務および外交関係についての報告（72条），内閣による財政状況についての報告（91条）も，説明責任遂行のための仕組みである。また，国政調査権（62条）も責任追及実質化のための権限であるといえる。さらに，各議院は議論ではなく決議によって，確定的に内閣への責任追及の意思を示すことができる。内閣の提出する様々な議案を可決しないことも，その責任追及の一つの手法である。内閣が望むものであっても，その議案が成立しない場合，内閣は断念を強いられることになる。さらに，個別の案件だけではなく，内閣構成員あるいは内閣自体に対して，その職務遂行適格を否定するという意思表示をなす責任追及手段もある。ただし，憲法はそのような決議一般には辞職義務を対応させていない。ただ，衆議院が内閣不信任決議案を可決する，あるいは内閣信任案を否決する場合には，内閣に総辞職を義務づける（69条。不信任に対する対処として解散が選ばれた場合でも，その後総辞職しなければならない（70条））。

したがって，内閣の負う責任を，信任を失えば辞職を強要されるという強い意味（狭義）で理解するならば，その相手方は衆議院に限られることになる。これと整合性ある解釈をなそうとすると，66条3項が相手方を「国会」と定める内閣の「責任」とは，議院で説明責任を負うということも含めた広い意味（広義）で理解すべきだということになる。

（3）連帯責任と個別責任

内閣は，国会に対し「連帯して」責任を負う。その趣旨は，内閣および各内閣構成員の行為について，全内閣構成員が一体として責任を負うということである。一大臣の責任追及手段として内閣不信任を議決してかまわないわけである。連帯責任要請は，

第5章　内　閣

内閣が国会に対し意思統一の取れた集団として現れることを求める。

連帯責任規定は，各大臣の単独責任を排除するものではない。各大臣の所管事項について，国会の信任を破るような行為があった場合には，内閣の連帯責任を問うこともできるし，その大臣の個別責任を問うこともできる。実際にも，しばしば各大臣の責任を追及する決議が議院で可決される。ただし，既述のように，憲法上大臣に辞職を義務づけられるのは，衆議院が内閣の連帯責任を追及する，内閣不信任決議（または内閣信任決議案の否決）の場合のみである。

〔毛利　透〕

第 67 条　①内閣総理大臣は，国会議員の中から国会の議決で，これを指名する。この指名は，他のすべての案件に先だつて，これを行ふ。
②衆議院と参議院とが異なつた指名の議決をした場合に，法律の定めるところにより，両議院の協議会を開いても意見が一致しないとき，又は衆議院が指名の議決をした後，国会休会中の期間を除いて 10 日以内に，参議院が，指名の議決をしないときは，衆議院の議決を国会の議決とする。

1　67条の趣旨

国会による内閣総理大臣の指名について定める。その際，衆議院の議決に強い優越性を与えることで，内閣が衆議院の信任に基づいて成立することを明確にしている。指名された総理大臣は，天皇によって任命される（6条1項）。

2　内閣総理大臣の指名

（1）国会による指名

内閣が総辞職すると，新内閣を構成することが必要になる。憲法はこの手続を，まず国会が内閣総理大臣を指名することから開始している。「この指名は，他のすべての案件に先だつて，これを行ふ。」（1項後段）とされているのは，国政の空白をできるだけ短くするためである。ただ，衆議院議員総選挙後に召集された国会のように，議長選出など議院の構成についての決定を先に行わなければ議院が活動できないときには，当然ながら内閣総理大臣指名はその後になされる。

多くの議院内閣制国では，国王や大統領といった元首が首相指名手続に関与する。首相という，一国の政治の最高指導者の選任には，たとえ形式的にではあっても国家元首がかかわるというのが通例なのである。イギリスでは，国王が首相を任命するのであって，形式的には議会は首相指名手続に関与しない。ただ，内閣が庶民院の信任を得られるように，国王は庶民院で過半数の議席を有する政党（連合）のリーダーを首相に任命するというのが，確立した憲法慣習である。同じく君主国のスペインでは，国王が議会諸会派と協議したうえで，首相候補を提案する。その者が下院の信任を得られれば，首相に任命される。誰かが信任を得られるまでこの手続が繰り返されるが，2 カ月以内に誰も信任を得られなければ，下院は解散されることになる（スペイン憲

法99条)。共和国であるドイツでは、大統領が首相候補を議会に提案し、総議員の過半数の支持が得られればその者が首相となる。ただし、議会はその人物への支持を拒否し、同じく過半数の議員により別の人物を首相に選出することができる。誰も過半数の議員の支持を得られなかった場合には、大統領が、相対多数の支持を得た人物を首相に任命するか、議会を解散するかを選択できる（ドイツ基本法63条)。これらの国々において、議会で過半数の議席を有する政党（連合）が明確に存在すれば、元首はそのリーダーを任命あるいは提案するしかないが、そのような状況になければ、国王や大統領の政治的判断が首相人事を左右することもある。

これらの国々と比較すると、日本の場合は、天皇が国政に関する権能を有しない（4条1項）ことから、首相指名が国会だけで完結するという点に大きな特徴がある。天皇は決まった人物を任命するのみである。日本国憲法は、他の議院内閣制国以上に、国会に内閣形成の場面で積極的な役割を求めているといえる。

（2）国会議員要件

内閣総理大臣は「国会議員の中から」指名される。日本国憲法は、総理大臣が同時に国会議員でもあることを求めており、内閣と国会に人的にも強いつながりをもたせようとしている。この要件は、憲法改正案が衆議院で審議されているときに、GHQから加えるよう求められたもので、その趣旨は、イギリス型に近い議院内閣制をとることを明確にしておきたいということであったようである（高柳他・制定過程Ⅱ 221頁)。

総理大臣が国会議員から選ばれることは、必ずしも議院内閣制の一般的要請とはいえない。イギリスでは、憲法慣習として、首相は庶民院議員から選ばれる。しかし、他国では、首相が議員から選ばれなければならないというような規定はないのがふつうである。もちろん、通常首相は議員から選ばれるが、例外的に地方政治家や民間人が首相になるケースもある。議会の信任さえ得られればよく、必ずしも首相が議会に属していることまで法的に求められるわけではない。比較法的にいって、日本は国会議員主体で内閣をつくるという性格をかなり強く有した議院内閣制であるといえるだろう（68条1項も参照)。これは、戦前に議院内閣制を運用によって定着させることに結局失敗した反省にたち、内閣と国会との緊密な関係を人的側面でも確実に保障しておこうという配慮によるものといえる。

日本の議院内閣制において、内閣は主に衆議院の信任に基づくものであるので、総理大臣は実際には衆議院議員から選ばれている。国会議員であることが、指名の要件だけでなく在職の要件でもあるのかは解釈論上の論争点となる。衆議院解散や任期満了のように、議員が一斉にその地位を失う場合には、総理大臣がその地位を維持するのは当然である。しかし、総理大臣が議員辞職や除名、あるいは当選訴訟などによる失格という、個人的理由によって議員の地位を失った場合、総理大臣の職も当然失うことになるのかどうかは問題となる。憲法が国会と内閣に人的にも強いつながりを求めたという観点からは、総理大臣にとって国会議員であることは在職要件でもあると解するのが相当であるように思われる。

（3）国会による指名の手続

憲法は、内閣総理大臣は「国会の議決で、

これを指名する」としている。議決とは通常，ある提案について賛成するか否かを問い，賛成が過半数の場合に議決があったとするものである。総理大臣の候補者がいれば，その者を総理大臣として指名することに賛成するか否かの議決を行うことができる。しかし，日本の場合，上記したスペインやドイツとは異なり，国会に対して誰かが総理大臣候補者を提案するわけではない。それでも，国会内部での立候補あるいは推薦を受けて，その者について議決を行うという手続も考えうるし，議院規則はその可能性を排除していない（衆議院規則18条4項，参議院規則20条4項）。しかし，実際には例外なく投票が行われ，選ばれた者がその議院で指名された者とされている。

投票は，両議院ともに記名投票で行われる。投票の過半数を得た者がいれば，その者がその議院で指名された者となる。過半数の得票者がいない場合には，上位2名による決選投票が行われ，多数を得た者が指名される（衆議院規則18条1-3項，参議院規則20条1-3項）。立候補も推薦もない投票によって総理大臣が指名されるというこの手続は，この場面で政党が決定的な役割を果たすことを前提にしているといえる。事前に，政党単位で投票する者が決まっており（多くの場合は自党の党首），その党の所属議員は一致してその者に投票するため，票が割れず，投票による指名が機能するのである。また，上記したスペインやドイツが，内閣が議会で確実な支持を得られるよう時間をかけて交渉することを厭っていないのに対し，現在の議院規則は，第1回の投票で過半数の票を得る者がいなかった場合，ただちに決選投票をして指名する者を決めることにしている。政治的状況を考慮せず，とにかく決めてしまうことを優先しているといえる。この方式は，前の内閣が総辞職してからの政治的空白期間をできるだけ短くすることに資するし，内閣総理大臣指名を「他のすべての案件に先だって」行うよう求める憲法の趣旨にも合致する。その代わり，成立した内閣が衆議院で確実な政治的基盤を有しておらず，政治的不安定が続く可能性が残る。ただ，実際には，過半数の議席を有する政党がない場合でも，その後の国会運営を考え，総理大臣指名の段階で，衆議院の過半数の支持を得られる政党連立の話し合いがついているのが通例である。日本では，幸い，首相指名の際に衆議院議員過半数の確実な支持を確認しないことがその後の政権不安定につながるという事態は，選挙制度のおかげもあって，生じてこなかった。

3　衆議院の優越

内閣総理大臣の指名において，両院の意思が食い違った時，憲法は衆議院の意思が国会の意思となることを保障している。まず，両院で指名した人物が異なっていた場合には，両院協議会を開いて意見の一致を探ることになるが，それでも意見が一致しないときには衆議院の議決が国会の議決になる。また，衆議院が指名の議決をした後国会休会中の期間を除いて10日以内に参議院が指名議決をしないときも，衆議院の議決が国会の議決となる。総理大臣指名はほぼ衆議院のみで決着すると言ってよい。

両院が異なった人物を指名した場合，憲法はまず両院協議会の開催を求めている。しかし，人を選ぶ案件は，法律や予算と異なり内容的に妥協することが困難であり，両院協議会が求められる趣旨は判然としな

い。参議院に配慮して，衆議院の意思が国会の意思となる前に一つ手続を置いておくという程度のものであろう。衆議院には妥協するインセンティブは全くない。実例でも，両院協議会で成案が得られたことはまったくなく，常に衆議院の議決が国会の議決となっている。

両院協議会の構成については，59条の解説を参照。両院協議会で，両院で指名された2人以外の人物を成案とすることができるかについて，実例では，両院協議会の議決対象は両院で議決の異なった事項に限られるという理由で，これを否定しているという。これに対し，学説は批判的である。たしかに，第3の人物を提案できなければ，両院協議会で妥協を図る意味がほとんどな

いであろう。ただし，そもそもあまり成案を得られる見込みのない手続なので，大きな問題とはならない。

衆議院の議決後，国会休会中の期間を除いて10日以内に参議院が指名の議決をしない場合には，何らの手続も必要とされることなく，衆議院の議決が国会の議決となる。ただし，上記のとおり，現在は両院ともにとにかく誰かが遅滞なく指名される手続をとっているから，参議院が指名議決を迅速に行わないことは考えにくい。実際にも，参議院が指名議決を行わないまま衆議院の議決が国会の議決となった例は存在しない。

〔毛利　透〕

第68条 ①内閣総理大臣は，国務大臣を任命する。但し，その過半数は，国会議員の中から選ばれなければならない。
②内閣総理大臣は，任意に国務大臣を罷免することができる。

1　68条の趣旨

内閣総理大臣以外の国務大臣の任命，罷免について定める。ともに，内閣総理大臣が自由に決められることとし，その内閣内部での人事権を強く認めていることが特徴的である。

2　国務大臣の任命権

総理大臣以外の国務大臣は，内閣総理大臣によって任命される。法的には，過半数が国会議員であるということ以外には制約はない。

明治憲法下では，すべての大臣は天皇に任命されており，法的には総理大臣に他の大臣についての決定権はなかった。ただし，天皇に総理候補者として組閣の命を受けた者が，他の大臣を推薦するという慣行があった。それでも，とくに陸軍大臣と海軍大臣については，明治憲法下の大半の時期に存在した軍部大臣現役武官制により，総理大臣の大臣選択の幅は大きく限定されていた。また，総理大臣に他の大臣について自由な罷免権があるとは考えられておらず，人事権を制限された総理大臣の閣内における指導力は限定的なものにとどまっていた。

日本国憲法成立過程において，政府から帝国議会に提出された憲法改正案では，過半数は国会議員から任命すべきという要件はなく，国務大臣の任命に国会の承認（首相指名の際の衆議院の優越規定を準用）を

要するという要件があった。現行条文への修正は，衆議院での審議中，GHQから総理大臣指名に国会議員要件を求めるとともになされた要求によるものである（高柳他・制定過程Ⅱ 220頁）。やはり，イギリス型の議院内閣制に近づけようとの趣旨によるものであろうが，これにより，大臣人事権が完全に総理大臣のみの権限となり，かつ内閣の中で国会から直接選ばれるのは総理大臣のみとなり，その権威が高まることになった。総理大臣が「首長」として，国会に対して連帯責任を負う内閣を一体的に率いていくための，政治力の裏づけが与えられることになったといえよう。むろん，総理大臣が現実に強いリーダーシップを発揮することができるかどうかは，その時々の政治状況に左右される。

内閣法9条は，内閣総理大臣に事故のあるとき，または内閣総理大臣が欠けたときには，総理大臣があらかじめ指定しておいた国務大臣が臨時に内閣総理大臣の職務を行うと定めている。この内閣総理大臣臨時代理が新たに国務大臣を任命できるのかが議論されている。政府見解は，国務大臣任命権は，国会に指名された総理大臣に専属する権限であって代理にはなじまないとして，この点を否定的に理解している。国会の首相指名から出発して内閣を成立させるという憲法の立場からして，適切な理解であるといえよう。

多くの国務大臣は，各省の大臣となり，それぞれの省の所掌事務を主任の大臣として分担管理する。各省大臣は，国務大臣の中から，内閣総理大臣が命ずる（国家行政組織法5条3項）。内閣総理大臣の大臣任命権は，単に国務大臣を選ぶというだけでなく，誰にどの任務を任せるかの決定にも及ぶと解すべきである。実質的に内閣としての職務を遂行するためには，大臣間での任務分配を定めることが不可欠だからである。したがって，国家行政組織法5条3項の定めは，憲法の要請を受けたものだと解すべきである。

国務大臣の任命は，天皇が認証することになっている（7条5項）。新内閣発足時には，この認証に対する内閣の助言と承認は，新たに任命された内閣総理大臣が単独で行うことになる。

2　過半数を国会議員から選ぶという要件

議院内閣制においては，国会議員が大臣となるのが通例である。憲法制定過程においても，この要件がGHQから示される前から，日本側も当然国務大臣の大多数は国会議員が占めると考えていた。この前提からすると，過半数を国会議員から任命するというのは，まったく厳しい要件ではなく，実際にも当然のように満たされている。国会議員以外の大臣は，いても1，2名というのが通例である。ただし，憲法制定当時には，内閣総理大臣の国会議員要件とならんで，国会主体で内閣を構成するという新憲法の立場を明確に示すという意義はあったろう。

国務大臣の多くは衆議院議員から選ばれるが，参議院議員からも少数選ばれるのが通例である。参議院は内閣から距離をとるために大臣を出すべきではないという意見もあるが，憲法はそこまでのことを求めていない。内閣は参議院を含む国会全体に対して責任を負っているので，参議院とある程度の人的つながりがあることはむしろ望ましいと思われる。

この過半数要件は，内閣が最初に構成されるときに総理大臣に求められるが，それに加えて，その後内閣が存続するすべての期間において求められると解すべきか。国会と内閣に強い人的つながりを求める憲法の立場からして，国務大臣の過半数は常に国会議員でなければならないというべきであろう。ただ，むろん，衆議院解散や任期満了の場合は別である。

この要件は，個々の大臣についての要件ではないから，各大臣が国会議員でなくなっても，大臣としての資格を失うことはない。もし多くの大臣が個別の事情で国会議員でなくなり，国会議員の地位を有する者が国務大臣の過半数を割り込んだ場合にはどうなるか。違憲状態となるが，内閣が総辞職する必要はなく，総理大臣が人事権を行使して過半数要件を満たす状態を迅速に回復すべきだということになろう。

過半数というのが，法律上の国務大臣の定数の過半数を意味するのか，その時点での実際の国務大臣の人数の過半数を意味するのかが論じられることもある。しかし，国会（43条2項）や最高裁判所（79条1項）とは異なり，内閣については，憲法は構成員数を法律で定めるよう求めていない。法律上の定数が存在しなくても，憲法上問題ないのである。そのうえでの過半数要件であるから，憲法が求めているのは，実際の国務大臣の人数の過半数だとしか解せない。また，現在国務大臣の定数を定める内閣法2条2項も，大臣数の上限を定めるのみであり（原則14人以内，特別に必要がある場合17人以内），過半数計算の母数として使える規定にはなっていない。

3　国務大臣の罷免権

内閣総理大臣は，国務大臣を自由に罷免できる。これは，明治憲法下では慣行上も存在しなかった制度であり，内閣内での総理大臣の地位を非常に高めるものである。法的には，総理大臣は自らの方針に従わない大臣をいつでも罷免できるので，自らの政治的見解を内閣の政策に色濃く反映するための強い手段を手にしているといえる。小泉純一郎首相が2005年に郵政民営化法の参議院での否決を受けて，いわゆる郵政解散に踏みきったとき，これに反対した島村宜伸大臣を罷免して解散の閣議決定を行ったのは，その典型的な例である。ただし，実際には，大臣罷免が引き起こしうる政治的反応を考慮しなければならず，さほど簡単に発動できる権限ではない。実例としては，総理大臣の意をくんで大臣が自発的に辞職することが多い。

この罷免権も，内閣総理大臣の一審専属的な権限で，臨時代理は行使できないと解される。

国務大臣の罷免は内閣総理大臣の一方的行為で効力を発するが，憲法上天皇による認証が求められている（7条5項）。この認証が国事行為である以上，それには内閣の助言と承認が必要になり，そのための閣議が必要になる。かつては，実質的に無意味な内閣の助言と承認，そしてそのための閣議は必要ないとの学説もあったが，憲法は天皇の形式的行為を明確に定めるために内閣にも形式的行為を求めているというべきであろう。この閣議は，罷免について実質的に決める場ではなく，罷免される大臣は参加できないとされる。

〔毛利　透〕

第5章 内　閣

> **第69条**　内閣は，衆議院で不信任の決議案を可決し，又は信任の決議案を否決したときは，10日以内に衆議院が解散されない限り，総辞職をしなければならない。

1　69条の趣旨

　69条は，衆議院が内閣を信任しない旨の意思を明示した場合，内閣には総辞職か衆議院解散かの選択が迫られることを規定する，議院内閣制のかなめともいえる条文である。なお，解散後には40日以内に衆議院議員総選挙が行われ，その後30日以内に国会が召集される（54条1項）。そして，この国会召集のときに内閣は総辞職する（70条）。つまり，69条の事態が発生した場合，総選挙を挟むか挟まないかの違いはあれ，内閣には総辞職が求められることになる。しかし，内閣不信任決議後すぐに内閣が総辞職した場合，それまでと同じ人物が内閣総理大臣に指名されることは考えにくいのに対し，総選挙後には衆議院の構成は一新されているから，同じ人物が再び指名される可能性は残る。つまり，法的には内閣の構成は常に衆議院の意思に基づくのであるが，政治的には，69条による解散は，衆議院と内閣が対立した場合に国民の審判を仰ぐ機会として位置づけられる。

2　内閣不信任決議案の可決または内閣信任決議案の否決
（1）内閣不信任決議

　議院内閣制において，内閣の存立が議会の信任に基づかなければならないということは最も基本的な原則である。そして，議会が不信任の意思を明示した場合には，内閣は総辞職か議会解散かの選択を迫られるというのが通例である。ただし，二院制においては，一般に，このように内閣の存立を直接決定できる権限は，国民に直接選挙で選ばれた議員からなる下院にのみ与えられる。

　議院内閣制国でも，政治の不安定を避けるために，議会の内閣不信任決議権に一定の制約を課すことがある。まず，フランス（憲法49条2項）など，内閣不信任決議の成立に総議員の過半数の賛成を必要とする国は多い。さらに著名なのは，戦後ドイツの建設的不信任制度である。ワイマール憲法下で小党分裂による政治の混乱に苦しめられたドイツでは，戦後の基本法で，議会が首相に対する不信任を決議するためには，同時に後任首相を選出することを必要とすると定めた。現政権に反対だという議員が過半数になっても，その者らが誰を次の首相にするのかで一致できなければ，現政権を倒すことはできないということである。また，この後任首相選出には，やはり総議員の過半数の支持が必要である（基本法67条1項）。

　日本国憲法は，内閣不信任決議・内閣信任決議の可決要件などについて，このような特別の条文を有していない。したがって，通常通り，出席議員の過半数の賛成で議決される（56条2項）。内閣の安定のために特に配慮を示していないが，そのために政治の混乱が引き起こされたということはないと思われる。ただし，衆議院規則28条の3は，内閣の信任もしくは不信任に関する提案には50人以上の賛成を必要とする

と定めている。これは，予算を伴う法律案の発議と同じ要件である（国会法56条1項参照）。

本条の効果を引き起こすためには，内閣不信任決議は，内閣を信任しないという趣旨を明確に示す必要がある。内閣提出の重要法案の否決などは，これにあたらない。また，個々の内閣構成員に対する不信任も，政治的効果しかもたない。

議院内閣制が確立し，内閣が議会多数派の支持に基づくようになると，内閣不信任が決議されるのは，政権を支える与党が分裂した場合など非常にまれなことになる。日本国憲法下で内閣不信任決議案が可決されたことは4回あり，いずれも内閣は解散を選んでいる。

内閣は参議院にも責任を負っており，参議院はその責任を決議によって追及することができる。実例では，参議院は個別の国務大臣，あるいは内閣総理大臣に対する問責決議をおこなってきた。特に近年の「ねじれ」国会においては，このような問責決議がしばしばなされてきた。この決議には，法的な効果はない。内閣がどのように反応するかは，その政治的判断にゆだねられている。

（2）内閣信任決議

内閣に対して積極的に信任を表明しようとする決議であるが，これまでほとんど実例がない。議院内閣制において，何もなければ内閣は衆議院の信任を得ていると想定できるのであり，あえてそれを明示することが求められるのは，むしろ政治的に信任が揺らいでいる場面である。しかも，憲法上，信任決議案は，否決のときにのみ法的効果を発生するという特殊な決議形態である。可決されても法的には意味がなく，政治的に状況が好転する保証もない。内閣を支持する側は，わざわざ否決されるリスクを冒してまで信任決議案を提出しようとは思わないだろう。ドイツのように，首相信任決議案の否決が議会解散のために必要であるような場合には（基本法68条1項），解散を目指す内閣は信任決議案を提出しわざと否決させるという手法をとるが，実務上内閣に自由な解散権が認められている日本では，そのような必要もない。

これまで，内閣信任決議は2度採決され，いずれも可決されている。このうち2度目の信任決議は，衆議院と参議院で多数派政党が異なるいわゆる「ねじれ」国会で，参議院で首相問責決議が可決されたことに対抗して行われたものである。両院の内閣に対する態度が食い違うとき，内閣が総辞職する必要はないという衆議院の意思を明確にする手段として信任決議がなされることには，政治的意義を認めることができよう。

信任決議案の提出は，衆議院議員に限られるのか，それとも内閣が提出できるのかという問題がある。現状では内閣からの提出を認める規定はなく，決議は衆議院の意思を示すものなのだから，衆議院議員からの提出しか認められないという見解があるようである。しかし，議院内閣制において，議会が自発的に内閣への信任を表明する必要はなく，内閣信任決議とは，内閣が議会に対して，多くの場合解散の脅しをもって，自己への信任を明確にするよう求める決議であるのが通例である。日本においても，内閣からの提案は当然認められるべきである。もちろん，内閣は与党議員から提案させることも可能であるが，衆議院が内閣を信任するかどうかという議院内閣制の核心的場面でそのような便法を強いるのはおか

第 5 章　内　閣

3　衆議院の解散

本条は，内閣不信任案可決または内閣信任決議案否決の場合，「10日以内に衆議院が解散されない限り」，内閣は総辞職しなければならない，と定めている。「されない限り」と受け身の規定になっているのは，衆議院解散は，69条所定の衆議院の行為とは独立に，内閣の助言と承認によって決定されるとの考えによる（高柳賢三ほか編著『日本国憲法制定の過程　II 解説』（1972年）223頁）。しかし，実態としては，衆議院から信任を否定された内閣は，10日以内に総辞職か衆議院解散かを自ら選ぶよう迫られることになる。

解散が69条所定の場合以外にも認められるのかどうかという重大な問題については，7条3号の解説（本書32-33頁）を参照。いずれにせよ，69条の場合に解散が認められることについては学説の一致がある。

4　内閣総辞職

内閣総辞職とは，内閣総理大臣およびすべての国務大臣がその職を辞することである。内閣不信任決議あるいは内閣信任決議案否決後，衆議院解散がないまま10日たった時点で，内閣は総辞職するよう求められる。もちろん，その前に総辞職してもよい。総辞職があれば，国会は新首相の指名手続に入る。

内閣総辞職は，閣議を開いて決定するのが通例である。ただ，内閣総理大臣が辞職すれば，内閣は総辞職に追い込まれる（70条）。したがって，総辞職については総理大臣が単独で決めることができることになる。

〔毛利　透〕

第 70 条　内閣総理大臣が欠けたとき，又は衆議院議員総選挙の後に初めて国会の召集があつたときは，内閣は，総辞職をしなければならない。

1　70条の趣旨

69条に加えて，内閣総辞職が認められる場合を規定する。内閣総理大臣が欠ければ，その内閣は職務を続行できず，総辞職しなければならない。また，衆議院議員総選挙で議員が新たに選ばれると，その信任に依存する内閣も新たに組織されることになる。

2　内閣総理大臣が欠けたとき

内閣総理大臣が欠ければ，他の国務大臣が残っていても，内閣は総辞職しなければならない。これは，内閣が総理大臣を首長とし，その者が選んだ人材によって成立している集団であり，総理大臣が欠ければ，もはや内閣としての同一性を保てないからである。総辞職後，国会で新たな首相が指名されることになる。

内閣総理大臣が欠けたときにあたる典型的な場合は，その死亡である。総理大臣が国会議員であることは在職要件でもあると解されているので（67条の解説，本書290頁参照），除名などによって国会議員の資格を失った場合にも，「欠けたとき」にあ

たる。内閣総理大臣が辞職した場合も，そうである。

内閣総理大臣が，事故や病気により職務遂行不能となった場合はどのように解すべきか。一時的な事象である場合には，「欠けたとき」にはあたらない。内閣法9条は，「内閣総理大臣に事故のあるとき，又は内閣総理大臣が欠けたとき」は，あらかじめ指定された大臣が内閣総理大臣臨時代理としてその職務を行うと定める。この「事故のあるとき」に該当するといえるだろう。

総理大臣が「欠けたとき」には，臨時代理はまず内閣総辞職を行い，次の総理大臣任命まで職務を遂行することになる（71条）。職務遂行不能状態が長引く，あるいは長引くと予想される場合には，「欠けたとき」にあたるとされる場合もある。2000年4月に小渕恵三首相が病気で倒れたときには，回復が見込めないとして「内閣総理大臣が欠けたとき」にあたるとされ，臨時代理が閣議を開き内閣総辞職を行った。

3　総選挙後の最初の国会召集

衆議院議員総選挙後最初に召集された国会の冒頭で，内閣は総辞職しなければならない。内閣は衆議院の信任に依存しており，衆議院議員が新たに選ばれた段階で，その信任に基づく内閣を新たに組織することが求められる。議院内閣制において，このような総辞職が常に求められるわけではない。イギリスでは，選挙前の首相が与党党首として選挙で勝利し，引き続き政権を担える場合，総辞職と新たな任命といった手続はふまれない。日本では，このような場合にも必ず内閣に総辞職を求め，新たな衆議院に内閣総理大臣を指名する機会を与えているのである。内閣がその時々の衆議院の信任に基づくことを明確化し，ひいては総選挙に現れた民意が内閣の構成に反映されることを求めるものといえよう。

〔毛利　透〕

第71条　前2条の場合には，内閣は，あらたに内閣総理大臣が任命されるまで引き続きその職務を行ふ。

1　71条の趣旨

行政の主体が一時的にでも欠けることを防ぐために，内閣に対し，総辞職した後も，新たに内閣総理大臣が任命されるまで職務を続行するよう求めている。

2　71条が適用される場合

本条は，「前2条の場合」についての規定という体裁をとっている。69条については，内閣不信任決議可決または内閣信任決議案否決を受けて内閣が総辞職した場合，70条については，内閣総理大臣が欠けたか総選挙後最初の国会召集があったときに内閣が総辞職した場合である。内閣が自発的に総辞職した場合が含まれていないように思われるが，内閣総理大臣の辞職が70条の総辞職をもたらすとされ，結局「前2条の場合」は内閣総辞職のすべての場合を意味すると解されている。

3　総辞職後の内閣の職務

総辞職後の内閣が，内閣のすべての権限

を行使できるかが問題となる。総辞職した後にも職務を行うよう求められるのは，日常的な行政が混乱をきたさないためであるから，新たな政策を積極的に打ち出すといったことは認められないと解される。衆議院解散のような政治的決断が認められないのは当然であるが，国会に対し責任を負えない内閣なのであるから，新たな法律案の提出などの国会に対する積極的働きかけも認められないと解するべきであろう。行政上の決定についても，政治的意味の大きいものは行うべきではない。内閣総辞職後新内閣が正式に発足するまで長期間かかることがある国とは異なり，日本では，総辞職後まもなく新内閣総理大臣が任命されることが憲法上保障されているから，このように解しても実務上の不便が発生することはないはずである。

4　総辞職後の内閣の職務終了時

総辞職後の内閣が職務を行うのは，「あらたに内閣総理大臣が任命されるまで」とされている。つまり，他の国務大臣の任命は待たずにその職務を終える。大臣の任命が個別に行われる以上，最初になされる内閣総理大臣の任命によって，旧総理大臣が率いる内閣が職務を終えることになるのは当然である。ただ，新総理大臣の任命と他の国務大臣の任命に時間があくと，問題が発生する可能性がある。かつて，新総理大臣任命から国務大臣任命まで数日かかり，その間総理大臣が1人で内閣を構成したことがあった。しかし，これは内閣を合議体として設置した憲法の趣旨からして望ましくない事態であるとされた。現在は，国会での新総理大臣指名後，組閣を待って，総理大臣の任命と国務大臣の任命・認証を続けて行うという手続になっている。

〔毛利　透〕

第72条　内閣総理大臣は，内閣を代表して議案を国会に提出し，一般国務及び外交関係について国会に報告し，並びに行政各部を指揮監督する。

1　72条の趣旨

内閣総理大臣が，内閣の首長として，内閣を代表して行う権限を定めるものである。もっとも，内閣総理大臣が内閣を代表することは首長の地位から当然に導かれるので，本条の趣旨はむしろ内閣が国会および行政各部に対する関係において有する権限のうち重要なものとして3つを掲げたところにあるともいわれる（佐藤功・註釈（下）867頁）。

「内閣を代表して」とは「内閣の行う仕事を，内閣の代表者として，外に向かって表示すること」を意味する（宮沢・コメ551頁）。内閣（閣議）で意思決定が行われることが前提となる（新基本法コメ・383頁）。

2　議案の国会提出

第一は，「議案」を国会に提出する権限である。内閣法5条は，「法律案，予算その他の議案」の提出権を定めるが，予算と条約締結の承認に関する提出権ついては憲法に明文があるものの（73条5号・86条・73条3号），法律案については明文がない

ため，認められるのか争いがある。〔A〕本条にいう「議案」とは本来内閣の権限に属する作用についての議案であるところ，法律の制定は国会の権限に属し，法律案の提出も法律制定の一部であるから，本条の「議案」に法律案は含まれず，それゆえ内閣法5条は違憲だとする説（佐々木・憲法270-271頁，杉原・憲法Ⅱ218頁〔ただし，違憲とは明言していない〕）もあるが，〔B〕本条の「議案」に法律案は含まれないが，先例・慣習法に基づき内閣に法律案提出権が認められるとする説（宮沢・コメ552-553頁，清宮・憲法Ⅰ417頁），〔C〕憲法73条1号の「国務の総理」から内閣の法律案提出権が認められるとする説（小嶋・憲法概説370頁），〔D〕本条の「議案」に法律案が含まれ，内閣法5条はこれを確認したものと解するとする説（佐藤功・註釈（下）870-871頁，樋口他・注解Ⅲ235頁，芦部・憲法297頁，佐藤・憲法論438頁，木下・只野・新コメ565頁）と，論拠は異なるものの，内閣の法律案提出権を肯定するのが通説である。

また，本条の「議案」に憲法改正案が含まれるかについても，〔A〕これを否定し憲法改正案の提案権を内閣に認める立法は違憲であるとする説（この立場には，法律案の場合と同じ論理で否定する説に加え，法律案と憲法改正案とを区別し，憲法改正は法律以上に強く国民意思の発言であるべきなのでその発案権も国民に直結する国会に留保されていると解すべきこと，また憲法96条が憲法改正の発議権が国会にあることのみを定めるのはその原案の発案も国会以外の機関を排除する趣旨だと解すべきことなどを理由に，憲法改正案については内閣の提案権が排除されるとする説〔法協・註解下1443頁〕がある），〔B〕これを否定しつつ立法による権限付与は可能とする説（宮沢・コメ554頁，清宮・憲法Ⅰ398頁），〔C〕肯定説（佐藤功・註釈（下）1258-1259頁，伊藤・憲法529頁，樋口他・注解Ⅲ237〜238頁，野中他・憲法Ⅱ209頁）が対立している。法律上は，衆議院議員100名以上・参議院議員50名以上（国会法68条の2），各議院の憲法審査会（国会法102条の7）のみに憲法改正原案の提出権が認められている。

3　一般国務および外交関係の報告

第二は，一般国務および外交関係について国会に報告する権限である。これをうけて，内閣法5条は，内閣総理大臣が「内閣を代表して…一般国務及び外交関係について国会に報告する」と定める。「一般国務」とは，「国務」（73条1号）のうち外交関係の事務を除いたもの，すなわち内政関係の事務を指す。「外交関係」の事務と合わせ，内閣のすべての行政事務につき，国会に報告を行うこととなる。この報告義務は憲法66条3項が定める内閣の国会に対する連帯責任に含まれるが，本条は，内閣総理大臣が「内閣を代表して」この報告を行うべきとするところに意味がある（樋口他・注解Ⅲ238頁）。「報告」の典型例は，常会の冒頭に行われる「施政方針演説」，臨時会・特別会の冒頭に行われる「所信表明演説」であるが（衆議院先例集〔平成29年版〕492），これに限られるものではない。この報告権限は，内閣のアカウンタビリティの観点から責務の側面に力点を置いたうえで，もっと注目されてよい。

4　行政各部の指揮監督

　第三は、行政各部を指揮監督する権限である。「行政各部」とは、内閣の統轄の下にある行政機関で、現在は内閣府・省・委員会・庁がこれにあたる。「指揮監督」とは、その所掌事務について方針・基準・手続・計画などを示し活動を行わせつつ、活動の適法性や妥当性を監視し、必要があれば是正させることをいう。これをうけて、内閣法6条は、「内閣総理大臣は、閣議にかけて決定した方針に基いて、行政各部を指揮監督する」と定め、7条は主任の大臣間の権限の疑義を「閣議にかけて」裁定する権限、8条は行政各部の処分・命令の停止権を定める。

　学説　憲法72条の指揮監督権をめぐっては、内閣総理大臣による行使に当たり内閣（閣議）の意思決定がどこまで必要となるかが論点となってきた。この点、〔A〕「内閣を代表して」の語句は、「行政各部を指揮監督する」まで修飾すると解するのが通説である（佐藤功・註釈（下）867頁、宮沢・コメ551頁）。これに対し、〔B〕「内閣を代表して」は行政部の外に対する関係において意味をもつので、「国会に報告し」までしか修飾しないとする説もある（手島孝＝中川剛『憲法と行政権』法律文化社、1992年、226頁、大石・講義Ⅰ187頁）。B説に立てば内閣総理大臣による指揮監督権の行使に際して内閣の意思決定は不要だということになる（参照、松井・憲法210頁）。内閣法6条は、A説に立ちつつ、指揮監督に関する個別具体的な決定までは不要で、「方針」について閣議決定があればよいとし、内閣の意思決定の要請を若干緩やかに捉える。

　判例　さらに最高裁は、ロッキード事件で刑法197条1項の受託収賄罪の「職務ニ関シ」の解釈として内閣総理大臣の職務権限を論じ、「内閣総理大臣が行政各部に対し指揮監督権を行使するためには、閣議にかけて決定した方針が存在することを要するが、閣議にかけて決定した方針が存在しない場合においても、…少なくとも、内閣の明示の意思に反しない限り、行政各部に対し、随時、その所掌事務について一定の方向で処理するよう指導、助言等の指示を与える権限を有する」と述べた（最大判1995〈平7〉2.22刑集49巻2号1頁）。この「指示を与える権限」が憲法72条の「指揮監督」権に含まれるかは明確ではないが、これを肯定する園部裁判官らの補足意見によれば、「指示を与える権限」は閣議決定を前提とせず内閣総理大臣が単独で行使しうることとなる。

　指揮監督権の範囲に関連しては、独立行政委員会の合憲性も問題となる（⇒憲法65条）。

〔上田健介〕

第5章　内閣〔第73条〕

> **第73条**　内閣は，他の一般行政事務の外，左の事務を行ふ。
> 一　法律を誠実に執行し，国務を総理すること。
> 二　外交関係を処理すること。
> 三　条約を締結すること。但し，事前に，時宜によっては事後に，国会の承認を経ることを必要とする。
> 四　法律の定める基準に従ひ，官吏に関する事務を掌理すること。
> 五　予算を作成して国会に提出すること。
> 六　この憲法及び法律の規定を実施するために，政令を制定すること。但し，政令には，特にその法律の委任がある場合を除いては，罰則を設けることができない。
> 七　大赦，特赦，減刑，刑の執行の免除及び復権を決定すること。

1　73条の趣旨

本条は，内閣の権限に属する事務の中でとくに重要なものを例示的に規定したものであると解されている（法協・註解下 1081頁，佐藤功・註釈（下）885頁など）。明治憲法における天皇大権のうち主要な権限につき内閣への移行を明示する趣旨があったとされる（浅井清『新憲法と内閣』国立書院，1947年，138頁）。

柱書の「他の一般行政事務」とは，〔A〕各号が例示的列挙であることを示しているとする説（法協・註解下1085頁など）が通説的見解であるが，〔B〕庶務を意味するとする説（須貝脩一「行政上の内閣」『日本国憲法の再検討』嵯峨野書院，1980年，498頁，佐藤・憲法論481頁，松井・憲法218頁），〔C〕「行政事務の全体的要務」だとする説（森田寛二『行政機関と内閣府』良書普及会，2000年，20-21頁，34-35頁）もある。

2　73条1号

法律の執行は，行政の本質であり内閣の最も重要な任務だとされる（樋口他・註解Ⅲ243頁）。「誠実に」執行しなければならないという文言から，内閣が法律を違憲であると判断した場合でも，内閣はその執行を拒否できないと解される。また，この文言は，内閣が法律を「誠実に」執行できない場合に内閣からこの作用を分離させて独立行政委員会に担当させることを正当化する論拠ともなる（駒村圭吾『権力分立の諸相』南恵社，1999年，247頁）。

国務の総理とは，〔A〕立法や司法は含まず，もっぱら行政事務の総括処理を意味するとの説（佐藤功・註釈（下）1085頁，宮沢・コメ 560頁，野中他・憲法Ⅱ205頁，木下・只野・新コメ 569頁），〔B〕立法や司法も含め広く国政全般につき配慮する権限を意味するとの説が対立している（佐々木・憲法292-3頁，小嶋和司『憲法概説』信山社，2004年，442頁，佐藤幸・憲法論480頁，長谷部・憲法376頁）。もっとも，A説に立っても行政権を広く解すれば行政事務の内容に立法や司法への配慮も含まれることになり，B説も内閣が立法作用や司法作用そのものを行うのではなく立法や司法の状態に注意して必要ならば制度的な

手当てを講じるとするものなので，実際上の差異は大きくないともいわれる（伊藤・憲法554頁，樋口他・註解Ⅲ245頁）。

3 73条2号

1号の「国務」のうち，外交に関する事務を特に取り出して規定したものと解される。全権委任状，大使・公使の信任状の作成（認証は天皇の国事行為。7条5号），批准書およびその他の外交文書の作成（認証は天皇の国事行為。7条8号）をはじめ，外交関係の事務すべてを広く含む。

4 73条3号

（1）趣　旨

2号が定める外交事務のうち，とくに重要である条約締結を取り出し，その手続も合わせて規定したものである。条約締結に国会承認を要求するのは，国会による民主的統制を確保する趣旨だと解される。

（2）「条約」の意味

本号にいう「条約」とは，その名称を問わず国家間の文書による合意を広く含む。もっとも，その締結には国会承認が要求されるため，およそすべての国家間の合意をここにいう「条約」とすることは適切でない。その範囲は，外交に対する民主的統制の理念と外交運営上の便宜との両面を考慮して決すべきである。政府は，①法律事項を含む国際約束（「領土あるいは施政権の移転のごとく，立法権を含む国の主権全体に直接影響を及ぼすような国際約束もこのカテゴリーに入る」とされる），②財政事項を含む国際約束（「すでに予算または法律で認められている以上に財政支出義務を負う国際約束」），③政治的に重要な国際約束の3種を，国会承認が要求される，本号にいう「条約」だとしている（昭和49年2月20日衆議院外務委員会における大平正芳外務大臣答弁）。条約の執行のための技術的・細目的な協定や，条約の具体的な委任に基づく協定は憲法73条2号にいう外交関係の処理の一環として内閣限りで締結することができると解されている（いわゆる行政協定・行政取極）。旧日米安全保障条約3条に基づく行政協定について，学説の多くは「条約」に該当すると主張したが（法協・註解下1093頁以下など），最高裁は，なお書の中であるが，これを否定した（最大判1959〈昭34〉12.16刑集13巻13号3225頁）。

（3）事前・事後の基準時

条約の締結は，通常，①外交使節（全権委員）の調印→②本国による批准という手順を経る。本号の定める国会承認の「事前」「事後」の基準時は，①のみで成立する条約の場合には調印時，①②により成立する条約の場合には批准時と解される。

（4）国会の承認を得られなかった条約の効力

事前の国会承認が得られないとき，内閣はこれ以上の締結手続を進めることができないという拘束を受け，条約は国内法上も国際法上も未成立の状態にとどまる。これに対し，事後の国会承認が得られないときの条約の効力について，〔A〕条約は本来当事国の合意に基づき当事国相互の関係を規律するものであり，一方当事国の事情によって効力が左右されるべきではないゆえに引き続き国際法上は有効であるとの説（佐藤功・註釈（下）891頁〔ただし，国内法上は無効となるとする〕，橋本公亘『憲法〔改訂版〕』青林書院新社，1976年，497頁），〔B〕事前と事後とで不承認の効果が異な

るのは妥当でないこと，国会の承認は条約の成立要件であることなどを理由に，条約は無効となるとする説（宮沢・コメ566頁，清宮・憲法Ⅰ447頁）が対立していた。現在は，ウイーン条約法条約46条1項が「違反が明白でありかつ基本的な重要性を有する国内法の規則に係るものである場合」に例外的に同意を無効とすることを認めていることを踏まえて，〔C〕憲法上の重要な手続に明白に違反して，相手国も当然承知している場合には条約の無効を主張できるとする，条件付無効説が有力である（深瀬忠一「国会の条約承認権」芦部信喜＝池田政章＝杉原康雄編『演習憲法』青林書院新社，1973年，463頁，芦部・憲法314頁）。もっとも，実務上は，事前の承認を求めるのが慣例であり，これまで事後の承認が得られなかった例はない。

（5）国会の条約修正権

国会の条約修正権について，〔A〕条約締結に際して外国と交渉したり条約案の作成に関与したりするのは内閣の権限であることなどを理由とする否定説（宮沢・コメ565頁），〔B〕条約承認権の趣旨は内閣の条約締結権を制限して民意の現れである国会の意思を反映させることにあること，国会は条約の不承認が可能である以上それより拒否の程度が弱い修正も可能と解すべきことなどを理由とする肯定説（佐藤功・註釈（下）896頁）が説かれた。もっとも，A説も国会（議院）が修正を希望する旨の決議を行うことは排除せず，B説も国会に修正権を認めるといってもその実現は相手国との交渉に委ねられることを前提とするので，両説の違いは見た目ほど大きくない（樋口他・注解Ⅲ251頁）。結局は，国会による修正に従い内閣が再交渉を行う法的義務があるか否かの対立に解消される。修正は，条約そのものとの関係では，原案による条約締結の否認および修正案による締結への承認を意味することになると解される（田岡良一「国会の条約承認権」ジュリスト199号14頁，大石・講義Ⅰ158頁など。修正が重大なものでなければ原案を一応承認したうえでその修正の政治的責務を内閣に課したものだとする見解として，高橋・憲法384頁。参照，芦部・憲法315頁）。実務上は，承認すべきか否かを議決することとなっている（衆議院委員会先例集〔平成29年版〕149）。

5　73条4号

官吏は明治憲法下では天皇の使用人であり，任免などは天皇大権に属した（任官大権。明治憲法10条）が，日本国憲法では「全体の奉仕者」とされた（→15条2項）。本号は，一方で「官吏に関する事務を掌理すること」を内閣の任務とし，他方で「法律の定める基準」に従わせることで国会のコントロールのもとにおく趣旨である。この「基準」を定める法律として国家公務員法が制定されている（同法1条2項参照）。

「官吏」の解釈をめぐり，〔A〕権力分立原理などを理由に行政部の職員に限定されるとする説（樋口他・注解Ⅲ255頁，佐藤幸・憲法論498頁，松井・憲法219頁），〔B〕裁判所職員も含むとする説（法協・註解下1088頁，清宮・憲法Ⅰ324頁。参照，高辻・講説320頁），〔C〕国会職員・裁判所職員を含む一切の国家の公務員を指すとする説（佐藤功・註釈（下）901頁，小嶋・憲法概説443頁）がある。

「掌理」の解釈をめぐり，〔A〕任免権を含むとする説（佐々木・憲法293頁，佐藤

第5章　内　閣

功・註釈(下)1088頁，鵜飼信成『公務員法〔新版〕』有斐閣，1983年，329頁，清宮・憲法 I 325頁，佐藤幸・憲法論498頁)，〔B〕任免権を含まず，人事権は法律事項だとする説（宮沢・コメ571頁，伊藤・憲法556頁）がある。「官吏」をB，C説のように広くとらえると，B説にならざるをえない（参照，小嶋・憲法概説443頁）。しかし，B説に立つならば，「掌理」の内容が薄くなること，より重要な任免権について憲法が定めていないとするのは均衡を失することから，A説が妥当であろう。

6　73条5号

本号は，予算の作成・提出権が内閣に専属することを定める。憲法86条が，同じことを手続の観点から定めている（⇒86条）。

7　73条6号

（1）趣　　旨

本号は，内閣が法律を執行・実施するための政令（執行命令。行政機関が定立する法規範を「命令」といい，そのうち最高の形式のものが，内閣が制定する「政令」である）および法律の委任に基づく政令（委任命令・受任命令）を制定する権限をもつことを定めるものである。政令は，閣議で決定し（内閣法4条1項），主任の国務大臣の署名と内閣総理大臣の連署のうえで（憲法74条)，天皇が内閣の助言と承認により公布する（憲法7条1号）。

（2）憲法の規定を実施するための政令

「この憲法及び法律の規定を実施するために」とあるが，憲法の実施は国の唯一の立法機関である国会の制定する法律によるべきで，憲法の規定は憲法→法律→政令という段階を経て実施するのが憲法の趣旨であることを理由に「憲法及び法律」を一体のものとして解釈するのが通説である（宮沢・コメ572頁，清宮・憲法 I 429頁など）。もっとも，実務は，この説に立っておらず，栄典の授与（憲法7条7号）について，政府は，法律が存在しない状態のまま，「褒章条例」（明治14年太政官布告3号）を政令で改正して実施している（参照，高辻・講説326頁）。学説上も，少数ながら，憲法41条の「立法」をはじめとする専属的法律事項を除く事項であれば憲法を直接に実施するために政令を制定できるとの説がある（渡辺宗太郎『全訂日本国憲法要論』有斐閣，1963年，253頁，新正幸『憲法と立法過程』創文社，1988年，246頁）。

（3）委任命令

また，憲法41条にいう「立法」など専属的法律事項であっても，法律の委任があるときは，政令による制定が認められる（委任命令）。なぜなら，現代国家において行政に要請される専門性，機動性への対応には一定の枠内で行政部の定めに委ねることが必須であり日本国憲法もこれを前提にしていると解されるからである。形式的にも，本号ただし書が，罪刑法定主義（憲法31条参照）により厳格に法律の制定が要請される罰則についてすら政令への委任を認めることから，憲法が一般的に委任政令を認めていると勿論解釈によって導くことができる。

学説　とはいえ，委任には限度があり，その程度が問題となる。学説は，従来，いわゆる白紙委任や包括的委任は許されず，特定かつ具体的・限定的な委任でなければならないとしてきた（佐藤功・註釈(下)

907頁など)。これは，委任事項が一般的で広汎に過ぎるものや，委任の基準があいまいに過ぎるものは許されないという趣旨だと解される(大石・講義Ⅰ151頁)。

しかし，現在ではさらに進んで，立法権は国会の権限であるとした憲法典による取決めの趣旨から，「国会は，顕著な政策的選択肢について明白な決定を自ら行うことが必要であって，委任はその決定にとって手段的でなければならない」(佐藤幸・憲法論435頁)，「委任する法律には，委任の目的と受任者が立法する際に拠るべき基準が明らかにされていなければならない」(長谷部・憲法394頁)と説かれる。諸外国の憲法が「指導的な原則および指針」(イタリア憲法76条)「与えられる権限の内容，目的および程度」(ドイツ基本法80条1項)を委任する法律で規定しなければならないと定める趣旨を日本国憲法の解釈としても取り込もうとするものだと解される(大石・講義Ⅰ151頁)。この趣旨を，ドイツの本質性理論や「議会留保」の概念を用いて説明する学説も注目される(新基本法コメ393頁。参照，大橋洋一『現代行政の行為形式論』弘文堂，1993年)。

判例 罰則に関する定めの委任については，国家公務員に刑事罰をもって禁止される「政治的行為」を人事院規則に委任する国家公務員法102条1項の合憲性が問題とされたが，判例は，猿払事件で，「公務員の政治的中立性を損なうおそれのある行動類型に属する政治的行為を具体的に定めることを委任するものである」から違憲ではないとした(最大判1974〈昭49〉11.6刑集28巻9号393頁)。なお，その後，「政治的行為」とは「公務員の職務の遂行の政治的中立性を損なうおそれがあり，観念的なものにとどまらず，現実的に起こり得るものとして実質的に認められるもの」であることを明らかにしている(最二判2012〈平24〉12.7刑集66巻12号1287頁)。

委任立法については，法律による委任の仕方のほか，受任命令が委任の範囲に収まっているかも問題となる。命令が委任の範囲を逸脱して違法だと判断した判例は多く，さけ・ます流網漁業等取締規則(最三判1963〈昭38〉12.24集刑149号369頁)，農地法施行令(最大判1971〈昭46〉1.20民集25巻1号1頁)，監獄法施行規則(最三判1991〈平3〉7.9民集45巻6号1049頁)，児童扶養手当法施行令(最一判2002〈平14〉1.31民集56巻1号246頁)，貸金業規制法施行規則(最二判2006〈平18〉1.13民集60巻1号1頁)，地方自治法施行令(最大判2009〈平21〉11.18民集63巻9号2033頁)，薬事法施行規則(最二判2013〈平25〉1.11民集67巻1号1頁)などが挙げられる。

委任立法については，委任した後の，受任命令の制定に対する国会(両議院)によるコントロールのあり方が課題となる。

8　73条7号

本号は，恩赦の決定を内閣の権限とする規定である。恩赦も明治憲法下では天皇大権に属したが(明治憲法16条)，日本国憲法ではその決定権を内閣に与え，天皇は国事行為として認証を行うにとどまる(7条6号参照)。「大赦」とは，罪や刑の種類を定めてそれに該当する者に対して一律に行う赦免(＝有罪の言渡の効力を失わせ，有罪の言渡を受けていない者には公訴権を消滅させるもの)，「特赦」とは特定人に対する赦免，「減刑」とは刑の軽減，「刑の執行の免除」とは刑の言渡を受けた者に対する

第5章　内　閣

刑の執行のみの免除（言渡の効力は存続する），「復権」とは有罪の言渡に伴い喪失または停止させられた資格（選挙権・被選挙権など）の回復をいう。罪や刑の種類を定めてそれに該当する者について一律に行われる恩赦（一般恩赦。大赦のほか，減刑と復権について行われる）と特定人に対する恩赦（個別恩赦。特赦のほか，減刑・刑の執行の免除・復権について行われる）の2種に分けられ，一般恩赦は政令によって行われる。

〔上田健介〕

第74条　法律及び政令には，すべて主任の国務大臣が署名し，内閣総理大臣が連署することを必要とする。

1　74条の趣旨

本条は，法律の執行（73条1号）および政令の制定・執行（同条6号）に対する責任の所在を表示する形式として，主任の国務大臣の署名および内閣総理大臣の連署を定めたものと解されている。明治憲法55条2項は「凡テ法律勅令其ノ他国務ニ関ル詔勅ハ国務大臣ノ副署ヲ要ス」と定めていたが，この副署は，一般に，法律の裁可など天皇の国務上の行為に対する輔弼責任の表示と解され，本条の署名・連署とは趣旨が異なる。法律および政令の天皇による公布に対する内閣の助言と承認を表示するための内閣総理大臣の署名（憲法7条1号）とも別のものである。

2　署名・連署の対象

本条には法律と政令しか明示されていないので，憲法改正や条約，予算等も署名・連署の対象になるかが論点となる。憲法改正と条約については国民に対して拘束力を有し，法律・政令と並んで公布の対象となること（7条1号）を理由として，本条の解釈上も署名・連署の対象とすべきとも説かれる（法協・註解1103頁）。明治憲法下では公式令が法律勅令以外に副署を要するものを規定しており，日本国憲法の下でも法律（公式法）を制定することが考えられるが，現在まで実現していない。実務上は，条約については，公布に対する助言と承認の副署とは別に，主任の大臣の署名及び内閣総理大臣の連署がなされるのが例となっているのに対し，予算・国庫債務負担行為については，公布も必要なく署名・連署も必要とされていない。

3　署名・連署を欠く場合の効力

署名・連署を欠く法律・政令の効力について，当初は，〔A〕署名・連署は法律・政令が適法な手続で制定されたことの公証，すなわち成立のための形式的要件であるから，これらを欠くものの効力を認めない説が一般的であった（美濃部達吉『新憲法逐条解説』日本評論社，1947年，116頁，佐々木・憲法272頁）。しかし，現在では，〔B〕本条の署名・連署はすでに成立した法律・政令の制定・執行の責任の所在を表示するものにすぎず，これらを欠いても法律・政令の効力には影響しないと解するのが通説である（法協・註解下1105頁，佐藤功・註釈（下）917頁，宮沢・コメ584頁，木下・只野・新コメ580頁，新基本法コメ

308

4 署名・連署の主体

署名の主体は「主任の国務大臣」である。「主任の」とは、内閣が行政権を行使するにあたって各国務大臣が行政事務を分担管理することを想定しており、内閣法3条1項はこれを前提にして定められていると解されている（佐藤功・註釈（下）915頁）。もっとも、「憲法改正草案に関する想定問答」では、「主任の国務大臣」とは、「国務大臣は、それぞれ主務をもつことを想定した」もので「従って、各省大臣の制か、これに近き制度が新憲法でも考えられていると見ねばならない」とされており、厳密な意味で各省大臣制に限定されていたわけではない。

連署の主体は内閣総理大臣であるが、これは内閣の首長かつ代表者としてのものである。それゆえ、副署しない国務大臣も責任を負うことは、この内閣総理大臣の連署をもって明らかにされる。

〔上田健介〕

> **第75条** 国務大臣は、その在任中、内閣総理大臣の同意がなければ、訴追されない。但し、これがため、訴追の権利は、害されない。

1 75条の趣旨

内閣は、内閣総理大臣の下に各国務大臣が一体となってその職務を遂行し、国会に対し連帯して責任を負うものであり、国務大臣が訴追を受ければ内閣自体の職務遂行に支障が出る。また、国務大臣の訴追が随意に許されるならば、国務大臣が検察の政治的な動機による訴追により内閣の円滑な運営が阻害されることにもなりかねない。本条の趣旨は、このような弊害を防止し、内閣の職務遂行を確保することにある。法務大臣は個々の事件の取調又は処分についても検事総長に対する指揮権をもつため（検察庁法14条）、内閣の意思に反して政治的動機からの起訴が行われる可能性は低いが、皆無とはいえない（木下・只野・新コメ581頁）。また、内閣の首長としての内閣総理大臣の優越的地位を確保する意味もある（宮沢・コメ589頁、清宮・憲法Ⅰ313頁）。

2 「訴追」の意味

「訴追」には、検察官による公訴の提起のみならず、逮捕、勾留などの身柄の拘束をも含むかが論点となる。1948年に芦田内閣の国務大臣（経済安定本部総務長官）であった栗栖赳夫が収賄罪の嫌疑で内閣総理大臣の同意なしに逮捕、勾留されたが、東京高裁は、「憲法第75条の『訴追』には、逮捕、勾引、勾留のような身体の拘束の意味を含むものとは、解し得ないのであるから、右逮捕及び勾留を目して同条に違反するものということはできない」と判断した（東京高判昭1959〈昭34〉12.26判時213号46頁。最高裁は実体的判断をせずに上告棄却）。学説は、〔A〕本条が「訴追」の語を用いていること、明文の根拠なく特権を拡張する解釈はとるべきでないことなどから逮捕等は含まれないとする説（佐藤功・註釈（下）920頁、辻村・憲法429頁）、〔B〕

309

身柄の拘束を伴う逮捕，勾留などの方が影響が大きいことからこれらも含むと解すべきだとの説（法協・註解下1111頁，宮沢・コメ588頁，清宮・憲法Ⅰ313頁，佐藤幸・憲法490頁，野中他・憲法Ⅱ190頁，新基本法コメ395頁）に分かれている。

3 「同意」の判断

同意を与えるか否かにあたり，内閣総理大臣は，訴追の適法性を判断するのではなく，訴追を認めることによる国家的利益と，内閣の円滑な職務の遂行を確保することの国家的利益とを比較衡量して判断するべきだとされる（法協・註解下1111頁）。もっとも，その判断は内閣総理大臣の裁量に属し，その適否は，国会による政治的コントロールの対象になるだけだと解される。

4 内閣総理大臣に対する訴追

内閣総理大臣自身に対する訴追について，〔A〕本条にいう「国務大臣」には内閣総理大臣が含まれず，内閣総理大臣は在任中の訴追が許されないとする説もあるが（宮澤・憲法308頁），これは内閣総理大臣に過度の特権を与えることになるとして，〔B〕内閣総理大臣も含まれるとするのが多数説である（法協・註解下1113頁，木下・只野・新コメ582頁，新基本法コメ396頁など）。ただし書きは，一般に，同意のないときには公訴時効の進行が停止することを意味すると解されている。

〔上田健介〕

第6章　司　法　【総論】

1　統治機構における司法権の位置づけ
(1) 権力分立制原理と司法権

　大日本帝国憲法の下では、天皇が総攬者として統治権をすべて手中に収めた上で（明治憲法1条・4条）、立法権を帝国議会に（5条・37条）、行政権を国務大臣ら（55条）に、そして司法権を裁判所に行わせる体制を採用した。明治憲法57条は、このような統治の基本構造の下で「司法権ハ天皇ノ名ニ於テ法律ニ依リ裁判所之ヲ行フ」と規定し、天皇の名の下で裁判が行われていた。これに対して日本国憲法は、国民が統治権の究極的な主体であることを大前提とした上で、76条1項は、「すべて司法権は、最高裁判所及び法律の定めるところにより設置する下級裁判所に属する」、と規定する。日本国憲法において、本条は、41条「国会は、……国の唯一の立法機関である。」および65条「行政権は、内閣に属する。」とトライアングルを形成し、国家作用についてそれを、国会、内閣、裁判所の三つの統治部門に分担させる体制を採用している。

　ところで従来の権力分立制についての一般的な理解によると、モンテスキュー（1689年-1755年）の著書『法の精神』（1748年）で打ち出された考え方は、つぎのように描き出された。仮に国家権力を単一の国家機関に集中させると、権力が濫用され国民の自由が脅かされる恐れが生じる。そこで、複数の国家機関を樹立し、それらを分立させることが望ましい。国家の行う諸活動を法的に分類すると、基本的に立法作用・行政作用・司法作用の三種類に分けることができる。そこでこれらの三つの作用を、相互に独立的な存在である立法機関（立法権）、行政機関（行政権）、司法機関（司法権）にそれぞれ専門的に分担させるようにする。すなわち、ある作用が競合的に複数の機関に属してはならない。そして、これらの三つの機関はなるべく相互に不干渉であることが望ましく、分担した作用について独立の機関として自律的な判断を下す仕組みを整えることによって、権力の集中化を阻止することを目指す。

　だが近年では、このような考え方は、モンテスキューの思想についての誤解に基づくものであることが明らかになってきている。確かにモンテスキューは、一つの機関が二つないし三つの作用を独占すれば国家は専制的になると考えていたが、決してそれぞれの機関がそれぞれの作用を排他的に分担する仕組みを提唱していたのではなかった。実際のところ、モンテスキューは、それぞれの機関の背後に具体的な社会勢力を思い浮かべながら（執行権→国王，議会→庶民院における市民階級＋貴族院における貴族階級，裁判権→貴族階級），混合政体論の立場から、柔軟な権力分立論を構想していた。この構想によると、複数の機関が、それぞれの機関に割り当てられた作用を独占することなく、またそれぞれの機関間の相互干渉を認めることによって、「抑制と均衡（check and balance）」を実現することが目指されていた。具体的には例えば、立法権は議会のみが担

うのではなく，国王と議会の双方が関与する（議会は両院制なので，法律制定には，君主・貴族階級・市民階級の三者の意思の一致が必須であり，そうすることを通じて良き法が作られる）。また執行権と立法権が政治権力を担う統治機関であるのに対して，裁判権はそうではない。裁判官は機械的な法の適用を行うにとどまるべきだ，としていた（いわゆる司法ペシミズム観（樋口陽一＝栗城壽夫『憲法と裁判』法律文化社，1988年，26頁以下））。

　日本国憲法は，このような「抑制と均衡」という思想を忠実に継承し，そのための制度として，衆議院による内閣不信任による内閣の総辞職の要求および内閣による衆議院解散権（7条および69条）のほか，司法権に関係するものとして，内閣による最高裁判所裁判官の人事決定権（6条2項・79条），内閣による下級裁判所裁判官の任命権（80条1項），国会による裁判官に対する弾劾裁判権（64条）等などを規定している。但し司法権については，モンテスキューが提示したような司法ペシミズム観に与しなかった。むしろ司法権に対して厚い信頼を寄せ，裁判所に違憲審査権を与えている（81条）。憲法はこの規定を設けることを通じて，裁判所に対して憲法を最高法規とする理念（98条）を現実化し，憲法の下でなされる立法が良き法であることを目指しているのである。こうして，モンテスキューの制度構想とは全く対照的に，日本国憲法の下での司法権は，憲法訴訟等を通じて一定の重要な政治的機能をも果たすことが期待され，現にそのような役割を果たしているのである。

（2）司法権の独立

　もし司法権が政治部門（立法権・行政権）に従属するようになり，それらの干渉のもとで政治的ないし恣意的な裁判が行われるようになれば，専制政治の支配する暗黒社会が到来する。市民が自由を享受しうる社会の最も基本的な条件は，司法権が他の2権から独立性を確保し，そのような司法権による公正な裁判を受けることができることである。日本国憲法は，司法権の独立を実現するための諸規定をおいている。

　司法権の独立には，(a) 個々の裁判官の行使する職権の独立，(b) 司法権の他の国家権力からの独立，という二つの要素がある。憲法76条3項は，「すべて裁判官は，その良心に従い独立してその職権を行ひ，この憲法及び法律にのみ拘束される」と規定し，明文で裁判官の職権の独立を保障した。そしてその実効性を担保する目的で，裁判官の身分保障（78条・79条6項・80条2項）と司法権の独立（最高裁判所の規則制定権についての77条，懲戒処分を行政機関が行えないとする78条，下級裁判官の人事権に関する80条1項）の規定を設けている。

　司法権の独立をめぐる問題は，明治憲法体制の発足直後に大事件に発展した（大津事件（1891年））。巡査が訪日中のロシア皇太子に傷害を加える事件が発生し，政府は外交上の考慮から当時の刑罰法規を無視して死刑判決を下すように働きかけたが，当時の大審院長児島惟謙はそれに強く抵抗し，自ら担当していなかったにもかかわらず，大審院判事に無期刑を下すようにさせた。このことは，その当時において，(b)が守られたという点では評価に値するが，同時に(a)の未確立を露呈するものであった。

司法組織を運営する司法行政権について、憲法の明文規定はない。明治憲法の下では司法行政権は司法大臣に属しており、最高裁判所の前身的組織である大審院は司法行政権と無関係であった。これに対して日本国憲法の下では、76条以下の規定から司法行政権は最高裁判所に属している、と解されている。司法行政権の行使は、裁判官会議の議によって行われ、最高裁判所長官がこれを総括する（裁判所法12条。なお高等裁判所や地方裁判所にも裁判官会議が設置され、それぞれの管轄に属する裁判官会議が置かれている。同法20条・29条）。それを実際的に担う機関として事務総局がおかれている（13条）。

司法権の独立がいかに重要な憲法原理であるとしても、それが司法権の独善を招来すれば、やはり市民の自由は損なわれてしまう。そこで憲法は、司法権の頂点に立つ最高裁判所の裁判官を国民審査に付すことにした（79条2項）。憲法は、国民が最高裁の活動に日常的な関心を寄せ、一定のコントロールを及ぼすことに期待を寄せているのである。

2　司法権の概念
（1）序　　論
憲法76条は司法権を裁判所に帰属させているが、司法権がいかなる対象に対して何を行う国家作用であるかについて、憲法はそれ以上の説明を与えていない。この点、アメリカ合衆国憲法3条2節が"cases"と"controversies"について管轄権を有する、としていることと対照的である。そもそも裁判官の実際的に担う作用は歴史的に大きく変化し、また法系による違いも大きく流動性に富んでいるため、それらを踏まえた上で、日本国憲法における司法権概念を解釈論として確定していく必要がある。

（ⅰ）司法権概念の流動性
まずヨーロッパ大陸で展開した封建制社会においては、貴族出身の裁判官の担う権力（＝裁判権）は、特権層の利益追求を志向する政治権力としての性質が色濃かった。フランス革命の法思想は、まさに革命勢力に敵対する反動勢力の牙城であった裁判権を徹底的に封じ込めるために司法ペシミズム観に立脚した。そこでは裁判官は、モンテスキューの表現によれば＜法を語る口＞にとどまるべきである、とされた。裁判官が法律解釈を行うことは許されず、もし解釈に疑義が生ずれば議会に照会しなければならない、とされたのである。そして裁判権は政治部門から切り離され、裁判官公選制が採用された。こうして封建制社会における裁判権は、近代司法権として全く新しく再構築されたのである。

大陸法系諸国においては、このようにして成立した近代司法権の対象は、私人相互間の紛争たる民事事件と国家が市民の刑事責任を追及する刑事事件について裁判を行うことに限定された。したがってそこでは、行政権と私人の間で紛争が発生し、私人が行政権行使の違法性等を訴える行政事件は、司法権の対象とはされなかった。こうして今日でも行政事件の裁判は行政作用として捉えられ、その裁判は司法官ではなく、行政裁判所等の機関において行政官の手によって行われている。これに対して英米法系諸国では、法の支配の理念の下で、法の下の平等は、なによりも行政であれ私人であれ同じ裁判所

で同じ法に照らした裁判を受けることだ，と考えてきた。したがって行政事件の裁判も当然司法権によって行われる，と考えられている。

　日本では，明治時代の近代法の整備の過程で強い影響を与えたのは，フランス法ついでドイツ法であったので，当然のことながら大陸法系の考え方を受容することとなった。こうして明治憲法61条は，「行政官庁ノ違法処分ニ由リ権利ヲ傷害セラレタリトスルノ訴訟ニシテ別ニ法律ヲ以テ定メタル行政裁判所ノ裁判ニ属スヘキモノハ司法裁判所ニ於テ受理スルノ限ニ在ラス」と規定して，司法裁判所とは別に行政裁判所を設置して，そこで行政裁判を行わせることとした。ところが，第二次世界大戦後，連合国総司令部の強力な指導の下で，日本国憲法が制定された。そこであらためて，司法裁判所が行政事件を裁判することができるかどうか，問題となった。この点制定直後は一定の論議が存在したが，現在の通説・実務に争いはない。すなわち，わざわざ法律を制定して行政事件の裁判を司法権に付与しなくとも，それらは当然司法裁判所によって裁判される，としている（これに対して，日本国憲法下においてもそのまま大陸法系の司法権概念を主張し，法律制定によりはじめて行政事件の裁判を司法裁判所が行うことができる，と説いた学説として，美濃部達吉『日本国憲法原論』有斐閣，1948年，457頁）。その理由としては，(i)日本国憲法は，アメリカの強い影響を受け，英米流の司法権を採用している，と考えられること，(ii)憲法81条は，「最高裁判所は，一切の法律，命令，規則又は処分が憲法に適合するかしないかを決定する権限を有する終審裁判所である。」，と規定し，行政処分に対する違憲審査権も明文で認めていること，(iii)憲法76条2項は，「行政機関は，終審として裁判を行ふことはできない」としており，行政事件についても終審として裁判を行うことができるのは司法裁判所であることを示唆している，と考えられること，(iv)もし現行憲法が行政裁判を行政裁判所に委ねるべきだ，と考えていたとすれば，国民の権利保障をより重視する現行憲法に明治憲法61条に相当する規定が存在しないのは不自然であること，が指摘されている。

（2）司法権と事件性

　司法権の中核に位置する活動とは，どのような法的作用であろうか。この点通説は，＜事件性を具備した法的紛争＞を裁判することにほかならない，と理解してきた。より具体的に定義づければ，＜事件性を具備した法的紛争＞とは，「具体的事件に関する紛争」を意味し，「当事者間に，具体的事件に関する紛争がある場合において，当事者からの争訟の提起を前提として，独立の裁判所が統治権に基づき，一定の争訟手続によって，紛争解決の為に，何が法であるかの判断をなし，正しい法の適用を保障する作用」，とされる（芦部・憲法 336-337頁）。判例も，「司法権が発動するためには具体的な争訟事件が提起されることを必要とする」，としている（警察予備隊訴訟判決・最大判1952〈昭27〉10.8民集6巻9号783頁）。これに対して近時，司法権を「適法な提訴を待って，法律の解釈・適用に関する争いを，適切な手続の下に，終局的に裁定する作用」と構成し，司法権の中核に位置する活動にとって事件性の要件は不可欠ではない，と主張する有力な論者による少数説が登場しており（高橋・憲法410頁以下，同『体系憲法訴訟』岩波書

店，2017 頁，32 頁以下)，今後の議論の展開が注目される。

　通説は，＜事件性を具備した法的紛争＞は，裁判所の権限に関して，「日本国憲法に特別の定のある場合を除いて一切の法律上の争訟を裁判し，その他法律において特に定める権限を有する。」と規定する裁判法3条1項における「法律上の争訟」に該当するものであって，同規定はその趣旨を実定法上確認したものだ，ととらえている。それでは，どのような法的紛争であれば，すなわちどのような条件を満たせば「法律上の争訟」といえるのか。この点について，通説は，(a) 当事者間の具体的な法律関係ないし権利義務の存否に関する争いであること，(b) 法律の適用により終局的に解決できるものであること，の二つの要件を満たす法的紛争を「法律上の争訟」となる，としている。判例も同様に，「『法律上の争訟』とは法令を適用することによって解決し得べき権利義務に関する当事者間の紛争をいう」，とする（最一判1954〈昭29〉2.11民集8巻2号419頁)。判例上例えば，国会の「教育勅語失効確認決議」に関する，「主観的または感情に基づく精神的不満」は (a) の要件を欠き（最三判1953〈昭28〉11.17行集4巻11号2760頁)，国家試験の合否判定（最三判1966〈昭41〉2.8民集20巻2号196頁）や，政策の当否に関する問題については，(b) の要件を欠く，とされてきた（防衛政策について名古屋高判1975年〈昭50〉7.16判時791号71頁，経済政策の当否について，最一判1982〈昭57〉7.15判時1053号93頁)。

(3) 客観訴訟の位置づけ

　しかし，上記，(a) の要件を満たさずとも，公益の追求を目的とする法的紛争も一定の範囲で，裁判所法3条1項における「その他法律において特に定める権限」に属するものとして，裁判の対象となってきた（この種の訴訟は，個人・団体の主観的利益の追求を目的する主観訴訟と対比され，客観訴訟と呼ばれてきた)。その例として，民衆訴訟（地方自治法の定める住民訴訟（242条の2）や公職選挙法の定める選挙訴訟（203条1項・204条)・当選訴訟（207条1項・208条1項）など）と機関訴訟（「国又は公共団体の機関相互間における権限の存否又はその行使に関する紛争についての訴訟」（行政事件訴訟法42条)）がある。国会は，立法政策によって自由に裁判所に対して (a) の要件を満たさない訴訟を創設することができるのだろうか。もし立法権による自由な創設が可能であるとすれば，司法権の範囲が法令の抽象的な審査まで及ぶことが可能となり，そもそも「法律上の争訟」を語る意味がなくなってしまうであろう。

　そこで学説では，立法政策の限界をめぐって，A説（実質的事件争訟性説「法原理機関の権限とするにふさわしい，具体的な事件・争訟性を擬するだけの実質を備えている場合」には許されるとする説（佐藤幸・憲法論623-624頁))，B説（具体的審査説　国家行為は具体的に処分等の形で行われたが，限定された原告の具体的な法的利益の侵害とはいえない場合は，具体的に処分が行われている点に着目すれば具体的審査であるといえる，とする説（野中俊彦「司法の観念についての覚書き」『杉原泰雄先生古稀記念 21世紀の立憲主義』勁草書房，2000年，425頁以下))，C説（総合考慮説　それぞれの事案について裁判所に公権的裁定の権限の付与の可否を総合考慮しつつ検討する必要がある，とする説　長谷部恭男

「司法権の概念」ジュリ 1400 号〔2010 年〕7 頁，村上裕章「客観訴訟と憲法」行政法研究 4 号〔2013 年〕32 頁以下，なお参照，樋口他・注解Ⅳ 14 頁以下〔浦部法穂〕）が，唱えられている。このうち A 説については，「具体的な事件・争訟性を擬するだけの実質」の意味が明らかではないこと，B 説については，具体的な処分として行われさえすれば直ちに客観訴訟を認めてもいいのか（例えば，住民訴訟を国レベルに応用した国民訴訟の創設が直ちに認めてよいか），等の批判が可能である。C 説は，そもそも事件性概念の機能として，「①裁判所による適切な法的裁定・紛争解決及び救済を可能とする（現実の具体的対立関係にある）当事者を選別する役割，②社会全体の利益という観点からの政治部門における解決が相応しい紛争を除外し，裁判所による法的裁定に相応しい事案を選別する役割，③行政をコントロールする議会の責務を議会が納税者訴訟等を通じて裁判所に過剰に委譲することを阻止する役割」（長谷部・前掲論文）があることを踏まえて，個別事例に即して検討するべきだとするもので，理論的にも実際的にも説得力がある。

3 司法権の限界

ひとまずは「法律上の争訟」としての条件を満たす法的紛争といえても，司法権の対象とすべきではない法的紛争が存在する，とされてきた。これには，具体的には，国際法による限界，憲法による限界，があり，さらに統治行為論や部分社会の法理の存在が指摘されてきた。

(1) 国際法上の限界

まず国際慣習法上認められている外交特権などの治外法権に関わる法的紛争については，日本の司法権は及ばない。次に外国の主権的行為についても「主権免除の原則」が妥当し，司法権は及ばない（横田基地対米訴訟最高裁判決・最二判 2002〈平 14〉4.12 民集 56 巻 4 号 729 頁）。さらに個別的な条約や行政協定によって司法権の管轄を排除することも許容されている（例えば，日米地位協定に基づき公務執行中の米軍属に対する第一次裁判権は米軍側にある。17 条 3 項(a)(ii)）。

(2) 憲法上の限界

憲法は三権分立の統治構造を規定し，国家権力を三作用に分類してそれらを三権に割り当てた上で，三権相互間の「抑制と均衡」を目指している。このような憲法の基本構造を動揺させかねない司法権の行使は許されない。具体的には，憲法の明文によって定める例外のほか，性質上の限界として，立法権に対する限界と行政権に対する限界とがある，とされてきた。

憲法が明文で定める例外として，両議院による議院の資格争訟裁判（55 条），弾劾裁判による裁判官の罷免（64 条）がある。

性質上の限界として，まず立法権に対して，(a) 両議院の自律権に由来する限界，(b) 立法裁量に由来する限界がある，とされてきた。(a)に関して，通説・判例は，両議院の自律性を尊重するために，議院の定足数，議決の有無等の議事手続，国会議員の懲罰などは司法権の対象とされない，としてきた（警職法改正無効事件最高裁判決・最大判 1962

〈昭37〉.3.7民集16巻3号445頁)。しかし，法律の成否が市民の権利義務に大きな影響を与えることを考えると，法律制定に関する議事手続について，少なくとも憲法の明定している条件に関しては司法判断が及ぶ，と解するべきであろう(佐藤幸・憲法論464頁)。(b)については，立法裁量については，国民代表による政治的決定である以上，司法権がそれについて敬意を表することは求められるとしても，いかなる権力といえども裁量権の逸脱・濫用はありうる以上は司法判断は及ぼされるべきであり，あえて限界を論じる必要はないであろう。

次に行政権に対する限界については，行政裁量についても裁量権の逸脱・濫用については，当然審査の対象となる(行訴法30条)。行政庁の第一次的判断権の尊重については，従来，行政権がまず第一次的に権限を行使し，それを対象として裁判所がその適法性を判断するのが原則であるから，裁判所が行政庁に対して特定の給付を命じたり，特定の義務を課したりすること(給付判決・義務付判決)は原則として認められない，とされてきた。しかし，このような議論は行政権を過度に尊重するものといわざるをえない。行政権が第一次的判断権を行使しないことがあれば，それ自体の違法性を問うことは十分に認められるはずである。

さらに問題となるのは，執行停止に対する内閣総理大臣の異議の制度である(行訴法27条4項)。そもそも日本では執行不停止原則が採用されており，たとえ司法権に取消訴訟が提起されても，行政処分は通用し続ける。ただ，裁判所が，「処分，処分の執行又は手続の続行により生ずる重大な損害を避けるため緊急の必要がある」と認めるときに限り，例外的に執行停止を行う権限が裁判所に認められている(行訴法25条2項)。しかし，裁判所が執行停止をした場合であっても，内閣総理大臣が異議を述べることによって執行停止は取消されてしまい，行政処分の通用力が復活する。かかる異議については，行政処分の取消が司法権の行使であるとすれば，その執行停止も司法権に属する作用である，との批判が妥当する(藤田宙靖『行政法総論』青林書院，2013年，467頁)。

(3) 部分社会の法理

部分社会の法理は，最高裁判例によって提示された考え方である(最大判1960〈昭35〉10.19民集14巻12号2633頁，富山大学事件判決・最三判1977〈昭52〉3.15民集31巻2号234頁)。

判例 富山大学事件判決は，「一般市民社会の中にあつてこれとは別個に自律的な法規範を有する特殊な部分社会における法律上の係争のごときは，それが一般市民法秩序と直接の関係を有しない内部的な問題にとどまる限り，その自主的，自律的な解決に委ねるのを適当とし，裁判所の司法審査の対象にはならないものと解するのが，相当である」，と判示した。この考え方は，まず国家を全体社会と捉えた上で，国家という一つの団体の内部には，種々様々な団体(＝部分社会)が存在している，と考え，その内部規律をできるだけ尊重しようとするのである。この考え方の背景には，司法権といえども国家権力の一角を占めている以上，司法権の関与が諸団体に対して謙抑的な態度を堅持し，団体の自主的な運営を尊重する方がより自由な社会となるはずだ，という思想がある。

第 6 章　司　法

判例は，大学における単位授与行為や地方議会による出席停止処分は司法審査の対象とはならない，と判示した（前出，1960 年判決）。部分社会の例としては，判例で明示された国立大学や地方議会のほか，宗教団体，政党，労働組合，弁護士会などがそれに当たる，と考えられてきた。

[学説]　しかし，学説は，このような考え方そのものに批判的である。このような態度を貫くと，憲法 32 条の保障する裁判を受ける権利がないがしろにされるおそれがある。というのも，団体内部の少数者の権利や地位の保障が不十分となるおそれがあるからである。そこで，部分社会として一括してとらえるアプローチは取らず，問題となっている団体の目的や性格，争われている処分の内容や効果などを慎重に検討して決定すべきだとしている（例えば，芦部・憲法 345 頁以下，佐藤幸・憲法論 594 頁以下）。そうだとすれば，そもそも法律上の争訟にあたるかどうかに立ち返って，司法審査の対象となるかどうかを決定すべきである。その際，問題となっている行為が「一般市民法秩序」（富山大学事件判決）に抵触するかどうか，すなわち市民社会における生活の基盤を揺るがす性質をもっているか，を「法律上の争訟」の (a) の要件（2(2)）の問題として考えることができよう。

　部分社会の法理の一環として，宗教団体内部の紛争が司法権の対象となるかが争われてきた。

[判例]　判例によれば，訴訟物が当事者間の具体的な法律関係ないし権利義務の存否に関する争いであれば，その前提問題として，宗教上の地位等が争われている場合であっても司法権の対象となる，とされる（日蓮正宗管長事件・最三判 1993〈平 5〉9.7 民集 47 巻 7 号 4667 頁）。だが，そのような争いを判断する際に宗教的事項に判断をしなければならない場合が，問題となる。この点，板まんだら事件最高裁判決（最三判 1981〈昭 56〉4.7 民集 35 巻 3 号 443 頁）において，宗教的事物の真贋が問われたこの事件は，「具体的な権利義務ないし法律関係に関する紛争の形式をとつており，その結果信仰の対象の価値又は宗教上の教義に関する判断は請求の当否を決するについての前提問題であるにとどまるものとされてはいるが……その実質において法令の適用による終局的な解決の不可能」なものだ，と判示し，本件訴訟の「法律上の訴訟」性を否定した。本件は，そもそも訴訟物が寄付金の返還請求である点に紛争の特異性が窺われ，原告の訴訟提起の狙いが，宗教紛争であるといわざるを得ない板まんだらの真偽について法廷の場で決着をつけることにあったことに鑑みて，本判決が，「法律上の訴訟」の (b) の要件（2(2)）を満たさないとした結論については，学説は好意的である。また，住職の地位の罷免の可否について宗教上の教義について解釈しなければ判断できないような場合にも，(b) の要件を欠いているので，このような場合には司法権は及ばない（日蓮正宗擯斥処分事件・最二判 1989〈平元〉9.8 民集 43 巻 8 号 889 頁）とするのが，判例の立場である。

　様々な団体の紛争の中でも，宗教団体の紛争が裁判所に持ち込まれた場合には，なによりも政教分離原則の見地から，特定の団体や教派を特別扱いしたり，あるいはあたかも国が特定宗教の特定の教義を肯認しているかのような印象を与えることは，厳に慎む

べきである。その上で，舞台となっている宗教団体にもそれと抗争関係にある個人や団体にも裁判を受ける権利があることを踏まえて，司法審査の対象となるべき紛争と司法審査の外に置くべき紛争との間の仕分けを慎重かつ適切に行っていくことが求められる。
　さらに政党が問題となる。
　判例　共産党袴田事件・最高裁判決（最三判 1988〈昭 63〉12.20 判タ 694 号 92 頁）は，「政党の結社としての自主性にかんがみると，政党の内部的自律権に属する行為は，法律に特別の定めのない限り尊重すべきであるから，政党が組織内の自律的運営として党員に対してした除名その他の処分の当否については，原則として自律的な解決に委ねるのを相当」だとし，たとえ「処分が一般市民としての権利利益を侵害する場合であっても，右処分の当否は，当該政党の自律的に定めた規範が公序良俗に反するなどの特段の事情のない限り右規範に照らし，右規範を有しないときは条理に基づき，適正な手続に則ってされたか否か」に限定されるべきだ，と判示した。政党における地位そのものが訴訟物である場合には司法審査は行なわないという点では宗教団体の場合と共通する。だが宗教団体の場合には，政教分離原則に対する配慮が重要であるのに対して，政党の場合には，国民の政治的自由の尊重の見地から，政党が「高度の自主性と自律性」（同判決）を保障しなければならないとして，やはり司法審査の介入に対して，かなり慎重な態度を示している。やはり政党の除名処分が問題となった日本新党事件でも，最高裁は慎重な態度を維持している（最一判 1995〈平 7〉5.25 民集 49 巻 5 号 1279 頁）。
　学説　学説においては，政党における除名処分については，基本的に判例法理に賛同して手続審査に限定されるべきだとする考え方と，実体的内容についても一定の限度で司法審査を行うことができるとする考え方が対立している。政党が，政治過程において大きな役割を果たす高度の公共性を持っていることに照らせば，宗教団体の場合とは異なり，積極的な司法権の介入を正当化することが可能であろう。

（4）統治行為論

　統治行為論は，国の統治の基本に関する高度に政治性のある国家行為を「統治行為」または「政治問題」と捉え，それについては，たとえ「法律上の争訟」性を満たしていても司法審査をすべきではない，とする理論である。具体的には，(a) 国の外交防衛政策の重要事項（国際法上の国家承認，安全保障のための条約，自衛隊の存在），(b) 政治部門の運営に関する事項，(c) 政治部門の相互関係に関する事項（例，内閣による解散権行使），などが論じられてきた。前出の議院の自律権は，(b) に当てはまる。
　学説　なぜ統治行為論が認められるかについては，裁判所が政治の渦中に巻き込まれることを自制する必要がある（自制説），あるいは権力分立制から派生する司法権の内在的制約から統治行為については判断する権能を有しない（内在的制約説），という根拠，あるいは事例ごとに両説のどちらかを援用しうるとする折衷説（芦部・憲法 344 頁）が主張されてきた。逆に法治国家原理の貫徹の重要性を強調して一切の統治行為論は認められない，という説も主張された（後掲苫米地事件最高裁判決・河村大助少数意見）。
　判例　判例は，日米安保条約の合憲性が問題となった砂川事件において，安保条約は，

「高度の政治性を有する」ので「一見極めて明白に違憲無効であると認められない限り」司法審査の対象とはならない，とする変則的な統治行為論を採用した（最大判1959〈昭34〉12.16刑集13巻13号3225頁）。この立場は条約の内容審査を行っている点で，本来の統治行為論からは逸脱している。これに対して，内閣の解散権行使の合憲性が問題となった苫米地事件で，最高裁は統治行為という言葉は用いていないが，内在的制約論に基づいて司法審査の対象から排除した（最大判1960〈昭35〉6.8民集14巻7号1206頁）。自衛隊について，長沼ナイキ事件・札幌高裁控訴審判決（札幌高判1976〈昭51〉8.5行集27巻8号1175頁）は，砂川事件最高裁判決の変則的な統治行為論を採用して司法審査の対象に含まれない，とした。

　統治行為論には，ある行為が＜高度の政治性＞を帯びているからといって一律に違憲審査の対象から排除されるとする点において，致命的な欠陥がある（大石・講義Ⅰ237頁，辻村・憲法436頁）。なぜなら，(a) 憲法事件が政治性を帯びるのは当然であり＜高度の＞と限定を付したところで所詮程度の差に過ぎないのであって，政治性のある行為であっても違憲審査の対象とするとした憲法制定者の決断の結果が憲法81条であるはずだからである，(b) とりわけ基本的人権の尊重の観点からいって，ある行為が＜高度の政治性＞を帯びた行為だからといって，それによって引き起こされた人権侵害に対して裁判的救済を否定することは許されないはずだからである。そうだとすれば，司法権はためらうことなく国家行為の内容の審査に必ず踏み入り，その結果，たとえいかなる事例であっても，少なくとも「一見極めて明白に違憲無効」であるか否かの審査については司法権は及ぶ，と考えるべきであろう。

〔山元　一〕

第76条 ①すべて司法権は，最高裁判所及び法律の定めるところにより設置する下級裁判所に属する。
②特別裁判所は，これを設置することができない。行政機関は，終審として裁判を行ふことができない。
③すべて裁判官は，その良心に従ひ独立してその職権を行ひ，この憲法及び法律にのみ拘束される。

1　司法権の帰属

　憲法76条1項および2項は，司法権の帰属に関する規定である。まず1項は，裁判所の構成について定めている。そして2項は，特別裁判所の設置を禁じるとともに，行政機関が終審の裁判機関となることを禁止している。

（1）一元的な裁判系統と審級関係

　本条1項は，司法権をその頂点に位置する最高裁判所と，その下に法律によって設置される下級裁判所に託している。その名称から推察されるように，最高裁判所は司法権の審級関係のトップに立つ。そしてそのような地位を確保するために，系列の外

側に立つ特別裁判所の設置を禁じるとともに（同条2項），司法権への出訴の途の閉ざされた行政機関の裁判を禁じている（同条同項）。こうして，日本の裁判系統は，フランスやドイツなどの大陸法系諸国における裁判系統とは異なり一元的なものとなり，最高裁判所によるすべての法令の有権解釈は，同一の事件については他のすべての裁判所を拘束する。

上で述べたように，本規定は，最高裁判所と下級裁判所の間に審級関係が存在することを示唆している。それを受けて，裁判所法4条は，広く上級審と下級審の関係について，「上級審の裁判所の裁判における判断は，その事件について下級審の裁判所を拘束する。」としている。審級関係の存在を認める以上，下級審裁判官は上級審裁判官の法的判断に拘束されことになるが，このことは裁判官の職権の独立に反しない。

最高裁判所は，「上告」および「訴訟法において特に定める抗告」について最終的な判断を下す権能を有する終審裁判所である。1996年に改正された民事訴訟法によって最高裁に対する上告理由の制限等が導入された結果，現行訴訟法上最高裁判所への上告が許されるのは以下のケースに限定される。(a) 下級審判決に憲法違反ないし憲法解釈の誤りがある場合（刑訴法405条1号，民訴法312条の1），(b) 最高裁判所の判例その他最高位の判例と相反する判断がなされている場合（刑訴法405条2号・3号），(c) 裁判所の構成等の違法や判決理由の不備がある場合（民訴法312条の2）。

こうして現行審級制度は，厳密にいえば三審制を採用しているとはいえない。この点，判例・通説は，審級関係の設計は立法政策の問題に留まるとしてきた（最大判1948〈昭23〉3.10刑集2巻3号175頁，宮沢・コメ299頁）。だが，裁判を受ける権利（憲法32条）を空洞化させないために，審級関係の設計に関する立法裁量に一定の規範的制約を課すことができるかどうかを検討することが，今後の課題である。

(2) 下級裁判所の構成

本条1項は，最高裁判所の設置を明示する（最高裁判所の組織等については，憲法79条解説参照）とともに，下級裁判所の構成を法律に委ねている。それを受けて制定された裁判所法は，4種類の下級裁判所（(ⅰ) 高等裁判所（全国8カ所），(ⅱ) 地方裁判所（50カ所），(ⅲ) 家庭裁判所（50カ所），(ⅳ) 簡易裁判所（438カ所））を定めている（下級裁判所裁判官については，80条解説参照）。このうち，家庭裁判所は，家族関係の紛争についての調停およびこれらの紛争に関する訴訟や審判を行うとともに，非行少年事件について審判を行う。簡易裁判所は，訴訟物の価格が140万円を超えない請求，および罰金以下の刑又は3年以下の懲役刑にかかわる一定の訴訟事件についての第一審裁判所である。

(3) 特別裁判所の設置の禁止

憲法76条2項は，特別裁判所の設置を禁止する。特別裁判所とは，特定の地域・身分・事件等に関して，通常裁判所の系列に属さない裁判所である。憲法が特別裁判所の設置を禁止した趣旨は，特定の地域・身分・事件について特別の法や手続を設けて，特権的ないし差別的取扱いをすることを防止するとともに，日本の法令についての法解釈を統一するためである。大日本帝国憲法下では，外地（台湾や朝鮮等）における法院・軍法会議・皇室裁判所が設けられていた。家庭裁判所や2005年に東京高

裁に特別の支部として設置された知的財産高等裁判所は，一元的な裁判系統に属しているから特別裁判所ではない。家庭裁判所は特別裁判所ではない，とした判例として，最大判1956〈昭31〉5.30刑集10巻5号756頁がある。

なお，憲法が特別に規定した議員資格争訟裁判（55条）や弾劾裁判所（64条）が，特別裁判所ではないのは，当然である。

（4）行政機関が終審の裁判機関となることの禁止

憲法76条2項は，行政機関が終審の裁判機関となることを禁止している。もし行政機関が終審の裁判機関となることを許容すれば，裁判系統の一元性は崩壊してしまう以上，当然の規定である。しかし本規定は，行政機関が，「終審」ではないこと——すなわち司法権へ出訴しうること——を条件に，一定の司法的機能を営むことを妨げるものではない。というのも，行政国家の下では，専門的知識や経験に富んだ行政官によって構成される行政機関が，法的紛争に対して準司法的手続に基づいて公権的裁定を下すことのできる仕組みを設けることには，一定の積極的な意義を見出すことができるからある。裁判所法3条2項は，この趣旨を確認して，「行政機関が前審として審判することを妨げない。」と規定している。これに対して，立法機関たる国会が一定の裁判機能を果たすのは，憲法が特に定めた場合（国会議員の資格裁判（55条）及び弾劾裁判（64条））を除いては許されない。

現行法上，選挙管理委員会や人事院のおこなう「裁決」（前者は公職選挙法202条2項，後者は国家公務員法92条の2）がこれに該当する。なお，かつては公正取引委員会による「審決」があった（独占禁止法旧52条等）が，2013年法改正によって審決制度は裁判所に抗告訴訟を提起させる仕組みに改められ，管轄権を東京地裁に専属させた（77条・85条）。

2　裁判官の職権の独立

憲法は，裁判官の職権の独立が尊重されることが，自由な社会の基本的条件であることを強く意識して，憲法76条3項において明文でそれについて規定している。

（1）裁判官の良心

本条の規定する裁判官の良心については，A説（「主観的良心説」）とB説（「客観的良心説」）が対立してきた。A説は，「自ら道徳的に正しいと信ずるところに従って，職権を行う」（平野龍一『刑事訴訟法』有斐閣，1958年，52頁）ことを意味する，とする。これに対して，通説たるB説は，憲法19条における「良心」とは異なり，「裁判官という法律専門職に職務遂行上求められる良心」を意味する，とする（佐藤幸・憲法論615頁）。B説はA説に対して，「良心」をもしそのように主観的に捉えると「裁判がまちまちになり，しかも，法を離れて行われるおそれがあるので妥当ではない」，と批判する（清宮・憲法I 357頁）。この批判に対して，A説は，「主観的良心説」といっても憲法79条3項は「この憲法及び法律にのみ拘束される」のであるから，それらに拘束されることは大前提であり，しかも，憲法は＜個々の裁判官はその個人的な思想に従って裁判をせよ＞と命じている訳ではないから「裁判官の個人的な考え」に従え，という意味ではなく，「正しいと思ったことを正しいとする」ことが——思想とは区別される——「良心」に従

うことになる，と反論している（平野龍一「裁判官の客観的良心」ジュリ480号〔1971年〕85頁）。

B説の主張の背景は，＜個々の人間のもつ「良心」は一つしかありえない＞，と考えると，この「良心」と日本国憲法の提示する法価値の体系とが矛盾してはならないことを意味することになってしまうのではないか，もしそうだとすれば，「あるべき客観的な法の価値体系とずれない思想・信条の持ち主であることを裁判官の条件とみるような謬論と結びつくおそれ」があるのではないか（野中他・憲法Ⅱ242頁〔野中俊彦〕），との問題意識がある。しかしながら，A説は，裁判官個人の「思想」と法の適用者としての裁判官の「良心」を明確に区別する考え方に立っているし，B説も，「客観的良心」の捉え方次第では，やはり特定の考え方を持つ裁判官を排除する考え方に結びつかないとも限らない，であろう（南野森「司法の独立と裁判官の良心」ジュリ1400号〔2010年〕13頁）。このようにみてくると，A説とB説は，両説につけられた名称の対照性にもかかわらず，実際的な内容の違いは大きくない。結局，73条3項にいう「良心」とは，「本来の純粋に個人的な良心が職業的な義務ないし任務との関係で屈折して現われる」「職業的良心の一種」であって（団藤重光「裁判官の良心」『中野次雄還暦 刑事裁判の課題』有斐閣，1972年，19頁），裁判官は，本条に基づいて司法権内外からの「有形無形の」「厭迫乃至誘惑に屈」することなく（前出・最高裁判決），「『これが客観的に正しい法実現である』と自らの良心によって信じるところにしたがって職務を行うべきである」と解釈されるべきであろう（団藤・前掲論文19頁）。そして，裁判官が公権力行使の担い手である以上は，＜いかなる思想の持ち主であっても，そのことにかかわらず裁判官に就任させるべきだ＞，と主張することは適切ではない。透明性の確保される中で，日本国憲法の基本原理に敵対する思想を有する裁判官の排除を可能とする仕組みを検討したとしても，直ちに違憲的だと評価されるべきではない。

（2）職権の独立の意義

裁判官の職権の独立が確保されるためには，裁判に不当な影響を与えるおそれのある権力機関の行為は禁止されなくてはならない。具体的には，司法権外部の権力機関による行為と司法権内部の統制によるものの二つがある。

まず司法権外部の権力機関による行為としては，主に行政権によるものと立法権によるものがありうる。実際に問題となったものとしては，参議院法務委員会が，確定判決における量刑の軽さを問題視して独立権能説的理解を前提に国政調査権（憲法62条解説参照）を行使した浦和充子事件（1948年）がある（同委員会には，刑事事件の被告人や担当検事等が証人として呼び出された）。これに対して最高裁は，国政調査権についての補助的権能説的理解を前提に，「同委員会が個々の具体的裁判について事実認定若しくは量刑等の当否を審査批判し又は司法部に対し指摘勧告する等の目的を以て前述の如き行動に及んだことは，司法権の独立を侵害し，まさに憲法上国会の許された国政に関する調査権の範囲を逸脱する措置と謂わなければならない。」とする参議院議長に対する申入書（1949〈昭24〉5.20）を公表して抗議した（法曹時報1巻5号〔1949年〕71-72頁）。通説のいう

第6章　司　法

通り，すでに確定した判決であっても類似の事案を取り扱う裁判官に大きな影響を与えるおそれがあるとして，最高裁判所の考え方が支持されるべきである。

次に司法内部における統制としては，司法上層部や裁判所組織の上司等が，具体的な裁判をめぐって担当裁判官に対して不当な影響を与える行為がありうる。上級の裁判所は司法行政監督権を下級の裁判所に及ぼすことができるが（裁判所法80条），具体的な裁判はそのような監督権とは無縁である。実際の例としては，担当裁判官の訴訟指揮について，最高裁が，「多数の被告人及び傍聴人が黙とう及び拍手を行い，裁判長がこれを制する意思のない旨を表明し，そのなすがままに放任した」ことを摘示し，「かような事態の発生したことは，まことに遺憾としなければならない。」（「法廷の威信について（通達）」（1953〈昭28〉9.26最高裁判所総総第210号））と批判した吹田黙祷事件がある。通説のいう通り，最高裁のこのような監督行為は裁判官の職権の独立を揺るがすものである，として批判されるべきである（樋口他・注解Ⅳ 33頁〔浦部法穂〕）。さらに，この事件では，担当裁判官の訴訟指揮について裁判官訴追委員会の調査が行われたことが問題となる。裁判官の訴訟指揮のあり方が罷免事由（裁判官弾劾法2条1号・2号）に該当する可能性がある以上，調査の実行を許容せざるを得ないが，少なくとも当該審級が結審するまで自制すべきであろう（同委員会の調査について，最高裁はその中止を申し入れた）。また平賀書簡事件（1969年）では，平賀健太・札幌地裁所長が同地裁で自衛隊の違憲問題の審理（長沼ナイキ事件）を担当していた福島重雄裁判官に判決の方向性について私見を書いた「一先輩のアドバイス」と題する書簡を送った事件である（参照，憲法78条解説）。最高裁は平賀を厳重注意処分とし，札幌地裁所長を解任し東京高裁に転任させた。この事件は，司法内部における統制の典型例である。

これに対して，裁判公開制（憲法82条）を採用する憲法の下で，一般市民やメディアによる裁判における訴訟指揮や判決内容についての意見・要望・批判等は，裁判官個人に対する脅迫等にならない限りは，自由活発に行われるべきであり，そのことが将来に向けての裁判の質の向上に奉仕するであろう。

また，裁判官が自主的に何らかの団体に加入していること自体が，職権の独立に反するか。青法協問題（参照，憲法80条（4）解説）に関連して，「裁判官が，政治的色彩を帯びた団体に加入していると，その裁判官の裁判がどんなに公正であっても，その団体の構成員であるがゆえに，その団体の活動方針に沿った裁判がなされたと受け取られるおそれがある」として加入を「慎むべきである」との「公式見解」を発表した（1970年4月8日岸盛一最高裁事務総長談話（裁判所時報544号2頁））。しかし，「政治的色彩を帯びた団体」に加入していること自体が裁判官に圧力や影響を及ぼすおそれがあるから職権の独立に反する，という考え方は，裁判官にあらゆる政治的活動を禁止することに帰着しかねず憲法21条に反する，といわざるをえない（反対，佐藤功・註釈（下）978頁　なお，裁判所法52条1号の「積極的に政治運動をすること」の解釈については，憲法78条解説を参照）。

(3) 「憲法及び法律にのみ拘束される」の意味

　当然のことながら，この意味は，国法形式としての憲法と法律にのみ拘束されると考えてはならない。裁判官が，ある事案の法的解決を行う際には，その事案の有する政治的経済的社会的な意義や利害への関心をひとまず遮断して，当該事案に関係する日本国の法的存立そのものを基礎づけている国際法，国の最高法規としての憲法，条約などの国際的取極，法律そしてそれ以外のすべての下位法令，さらには比較法の動向等を注意深く検討した上で，当該事案の解決のために適用するべき＜法＞を確定し，それを適用すべきことを意味する。

3　国民の司法への参加—裁判員制度の合憲性

　憲法が裁判官に職権の独立を保障し，市民に裁判を受ける権利を保障し（32条），特に刑事事件について，「被告人は，公平な裁判所の迅速な公開裁判を受ける権利を有する。」（37条）と規定していることとの関連で，国民の司法への参加についての憲法上の限界が問題となる。

　一般に国民を司法に参加させる方法としては，陪審制と参審制がある。そもそも裁判過程は，事実認定・法令の解釈適用・刑の量定の3つの過程に分けることができるが，陪審制はこのうち事実認定について，無作為で選ばれた素人である陪審員が関与する制度である。陪審制はイギリスで発展し，その後アメリカに継受され，他のコモンロー諸国でも行われている。日本でも戦前，戦争の激化によって廃止されるまで，一時期陪審制が導入されたことがあり（1928年から1942年まで），それを踏まえ

て裁判所法3条3項は，「この法律の規定は，刑事について，別に法律で陪審の制度を設けることを妨げない。」，と規定している。参審制は，素人の参審員が職業裁判官と共に審理と判決に参加する制度であり，こちらは，主にフランスやドイツなど大陸法系諸国で採用されてきた。

　日本では，2000年代の司法制度改革によって参審制に分類される裁判員制度を導入し，2009年から実施されている。「国民の中から選任された裁判員が裁判官と共に刑事訴訟手続に関与することが司法に対する国民の理解の増進とその信頼の向上に資することにかんがみ」て（裁判員法1条）創設された現行の裁判員制度は，無作為で有権者から選ばれる6人の裁判員と3人の職業裁判官が一つの裁判体を構成する（同法2条2項）。裁判員裁判の対象となる事件は重罪事件であり（同法2条1項1号・2号），裁判員と裁判官が合同で「双方の意見を含む合議体の員数の過半数」によって，事実認定・法令の適用・刑の量定を行い，判決を下す（同法67条）。

　[学説]　裁判員制度の導入をめぐっては，学説の一部から強い違憲説が主張されてきた。すなわち，そもそも国民の司法への参加については，日本国憲法制定当初から違憲説が唱えられており，こちらの方が有力であった（兼子一『新憲法と司法』国立書院，1948年75頁以下）。それによれば，(a) 憲法上明文で素人裁判官の参加についての規定されていないこと，(b) 憲法32条や37条1項にいう「裁判所」は，当然に法律の専門家である裁判官のみが裁判することが前提とされていること，(c) 判決内容が裁判官以外の者の意見で左右されるのは，裁判官の職権の独立を侵害すること，

第6章　司　法

などが主張された。これに対して，合憲説（参照，常本照樹「司法権——権力性と国民参加」公法研究57号〔1995年〕66頁以下，笹田栄司『裁判制度』信山社，1997年，173頁以下）は，(a)′ドイツでは現在参審制が採用されているにもかかわらず，憲法上の規定はないこと，(b)′日本国憲法32条は明治憲法とは異なり「裁判官ノ裁判」（24条）を保障すると規定していないこと，また憲法は最高裁については，「その長たる裁判官及び法律の定める員数のその他の裁判官でこれを構成」される（79条1項），とあるが，下級裁判所にはこれに相当する規定がないので，裁判員のみによって裁判を行うことができると解されること，(c)′上訴された場合の上級審の裁判の下級審への拘束力や合議体の裁判において明らかなように，裁判官の職権行使の独立性は，自らの判断が常に通用することまでは意味しないこと，などの反論を加えてきた。

　裁判員制度は，一般国民に裁判員に就任し，審理に参加することを求めるものであるため，裁判員の人権問題を生じさせる可能性がある。具体的には，憲法18条の「苦役」にあたるのではないか，また事案によっては死刑判決を行う可能性があるため，死刑に絶対的に反対する者の「思想良心の自由」（19条）の侵害のおそれが指摘されている。このような問題に関しては，「裁判員の参加する刑事裁判に関する法律第16条第8号に規定するやむを得ない事由を定める政令」が制定され，自らに「精神上（中略）重大な不利益が生ずると認めるに足りる相当の理由がある」場合には，辞退が可能である（現在の辞退率は60％を越えている，との報道がある）。

　判例　現行裁判員制度について，最高裁は合憲判断を示した（最大判2011〈平23〉11.16刑集65巻8号1285頁）。それによれば，確かに憲法は，刑事裁判の基本的担い手として裁判官を想定しているが，人権保障を損なうことなく，国民が司法に参加することは両立する。憲法上の問題は立法政策によってつくられた制度の内容如何である。事実認定・法令の適用・刑の量定については，法律の素人でも的確に判断することができる。これに対して，裁判官の職権の独立については，法令の解釈に係る判断や訴訟手続に関する判断は裁判官に留保されており，あくまでも裁判の基本的な担い手は裁判官である。また市民側に課される負担については，一定の要件を満たせば辞退が可能なので，憲法18条にいう苦役にはあたらない，とした。こうして裁判員制度は，「国民の視点や感覚と法曹の専門性とが常に交流することによって，相互の理解を深め，それぞれの長所が生かされるような刑事裁判の実現を目指すもの」として重要な意義を有するとした。なお，現行制度に対する批判的な意見として，裁判員に課された守秘義務についてなど見直すべき点もある，との指摘がなされている。

　裁判員制度が司法権にかかわる規定との関係で合憲であるとしても，国民主権の理念を前面に押し出しつつ，強く「広く一般の国民」を義務づけようとする仕組みは，日本国憲法の基本原理に反しないのであろうか。国民に対しては憲法尊重擁護を義務づけていない（参照憲法99条）日本国憲法の基本原理をもっぱら自由主義的なものととらえれば，裁判員制度は本質的に憲法と矛盾する，という議論も可能であろう。これに対して，日本国憲法の前提に，公共的事柄に対する参加に一定の倫理的な義務

を伴った共和主義的公民像を観念することができると考えれば,「広く一般の国民」を司法への参加を求める制度は,国民主権の主体たる国民を権利主体と同時に責務の主体でもある,ととらえる憲法本来の精神に合致する,と受けとめられることになろう（参照,土井真一「日本国憲法と国民の司法参加」長谷部他編『岩波講座 憲法4 変容する統治システム』岩波書店,2007年,273頁）。

〔山元　一〕

第77条 ① 最高裁判所は,訴訟に関する手続,弁護士,裁判所の内部規律及び司法事務処理に関する事項について,規則を定める権限を有する。
② 検察官は,最高裁判所の定める規則に従はなければならない。
③ 最高裁判所は,下級裁判所に関する規則を定める権限を,下級裁判所に委任することができる。

1　最高裁判所規則制定権
(1) 最高裁判所規則制定権の意義

本条は,最高裁判所が審級関係の頂点に立ち,また司法行政権を手中に収めていることに加えて,「訴訟に関する手続,弁護士,裁判所の内部規律及び司法事務処理に関する事項」について規則制定権を有することを定めている。そもそも「この種の規則制定権は,従来の日本および大陸法には知られなかったところであり,英米法特有の制度」である（宮沢・コメ613頁）。明治憲法下では,司法大臣が規則を設けて,裁判所を規律することができた（参照,(旧)裁判所構成法125条）。

憲法41条は国会が「唯一の立法機関」である,とするが,本条は憲法が認めた憲法41条に対する例外である（但し,規則の内容が全て立法すべき事項にあたるわけではない）。このような例外が設けられた理由は,(a) 政治部門から一定の距離を取ることが求められる司法に関する事項については,なるべく内閣や国会からの干渉を排除して,自主的にに司法権の活動を規律することができるようにすることが望ましい,と考えられること,(b) 深く実務に関連するこれらの技術的事項については,裁判所が決定する方が適切な内容のルールを定めることができる,と考えられることに求められる。最高裁判所規則は,単なる内部ルールではなく,特に「訴訟に関する手続」に関して直接に市民を法的に制約する。

規則制定権は司法行政権に属し,最高裁は,裁判官会議の議を経て規則制定権を行使する。適切な内容のルール制定がおこなわれるように,最高裁判所規則制定諮問委員会規則が定められ,最高裁判所の監督に属し,その諮問に応じて規則制定に関する必要な事項を調査審議する目的で（1条1項）,民事・刑事・家庭・一般の4つの分野に応じてそれぞれ規則制定諮問委員会が設置されている（2条1項）。構成メンバーは,裁判官,検察官,弁護士,関係機関の職員又は学識経験のある者の中から,最高裁判所によって任命される（4条）。

規則には,「訴訟当事者その他一国民に関係ある事項または重要な事項に関する規

則（狭義の規則）」と，「それ以外の比較的軽微な事項に関する規程」とがある。前者のみが官報によって交付される（木下・只野・新コメ 603 頁〔大河内美由紀〕）。

（2）規則制定権の範囲

規則制定権の範囲として，大きく裁判所による司法権の行使に関わる事項と，司法行政権の行使に関わる事項が区別される（詳しくは後述）。「裁判所の内部規律」および「司法事務処理」に関する事項は後者に属し，司法行政権に関わる。こうして本条は，下級裁判所裁判官の指名権を最高裁判所に与えた憲法 80 条とともに，憲法が最高裁に対して司法行政を統括する権限を与えたことを推認させる規定である（佐藤功・註釈（下）983 頁）。

（3）法律と最高裁判所規則の関係

本条において問題となるのは，法律と最高裁判所規則との関係である。最高裁判所規則でなければルールを定めることのできない固有の領域が存在するか。判例・通説は，そのような固有の領域は存在せず，憲法の列挙する事項について，法律によっても最高裁判所規則によってもルールを定めることができる，としている（競合事項説（A 説）最二判 1955〈昭 30〉4.22 刑集 9 巻 5 号 911 頁）。その上で通説は，憲法 31 条が「法律の定める手続によらなければ，その生命若しくは自由を奪われ，又はその他の刑罰を科せられない。」としていることから，刑事訴訟の領域においては，(a)「刑事訴訟手続のうち訴訟の基本構造や被疑者・被告人の基本的に重要な利害に関する手続」については法律で定めることが必要であり，(b)「訴訟手続のうち技術的・細目的な事項で，かつ被疑者・被告人の基本的に重要な利害に関係のない事項」は，規

則でルールを定めることが期待されている，と考えられる（佐藤功・註釈（下）986 頁）。ただ，(a) に属する事項について仮に法律の定めがない場合は，規則で定めることも許されるとする説が主張されている（樋口他・注解Ⅳ 41 頁〔浦部法穂〕）。

これに対して，「裁判所の内部規律及び司法事務処理に関する事項」については市民の権利・義務に直接にかかわらないため憲法 31 条の射程外となるので，法律の関与を排除する規則制定の固有の領域に属する，とする説も唱えられている（一部専属事項説（B 説）佐藤幸・憲法論 612 頁）。このような考え方からすると，裁判官の内部規律にかかわる裁判官分限法が定められていることは違憲だ，ということになりうる（最高裁誤判事件最高裁決定・最大決 1950〈昭 25〉6.24 裁時 61 号 6 頁以下における真野反対意見　裁判官分限法については，78 条解説参照）。これに対して，実務・通説は，裁判官分限法を法律で定め，裁判官分限事件手続規則を規則で定めることは憲法上問題ない，と解している。実務は A 説の立場に立ち，「訴訟に関する手続」や弁護士に関する事項の重要な部分について，刑事訴訟法・民事訴訟法・行政事件訴訟法・弁護士法が制定され，最高裁は刑事訴訟規則，民事訴訟規則等を制定している。

法律と規則の間に矛盾が生じた場合には，国法秩序についての基本的な考え方からして国民代表議会の制定する法律の方が優位する，とするのが通説の立場である。これに対して，B 説からは，「規則の専管事項については，仮に法律が制定されたとしても，効力を発揮するのは規則だと考えなければならない」，と主張されている（佐藤幸・憲法論 613 頁）。このほか，同位説も

ありうる（法的効力は同位であり，「後法は前法を破る」の原則に従って問題を処理する）。最高裁は，1948年に裁判所法10条1号の規定内容（最高裁の小法廷で裁判できない場合）を最高裁判所事務処理規則で変更したことがあり，少なくともその当時規則優位説に立っていた可能性も否定できない（これについては，後に法改正がなされ，問題は解消された）。

　法律が，司法権ないし裁判所に関係する事項である限り，最高裁判所規則に特定の事項を委任して，最高裁に規則を制定させることは許される（佐藤功・註釈（下）988頁）。

2　訴訟に関する手続

　「訴訟に関する手続」とは，通説によれば，民事訴訟・刑事訴訟・行政訴訟の訴訟手続に関するルールのほか，厳密には訴訟といえない，非訟手続，家事審判，調停手続・民事調停手続・少年保護処分手続も含まれる。したがって例えば，家事事件手続法3条の「この法律に定めるもののほか，家事事件の手続に関し必要な事項は，最高裁判所規則で定める。」とする規定は確認規定に過ぎず，この規定がなければ最高裁判所は規則を制定することができない，と解してはならない。裁判所の組織・構成・管轄権などの事項はここに含まれない（樋口他・注解Ⅳ37頁〔浦部法穂〕）。なお，裁判官分限手続（憲法78条）や人事官弾劾手続（国家公務員法9条6項）も司法作用とはいえないが，裁判形式によって行われるため，そもそも「訴訟に関する手続」に含まれ，規則制定をなしうるとする説（佐藤功・註釈（下）985頁）と，前者については「裁判所の内部規律」に関する事項に含まれ，後者は国家公務員法9条6項による最高裁判所規則への委任によって規則制定が認められている，とする説（法協・註解下1159頁）が対立している。

3　弁護士

　本条が，弁護士について最高裁判所規則で定めることができるとしていることは，一見すると，弁護士に関わるルールは，もっぱら最高裁判所規則で設けるべきものであるとされているように読める（松井・憲法235頁はアメリカ法に立脚し，そう解する）。しかし通説は，弁護士の資格や権限等に関するルールは職業選択の自由の関わるものであるから，法律でルールを設けることが求められる（反対　宮沢・コメ615頁）。実際，弁護士法が制定されている。通説のいう通り，本規定は，弁護士が訴訟に関係する場面において最高裁判所規則による規律の対象となることを意味する，と考えるべきであろう。具体的には，「一般の弁護士中特定の裁判官の手続に関与できる者の資格や，その職務内容を規定するようなこと」がそれにあたる（兼子一＝竹下守夫『裁判法〔第4版〕』有斐閣，1999年，120頁）。

4　裁判所の内部規律

　「裁判所の内部規律」とは，「裁判所内部における事務処理に関する定め」を指す（佐藤功・註釈（下）989頁）。そうだとすると，「訴訟に関する手続」と重複する部分が多くなるが，本来は司法作用に属さず法律により裁判所の行うべき権限とされた事項に関わる規則もこれに含まれる。その例としてあげられるのは，「裁判官たる皇室会議議員及び予備議員互選規則」である。

5　司法事務処理

「司法事務処理」については、裁判とは区別される司法行政（参照、裁判所法「第6編　司法行政」）に関する事項を指し、具体的には、人事・予算・施設・定員等に関する権限がそれに当たるとする説（佐藤功・註釈（下）990-991頁）と、「裁判事務に付随しまたはその前提として定めておかなければならない事項、たとえば、裁判事務の分配、開廷の日時などに関する事項」だとする説（樋口他・注解Ⅳ38頁〔浦部法穂〕）が対立している。

6　最高裁判所規則と検察官

本条2項は、「検察官は、最高裁判所の定める規則に従はなければならない。」と規定する。本項における「最高裁判所の定める規則」には、実際には最高裁判所が定めたのではなく、本条3項の委任に基づいて下級裁判所が定めた規則も含まれる。

本規定は、最高裁判所が、訴訟に関係する場面に関して検察官に関する規則を制定することができることを意味する。最高裁判所に規則制定権が認められた趣旨からして、司法権に属しない検察官の資格や権限等について規則で定めることは許されない。これについては、検察庁法で定められている。本項に意義を見出そうとすれば、旧憲法下で検察官が裁判を監督し、この意味で検察官が裁判所の上位に位置していたことを明確に否定したところにある（新基本法コメ409頁〔宍戸常寿〕）。

7　下級裁判所に関する規則

本条3項は、「最高裁判所は、下級裁判所に関する規則を定める権限を、下級裁判所に委任することができる。」、と規定する。「下級裁判所に関する規則」とは、「下級裁判所に関する事項を内容とする規則」のことである。通説は、本項の趣旨について、個々の下級裁判所の実情に照らして適切なルールが設けられるように、下級裁判所に規則制定権を委任することを認めたものである、とする。なお通説によれば、個々の下級裁判所自身に関するものだけでなく、その管内にある下級裁判所について規則を設けることも許される。

〔山元　一〕

第78条　裁判官は、裁判により、心身の故障のために職務を執ることができないと決定された場合を除いては、公の弾劾によらなければ罷免されない。裁判官の懲戒処分は、行政機関がこれを行ふことはできない。

1　裁判官の身分保障

本条第1文は、裁判官を罷免する際に求められる手続についての規定である。

本条は、裁判官に対する定期・相当額の報酬の保障ならびにその減額禁止の規定を定める（79条6項および80条2項）とともに、裁判官について一般の公務員とは比べものにならないほど強固な身分保障を定めることを通じて、司法権の独立をその担い手の側面から保障しようとするものである。

〔比較憲法的意義〕

諸外国の憲法でも、一般に裁判官の身分保障について憲法で規定されている（アメ

リカ憲法3条1節，ドイツ基本法97条2項，フランス憲法64条3号4号等参照）。一般公務員の場合には，法令上人員整理による免職という事態がありうる（国家公務員法78条4号）が，裁判官の定員を減少させることによって退官させることは許されない。また，法律改正によって裁判官の定年を引き下げること自体は可能であるが，定年を引き下げることによって現職裁判官を自動的に退官させることについては，同様に許されない（樋口他・注解Ⅳ46頁〔浦部法穂〕）。

本条にいう「裁判官」には下級裁判官（憲法80条解説参照）だけでなく，当然最高裁判所裁判官も含まれる。

ところで，明治憲法も，裁判官の身分保障に対して無関心であったわけではない。同58条は，裁判官資格法定主義を定めた上で（同条1項），「刑法ノ宣告又ハ懲戒ノ処分」以外の免職を禁じ（同条2項），「懲戒ノ条規ハ法律ヲ以テ之ヲ定ム」（同条3項），と規定していた。本項を受けて，判事懲戒法が制定された。判事の懲戒については，各控訴院と大審院に置かれる懲戒裁判所の裁判で行われるものとしており，行政機関が懲戒することは許されていなかった（新基本法コメ412頁〔笹田栄司〕）。さらに，裁判所構成法は，裁判官を原則として，免官だけでなく転所・停職・減俸されないことも保障していた（73条。なお日本国憲法の下での下級裁判官の人事については，憲法80条の解説参照）。

いくら裁判官に強固な身分保障が求められるといっても，裁判官も人間である以上は，定年（憲法79条5項・80条1項但書，裁判所法50条）や任期満了（憲法80条）以外にも，裁判官に心身の故障が生じた場合や，国民の信頼を裏切るような裁判官としてふさわしくない非行を行った場合には，自らの意思によらずに免官・罷免・懲戒処分（懲戒処分については，後述（2）行政機関による裁判官の懲戒処分の禁止，参照）の対象となることは，避けられない（本条第2文は，懲戒処分についての規定である）。そのようなケースとして，(a) 心身の故障のため職務をとることができない場合の免官，(b) 懲戒，(c) 弾劾裁判による罷免，の三つがある（最高裁判所裁判官の場合には，これに国民審査による罷免が加わる）がある。本条は，憲法15条が規定する国民の公務員の選定罷免権の現れの一つである。

「裁判により」とは，訴訟手続によって裁判所が決定することを意味する。(a) と (b) の手続は，裁判官分限法とその下で制定された最高裁判所規則「裁判官の分限事件手続規則」で定められている（参照，裁判官分限法11条）。管轄権については，地裁・家裁・簡裁の裁判官については，その地域の高等裁判所が管轄権を有し，高裁・最高裁の裁判官については，最高裁判所が管轄権を有する。高裁では5名の裁判の合議体で，最高裁では大法廷で取扱われる（4条）。この手続は監督権を有する裁判所の申立てによって開始される（同法6条）。前者の決定について，最高裁判所に即時抗告が可能である（同法3条2項2号）。

（1）心身の故障のため職務をとることができない場合の免官

ある裁判官が「心身の故障のために職務を執ることができない」かどうか，を決定するためには，裁判手続によらなければならない。なお，失踪や行方不明により発見の見込みのない場合も，ここに含まれよう

（佐藤功・註釈（下）995頁）。たとえ心身の故障の結果，事故等で重傷を負って職務を執ることができない状態となったとしても，それが一時的なものであり怪我の治癒を待てばよい場合には，当然のことながら本条の対象とはならない。この点を踏まえて，裁判官分限法1条は，「回復の困難な心身の故障」と，要件を明確化している。

この手続によって「，心身の故障のために職務を執ることができない」と決定されたとしても，それだけで免官の法的効果が生じるわけではない。免官するには，任免権者による免官が必要である（裁判官分限法1条）。この手続によって免官決定がなされた場合には，任免権者は必ず免官しなければならない。

（2）懲　戒

裁判官を任命するのは内閣（憲法80条）だが，憲法は，「裁判官の懲戒処分は，行政機関がこれを行ふことはできない。」，と規定している（78条）。したがって行政権に裁判官に対する懲戒権や監督権は認められず，司法権自身の手によって行われる。懲戒事由については，裁判所法49条が「裁判官は，職務上の義務に違反し，若しくは職務を怠り，又は品位を辱める行状があつたときは，別に法律で定めるところにより裁判によつて懲戒される。」，と規定している。これを受けて，裁判官分限法が，懲戒処分の内容と懲戒手続を定めている。同法によれば，懲戒処分としては，戒告と1万円以下の過料の二つしかない（裁判官分限法2条）。憲法79条6項と80条2項が報酬の減額を禁止しているので，減俸処分も認められない（樋口他・注解Ⅳ 53頁〔浦部法穂〕）。

後述の弾劾裁判と懲戒のための分限裁判は，それぞれ全く異なった判断者によって罷免と懲戒が判定されるから，両者の手続は並行しうる。但し，「分限事件の裁判手続は，当該裁判官について刑事又は弾劾の裁判事件が係属する間は，これを中止することができる。」，と定められている（同法10条）。

憲法77条の最高裁規則制定権について一部専属事項説に立って，「裁判所の内部規律」に関して規則制定権の固有の領域を認める立場からは，裁判官分限法は違憲と評価される（このような立場に立つものとして，最高裁誤判事件最高裁決定（最大決1950〈昭25〉6.24裁時61号6頁以下）における真野反対意見，憲法77条解説参照）。

最高裁草創期に，最高裁の裁判官が懲戒処分を受けた事件がある（最高裁判所誤判事件）。この事件は，旧刑事訴訟法から新刑事訴訟法への移行期にある強盗致死事件について旧刑事訴訟法で定められていた公判手続の更新の要否（旧刑事訴訟法353条）をめぐり，上告審で関与した4裁判官（霜山精一・栗山茂・小谷勝重・藤田八郎）が，最高裁が規則制定権を行使して制定した刑事訴訟規則施行規則の3条3号の存在を無視してしまうという法令解釈の誤りが明らかになったことに端を発する。三淵忠彦・最高裁長官は事態を重く見て，彼らに対して辞任勧告を行ったが，4裁判官は拒否した。その結果裁判官訴追委員会の調査が開始される事態に発展した（結論は，訴追せずであった。）。最高裁自身の申し立てを受けて裁判官分限法に基づく懲戒処分が大法廷決定によって下された（前出・最高裁誤判事件最高裁決定）。決定内容は「最高裁判所判事としての職務の遂行に必要な注意を欠いたことによるものであつて，裁

第6章 司 法［第78条］

判所法第49条にいわゆる職務上の義務に違反したものにあたる。」というものであった。4裁判官は，1万円の過料を科された。

これまで酒気帯び運転・万引き・痴漢・セクハラなどの一般的な非行による懲戒事例がある。そのような事例とは異なり，憲法21条の強い保障の及ぼされるべき市民の政治的活動により懲戒処分を受けた事件が，寺西判事補事件である。

判例 寺西・仙台地方裁判所判事補（2018年1月現在，大阪高裁および簡裁判事）は，当時政府が準備中の組織犯罪規制法案が通信の秘密やプライバシー等人権上重大な問題を生じると考えて，反対運動団体の主催するシンポジウムにパネリストとして参加するつもりであった。同シンポジウムに参加する予定であることを知った仙台地裁所長は，寺西判事補に対して翻意を求めた。彼は，同シンポジウムに出席はしたが，パネリストとしては発言をしなかった。しかし，彼が同シンポジウムで自らの身分を明らかにする発言を行ったことについて，仙台地裁は裁判所法52条1号の禁ずる『積極的に政治運動をすること』に該当するとして，分限裁判を申立てた。

高裁の戒告決定に対して即時抗告を受けた最高裁は，「職務上の義務違反」に当たるとして戒告の懲戒処分を下した（最大決1998〈平10〉12.1民集52巻9号1761頁）。それによると，「司法権の担い手である裁判官は，中立・公正な立場に立つ者でなければなら」ならず，「外見上も中立・公正を害さないように自律，自制すべきことが要請される。司法に対する国民の信頼は，具体的な裁判の内容の公正，裁判運営の適正はもとより当然のこととして，外見的にも中立・公正な裁判官の態度によって支えられるからである」，とした。その上で，「憲法上の特別な地位である裁判官の職にある者の言動については，おのずから一定の制約を免れない」のであって，「裁判官に対し『積極的に政治運動をすること』を禁止することは，必然的に裁判官の表現の自由を一定範囲で制約することにはなるが，右制約が合理的で必要やむを得ない限度にとどまるものである限り，憲法の許容するところである」。そこで，規制がそのような限度にとどまるかどうかは，①禁止の目的が正当であるかどうか，②その目的と禁止との間に合理的関連性があるかどうか，③禁止により得られる利益と失われる利益との均衡を失するかどうか，を検討することによって判定される，として，同規定を合憲とした。そして，同判事補の言動は，「積極的に政治運動をすること」に該当するとした。

本決定をめぐっては，5人の裁判官の反対意見がある。職業裁判官出身者と検察官出身者はすべて法廷意見の側に回ったことが興味深い。法廷意見からすれば，裁判官は違憲立法審査権も含めた大きな判断の自由を享受しているのであるから，そのことと引き換えに，一般職公務員に対する政治的行為禁止の要請よりも強いとされる。これに対して，例えば遠藤光男裁判官反対意見は，「行政府に属する一般職の国家公務員は，一たび決定された政策を団体的組織の中で一体となって忠実に執行しなければならない立場に置かれているのに対し，裁判官は，憲法と法律のみに制約されることを前提として独立してその職権を行うことが求められて」おり，「裁判官の政治的行動に対する制約については，法的強制力を

333

伴った制約をできるだけ最小限度のものにとどめた上，裁判官一人一人の自制的判断と自律的行動にその多くを期待した」のだ，されるのである。なお，園部逸夫反対意見は，次元を異にする議論を展開する。すなわち，裁判所法 52 条 1 項違反の事実は，直ちに同法 49 条の懲戒事由に該当する，と解してはならない。なぜならば，積極的に政治運動をしていれば，裁判官としての職務を果たすことができなくなるはずで，そうだとすれば，「職務を怠」ったか，あるいは「品位を辱める行状」があったかどうか，を調査し，そのような事実があったといいうる時にはじめて懲戒処分を行いうる，と解すべきである，からだとする。

学説 学説においては，裁判官は，自らの行う裁判の場では中立・公正であるべきなのは当然としても，本決定のいう意味での外見的中立は不要であり，職務を離れれば市民としての 100％の政治的表現の享受することができると考えるべきだ，とする主張が有力に主張されている。だが，国連の定めた「司法の独立に関する基本原則」(1985 年）では，「裁判官は，常に，その地位の尊厳並びに司法の公正及び独立を保持するよう行動するもの」とされ，ドイツ裁判官法 39 条が「裁判官は，その職務の内外を問わず，また，政治活動においても，裁判官の独立に対する信頼を損なわないよう行動しなければならない」，としていることが，参考になる。元原利文反対意見は，「自から進んで，一定の目的又は要求を実現するために，政治権力の獲得，政治的状況の変革政治の支配者への抵抗，あるいは政策の変更を求めて展開する活動」に該当するとき，はじめて「積極的に政治運動をすること」といいうる。この点に関連して，最高裁自身も，裁判官が一定の政治的意義ないし影響力もつ表現活動を行うことを認めている。すなわち，裁判所法 52 条 1 号について，「単に特定の政党に加入して政党員になったり，一般国民としての立場において政党の政策を批判することも，これに含まれないものと解すべきである」（最高裁事務総局総務局編『裁判所法逐条解説　中巻』法曹会，1969 年，178 頁），としている。また，本決定法廷意見も，(a)「審議会の委員等として立法作業に関与し，賛成・反対の意見を述べる行為は，立法府や行政府の要請に基づき司法に携わる専門家の一人としてこれに協力する行為」として許される，(b)「職名を明らかにして論文，講義等において特定の立法の動きに反対である旨を述べることも，その発表の場所，方法等に照らし，それが特定の政治運動を支援するものではなく，一人の法律実務家ないし学識経験者としての個人的意見の表明にすぎないと認められる限り」許される，(c)「司法制度に関する法令の制定改廃についても，一定の意見を述べることができる」，とする（参照，山元一「公務員の政治的表現の自由」LS 憲法研究会編『プロセス演習憲法〔第 4 版〕』信山社，2011 年，563 頁以下）。

（3）弾劾裁判による罷免

裁判官の弾劾については，権力分立の「抑制と均衡」の考え方の具体化として，司法権ではなく国会の設ける独立の裁判機関によって行われる。「弾劾」とは，「一定の官職にある者に対して，直接に国民もしくは国民の意思を代表する機関が責任を追及し，それに基づいて当該公務員を罷免する制度」を意味する（樋口他・注解Ⅳ49 頁〔浦部法穂〕）。「公の弾劾」を行うのは，弾

効裁判所である。弾劾裁判所は，両議院の議員各7名によって構成され，同じく両議院の議員各10名によって構成される裁判官訴追委員会の訴追を受けて裁判を行う（憲法64条）。罷免事由は，(a) 職務上の義務に著しく違反し，または職務を甚だしく怠ったとき，(b) その他職務の内外を問わず，裁判官としての威信を著しく失うべき非行があったとき，の2つである（裁判官弾劾法2条）。罷免されると，裁判官・検察官の任命資格（裁判所法46条2号，検察庁法20条2号）および弁護士資格（弁護士法6条2号）を失う。なお，法曹資格を回復する弾劾裁判所にによる資格回復裁判制度（同法38条）が用意されている。

弾劾裁判の結果罷免とされた場合には，直ちに免官となる。最高裁から裁判官訴追委員会にから訴追を受け，裁判が終了する前に，裁判官の意思により任命権者が免官することができては，弾劾裁判制度は空洞化するおそれがある。そこで裁判官弾劾法41条は「罷免の訴追を受けた裁判官は，本人が免官を願い出た場合でも，弾劾裁判所の終局裁判があるまでは，その免官を行う権限を有するものにおいてこれを免ずることができない。」，と規定している。なお，かつて裁判官訴追委員会から訴追を受けた裁判官が，突然町長選挙に立候補した結果，公職選挙法90条の規定により直ちに職を辞したものとみなされ，弾劾裁判を免れるケースが発生した（1980年安川判事補事件）。そのため，翌年弾劾裁判に同規定を適用しないとする改正が行われた（裁判官弾劾法41条の2）。

日本の裁判官は品行方正であり，弾劾に該当するような非行事例はきわめて少ない。これまで弾劾裁判を受けた裁判官は僅か9名であり，弾劾裁判の結果罷免されたのは，そのうち7名にとどまる（この7名のうち4名は，のちに資格回復裁判によって法曹資格を回復している）。平賀書簡事件（参照，76条解説）に関連して，福島裁判官が当該書簡を公表したことについて，裁判官訴追委員会は調査に乗り出し，訴追猶予とした（所長からは，注意処分を受けた）。平賀の行為も調査されたが，結論は不訴追とされた。書簡を送った方の平賀が不訴追で，受け取った法の福島が訴追猶予という結論は，大きな批判を招いた。

なお，裁判所法46条は裁判官任命欠格事由について，(a) 法律上一般に官吏に任命されることのできない者（国家公務員法38条1～5号），(b) 禁錮以上の刑に処せられた者，(c) 弾劾裁判所の罷免の裁判を受けた者，の3つを規定している。かりに裁判官が在任中に (a) ないし (b) の要件を満たした場合に当該裁判官は当然に失職する，とする説（A説）（宮沢・コメ629頁）（なお，一般公務員法は，国家公務員法76条に基づいて当然失職する）と，常に弾劾裁判をも必要とする説（B説）（樋口他・注解IV 47頁〔浦部法穂〕）に分かれている。さらに，任命欠格事由によって，弾劾裁判が必要な場合と不要な場合があるとする説（C説）がある。確かに，(b) のケース及び裁判官に生じる可能性がある38条1号（「成年被後見人又は被保佐人」となった場合）のケースでは司法の判断が既に存在するのでさらに弾劾裁判は不要であるが，「日本国憲法施行の日以後において，日本国憲法又はその下に成立した政府を暴力で破壊することを主張する政党その他の団体を結成し，又はこれに加入した者」（同条5号）の認定については，恣意的に行われ

る可能性があり、司法権の独立を保障するために弾劾裁判を必要とすると考えられるので、C説をもって妥当としよう（兼子一＝竹下守夫『裁判法〔第4版〕』有斐閣、1999年、262頁）。

2 行政機関による裁判官の懲戒処分の禁止

「裁判官の懲戒処分」とは、「裁判官としての身分関係を維持するために裁判官の非行に対して科される制裁」（宮沢・コメ629頁）を意味する。明治憲法の下でも行政機関による裁判官の懲戒処分は認められていなかったが、その趣旨を継承し、任命権者たる内閣やその下部にある行政機関が裁判官の懲戒処分を行うことを禁じて司法権の独立を確かなものとした。それを定めたのが、本規定である。一般的にいえば、最も重い懲戒処分として免職処分があるが、裁判官については、本条で罷免については弾劾裁判所によって行われることが規定されているので、これとは別に懲戒処分として罷免処分を行うことは許されない。それでは、国会に設けられた機関が懲戒処分を行うことは許されるか。通説のいう通り、司法権の独立を保障する趣旨からいって、弾劾裁判以外に憲法が立法機関に懲戒処分を認める明文の規定がない以上は、許されない（宮沢・コメ630頁）。

〔山元　一〕

第79条 ①最高裁判所は、その長たる裁判官及び法律の定める員数のその他の裁判官でこれを構成し、その長たる裁判官以外の裁判官は、内閣でこれを任命する。
②最高裁判所の裁判官の任命は、その任命後初めて行はれる衆議院議員総選挙の際国民の審査に付し、その後10年を経過した後初めて行はれる衆議院議員総選挙の際更に審査に付し、その後も同様とする。
③前項の場合において、投票者の多数が裁判官の罷免を可とするときは、その裁判官は、罷免される。
④審査に関する事項は、法律でこれを定める。
⑤最高裁判所の裁判官は、法律の定める年齢に達した時に退官する。
⑥最高裁判所の裁判官は、すべて定期に相当額の報酬を受ける。この報酬は、在任中、これを減額することができない。

1　79条の趣旨

本条は、司法権の頂点に立つ最上級審級機関であると同時に司法行政権を行使する最高裁判所の裁判官・その国民審査制・定年・報酬についての規定である。

最高裁判所の審理および裁判は、大法廷または小法廷で行われる（裁判所法9条1項）。大法廷は全員の裁判官によって構成される合議体であり、小法廷は最高裁判所の定める員数の裁判官の合議体であり、3名以上でなければならない（同法3条2項）。最高裁判所の司法行政権は、全員の裁判官で組織する裁判官会議の議によって行使される（同法12条）。

2 内閣による最高裁判所裁判官の任命

(1) 最高裁判所裁判官とその任命資格

本条1項によれば、最高裁判所は、1名の「長たる裁判官」(裁判所法5条1項によれば「最高裁判所長官」)と「法律の定める員数」からなるそれ以外の裁判官(裁判所法5条1項によれば「最高裁判所判事」)(本稿では両者をあわせて、最高裁判所裁判官と呼んでいる)によって構成される。裁判所法5条3項は、最高裁判所判事の員数を14名としているので、最高裁判所裁判官の定員は、15名である。

同法41条は、最高裁判所裁判官の任命資格を有する者として、「識見の高い、法律の素養のある年齢40年以上の者の中からこれを任命し、そのうち少くとも10人は、10年以上第1号及び第2号に掲げる職の1若しくは2に在つた者又は左の各号に掲げる職の1若しくは2以上に在つてその年数を通算して20年以上になる者でなければならない」として、「1号　高等裁判所長官、2号判事、3号　簡易裁判所判事、4号　検察官、5号弁護士、6号別に法律で定める大学の法律学の教授又は准教授」を列挙している。したがって、最高裁判所裁判官に任命されるものは、必ず「法律の素養のある」者でなければならないが、法曹資格や法律家の経歴を有することは絶対的な要件ではない。裁判所法は、そのような人物が最高裁判所裁判官として登用されることを予想している。実際にそのような者が最高裁判所裁判官に任命され、法曹有資格者等と同様に活躍している。

憲法は、最高裁判所判事の員数を法律事項としているところから、立法政策によってその増減が可能である。したがって、かりに政権政党が現に在籍している最高裁判所裁判官の判決傾向に不満を持ちその方向性を転換させようとした場合、例えば裁判所法を改正し最高裁判所判事の員数を倍にして、15名の自らの好む政治的傾向を帯びた新たな最高裁判所裁判官を任命することは、法的には可能である(実際にアメリカで、フランクリン・ルーズベルト大統領が1937年にコート・パッキング・プランと呼ばれる最高裁判所判事の大幅増員計画を提案したが、議会の反対で挫折した)。学説では、「『司法権の独立』を強く保障しようとする憲法第6章全体の趣旨から、法律による裁判官の員数の増減は、国会が無限定にこれを行いうるものではなく、『司法権の独立』を害するような員数の増減は許されないものと解すべきであろう」(樋口他・注解Ⅳ59頁〔浦部法穂〕)、との主張がなされているが、実際の違憲合憲の線引は極めて難しいであろう。とすれば、この問題は、一方でそのような改革を実行した政権に対して国民が選挙を通じた政治責任を追及することと、新たに任命された裁判官の適格性について国民審査を通じて国民が直接に判断することが求められることになる。

通説のいう通り、法改正によって員数が14名より減少した場合でも、裁判官に対する身分保障のゆえに、すでに法改正以前に任命された判事を免官することは、許されない。

(2) 内閣による最高裁判所長官の指名と最高裁判所判事の任命

最高裁判所長官は、内閣によって指名され天皇によって任命される(憲法6条2項、裁判所法39条1項)。また最高裁判所判事

第6章　司　法

は内閣が任命し（憲法79条1項，裁判所法39条2項），その任免に関して天皇の認証を受ける（39条3項）。憲法6条は，天皇によって任命される地位として内閣総理大臣と最高裁判所長官を同等に取り扱っており，そのことによって憲法は，司法権に払う敬意の大きさを示そうとしていることが窺われる。いわゆる三権の長のうち，衆議院議長と参議院議長は，内閣総理大臣と最高裁判所長官と異なり，＜官＞の側の人物ではなく，「国民代表」自身の手によって選出される地位であるため，憲法はそれらを天皇によって任命されるべき地位とはしていない。

最高裁裁判官の実際の構成は，厳密な割当数があるとまではいえないが，最多数派の職業裁判官出身者（6名），ついで弁護士出身者（4名），そして学識者（5名）（検察官出身者・行政官出身者・外交官出身者・学者出身者）が現在の割当数のようである。また長官就任者19名（2018年1月就任の大谷直人まで）のうち15名が職業裁判官出身者であり，9代目長官（1979年就任）以降約40年間職業裁判官出身者以外の者は指名されておらず，長官職は職業裁判官出身者の指定席化している。

独立性を享受している司法権自身に対して最高裁判所裁判官の人事権を付与しないことは，司法寡頭制に対する防波堤となりうる。しかし，最高裁判所裁判官の人事がもっぱら内閣のみの判断で行われることは，別の重大な問題を生み出す（今関源成「最高裁判所裁判官の任命慣行の問題点」ジュリ1400号〔2010年〕27頁以下参照）。戦後日本政治においては，与野党入れ替わり型政権交代の経験がきわめて少なく，例外の時期を除いて，保守政党たる自由民主党を中心とする政権運営が行われてきたが，このことは，最高裁判所裁判官の人選や最高裁判所の判決行動や司法行政のあり方に大きな影響を与えてきた。内閣は，その性質上党派的な性格を帯びているので，保守政治に敵対的な姿勢を取る人物が最高裁判所裁判官に選ばれることは考えにくい。また最高裁判所の判決行動も，政治部門にはない司法権としての使命がどこにあるかについて強く意識しながらも，保守政権にとって大きな批判を招かないように配慮することが重要な課題とならざるをえない。このような状況の中で，下級裁判所裁判官の人事政策を中心とする司法行政権の行使も，裁判官統制のための重要なツールとなる。これらのことは，1960年代後半から1970年代の「司法の危機」の時代（憲法80条解説参照）に最高裁判所が自らの置かれた環境から学び，行動原理として確立してきたものである。もしも最高裁が政権側にそのような政治的配慮をしなければ，内閣の有する最高裁判所の人事権が，司法首脳部にとって全く好ましくない方向に活用されかねないであろう（例えば，内閣が最高裁判所長官として，最高裁に全く無縁で法曹資格のある，強烈な政治的イデオロギーを有する政治家を指名する等）。

これに対する対処法として，任命諮問委員会を選考プロセスに関与させるなど，内閣の人事権について法律によって一定の枠づけをすることが考えられる。これに対しては，憲法が内閣に与えた権限を法律で制約することになるから違憲だ，という見解が提出されたが，任命諮問委員会の決定に法的拘束力を持たせない限りは合憲だ，と考えられる（下級裁判所裁判官の人事に関して，類似した仕組みである「下級裁判官

任命諮問委員会」制度が実際に導入されている。憲法80条解説参照）。

　上記の問題の本質は，最高裁判所裁判官の選考プロセスが不透明なところにある。最高裁発足時には，裁判所法（旧39条4項・5項）に基づいて裁判官任命諮問委員会の諮問を経て任命する制度が採用され答申をふまえた任命が行われたが，この制度は内閣の責任を不明確にするおそれがある，という理由で廃止されてしまった（佐藤功・註釈（下）1014頁）。その後，内閣の最高裁判所の人事権行使にかかわる改革案として，法律の専門家や有識者からなる選考委員会，国会の各会派等がそれぞれの勢力に応じて指名された国会議員からなる選考委員会を設置するなどして，内閣に最高裁判所裁判官の人事について提案を行い，慣行として内閣がそれを尊重するようにするなどの方策がありうる。これまで何度か最高裁判所裁判官任命諮問員会設置法案が提出されたことがある（cf. http://www.kantei.go.jp/jp/singi/sihou/kentoukai/seido/dai12/12siryou_sh1.pdf）。

　実際には，従来は最高裁判所長官および職業裁判官出身者の人事については長官の意向が，検察官出身者については法務省の意向が，弁護士出身については日弁連の意向がそれぞれ実際的には尊重されていた，といわれる。だが，長期政権化している現安倍政権の下では最高裁判所裁判官人事について内閣は単なる推薦母体の提案の追認に満足しないようになり，官邸の意向のもつ重みが大きくなっているといわれる。なお，小泉内閣が「最高裁裁判官の任命について」というペーパーを司法制度改革推進本部顧問会議に提出しており（2002年7月5日）、それによれば，「候補者については，

（ア）主として裁判官，弁護士，検察官の場合は，最高裁長官から複数候補者について提示を受け，（イ）行政，外交を含む学識経験者については，原則内閣官房で候補者を選考し，いずれの場合も内閣総理大臣の判断を仰いだうえで閣議決定する」、としている（http://www.kantei.go.jp/jp/singi/sihou/komon/dai5/5siryou4.pdf）。

（3）最高裁判所長官と最高裁判所判事の関係および判事相互の関係

　最高裁判所長官は裁判官会議の議長となり（裁判所法12条2項），大法廷の裁判長である（最高裁判所事務処理規則8条1項）。外部に対して最高裁を代表し，皇室会議の議員となる（皇室典範28条）。このような役割を担う最高裁判所長官について，憲法は天皇の任命によるものとしている。これに対して最高裁判所判事については，その任命を内閣によるものとし，その員数も法律に委ねているところから，両者の地位の違いまた判事相互の違いを憲法上どこまで認めることができるか，が問題となる。

　判事の間に法律によって類型的な差異を設け，例えば特定の類型に属する判事には違憲審査に関与させない，とする法的仕組みを導入することは許されるか。通説は，長官も含めてすべての最高裁判所裁判官は，合議体たる最高裁判所の構成員としてその権限において差別してはならない，とする。また，本条6項は，最高裁裁判官全員が「相当額の報酬」を受けるとするが，長官と判事の間，あるいは判事相互間に報酬に差を設けることは許されるだろうか。長官には内閣総理大臣と同等の，そして判事には国務大臣と同等の報酬が与えられている（裁判官の報酬等に関する法律）が，長官と判事の間で報酬に差がつけることは，両者

の地位や役割の違いから許容される，と解される。これに対して，判事相互間に報酬の差をつけることは，「各裁判官の権能における平等性を実効的ならしめる意味」において許されない（宮沢・コメ634頁）。

（4）法廷構成

憲法は，最高裁判所の法廷構成について，何ら規定していない。そこで，裁判官全員が参加する合議体（one-and-full bench）以外の合議体を認めることができるか，が問題となりうる。現行制度では，裁判官全員が参加する大法廷のほかに，5名ずつの裁判官が振り分けられた3つの小法廷が存在している（裁判所法9条1項，2項）。もし全員参加型合議体以外が認められないとすれば，現在の裁判所法の関係規定は違憲となり，小法廷は理論的には下級裁判所の一種ということなる。このような議論が出された背景には，最高裁自らが，自らを全員参加型合議体に純化し，裁判官の員数を減員する内容の改革案を提示したことがある。しかし，全員参加型合議体以外は認めないとする積極的論拠に乏しいことから，通説は現行法を合憲としている（樋口他・注解Ⅳ 59頁〔浦部法穂〕）。

また，小法廷の行う憲法判断に関して，裁判所法10条は，「事件を大法廷又は小法廷のいずれで取り扱うかについては，最高裁判所の定めるところによる。」としながらも，以下の3つのケースにおいて（「当事者の主張に基いて，法律，命令，規則又は処分が憲法に適合するかしないかを判断するとき。（意見が前に大法廷でした，その法律，命令，規則又は処分が憲法に適合するとの裁判と同じであるときを除く。）」（同条1号），「前号の場合を除いて，法律，命令，規則又は処分が憲法に適合しないと認めるとき。」（同条2号），「憲法その他の法令の解釈適用について，意見が前に最高裁判所のした裁判に反するとき。」（同条3号）），大法廷での判決を義務づけている。

3　最高裁判所裁判官の国民審査

（1）国民審査制の趣旨

憲法79条2・3・4項は，最高裁判所裁判官の国民審査についての規定である。そもそも現行憲法における司法権に関する規定は，アメリカ法の強い影響を受けているが，国民審査についての規定はその典型例である。アメリカでは裁判官が公選に基づくことが多くそれによって生じる弊害を防止するために，また州民による直接の民主的なコントロールを及ぼす目的で裁判官に対する国民審査制が提唱され，一部の州では実際に導入された。日本では，最高裁判所裁判官についてのみ国民審査制を導入した。その具体的仕組みについては，本条4項に基づき最高裁判所裁判官国民審査法によって規定されている。

（2）国民審査制の法的意義

国民投票制について問題となるのが，その法的意義についてである。これについては，A説（リコール（解職制）説。通説），B説（リコール＋任命事後審査説），C説（リコール＋適任者信任説），D説（任命行為確定説）など，様々な説が唱えられている（野中他・憲法Ⅱ 251頁）。本条3項は，「その裁判官は，罷免される」と規定しており，既にその地位にある最高裁判所裁判官に対して将来に向かって罷免する制度であり，たとえ罷免されても任命されてからの在職期間中に関与した裁判等について何らの法的効力ももたらさない制度であるから，リコール制（A説）と理解するのが自

然である。ところが，なされた任命がたまたま「衆議院議員総選挙」の直前であり，国民審査対象者が最高裁判所裁判官としての職務を未だ全く行っていない場合であっても，本制度による審査の対象となるのであるから，単にリコール制度と捉えるのは合理的ではなく，リコールと同時に事後的に任命行為について審査という二つの側面を併有しているとする説が唱えられる（B説）。国民審査対象者が最高裁判所裁判官としての職務を未だ全く行っていない場合には，任命された者が適任であるかどうかについて信任する意義があると捉えればC説となり，国民審査を受けるまでは実は任命行為が確定していない，と理解すれば，D説となる。判例はA説の立場に立ち，本件上告人の主張であったD説を退け，国民審査制は「解職の制度」であり，「同条第2項の字句だけを見ると一見そうでない様にも見えるけれども」同条「3項の規定にあらわれている」，「この趣旨は1回審査投票をした後更に十年を経て再び審査をすることに見ても明であろう」，とした（最大判1952〈昭27〉2.20民集6巻2号122頁）。しかしながら，本制度をリコール制として説明し尽くすことは理論的に困難であり，B説が本制度の性質をよく説明しているように思われる。

（3） 国民審査の実施

本条2項によれば，「最高裁判所の裁判官の任命は，その任命後初めて行われる衆議院議員総選挙の際国民の審査に付し，その後10年を経過した後初めて行われる衆議院議員総選挙の際更に審査に付し，その後も同様とする。」，とされる。そして，その場合，3項によれば，「投票者の多数が裁判官の罷免を可とするときは，その裁判官は，罷免される。」，と規定されている。ここにおいて，「初めて行われる」とは，文字通りに投票日を指すのではなく，公示日を指す。このように解さないと，たまたま公示後投票日前に任命された最高裁判所裁判官も国民審査に付されなければならないことになるが，その者の国民投票を準備をすることが実際上難しいからである。

本条2項が，「衆議院議員総選挙の際」に国民審査を行うとしているのは，事務的負担をなるべく小さくし，国民の積極的参加を促すためである。60代半ば過ぎで最高裁判所裁判官に任命される例もあることから，憲法改正論としては，一度も国民審査を受けることなく退任する最高裁判所裁判官を生み出さないようにするために，参議院議員選挙も含め全国規模で行われる国政選挙の際に国民審査を実施することにするほうが，望ましい。

現行制度では，「審査人は，投票所において，罷免を可とする裁判官については，投票用紙の当該裁判官に対する記載欄に自ら×の記号を記載し，罷免を可としない裁判官については，投票用紙の当該裁判官に対する記載欄に何等の記載をしないで，これを投票箱に入れなければならない。」，とされている（最高裁判所裁判官国民審査法15条）。したがって積極的に罷免の意思を示さない限りは，「罷免を可としない」投票として取扱われてしまうことになる。この点を不当として争った違憲訴訟において，最高裁は，国民投票制の法的意義をA説として捉えた上で，本方式は国民審査の制度趣旨に適ったものだ，としている。しかし，たとえA説に立ったとしても，「罷免を可としない」ことを積極的に意思表示した投票のみをそのように取扱う方式に変え

ることも，許されよう（樋口他・注解Ⅳ 67-68頁〔浦部法穂〕）。

（4）国民審査の参加者と対象

国民審査制の参加者に関して，在外国民の取扱いが問題となる。交通手段や通信環境等の飛躍的進歩の中で，最高裁は，一部参加が認められていなかった在外国民の国政選挙への参加について，違憲判決（最大判2005〈平17〉9.14民集59巻7号2087頁）を下したため，現在では，衆参両院議員選挙への参加が可能になっている。これに対して，現在でも在外国民は国民審査に参加することができない。この問題の違憲性の争われた訴訟で，東京地裁は選挙権と審査権の性質の違いや外国での国民審査権行使の実現に伴う技術的な困難性から合憲判決を下している（東京地判2011〈平23〉4.26判時2136号13頁）が，今日の情報技術の発展に照らすと，違憲の疑いが濃い。

国民審査の対象について，最高裁判事が最高裁判所長官に任命された場合に改めて国民審査を必要とするか，という問題が論じられてきた。A説（積極説）は，(a) 任命権者が異なること，(b) 長官が裁判官会議における総括者の地位にあること，(c) 一般の判事を退任して長官になること，(d) 判事に任命する内閣と長官に任命する内閣が異なりうること，を論拠とする。これに対して実務・通説は，B説（消極説）に立っている。その理由としては，最高裁判所長官も一般の裁判官も，「最高裁判所の裁判官としての権能」を有し「職責」を負う点では全く同一である，とする。司法権に対する国民による直接的コントロールの意義の重要性に鑑みて，相異なった地位に対応して別々の任命行為が存在することを重く見て，A説が支持されるべきであろう。

（5）国民審査の実際的機能

国民審査制度の実態として，一般に国民の関心が低く罷免を可とする投票も極めて低いため，その廃止が憲法改正の候補に挙げられてきた。しかし憲法は，最上級審としての法令解釈の統一化を行うだけでなく，司法行政権と下級裁判所裁判官の人事権を手中に収め，規則制定権を付与されており，何よりも違憲審査権を行使する終審裁判所（憲法81条）であることに照らしていえば，最高裁判所裁判官について国民審査に付すことにしたのは，極めて意義のある制度設計であった，と考えられる。また近年では議員定数不均衡問題をめぐって合憲判断をした特定の裁判官への「一人一票実現国民会議」（ちなみに，最高裁判所裁判官(2002-2009年)を務めた泉徳治もその発起人の一人であった）による罷免投票運動が行われ，2009年の国民審査の際，同運動の対象となった2名の裁判官が有意に高い不信任率を獲得したことが，本制度の社会的意義の一つとして注目に値する。

4 最高裁判所裁判官の定年

憲法は最高裁判所裁判官の任期は定めていない。終身制を採用せず定年制が採用されている（憲法79条5項）。年齢70歳に達した時は退官する（裁判所法50条）。定年年齢を法律事項としている以上は，立法政策でそれを上下させることは許される。但し，通説のいう通り，当該法改正以前に任命された裁判官は全員，任命時の定年年齢に達するまで最高裁判所裁判官としてとどまることができる，と解するべきである。

5　最高裁判所裁判官の報酬

　最高裁判所の裁判官は，下級裁判所の裁判官と同様に，在任中は「定期に相当額の報酬」を受け取るものとされ，その減額は禁じられている。(憲法79条6項)。「定期」に関しては，月給制が採用されている。報酬額については，前述（2（3））の通り，長官には内閣総理大臣と同等の，そして判事には国務大臣と同等の報酬が与えられている（裁判官の報酬等に関する法律）が，そのような取扱いに対して異論は見られない。

　財政状況やデフレによる物価水準の低下状況を踏まえて一般の公務員の給与が減額される場合，それと同水準の裁判官全体に対する報酬の減額は許されるか。本項の趣旨は，職権の独立を確かなものとするために経済的側面から身分保障をしたものと解されるので，個々の裁判官に着目した報酬の減額ではなく，裁判官全体の報酬水準の引き下げであれば，憲法上の問題はない（佐藤功・註釈（下）1030頁　反対　宮沢・コメ659頁）。実際に，この説に依拠して2002年にはじめての裁判官報酬の引き下げが実施され，その後も2005年，2012年（震災復興関連），2015年にそれぞれ引き下げが実施されている。但し，一般の公務員に比べてわざわざ高い率の減額を行うことは，政治的意図に基づく司法権全体に対する経済的制裁措置として受けとめられるので，許されない。

〔山元　一〕

第80条 ①下級裁判所の裁判官は，最高裁判所の指名した者の名簿によって，内閣でこれを任命する。その裁判官は，任期を10年とし，再任されることができる。但し，法律の定める年齢に達した時には退官する。
　②下級裁判所の裁判官は，すべて定期に相当額の報酬を受ける。この報酬は，在任中，これを減額することができない。

1　80条の趣旨

　本条1項は，下級裁判所裁判官の指名方法・任期・定年についての規定である。また本条2項は，下級裁判所裁判官の身分保障を規定している。後者の規定は，79条6項で保障されている最高裁判所裁判官についての同様の身分保障と同一の内容を下級裁判所裁判官にも及ぼすものである。

　憲法は，権力分立思想の一つの現われとしての司法権の独立を保障している。その上で，「抑制と均衡」という考え方に基づいて，それぞれの権力を孤立状態には置かず，むしろ権力相互間の掣肘のための仕組みを設けている。本条1項は，そのような考え方の一つの現われとして，下級裁判所裁判官の指名方法について，内閣に対して，最高裁判所の作成する下級裁判所裁判官名簿に対する任命権を与えている。その狙いは，裁判官人事に他の権力の関与を求めることを通じて，司法権の独善化を阻止するところにある。但し，内閣は，その性質上，政治的党派的性質を帯びているので，自らの政治的選好に基づいて自由に下級裁判官を命ずることができるようにすることは，望ましくない。そこで，憲法は，下級裁判所裁判官を，あくまでも最高裁判所の作成

第6章　司　法

した名簿から任命させるようにすることによって，司法権に対する政治的党派的支配がもたらされないように配慮している。これに対して，最高裁判所裁判官は内閣の一存で決定しうるようにし（6条2項・79条1項），そのことと引き換えに，内閣の判断や最高裁判所裁判官の実際の活動について国民自身が審査に乗り出す，という仕方でコントロールを及ぼすこと（79条2・3・4項）が日本国憲法の制度構想である。

2　下級裁判所とその裁判官

（1）下級裁判所の構成

下級裁判所の構成については，憲法は特に具体的な内容を規定していない。裁判所法が，憲法76条1項の「法律の定めるところにより設置する下級裁判所」という規定における「法律」として制定され，下級裁判所の構成を定めている。実際に，裁判所法2条1項は，「下級裁判所は，高等裁判所，地方裁判所，家庭裁判所及び簡易裁判所とする」，と規定し，4種類の下級裁判所を定めている。また同条2項は，「下級裁判所の設立，廃止及び管轄区域は，別に法律でこれを定める。」，としている。これを受けて，「下級裁判所の設立及び管轄区域に関する法律」が制定され，その詳細を定めている。また，下級裁判所裁判官の員数については，「別に法律でこれを定める。」（5条3項）とされ，これを受けて裁判所職員定員法が制定されている。それによると，高裁長官8人，判事2035人，判事補977人，簡裁判事806人である。

（2）下級裁判所裁判官の任命の仕組み

裁判所法5条2項は，下級裁判所裁判官の官名として，高等裁判所長官，判事，判事補，簡易裁判所判事，の4種類を用意している。最高裁は官名ごとに名簿を作成するので，下級裁判所裁判官は，このうちのどれかの官名の名簿に登載され，内閣によって任命される。このうち高等裁判所長官だけは，最高裁判所判事と同様に，内閣の任命について天皇による認証を受ける必要がある（裁判所法40条2項）。こうして裁判所法は，高等裁判所長官に対して，他の下級裁判所裁判官とは異なる最高裁判所判事に準ずる権威を認めさせようとしている。

明治憲法下では裁判官の任命は天皇大権に属し，司法大臣が行っていた。これに対して，日本国憲法の下では最高裁が名簿作成権を有するということは，司法行政権のうちの最も重要な下級裁判所裁判官の人事権を最高裁が主導しうるようになったことを意味する。名簿作成は，司法行政事務の一つとして，裁判官会議の議を経て行われる（12条）。諸外国では裁判官について公選制を採用する例もあるが，日本では，明治憲法下のシステムを基本的に継承し，試験成績に人格を加味して選抜を行うエリート官僚登用の仕組みと共通する職業裁判官型システムを採用している（但し，彼らは特別職公務員である）。この制度は，法実務教育終了直後，多くの者が20代で職業裁判官として採用され，「判事補→判事」というルートを辿り，年功序列でポストを移動しながら，経験と実績に応じて重要なポストに抜擢され定年まで勤める，という人事方式である。判事に採用される者は，ほとんど判事補経験者によって独占されている。ここに，司法上層部が高く掲げる中立・公正な裁判官像の制度的基盤がある。

最高裁判所は，無事に任命を受けた者に対して，やはり司法行政権の行使の一環と

して裁判官会議の議により，具体的に職を割り当てる（これを，「補職」という。裁判所法47条）。例えば，東京高裁長官となる者は，まず官として高等裁判所長官として内閣に任命されたのち，最高裁によって東京高裁長官に補される。これに対して，東京地裁所長となる者は，内閣によって判事として任命されたのち，最高裁によって東京地裁所長に補される。

そもそも下級裁判所裁判官として任命を受ける資格について，裁判所法は，高等裁判所長官及び判事については，原則として，①判事補，②簡易裁判所判事，③検察官，④弁護士，⑤裁判所調査官，司法研修所教官又は裁判所職員総合研修所教官，一定の条件を備えた大学の法律学の教授又は准教授の職，のうちの「一又は二以上に在つてその年数を通算して十年以上になる者」，と規定している（裁判所法2条1項）。判事補については，司法修習を終えた者だけが任命を受ける資格がある。簡易裁判所判事については，高裁長官及び判事の経歴のある者のほか，基本的には判事の場合と同様であるが（同法44条），それ以外に，「多年司法事務にたずさわり，その他簡易裁判所判事の職務に必要な学識経験のある者」が，「簡易裁判所判事選考委員会の選考を経て」任命されることがありうる（「選考任命」と呼ばれる。同法45条1項）。これは，「簡易裁判所は，全国に多数設置され，少額軽微な事件を処理する点で，全部に法曹の資格のある裁判官を設置することは困難であるし，また識見徳望のある者を裁判官とすることも民衆に親しみ易く信頼される所以であるので，強いて法曹に限定せずに人材を登用できることにした」ものである（兼子一＝竹下守夫『裁判法〔第

4版〕』有斐閣，1999年，249頁）。

下級裁判所裁判官の任命欠格事由については，一般の官吏に任命できない者（①成年被後見人又は被保佐人，②禁錮以上の刑に処せられ，その執行を終わるまで又は執行を受けることがなくなるまでの者，③懲戒免職の処分を受け，当該処分の日から二年を経過しない者，④人事院の人事官又は事務総長の職にあつて，第109条から第112条までに規定する罪を犯し刑に処せられた者，⑤日本国憲法施行の日以後において，日本国憲法又はその下に成立した政府を暴力で破壊することを主張する政党その他の団体を結成し，又はこれに加入した者。参照国家公務員法38条）に加えて，裁判官の職務の特質を踏まえて，さらに，(a) 禁錮以上の刑に処せられた者，(b) 弾劾裁判所の罷免の裁判を受けた者，を任命し得ない者として規定している。なお，罷免された者でも資格回復裁判で認められれば，任命資格も回復する（裁判官弾劾法38条）。

（3）最高裁の名簿作成権の限界

任命資格要件に該当し，かつ欠格事由に該当しない者が，下級裁判所裁判官に任命されようとすれば，最高裁によって指名された者からなる名簿に登載されなければならない。憲法及び裁判所法等に，指名に関する基準についての規定は置かれていない。最高裁による指名行為は，憲法14条等の規律を受けるから，もっぱら能力と人格などの合理的な基準に基づく選考によるべきであり，例えば「人種，信条，性別，社会的身分または門地」（憲法14条1項）による差別的な指名が行われてはならない。もしそのようなことが行われれば，裁量権の逸脱・濫用となる。

1960年代後半からの「司法の危機」（後

述4参照）の時代に，青年法律家協会（後述4参照）に所属する司法修習生が判事補として採用されることを希望しながらその希望が受け入れられない事態が頻発した（いわゆる任官拒否＝名簿不登載））。

日弁連によれば1970年から1982年まで任官拒否者45名のうち青年法律家会員が25名に達する（日弁連会長声明「34期司法修習生任官拒否について」https://www.nichibenren.or.jp/activity/document/statement/year/1982/1982_4.html）。新任判事補の採用についての最高裁の公式見解は，「全人格的評価によって，判事補として適当な方であるならばすべてその方を採用するという方針」を堅持しており，「思想，信条，特定の団体加入等によって差別するつもりはない」（矢口洪一・最高裁事務総局人事局長（のちに，最高裁長官（1985-1990年））1973年2月22日参議院法務委員会会議録第2号 http://kokkai.ndl.go.jp/SENTAKU/sangiin/071/1080/07102221080002.pdf），というものであった。

箕面忠魂碑訴訟に補助参加人として参加した司法修習生が判事補に採用されなかったため，国家賠償請求訴訟を提起した事件で，判例は，「判断の基礎とされた重要な事実に誤認がある場合，思想・信条など憲法上許容し得ない理由に基づいて指名をしなかった場合など，その判断が明白に合理性を欠く場合に限って，裁量権の逸脱又は濫用」となるとした上で，「司法修習を終えた者が裁判官に任命されるに当たっては，将来，裁判官にふさわしい能力を備えることができる程度に，事実認定能力や法的判断能力を有するとともに，謙虚さや向上心を持ち，積極的，意欲的に取り組むなど裁判官にふさわしい人格的資質を形成することが可能な資質を備えていることが必要である。」，とした。同判決は，本事例における最高裁の判断を支持し，原告の主張を退けた（大阪高判2003〈平15〉10.10判タ1159号158頁　その後2005年6月7日最高裁上告棄却）。

重大な問題は，任官希望者の任官に関するアカウンタビリティーの完全な欠如にあった。具体的にいえば，最高裁は具体的な採用基準を明示することをせず，そして特に不採用事例の理由を開示しないことであった。まさにこの点を問題視した司法制度改革審議会意見書（2001年）は，「最高裁判所による指名過程は必ずしも透明ではなく，そこに国民の意思は及びえないこととなっている。こうした現状を見直し，国民の裁判官に対する信頼感を高める観点から，最高裁判所が下級裁判所の裁判官として任命されるべき者を指名する過程に国民の意思を反映させるため，最高裁判所に，その諮問を受け，指名されるべき適任者を選考し，その結果を意見として述べる機関を設置すべきである。」，と提言した。その結果，状況は大きく改善されている。すなわち，この提言を受けて，最高裁の諮問機関として，下級裁判所裁判官指名諮問委員会が設置された（下級裁判所裁判官指名諮問委員会規則1条　11名の委員からなる）。また委員会の下部組織として，全国8ヵ所の高等裁判所所在地ごとに，指名候補者に関する情報収集を行い，委員会に報告する地域委員会が設置された（同規則12条）。最高裁は，(1)委員会が指名することは適当である旨の意見を述べた指名候補者を指名しなかったとき，(2)委員会が指名することは適当ではない旨の意見を述べた指名候補者を指名したときには，その決定の理由を

委員会に通知しなければならない（同規則4条）。このような仕組みの下で，例えば2011年1月採用の判事補の指名候補者100人について判事補に任命されるべき者として指名することの適否について同委員会が審議した結果，98人を適当2人を不適当だと最高裁判所に答申した（同委員会2010年12月21日議事録 http://www.courts.go.jp/saikosai/vcms_lf/80604001.pdf）。

3 内閣の下級裁判所裁判官の任命権

憲法は，下級審裁判官の指名権を最高裁判所に与え，任命権を内閣に与えている。ここで問題となるのは，内閣の任命権が，内閣総理大臣や最高裁判所長官に対する天皇の任命権（憲6条1項・2項）と同様に全く形式的なものにとどまるか，それとも内閣がなんらかの実質的な決定権を有するのか，もしそうだとすればどのような内容の決定権を有するか，という点である。最高裁が下級裁判所裁判官の人事について実質的決定権を独占しており内閣は有しない，とする形式的任命権説（A説　佐藤功・註釈（下）1034頁は，結論的にこの説を支持する），一定の実質的決定権を有するとする実質的任命権説（B説）に大別される。後者はさらに，名簿に選択の余地がある場合に内閣に実質的決定権が生じるが，1名しかない場合にはその者を任命するしかないので，その限りでは形式的任命権しかなくなる，とするB1説（宮沢・コメ661頁），「明らかに資格要件を欠いているなど明白な形式上の瑕疵がある場合」は任命を拒否しうる，とするB2説（多数説，樋口他・注解Ⅳ661頁〔浦部法穂〕），内閣は任命を拒否しうる，とするB3説（法協・註解下1202頁，佐藤幸・憲法論603頁）の説に

分かれる。B説各説について，そもそも最高裁判所裁判官の任命は内閣の自由な選択で行うことができ，政権交代の経験の乏しい日本では最高裁判所が一定の政治イデオロギーに枠付けされる傾向にある。このような状況の下でさらに司法の独善化阻止の名の下に，下級裁判所裁判官について内閣になんらかの実質的任命権を与えると，司法権全体が党派政治の強い影響下に置かれることが懸念される。またB2説については，内閣に最高裁による裁判官任用に関する手続の適法性を監視させることは，内閣の政治機関としての性質上適切とは思われない。さらにB3説については，もし日本が法曹一元制度を前提として，かなり幅の広い人材の中から裁判官名簿を作成しているのであれば，内閣が任命の際に実質的にチェックをすることも一定の意義を有していたかもしれない。だが，職業裁判官型システムの下で相当均質的で有能な人材が名簿に登載されている状況にあり，内閣によるチェックはほとんど意味がない。したがって，A説が支持されるべきである。

なお実務において，最高裁は任命されるべき裁判官に1名の名前を加えた名簿を内閣に提出しており，また内閣が下級裁判所裁判官の名簿に拒否権を行使したことはない，といわれる（佐藤功・註釈（下）1033頁以下）。

4 下級裁判所裁判官の再任

憲法80条1項は，下級裁判所裁判官の任期について，「任期を10年とし，再任されることができる。」と規定している。明治憲法下では裁判官は終身制であった（（旧）裁判所構成法67上）。裁判官の身分保障に強く配慮する日本国憲法が，なぜ下級

裁判所裁判官について定年制（後述5参照）のみならず，旧憲法下に存在しなかった任期に関する規定を設けたのか。それは，憲法がもともと法曹一元制度を想定していたからである。すなわち英米法系諸国で一般的な法曹一元制度の下では，弁護士としての経験を一定期間積んだ有能で意欲のある者のなかから，裁判官が任命される。それにならって，原則として10年間裁判官を勤めた後弁護士業に復帰するのが適当であろう，と考えられていたのである。このような制度を採用することによって，「裁判官がこれに安んずる弊害を生むことを防止し，また人事上，新陳代謝や配置の合理化を期す」ことができる（佐藤功・註釈（下）1036頁），と受けとめられた。最高裁判所裁判官には国民審査があるが，下級裁判所裁判官にはそのような制度がないことと引き換えに，任期制が導入されたものといえる。

ところが実際の裁判官の人事方式は，明治憲法下のシステムを引き継ぐ職業裁判官型システムに属するので，下級裁判官における10年任期制の規定と矛盾する関係に立つ。そこで，裁判官の再任の法的性質が問題となってきた。

この問題に大きな注目が集まったのは，1971年に発生した宮本康昭判事補事件によってである。この事件は，宮本・熊本地裁事件補が採用の10年後再任（判事任官）を希望したが，不再任となったというものである。これについて，最高裁は不再任の理由を人事の秘密を盾に明らかにしなかった。また下級裁判所裁判官の人事に関して，裁判所法48条は，「その意思に反して，免官，転官，転所，職務の停止又は報酬の減額をされることはない」，と規定しているが（「免官」については憲法78条解説参照，「報酬の減額」については，79条6項解説及び後述参照），実際には，最高裁事務総局は，「転官」「転所」に関して，最終的に最高裁裁判官等の要職に任命される一握りのエリート裁判官を若いうちに選抜する一方で，特に憲法事件に関して最高裁の確立された判例に反旗を翻す裁判官をポストの上で冷遇する人事政策を採用してきた。これは，1960年代後半から1970年代前半にかけて政権政党の自民党からの判決傾向に対する強い批判（「偏向裁判」批判）が向けられたことに呼応する措置という意味を持っていた（「司法の危機」時代）。すなわち，保守勢力は下級裁判所における体制批判的な判決の続出は，下級裁判所の裁判官の多くが一定の政治的傾向を帯びた団体の影響下にあるからだ，と断定した。その団体が，当時約300人いたといわれる青年法律家協会（略称は青法協。日本国憲法を擁護し平和と民主主義を守ることを目的として1954年に設立された団体。設立発起人リストには，芦部信喜，平野龍一，三ケ月章らの名前がある）。最高裁は，若手裁判官に青法協からの脱退を強く求めるなど，司法権上層部の意向に沿わない裁判官を標的としていわゆる官僚的統制を強めていった，という事情がある。宮本判事補は，もちろん青法協会員であった。

さて，以上の状況の下で，以下の説が対立してきた（野中他・憲法Ⅱ 259頁以下）。すなわち裁判官は任命の日から10年を経過すれば当然に退官するのであり，再任は新任の法的性質は全く異ならない，とする自由裁量説（A説（最高裁の公式見解）：矢口洪一最高裁事務総局人事局長による1971年4月13日衆議院法務委員会おける答弁

http://kokkai.ndl.go.jp/SENTAKU/syugiin/065/0080/06504130080016.pdf なお，最高裁によれば，名簿不登載行為は行政不服審査の対象とはならない（最決1971〈昭46〉年9月8日研究会「裁判官再任問題の行政法的検討」法時44巻3号（1972年）10頁））．確かに裁判官の身分は10年後に消滅するが，現在の職業裁判官型システムの下では，特別の理由のある不適格者でない限りは当然再任されるべきである，とする羈束裁量説（B説（通説）：宮沢・コメ664頁）．憲法78条に規定されているような身分保障の例外に該当しない限り，10年の任期経過後も裁判官の身分は継続する，とする身分継続説（C説：杉原泰雄「日本国憲法における裁判官再任制度の構造」ジュリ479号〔1971年〕45頁以下）の三説である．

通説では，A説は，職業裁判官型システムの下では，最高裁の自由な判断による実質的な解職処分を可能とするものであって，明治憲法下と比べても裁判官の身分保障を著しく弱めてしまうことになるため妥当ではない，と批判する．またC説については，「再任されることができる」という文言との距離が余りにも大きい，と批判する．このようにみると，B説を支持せざるを得ない．

この点について，2（3）で述べた通り2003年に下級裁判所裁判官指名諮問委員会が設置され，再任についても任官と同様に最高裁にアカウンタビリティーを求める仕組みが整備された．その結果現在では，実質的には身分継続説にかなり近い運用がなされている．憲法78条に規定される身分保障の例外および高度の専門的職能性を備えた裁判官としての適格性を明白に欠く場合を除いては当然再任されるべきである，と捉えるべきであろう（厳格な羈束裁量説B′説）．

ちなみに当局者（最高裁判所事務総局総務局長）の説明によれば，2003年から2016年までの13年間に約2600名の再任希望者のうち49名が再任されなかった（http://www.shugiin.go.jp/internet/itdb_kaigiroku.nsf/html/kaigiroku/000419020160316004.htm）．また2017年12月に開催された下級裁判所裁判官指名諮問委員会では，154名の希望者中153名が再任されている（http://www.courts.go.jp/saikosai/vcms_lf/806067.pdf）．なお，寺西裁判官は，本制度の下で再任されている（78条解説参照）．

5　下級裁判所裁判官の定年

憲法80条は「法律の定める年齢に達した時には退官する．」と規定して，下級裁判所裁判官の定年制を定めている．簡易裁判所裁判官の定年は最高裁判所裁判官と同じく70歳，それ以外の裁判官の定年は65歳である．簡易裁判所裁判官の定年年齢が他の裁判官と比べて高いのは，「簡易裁判所は多数設置され，その中には比較的事件の少ないところもあるし，また，かえって老練な裁判官が望ましい場合があるので，他より定年を高くして，定年で退官した裁判官や検察官までも，簡易裁判所へ返り咲きができるように考えられたのである」，とされる（兼子一＝竹下守夫『裁判法〔第4版〕』有斐閣，1999年，255頁）．

6　下級裁判所裁判官の報酬

下級裁判所裁判官は，最高裁判所裁判官（憲法79条6項）と同様に，在任中は「定期に相当額の報酬」を受け取るものとされ，

その減額は禁じられている。その意義は，同条の解説を参照されたい。

〔山元 一〕

> **第81条** 最高裁判所は，一切の法律，命令，規則又は処分が憲法に適合するかしないかを決定する権限を有する終審裁判所である。

1 81条の趣旨

本条は，裁判所に法令の違憲審査権を与えた規定である。違憲審査制が成立する最低限度の前提として，最高法規としての憲法（98条1項）の観念が必要である。しかしそこから，論理必然的に違憲審査制が導き出されるわけではない。憲法の有権的解釈権限をどの機関に付与するかは，それぞれの実定憲法の選択による。近代立憲主義確立期においては，議会が立法権の行使という形で示す憲法解釈が最終的とされていた。しかしファシズムの時期などを経て，立法という形式によっても憲法によって保障された国民の権利が侵害されることが意識されるようになると，議会以外の裁判的機関に，憲法の保障権限・最終的な有権的解釈権限を与える例が増加した。現在では，立憲主義憲法をもつほとんどの国が，違憲審査制を採用している。

2 違憲審査制の類型
（1）違憲審査制の歴史

近代において，裁判所が違憲審査権を行使していた例外的な国がアメリカだった。アメリカ合衆国憲法には違憲審査制を定めた規定はないが，連邦最高裁は，1803年のマーベリ対マディソン事件判決以来，判例の積み重ねによって違憲審査制を確立してきた。これに対して大陸法系の諸国では，第一次大戦後1920年に制定されたオーストリア憲法が，初めて憲法裁判所を創設した。さらに第二次大戦後，ドイツ，イタリアなど西ヨーロッパの多くの憲法で，違憲審査権をもつ憲法裁判所が導入された。とりわけドイツ連邦憲法裁は成功例とされ，その影響により，1989年の東西冷戦終結後に制定された憲法の多くは，憲法裁判所を設けている。

（2）アメリカ型とドイツ型

違憲審査制の二大類型として，アメリカ型とドイツ型が挙げられる。アメリカ型の違憲審査制は，通常の司法裁判所が，具体的な訴訟事件を審査するに付随して，その事件に適用すべき法令の合憲性を審査するものである。連邦最高裁だけではなく，すべての裁判所がこの権限をもつ。違憲とされた法令は当該事件で適用されないだけにとどまり，法令が廃止される効果はない。違憲審査の目的は，主に憲法上保障された権利の救済にある。

これに対してドイツ型では，違憲審査権（憲法に適合しない法令を無効とする権限）は連邦憲法裁に集中されている。アメリカ型と対比した場合の大きな特色は，具体的な事件を前提とせず，州政府や連邦議会議員の3分の1以上などの申立てに基づいて法律の憲法適合性などを審査する，抽象的規範統制という手続があることである。違憲判決はその法令を廃止する効果をもつ。ドイツ型の趣旨は客観的な憲法秩序の保障

だ，といわれる所以である。

(3) 合一化傾向

アメリカ型とドイツ型の違憲審査制は，図式的には上のように対置されるが，機能的には接近する傾向にある。ドイツにおいて，抽象的規範統制手続は，反対党が政治闘争を裁判所で継続するために濫用されるといった批判があることなどから，実際にはさほど利用されていない。連邦憲法裁が扱う事件のほとんどは，公権力によって基本権が侵害された場合に，各人が申し立てる憲法異議という権利保障型の手続である。

アメリカでも，訴訟を提起するための要件や，違憲を争う適格が緩和されることがあり，また法律の違憲の宣言と執行の差止めを求める訴訟が認められている。これらによって，アメリカ型の制度も，個別的な権利救済を超えて客観的な憲法保障の役割を果たすようになっている。

(4) 日本国憲法の下での違憲審査制

憲法制定当初からの通説（A説）は，本条によりアメリカ型の付随的違憲審査制が採用された，と解してきた。これに対して，本条は付随的違憲審査権と並んで，最高裁に憲法裁判所型の違憲審査権をも付与しているとする見解（B説）もあった。最高裁は，日本社会党を代表した鈴木茂三郎が，警察予備隊が憲法9条に違反するとして，直接最高裁に無効確認を求めた訴訟に関して，裁判所は「具体的事件を離れて抽象的に法律命令等の合憲性を判断する権限」を有さない，と判断した（警察予備隊違憲訴訟判決・最大判1952〈昭27〉10.8民集6巻9号783頁）。こうして最高裁はA説に立つことを明らかにしたが，「わが現行の制度の下においては」，「法令上何等の根拠も有しない」という慎重な判示だったため，法律で権限や手続を定めれば最高裁に憲法裁判所の機能を果たさせることも可能だという見解（C説）の余地を残していた。しかし，そのような機能の重要性にかんがみると，それを認めるためには提訴要件や判決の効力などを憲法上明記することが必要だ，とみるのが通説である。

日本国憲法はアメリカ型の付随的違憲審査制を導入したものの，裁判所や法律学は伝統的に大陸法的な制度と思考を基礎としてきたため，日本独特の「合一化傾向」が見られる（樋口陽一『転換期の憲法？』敬文堂，1996年，208頁以下，園部逸夫『最高裁判所十年』有斐閣，2001年，286頁以下，佐藤幸治『日本国憲法と「法の支配」』有斐閣，2002年，245頁以下）。このことを略述することは，本条の解説全般に伏在する関心である。

(5) 客観訴訟による違憲審査

日本では，主観訴訟と客観訴訟が区別されてきた（⇒本書第6章　司法【総論】2）。この客観訴訟によって，重要な憲法訴訟が争われている。例えば，公選法上の選挙無効訴訟（204条・205条）により国会議員の選挙における「一票の較差」が争われ，また地自法における住民訴訟（242条の2）によって地方公共団体の公金支出等の政教分離規定適合性が争われてきた。機関訴訟で争われた代表的事例は，（平成11年法87条による改正前の）地自法151条の2が規定した職務命令執行訴訟が用いられた沖縄代理署名訴訟判決（最大判1996〈平8〉8.28民集50巻7号1952頁）である。

客観訴訟は，本来の司法作用ではなく，法律によって特に裁判所に付与された権限（裁判所法3条1項）と解されてきた。そこで，客観訴訟によって違憲審査がなされ

るのであれば，抽象的違憲審査権を法律によって裁判所に付与することも可能とならないか，という疑問が出される。これに対して代表的学説は，裁判所を法原理機関とみることを基盤とする司法権観を採用したうえで，客観訴訟も「法原理機関の権限とするにふさわしい，具体的な事件・争訟性を擬するだけの実質を備えていなければならない」ず，純然たる抽象的違憲審査権は認められない，という（佐藤幸・憲法論623-624頁）。この要件設定の仕方と幅は，一つの論点である（野中俊彦『憲法訴訟の原理と技術』有斐閣，1995年，26頁以下）。

（6）違憲審査の主体

本条は，最高裁が「終審」として違憲審査権をもつことを明文で規定している。そのため，憲法問題については，最高裁の判断を求める機会が保障されていなければならない。これに対して下級裁判所に関しては何も述べられていないが，これを否定する学説はない。また下級裁判所も，実際に違憲審査権を行使してきた。現行訴訟法も，これを前提とした規定を置いている（民訴法312条1項，刑訴法405条1号など）。

日本国憲法および裁判所法の制定過程では，下級裁判所が法令の憲法適合性についての判断を最高裁に求める制度が構想されていた（樋口他・注解Ⅳ 93-94頁〔佐藤幸治〕）。これはドイツ連邦憲法裁がもつ具体的規範統制手続に該当し，現在でもこれを日本に導入しようと提案する学説もある（畑尻剛「憲法裁判所設置問題も含めた機構改革の問題」公法研究63号〔2001年〕110頁以下）。アメリカ型とドイツ型の違憲審査制を理念化して過度に対立的には捉えないことを前提としつつ，中間的な制度を模索する発想は注目できる。これに対しては，下級裁判所が違憲と判断しなければ最高裁（憲法部）の判断が受けることができなくなるとすれば81条に反しないか，といった疑問も出されてきた（笹田栄司『司法の変容と憲法』有斐閣，2008年，27頁以下，宍戸常寿「違憲審査制」小山＝駒村編・論点347頁以下）。こうした制度改革論議については，ここでは扱えない。

3　違憲審査の対象

（1）国内法規範とその適用行為

本条は，違憲審査の対象を「一切の法律，命令，規則又は処分」と規定する。これは違憲審査の対象となる国の作用を例示したものであり，憲法より下位の法規範とその適用行為はすべて含まれる。とくに論じられてきた事項は，以下のものである。

（2）条　　約

本条は，「条約」を違憲審査の対象とは明記していないだけでなく，98条2項が条約の誠実遵守義務を定めており，実質的にも条約は外国との合意によって成立するという特殊性があることから，条約は違憲審査の対象ではないという立場もありうる。しかし通説は，条約に対する憲法優位説を前提に，法律よりも容易な手続で承認される条約（憲法61条参照）によって憲法が実質的に変更されることを防ぐことなどを理由として，条約にも違憲審査権が及ぶと解している。ただし，条約が違憲と判断されても，その国内法上の効力が否定されるにとどまり，国際法上の効力は維持される。その場合には，内閣は国際法上の効力を失わせるため対象国との交渉が義務づけられることになる（詳しくは，長谷部・憲法445頁以下）。

最高裁は，旧日米安全保障条約に基づく

米軍駐留の憲法適合性が争われた砂川事件判決（最大判 1959〈昭 34〉12.16 刑集 13 巻 13 号 3225 頁）で，当該条約は「わが国の存立の基礎に極めて重大な関係をもつ高度の政治性」を有するため，「一見極めて明白に違憲無効」でない限り，「司法審査権の範囲外」だとしていた（⇒本書第 6 章司法【総論】3）。これは，条約に対する違憲審査権の存在を前提とした論旨である。

（3）立法不作為

本条による違憲審査対象の列挙は，国家の作為行為を前提としているように受け取れる。しかし立法の不作為，つまり，立法義務が存在するにもかかわらず立法が不存在または内容が不十分な場合も，違憲審査の対象となる。

立法不作為を訴訟により争う方法として，従来もっとも利用されてきたのは，国家賠償請求訴訟である。歩行困難者に対する在宅投票制度が公選法改正によって廃止され，その後も復活されなかったため，投票ができないことによる精神的損害について国家賠償が求められた。これに対して，最高裁は，ア）立法行為と立法不作為を区別せず，イ）国賠法上の違法性と立法内容の違憲性を区別し，ウ）前者について，国会議員は原則として政治的責任を負うにとどまり，「立法の内容が憲法の一義的な文言に違反しているにもかかわらず国会があえて当該立法を行うというごとき，容易に想定し難いような例外的な場合でない限り」，国賠法 1 条 1 項上違法とはならない，と判断した（在宅投票制度廃止事件判決・最一判 1985〈昭 60〉11.21 民集 39 巻 7 号 1512 頁）。

この判決の影響は大きかったが，下級審のなかには，最高裁判決から事案を区別することによって，ウ）で示されたきわめて厳格な要件を緩和する試みもあった。在宅投票制度廃止事件判決による厳格な限定を事実上緩和し，実際にも立法不作為に国家賠償を認めた最高裁判決が，在外国民選挙権判決（最大判 2005〈平 17〉9.14 民集 59 巻 7 号 2087 頁）である。さらにその後，再婚禁止期間違憲判決（最大判 2015〈平 27〉12.16 民集 69 巻 8 号 2427 頁）は，国会議員の立法行為・立法不作為が国賠法上違法となるのは，「法律の規定が憲法上保障され又は保護されている権利利益を合理的な理由なく制約するものとして憲法の規定に違反するものであることが明白であるにもかかわらず，国会が正当な理由なく長期にわたってその改廃等の立法措置を怠る場合など」だと述べたうえで，当該立法不作為はそれには当たらないと判断した。この定式化は，在外日本人選挙権判決のそれを整理し直したものである（詳しくは，渡辺他・憲法 I 416 頁以下，446 頁以下〔渡辺康行〕）。

2004 年の行訴法改正により「公法上の法律関係に関する確認の訴え」（行訴法 4 条後段）が明文化されたことによって，立法の不作為の違憲性を公法上の当事者訴訟で争う可能性が拡大した。その先駆となったのは，先に挙げた在外国民選挙権判決である。この判決は，原告側の予備的請求を善解したうえで，次回の選挙において「在外選挙人名簿に登録されていることに基づいて投票をすることができる地位にあることの確認」の請求を適法な訴えとして認め，また理由もあるとして認容したものである（杉原則彦「活性化する憲法・行政訴訟の現状」公法研究 71 号〔2009 年〕196 頁以下）。ただし，これはあくまで公法上の法律関係の確認の訴えであり，立法（不作為）の違

憲確認訴訟が適法と認められたわけではない。

（4）国の私法上の行為

国家の活動は，公法行為の形式だけではなく，私法上の行為の形式をとって行われることもある。この場合に，当該行為は違憲審査の対象となるか。最高裁は百里基地訴訟判決で，「私人と対等な立場で行う国の行為」は，「憲法98条1項にいう『国務に関するその他の行為』に該当しない」と述べて，違憲審査の対象性を否定した（最三判1989〈平元〉6.20民集43巻6号385頁）。これに対して同判決の伊藤正己裁判官の補足意見は，津地鎮祭事件判決（最大判1977〈昭52〉7.13民集31巻4号533頁）が，市による地鎮祭への支出という私法的行為に基づく行為の憲法適合性について判断した例を挙げつつ，異論を唱えていた。通説も，国家の行為はすべて違憲審査の対象となり，そうでないと，私法的形態を装うことで憲法の適用を免れることが可能となる（高橋・憲法115-116頁，野中他・憲法Ⅱ285頁〔野中俊彦〕），と考えている。

4 違憲審査の要件

（1）訴訟要件

付随的違憲審査制では，裁判所による違憲審査は，通常の訴訟手続のなかで，その訴訟の解決に必要な限りで行われる。そのため，民事訴訟，刑事訴訟，行政事件訴訟などの訴訟として訴えが成立していることが前提となる。それぞれの訴訟要件について，ここで扱う余裕はない。

（2）違憲主張の適格

適法に成立している訴訟のなかで，攻撃防禦の方法として違憲の主張がなされることがある。しかしその違憲の主張は無制限に認められるわけではなく，一定の制約がある。いかなる場合にそれが認められるかが，違憲主張の適格の問題として論じられてきた。

〔法令中の他の規定などの援用〕　訴訟当事者が，自己に適用される法令や処分等が違憲だと主張することが許容されることは，当然である。そのうえで問題となるのは，自己に適用されない法規定の違憲をも主張できるかである。まず，無許可行為を処罰する規定が適用された被告人が許可制を定める規定の違憲を主張するといった形で，適用規定と密接不可分の関係にある同一の法令中の他の規定の違憲を主張することは許される，と解されている。また，自衛隊法121条の防衛用器物損壊罪の適用を受けた被告人が，自衛隊法全体が憲法9条に反すると主張したように（後掲・恵庭事件参照），適用規定が法令全体と不可分だとしてその違憲を主張することも許されている（野中他・憲法Ⅱ299頁以下〔野中俊彦〕）。

〔特定第三者の憲法上の権利・利益侵害の援用〕　自己に適用される法令や処分等が，第三者の憲法上の権利・利益を侵害するから自己に適用すべきでない，という違憲の主張をすることは許されるか。指導的判例である第三者所有物没収事件判決（最大判1962〈昭37〉11.28刑集16巻11号1593頁）は，告知・弁解・防禦の機会を与えることなく第三者の所有物を没収することは違憲だという憲法判断を行ったうえで，被告人がそのことを理由に上告することを，ア）没収は被告人に対する附加刑であること，イ）被告人としても占有権が剥奪されていること，ウ）第三者から賠償請求される危険があること，を理由として認めた。この結論は学説でも広く支持されている。その

うえで付随的違憲審査制の枠組みによる制約を意識する通説的立場からは、当事者と第三者との関係、第三者が独立の訴訟で自己の権利侵害を主張することが実際上難しいことなどの考慮要素が、主張を認めるための指針として示されている（佐藤幸・憲法論631頁以下、渋谷・憲法699頁以下）。

これに対して、日本では徹底した当事者主義が採用されておらず、とくに憲法問題については裁判所が職権主義的な審査を行っていることを踏まえる有力説は、本案審理では違憲・違法の主張の理由に限定はない、と論じている（樋口陽一ほか編『憲法の基本判例〔第2版〕』有斐閣、1996年、156頁以下〔戸波江二〕、大石和彦「違憲審査権の行使(3)」争点278-279頁、市川・憲法358頁）。そして第三者所有物没収事件判決も、両説に引き付けられて読まれている。

〔客観法原則の援用〕 自己に対する適用は合憲であっても、適用される法規定が過度に広汎または不明確のために違憲だという主張の仕方は、判例上一般に認められてきた。例えば広島市暴走族追放条例事件判決は、当該被告人の行為は条例が規制しようとしていた典型的な行為であり、この行為が条例に違反することは明らかであったにもかかわらず、被告人による条例の過度広汎性や明確性に関する違憲の主張適格を認めていた（最三判2007〈平19〉9.18刑集61巻6号601頁）。この類型は、これまで不特定の仮定的第三者の権利援用の問題として扱われることが多かった。しかし近年では、表現の自由に対する萎縮的効果の除去などを目的として客観法原則違反の主張が一般的に認められる結果、不特定第三者の権利援用が認められたかのような形にな

る、と位置づけ直されつつある（高橋和之『体系 憲法訴訟』岩波書店、2017年、161頁以下、小山・作法218頁以下など）。

（3）訴えの利益の継続性

訴訟を提起した時点では適法な訴訟であったが、その後の事情によって、事件・争訟性の要件を欠くに至った場合、訴訟は本案判断に入らず、却下される。しかし憲法訴訟に際して、そのような場合でも最高裁が例外的に憲法判断を行った例がある。

一つは皇居前広場事件判決（最大判1953〈昭28〉12.23民集7巻13号1561頁）である。メーデーのための皇居前広場使用申請が不許可とされたため、その取消を求めた訴訟は、控訴審係属中に期日が過ぎてしまったため、請求が棄却された。最高裁もこれを正当としたが、括弧書きで「なお、念のため」として、不許可処分に違法はないとの本案判断を行った。もう一つは朝日訴訟判決（最大判1967〈昭42〉5.24民集21巻5号1043頁）である。生活扶助を廃止されたものが扶助基準の適法性などを争った訴訟では、上告審係属中に原告が死亡した。そのため、相続人が訴訟承継できるかが問題となった。最高裁はこれを否定しつつも、ここでも括弧書きで「なお、念のため」として、厚生大臣の認定判断に違法はないという本案判断を行っている。

付随的審査制だとしながらも、最高裁が事件・争訟性の要件から離れて上記のような本案判断を行うことについては、学説上議論がある。一般論としては、事案と密着した内容の傍論であれば、最高裁が下級審に一定の指針を与えておきたいと考えることも許される、とするのが多数だと思われる（高橋・前掲〔憲法訴訟〕126頁以下、野坂泰司「憲法判断の方法」争点287頁など）。

しかし他方では，皇居前広場事件については，アメリカ法に倣って，繰り返し起こりうるという事情があるとして憲法判断を肯認しつつ，朝日訴訟にはそのような事情はないと批判する見解もある（佐藤幸治『現代国家と司法権』有斐閣，1988年，215頁）。

5 違憲審査の方法
（1）文面審査と適用審査

かつて文面審査とは，ある法律の定める事前抑制の措置が「検閲」に当たるかなど，立法事実（後述）をとくに検出し論証せず，法律の文面を検討するだけで結論を導きだす審査手法をさす，とされていた（芦部・憲法383頁）。しかしその後，文面審査を，当該事件の事実（司法事実）にとらわれずに，法令それ自体の合憲性を判断しようとするもので，立法事実を考慮しない文面審査だけでなく，立法事実を考慮する文面審査も含む，と解する見解が有力に唱えられた。他方，適用審査は，法令の合憲性を当該訴訟当事者に対する適用関係においてのみ個別的に判断しようとするもの，とされる。アメリカの判例では適用審査優先の原則があるのに対して，日本の判例・学説は，違憲審査制の憲法保障機能を早くから意識し，文面審査―法令違憲を審査の一般的な姿と捉えてきた。そのことが違憲審査権行使の結果の過大視を導き，緩やかな違憲審査をもたらす一因となった。そのため，適用審査の実施は日本の付随的違憲審査を活性化させる，と主張された（市川・憲法351頁以下，佐藤幸・憲法論654頁以下など）。

現在の憲法学では，「文面」，「適用」といったアメリカ法に由来する用語の理解について様々な見解が出され，錯綜した状況にある。また，適用審査と法令審査（文面審査）は同時並行的に行われる（高橋・前掲〔憲法訴訟〕167頁以下），両者の「視線の往還」（駒村・憲法訴訟40頁以下）が説かれるようにもなっている。もっとも，先の適用審査優先論とは，当為かと事実かという，主な関心の次元にズレがあるように感じられる。

（2）立法事実の審査

立法事実とは，法律の立法目的および立法目的を達成する手段の合理性を裏づけ支える社会的・経済的・文化的な一般的事実だとされる。立法事実を検証しないまま，ただ憲法と法律の条文だけを概念的に比較して違憲か合憲かを決める憲法判断の手法では，実態に適合しない形式的・観念的な説得力の弱い判決となってしまう。最高裁も，例えば薬事法違憲判決（最大判1975〈昭50〉4.30民集29巻4号572頁）において，立法事実を踏まえた判断を行っていた。また近年の最高裁では，立法事実の変化を根拠としながら，憲法適合性審査を行う例が目立っている。

立法事実は，法律が必要であることの説明として，法案が審議された国会の委員会および本会議の議事録に記載されているはずである。しかし，それは必ずしも十分ではないことが多い。立法事実については，裁判所は当事者の主張とは無関係に認定することが可能である。しかしこの点に関する裁判所の能力は限られているため，訴訟当事者が立法事実の収集や分析のために果たす役割も大きい。なお，裁判所が立法事実をどの程度検証する必要があるかは，制約されている憲法上の権利の性質などによって異なってくる，と考えられてきた（戸松秀典『憲法訴訟〔第2版〕』有斐閣，

2008年，243頁以下など）。

（3）違憲判断の基準

違憲判断の基準は，各憲法上の権利に即して論じられるべきものであるため，ここでは一言触れるにとどめたい。従来の学説は，アメリカ合衆国の判例・学説を参考として，まず，立法の目的と手段について審査する枠組みを構想した。また，裁判所が憲法判断をする際によるべき基準として，精神的自由規制立法については厳格に，経済的自由規制立法については緩やかに審査すべしとする「二重の基準」という基本思考が提唱され，さらに中間の審査基準もあるなどと論じられてきた。こうした基準を提示することにより，裁判所による合憲性審査に際する利益衡量に指針を与えることが試みられたのである。

これに対して判例は，基準論からは距離を置き，「総合的判断」によって合憲性を審査してきた。そうした状況のなかで，近年では，ドイツの判例・学説を参考として「三段階審査」論が説かれるようになった。これは，自由権に対する規制立法について，保護領域該当性・制約の有無・正当化可能性という三つの段階を踏んで合憲性審査をする構想である。正当化審査は，法律の根拠の有無などを審査する形式的正当化審査と実質的正当化審査に分かれる。後者で働くのが比例原則審査である。これは憲法上の権利に対する制約の目的が正当であることを前提として，手段の適合性，必要性，得られる利益と失われる利益の均衡性を審査するものである。

学界での関心が高い事項であるが，違憲審査基準論と比例原則の思考のいずれが理論的に優れているかを論ずるよりも，判断の透明性が低い日本における憲法判例の現状を一歩でも進めるためにどちらが有用か，という思考が採られるべきではないかと思われる。また違憲審査基準も比例原則も，自由権ないし平等原則がかかわる場面を念頭に説かれてきたため，それ以外の憲法上の権利に関する審査手法を構築する必要がある（渡辺他・憲法Ⅰ 58頁以下〔松本和彦〕，82頁以下〔渡辺康行〕）。

6　合憲判断の手法
（1）憲法判断の回避

違憲の争点が適法に提出されている場合でも，裁判所はその争点に触れないで事案を解決することが可能ならば，あえて憲法判断をする必要はない，という考え方がある。この憲法判断の回避の方法として，憲法判断そのものの回避と違憲判断の回避（合憲限定解釈）という手法があるとされてきた。

前者が注目を集めた初期の例として，恵庭事件1審判決がある（札幌地判1967〈昭42〉3.29下刑集9巻3号359頁）。自衛隊の通信線を切断したことが自衛隊法121条違反だとして起訴された事件だったが，そのなかで自衛隊の合憲性が激しく争われた。しかし札幌地裁は，被告人の行為は同条の構成要件に該当せず無罪とし，その結論に達した以上，憲法判断を行う必要がないだけではなく，行うべきではない，とかなり強い憲法判断回避の原則を述べていた。しかし付随的違憲審査制からそうした原則が直接導き出されるわけではなく，違憲審査制の憲法保障機能にも配慮して，「事件の重大性や違憲状態の程度，その及ぼす影響の範囲，事件で問題にされている権利の性質等を総合的に考慮し，十分理由があると判断した場合は，回避のルールによらず，

憲法判断に踏み切ることができる」(芦部・憲法381頁)，と解する立場が学説上は有力であり，おそらくその後の判例でもある。

法律上の争点に関する判断を先行させて権利救済を行い，憲法判断を回避した上のような例とは異なり，憲法判断を先行させながら，法律判断で権利救済を否定することは許されるか(高橋・前掲〔憲法訴訟〕197頁)。国賠法1条1項を用いて，国家の違憲な行為（または不作為）によって損害を被ったとして損害賠償請求がなされる訴訟は多い。裁判所は，国家賠償認容要件のうちで「損害」がないとして退けることができる場合でも，「違法」性判断を先行させて行うことがある。その近年の代表例としては，前掲・再婚禁止期間違憲判決がある。いかなる場合に裁判所はそうした判断ができるかについても，上で紹介した思考が当てはまるだろう（渡辺他・憲法Ⅰ 416頁以下，446頁以下〔渡辺康行〕）。

(2) 合憲判決

合憲判断には，3つの手法がある。第1は，適用合憲判断である。その代表例である川崎民商事件判決（最大判1972〈昭47〉11.22刑集26巻9号554頁）は，収税官吏の質問検査権を定めていた事件当時の所得税法63条が不明確だという上告趣意に対して，「本件に適用される場合に，その内容になんら不明確な点は存しない」，と応えた。

第2は，法令合憲判断である。その代表例である大阪市屋外広告物条例事件判決（最大判1968〈昭43〉12.18刑集22巻13号1549頁）は，同条例の規制が表現の自由の保障に反しないことを述べるにとどまり，当該事例への適用も合憲だという判断を背後に置きつつも，それを明確には審査していない。このような審査手法が，客観的・一般的審査だとして批判の対象となっているものである（佐藤幸・憲法論655頁）。

第3は，法令・適用合憲判断である。前掲・沖縄代理署名訴訟判決がその例である。判決は，まず，駐留軍用地特措法が憲法前文，9条，13条，29条3項，31条に違反しないとする。そのうえで，同法の沖縄県における適用についても同様に合憲と判断した（詳しくは，宍戸常寿「合憲・違憲の裁判の方法」戸松・野坂編『憲法訴訟の現状分析』有斐閣，2012年，66頁以下）。

(3) 憲法適合的解釈

憲法適合的解釈とは，法令の規定に違憲的に適用される部分がないと考えることを前提としつつ，憲法上の要請を考慮しない通常の解釈ではなく，憲法上の要請を考慮した他の解釈を選択することである。

初期の例として，新潟県公安条例事件判決（最大判1954〈昭29〉11.24刑集8巻11号1866頁）が挙げられる。この判決は，集団示威運動につき条例で「一般的な許可制を定めてこれを事前に抑制することは，憲法の趣旨に反し許されない」が，「特定の場所又は方法について制限する場合があること」を認める。そのうえで，「条例の趣旨全体を総合して考察すれば，本件条例は許可の語を用いてはいるが，…特定の場所又は方法についてのみ制限する場合があることを定めたに過ぎない」と解釈し，憲法各条に反しないと判断した。

近年の例としては，堀越事件判決（最二判2012〈平24〉12.7刑集66巻12号1337頁）が知られている。この判決は，表現の自由保障の重要性から，「法令による公務員に対する政治的行為の禁止は，国民としての

政治活動の自由に対する必要やむを得ない限度」にとどまるべきだ，という見解を示す。そのうえで，国公法102条1項にいう「政治的行為」を，「公務員の職務の遂行の政治的中立性を損なうおそれが，観念的なものにとどまらず，現実的に起こり得るものとして実質的に認められるものを指し，同項はそのような行為の類型の具体的な定めを人事院規則に委任した」と解釈し，当該事案の行為を構成要件に該当しないと判断した。もっとも千葉勝美裁判官の補足意見は，これを「通常の法令解釈の手法」としての限定的解釈だと位置づけている（渡辺康行「最高裁裁判官と『司法部の立ち位置』」工藤達朗ほか編『憲法学の創造的展開 下巻』信山社，2017年，571頁以下）。

（4）合憲限定解釈

合憲限定解釈とは，通常の解釈をすれば法令に違憲的に適用される部分があると考えられる場合に，法令の適用範囲を限定する解釈を採用することによって，当該法令を合憲と判断する手法である。そのため「憲法判断の回避」と対比して，「違憲判断の回避」とも位置づけられる。この手法が用いられた例は多い。前述した憲法適合的解釈との違いは相対的であるため，理解の仕方が分かれる判決も少なくない。

最高裁が合憲限定解釈を行った古典的な例としては，東京都教組事件判決（最大判1969〈昭44〉4.2刑集23巻5号305頁）がある。この判決は，地方公務員の争議行為を禁止し，争議行為のあおり行為等に刑事罰を科す地公法37条，61条4号が，「文字どおりに」争議行為のあおり行為等をすべて処罰する趣旨と解すべきならば，「違憲の疑を免れない」という。しかし「法律の規定は，可能なかぎり，憲法の精神にそくし，これと調和しうるよう，合理的に解釈されるべき」だという観点から，構成要件に二重に絞りをかける解釈を行ったうえで，当該行為を無罪とした。

札幌税関検査事件判決（最大判1984〈昭59〉12.12民集38巻12号1308頁）は，当時の関税定率法21条1項3号の「風俗を害すべき書籍，図画」等のなかに猥褻物以外のものも含めて解釈すると，規制の範囲が広汎，不明確で違憲となるため，この文言を「猥褻な書籍，図画等のみを指すものと限定的に解釈することによって，合憲的に規制し得るもののみがその対象となること」を明らかにしたものである。

前掲・広島市暴走族条例事件判決は，「本条例がその文言どおりに適用されることになると，…憲法21条1項及び31条との関係で問題があること」を認めたうえで，条例の規制対象となっている「暴走族」を，条例で行った定義にもかかわらず，限定して解釈した（渡辺康行「集会の自由の制約と合憲限定解釈」法政研究75巻2号〔2008年〕413頁以下）。

裁判所が違憲判断を行うと，立法部や行政部との軋轢が大きいことから，法令の違憲的に適用される部分を解釈によって除去しようと試みることは否定され得ない。しかし最高裁自身も意識しているように，解釈には限界があり，法令の書き換えになるような合憲限定解釈は避けるべきだと考えられている。

7　違憲判断の手法
（1）全部無効

裁判所が法令の規定を全部無効とするのは，まず，法令の文言が漠然不明確などのため形式上すでに無効だ，と判断する場合

である。また法令の内容審査によって，立法目的が違憲あるいは，立法目的を達成するための手段として必要性や合理性がないため違憲無効とする場合がある。さらに適用審査の結果，法律の典型的適用部分を違憲と判断したため，規定の存在自体を無効とする場合などもありうる。尊属殺重罰規定違憲判決（最大判1973〈昭48〉4.4刑集27巻3号265頁）を最初の例とする最高裁による数少ない法令違憲判決のうち，早期のものはいずれも全部無効の判断だった。

（2）部分無効

〔意味の一部無効〕　郵便法違憲判決（最大判2002〈平14〉9.11民集56巻7号1439頁）が憲法17条に反して違憲無効としたのは，郵便法68条・73条のうち，ア）書留郵便物について故意または重過失により損害が生じた場合に，国の損害賠償責任を免除・制限している部分，およびイ）特別送達郵便物について軽過失により損害が生じた場合に，国の損害賠償責任を免除・制限している部分だった。これは，上記条項のなかで，文言上は区別することができない意味の一部を違憲と判断したものである。

前掲・再婚禁止期間違憲判決は，女性に対して6カ月の再婚禁止期間を設ける民法733条1項の規定のうち，100日を超える再婚禁止期間の部分を違憲と判断した。これも意味上の一部違憲無効の例である。

〔文言の一部無効〕　前掲・在外日本人選挙権判決が違憲だと判断したのは，ア）平成10年改正前の公選法が在外国民の投票をまったく認めていなかったことと，イ）平成10年改正後の公選法附則8項の規定のうち，「在外選挙制度の対象となる選挙を当分の間両議院の比例代表選出議員の選挙に限定する部分」であった。イ）は，法令の文言の一部を違憲無効と判断したものである。

婚外子相続分差別規定違憲決定（最大決2013〈平25〉9.4民集67巻6号1320頁）は，民法900条4号ただし書の規定のうち，「嫡出でない子の相続分を嫡出子の相続分の2分の1とする部分」を違憲だと判断した。これも法令の文言を一部違憲無効とした例である。

意味の一部無効と文言の一部無効は，常に厳密に区別できるわけではない。両者に共通するのは、法令のなかで解釈上可分の部分を違憲と判断していることである。

（3）適用違憲(本件に適用する限り違憲)

かつては，適用違憲という概念は比較的広く捉えられていた。しかし，近年では概念を絞り込み，「法令の合憲限定解釈が不可能である場合，すなわち合憲的に適用できる部分と違憲的に適用される可能性のある部分とが不可分の関係にある場合に，違憲的適用の場合をも含むような広い解釈に基づいて法令を当該事件に適用するのは違憲である，という趣旨の判決」（芦部・憲法387頁〔強調は原文〕）だけを，適用違憲と呼ぶ理解が一般化しつつある。

この代表例とされてきたのは，猿払事件一審判決（旭川地判1968〈昭43〉3.25下刑集10巻3号293頁）である。この判決は，「非管理職である現業公務員で，その職務内容が機械的労務の提供に止まるものが，勤務時間外に，国の施設を利用することなく，かつ職務を利用し，若しくはその公正を害する意図なしで行った人事院規則14-7，6項13号の行為で且つ労働組合活動の一環として行われたと認められる所為に刑事罰を加えることをその適用の範囲内に予定している国公法110条1項19号は，こ

のような行為に適用される限度において」違憲だ、と判断した。

この判決手法を、上告審（最大判1974〈昭49〉11.6刑集28巻9号393頁）は、「法令が当然に適用を予定している場合の一部につきその適用を違憲と判断するものであって、ひっきょう法令の一部を違憲とするにひとしい」と批判した。しかし法令の一部違憲無効判決がしばしば用いられるようになった現在では、機能としては近似している。合憲限定解釈、部分無効、適用違憲といった判決手法相互の関係が、改めて問われている（宍戸常寿「司法審査」辻村＝長谷部編・憲法理論195頁以下、同・憲法解釈論309頁以下、新正幸『憲法訴訟論〔第2版〕』信山社、2010年、415頁以下、駒村・憲法訴訟377頁以下、高橋・前掲〔憲法訴訟〕317頁以下など）。合憲限定解釈と部分無効は、法令のなかの違憲的部分を画定するという点で共通しているのに対して、適用違憲は本件に適用される限りで違憲という趣旨であるため、違憲的部分が画定されない、という違いがある。合憲限定解釈と部分無効は、結論が合憲と違憲に明確に分かれるため、立法者に対する非難の度合いに違いがある。

（4）処分違憲

法令の適用行為が違憲とされた例として、強制調停事件決定（最大決1960〈昭35〉7.6民集14巻9号1657頁）がある。この決定は、まず、金銭債務臨時調停法7条の定める調停に代わる裁判を「性質上非訟事件に関するもの」だけに適用されると合憲限定解釈したうえで、純然たる訴訟事件に同条を適用した裁判所の決定は、「同法に違反するものであるばかりでなく、同時に憲法82条、32条に照らし、違憲たるを免れない」、と判断した。なお、裁判所の判決が81条の対象である「処分」に含まれることは、当初からの判例（最大判1948〈昭23〉7.8刑集2巻8号801頁）・通説である。

先にも挙げた第三者所有物没収事件判決も、所有者に告知・弁解・防禦の機会を与えることなく、第三者の所有物を没収する判決（処分）を違憲としたものであるため、理解の仕方に異論はあるものの、処分違憲の例として挙げられうる。

愛媛玉串料訴訟判決（最大判1997〈平9〉4.2民集51巻4号1673頁）は、公金の支出行為を違憲とした。また空知太神社事件判決（最大判2010〈平22〉1.22民集64巻1号1頁）は、神社敷地の利用提供行為を違憲とした。これらの行為は法令の適用ではない公権力の個別的行為であるが、行政法上の用語よりも広義で、「処分」を違憲とした例とされることが多い。

（5）違憲の確認

違憲とされた法令は、遡及的に無効となることが原則である。しかし、場合によっては、違憲ではあるが無効とはしないという判決にとどめることもある。典型的な例は、衆議院の議員定数配分規定を初めて違憲と判断した、最大判1976〈昭51〉4.14民集30巻3号223頁である。この判決は、選挙を無効とした場合、「明らかに憲法の所期しない結果を生ずる」として、行訴法31条1項が規定する事情判決の法理に従って、定数配分規定を違憲としつつ、選挙自体は無効としなかった。その後同種事件に関する最大判1985〈昭60〉7.17民集39巻5号1100頁でも、同様の手法が採られた。これらは違憲確認判決と性格づけられうる。

「一票の較差」に関する訴訟では、区割

基準などが投票価値の平等の要求に反する状態に至っていたけれども，憲法上要求される合理的期間内に是正がなされなかったとはいえないため違憲ではない，と結論する判決も度々出されている。こうした違憲状態判決では，できるだけ速やかに立法的措置を講ずる必要がある，といった付言がなされることもしばしばである（例えば，最大判2011〈平23〉3.23民集65巻2号755頁）。これらは違憲警告判決と位置づけられる。

〔渡辺康行〕

第82条 ① 裁判の対審及び判決は，公開法廷でこれを行ふ。
② 裁判所が，裁判官の全員一致で，公の秩序又は善良の風俗を害する虞があると決した場合には，対審は，公開しないでこれを行ふことができる。但し，政治犯罪，出版に関する犯罪又はこの憲法第3章で保障する国民の権利が問題となつてゐる事件の対審は，常にこれを公開しなければならない。

1　82条の趣旨

本条は，「裁判の対審及び判決は，公開法廷でこれを行ふ。」，と明快に規定して，裁判の公開原則を定めている。2項は，その原則の例外として，非公開裁判の認められるケースを限定しつつも許容している。憲法は，刑事事件については，被告人の人権保障の一環として，裁判の公開について，「被告人は，公平な裁判所の迅速な公開裁判を受ける権利を有する。」（37条1項）と規定している。本条は，これを民事事件や行政事件にも公開原則の範囲を拡大している。裁判が公開されなければならないのは，もし裁判が秘密裡に行われれば，不公正な裁判となる恐れが大きい，という歴史的教訓に基づいている。判例も，本条の趣旨について，「裁判を一般に公開して裁判が公正に行われることを制度として保障し，ひいては裁判に対する国民の信頼を確保しようとすることにある。」，としている（最高裁レペタ訴訟判決・最大判1989〈平元〉3.8民集43巻2号89頁）。

市民は，裁判が公開されることを通じて，広く統治や社会に関する多種多様な情報を得ることが可能となる。市民は，知る権利を充足し，主権者としての政治的判断をより確かなものとすることができる。この観点からみると，裁判の公開は，憲法21条の表現の自由や前文・憲法1条の国民主権の保障と深く関連している。但し，現代社会において裁判の公開原則を絶対化してはならない。例えば近年のプライバシー意識の高まりに伴って，それらに適切に配慮して制限を加えることが求められる。この点，国連人権規約B規約14条は，「当事者の私生活の利益のため必要な場合において」「裁判の全部又は一部を公開しないことができる。」，と規定している。

2　裁判の公開原則の対象となる裁判

本条によれば，「裁判」の「対審」と「裁判」の「判決」の両者が公開の法廷で行われなければならない。「対審」とは，裁判官の面前で行われる訴訟当事者の直接かつ口頭の弁論を指し，民事訴訟における口頭弁論，刑事訴訟における公判手続がそ

れに該当する。また、「判決」とは、民事訴訟や行政訴訟における原告、刑事訴訟における検察官の提起する主張に対して、裁判所が与える確定的な判断を言い渡すことを意味する。これに対して、裁判官の判断形成過程である「評議」は「公行しない」（公然と行わない）ものとされ（裁判所75条1項）、それに関しては「秘密を守らなければならない」（同条2項）、とされている。

そもそも本条の対象となる「裁判」とは、何か。判例は、民事裁判について、それは「純然たる訴訟事件」のことであるとし、具体的には「当事者の意思いかんに拘らず終局的に、事実を確定し当事者の主張する権利義務の存否を確定するような裁判」を指す、とする（最大決1960〈昭35〉7.6民集14巻9号1657頁）。また刑事裁判については、判例は、もっぱら「刑罰権の存否ならびに範囲を定める手続について公開の法廷における対審及び判決によるべき旨を定めたもの」、とする（最大決1967〈昭42〉7.5刑集21巻6号764頁）。したがって、再審を開始するか否かについての手続は「裁判」に当たらず、裁判の公開原則が適用されない。

(1) 裁判の公開原則と非訟事件

上で見たように、判例は、「純然たる訴訟事件」に関しては、立法政策によって裁判の公開原則を省略してはならない（いわゆる訴訟非訟二分論）、とする。これに対して、「純然たる訴訟事件」とは異なり、当事者間の権利義務に関する紛争を前提とせず、紛争の予防のために裁判所が一定の法律関係を形成するという性質をもった事件である非訟事件の場合には、当事者主義・口頭弁論主義は要求されず、職権探知

主義が原則とされ、審理も非公開によって行われることが憲法上許容される、とする。

判例 したがって例えば、判例は、家事審判法による夫婦の同居義務に関する審判（非訟事件手続法が準用される）に関して、「同居の時期、場所、態様等について具体的内容を定める処分」は、家裁が、「後見的立場から」「合目的の見地に立って」「その具体的内容を形成する」ところに特質があり、これは夫婦の同居義務そのものの存否にかかわる「実体的権利義務」の「確定」を行う訴訟事件とその本質を異にするから、このような家事審判手続は憲法82条及び32条に抵触しない、とする（最大決1965〈昭40〉6.30民集19巻4号1089頁）。

学説 訴訟非訟二分論に対しては、二つの立場から疑問が示されてきた。すなわち、(a)上記判決に窺われる、一般に裁判の場に持ち込まれる法的紛争において、常に①「実体的権利義務」の「確定」に関する争いの部分と、②その「具体的内容」を定める部分、という二つの部分を想定することができる、と考え、それを前提とした上で前者については一律に公開・対審・判決という訴訟形式を踏むことを要求しうる、とする思考法に対する疑問、(b)そもそも訴訟事件と非訟事件を明確に区別することはできないのではないか、という疑問、である。

(a)に関して、上記判決において田中二郎意見は、①そもそも夫婦同居義務に関する訴訟には、「夫婦共同生活体の内部の倫理的・道義的な要素を多分にもった、従ってまたプライバシーを尊重確保する必要性が大きいといつた特殊性」があるのであるから、82条の想定する手続で解決するこ

とは適切ではない，②「夫婦同居義務自体に関する紛争」を「実体的権利義務」の「確定」に関する争いの部分とすることは無意味である，と主張した（それは，例えば夫婦関係の不存在に関する訴訟事件として争えばよい，という）。(b)については，現代法現象の一つとして，非訟事件が増大する「訴訟の非訟化」という現象が見られる状況の下で，なお訴訟非訟二分論を維持するべきかが正面から問題とされる。例として，推定相続人の排除請求に関する問題がある。最高裁（最三決 1984〈昭 59〉3.22 判タ 524 号 203 頁）によれば，民法 892 条は，「被相続人に実体法上の廃除権ないし廃除請求権を付与」したものではなく，非訟事件たる性質を帯びているとされた。これに対しては，相続人の排除はそれ自体一つの人権侵害にかかわる問題ではないか，という批判にさらされている。今日の通説のいう通り，そもそも訴訟非訟二分論の思考から解放されるべきであり，それぞれの事件の性質・内容の特徴を踏まえた上で，どの程度の手続的保障が与えられるべきについて個別具体的に検討すべきであろう。

（2）「裁判」の周辺に位置づけられる手続

およそ裁判手続の全てに裁判の公開原則を貫徹しようとするのは，それに伴うコストからいって現実的ではない。本条が裁判の公開原則を求めるのは，「訴訟手続における核心的段階が公開されるべきであるとする」（佐藤功・註釈(下)1073 頁）理念に基づいている。したがって，「核心的段階」に属さない周辺に位置づけられるべき民事訴訟法や刑事訴訟法の定める「決定」や「命令」については，本条は適用されない。例えば，民事訴訟法上の督促手続（382 条以下）や刑事訴訟法上の略式手続（461 条以下）がそれに該当する。最高裁による上告棄却決定に，口頭弁論は行わなくてよい，とされている（刑訴 408 条）が，これも憲法上問題とならない。

また過料事件の手続も非公開である。過料はたしかに財産刑の一種の側面をもつとはいえ，刑事犯ではなく行政犯に科せられる点で刑罰と区別されるので，この手続は「裁判」ではない，とされる（佐藤功・註釈（下）1074 頁）。このほか少年保護事件の審判手続（少年法 22 条 2 項）も刑事手続ではなく，「非行のある少年に対して性格の矯正及び環境の調整」（同法 1 条）を目的とする保護処分を行うための行政手続としてとらえられるので，非公開であるが本条には反しない。

（3）司法権に属しない裁判手続

司法作用に属さない処分においても，裁判手続が用いられることがある。このような場合にも，裁判の公開原則が適用されるのか。判例・通説は，本条は司法作用としての裁判を念頭においているので，弾劾裁判所による裁判（憲法 64 条）は射程外だ，とする。また裁判官の懲戒のための裁判官分限法に基づく裁判も，司法行政上の監督権行使を，裁判官の身分保障を確実なものとするために裁判形式を用いて行うものなので，本条の「裁判」に該当しない，としている（寺西事件最高裁決定・最大決 1998〈平 10〉12.1 民集 52 巻 9 号 1761 頁）。ただし，前者については，「弾劾裁判所の対審及び裁判の宣告は，公開の法廷でこれを行う。」（弾劾裁判法 26 条），と規定しており，本条の要求を満たす結果となっている。裁判官に対する弾劾裁判は，権力分立思想を具現化するために設けられた制度であるが

ゆえに国会に委ねられているが，その性質を実質的に観察すれば懲戒処分の一種にほかならない。そうだとすれば，対審が公開されることによって公正さを担保すべき裁判に含まれる，というべきである。したがって弾劾裁判法26条は，通説と反対に創設規定ではなく確認規定としてとらえるべきである（法協・註解1240頁）。同様の理由から，裁判官分限法に基づく裁判も，本条のいう「裁判」に含まれる，と考えなくてはならない（寺西事件最高裁決定における尾崎反対意見）。

3 裁判の公開原則の範囲

裁判の公開は，①自由に法廷を傍聴することが許容されること，②報道の自由が認められること，を意味する。

（1）傍聴の自由

裁判の公開は，単に裁判の当事者に対してのみ裁判が公開されているだけでは不十分である。一般の人々に対して法廷の傍聴が開かれていなければならない。ただし，法廷の収容人数に限界があるから，傍聴の希望者が多数になる場合には，裁判長は，「傍聴席に相応する数の傍聴券を発行し，その所持者に限り傍聴を許すこと」になる（裁判所傍聴規則1条）が，このような措置自体が傍聴の自由に対する不当な制約とはいえない。これに対して，裁判所傍聴規則が，裁判長が，「法廷において所持するのを相当でないと思料する物の持込みを禁じさせること」（1条2号）と「相当な衣服を着用しない者」の「入廷を禁ずること」（同条3号）をなしうる，としていることは，具体的な措置をめぐって適否が問題となりうる。例えば，民族問題に関連する裁判で，傍聴席に民族衣装を着用した傍聴人が入廷しようとした場合，裁判長によって「相当な衣服を着用しない者」として排除されるケースが考えられる。

かつて裁判所は，公正かつ円滑な訴訟の運営を妨げるおそれがある，という理由で，一般の傍聴人がメモを取ることを一律かつ全面的に禁止していた。これに関して，1989年に最高裁は，傍聴人のメモ行為が，憲法21条によって保障される行為だとする主張は退けたが，そのような行為が「公正かつ円滑な訴訟の運営を妨げる場合」は，「通常はあり得ないのであって，特段の事情がない限り，これを傍聴人の自由に任せるべきであり，それが憲法21条の規定の精神に合致する」，とした（前出レペタ訴訟最高裁判決）。

（2）報道の自由

実際に裁判を傍聴する市民はほんの一握りであるから，ほとんどの市民は，報道機関による裁判についての報道によって裁判に関する情報を入手することになる。したがって，裁判報道の自由は一般市民にとって大きな意味を有する。しかし，法廷等における取材活動によって法廷の秩序が乱され，公正な裁判の実現が阻害される事態を引き起こしてはならない。かつては法廷における取材活動が広範に認められていた。刑事訴訟規則215条施行前は，法廷における写真撮影は自由に行われていた。刑事訴訟規則215条は，判廷における取材活動に制限を加え，「公判廷における写真の撮影，録音又は放送は，裁判所の許可を得なければ，これをすることができない。但し，特別の定のある場合は，この限りでない。」，と規定している。このような許可制を採用していることの合憲性について，判例は，「公判廷における写真の撮影等は，その行

われる時，場所等のいかんによつては（中略）好ましくない結果を生ずる恐れがあるので」，同規則の定める許可制は合憲である，とした（北海タイムズ事件最高裁判決・最大決 1958〈昭 33〉2.17 刑集 12 巻 2 号 253 頁）。

実際には，「法廷内カメラ取材の標準的な運用基準」（1987 年最高裁策定，1991 年に一部修正）に基づいて規制が行われている。例えば，「撮影時期・時間」については，「撮影は，裁判官の入廷開始時からとし，裁判官全員の着席後開廷宣告前の間の 2 分以内とする。」，とされる。また，「被告人の在廷」に関しては，「撮影は，刑事事件においては，被告人の在廷しない状態で行う。」，とされている。これに対して，表現の自由には積極的情報収集権が含まれ，裁判の公開原則によってそれが「具体的権利化」されるとする見地から，「裁判所がその活動を制限するには必要最小限度の規制手段の法理が妥当する」，とする批判が提出されている（佐藤幸・憲法論 277 頁）。また「法廷の秩序維持に支障がなく，審理への影響や被告人その他の訴訟関係者利益保護への影響がない場合には，裁判所はこれを許可しなければならない」，との見解もある（右崎正博「法廷内写真の撮影・公表と報道・取材の自由」獨協法学 60 号〔2003 年〕37-38 頁）。少なくとも，裁判所による規制は，必要最小限度であるべきであろう。

（3）訴訟記録へのアクセス

現行法上，判決の主文については公開の法廷において口頭で言い渡される。だが，判決理由については必ずしも明らかにされる必要がない（民事訴訟規則 155 条，刑事訴訟規則 35 条）。確かに判決理由は事件によっては長大なものがあり，すべてを口頭で述べることを求めるのは，実際的ではない。ただし，裁判の公開原則から見て，判決原本（裁判書）全体が公開される必要がある。

判決原本外の訴訟記録（民事訴訟においては，訴状，準備書面，答弁書，口頭弁論調書，判決および書証の原本，正本等，刑事訴訟においては起訴状，各種の調書，書証，令状等が含まれる）の公開については，従来は一般に立法政策の問題だと考えられていた（佐藤功・註釈（下）1079 頁。参照，民訴法 91 条・92 条，刑訴法 53 条・53 条の 2）。判例も，刑事確定訴訟記録の閲覧について，憲法 21 条や本条の要請だと考えることはできない，とする（最小決 1990〈平 2〉2.16 判タ 726 号 144 頁）。だが近時，訴訟記録の公開が義務づけられなければ，「公開の意義を半減」させてしまうので，その公開も本条 1 項の要請に含まれる，とする見解が有力化しつつある（杉原・憲法Ⅱ 393 頁，木下・只野・新コメ 652 頁〔大河内美紀〕）。また，これらの記録の公開は，かりに本条 1 項の要請と考えなくとも，裁判作用に関わって国の保有する情報についての情報公開請求権として構成することが可能であろう（樋口他・注解Ⅳ 165 頁〔浦部法穂〕）。

4　裁判の公開原則の例外

（1）非公開措置の許容される事例

本条 2 項は，「裁判所が，裁判官の全員一致で，公の秩序又は善良の風俗を害する虞があると決した場合には，対審は，公開しないでこれを行ふことができる。」，と規定する。対審が公開されてしまうと「公の秩序又は善良の風俗を害する虞がある」事例とは，具体的には例えば，「公衆を直接

に騒擾その他の犯罪の実行にあおるなど，公共の安全を害するそれのある場合や，猥褻その他の理由で著しく人心に悪い影響を及ぼすなど，善良な風俗を害するおそれがある場合」がそれに当たる，と解されてきた（佐藤功・註釈（下）1080頁）。なお，非公開措置を取れるのは「対審」のみであって，「判決」については必ず公開しなければならない。裁判所法70条は，「裁判所は，日本国憲法第82条第2項の規定により対審を公開しないで行うには，公衆を退廷させる前に，その旨を理由とともに言い渡さなければならない。判決を言い渡すときは，再び公衆を入廷させなければならない。」と規定している。

今日では，上記の理由により対審の非公開が求められるのは，稀であろう。これに対して，訴訟当事者や証人などの訴訟に関係する者の名誉やプライバシーを守るために非公開措置を取ることが要求される事例が，増加している。このような場合も，「公の秩序又は善良の風俗を害する虞がある」事例に含まれる，とする見解が有力である（樋口他・注解IV 166頁〔浦部法穂〕）。非公開の措置を取ることができるとしても，それを「公の秩序」に含まれると解するのではなく，それに「匹敵するような重大な事由がある場合には非公開審理が許容される」，とする説も主張されている（佐藤幸・憲法論609頁）。人事訴訟法22条は，人事訴訟について，訴訟関係者が「自己の私生活上の重大な秘密に係るものについて尋問を受ける場合」で「当該事項について陳述をすることにより社会生活を営むのに著しい支障を生ずることが明らか」な場合において，一定の条件の下で「裁判所は，裁判官の全員一致により」非公開措置を取ることができる，としている。

（2）インカメラ審理と裁判の公開原則

行政機関の長による不開示決定に対して提起される取消訴訟等の情報公開訴訟において，インカメラ審理の導入の可否が議論されてきた。インカメラ審理とは，原告被告等の訴訟当事者は参加できず，裁判所のみが問題となっている文書等を見分することのできる非公開の審理を指す。なお情報公開・個人情報保護審査会における審議においては，インカメラ審理が導入されている（情報公開・個人情報保護審査会設置法9条1項・2項）。インカメラ審理が認められないと，裁判所は，当該文書を実際に見分することなく，不開示決定の違法性について判断せざるを得ない。インカメラ審理制度の導入は，本条の裁判の公開原則に抵触するので違憲ではないか，という議論がなされてきた。

最高裁は，「訴訟で用いられる証拠は当事者の吟味，弾劾の機会を経たものに限られる」ことが「民事訴訟の基本原則」であり，インカメラ審理は，「裁判所は不開示とされた文書を直接見分して本案の判断をするにもかかわらず，原告は，当該文書の内容を確認した上で弁論を行うことができず，被告も，当該文書の具体的内容を援用しながら弁論を行うことができない。また，裁判所がインカメラ審理の結果に基づき判決をした場合，当事者が上訴理由を的確に主張することが困難となる上，上級審も原審の判断の根拠を直接確認することができないまま原判決の審査をしなければならないことになる」，とし，「民事訴訟の基本原則に反するから，明文の規定がない限り，許されない」，とした（最一決2009〈平21〉

1.15民集63巻1号46頁)。本決定は，情報公開法上明文規定がなくとも，「行政文書の開示・不開示に関する両当事者の主張を公正かつ中立的な立場で検討し，その是非を判断しなければならない裁判所が，その職責を全うするためには，当該文書を直接見分することが不可欠であると考えた場合にまで，実質的なインカメラ審理を否定するいわれはない。」，とした下級審判決(福岡高決2008〈平20〉5.12判タ1280号92頁)を覆したものである。最高裁決定は，明文規定を設けることを条件とするものであり，インカメラ審理導入そのものが本条に反するとはしていない。この点，泉補足意見は，「裁判を受ける権利をより充実させるものである以上，情報公開訴訟におけるインカメラ審理は，憲法82条に違反するものではない」，と明言している。仮に最高裁の見解を妥当とする場合でも，一刻も早いインカメラ審理のための立法措置が求められよう。

(3) 絶対的公開事件

本条2項は，「但し，政治犯罪，出版に関する犯罪又はこの憲法第3章で保障する国民の権利が問題となつてゐる事件の対審は，常にこれを公開しなければならない。」と規定し，裁判所が不適切な法廷の非公開措置を行わないように，細心の注意を払っている。

「政治犯罪，出版に関する犯罪」とは何か。まず，「政治犯罪」とは，代表的には内乱罪(77条以下)や外患罪(81条以下)などの政治的意図を持ってなされる「国家の政治的基本秩序を破壊・変革する」(佐藤功・註釈(下)1081頁)ことを目的とする確信的な犯罪行為を指す(政府要人の暗殺などの殺人行為も含まれる。)。「出版に関する犯罪」については，二つの立場が対立している(宮沢・コメ702頁)。狭義説(A説)は，「出版そのものに関する犯罪および出版の方法によることが構成要件とされている犯罪」を意味する，とする。これに対して，広義説(B説)は，「出版という方法によって行われた犯罪を広く意味する」，とする。憲法が本規定において「出版」に着目したのは，憲法上重要な価値を有する出版の自由の規制に関係する裁判が非公開となることを絶対的に禁じる趣旨である，と考えられるから，A説が妥当である(樋口他・注解Ⅳ168頁〔浦部法穂〕)。

「この憲法第3章で保障する国民の権利が問題となつてゐる事件」とは，通説のいう通り，広く刑事事件において，市民に対して保障された憲法上の権利が侵害されているか否かが問題となった事件をさす。憲法は，出版に関わらない事件であっても，裁判の公正さを担保し，裁判に対する信頼を確保するためには，この種の事件について絶対的に公開することが必要だ，と考えているのである。

〔山元 一〕

第7章 財　　政　【総論】

1　憲法第7章の趣旨

　日本国憲法は，第7章で，国の「財政」に関する基本的な規定を置いている。財政は立法，司法および行政その他あらゆる国家活動の経済的裏付けであり（杉村章三郎『財政法（新版）』（有斐閣，1982年）1頁以下），現代社会においては，国家の経済的裏付けは，貨幣によって充当される（貨幣国家）。現代国家は，かかる貨幣を，租税をはじめとした権力的手段をも動員して入手するとともに，正当な公共的目的のために使用する。したがって，貨幣の入手に際して動員される権力的手段が適正に行使されていること，入手された貨幣が正当に使用されていること，その前提として，入手された貨幣が適正に管理されていることなどが憲法的な関心を惹き起こす。この意味で，財政は立法・行政・司法と並ぶ「重要な国家作用」である。日本国憲法は，かかる財政作用の重要性に鑑み，また，明治憲法の例にも倣って，特に一章を設けている。

（1）比較憲法的意義

　財政に関する憲法的規律が近代立憲民主主義の発展の基礎となったことはよく知られている。すなわち，イギリスにおける議会主義は，議会の課税同意権に由来し，「課税同意権以外の議会の権限は，すべて課税同意権を根拠として獲得された」（小嶋和司『日本財政制度の比較法史的研究』信山社，1996年，11頁）。

　イギリス同様，フランスにおいても，古くから課税に議会の同意が必要であるとされていた。もっとも，フランスにおいては，長らく国王が議会に対して圧倒的優位に立ち，議会の課税同意権の主張を無視して課税を行う状況が続いた。このような状況の下，租税負担の不平等と絶対王政の財政危機が，フランス革命を誘発した。

　フランス革命は，近代市民社会を構想する理念に導かれた国家体制を要求したが，この点は財政においても同様であった。すなわち，フランス人権宣言は，「人および市民の権利の保障には，公的強制力を必要とする」（12条）としたうえで，「公的強制力の維持および行政の支出のために，共同の租税が不可欠である。共同の租税は，すべての市民の間で，その能力に応じて，平等に分担されなければならない」（13条）として，国王ではなく，国家のための（ひいては市民のための）財政の観点から，納税の必要性を説くとともに，かかる租税について，「すべての市民は，みずから，またはその代表者によって，公の租税の必要性を確認し，それを自由に承認し，その使途を追跡し，かつその数額，基礎，取立て，および期間を決定する権利をもつ」（14条）との原則を確認した。ここに至って，被課税者の同意権は，国王の専制的恣意に対する防御を超えて，財産権の防御という一般的な意味を持つに至ったとされる（小嶋・前掲21頁）。

　その後，議会の課税同意権とそこから派生する国家の収入支出への定期的統制権は，財政立憲主義ないし財政民主主義の核心として理解され，19世紀になると各国に普及す

第7章 財　　政

るようになった。現在では，①議会の租税同意権，②議会の支出議決権，③財政収支を統合する予算議決権，④議会の決算審査権，会計検査制度が，財政に関する基本的な憲法原理として挙げられる（新基本法コメ443頁〔小沢隆一〕）。

　もっとも，このような原理を共有する各国においても，具体的な財政制度の姿は，各国の国民性，民主制や執政制度のあり方などによっても大きく異なる。この点で特に注目に値するのが明治憲法の制定にあたって大いに参考にされたドイツにおける展開である。すなわち，ドイツ各邦においても，19世紀初頭から議会制的憲法の制定が進められ，その中で，議会の課税同意権が確認される一方，なお君主の権能は強大で，「王こそ財政を配慮決定すべき責任者であるとの原則」に基づいていた（小嶋・前掲105頁）。その結果，財政に対する議会の権能は，イギリスやフランスに比して制限されていただけでなく，憲法に定められた議会の権能を巡っても解釈が対立した（特に有名なのが，プロイセンで1862年度の予算を巡って起こった「憲法争議」である）。

　ところで，以上に述べた財政立憲主義ないし財政民主主義の原理は，本来的には，政府の課税権に対する抵抗ないし課税への同意を出発点としている。そこでは，政府が必要な範囲に限って課税をすることが原則とされ，それゆえにこそ，政府が濫費に流れていないかを国民代表からなる議会が監督・監視するとともに，それに必要な限りでの課税を決定し正当化することがもとめられたのである。

　しかし，現代国家の役割が拡大し，それに伴い財政の機能も変容する中で，従来の古典的な財政立憲主義ないし財政民主主義の原理も修正を余儀なくされる。この方面での対応も各国の事情や歴史に応じて様々であるが，たとえば，次のような諸点を指摘することができよう。

　第一に，財政が景気調整機能を担うと考えられるようになったことに付随して，従来の財政立憲主義ないし財政民主主義が素朴に想定していた，「政府が必要な限りでの課税に同意」し，「政府は税収の範囲内で任務を遂行する」という観念はもはや維持できない。というのも，景気対策の観点から必要があれば，税収を超える歳出も，また，歳出を超える課税もまた正当化されうるからである。その際，大きな問題となるのは，租税収入の欠損を埋める公債発行の正当化とその統制である。このような観点からは，1969年の憲法改正以来，ドイツが行ってきた憲法改正による公債発行の規律の充実と，そのような規律が世界的に受け容れられつつあることが注目される。

　第二に，財政が大規模化し，様々な政策がそこに盛り込まれてくることになると，必然的に，議会にも，巨視的な総合と長期的見通しをもって計画的に財政のあり方を決定する能力や，国家財政を十分に監督するだけの能力が要求される。問題は，このような能力を議会が有するかという点にある。このような観点から，財政に関する議会の機能・審議手続・補佐機構の合理化・現代化や，複数年度にわたる財政計画およびその基礎となる中長期的な経済状況予測等の定立の工夫，会計制度・会計検査院のあり方の見直しが行われている。

(2) 憲法史的意義

　大日本帝国憲法（以下，「明治憲法」という）は，第6章で「会計」の章を置いていた。このように，明治憲法が「会計」に独自の一章を与えたのは，プロイセン憲法をはじめとする当時のドイツ諸邦の憲法に倣ったものである。明治憲法では，租税の賦課・変更や国の財政支出，予算について，帝国議会の関与が規定されており，その限りでは，伝統的な財政立憲主義ないし財政民主主義の原則にのっとったものであった。しかし，ここには，一定の限界が存在した。たとえば，国家の歳出歳入は毎年，帝国議会の協賛を経ることが求められていたが（明治憲法64条1項），その一方で，予算という独特の議決形式が採用され，当時，比較法的に見ればドイツも含めて一般的であった，予算を法律で議決するという方式や，予算法律により毎年の租税徴収を許容する方式も排除された。さらに，予算の超過や予算外に生じた支出についても国会の事後承認があれば足りるとされた（同64条2項）。加えて，「憲法上の大権に基づける既定の歳出及法律の結果に由り又は法律上政府の義務に属する歳出」（いわゆる既定費・法律費・義務費）については，帝国議会は政府の同意なくこれらを廃除・削減できず（同67条），緊急財政処分の制度（同70条），予算不成立の場合の前年度予算執行制（同71条）も存在した。また，皇室経費についても，「現在の定額」は議会の協賛なく支出することが可能となっていた（同66条）。

　これに対して，日本国憲法は，とくに「財政国会中心主義」を強化したものと理解されている。すなわち，日本国憲法は，83条で「国の財政を処理する権限は，国会の議決に基づいて，これを行使しなければならない」との総則的規定を置き，租税法律主義（84条），国費支出・債務負担の国会議決（85条），予算の毎会計年度議決制（86条），会計・決算制度（90条），財政状況報告の制度（91条）を定めており，財政全般に例外なく，国会の関与が認められている。

　もっとも，実際の財政制度の運用に目を転じれば，その多くが，明治憲法の規定の下で成立した独特の財政観・予算観を引き継いでいる。また，公債発行の規律をはじめとした財政の現代的課題に向き合う規定は少なく，その多くが財政法以下の法令・慣行に委ねられているところにも特徴がある。

2　財政の意義

　憲法学においては，財政を「国家がその存立を図り，任務を遂行するために必要な財力を調達し，管理し，使用する作用」を総称したものとして定義したうえで，さらにこれを，財力を取得するために，一般統治権に基づき，国民に命令し強制する作用（財政権力作用。たとえば租税の賦課徴収）と，財力を管理し，会計を経理する作用（財政管理作用。たとえば国費の支出，国有財産の管理など）とに区分する（佐藤功・註釈（下）1090頁）。このような財政理解は，一般統治権のひとつとして財政作用を観念したうえで，その権力性の濃淡ないしは国家の外部との関係の有無に着目して解釈体系を構築しようとするものといえる。

第7章　財　　政

　もっとも，すでに観たように，現代の財政は，国家の任務の拡大にともなって，その量・質ともに大きな変貌を遂げているという点に注意が必要である。すなわち，現代の国家は，警察や軍事，司法といった最小限のサービスを提供するにとどまらず，長期かつ大規模な公共事業や，所得再分配による実質的な生活水準の保障，景気の調整・浮揚のための経済政策などを実施することが求められている。その結果，財政は，その存在自体が国民生活を左右するという意味でも，財政のあり方の決定を通じて，それ自体正当な目的を持つ膨大な政策が調整・規定されるという意味でも，「社会内の異質的対立を統合して基本的国家政策を形成・定立する作用」（手島孝「財政」竹内昭夫ほか『現代の経済構造と法』筑摩書房，1975年，570頁）としての性格をも有するに至っており，その面に着目すれば，財政作用は，政治そのものでもある。

　他方，近年の財政法学では，さらに視野を拡げて，財政の基礎にある貨幣や，金融との関係にも着目すべきだとの指摘がある（中里実『財政と金融の法的構造』有斐閣，2018年，12頁）。この見解は，従来，財政とは一応区別されて論じられてきた財政投融資のほか，公債に拠る資金調達や公債消化の場である金融市場をも視野にいれた財政の法的把握可能性を展望するものである。これとの関連で，通貨制度と密接なかかわりをもつ中央銀行についても論じられている（佐藤幸・憲法論541頁以下）。これらがどのような意味で本章の諸規定とかかわりを持つかは，なお議論の余地があるものの，これらの事柄が本章の規定と密接な関連を持つこと自体は否定できないだろう。

3　財政民主主義と財政立憲主義

　すでに観たように，財政における近代立憲主義の意義は，その議会統制の確保・拡充，すなわち財政議会主義の確立にあった。このような財政の議会統制の確保には，とくに君主制国家において，君主ないし国家の財政権を制約するという意味がある。仮に，立憲主義を，権力を拘束し，統制しようとする思想だと理解するのであれば，財政の議会統制の確保それ自体が立憲主義の要請であり，財政議会主義の原理は，財政立憲主義の現れということができる。我が国において，財政民主主義ないし財政議会主義という用語と財政立憲主義という用語とが互換的に用いられてきたのも，このような事情によるところが大きい。

　しかしながら，国民主権とデモクラシーの原理に立つ憲法体制の下では，財政民主主義と財政立憲主義とは，①前者が議会中心の財政処理原則を意味するのに対し，②後者は，そのような議会の財政処理のあり方にも一定の憲法的統制を加えていることを意味するものであると解されるべきである（佐藤幸・憲法論526頁）。

　このような観点から，改めて，日本国憲法の規定を眺めてみると，次のような特徴を持つ。

　第一に，憲法の財政の章は，その多くが，財政運営に関する手続的・形式的側面を構成するものであり，財政民主主義を具体化するものであるが，他方で，憲法89条のように，財政運営の内容を実体的に規律し，国会の行為をも拘束するものも含まれ，その限

第7章 財 政 [第83条]

りでは，財政立憲主義的な規定が置かれている。
　第二に，財政民主主義についても，財政立憲主義についても，それと関連する規定は，憲法第7章以外にも置かれている。たとえば，国会の予算審議・議決手続を定める憲法60条や内閣の予算案編成・提案権を定める73条6号は財政民主主義に関連し，また，平等原則（14条）や生存権（25条）をはじめとする各種の人権規定や国権の発動たる戦争等を禁じている憲法9条は財政立憲主義に関係するものといえよう（新基本法コメ〔小沢隆一〕）。もっとも，このような財政立憲主義をどのように確保するかは，問題である。とくに人権規定との関係については，裁判所が一定の役割を果たすことを期待する学説も多い。この点，地方公共団体の財政についてではあるが，例えば公金支出の政教分離原則適合性については，裁判所が一定以上の役割を果たしている。もっとも，財政が国民各般の諸要求を調整し統合するという側面を持つことに鑑みると，裁判所が果たしうる役割にも限界があることを意識せざるを得ない。
　第三に，財政民主主義や財政立憲主義を具体化する規範の総体を「実質的意味の財政憲法」と呼ぶのであれば，そのような「実質的意味の財政憲法」は，財政法，会計法をはじめとした日本国憲法中の規定以外の法令においても確認される。たとえば，財政運営の基本原則，予算の内容，会計制度の骨格など，外国では憲法事項とされうる事柄についても，我が国では各種の法令に定められていることが多く，また慣行等が果たしている役割も無視できない。

〔片桐直人〕

第83条　国の財政を処理する権限は，国会の議決に基いて，これを行使しなければならない。

1　83条の趣旨

　日本国憲法は，財政に関する議会の権限を大幅に制約していた明治憲法から，財政民主主義ないし財政国会中心主義の原則を徹底した。本条は，このことを踏まえて設けられた総則的な規定である。本条のような総則的規定は，比較法的にも珍しく，また，憲法制定過程におけるマッカーサー草案では本条のような総則的規定が設けられていなかった。しかし，その後のGHQと日本側との折衝において，本章に含まれる各種の規定を整理する中で，かかる規定が設けられることになったものである。本章がこのような総則的規定を置いたのは，財政処理の権限については，必ず国会の関与が必要とされ，たとえば内閣単独の責任において財政処理をすることを一切認めない趣旨だと解される。

2　「国」の財政
（1）地方との関係

　本条は，「国の」財政を対象とするものであり，基本的には，地方公共団体の財政処理について本条の直接の適用はない。もっとも，地方公共団体の自主財政権についても，当該公共団体の議会の議決に基づ

いて行使されるべきことはいうまでもなく，その意味で，本条の趣旨は，地方公共団体についても当てはまる（宮沢・コメ 708 頁）。したがって，地方公共団体が固有の自主財政権に基づいて財政処理を行う場合はもちろん，地方自治法等で地方公共団体の財政処理の方法を国が法律で定める場合にも，地方公共団体の議会の議決に基づいて財政処理が行われるようにしなければならない（地自法 96 条）。

他方，地方公共団体の財政と国のそれとの間には密接な結びつきがあり，たとえば地方税の法定，地方公共団体が法令上実施しなければならない事務の費用負担，地方交付税の交付などを行っている（地方税法，地方財政法，地方交付税法等参照）。これらのうち，国の財政と関係する部分について，国会の議決に基づく処理が必要となるのは当然であるが，あわせて，地方公共団体の自主財政権にも十分な配慮がなされる必要がある。

（2）政府関係機関等

財政との関係で問題となる「国」には，国会，内閣及び各省庁，裁判所等からなる狭い意味での中央政府に限らず，これらとは異なる政府関係機関等の各種の機関も含まれると解される（碓井光明「財政の民主的統制」ジュリ 1089 号（1996 年）143 頁以下，147 頁。なお，このように広く「国」の財政を把握するものとして，国民経済計算（統計法 6 条参照）における中央政府の概念がある）。この点，特別の法律によって設立された全額政府出資の法人の一部（沖縄振興開発金融公庫，株式会社日本政策金融公庫，株式会社国際協力銀行，独立行政法人国際協力機構有償資金協力部門）の予算（政府関係機関予算）は，一般会計予算や特別会計予算とともに，国会の議決が必要とされている。また，「国が，出資している主要な法人の資産，負債，損益その他についての前前年度，前年度及び当該年度の状況に関する調書」は予算参考書類として国会に提出する予算に添付される（財政法 28 条 7 号）。さらに，各種の独立行政法人や認可法人，特殊法人については，予算や事業計画について国の関与が予定されているものもある（なお，日本放送協会について，予算の国会承認を要求するとともに，受信契約について総務大臣の認可制を定める放送法，日本銀行について，会計処理の方法を法定し，予算の財務大臣認可制を定める日本銀行法など参照）。このほか，国が資本金の二分の一以上を出資している法人の会計や法律により特に会計検査院の検査に付するものと定められた会計については，会計検査院による検査の必要的対象となる（会計検査院法 22 条 5 号以下）。

これらの規律は，国からの出資といった国の財政との関連性やその業務の重要性などに鑑みて設けられているものといえる。もとよりどのような機関や事業がその範囲に含まれるかは，一義的には定まらないが，このような政府関係機関等についても，必要に応じて，国の関与を要請するのが本条の趣旨と解すべきであろう（なお，NHK 受信契約に関する最大判 2017〈平 29〉12.6 も参照）。

3　財　政

（1）財政の意義

すでに本章総論で確認したように，憲法学では，一般に，財政を「国家が存立を維持し，その任務を行うために必要な財力を取得し，かつ管理し，使用する作用」の総

称と定義し，このよう財政に，「財力を取得するために」，「一般統治権に基づき」，「国民に命令し強制する作用」，すなわち租税の賦課徴収といった「財政権力作用」と，国費の支出，国有財産の管理などの「財政管理作用」とが含まれるという（A説。佐藤功・註釈（下）1090頁など）。このような財政権力作用・財政管理作用の二分論は，憲法が対象とする財政をその権力的性質に鑑みて把握しようとするものであるといってよい。

これに対して，近年，財政作用を「(1)国家活動の金銭的裏付けを調達し…(2)調達された金銭を管理し，(3)所要の国家活動のために支出する，一連の国家作用」と定義する注目すべき学説がある（B説。藤谷武史「財政活動の実体法的把握のための覚書(1)」国家学会雑誌119巻3・4号（2006年）127頁以下，135頁以下）。かかる定義は，一見，伝統的な憲法学のそれと似ているが，市場と国家の二分論を前提としつつ，財政が国家を経由する金銭の流れである点に財政の本質的特徴を見出すものである。

この点，たしかに，財政作用の権力性を憲法の規律の端緒として把握するA説は，伝統的な憲法学的思考によく馴染むものではある。しかしながら，しばしば指摘されるように，財政民主主義を財政作用に権力性を見出し，そこに国会制定法律による拘束を要求するものとして理解するだけでは，結局のところ，財政民主主義は「一般的な『法律による行政』の原理を財政についてただ確認しただけの意味しかもたない」（樋口他・注解IV 173頁〔浦部法穂〕）。また，現代の財政に固有の問題は，現代国家の役割拡大にともなって，その規模・質ともに大きく変容しているという点にあり，財政をもっぱらその権力性という観点からのみ把握するのは，経済学等で「国家の経済活動」と理解される財政を総体として理解することが困難になるように思われる。したがって，B説のように把握したうえで，個別具体的に財政作用の性質を，その権力性にも留意しながら検討すべきであろう。

（2）財政と金融の相対性

ところで，B説のように財政を「金銭の流れ」に注目して把握しようとする立場からは，財政と金融との本質的な相対性ないし，その「距離的な近さ」が指摘される（中里実『財政と金融の法的構造』有斐閣，2018年，藤谷武史「財政と金融市場の『法的な距離』：財政法学の研究課題の提示に向けて」法時88巻9号（2016年）14頁以下）。

このような財政と金融の相対性は，従来から，たとえば，財政投融資について指摘されてきたところである。財政投融資については，融資や投資といった，元本の償還，利子や配当など将来のリターンを前提に資金を供与する有償資金を用いる金融的手法であるという点で，本章ないし本条にいう「財政」に含まれるか，一般会計予算と同程度の国会の議決が要求されるかなどが争われてきた。このような有償資金を用いた手段も，結局は，経済の円滑な資金循環を促進し，社会経済の課題解決，需要・雇用の創造といった財政政策目的を実現するためのものとして実施されていることに鑑みれば，財政民主主義の観点からの統制の充実を図るべきであろう。

また，財政と金融の相対性を認識することは，公債発行の規律という観点からも重要である。現在の国家は，多かれ少なかれ，その歳入を公債発行に依存している。公債発行については，憲法85条にいう「国が

債務を負担する」ことに含まれ，国会の議決が必要である。憲法85条が公債発行に国会議決を要求するのは，歴史的には「半強制的になされて民間を圧迫した」ことがあり（小嶋和司『憲法概説』信山社，2004年，510頁），あるいは，「ひいては国民の負担にかかわる」こと（佐藤功・註釈（下）1114頁）に鑑みてのことだといわれるが，その一方で，公債の発行は，それを消化する金融市場存在を抜きにしては考えられない。そして，金融市場のあり方は，金融市場を規律するルールのあり方にも左右される。その意味で，金融制度の管理・運用それ自体が，公債の安定的な消化という財政目的からなされる事態がありえなくはない。

もちろん，財政と金融とが距離的に近いからと言って，国家による金融的な政策手段や金融市場への介入がすべて本条ないし憲法第7章の問題となるとは言い切れない。しかし，財政ではないからという形式的な理由だけで，視野の外におくことも許されないというべきであろう。

（3）通貨・中央銀行制度

B説との関連で，改めて考えられなければならないのは，財政や金融の前提たる「金銭」ないし「通貨・貨幣」の存在である。我が国においては，通貨の単位及び貨幣の発行等に関する法律及び日本銀行法によって，通貨の単位，計算方法，形状，品位，発行方法，その価値の維持等に関する通貨制度の法的骨格が定められているが，このような通貨に関する法制度も本条との関連で捉えられるべきものである。

比喩的に言えば，貨幣は，計算機能，価値尺度機能，価値保存機能等の機能を果たすことによって，経済活動を支える重要な制度である。歴史的には，このような貨幣の鋳造は君主の大権とされていたところであるが，しばしば，それが財政目的から濫用されたこともよく知られている。

現在の法制度において，この役割を担うのが，通貨政策を実施する中央銀行への高度の自主性の付与（日本銀行法参照）と，公債の中央銀行引受の禁止（財政法5条ただし書参照）である。前者については，従来，通貨政策を憲法65条にいう「行政」と把握したうえで，独立行政委員会類似のものとして正当化を図るという議論がなされてきたところであり，後者については十分な検討がなされているとは言い難いが，以上の観点からは，財政目的からの通貨制度への濫用的介入を防ぐという積極的な意義があると考えるべきである（なお，中央銀行制度について，佐藤幸・憲法論543頁以下を参照）。

3　財政を処理する権限と国会の議決
（1）財政処理の権限

財政を「処理する権限」については，従来，それが本質的には行政だとする説（A説。佐藤功・註釈（下）1090頁）と，「国家の権限あるいは権力」とする説（B説。宮沢・コメ708頁）とがあった。これに対して，近年，本条を，「機関適性的権力分立」を要請するものとして理解する学説が主張されている（C説。櫻井敬子『財政の法学的研究』有斐閣，2001年，17頁以下）。この学説は，「財政処理の権限」が動態的・複合的なものであるという認識に立ったうえで，憲法83条の趣旨を生かしつつ，そのような動態的・複合的な財政処理の構造を，国会，内閣それぞれの機関適性を踏まえながら，必要な統制を確保しうるよう整理，構築すべきだと主張するものである。

（2）国会の議決

以上の学説の対立は，本条が，財政処理の権限を，「国会の議決に基いて」行使すべきとしていることの趣旨をどのように理解するかにもかかわる。

まず，A説はもとより，B説からしても，本条の趣旨は，国会の議決，言い換えれば，国会の定める基準に，財政処理の権限を拘束するという点に求められる。しかし，このように考えるとすれば，結局のところ，本条は法律による行政の原理を財政領域について確認したものであることにとどまりかねない。もちろん，そのことにも意味はあり，ここに法律による行政の原理をヨリ徹底するという積極的な意義を見出すことも不可能ではない（樋口他・注解IV 173頁〔浦部法穂〕）が，本条の持つ独自の意義を十分に見いだせていないきらいがある。

また，C説が指摘するように，国の財政処理は，国会による基準の設定→内閣による執行とか，内閣による執行に対する国会の設定する基準による統制といった単純な構図でとらえられるものではない，という点にも留意すべきであろう。すなわち，国の財政について決定し処理していくという過程を「財政過程」と呼ぶとすると，かかる財政過程は，個別の歳入の決定→徴収とか，個別の歳出の決定→支出といったミクロのレベルからのみ構成されているわけでも，総額としての予算の決定→実行というマクロのレベルからのみ構成されているわけでもなく，それらが複雑に結びついた過程として理解される。加えて，財政過程は，経済状況等の財政を取り囲む環境や今後の財政状況に関する中長期的な見通しを踏まえつつ，一年という限られた年度における財政を決定し実行していくものであるとともに，過年度の財政の評価（決算過程），当該年度の財政の実行（徴収・支出・会計），翌年度の予算の編成といった作業が同時並行的に作業されるものでもあり，この面でも複雑なものになっている。

そうだとすると，本条の趣旨は，国民代表から構成され，国権の最高機関である国会を通じて，国の財政処理が民主的に正当化されなければならないという点にも求められよう（櫻井・前掲170頁）。

これとの関連で注目すべき見解として，近時，国民内閣制論の立場から，憲法73条5号及び86条が予算の作成権を内閣に付与していることに鑑み，内閣が「予算を作成して国政をリードする」との指摘がある（高橋・憲法385頁）。現代の財政が，「社会内の異質的対立を統合して基本的国家政策を形成・定立する作用」（手島孝「財政」竹内昭夫ほか『現代の経済構造と法』（筑摩書房，1975年）570頁）としての性格をも有し，その形成・定立が，多分に「政治」ないし「執政」の領域に属するものと理解しうることに鑑みれば，首肯できるところも少なくない。しかし，仮にこのような側面があるとしても，内閣による独断的な財政運営を本条が許容するわけではなく，国会の議決には従わなければならないことや，国会に統制されるべきことはもちろんである。

（3）国会の議決形式

本条は，財政を処理する権限が「国会の議決に基く」ことを要求する。この点，明治憲法では，租税について「法律を以て」定めること（62条1項），予算について「予算を以て」定めることとされていたところであり，このような明治憲法の規定と

対比すると，本条の「国会の議決」はその形式が特定されていないところに特徴がある。

そこで，本条にいう議決がいかなるものを予定しているかが問題となるが，一般的・抽象的基準を定める法律の議決および個別的・具体的基準を定める各種の議決の両者を包含すると解される（佐藤功・註釈（下）1092頁）。したがって，本条の議決は，一義には決まらないことになるが，憲法84条以下で議決形式が特定されていればそれによることになる。

それ以外の場合について，事項の性質によって個別的・具体的な議決が要求されると説く学説（佐藤・註釈（下）1092頁）と，事情の許すかぎり，具体的・個別的に国会の意志に基づいて財政作用がなされるべきだと解する学説（宮沢・コメ709頁）などがある。両者の違いは明瞭ではないが，後者が，本条は原則的に個別の議決を要求するものと考えるのに対して，前者は，そのようには考えないと理解することが可能である。あらゆる財政処理に，原則として個別の国会議決が要求されるというのは実際的ではなく，後者のように解すべきであろう。

（4）財政制度の法定

実際に国の金銭の流れである財政を処理するためには，国庫制度，会計制度，財産管理制度などその前提となる様々な制度に骨格を与え，あるいは，その処理をする組織と手続きを定める必要がある。これらについても，一般的・抽象的な規律として法律が要求されることはもちろん，事柄の性質に応じて，個別の国会議決も要求される。このような財政の法制度として，我が国では，財政法，会計法，国有財産法，物品会計法，財務省設置法，予算決算及び会計令等の法令が整備されている。

国会の定める基準のもとに財政処理を拘束するという考え方を仮に財政領域における法治性の要求と呼ぶとすれば，本条が国会の議決を求めることの趣旨は，すでにみたように，かかる法治性の要求に汲みつくされるものではない。日本国憲法は，会計検査制度のほか，国民への財政状況報告など，国の財政処理について民主的正当性を確保するための措置も規定する（90条以下）が，本条はかかる規定についても総則的意味を持つとともに，その他の場面でも民主的正当性確保のための様々な措置が本条を根拠に要請されるものと解される。

〔片桐直人〕

> **第84条** あらたに租税を課し，又は現行の租税を変更するには，法律又は法律の定める条件によることを必要とする。

1 84条の趣旨

84条は，いわゆる租税法律主義を定めたものである（なお，30条も参照）。しばしば，本条は83条に定める財政国会中心主義の原則をその収入面で具体化したものだといわれるが，すべての収入が本条によってカバーされているものではなく，租税という収入形式をとくに取り上げたものと理解すべきであろう。

ヨーロッパでは，古くから王の課税は議

会の同意を得る必要があると考えられており，このような議会の課税同意権の考え方は，近代立憲主義の発展に大きく貢献した。現在では，課税が議会の同意を得たものでなければならないことは各国で受け入れられており，立憲主義の公理ともいいうる。

もっとも，このような議会の同意がどのような形で行われているかは多様である。我が国においては，大日本帝国憲法（以下「明治憲法」という）の制度が踏襲され，いったん法律によって賦課徴収の根拠が与えられればその効果が持続するという永久税主義が採用されているが，諸外国では，租税の賦課徴収を予算法律等によって毎年の議会同意にかからしめるという一年税主義を採用している国もある。

明治憲法はすでに，「新たに租税を課し及び税率を変更するは法律を以て之を定べし」（62 条 1 項）として租税法律主義の原則を宣明するとともに，「現行の租税は更に法律を以て之を改めざる限は旧に依り之を徴収す」（63 条）として，永久税主義の原則を採用することとしていた。これに対して日本国憲法 84 条は，明治憲法 63 条同様の規定を持たず，一年税主義を排除する趣旨ではないと解されている。また，明治憲法 62 条 2 項は，「報償に属する行政上の手数料及びその他の収納金は前項の限に在らず」として，これらが租税法律主義の原則の下に置かれないことを明示していた。この点についても，日本国憲法には同様の規定がなく，租税法律主義が妥当する租税とは何かを巡って議論されることになる。

2　租税法律主義
（1）総　説

租税の賦課徴収を議会の同意にかからしめることは，議会による財政統制の端緒となるものである。租税の賦課徴収を国会が制定する法律の下に置こうとする租税法律主義は，まず，このことを表現するものにほかならない。

同時に，本条は，租税の賦課徴収に対する国会の同意が，「法律」という議決形式で与えられなければならないことをも要請している。通説は，ここに本条の大きな意義を認め，本条を財政権行使に関する議会の関与・統制による民主的正当性の付与という契機のみならず，国民の財産を保護するという自由主義的ないし法治主義的契機を読み込んできた（金子宏『租税法（22 版）』弘文堂，2017 年，74 頁以下）。

（2）法的安定性と予測可能性の要請

もっとも，日本国憲法の採用する国民主権とデモクラシーの原理の下では，民主的正当性の契機と自由主義的ないし法治主義的契機とが対立しうるという点にも留意が必要である。そこで，通説は，租税法律主義の機能面に着目し，その意義を「国民の経済生活における法的安定性（legal certainty）と予測可能性（predictability）とを与えること」（金子・前掲 75 頁）に認めてきた。このような法的安定性と予測可能性という機能をよく果たすために，租税法律主義から，後述するような，課税要件法定主義，課税要件明確主義，遡及立法の禁止などの様々な内容が導き出される。

（3）実質的租税法律主義

日本国憲法の下における租税法律主義として，その法律の内容が基本的人権の保障に適合するものでなくてはならない（実質的租税法律主義。谷口勢津夫『税法基本講義〔第 5 版〕』弘文堂，2016 年，14 頁以下）。

もっとも，我が国の判例は，租税立法に

ついて広い立法裁量を認め，強い合憲性の推定を働かせてきた。これに対しては，目的手段審査の充実を図るほか（谷口・前掲16頁以下）。空転しがちな目的・手段審査に代えて，首尾一貫性審査などの工夫をすること，立法府が「総合的かつ専門技術的な政策判断」ができるような環境を構築するよう促すような審査を行うことが求められよう。

3 租税の意義
（1）固有の意味における租税
[判例] 判例によれば，租税とは，「国家が，その課税権に基づき，特別の給付に対する反対給付としてでなく，その経費に充てるための資金を調達する目的をもって，一定の要件に該当するすべての者に課する金銭給付」（固有の意味における租税）を意味する（最大判1985〈昭60〉3.27民集39巻2号247頁）。

（2）実質的観念における租税
[学説] これに対して，本条にいう租税を「公権力により一方的・強制的に賦課・徴収する金銭給付」（実質的観念における租税）と捉える説も有力である（佐藤功・註釈（下）1094頁，樋口他・注解Ⅳ 178頁〔浦部法穂〕，基本法コメ449頁〔小沢隆一〕など）。もっとも，このように租税を理解する論者も，固有の意味の租税以外の金銭給付の賦課・徴収について，租税法律主義が全面的に妥当すると解するわけではなく，また，権力的な金銭給付の賦課・徴収については，本条によらなくても当然に法律の留保に服するものと考えられるところであり，租税を実質的観念で捉える学説は支持を失っている（佐藤幸・憲法論530頁，大石・講義Ⅰ 278頁以下）。

（3）反対給付性の欠如
以上は，租税の権力性に注目した議論であるが，近年，権力性とともに，固有の意味の租税が「反対給付性」を持たない点に重要な意味を見出す学説がある。この理解によれば，租税が反対給付性をもたないことは，①租税が，特定の歳出目的に拘束されないことによって，専ら税負担能力＝経済的能力を基準として一般的な賦課を行うことを可能にするとともに，②貨幣の使途決定の局面においても，自由な公益判断に基づく配分を行うことが可能となる」ことから，③租税という貨幣獲得手段が，福祉国家的再分配と民主制原理に最も親和的であり，現代国家における原則的な財源調達方式として考えられる根拠となるという（藤谷武史「国家作用と租税による費用負担」法時88巻2号（2016年）4頁以下，藤谷武史「租税法と財政法」金子宏監修『現代租税法講座第1巻 理論・歴史』日本評論社，2017年，61頁以下）。

3 租税法律主義の内容
（1）課税要件法定主義
租税法律主義の内容として，課税要件法定主義，課税要件明確主義，遡及立法の禁止などがある（以下の叙述について，金子・前掲76頁以下，114頁以下。なお，基本法コメ447頁以下〔小沢隆一〕も参照）。

課税作用は国民の財産権への侵害であるから，課税要件のすべてと租税の賦課・徴収の手続が法律で定められる必要がある（課税要件法定主義）。判例も，「日本国憲法の下では，租税を創設し，改廃するのはもとより，納税義務者，課税標準，徴税の手続はすべて…法律に基いて定められなければならない」（最大判1955〈昭30〉3.23民

集9巻3号336頁など）と解している。なお，課税要件法定主義にいう「租税の賦課・徴収の手続」には，たとえば，所得税における源泉徴収制度のような租税徴収の方法（最大判1962〈昭37〉2.28刑集16巻2号212頁）や，「酒税の確実な徴収とその税負担の消費者への円滑な転嫁を確保する」ために酒税法によって設けられる酒類販売業の免許制といったものも含まれる（最三判1992〈平4〉12.15民集46巻9号2829頁）。

課税要件法定主義との関係では，命令等への委任が問題となる。この点，法律の根拠なく，命令によって新たに課税要件を定めてはならず，また法律に反する命令等が効力を持たないことは当然であるが，法律に基づく命令への委任は許されると解するのが通説であり，その根拠を本条の「法律の定める条件」に求める学説もある（宮沢・コメ715頁）。ただし，命令等への委任を行う場合であっても，一般的・白紙的委任は許されず，委任の目的・内容・程度が法律自体の中で明確にされている必要がある（大阪高判1968〈昭43〉6.28行集19巻6号1130頁など）。

（2）課税要件明確主義

租税法律の定めは一義的に明確であることが求められる。これを課税要件明確主義という。とくに課税要件については，行政庁の自由裁量を認める規定を設けることは原則として認められず，また，いわゆる不確定概念を用いることにも慎重でなければならないとされる（金子・前掲79頁以下。なお，仙台高秋田支判1982〈昭57〉7.23行集33巻7号1616頁〔秋田市健康保険税条例事件控訴審判決〕も参照）。

（3）遡及立法の禁止

租税法律主義が予測可能性や法的安定性を確保する機能を有することに鑑みて，納税義務者に不利益が課される遡及立法は本条に反すると解される。これとの関連で，所得税や法人税のような期間税について，年度の途中で納税者に不利益な改正をし，それを年度の始めに遡って適用することが，遡及立法として禁止されるかが問題となる。この点，これが期間税であることから認められるという説とそのような改正が年度の開始前に，一般に周知され，十分に予測できない場合には本条に反するとする説等が対立していた。この点につき，最一判2011〈平23〉9.22民集65巻6号2756頁は，憲法84条が，「課税関係における法的安定が保たれるべき趣旨を含む」としたうえで，「暦年途中の租税法規の変更及びその暦年当初からの適用によって納税者の租税法規上の地位が変更され，課税関係における法的安定に影響が及び得る場合」，最終的には国民の財産上の利害に帰着するから，財産権の性質，その内容を変更する程度及びこれを変更することによって保護される公益の性質などを総合的に勘案したうえで，そのような変更が合理的な制約として容認されるべきかどうかを判断するとしている。

（4）その他

このほか，租税法律主義の内容として，法律で定められたとおりの税額を徴収すべしとする合法性の原則，手続的保障の原則，類推・拡張解釈の禁止などがある。

4　本条の適用範囲

（1）租税概念との連動性

学説　国家の収入には，固有の意義の租税以外のものもある。明治憲法は，「報

償に属する行政上の手数料及びその他の収納金は前項の限に在らず」(62条2項)と定めていたが、日本国憲法には同様の規定はない。そこで、固有の意義の租税以外のものの賦課徴収についても、「法律又は法律による条件」によらなければならないかが問題となる。これが、84条の適用範囲として論じられていた問題である。

本条にいう租税を「公権力により一方的・強制的に賦課・徴収する金銭給付」として捉える説があることはすでに見たが、この説からは、固有の意味の租税以外にも、強制的に賦課されるような金銭については、本条の適用があり、行政上・司法上の手数料、いわゆる受益者負担金などの課徴金が広く本条の適用対象になるとされる（A説。法協・註解下1274頁、佐藤功・註釈（下）1003頁、宮沢・コメ710頁など)。

これに対して、本条にいう租税を固有の意味の租税として理解し、それ以外の収入には、憲法83条に基づく国会の基本的なコントロールで足りると解する説がある（B説。野中他・憲法Ⅱ338頁〔中村睦男〕)。この説によれば、固有の意味の租税以外の収入に対しても、それが強制的な性質を持つ以上、法律の根拠が必要となり、またその使途等について実効的なコントロールが求められるが、他方で、租税法律主義の内容として求められるほどの要件の確定や明確性等は求められないということになろう。もっとも、A説にしても、固有の意味の租税以外のものについて、租税法律主義が、固有の意味の租税に求められるものと同内容・同程度で求められると解するわけではなく、両者の違いは相対的である（宍戸常寿「憲法学から見た裁量型課徴金制度」小早川古稀『現代行政法の構造と展開』有斐

閣、2016年、775頁以下、785頁)。

(2) 旭川市国民健康保険料条例事件

判例 この点で興味深いのが、市町村の実施する国民健康保険事業に要する費用について、租税法律主義の適用が争われた旭川市国民健康保険料条例事件（最大判2006〈平18〉3.1民集60巻2号587頁)である。本件について、最高裁は、憲法84条にいう租税を固有の意味の租税として捉えたうえで、保険料が反対給付としての性質を持つことから、「憲法84条の規定が直接に適用されることはない」とする一方、保険税は、「形式が税である以上は、憲法84条の規定が適用される」とした。

したがって、判例は、B説の立場を採用するといえるが、その一方で、「租税以外の公課であっても、賦課徴収の強制の度合い等の点において租税に類似する性質を有するものについては、憲法84条の趣旨が及ぶと解すべき」だとして、「賦課要件が法律又は条例にどの程度明確に定められるべきかなどその規律の在り方については、当該公課の性質、賦課徴収の目的、その強制の度合い等を総合考慮して判断すべき」だとしており、実質的に、A説の主張を取り入れたといえよう。

(3) 地方税条例主義

学説 本条の適用範囲は、地方公共団体の課税権との関係でも問題となる。この点、まず、地方公共団体による課税は国の課税権の一部が分与されたものであり、地方公共団体による課税は、法律の根拠が必要となると解する説がある（A説。佐藤功・註釈（下）1105頁ほか)。これに対して、地方公共団体の課税権を地方公共団体の有する自主財政権に当然に含まれると解するのが通説である（B説。金子・前掲92頁以

下など)。この立場によれば，地方税の賦課徴収は当然に条例の根拠に基づくものでなければならず，かつ，その条例には，憲法84条が要求する租税法律主義と同様の原則が妥当することになる（地方税条例主義）。

以上の学説の対立は，地方税法の位置づけの理解にかかわるが，B説からは，地方公共団体の課税権は法律の授権を待つことなく条例によりさえすれば当然に行使できるから，地方税法は，地方公共団体ごとの税制の不均一や住民負担の不均衡を防ぐために，統一的な準則や枠を定めたものと解される。

判例 この点，判例は，神奈川県臨時特例企業税事件（最一判2013〈平25〉3.21民集67巻3号438頁）において，基本的にはB説に立つことを明らかにしている。もっとも，B説の前提とする地方公共団体の自主財政権の尊重という観点からは，準則として定められている地方税法が自主財政権を尊重したものであるかが実質的に審査されるべきであっただろう。

（4）条約との関係

課税要件については，条約によって定められる場合があり，本条との関係が問題となる。もっとも，このこと自体は，条約について国会の承認が求められていることからも問題が少ないと考えられている（金子・前掲78頁）。

〔片桐直人〕

第85条 国費を支出し，又は国が債務を負担するには，国会の議決に基くことを必要とする。

1 85条の趣旨

85条は，国費の支出と国の債務負担の両者につき，国会の議決に基かなければならないことを定める。したがって，政府が国費を支出する権限（支出権限）と債務を負担する権限（債務負担権限）は，国会の議決によって授権されて初めて行使できることになる。前者について国会の議決が求められる趣旨は，国の財政処理を国会の統制下におき濫費を防ぐとともに，現代の財政においては，国の支出のあり方が重要な政策的争点となっていることに求められる。他方，後者については，租税法律主義が潜脱される危険と，債務は将来償還される必要があり，将来の国会の支出や収入に関する決定権を縮減してしまう危険があるからである。なお，本条の憲法上の例外として，予備費の制度（87条）がある。

明治憲法においては，「国家ノ歳出歳入ハ毎年予算ヲ以テ帝国議会ノ協賛ヲ経ヘシ」（64条1項）と定めていた。通説的な理解によれば，日本国憲法85条は，このうちの歳出の議会協賛制を議決制に改めたうえで定めたもので，それを毎年予算によって議決することを求めるのが86条であるとされる。他方，明治憲法においては，歳出の議会協賛制の例外として，継続費の制度（68条），予算超過支出及び予算外支出の制度（64条2項），財政上の緊急処分の制度（70条），予算不成立の場合の前年度予算執行制（71条），皇室費の議会協賛対象からの除外（66条），規定費，法律費

及び義務費の廃除削減に関する政府同意制（67条）が採用されていた。これらは，日本国憲法においてはいずれも，明示的に排除され，または採用されておらず，本条及び83条，86条によって，財政国会中心主義の原則が強化されたものと理解されている。

また，国の債務負担について，明治憲法は，「国債を起し及予算に定めたるものを除く国庫の負担となるべき契約を為すは，帝国議会の協賛を経べし」（62条3項）としていた。このように，国の債務負担について，議会協賛が要求されており，日本国憲法86条と大きく異なることはないが，予算外の債務負担が削除されたことに留意が必要である（法協・註解下1282頁）。

2　国費支出の国会議決

（1）国費の支出

本条前段は，国費の支出につき，国会の議決に基くことを要求する。ここにいう国費の支出について，通説は，財政法2条1項にいう支出と同義に解する（樋口他・注解Ⅳ187頁〔浦部法穂〕）。

財政法2条1項は，「国の各般の需要を充たすための現金の支払」を支出とする。ここに，「国の各般の需要を充たす」とは，直接国の政策目標を遂行することを意味する。また，支出は，現金として理解され，国有財産の現物出資や交付国債の交付等は支出には該当しない。さらに，財政法2条2項は，「現金の支払には，他の財産の取得又は債務の減少を生ずるものをも含む」としている。これは，いわゆる現金主義による財政活動の規制を明確にしたものとされている（以上につき，小村武『予算と財政法〔5訂版〕』新日本法規，2016年，50頁以下）。

（2）国会の議決

国費支出の国会議決は，予算中の歳入歳出予算の歳出予算及び継続費によって与えられる（財政法2条・14条等）。歳出予算は，「その…支出に関係のある部局等の組織の別に区分し，その部局等内においては，更に…歳出にあっては，その目的に従ってこれを項に区分しなければならない」ものとされ（同23条），継続費についても，「その支出に関係のある部局等の組織の別に区分し，その部局等内においては，項に区分し，更に各項ごとにその総額及び年割額を示し，且つ，その必要の理由を明らかにしなければならない」（同25条）。そして，「予算が成立したときは，内閣は，国会の議決したところに従い，各省各庁の長に対し，その執行の責に任ずべき歳入歳出予算，継続費及び国庫債務負担行為を配賦する」ことになるが（同31条1項），「各省各庁の長は，歳出予算及び継続費については，各項に定める目的の外にこれを使用することができ」ず，部局間，項間の移用も原則として禁じられる（同32条・33条1項）。

以上のことから，財政法においては，歳出予算や継続費における「項」が，本条にいう国会の議決に対応するものとされ，かつ，それが憲法86条にいう毎会計年度の予算の議決によって与えられるものと理解されている。したがって，この「項」の議決により，定められた目的に従い，その金額の範囲内で，当該会計年度における支出を行う権限が内閣に授権されることとなる。このような授権は，支出の授権であるから，任務に関する授権があってもかかる議決を欠く時には支出は認められない。

(3) 憲法85条及び86条との関係

このような歳出授権の方式と憲法85条及び86条との関係については、学説上、対立がある。

この点、通説は、国費支出の国会議決を憲法86条にいう予算によって与えることが憲法の趣旨だと解する（A説。法協・註解下1284頁、清宮・憲法Ⅰ264頁、佐藤功・註釈（下）1114頁、樋口他・注解Ⅳ187頁〔浦部法穂〕など）。本条は国会の議決について定めておらず、憲法86条の予算によって議決してもよいとする説（宮沢・コメ716頁）も、これに類するものと理解できよう。

これに対して、本条は、国会議決の形式及び内容について明らかにしておらず、財政法によって具体化されていると解する有力説がある（B説。小嶋和司『憲法概説』信山社、2004年、510頁）。

B説からA説への批判は、A説が歳出予算こそが支出権限形式であるという前提に立って無反省に本条の議決形式を憲法86条にいう予算であると速断しているのではないか、という点に向けられるものであり（小嶋・前掲512頁）、説得力を持つ（なお、このことは、B説の論者が予算法律説を採用していることとは直接には関係ない）。しかしながら、B説については、本条が国会の議決の形式や内容を特定していないことから、その具体化はすべて立法裁量ないし憲法政策の問題に帰着してしまうのではないかという疑問もある（86条についてではあるが、甲斐素直『財政法規と憲法原理』八千代出版、1996年、73頁以下を参照）。

この点については、本条からは国会の議決や内容、効力について、一定の内容を引き出すことはできず、その意味では、財政法をはじめとする法律によって定められる必要があるが、他方で、本条が86条とは別に国費の支出について特に国会の議決を求めていることからすれば、それは、個別の国費支出にかんする国会の実質的な決定や統制ができるようなものでなければならない、と解するべきであるように思われる。

3 国の債務負担の国会議決
(1) 財政法上の国の債務負担

本条は、国の債務負担についても国会の議決に基づくことを求める。国の債務負担には種々のものがある。

第一に、そもそもある年度の歳出予算を執行するにあたって、その前段階としてなされる債務負担がある。これについては、予算中の歳出予算として、国会の議決を経て、支出権限とともに授権される。また、継続費についても、数年にわたる継続的な事業を施行する必要がある場合に、その経費の総額及び年割額についてあらかじめ一括して国会の議決を経て数年度にわたって債務負担権限と併せて支出権限を付与する制度である（財政法14条の2・25条・43条）から、それが議決されれば、それによって債務負担権限が授権される。

第二に、予算中の国庫債務負担行為として国会の議決を受けるものがある。財政法15条1項は、上述の歳出予算、継続費のほか、以下に述べる法律等によるもの以外の債務負担行為については、「予め予算を以て」、国会の議決を経なければならないこととしており、予算中、丁号国庫債務負担行為として示される（同16条。特定議決による国庫債務負担行為）。同26条は、特定議決による国庫債務負担行為について、

「事項ごとに，その必要の理由を明らかにし，且つ，行為をなす年度及び債務負担の限度額を明らかにし，又，必要に応じて行為に基いて支出をなすべき年度，年限又は年割額を示さなければならない」としている。また，同15条2項は，「災害復旧その他緊急の必要がある場合においては」，「国会の議決を経た金額の範囲内において，債務を負担する行為をなすことができる」としている（非特定議決による国庫債務負担行為）。非特定議決による国庫債務負担行為は，その性質上，あらかじめ事項ごとに定めることや必要性等が明示できないもので，予算総則にその限度額が定められている。これらの国庫債務負担行為も，債務負担権限を授権するのみであるから，実際に支出するには，支出授権が必要になる。

第三に，法律や条約に基づき，予算中の予算総則において国会の議決を受ける債務負担行為がある。この種の債務負担行為として，法人に対する政府の財政援助の制限に関する法律3条の例外として行われる政府保証（株式会社日本政策金融公庫法55条等）や，国際機関への出資金（アジア開発銀行への加盟に伴う措置に関する法律2条4項等），各種の損失補償（原子力損害賠償補償契約に関する法律8条等）などがある。これらの法律においては，債務負担を一般的に定めたうえで，各年度の具体的な限度額を予算において定めるとする方式が採用されている。

（2）公債発行

以上に加えて，憲法85条の「債務」には，財政公債（国債）の発行が含まれる。

まず，財政法4条1項本文は，「国の歳出は，公債又は借入金以外の歳入を以て，その財源としなければならない」としており，いわゆる非募債主義（健全財政原則）を定めている。これは，歳出は主として租税によって賄われなければならないという意味での租税優先原則を定めたものということができる。

もっとも，財政法4条1項ただし書は，「公共事業費，出資金及び貸付金の財源については，国会の議決を経た金額の範囲内で，公債を発行し又は借入金をなすことができる」として，非募債主義の例外（建設国債原則）を定めている。このように財政法4条が公共事業費等に限って例外的に起債を認めているのは，いずれも消費的経費ではなく，国の資産を形成するものであるからだと説明される（小村武『予算と財政法〔5訂版〕』新日本法規，2016年，98頁）。ここにいう「国会の議決」は，予算総則で与えられる。

ただし，現在では，いわゆる特例公債法に基づき，特例公債が発行されている点に留意が必要である（その詳細について，小村・前掲106頁以下）。特例公債法は，最近まで単年度限りの特例法として制定され，したがって次年度の予算と併せて，当該年度の特例公債法の制定が必要とされてきたが，近年，複数年度にわたって発行根拠を与える方式に改められた。現在の特例公債法（財政運営に必要な財源の確保を図るための公債の発行の特例に関する法律）は，2016年度から2020年度までの各年度の一般会計の歳出財源に充てるために，当該各年度の予算をもって国会の議決を経た金額の範囲内で，公債を発行することができると定める（3条1項）。かかる特例公債法の発行についても，財政法4条ただし書同様，発行の一般的根拠を与えるもので，各年度の具体的発行額は，予算総則によって

このほか，各年度における国債の整理又は償還のために必要な金額を限度として，国債整理基金特別会計において発行される借換国債（特別会計に関する法律46条）や，年度内の資金繰りの観点から発行される財務省証券及び日本銀行からの一時金もある。

（3）国会の議決

以上のような国の債務負担について，憲法85条は国会の議決に基いてなされることを要求している。この点，通説は，憲法85条は，債務負担行為の議決形式について特定しておらず，債務等の性質によって，適当な議決方式が決まると解する（法協・註解下1288頁，佐藤功・註釈（下）1116頁，宮沢・コメ716頁など）。もっとも，このような理解にも，それぞれの議決形式が理論的に決定されるという立場と財政法等によって決定されるという立場があるように思われる（後者に立つものとして，小嶋・前掲510頁以下）。

この点に関連して，公債発行に対する国会の議決形式について，言及しておきたい。多くの学説は公債発行は法律によると説明するのであるが（法協・註解下1287頁，佐藤功・註釈（下）1116頁，樋口他・注解Ⅳ189頁〔浦部法穂〕，木下・只野・新コメ669頁〔只野雅人〕），すでに見たように，財政法4条ただし書をはじめとして，わが国においては，法律によって公債発行そのものの一般的な根拠が与えられるとともに，予算総則によって，毎会計年度の発行限度額が決められるのが一般的である。このような場合，各年度の債務負担の授権は，予算総則によって与えられていると見るべきであろう（この点について，予算総則によって，すでに法律で授権された債務負担行為が制限されると考えることもできようが，通説たる予算法形式説からはこのような説明は採りにくい）。もっとも，過去には，特別法によって，発行の目的や発行の限度額が定められ，公債が発行された例もある（昭和28年の特別減税国債法を参照）。

したがって，本条にいう債務負担の議決形式は法律の場合と法律によって決定される場合とがあり，後者の場合には，予算総則によることが多いというのが現状である。

（4）公債発行の統制

公債の発行は，それが租税法律主義を潜脱する危険を有することからも，将来の支出の議決権を縮減する危険を有することからも，一定の統制を受けなければならない。また，公債自体，将来の償還が予定されるものであり，仮に償還が不可能であるということになれば，公債保有者の財産を毀損するばかりか，公債の発行・消化自体もままならなくなる。この観点からも，公債の発行やその管理は重要である。

このような公債の発行や管理のために，財政法は，公債発行の限度額の議決を受ける際の償還計画の国会提出（4条2項），国債市中消化原則（中央銀行直接引受の禁止。5条）といった規定を設けているほか，国債償還のための制度として，特別会計に関する法律によって，国債整理基金特別会計が設けられるとともに，その中に国債整理基金が設置され（2条3号・37条），一般会計からの定率繰入れ（42条），予算繰入れ（42条5項），剰余金繰入れ（財政法6条）等が制度化されている。また，近年では，赤字公債の発行額，残高とも高止まりする状況が続いていることから，骨太の方針等の経済財政政策に関する各種の計画において，財政赤字削減のための努力が続

第7章 財　政

けられている。 〔片桐直人〕

> **第86条**　内閣は，毎会計年度の予算を作成し，国会に提出して，その審議を受け議決を経なければならない。

1　86条の趣旨

国の財政運営は，金銭の流れとして恒常的に行われているが，これを統制するためには，何らかの形でそれを計数的に把握することが望ましい。そのための制度として，会計制度があり，財政法は，わが国の会計を，一般会計と特別会計に分けることとしている。国の財政は，これらの会計において管理されることになるが，その際，さらに一定期間を区切って（会計年度），その期間中の財政運営を事前に統制するとともに，事後にチェックする必要がある。このうち，前者が予算であり，後者が決算である。

会計制度や予算・決算の制度は，合理的な財政運営を行おうとすれば必然的に発達するものであるが，近代立憲主義においては，予算・決算の議会決定権がみとめられ，ないしは，予算や決算を通じた議会の財政運営統制権が確立されているところに特徴がある。日本国憲法も，財政民主主義ないし国会中心主義（83条）の下で，予算の議決権や決算審査権について定めるが，本条は，このうち，予算の国会議決権に関するものである。

議会の予算議決権は，近代立憲主義的な財政制度の核心のひとつである。もっとも，実際の予算制度は，国によって相当に違いがあり，それに応じて，議会の予算議決権や予算に関する政府の関与の在り方もかなり異なる（簡潔な比較法的概観として，小村武『予算と財政法〔5訂版〕』新日本法規，2016年，168頁以下）。

2　予算単年度主義と会計年度独立の原則

（1）会計制度

国の資金の流れの全体を把握し，統制するための制度として，会計制度がある。会計制度は，国の資金の流れを全体として把握するためのものであるから，本来は，ひとつの政府にたいして，ひとつの会計が置かれることが望ましい。これを統一的会計の原則という。もっとも，財政法13条は，一定の場合に特別会計を設置することを認めている（なお，特別会計に関する法律も参照）。また，ひとつの特別会計の中でも，さらに区分して経理する方が適切な場合には，勘定として区分することとなっている。特別会計については，「各特別会計において必要がある場合に」，一般会計とは異なる財務会計処理を行うことが認められている（財政法45条）。

（2）会計年度

国の資金の流れを実効的に管理し，整理するためには，一定期間ごとに区分する必要がある。これを会計年度という。憲法は，会計年度の期間について明示的には述べていないが，常会の毎年1回召集制（52条）や90条・91条などから，会計年度を1年とする趣旨だと考えられている。

（3）予算単年度主義

憲法86条は、国会の予算の議決が、毎会計年度毎に行われることを求めている。これを予算単年度主義という。このような予算単年度主義の原則は、国会の予算に対する審議権を確保する観点から設けられているものであるが、予算単年度主義からの帰結として、国会は、会計年度をこえる支出権限や債務負担権限の付与はできないとされる。

もっとも、これを徹底すれば、効率的な資金使用や財政運営の妨げになることもある。財政法は、このような観点から、継続費（14条）、国庫負担債務行為（15条）といった例外を設けている。

さらに、効率的な資金運用の観点からは、予算単年度主義に拘らず、複数年（度）予算を導入すべきだとする主張がある。この点、ひと口に複数年度予算といっても、複数会計年度にわたって支出授権等をするもの、会計年度を複数年化しその会計年度ごとの支出授権等をするもの、複数年にわたる支出等の計画を策定し、それに基づいて会計年度ごとに支出等の授権をするものなど多様なものが考えられるが（碓井光明「複数年予算、複数年度予算の許容性」自治研究79巻3号（2003年）3頁以下）、会計年度を1年とし、その会計年度ごとに予算の議決を求めるというのが憲法上の要請であると解される限り、この要請を迂回するような複数年(度)予算は許されないというべきであろう。

（4）会計年度独立の原則

会計年度独立の原則とは、「一会計年度の歳出はその年度の歳入をもって充てなければならない」という原則であり、財政法12条は、財政の健全性確保の観点から、「各会計年度における経費は、その年度の歳入を以て、これを支弁しなければならない」と定め、さらに、同42条は、繰越明許費の金額や避け難い事故のため年度内に支出を終わらなかったものの翌年度への繰越（事故繰越）を除く外、「毎会計年度の歳出予算の経費の金額は、これを翌年度において使用することができない」と定めている。会計年度独立の原則は、憲法上の原則ではないとするのが通説であるが、憲法85条から導かれると説く学説もある（木村琢磨「予算・会計改革に向けた法的論点の整理」会計検査研究29号（2004年）51頁以下、55頁など）。

いずれにせよ、会計年度独立の原則を厳格に貫くことも、財政資金の効率的使用という観点からは問題があり、財政法は例外を認め、繰越明許費（財政法14条の3・43条の3）、事故繰越（同42条）の制度が設けられている。

3　予算の内容
（1）予算の多義性

「予算」は多義的な語であり、論者や文脈によって、同じ予算の語を使っていながら、その意味するところが微妙に異なることがある点に留意が必要である。たとえば、憲法86条にいう予算についても、内閣が作成する予算、国会で審議される予算、国会で議決された予算の三種が想定されるところ、前二者は予算案というべきものであろう。

また、予算案についても、外国では、政府提出予算案は、議会での審議資料にとどまり、議会が審議する予算案は改めて議会自身が用意する方式を採用するところもあって、理論的には区別しうる。この点、

第7章 財　政

日本国憲法もこのような区別を許容するとする説もあるが，両者は同一のものであり，国会では，政府提出予算案が審議の対象となると解するのが通説である。

(2) 実質的予算

通説は，予算を，「一会計年度における，国の財政行為の準則，主として，歳入歳出の予定準則を内容とし（実質的予算），国会の議決を経て定立される，国法の一形式（形式的予算）」と説明する（法協・註解下1296頁，宮沢・コメ722頁など）。

これは，形式的予算と，その所管事項としての実質的予算を区別するものである。明治憲法は「国家ノ歳出歳入」（64条1項）として，実質的予算を明示していたが，日本国憲法には同様の規定はなく，わずかに87条や88条が支出に関する内容が予算で定められていることをうかがわせるにとどまる。

そこで，通説的理解の前提として，何らかの形で，憲法典の条文以外から，実質的予算の内容を確定する必要があるが，これには，理論的に確定されるという立場と，法律によって定められるという立場とがありうる。学説は前者の立場を採用していると思われるものも少なくないものの，実務は後者の理解に立っているものと考えられる（以上の指摘について，小嶋和司『憲法と財政制度』有斐閣，1988年，335頁以下参照）。

この点については，基本的に後者の説が妥当であるように思われる。しかし，憲法が予算の制定を求めている以上，それを法律でどのように形成してもよいものとも考えられないだろう。したがって，予算の所管事項は，歳入歳出予算を中心として，それとの関係で必要な事項を法律によって定めるものと解すべきであろう（なお，甲斐素直『財政法規と憲法原理』八千代出版，1996年，74頁以下も参照）。

(3) 予算の種類と内容

予算の種類は，一般会計・特別会計の各会計予算と政府関係機関予算がある。また，それぞれ会計年度始までに制定される本予算（当初予算）のほか，補正予算（財政法29条1項），暫定予算（同30条）がある。

財政法は，一般会計予算の内容について，予算総則のほか，歳入歳出予算，継続費，繰越明許費，国庫債務負担行為の各号からなるものとしている（16条）。

① **予算総則**　予算総則は，歳入歳出予算，継続費，繰越明許費及び国庫債務負担行為に関する総括的規定の外，公債又は借入金の限度額，公共事業費の範囲，国庫債務負担行為の限度額のほか，予算の執行に関し必要な事項やその他政令で定める事項に関する規定を条文形式で定める（財政法22条）。

② **歳入歳出予算**　歳入歳出予算は，歳入と歳出を計数的に表示した見積表である。財政法は，「歳入歳出は，すべて，これを予算に編入」することを求めるとともに（14条），「収入又は支出に関係のある部局等の組織の別に区分し，その部局等内においては，更に歳入にあっては，その性質に従って部に大別し，且つ，各部中においてはこれを款項に区分し，歳出にあっては，その目的に従ってこれを項に区分」することを求めている（23条）が，このようにして，総計予算主義や予算の完全性と，憲法85条が求める国費支出・債務負担に対する国会の議決の要請を充たすものといえよう。

歳入歳出予算のうち，歳出予算は，その目的に従って項に区分され，これが議決さ

390

れることによって，支出権限とその前提となる債務負担権限が授権される。項間の移用は，予算の執行上の必要に基き，あらかじめ予算をもつて国会の議決を経た場合に限り，財務大臣の承認を経て行われる場合でない限り許されない（財政法33条1項）。

歳入予算は，歳出予算と異なり，その議決によって徴収権限が授権されるなどの効果はない。もっとも，歳入予算はその総額が集計され，歳出との対比を可能にするものであり，原則として，対価性のない租税によって運営される財政において，歳出の総額をコントロールし，税収の不足を認識可能にするなどの機能がある。

なお，歳入歳出予算には，予見し難い予算の不足に充てるため予備費が計上されている（財政法24条。憲法87条も参照）。

③ **継続費** 継続費は，工事，製造その他の事業で，その完成に数年度を要するものについて，特に必要がある場合においては，経費の総額及び年割額を定め，予め国会の議決を経て，その議決するところに従い，5年度を上限に，複数年度にわたって支出することができるようにする制度である（財政法14条の2）。ここにいう国会の議決は，予算中の継続費の号（の各項）で与えられるが，その際，その支出に関係のある部局等の組織の別に区分し，その部局等内においては，項に区分し，更に各項ごとにその総額及び年割額を示し，且つ，その必要の理由を明らかにしなければならない（財政法25条）。

かかる継続費の制度は，明治憲法においては明文で認められていたが（68条），日本国憲法には同様の規定がなく，日本国憲法制定当初は，財政法上もかかる制度は存在せず，1952年の財政法改正によって認められたものである。継続費は，予算単年度主義の例外なすものであり，違憲の疑いがあるという説もあるが（杉原・憲法Ⅱ448頁），憲法が明文で禁止していないことや，予算単年度主義にも合理的理由があれば例外が許されると考えられることなどから，合憲だとするのが通説である（宮沢・コメ720頁以下，小村・前掲190頁以下など）。

なお，国会は，継続費成立後の会計年度の予算の審議において，当該継続費につき重ねて審議できる（財政法14条の2第4項）。継続費の年割額は，後年度の歳出予算にも計上されるが，これは議決対象となるものではなく，継続費成立後の年度における国会の審議は，成立年度の継続費全体及び年割額が，後年度においても提案されているものとみなされ，これを対象におこなわれると解されている（小村・前掲・190頁）。その際，継続費の修正が，かかる継続費全体に及ぶかが問題になるが，継続費の修正には，制度の趣旨に照らして一定の限界があるとするのが，通説・実務である（宮沢・コメ721頁，小村・前掲191頁など）。

④ **繰越明許費** 「毎会計年度の歳出予算の経費の金額は，これを翌年度において使用することができない」（財政法42条）。もっとも，これを厳格に貫くことは，経費の使用という観点からは効率的でない場合がある。そこで，財政法は，「歳出予算の経費のうち，その性質上又は予算成立後の事由に基き年度内にその支出を終わらない見込みのあるものについては，予め国会の議決を経て，翌年度に繰り越して使用することができるもの」については，会計年度独立の原則の例外を認め，翌年度に繰

り越して使用する権限が与えられるようにしている（財政法14条の3）。ここにいう議決が与えられるのが、予算中の繰越明許費の号であるが、この議決は、その性質上、予算成立後の事由に基づくものについては、補正予算でしか与えられない。なお、繰越明許費によって繰り越される支出について、繰越明許費の議決が、その前提となる債務負担をも翌年度にわたっておこなうことを授権するものかが問題となるが、財政法43条の3は、「予算の執行上やむを得ない事由がある場合に」、「事項ごとに、その事由及び金額を明らかにし、財務大臣の承認を経て、その承認があった金額の範囲内において、翌年度にわたって支出すべき債務を負担することができる」と定めている。

⑤ **国庫債務負担行為**
（⇒憲法85条を参照）。

⑥ **予算添附書類** なお、国会の議決対象ではないが、国会審議の参考のために、財政法28条は、歳入予算明細書、各省各庁の予定経費要求書等、財政の状況及び予算の内容を明らかにするため必要な書類を予算に添附して、国会に提出することを求めている。

4 予算の議決形式と法的性質

（1）形式的予算の議決形式

憲法86条は、内閣で作成した予算について、国会が審議・議決することを求めているが、その議決形式と議決によって成立した予算の性質とが問題となる。

まず議決形式について、憲法86条は明治憲法と同じく「予算」という特別の議決形式を要求するものと解する説（A説。通説・実務。法協・註解下1301頁、宮沢・コメ724頁、佐藤功・註釈(下)1123頁など多数）と、憲法86条は議決形式を特定しておらず、むしろ法律として議決することを求めていると解する方が自然であるとする説（B説。小嶋・前掲184頁以下など）などがある。

この点、形式的予算の所管事項が、法律の所管事項と異なり、法律の形式で、実質的予算を制定することは許されないと考えられること、憲法60条は予算の審議・議決手続について定めていることなどから、A説が通説である。もっとも、実質的予算の所管事項が法律で与えられると考えるのであれば、所管事項と議決形式との対応は相対的なものとなろうし、また、憲法60条は59条にいう「特別の定」であり法律の議決形式の特別な場合と解することも可能である。

（2）形式的予算の法的性質

以上の議決形式の理解の違いは、予算の法的性質の理解の相違にもつながる。

まず、憲法86条が予算という特別の議決形式を要求するものと考える立場には、かかる予算は、政府の財政計画に対する国会の意思表示であるとする説（承認説）と、それは国法の一形式であるとする説（予算法形式説）などがある。これに対して、予算の議決形式が法律と解する立場からは、予算は法律であると解することになる（予算法律説）。予算法形式説が通説である。

いずれにせよ、国会の制定した予算に法的拘束力があることを否定する学説はなく、問題はその根拠や内容である。この点、通説たる予算法形式説も、議決された予算が法的拘束力をもつことを認めるが、その根拠や内容を「結局法律である財政法に求めている」説も多く（佐藤幸・憲法論536頁）、実際、現行法制もそのように理解する方が

自然である（小嶋和司『憲法概説』信山社，2006年，518頁）。したがって，予算の拘束力の根拠についても，予算の内容と同様，具体的には，憲法83条の要請に従って，財政法等の法律が定めるものと解すべきであると思われる。もっとも，予算の議決が一定の有意義な効果を発生させるように具体化することが求められよう（佐藤幸・憲法論536頁）。

（3）予算と法律の関係

予算と法律とが，国会において別々の手続で審議・議決される以上，両者の間に不一致をきたすことがある。その典型的な場面として，法律が制定されてもそのための支出が予算に計上されていない場合，予算に計上されていても支出の根拠となるべき法律が存在しない場合，支出の前提となる収入につき，税法や特例公債法が成立せず，財源が不足する場合，財政法と予算とが矛盾・抵触する場合などが考えられる。

この点につき，予算法律説に立てば，予算法律も法律である以上，法律事項についても定めることができ，このような不一致はおこりえないとされてきた。しかしながら，少なくとも歳出予算についていえば，予算法律説に立っても，支出授権を内容とする法律によって，一定の任務の授権をすることはできない。また，仮に予算法律によって両者の不一致が調整できるとすると，法律よりも緩和された議決手続で成立する予算に様々な要求が盛り込まれてしまいかねない（いわゆる抱き合わせの問題）。また，両者の不一致があるとしても，それが常に解消されるべきであるかも問われる必要があろう（以上の点につき，甲斐・前掲69頁以下）。

他方，通説たる予算法形式説によれば，このような不一致は，内閣や国会が両者の一致に努めることによって解消するほかはない。また，そもそも，両者の不一致の可能性があるからこそ，法律によって定められた様々な任務が，限られた財源の中で，毎年の政策プログラムとして優先順位をつけたり，それぞれの規模を調整したりすることが可能になっているとも考えられる。予算法形式説はこのような法律と予算との一定の距離を保つことを可能にする考え方だといえよう。

4　予算編成過程と審議・議決手続

（1）予算の作成

憲法86条は，以上のような予算について，内閣が作成することとしている（なお，憲法73条5号も参照）。その趣旨は，内閣が政策にかかる様々な費用を精確に見積もることができるからである。内閣が国会に提出する予算は，国会における議案ではなく，国会が内閣の提出した予算を参考に，自ら予算案を作成することができると解する説もあるが，憲法は内閣に予算提案権を独占させる趣旨だと解するのが通説である。

内閣における予算編成の過程は，予算のあり方を実質的に決定する場面として，大きな意義を持つ。この点について，憲法は特段定めるところはないが，財政法（とくに17条以下）および予算決算会計令によってその手続の大枠が定められるとともに，その組織については，財務省設置法等の各種の行政組織法による規律がある。さらに，その細部は，様々な慣行等によって形成されており，この点も含めた予算編成過程の解明が，憲法学としても求められる（宍戸常寿「予算編成と経済財政諮問会議」法学教室277号（2003年）71頁以下，同

「予算編成過程と将来予測」法律時報88巻9号（2016年）45頁以下を参照）。

（2）国会における審議・議決
　　　（⇒60条を参照）
（3）予算の修正
　予算の国会議決との関連で問題となるのが，国会による予算の修正が認められるかという問題（予算の修正権の限界）である。この予算の修正には，論理的には，歳入歳出予算，継続費，繰越明許費，国庫債務負担行為等の修正のほか，予算総則の修正もが含まれるが，従来，歳出予算の修正とそれに伴う歳出総額の修正が中心的に議論されてきた。

　この点，予算の減額修正が認められる点については異論がない。これに対して，増額修正（これは，ある「項」の増額のほか，新たな「項」の附加，これらに伴う歳出総額の増額を意味する）については争いがある。

　増額修正は，明治憲法下においては，予算の発案権が政府に専属することと矛盾することから認められないと解されていた。しかし，このような理解は，日本国憲法の下においては適切ではなく，増額修正はなしうると解するのが通説であり（佐藤功・註釈（下）1136頁など多数），財政法や国会法も，かかる増額修正がありうることを前提としている（財政法19条，国会法57条の2・同条の3など参照）。

　問題は，増額修正に限界があるかである。この点について，1977年2月23日の衆議院委員会において示された，「内閣の予算提案権を損なわない範囲内において」，国会の予算修正が可能であるとする政府統一見解がある。これによれば，内閣の予算提案権を損なうような修正であるかは，「予算の総合性を損ない，予算の根幹を揺るがすようなものか否かといった点を総合勘案の上，ケーズ・バイ・ケースで判断」される（小村・前掲255頁以下）。これに対して，学説においては，このような理解は，結局のところ，発案権のないところに修正権はないという理解を引きずるものだとして，国会による予算の増額修正の法的限界はないとする説が通説である（佐藤功・註釈（下）1136頁以下など多数）。

　もっとも，この点については，いくつか留意すべき点がある。まず，国会の増額修正権に法的限界はないと解するとしても，我が国の予算制度のように，歳入歳出の見積りが総合的に示されている場合には，ある部分の増額修正が，他の部分にも影響を及ぼしうる。その意味で，国会が増額修正を行う場合であっても，それには予算全体の総合的な検討を十分に踏まえたものでなければならず，したがって，そのような検討が十分になしうるだけの能力が国会に備わっている必要があろう。次に，国会の増額修正に限界があると考える場合でも，国会が内閣に対して予算案の撤回を求め，編成替えの上再提出せしめるという選択が取り得る（衆議院先例集334号）。このような手続きによれば，予算全体を抜本的に見直す修正も不可能ではなく，問題は相対的である（以上の指摘について，佐藤功・註釈（下）1141頁以下参照）。

　なお，増額修正の限界に対処するためにも，予算法律説が優れていると言われることがあるが，予算を法律として議決する外国においても，議会による予算の修正の範囲は問題となる（なお，比較法的概観として，小村・前掲256頁以下）。

(4) 予算の公布
(⇒7条1号を参照) 〔片桐直人〕

第87条 ①予見し難い予算の不足に充てるため，国会の議決に基いて予備費を設け，内閣の責任でこれを支出することができる。
②すべて予備費の支出については，内閣は，事後に国会の承諾を得なければならない。

1　87条の趣旨

　予算制定後の事情により，与えられた支出権限や債務負担権限では十分でないことが判明することがありうる。

　その場合の対応として，予算外に一定の恒常的な基金を設け，政府に予算外の責任支出を認める方式や，予算において目的や使途を限定することなく一定の限度額を設け，その範囲での責任支出を認める方式，補正予算の作成・制定などの方式が考えられる。

　本条は，このような，予見し難い予算の不足が生じた場合の内閣の責任支出を認める仕組みを定めるものである（なお，外国の制度の概観について，小村武『予算と財政法〔5訂版〕』新日本法規，2016年，320頁）。

　大日本帝国憲法（以下，「明治憲法」という）69条は，予算外の責任支出及び予算超過の場合の責任支出のために予備費を設けなければならないことを定めていたが，このほかにも，緊急財政処分（70条）のほか，予備費以外を財源とする予算超過支出及び予算外支出が認められていた（64条2項）。日本国憲法は，予算外及び予算超過の場合の責任支出の財源を，予備費として特定しているところに特徴がある。

2　87条1項　予備費制度
(1) 予算不成立と予備費

　予算が不足する事態は，(i)会計年度開始までに予算が成立せず，したがって，必要な支出権限等が存在しない場合，(ii)予算成立後の事情により，新たな費目を追加しなければならなくなった場合（予算外支出），(iii)予算成立後の事情により，予算にある費目では足りなくなった場合（予算超過支出）など様々に想定される。

　そこで，予備費による責任支出が認められるのがどのような場合なのかが問題となる。この点，明治憲法69条は(ii)と(iii)の場合に備えて，予備費を設けるとしていたところであり，本条1項も，予算外支出と予算超過支出の両者を含むとするのが通説・実務である。これに対して，日本国憲法は，明治憲法と異なって，予算不成立時の対応を欠いていることから，(i)の場合にも予備費による責任支出が認められるべきとする少数説がある（小嶋和司『憲法概説』信山社，2004年，520頁以下）。この場合，予備費は，現在のものとは異なって，恒久的な基金として設けられなければならないことになる。

(2) 予見し難い予算の不足

　これらの場合すべてについて，予備費に

よる責任支出の制度が認められなければ対応できないわけではなく、例えば、(iii)については、予算の項間の移用等で対応できることもあるし、また、(ii)や(iii)についても補正予算等で対応できる。さらに、(i)についても、暫定予算等の制度による対応が可能である。また、そもそも予備費が「予見し難い予算の不足」に対応する制度である以上、「予見しうる」費目については、歳入歳出予算に計上し、議決を受ける必要があることはいうまでもない。

そこで、いかなる場合に、予備費による責任支出が認められるかが問題となる。この点について、通説は、国会によって削減ないし削除された費目については予備費の使用は認められないことのほか、国会開会中の予備費の支出は、補正予算の議決を求めることが可能である以上、予備費を使用せず、補正予算の措置によるべきだと解するが（佐藤功・註釈（下）1153頁、樋口他・注解IV 206頁〔浦部法穂〕）、実際には国会開会中であっても、やむを得ず予備費を使用せざる場合もありうるところであり、法的な限界があるとは言いにくい。実務では、予備費を使用するか、補正予算の措置によるかは、政府の裁量に委ねられていると解されており（小村・前掲・313頁）、国会開会中でも、一定の経費については、例外的に使用しうることを前提としている（「予備費の使用等について」1954〈昭29〉4月16日閣議決定〔最近改正 2007〈平19〉4月3日〕）。

なお、予備費の使用が想定される場面が、ある程度特定できることがある。このような場合について、現在、歳入歳出中に特定の目的に限定した予備費が計上されたうえで、予算総則においてその使用使途の範囲が定められている（特定目的予備費）。かかる特定目的予備費の制度は、政府として自ら制約を課したものといわれ、憲法上の問題はないと考えられるが（杉村章三郎『財政法〔新版〕』有斐閣、1982年、84頁など）、特定目的予備費が憲法85条の趣旨を離れて、広範に裁量的な支出権限を授権することに等しくなることは避けるべきであろう。

（3）予備費の性格

本条1項は、予備費を設ける方法について特定していない。したがって、一般会計や特別会計内に一定の恒常的な資金ないし基金を法律によって設け、そこからの責任支出を認めることもできる。このような基金による設置こそ憲法の趣旨であるとする説もあるが（小嶋・前掲520頁）、これ以外の方法によって設置することも妨げられないと解するのが通説である。

この点、財政法24条は、予備費を「歳入歳出予算に計上する」こととし、予算の中に設けられる予備的費目として制度化している。このような予算の中の予備的費目が歳入歳出予算に計上されるのは、予備費の財源が歳入予算で充当されることになるからであり（佐藤功・註釈（下）1150頁）、また予備費を含めて歳入歳出予算の収支均衡を図ることにより、予備費の財源的裏付けを図るためであると言われる（小村・前掲311頁）。

もっとも、歳出予算に計上された予備費は、いわばその限度額を拘束するにとどまり、具体的な支出権限の授権を伴うものではない。したがって、予備費は、憲法85条及び86条の例外であるとともに、予備費の使用は、内閣が自らの責任で、その限度額の範囲内で、新たな歳出の項の金額を

（4）予備費の設置義務

大日本帝国憲法は，予備費の設置ないし計上を義務付けていたが，本条1項は予備費の設置ないし計上を義務づけるものではないと解されている。したがって，予備費を一切計上しないこともできる（財政法24条参照）。もっとも，それぞれ独立して予算に計上される，衆参両院及び裁判所の経費については，予備金を設けなければならない（国会法32条2項，裁判所法83条2項）。

3 87条2項 予備費の支出と事後の国会承諾

（1）予備費の支出

予備費の使用については，財政法35条が定めており，そこでは，予算の成立をうけて，財務大臣が配賦をうけ管理することになる予備費から，閣議決定を経て，特定の経費の財源に充てるために財源を出して新しい項の経費の金額をつくり，又は規定の項の金額を追加し，その経費の金額について，予算の配賦（財政法31条1項）があったのと同様の効果を生じさせることを定めている。実務では，憲法87条2項にいう予備費の支出は，かかる予備費の使用を意味するものとして，つまり，予備費の使用によって特定の歳出項目に予備費が配賦されることとして捉えられている（小村・前掲318頁以下）。

なお，衆参両議院の予備金については，衆参両議院の議長がそれぞれ管理したうえで，その使用にあっては，事前に，時宜によっては事後に，その院の議院運営委員会の承認を経なければならず，さらに議院運営委員会の委員長が，次の常会の会期の初めにおいて，その院に報告して承諾を求めることになっている（国会予備金に関する法律）。また，裁判所の予備金については，最高裁判所長官が管理し，事前又は事後に，最高裁判所の裁判官会議の承認を経なければならない（裁判所予備金に関する法律）。

（2）国会の承諾の対象

予備費を支出した場合，事後の国会の承諾を得なければならない。実務上，このときの国会の承諾の対象となるのは，(1)で述べた意味での予備費の使用であると解されている。すなわち，財政法36条3項は，「内閣は，予備費を以て支弁した総調書及び各省各庁の調書を次の常会において国会に提出して，その承諾を求めなければならない」と定めるが，ここにいう「予備費の支弁」も「予備費の使用によって特定の歳出項目に予備費が配分されること」を指す（小村・前掲319頁）。

（3）国会の承諾の時期

予備費の支出の国会承諾について，憲法はその時期等を定めていないが，財政法36条3項は，金額を取りまとめて，「次の常会」において承諾を求めることとしている。これは，当該会計年度の経過後の国会とすることは時期が遅くなりすぎるからだと説明されるが（佐藤功・註釈（下）1155頁），予算を成立せしめた常会であれ，臨時会であれ，予備費が使用された場合には，可及的速やかに国会の承諾を得るべきであろう。

（4）国会の承諾の手続

国会承諾の手続について，憲法は規定を置いていない。実務上は，衆議院に先に提出されるのが先例であり（衆院先例集347号），承諾は，議案として取り扱われ，両

院の承諾がなされない限り，国会の承諾を得たことにならず（なお，参議院が否決した場合に，衆議院は両院協議会の開催を求めることができる〔国会法87条〕），審議未了の場合には，次の国会に何回でも提出しなければならない。

(5) 国会の承諾の効果

国会の承諾は，本条1項の「内閣の責任」が政治的責任であると解されることから，政治的責任の解除の効果をもつと解されている。したがって，国会が承諾しなかった場合であっても，内閣の予備費支出行為を不当とし，その責任を問う国会の意思が表示されたにとどまり，予備費の支出そのものを取り消す効果はない。

〔片桐直人〕

第88条 すべて皇室財産は，国に属する。すべて皇室の費用は，予算に計上して国会の議決を経なければならない。

1　88条の趣旨

88条は，憲法8条とともに，皇室財政自律主義を排し，皇室財政に対する民主的統制を及ぼすために，すべての皇室財産を国有としたうえで，皇室の費用を，予算に計上して国会の議決を経るものとしたものである。

多くの立憲君主制国家では，王室に対して，一定の金額を支払うこととしており，また，王室の維持にかかる費用について，予算による統制を行っている国も少なくない。なお，イギリスにおいては，1760年にジョージ3世がクラウン・エステートから得られる収益の管理を国庫に委ねるのと引き換えに，給付を受けることになった一定額の王室費（シヴィル・リスト）のほか，ランカスター天領等からの収入私有財産からの収益等によって王室経費を賄っていたが，2011年国王給付法（Sovereign Grant Act 2011）により，王室費がクラウン・エステートから国庫にもたらされる収益の一定割合に改められた。

明治憲法66条は，「皇室経費は現在の定額に依り毎年国庫より之を支出し将来増額を要する場合を除く外帝国議会の協賛を要せず」として，毎年一定額の皇室経費が支給されることを予定していた。これにより，毎年一定額の皇室費が予算に計上され，これについては議会の廃除・削減が認められなかった。

これに加えて，明治憲法下の皇室は，予算からの皇室費の定額繰入でのみ運営されていたのではなく，その所有する膨大な財産からの収益によっても運営されていた。この財産は，明治憲法実施に備えて，明治10〈1877〉年ごろから，国有財産を皇室財産に移管したものであった。このような財産の運用においては山林経営が重要な意義を持ち，明治30年以後は，皇室財政にとってもっとも重要な収益源になった。

かかる潤沢な財政を背景に，皇室は，様々な用途に支出が行われ，ときに国の財政活動を肩代わりするような場面もあった。にもかかわらず，このような皇室財政は，皇室自律主義の下，国民に公開されることもなく運営されていた。

2 88条前段 すべて皇室財産は，国に属する

（1）本条前段の性質

本条前段は，すべての皇室財産を国有化することを定める。したがって，本条前段の意義は，なによりも，日本国憲法施行時に存在したすべての皇室財産を国有化することにあった。

そこで，本条前段が日本国憲法施行後も効力をもつかが問題となるが，この点，本条前段は，日本国憲法施行時に存在した皇室財産の国有化のみをいうもので，経過規定であるとする説がある（宮沢・コメ736頁）。これに対して，「およそ皇室財産なるものは認められないということを示すという意味においては，必ずしも単に経過規定たるにとどまらない」とする説がある（佐藤功・註釈（下）1157頁）。その趣旨は必ずしも明らかではないが，日本国憲法の下での皇室財政制度が，戦前のそれのような制度にならないように運用すべきことをいうものと解される。したがって，この説からも，健全な運用がなされていれば，日本国憲法施行後に本条前段の適用が問題となる場面はないということになろう。

（2）すべて皇室財産

本条前段にいう「すべて皇室財産」の意義について，日本国憲法制定当初は，「従来の御料の中実質に於いて公の団体としての皇室の公有に属して居たと認むべきもの」（A説。美濃部達吉『新憲法概論』（有斐閣，1947年）72頁以下）とする説もあったが，現在では，「収入源となる財産やその使用が公の性質を帯びる財産」に限られるとする説（B説。新基本法コメ461頁〔芹沢斉〕，宮沢・コメ735頁など）と，「天皇及び各皇族の所有に属する財産を総称する」ものと解する説（C説。佐藤功・註釈（下）1157頁）とに分かれる。

B説が通説であるが，皇室財産が国有化された経緯を踏まえれば，C説のように解するべきだろう。

（3）国に属する

本条後段は，すべての皇室財産が「国に属する」ことを定める。しかし，天皇や皇族が私有財産を享有することを否定する趣旨ではなく，「純然たる私有財産」は国有化されないと解するのが通説である。この点「憲法制定当時天皇および内廷の皇族が所有していた財産は皇室財産と私有財産に区分けされたが，その他の皇族が所有していた財産はすべて私有財産とされた」（芦部信喜ほか『注釈憲法（1）』有斐閣，2000年，333頁〔高橋和之〕）。したがって，天皇及び内廷の皇族とそれ以外とでは，私有財産とされたものの性質が異なるという。日本国憲法施行時に純然たる私有財産として天皇に残されたものには，宮中三殿や三種の神器のほか，身の回り品，預金や有価証券などがある。

加えて，本条の国有化は，「明治憲法のもとで行われたような宮中と府中との別の財産的表現としての皇室財産と国有財産との区別を廃止する趣旨をもつ」（宮沢・コメ756頁）と解される。この点で，国有財産のうちで，国において皇室の用に供し，または供するものと決定したものを行政財産の中で特に区別し，「皇室用財産」とすること（国有財産法3条）が問題となりうるが，このような制度も，国有財産として管理される以上，問題はないと解されている。このような皇室用財産には，皇居，赤坂御用地，那須御用邸，御料牧場，正倉院などのほか，陵墓がある。

3　88条後段　すべて皇室の費用は，予算に計上して国会の議決を経なければならない

（1）皇室の費用

皇室の費用については，「天皇および皇族の生活費ならびに宮廷事務に要する費用」をいうとする説（宮沢・コメ737頁）と「憲法上，象徴たる地位にある天皇およびその一族たる皇族がそれにふさわしい生活（公的生活および私的生活）を営む上に必要な費用」および「宮廷事務に要する費用」をいうとする説（佐藤功・註釈（下）1159頁）がある。現在の皇室経済法に照らすと，実務は後者の説に立つものと思われる。

（2）内廷費・宮廷費・皇族費

皇室経済法3条は，皇室の費用を内廷費・宮廷費・皇族費の三種に区分する。

まず，内廷費は，「天皇並びに皇后，太皇太后，皇太后，皇太子，皇太子妃，皇太孫，皇太孫妃及び内廷にあるその他の皇族の日常の費用その他内廷諸費に充てるもの」である（皇室経済法4条1項）。内廷費は，宮内庁の経理に属さない御手元金とされる（同2項）。すなわち，内廷費は支出された段階で公金ではなくなる。なお，天皇の退位等に関する皇室典範特例法附則4条及び5条により，上皇及び上皇后の日常の費用等には内廷費を充てることになっている。

次に，宮廷費は，「内廷諸費以外の宮廷諸費に充てるもの」で，天皇の公的活動の経費であり，宮内庁で経理される（皇室経済法5条）。なお，一般会計予算中の宮内庁費も天皇の公的活動を支える機能がある。

皇族費は，「皇族費は，皇族としての品位保持の資に充てるために，年額により毎年支出するもの」と「皇族が初めて独立の生計を営む際に一時金額により支出するもの」，「皇族であった者としての品位保持の資に充てるために，皇族が皇室典範の定めるところによりその身分を離れる際に一時金額により支出するもの」がある（皇室経済法6条1項）。これらの皇族費も御手元金となる（同8項）。

内廷費及び皇族費の定額は皇室経済法施行法によって定められている。なお，皇室経済会議は，定額について，変更の必要があると認めるときは，これに関する意見を内閣に提出しなければならず，意見の提出があつたときは，内閣は，その内容をなるべく速やかに国会に報告しなければならない。

（3）予算計上と国会議決

すべて皇室経費は予算に計上されなければならない。ここにいう「すべて」とは，皇室に関する経費すべての意味ではなく，上に見たような国庫から支出される経費をすべて計上する意味だと解されている。したがって，天皇や皇族の私的財産から生ずる収入やその他の収入は，予算にも計上されず，国会の議決も受けない。なお，このような収入があった場合には，課税の対象となる。

〔片桐直人〕

> **第89条** 公金その他の公の財産は、宗教上の組織若しくは団体の使用、便益若しくは維持のため、又は公の支配に属しない慈善、教育若しくは博愛の事業に対し、これを支出し、又はその利用に供してはならない。

1 89条の趣旨

89条は、公金その他の公の財産を、特定の対象に支出し、又は利用に供してはならないことを定める。本条は、国や地方公共団体の財政を処理する権限に対して憲法的制約を課すものであり、本条に違反する財政管理上の行為をしてはならないことはもちろんのこと、そのような行為を認める国会や地方議会の議決も本条に反することになる。

本条前段は、憲法20条1項後段、同条3項とともに、政教分離原則に基づく規定であり、国家が宗教的に中立であることを要求する政教分離の原則を、公の財産の利用提供等の財政的な側面において徹底させ、憲法20条1項後段の規定する宗教団体に対する特権の付与の禁止を財政的側面からも確保し、信教の自由の保障を一層確実なものにしようとしたものである。

本条後段は、公の支配に属しない慈善、教育若しくは博愛の事業に対しても、公金支出や公の財産を利用に供することを禁ずるものであるが、「慈善、教育、博愛」といった事業に対して、公金支出等を一切禁ずることの趣旨は必ずしも明らかでなく、学説上の対立がある。

本条の規定は、憲法制定当時のアメリカのいくつかの州憲法の影響を受けたものであるとされ（法協・註解下・1332頁）、とくに、アメリカで1920年代から30年代にかけて作成されたモデル州憲法に類似の規定があることが知られている（笹川隆太郎「憲法第89条の来歴再考」石巻専修大学研究紀要14号〔2003年〕61頁以下）。

本条同様の規定は大日本帝国憲法には存在せず、とくにいわゆる神社神道は国家の祭祀を司るものとして宗教と区別され国営されていたほか、各種の社会福祉事業に対する公金の支出等も当然に行われていた。

2 公金その他の公の財産

公金その他の公の財産とは、国又は地方公共団体が実質的に所有する金銭その他の財産を意味する。一般に、国が特定の事務、事業に対し、国家的見地から公益性があると認め、その事務、事業の実施に資するため反対給付を求めることなく交付される金銭的給付は、補助金と呼ばれるが、このような補助金の支出や特に有利な条件での貸し付けも、本条にいう公金の支出となる。また、国や地方公共団体の財産の利用提供には、有償・無償の貸付、交換、売払、譲与、出資の目的とすること、私権の設定など多様な形態が考えられる。

3 89条前段　宗教団体等に対する公金支出・公の財産の利用提供の禁止

（1）宗教上の組織若しくは団体

宗教法人法2条は、「宗教の教義をひろめ、儀式行事を行い、及び信者を教化育成することを主たる目的とする団体」であり、「礼拝の施設を備える神社、寺院、教会、修道院その他これらに類する団体」及びこれらの「団体を包括する教派、宗派、教団、教会、修道会、司教区その他これらに類する団体」を「宗教団体」と呼ぶ。

第7章 財　政

学説　学説上は，憲法89条にいう「宗教上の組織若しくは団体」を，かかる宗教団体とほぼ同義に捉え，「何らかの宗教上の事業ないし活動（運動）を目的とする団体」とする説（広義説。佐藤功・註釈（下）1164頁）と，「宗教の信仰・礼拝ないし普及を目的とする事業ないし活動」とする説（広義説。宮沢・コメ740頁，樋口他・注解Ⅳ 215頁〔浦部法穂〕など）が対立してきた。

この点，広義説は，憲法89条前段を宗教的事業ないし活動に着目した規定であると理解するものであるが，「組織若しくは団体」を「活動」と理解するのはさすがに無理があろう。

判例　この点，判例は，箕面忠魂碑事件上告審判決（最三判1993〈平5〉2.16民集47巻3号1687頁）において，憲法20条1項にいう「宗教団体」や憲法89条にいう「宗教上の組織若しくは団体」にについて，「宗教と何らかのかかわり合いのある行為を行っている組織ないし団体のすべてを意味するものではなく，国家が当該組織ないし団体に対し特権を付与したり，また，当該組織ないし団体の使用，便益若しくは維持のため，公金その他の公の財産を支出し又はその利用に供したりすることが，特定の宗教に対する援助，助長，促進又は圧迫，干渉等になり，憲法上の政教分離原則に反すると解されるものをいう」としたうえで，「特定の宗教の信仰，礼拝又は普及等の宗教的活動を行うことを本来の目的とする組織ないし団体を指す」とした。これは，団体の目的の宗教性が問題となる場合には，目的効果基準の枠組みによって検討することを示したものと理解できる。

他方，宗教上の組織若しくは団体については，その「団体性」そのものが問題となることがある。この点について，砂川空知太神社事件上告審判決（最大判2010〈平22〉1.20民集64巻1号128頁）は，権利能力なき社団ですらない「氏子集団」について，なお社会的実在性を認め，「宗教上の組織若しくは団体」に該当するとしている。なお，学説では，この判決により，箕面忠魂碑事件上告審が示した「宗教上の組織若しくは団体」の定義が修正ないし変更されたとみるものがある（戸松秀典・今井功『論点体系　判例憲法3』第一法規，2013年，251頁〔高畑英一郎〕）。

（2）公金支出・公の財産の利用提供の禁止

本条によれば，「宗教上の組織若しくは団体の使用，便益若しくは維持のため」になされる国や地方公共団体による公金支出や公の財産の利用提供行為は禁じられることになる。

この点，津地鎮祭事件上告審判決（最大判1977〈昭52〉7.13民集31巻4号533頁）は，「特定宗教と関係のある私立学校に対し一般の私立学校と同様な助成をしたり，文化財である神社，寺院の建築物や仏像等の維持保存のため国が宗教団体に補助金を支出したりすること…が許されないということになれば，そこには，宗教との関係があることによる不利益な取扱い，すなわち宗教による差別が生ずることになりかね」ないことを指摘している。このような場合はもちろん，一定の要件を充たす国民一般に対する補助金等の交付の際にたまたま宗教団体が含まれるような場合などに，宗教上の組織若しくは団体であることを理由に排除することは，信教の自由や平等原則との関係で問題があり，このような公金支出

等は原則として違憲とならないと解するべきであろう（樋口他・注解Ⅳ 217 頁〔浦部法穂〕）。

また，わが国においては，明治初年に寺院等から無償で取上げて国有としたうえで，社寺等に無償で貸し付けた財産がある。このような財産について，日本国憲法制定にともなって，その解消のために「社寺等に無償で貸し付けてある国有財産の処分に関する法律」が制定された。これにより，このような財産のうち，「社寺等の宗教活動を行うのに必要なものをその社寺等に譲与すること」が可能となったが，かかる法律も，政教分離原則と宗教団体の信教の自由を調和するものとして，合憲と解される（最大判 1958〈昭 33〉12.24 民集 12 巻 16 号 3352 頁，富士山頂譲与事件〔最三判 1974〈昭 49〉4.9 集民 111 号 537 頁〕参照）。

（3）目的効果基準と総合的判断枠組み

問題は，これ以外の場合をどのように判断するかである。この点，判例は，従来，憲法 20 条 3 項の宗教的活動該当性を検討するために設定された目的効果基準と同様の基準によって判断するという考え方を示してきた（愛媛玉串料訴訟上告審判決・最大判 1997〈平 9〉4.2 民集 51 巻 4 号 1673 頁）参照）。そして，学説も同様に，憲法 89 条の判断においても基本的に目的効果基準が用いられるものと理解したうえで，その適用の工夫について検討を重ねてきた。

もっとも，目的効果基準に対しては，愛媛玉串料訴訟上告審判決においてすでに，基準の客観性，正確性及び実効性について疑問を投げかける個別意見が複数示され（園部逸夫意見，高橋久子意見，尾崎行信意見をそれぞれ参照），とくに園部逸夫意見

は，「宗教団体の主催する恒例の宗教行事のために，当該行事の一環としてその儀式にのっとった形式で奉納される金員は，当該宗教団体を直接の対象とする支出とみるべき」であり，「宗教上の団体の使用のため公金を支出することを禁じている憲法 89 条の規定に違反するものといわなければならない」としていた。

その後，最高裁は，「国又は地方公共団体が国公有地を無償で宗教的施設の敷地としての用に供する行為」が問題となった砂川空知太神社事件上告審判決において，かかる行為の憲法 89 条適合性をもっぱら検討し，そのような行為は，「一般的には，当該宗教的施設を設置する宗教団体等に対する便宜の供与として，憲法 89 条との抵触が問題となる」としたうえで，「国公有地が無償で宗教的施設の敷地としての用に供されている状態」の憲法 89 条適合性について，「当該宗教的施設の性格，当該土地が無償で当該施設の敷地としての用に供されるに至った経緯，当該無償提供の態様，これらに対する一般人の評価等，諸般の事情を考慮し，社会通念に照らして総合的に判断すべき」であるとした。

このように，現在までのところ，判例上，憲法 89 条適合性が問題となる事案には，目的効果基準が使われる場合と，砂川空知太神社事件判決が示したような総合的判断の枠組みが使われる場合とがあることが明らかになっている。

4　89 条後段　公の支配に属しない慈善，教育もしくは博愛の事業に対する公金支出等の禁止

（1）慈善，教育若しくは博愛の事業

本条後段にいう慈善事業とは，社会的困

窮者に対し慈愛の精神に基づき援助を行う事業をいい，博愛の事業とは，天災等に苦しむ人々に対する人道的救済事業などをいうが，実際には区別が難しく，両者を一体のものとして広くこれらの事業を含むものと解するべきである（佐藤功・註釈（下）1167頁以下）。また，教育事業とは，私立学校のような学校教育事業のほか，社会教育の事業も含まれる（佐藤功・註釈（下）1172頁）。

（2）本条後段の趣旨

本条は，以上のような慈善，教育，博愛事業のうち，公の支配に属しないものについて，公金支出等を禁ずるものであるが，そもそも憲法25条や26条等の趣旨からして，これらの事業に公金支出等を禁ずることが一貫した態度かも疑わしく，「立法論的には，大いに検討を要する規定である」（宮沢・コメ751頁）。

したがって，本条の趣旨についても，私的な慈善・教育・博愛事業に対して公権力の干渉の危険を除去することにあるとする説（自主性確保説。宮沢・コメ746頁など），これらの事業の公共性から安易で包括的な公金支出が行われやすく，濫費に流れることを防ぐことにあるとする説（公費濫費防止説。大石・講義Ⅰ275頁など），特定の信条に基づく事業に対する政府の援助を禁止することで，政府の中立性を確保することにあるとする説（中立性確保説。渋谷・憲法620頁）などがあり，下級審裁判例も分かれている（裁判例の状況について，戸松他・前掲255頁以下〔高畑英一郎〕）。

（3）慈善，教育，博愛事業に対する助成

本条の存在にもかかわらず，国や地方公共団体の補助金等を必要とする事業は多く，実際には，慈善，教育，博愛事業に対する助成は様々な形で行われている。

このうち，とくに議論の対象となってきたのが，私立学校への助成措置である。私立学校法59条は，「国又は地方公共団体は，教育の振興上必要があると認める場合には，別に法律で定めるところにより，学校法人に対し，私立学校教育に関し必要な助成をすることができる」と定め，私立学校振興助成法に基づき，各年度，私立大学等経常費補助金，私立高等学校等経常費助成費等補助金などが予算措置されている。

また，慈善事業等については社会福祉法58条1項が，「国又は地方公共団体は，必要があると認めるときは，厚生労働省令又は当該地方公共団体の条例で定める手続に従い，社会福祉法人に対し，補助金を支出し，又は通常の条件よりも当該社会福祉法人に有利な条件で，貸付金を支出し，若しくはその他の財産を譲り渡し，若しくは貸し付けることができる」と定め，社会福祉施設整備補助金等が予算措置されている。

（4）公の支配に属する

このように，慈善，教育，博愛の事業に対する補助や助成は実際には行われているわけであるが，かかる補助等が本条に違反とならないためには，かかる事業が「公の支配に属する」といえる必要がある。

この点，私立学校法は，所轄庁による学校法人に対する違反の停止・運営の改善等の措置命令（60条），解散命令（62条），報告徴取・立入調査権（63条）を認め，私立学校振興助成法は，業務・会計状況の報告徴取・質問検査権，定員超過の是正命令権，予算に対する勧告権などを認めている（12条）。

そこで，以上のような各種の監督が，本

条にいう「公の支配」といえるか，換言すれば，本条にいう「公の支配」とは何かが問題になる。学説は，「公の支配」を厳格に解する立場と緩やかに解する立場とに分かれ，厳格解釈説として，本条にいう「事業」を国や地方公共団体との関係でとらえて，公の支配に属する事業を，「国または地方公共団体の特別の統制ないし支配」とする説（佐藤功・註釈(下)1165頁），「その事業の予算を定め，その執行を監督し，さらにその人事に関与するなど，その事業の根本的な方向に重大な影響を及ぼすことのできる権力を有すること」と解する説（宮沢・コメ742頁）などがある。この立場からは，私立学校法や私立学校振興助成法等で定められる監督は，一般的な監督権の域を出るものではなく，不十分であり，したがって，違憲となるか，別の方法で正当化が図られる必要がある（なお，憲法25条や26条がかかる正当化の根拠となるとする

ものに，佐藤功・註釈(下)1171頁以下，樋口他・注解Ⅳ221頁以下〔浦部法穂〕など）。

これに対して，緩和説には，一般の財政処分が服するような執行統制にまで服することを条件とすると解する説（小嶋・前掲514頁，阪本・理論Ⅰ321頁）や事業主体の統制ではなく，助成金の使途の厳格な統制が求められていると説くもの（笹川隆太郎「公金支出の制限」『憲法の争点〈第3版〉』有斐閣，1999年，272頁以下）などがある。

もっとも，これらの緩和説も，単純に現在の私立学校法等の規定で足りると考えるのではなく，新たな視点から，補助金等の使途の統制が図られるような制度の構築を提案するものといえる。

〔片桐直人〕

第90条 ①国の収入支出の決算は，すべて毎年会計検査院がこれを検査し，内閣は，次の年度に，その検査報告とともに，これを国会に提出しなければならない。
②会計検査院の組織及び権限は，法律でこれを定める。

1　90条の趣旨

本条は，国の収入支出の決算について，内閣が，会計検査院の検査を受けた上で，国会にこれを提出することを求める。かかる決算の国会による審査は，「国の財政行為をその最終の段階において監督する」という意味を持つ（佐藤功・註釈(下)1184頁）。決算の審査は，内閣の政治責任を追及する手段であると同時に，決算審査後の予算の編成・作成に一定の影響力を持つ。

かかる決算審査を実効的なものとするためには，適切な時期に決算が作成され，国会に提出される必要性があるとともに，かかる決算の正しさを確認する必要がある。そこで，本条は，かかる決算の内容の適正を確認するための手続きとして，会計検査院による検査を義務付けている。会計検査院は，天皇，国会，内閣，裁判所と並んで，憲法が明示的に予定している憲法上の機関である。本条は，かかる会計検査院の組

第7章 財　政

織・権限について，すべて法律に委ねている。

2　90条1項　決算の国会提出と審査・会計検査院による決算検査

（1）決　算

決算とは，一会計年度における国の収支の実績を示す確定的計数書である。財政法は，歳入歳出の決算について，財務大臣が「歳入歳出予算と同一の区分により」作製し，内閣は，歳入決算明細書，各省各庁の歳出決算報告書及び継続費決算報告書並びに国の債務に関する計算書を添付して，これを翌年度の11月30日までに会計検査院に送付しなければならないとしている（38条・39条）。

内閣は，会計検査院の検査を経た歳入歳出決算を，翌年度開会の常会において国会に提出するのを常例とし，歳入歳出決算には，会計検査院の検査報告の外，歳入決算明細書，各省各庁の歳出決算報告書および継続費決算報告書並びに国の債務に関する計算書を添付することが定められている（40条）。

（2）決算の国会審査

国会に提出された決算は，議案として扱われずに，一種の報告案件として扱われている。すなわち，決算は，衆参両院に同時に提出され，衆参両院の議決が異なっても，これを調整しない。また，議決に至らない場合でも，再び国会に提出されず，後の会期においてこれを審査する。もっとも，これに対しては，学説上，議案として扱うことも可能であり，そのほうが望ましいとする説が有力である（佐藤功・註釈（下）1189頁など）。

決算がこのような取扱いをされていることから，決算の否認には法的な効果はなく，政治的な効果があるにとどまるといわれる。もっとも，この点についても，学説上，法的な効果を認めることも可能とする説がある（小嶋和司『憲法概説』信山社，2004年，532頁）。

（3）決算審査の機能

なお，決算には，執行された予算をチェックし，以後の予算編成及び執行の適正を図るという機能がある（櫻井敬子『財政の法学的研究』（有斐閣，2001年）200頁は，この点に鑑みても，国会の意思表示を行うのが適当であると主張する）。

この点で重要なのが，国会への決算提出時期の早期化のほか，参議院の決算委員会における措置要求決議と本会議における警告議決である。前者については，平成15年度決算が，平成16年11月の臨時国会会期中に提出されるようになったのをきっかけとして，N－1年度の決算について，N年度のN+1年度予算編成作業中に審査することが可能になっている。また，後者について，参議院の決算審査においては，①決算委員会における決算審査措置要求決議と②本会議における決算の是認・否認の議決，③同じく決算における内閣に対する警告議決がそれぞれ行われる。このうち，措置要求決議と警告議決が行われたものについては，それ以後の予算編成において反映されるのが通例である。

このほか，近年の予算・決算制度においては，政策評価や行政事業レビューの結果が反映されるなど，PDCAサイクルの確立が目指されている。

（4）会計検査院の検査

会計検査院は，決算検査のほか，常時検査や会計経理の監督を行うものとされ，検

査は、正確性、合規性、経済性、効率性、有効性の観点から行われる（会計検査院法20条3項）。検査にあたっては、年度ごとの検査を効率的・効果的に実施するために、検査計画が定められ、計画に基づき、検査対象機関に対して、書面検査や実地検査を行う。検査の進行に伴って、会計経理に関し違法又は不当であると認める事項がある場合については、直ちに、本属長官又は関係者に対し当該会計経理について意見を表示し又は適宜の処置を要求し、およびその後の経理について是正改善の処置をさせることができる。また、検査の結果法令、制度又は行政に関し改善を必要とする事項があると認めるときは、主務官庁その他の責任者に意見を表示し又は改善の処置を要求することができる。

会計検査院の検査は、決算検査報告として内閣を経由して国会に提出されるほか、国会および内閣に対して、意見を表示し又は処置を要求した事項について、随時、国会および内閣に報告することができる（会計検査院法30条の2）。また、1997年からは、各議院又は各議院の委員会は、審査又は調査のため必要があるときに、検査院に対し、特定の事項について検査を要請し、その報告を求めることができるようになっている（同30条の3、国会法105条）。

なお、大日本帝国憲法72条も「国家の歳出歳入の決算は会計検査院之を検査確定し政府は其の検査報告と倶に之を帝国議会に提出すべし」と定めていたが、戦前の旧会計検査院法23条は、「政府の機密費に関する計算は会計検査院に於て検査を行ふ限に在らず」とされ会計検査院の検査対象に制約があった。本条が決算の「すべて」について会計検査院の検査を求めるのは、このような事項的な例外を認めない趣旨であると解される。

3　90条2項　会計検査院の組織

90条2項は会計検査院の組織や権限については、法律に委ねている。会計検査院法によれば、会計検査院は、3人の検査官を以て構成する検査官会議と事務総局を以てこれを組織し（2条）、検査官は、両議院の同意を経て内閣によって任命される（任期7年〔再任可〕。4条以下）が、会計検査院は「内閣に対し独立の地位を有する」とされ（1条）、検査官に対して高度の身分保障が与えられるほか（6条以下）、自主人事権や規則制定権が付与されている（14条等）。

このような会計検査院の独立性は、内閣の決算をコントロールするという任務の性質上、当然に求められるところであるが、外国の憲法では、これを国会の附属機関としたり、裁判所類似のものとして理解したりする例もある。

〔片桐直人〕

> **第91条** 内閣は，国会及び国民に対し，定期に，少くとも毎年1回，国の財政状況について報告しなければならない。

1 91条の趣旨

憲法83条が財政処理の権限が国会を通じて行使されることを求めているのは，究極的には，それによって，国民が国の財政について決定ないし監督することを可能にするためである。そのためには，国の財政状況についての正確な情報が必要となる。本条はかかる趣旨から，内閣が，「国会及び国民」に対して，定期的な財政状況を報告することを求めるものであり，財政民主主義の現れである（佐藤幸・憲法論541頁）。

2 財政法における財政状況報告制度

財政法46条は，内閣に対して，①予算成立時の国民への報告，②毎四半期ごとの国会・国民への財政状況報告を義務付けている。①については，「予算，前前年度の歳入歳出決算並びに公債，借入金及び国有財産の現在高その他財政に関する一般の事項」を，「印刷物，講演その他適当な方法」で国民に報告しなければならず，②については，「予算使用の状況，国庫の状況その他財政の状況について」，報告しなければならない。

本条が求める財政状況には，国会との関係では，予算・決算のほか，これらに添附することが求められている書類（財政法28条および40条2項参照）を除く，上記の資料が該当すると考えられているが（新基本法コメ471頁〔岡田俊幸〕），本条の趣旨からすれば，予算・決算の参考資料を超えて，国会や国民が国の財政状況を把握できるようなあらゆる資料が含まれると解するべきであろう。

もっとも，近年では，財政法46条に基づいて内閣が行う報告のほか，各省各庁のHPにおいて，多くの情報が公開されている。可能な限りこれらが拡充されることが本条の理念にも適うところであると考えられるが，同時に，公開された資料を国民の理解に資する形で整理し，まとめることも必要であろう。

〔片桐直人〕

第8章　地方自治　【総論】

1　地方自治保障の意義

　大日本帝国憲法には地方自治に関する条文は一切なかった。日本国憲法は民主主義の不可欠の要素として，あるいは行財政の良好な運営の観点から，さらには地域的な日常生活を考慮に入れてこそ人権保障が実質化するという視点からも，地方自治を憲法の統治機構の不可欠の要素と認め，独立の1章を設けてこれを保障した。しかし同章は簡潔な記述に留まるため，比較法や国内の実定法からの示唆による内容充填が不可欠である。

2　比較憲法的意義

（1）3類型論に基づく「北欧・中欧型」優位論

　政治学では伝統的に「アングロ型」と「（ヨーロッパ）大陸型」の地方自治制2類型論が唱えられてきた（例，西尾勝『行政学〔新版〕』有斐閣，2001年，55-65頁）。これに対し近年の公法学では，地方自治の憲法的保障の視点から，「アングロ型」については地方自治の母国とされてきたイギリスの問題点を指摘しつつ，他方で「大陸型」についても，これをフランスを代表例とする「南欧型」とドイツやスウェーデンを代表例とする「北欧・中欧型」とに分ける3類型論が有力に唱えられている。この3類型論によれば，「南仏型」は自治体が憲法上平等の地位を有しながらも，その活動は国の地方出先機関（知事）の統制・監督を遍く受けるという特徴を持つ。「アングロ型」は国と自治体の事務が峻別され，国からの日常的・普遍的な監督統制もないので伝統的には高度な自治があるものの，法制度上は一般に法律が自治体を創設する立場に留まるため，法律による改廃に対する自治体の地位や自治権の憲法保障がない。アメリカも地方自治を保障する州憲法はあるが，連邦憲法には自治保障規定がない点でなお「アングロ型」に留まる。それゆえ「北欧・中欧型」こそが，自治体の地位と一般的概括的な権限と財政上の独立性を憲法で保障し，その結果，高度な政策形成能力が生まれ福祉国家の要請に寄与しうる点で優れているとされる。3類型論は日本についても，法制度面の特徴との留保付きではあるが「北欧・中欧型」に属すると見なすことで，法制度のみならず実態・運用上も「北欧・中欧型」流の地方自治保障が要請されることを示唆する（木佐茂男「連邦制と地方自治をめぐる法制度と実務の比較考察」公法研究56号〔1994年〕48-51頁。同「地方自治をめぐる世界の動向と日本」法律時報66巻12号〔1994年〕34-35頁）。

（2）立憲主義の型に基づく地方自治保障類型論

　3類型論も，近年の世界的な憲法改革の動きには，地方自治権の憲法保障を生み出す傾向があることを指摘する。しかしその要因を特定の憲法原理に見出してはいない。近年の世界的な地方自治拡充の動きを特定の立憲主義の産物と見たうえで，それを明確にするために立憲主義の類型化を図る憲法学説も有力に唱えられている。

同学説は，準拠国的となりうる国を ⓐ近代立憲主義型と ⓑ外見的立憲主義型に分類し，さらに第三類型として ⓒ「人民主権」型立憲主義を立て，ⓓ現代立憲主義型はⓐがⓒに近づいていく中に見出されると主張する。この学説によれば，ⓐは市民革命による議会主権ないし国民主権を確立した英仏の近代に見られる立憲主義であるが，特に典型例となるフランスでは，憲法上で自治体の存在を認めつつも，自治の具体的内容は憲法上，原則として国民代表府の定める法律に包括的に委任され，具体的な自治内容の保障はなく，固有の自治権は認められない。その本質は，統一市場の展開に不可欠な中央政府の優越と，公権力の間では国民代表府の優越を確保するところにある。但し国の立法に自治体が全面従属することの根拠も，法律が民選の国民代表府の意思であるところに求められるので，国・地方関係にも自治体の内部制度にも一定の民主的構造が保障されることも特徴となる。これに対してⓑは「上からの近代化」を進めた 19 世紀ドイツ等の後発資本主義国に見られる立憲主義の型であり，法律に対する自治体の従属を正当化したのは，「法人たる国家」を「主権（統治権）の唯一の権利主体」と観念する国家法人説であった。国家法人説はその論理的帰結として市町村から統治権の固有の主体性を奪い，「法人たる国家の意思つまり法律」への従属を正当化し，また統治権の発動と見なされる限り，自治体が国家の官庁組織に組み込まれ上命下服の関係に置かれることも正当化した。ⓒは「人民主権」の実現を求める民衆運動が生み出す立憲主義であり，フランス革命期やパリ・コミューン時に垣間見られたものである。自治体が主権者人民の「単位」としての住民の意思に基づき，中央政府から自立して自治体の統治権を行使することを本質とし，「人民主権」に基づき直接民主制あるいはその代替物としての住民による選任と統制に基づく代表制を不可欠の要素とする住民自治，自治行政権のみならず自治立法権まで保障され，法人格を有する自治体に自治事務について国から独立して処理する権利を認める団体自治，自治体優先，市町村最優先の事務配分を義務付ける補完性または近接性の原理と全権限性の原理，この事務配分原理に適合的な自主財源配分の原理，憲法から国と自治体に自らの規律事項の自主的決定権を含む具体的実質的な立法権が直接授権されるという意味での始源的立法権の分有と自治体の地方政府性・統治団体性の保障等を特徴とする。ⓒは部分的に初期のアメリカに芽吹いたものの（A・トクヴィル『アメリカのデモクラシー』抄訳・杉原他編『資料・現代地方自治』勁草書房，2003 年，149-164 頁〔大津浩執筆〕），他の国では歴史上，安定的に確立したことはなく，ⓐが主流となる。しかし資本主義の現代化に伴ってⓐからⓒに移行する過程でⓓが見出される。20 世紀半ばの独仏等の憲法，20 世紀末の東欧革命後の旧社会主義国の新憲法，そして 20 世紀末の国際的な地方自治権保障の流れ（1980 年欧州地方自治憲章や 1993 年世界地方自治宣言草案）がⓓの例となる。それは不十分ながらもⓒに発展する途上のものと見なされ，現代日本もここに属するとされる（杉原泰雄『地方自治の憲法論〔補訂版〕』勁草書房，2008 年）。

（3）分権改革の世界的潮流を踏まえた地方自治権の憲法保障の新傾向

　3 類型論が示す法文化的な違い，あるいは巨視的に見て現代が次第にⓒに接近する歴

史的傾向を持つことは首肯できるけれども，21世紀に入り世界的に進む分権改革の潮流は，以上の見方に修正を促す。以下，日本国憲法の現代的な解釈に有益な2点にのみ言及する。

第1は，連邦国家と単一国家の厳格な区別が崩れ，従来は連邦制の原理と考えられてきたものが地方自治権の領域に流入しつつある点である。特に始源的立法権の分有はもはや両者を分ける指標たりえず，非連邦国家にも認められつつある。近代国家形成期には，国民国家的統合が進み統治権を中央政府が独占しえた単一国家（仏）であれ，歴史的・民族的条件から州（支邦）を主権のない「国家」と認めたうえで国家統一を進めざるを得なかった連邦国家（米独）であれ，自治体は始源的立法権を否定され，その意味で統治団体ではなく行政団体とされた。しかし2001年の憲法改正により「地域国家」化したイタリアでは，一方で広域自治体としての州を国と並ぶ統治団体として認め，憲法上で立法権を分割して州にも専管領域及び国との競合領域を配分し，両立法の紛争については憲法裁判所による判断に委ねることで州に始源的立法権を保障しながら，他方で憲法判例を通じて州専管性保障を弱めることで連邦制化も阻止しようとする（芦田淳「イタリア共和国憲法における『地域国家』と連邦制」憲理研編『対話的憲法理論の展開』敬文堂，2016年，203-215頁）。スペインの「自治共同体国家」化やイギリスのスコットランドへの包括的立法権移譲（devolution）も同様の傾向を持つ。

別の形態の立法権分有化も憲法学上で認められつつある。アメリカでは19世紀末以降，州憲法ないし州法でホームルールが認められ自治憲章を制定した自治体については独自の自治体内部組織編成権と地方的事項に対する全権限性が認められているところ，1964年のHubbard事件カリフォルニア州最高裁判決で，州法が当該事例を完全に規律することを明確に規定しない限り，州法が条例による規律を禁止する趣旨を持っていても，なおそれが州の利益の最重要な部分に当たらない場合や自治体のあるべき利益の優越性が認められる場合には，州法に抵触する条例に適法性を認めたことを嚆矢として，早くから法律と条例の抵触問題をいわゆる目的効果基準（後述）で処理してきた。さらに外交のような連邦政府の専管領域への抵触が疑われる事案でも，自らの固有権限を行使した結果として州法や自治体の条例が連邦政府の意思に部分的・暫定的に抵触する限りはこれに適法性を認めた判決が複数出されている（大津浩「『対話型立法権分有』の法理に基づく『目的効果基準』論の新展開」成城法学81号〔2012年〕40-43頁）。

以上を踏まえるなら，日本を含め国の立法から地方自治を保障する憲法の一般規定を持つ国の場合には，自治体に国の立法と一定範囲で競合しうる始源的立法権を認める可能性が生まれる。連邦国家とその他を区別する究極の基準は憲法制定・改正権力が地域（支邦）を単位として組織されているか否かであり，その結果制定された憲法が多様な制度を各国の歴史的事情に応じて備えるに過ぎない（大津浩『分権国家の憲法理論』有信堂，2015年，329-341頁）。

第2に，3類型論では最も自治保障が優れていると評価されるドイツの憲法判例において，新たな自治権保障の動きが見られることに着目すべきである。ドイツでは市町村

の地方自治権を保障した基本法28条2項（「市町村に対しては，法律の範囲内において，地域的共同体の全ての事項を自己の責任において規律する権利が保障されていなければならない。……（中略）……自治の保障には，財政上の自己責任の基盤も含まれ，税率設定権を有する市町村に帰属する経済関連の租税財源もこの基盤の一部をなしている。」）はいわゆる制度的保障論で考えられてきた。しかし従来これは，地方自治の核心部分が絶対不可侵で立法によっても奪われないという意味しか持たず，しかも核心部分が一向に明確にされないため，自治制度や自治事務の全廃のような事実上あり得ない極端な場合に対する憲法保障に過ぎなかった。

しかし近年の憲法判例の発展の結果，第1に，当該事案は核心部分には当たらないことを認めつつ，そのような周縁領域に対しても憲法による自治保障が及ぶとし，例外として立法による制限が認められるには比例原則と手続における恣意禁止の順守というドイツ特有の三段階審査論に基づく基本権保障の違憲審査基準を地方自治にも及ぼす傾向が見られるようになった。第2に，核心部分か否かを論じることなく，地域共同体事務の全権限性を前提として，立法による当該個別事務のはく奪のような権限再配分問題については，市町村優先の事務配分原理（補完性原理）を覆すに足る公共の利益確保の必要性の証明を要するというもう1つの審査基準も示されている。さらに第3に，自治体財政権保障分野においては，基本法106条で詳細に定められた具体的な自治体課税権の保障に加えて，同28条2項による保障についても，立法が委任事務を課する場合に，財政負担増には必ず費用補填が伴うことを義務付ける牽連性原理の審査で，また立法で自治体の固有事務に介入し財政支出を義務づける場合には比例原則による審査で歯止めをかける傾向が見られる（上代庸平「自治体財政権侵害の審査基準としての比例原則」慶應義塾大学法学研究87巻2号413-448頁）。国の自治制限立法に対する自治体の提訴権を広く認めるドイツの憲法論がどこまで日本に適合しうるかは今後の検討課題であるが，最近のドイツ憲法判例からの示唆には，一向に明確にならない核心部分を除き自治制限立法を常に合憲にしてきた古い制度的保障論の限界を覆す可能性がある。

3 戦後日本における地方自治法制の歴史的変遷

独仏の「大陸型」地方自治における官治主義・中央集権的な要素を受け継いだ戦前の地方自治制度を抜本的に改革するために日本国憲法第8章及びその付属法律の趣旨をもつ地方自治法が作られ，1947年5月3日に同時に施行された。もっとも憲法の規定については，マッカーサー草案の第8章「local government」では，86条で「……県知事，市長……県と地方〔＝市町村〕の立法議会（legislative assemblies）の構成員，国会が定める……その他の官吏は……住民の直接投票により選出されなければならない。」，87条で「大都市圏，市及び町の住民は彼らの財産，事務及び統治（government）を運営する（manage）権利が保障され，国会の定める法律の範囲内で自らの憲章（charter）を作成する権利が保障される。」，88条で「一般法が適用されうる一つの大都市圏，市，町に適用される地方の特別法については，その地域の有権者の過半数の同意〔手続〕の対象と

ならない限り、国会はこれを制定できない。」と定めることで（筆者訳），地方議会も立法府であることを明確にし，憲章制定権と連動するホームルール制の採用も示唆していた。このようなアメリカ型地方自治原理はその後の日本側官僚の翻訳作業と対 GHQ 折衝の過程で曖昧になる。その結果，憲章制定権は条例制定権に文言を変えて 94 条に移り，立法府としての地方議会は 93 条 1 項で「議事機関としての議会」に変わり，これらの変更の代わりに総則規定として 92 条が設けられ，「地方自治の本旨」が規定されることとなった。しかし日本側官僚の秘密裏の抵抗は制定者意思に含めるべきではなく，また制定者意思のみに拘る原意主義解釈が正しいとも言えない。現行憲法の第 8 章，特に「地方自治の本旨」については，現代の分権改革の歴史的な流れを踏まえるなら，国民主権と地方自治の相補的関係の歴史的発展の中に位置づける解釈をとるべきである（前掲『分権国家の憲法理論』341-355 頁）。この場合，地方自治は「国民主権の地域的行使の場」，自治体は「立法権を分有する地方政府」として理解され，単なるアメリカ型地方自治原理の枠を超えた保障内容を持つことになる。

　地方自治法については，直接請求制度の創設を含めアメリカ型地方自治原理を吸収しさらに発展させる規定も見られるものの，戦前からの過度に詳細で画一的な自治体内部制度の押し付けや多量の機関委任事務を通じた自治体執行機関の国の下請け（国の機関）化が残り，その結果，実務上は自治事務を含めて国に指示を求めこれに従う傾向が強かった。それでも民主主義が成熟するにつれて，また高度経済成長の弊害が顕著になるにつれて，国の政策や法制度の限界を乗り越え，地域と住民生活を守るための独自施策を試みる自治体が増えていく。1960 年代，70 年代における革新自治体の誕生と公害に対する上乗せ規制の拡がり，80 年代，90 年代には情報公開条例や住民投票条例，行政手続条例，自治基本条例等，住民参加と自治体の地方政府化が顕著になる。他方で不十分な法律との抵触を避けるための自治体の苦肉の策であった開発指導要綱等の脱法的な規制措置が，法治主義の強まりを背景に次第に実効性を失い，無理に強制した場合は違法と判断されるようになった（例，武蔵野市長給水拒否事件最二決 1989〈平元〉11.8 判時 1328 号 16 頁，武蔵野市教育施設負担金事件最一判 1993〈平 5〉2.18 民集 47 巻 2 号 574 頁）。

　こうした地方自治の進化と国際的な法治主義の要請に対応するため，1999 年に地方自治法が抜本改正され 2000 年 4 月に施行された。同改正は，国と自治体の適切な役割分担に基づく対等な関係を目指し，旧 2 条 3 項の自治事務の例示規定を改正して地域に関する全権限性の原則を明確にするとともに，機関委任事務を廃止し，代わりに設けた法定受託事務には自治事務と同様に自治体事務の性格を与え，より強い国の関与（是正の指示や代執行訴訟等）がありつつも地方議会の条例でも規律できるようにした（1 条の 2・2 条）。自治体に対する国の関与は法定のものに限定され，両者の紛争は国地方係争処理委員会の勧告を経て司法による決着が図られるようになった（245 条〜252 条）。同改正では，国の関与を無視し係争処理委員会に審査を求めない自治体に対し国が司法的決着を図れない点でなお法治主義の不完全性を指摘する声があったが，2012 年改正で不作為の違法を続ける自治体に対する国からの違法確認請求訴訟が制度化された（251 条の 7）。

1999年改正を生んだ「第一次分権改革」後は，2004年度から2006年度にかけて補助金の削減・廃止，国から地方への税源移譲，地方交付税改革の「三位一体改革」による財政的「自立」と自治体間競争の強要を経て，2007年から「第二次分権改革」が進められた。これは，「第一次分権改革」にもかかわらず自治体の自主的な事務処理を過度に規律する国の法令が残っていたことに加え，権限移譲しつつ国の基準を遵守させるために同様の規律を定める新たな法令が多数制定されたことへの反省から，「立法権分権」の標語の下，2011年以降数次にわたり「地域の自主性及び自立性を高めるための改革」一括法を制定して，法定の自治体事務に関する法令の義務付けや枠付けの緩和・撤廃を行ったことを指す。しかしこの「第二次分権改革」でも，法定受託事務や民間事業に対する許認可事務を緩和対象から外すなど，自治体が立法権分有主体となるには不十分な改革に留まった。それは，個別の自治体事務毎に法令で国が定める基準の緩和の範囲と程度を書き込む形式を採用し，国の法令に対する条例の一般的な上書き権を認めるものでも，法令の趣旨に反する抵触条例を許すものでもない。自治体に立法権分有を認めうるか否かは，まさに現代の憲法第8章解釈の中心課題なのである（大津浩「分権改革の行方と『地方自治の本旨』解釈」憲法問題27号〔2016年〕88-99頁）。

〔大津　浩〕

第92条　地方公共団体の組織及び運営に関する事項は，地方自治の本旨に基づいて，法律でこれを定める。

1　92条の趣旨

地方自治の総則規定である本条は，地方自治が統治機構の不可欠の要素であることを認め，法律で地方自治に関する事項を定めるべきことと，国会の立法権をも拘束する地方自治保障の基本原理は地方自治の本旨に求められるべきことを定める。したがって地方自治の憲法的保障にとって，地方自治の本旨の法規範的内容の確定こそが最も重要となる。

2　地方自治の本旨の規範的意味
（1）住民自治と団体自治

地方自治の本旨の意味については一般に住民自治と団体自治から説明される。住民自治とは地方自治が住民の意思に基づいて行われることを意味し，団体自治とは地方自治が国から独立した団体に委ねられ，団体自らの意思と責任でなされることを意味する。前者は民主主義的要素，後者は自由主義的・地方分権的要素と説明される（芦部・憲法367頁）。しかしこの一般的説明からは，法律による介入や改廃を許さない憲法規範的な意味を導き出すことはできない。そこで総論で述べたように，比較法や法哲学あるいは実定法の解釈からこれを導き出す試みが過去幾つもなされてきた。

（2）固有権説・新固有権説

地方自治権は国家の成立や憲法の制定以前から存在する自然的共同体に由来し，したがって国家成立後も個人に自然権があるのと同様に，自治体にも自然権的な固有自

治権があるとするのが固有権説である。これは，そのままの形では現行憲法の解釈として無理があるので，現行憲法の規定に依拠した新固有権説が現れる。その代表的論者によれば，憲法15条3項と前文1段の国民主権および13条の幸福追求権が住民自治の前国家性の根拠となり，人権諸規定が団体自治の前国家性の根拠となる。憲法93条と94条は，住民自治と団体自治を前憲法的な自然権として保障することの確認規定である。それゆえ，地方的利害に関する自治権は全て自然権であるから，その核心部分は法改正のみならず憲法改正による改変からも保護される（手島孝『憲法学の開拓線』三省堂，1985年，256-266頁）。

（3）伝来説・制度的保障説

これに対し，地方自治権は国家の主権ないし統治権から伝来したものに過ぎず，立法による自治内容の改変に合法的には抵抗できないとするのが伝来説である。伝来説の中には，憲法92条の意味を，立法府の裁量的判断で自治制度を設置することを許容する規定と捉え，時代の流れに沿う限りは新たな立法で自治制度を全廃することも可能とする承認説（憲法保障否定説）もある（柳瀬良幹『憲法と地方自治』有信堂，1954年，5-24頁）。

やがて伝来説は，既存の自治制度や自治体の権限について立法による変更を広く認めながら，地方自治の本質的内容又は核心部分の改変は憲法違反になるとする制度的保障説に移行し，これが戦後日本の通説・判例となった。この説の代表的論者によれば，92条の地方自治の本旨は単なる立法指針の部分と立法では侵しえない規範的部分とに分かれ，後者は，憲法92条から95条までの規定から論理必然的に導き出される一定の保障内容と，その周縁部分ながら歴史的沿革から同じく保障されると見なされる事項からなる。例えば92条は地方自治制度を当然に予定することから制度を全廃する立法を許さず，また歴史的沿革から「憲法上の地方公共団体」として都道府県と市町村の二層制の自治制度を「原則として」保障する。但し歴史上，首都地方等の特別事情が認められてきた地域には二層制の保障はなく，また現在の都道府県や市町村の存在自体が保障されるわけでもない。93条は議事機関として地方議会を予定することから，実質的に見て地方議会を諮問機関化し決定権を失わせる立法が禁止される。94条は一定の自治事務を予定することから，自治事務における活動領域の普遍性（全権限性），自主組織権，人事権，自主財政権，条例制定権について，その実質を完全に失わせるほどに権限を縮小しあるいは制限する立法を禁止する。95条はそこに規定された一定の型の立法を禁止する（成田頼明「地方自治権の保障」宮沢還暦『日本国憲法体系5巻・統治の機構Ⅱ』有斐閣，1964年，287-303頁）。しかしこの通説では，権限全廃や地方議会の諮問機関化のような想定しがたい極端な場合を除き地方自治の核心部分を説明しないため，自治権侵害が争点となっても，当該事案は核心部分に該当せず地方自治の本旨に反しないとの合憲判断を安易に導くことが常だった。

（3）人民主権説

通説に対して一時期有力な対抗学説だったのが人民主権説である。これは日本国憲法の立憲主義がすでに「人民主権型」であると解したうえで，地方自治の本旨についても人民主権を地域において実現することの保障と見る。そこから直接民主制の保障

や地方優先・市町村最優先の事務配分となる全権限性・補完性の原理が導かれる。本学説は，初期には住民の人権保障上不可欠な場合，条例が法律に優越することすら示唆していた（杉原泰雄「地方自治権の本質・3完」法律時報48巻4号〔1976年〕133-140頁）。人民主権説には，日本国憲法が人民主権を採用していること自体への疑問，反対に国政で人民主権が採用されるなら国の地方自治改変立法は常に主権者人民の意思となるので，自治体意思による抵抗が許されなくなるという難点，あるいはこの難点を回避するためには公的事務が本質的に国と地方に区別されることを前提とせざるをえず，このような事務の本質区分論は，高度に複雑化し国際化した現代国家の事務論として無理がある等の批判がなされた。

（4）憲法規範としての地方自治の本旨の探究方向

地方自治の本旨に関する近年の憲法学説の多くは，例えば統治権の垂直的な分立による抑制均衡の重要性を個人の自律的生の保障や民主主義の学校の意義と並列させて説明する「垂直的権力分立説」のように（高橋・憲法370-371頁），地方自治の存在理由の説明に留め，そこから規範的意味を導き出さない傾向が強い（宍戸・憲法解釈論261頁）。有力学説の1つである「社会契約説」も，憲法制定という契約行為により地域住民が自治体に地方統治権を直接信託するところに地方自治の本旨を見たうえで，地方統治権，地方参政権，対中央独立性，地域内最高性の4つの要素でこれを説明するが，これも地方自治の本旨から規範的意味を導き出すことを避ける。実は同説は，後述のように93条の自治体の「長」や議会の「議事機関」の文言を拡張解釈することで，立法裁量の幅を広げ自治体組織形態の多様化を許す憲法論を展開するところに特徴がある（渋谷・憲法736頁以下）。

しかし憲法規範として地方自治の本旨の意味を明確にせず，説明のための説明に留まる学説は，結局のところ自治権を侵害しようとする国に広い立法裁量を認めることになる。本規定に憲法規範性を強く持たせるには2つの方向がある。1つは，本章総論で紹介したドイツの最近の憲法判例から示唆を得て，従来の制度的保障説では保障しえなかった核心以外の部分（周縁領域）における自治制約立法について比例原則と恣意禁止原則により合憲性の審査密度を強める方向である。しかし機関間紛争の処理を主要任務の1つとする行政裁判所や憲法裁判所の存在を前提に，市町村に私人の私権保障とは性質の異なる自治行政権を憲法上の基本権として保障し，その侵害に対しては行政訴訟や憲法訴願を通じて適法に裁判的救済を認めるドイツに対して，日本の判例は，私権保護中心の「法律上の争訟」に限定する司法権概念がなお根強く，自治体は財産権主体として争う場合を除き，法律で客観訴訟として定められない限り自治権侵害を理由に国を相手に訴える資格が認められていない（宝塚パチンコ条例事件・最三判2002〈平14〉7.9民集56巻6号1134頁，杉並区住基ネット訴訟・東京地判2006〈平18〉3.24判時1938号37頁等）。行政法学説の多くは機関訴訟以外に自治体による抗告訴訟の可能性を認めるが，これも憲法上の地方自治権を根拠とする「包括的事務処理権限ではなく，より具体化された利益論」が必要とされ，関連法令上に何らかの個別具体的な自治体の利益保障の趣旨が読

み取れることを条件とする（塩野宏『行政法Ⅲ〔第4版〕』有斐閣，2012年，252-254頁）。自治体に主観的権利保護の原告適格を簡単には認めない主張は，国と自治体を私人とは異なる法主体として把握することこそが私人の自由を最大限保障するとする「行政主体と私人の二元論」を前提としており（藤田宙靖『行政法の基礎理論 下巻』有斐閣，2005年，58-81頁），憲法学者の多くが依拠する近代立憲主義の志向と重なる点で容易に克服し難い。

　日本では自治権を過度に制約する国の法令が多数存在するにもかかわらず，裁判で紛争を事前に解決できない自治体が条例制定を経ずに国の法令に直接抵触する行為を行うと，その是正を求める国の関与後に提起される訴訟や権利侵害を受けた私人の提訴による訴訟では，裁判所は他の自治体が当該法令を遵守している事実を前提として判断するので，よほど例外的な場合でない限り自治体の法令抵触行為は違法と判断されてしまう。しかし現行法では法令の抽象的違憲審査は論外であることに加え，国の関与がなく機関訴訟となりえない時に自治体側から国を提訴する道が理論的に困難（判例上は不可能）だとすると，自治体が訴訟を通じて法令およびそれに基づく国の行為を地方自治の本旨違反として争うには，自治立法たる条例制定を通じ自治体が国の立法権と対峙する以外に道はない。これこそが2つ目の方向であり，自治体憲法訴訟論の発展にとって有望な方向となる。

　この点で，日本国憲法を不完全な「人民主権」型立憲主義に留まるものと見た上で，それゆえ国民主権を，国と自治体からなる多元的な立法意思が代表議会および部分的な直接民主制の発動を通じ，それぞれ部分

的暫定的な民主的正当性をもって競合することを認める原理と解し，この意味で自治体を国民主権の地域的行使の場，地方自治の本旨を国と自治体の両立法意思の競合と調整を生む「対話型」立法権分有保障の法原理とする学説が重要である。この立法権分有説は両立法間の紛争に対する暫定的決着の規範を憲法41条に見る。41条は，国・地方関係では国会の立法権独占ではなく，競合を前提とする法律優位の原則を定めたものと解される。その上で自治体側に合理性と必要性が十分にある場合は，条例とこれに基づく自治体の行為が国の法令に部分的暫定的に抵触しても，地方自治の本旨が憲法的適法性を認めるとする（前掲『分権国家の憲法理論』。具体的な適法性審査基準は後述）。判例でもこの方向に近いものがある（神奈川県臨時特例企業税条例事件東京高判2010〈平22〉2.25判時2074号32頁。なお最一判2013〈平25〉3.21判時2193号3頁はこれを否定）。

3　憲法上の地方公共団体（自治体）の意義

（1）種類と二層制保障

　現行法は自治体を地方公共団体と呼ぶ。憲法は地方公共団体の種類も階層制も明示していない。地方自治法は普通地方公共団体として都道府県と市町村を規定し，その組合，財産区と並べて都の特別区も特別地方公共団体とする（1条の3）。普通地方公共団体が憲法92条以下の保障を受ける憲法上の自治体であることに異論はないが，現在の自治体の種類の保障，あるいは特別区が憲法上の自治体であるかについては争いがある。もっとも，1998年地方自治法改正で特別区は「基礎的な地方公共団体」

と明示され（281条の2第2項），市町村とほぼ同格となった。

二層制保障については，ⓐ階層制を全て立法政策とする立場，ⓑ地方自治の本旨に反しない限りで立法政策とする立場，ⓒ全国一律に二層制が厳格に保障されるとする立場，ⓓ原則は二層制だが特殊事情下で合理的根拠がある限り例外を許容する立場の対立がある（新基本法コメ480頁〔渋谷秀樹執筆〕）。旧来の制度的保障説の論者はⓓを，「社会契約説」の論者はⓑを採る。地方自治法に当初規定され，一度も適用されないままで1956年に廃止されたが，5大都市に適用が予定されていた特別市制度は一層制となる。また1952年に導入された区長の区議会選任制は憲法93条2項の保障（直接選挙）対象から特別区を排除するので，1974年の区長公選制復活まで東京23区内は一層制だった。最高裁はⓓを採り例外的一層制を合憲にした（渋谷区長選事件・最大判1963〈昭38〉3.27刑集17巻2号121頁）。

（2）憲法上の地方公共団体（自治体）の定義

上記の渋谷区長選最高裁判決は，憲法上の自治体について，「事実上住民が経済的文化的に密接な共同生活を営み，共同体意識を持っているという社会的基盤が存在し，また現実の行政のうえにおいても，相当程度の自主立法権，自主行政権，自主財政権等地方自治の基本的権能を附与された地域団体であることを必要とする」と定義した（社会的基盤・権能実態説）。しかし同説については，現代社会の変容に鑑みれば共同体意識等の社会的基盤基準は実態にそぐわないことや，法律による改変から保護される憲法上の自治体の基準を示す時に法律の規定を基準に据えることの論理矛盾が指摘されている。この点，同事件第一審判決（東京地判1962〈昭37〉2.26上記判例付属）は制憲時基準説をとり，憲法制定当時は完全二層制で特別区も憲法上の自治体だったとして，ⓒの立場から違憲判断を下した。

社会的変化に対応する柔軟な定義の必要性と，住民による一層制を含む多様な階層制の選択こそ地方自治の本旨に適う点に鑑みると，制憲者は階層や自治体の種類を特定しなかったものの，制憲時の地方自治法が採用していた特別区を含む完全二層制を制憲者も憲法第8章の暗黙の前提としていたと解しつつ，制憲者意思の事後的発動たる憲法96条の憲法改正要件が示す基本原理（議会制と直接民主制の協働）に基づくなら，地方議会と住民投票の賛成を要件として部分的に別種の階層制を採用する立法に限り憲法が許容すると解される（辻村みよ子編『ニューアングル憲法』法律文化社，2012年，367頁以下〔大津浩〕）。

〔大津　浩〕

第93条　①地方公共団体には，法律の定めるところにより，その議事機関として議会を設置する。
②地方公共団体の長，その議会の議員及び法律の定めるその他の吏員は，その地方公共団体の住民が，直接これを選挙する。

1 93条の趣旨

本条は自治体立法府としての議会並びに自治体執行府としての長の設置，議会と長の直接選挙（公選）制，その他の吏員の直接公選可能性を規定する。従来の通説はここに自治体組織の画一的な二元代表制を見て，アメリカ流のホームルール制は排除されるとした（前掲・成田「地方自治の保障」296頁）。しかし近年の学説では，広い立法裁量を認めることで，自治体組織の多様化を積極的に認める傾向が強まっている。

2 二元代表制における地方議会と長の関係

（1）二元代表制の憲法的意味

二元代表制とは，立法府としての議会の議員と執行府の長とが別個に選挙されることを通じ，その正当性を主権者の意思から直接かつ二元的に獲得する制度を意味する。この場合，フランスの統治制度を例にとるならば，第三共和政期のような議会中心主義型の議院内閣制とは異なり，行政国家化への現代的対応としての第五共和政における執行府の長は，直接公選制の結果，議会に匹敵し場合によってはこれを凌駕する民主的正当性を得るため，議会に一方的に従属するのではなく，政治・統治作用上これと対等な地位を持ち，実質的意味の立法権の一部すら長に帰属することが正当化される。もっとも自治体における二元代表制は，始源的立法権分有を認めない古い地方自治観に立つ場合，地方議会も長も全て行政体内部の機関と見なされるため，両者の関係は法律の定めに応じた行政体内部の権限配分の結果に過ぎなくなる。加えて日本では，地方行政の円滑運営の観点から長を議会に優越させる旧地方制度の考え方が戦後の地方自治法にも残存したため，議会の議決に代わる長の専決処分（179条）や議会議決に対する長の付再議権（176条）等の中に，議会の決定権や執行府統制権を不当に狭める制度や運用が一部残る。

しかし二元代表制を定める日本国憲法の場合は，二元代表制の意義を憲法92条の地方自治の本旨についての新解釈である立法権分有制説の趣旨と合わせ考えるならば，自治体を単なる行政体ではなく国民主権の地域的行使の場たる政治体（統治体）と認めたからこそ，自治体における立法府と執行府の権力分立を採用したと考えるべきである。加えて，現行の地方自治法が自治体の長に単なる行政（議会が決定する自治体意思の執行）作用のみならず議会に対抗しその権限に介入する執政作用まで認めるのは，現代フランスのような行政国家における直接公選の大統領に認められる執政権からの類推で説明すべきである。そして，討議を介して国民や住民の多様な意思を代表する議会の意義を重視し行政国家化に歯止めをかける憲法解釈の立場からは，地方議会が立法機関の地位を十分に確保し（条例制定事項の概括性や全権限性の保障），さらに自治体総合計画策定等の自治体重要事項についての長の決定には，執政分野ゆえ議会も当然に関与する権限が憲法上保障されていると解し，地方自治法等の関係法令を再解釈すべきである（駒林良則『地方議会の法構造』成文堂，2006年，同「自治体基本構造の法的議論に関する覚書」立命館法学373号〔2017年〕149-189頁等を参照）。

（2）現行地方自治法上の地方議会の権限の問題点

この点現行地方自治法は，147条で長が自治体を代表するとし，96条1項では議

第8章　地方自治

会の権限を制限列挙したうえで，2項で「地方公共団体に関する事件」につき条例で議決対象を拡げる形をとる。しかし2011年改正前までは法定受託事務が拡張対象から除外されており，同改正後も法定受託事務のうち「国の安全に関することその他の事由により議会の議決すべきことが適当でないものとして政令で定めるもの」が除外されており，また行政解釈では「法令が明瞭に長その他の執行機関に属する権限として規定している事項及び事柄の性質上当然に長その他の執行機関の権限と解さざるを得ない事項」についても除外とされる（松本英昭『新版逐条地方自治法・第9次改訂版』学陽書房，2017年，367頁）。ここにも国の法令と条例の抵触問題が介在する。しかし二元代表制の意義の1つが立法府であると同時に長の執政に対する統制機関でもある地方議会の地位の保障にあるとすれば，実質的意味の立法作用および執政統制作用に属すると解される事項は，たとえそれが法令上，地方議会の議決対象から除かれていたとしても，可能な限り除外されないとする解釈を採るべきである（名古屋市中期戦略ビジョン再議決事件・名古屋地判2012〈平24〉1.19地方自治判例百選〔第4版〕212-213頁〔木佐茂男〕参照）。さらには，必要性と合理性が十分ある限り，法令の規定に抵触してもそれが部分的暫定的である場合には，地方議会は当該事項を議決対象とする条例を定めることも可能と解すべきであろう。

3　地方自治と直接民主制
(1) 住民投票結果に法的拘束力を持たせる住民投票条例の合憲性

住民投票条例に基づく投票結果の法的拘束力については争いがある。法令上，長の権限とされる原発や米軍基地の建設承認手続に事前の住民投票による同意を法的に義務付けられるかについては，これも条例と国の法令との抵触問題が関わるがこれは後述する。法的拘束性について判例は，国の法令の根拠を欠く場合の住民投票にいかなる法的拘束力も認めない（名護市住民投票条例事件・那覇地判2000〈平12〉5.9判時1746号122頁）。通説も，現行憲法と地方自治法が間接民主制を原則とすることを前提として，法的拘束力のある住民投票を定めた条例を違法とし，事実上の拘束力に留まる諮問型住民投票しか認めない。さらに諮問型についても，事案の性質の違いを問わない一般型住民投票には否定的である（兼子仁『新・地方自治法』岩波書店，1999年，69-73頁）。

これに対して現行憲法が人民主権を採用したと解する人民主権説では，法的拘束力まで認めるのがほんらい論理的であるが（前掲・杉原『地方自治の憲法論』243-246頁），実際には躊躇がみられる（辻村・憲法509-514頁）。この躊躇は，立法権分有説が前提とする不完全な「人民主権型」立憲主義でこそ説明しやすい。現行憲法が採用する人民主権の不完全性を前提とするこの立場は，代表機関と有権者総体の両意思の協働の中に正当な立法意思を見るため，住民投票結果が一定の場合に代表機関により覆される可能性を認める。限定的な法的拘束力は認めるものの，例えば住民投票結果を無視する自治体の長に対する民事責任追及については，説明責任の懈怠に限り法的責任を認めるのが適切と考える。また，このレベルの法的拘束力であれ，代表制に対する重大な変更となるため，直接民主制

420

と代表制の協働を基本とする不完全な人民主権では，代表機関たる地方議会が個別事案毎に住民投票の必要性を判断し条例化することが必要である。一般的な住民投票制度を常置する条例は，性質上除外すべき事項を定めその効果も諮問型に留める限りで合憲・適法となろう。

（2）町村総会の合憲性

地方自治法 94 条は，条例により町村議会に代えて有権者の住民総会を設けることを許容する。戦前から同制度があった芦野湯村（1947 年 4 月に議会制に移行），あるいは地方自治法施行後の適用例では宇津木村（1955 年に議会制の八丈町に編入）の例があるが，現在実例はない。人民主権説はこれを現行憲法の人民主権的解釈から正当化し（杉原・憲法Ⅱ 472 頁），「社会契約説」の論者は国政と地方政治の民主主義の質の違い，憲法 41 条のように地方議会が地方立法権を独占する規定の欠如，あるいは自治体を法人，住民総会をその機関と捉える自治体法人論から正当化できるとする（新基本法コメ 483-484 頁〔渋谷秀樹〕）。しかし不完全な「人民主権型」立憲主義によれば，議会の討議を通じ濾過されていない「生の」民意による決定は代表民主制の本質に反すること，並びに常設議会による執行府統制の廃止はとりわけ執政権者としての長の独裁を招く点で二元代表制にも反することに鑑みて，本条は違憲の疑いが強いと言わざるを得ない。近年，過疎地の自治体では議員のなり手がおらず，欠員が問題となっている。2017 年に高知県大川村が導入検討を開始し，総務省も有識者会議を設置し検討したが，導入には至っていない。諸外国で見られるような他自治体の職員あるいは都道府県議会議員や国会議員と市町村議員との兼業は地方自治法 92 条等現行法で禁止されているにすぎず，憲法が禁止しているわけではない。法改正で兼職禁止の制限を緩和するなどして，代表議会制を維持することが肝要であろう。

4　自治体執行権の長をめぐる自治体組織の多様化

現行憲法の下で，地方議会が執行権まで持つ評議会（参事会）制，あるいは公選の長の権限を形式化儀礼化するシティ・マネージャー制の採用を地方の選択に委ねるような地方自治法改正は可能であろうか。後者の制度は，アメリカを例にとれば，立法権と執行府統制権を持ち自治体決定権を独占する議会の下で，議会から選定罷免され，政治的には中立の支配人が行政運営全般を担当し，議会に対し責任を負う制度であり，議員の互選で選ばれる市長は儀礼的役割と市議会議長の役割を持つに留まる。

近年，文言の拡張解釈から可能な限りこれを認める動きがある。「社会契約説」の論者は，憲法原理から特定方向の解釈論を導くことは避けると述べつつ，自治体政府の自由な選択は地方自治の本旨に適うとの観点から，国の立法裁量を広く認めることでその導入を容易にする解釈を展開する。例えば 93 条には長が執行機関であることを明示する規定も自治体執行権を独占する規定もないこと，あるいは地方議会が「議事機関」と規定されているに過ぎないことを根拠に，地方議会が長とともに合議体の執行機関となる可能性を認める。あるいは 93 条 2 項の「長」を合議体の長と解することは可能として，自治体執行権を公選制の長とそれ以外の構成員（地方議会の議員や「その他の吏員」として公選された者等）

から構成される合議体に帰属させることも合憲とする。さらに長の権限を執政作用と執行（純粋行政）作用に区分すれば，後者を非公選の支配人に委ねることも可能とする（新基本法コメ484-486頁〔渋谷秀樹〕。渋谷・憲法745-747頁。同「地方公共団体の組織と憲法」立教法学70号〔2006年〕215-233頁等）。二元代表制が立法権と執行権の分立と対抗を憲法上義務付けていると解する立場からは，上述した自治体内の権力分立の本質に反しない限りで，住民投票による賛成を条件として，現行地方自治法の定めを超えたさらなる執行作用への議会の関与や，純粋の執行作用に限り専門職に委ねる専門職制の採用などの自治体組織多様化が許されよう。

5 地方議会議員における議員特権の有無

憲法が国会議員に保障する不逮捕特権（50条），免責特権（51条）は地方議会議員にも保障されるか。「社会契約説」の論者は，憲法上明示された例外以外は法の下の平等が優先されるとして議員特権の保障を否定し（新基本法コメ485頁〔渋谷秀樹〕），判例も同様の立場をとる（最大判1967〈昭42〉5.24刑集21巻4号505頁）。他方で人民主権説は，住民に対する政治責任を別にすれば，免責特権は議員の活動に不可欠として51条の適用を認める（杉原・憲法Ⅱ 469頁）。対立の背景には免責特権の根拠づけの違いがある。

6 その他の吏員

吏員とは戦前に自治体の職員を指す用語であったが，現行憲法にもこの用語が残された。憲法93条2項は自治体の長と議員以外に法律の定めに応じて吏員も直接選挙の対象とすることを認める。その範囲について通説は立法裁量とする（樋口他・注解Ⅳ 258頁〔中村睦男〕。新基本法コメ488頁〔渋谷秀樹〕）。人民主権説は自治体行政の「執行の責任者・執行の方針を決定する地位にある者については可能な限り」公選制が必要と主張するが，立法裁量の限界を明示してはいない（杉原・憲法Ⅱ 470頁）。1948年制定の教育委員会法で教育委員の直接選挙を定めていた実例があるが，教育の政治的中立性確保を理由に1956年に同法は廃止された。

〔大津　浩〕

第94条　地方公共団体は，その財産を管理し，事務を処理し，及び行政を執行する権能を有し，法律の範囲内で条例を制定することができる。

1　94条の趣旨

本条は自治体の権能として，条例制定権と並べて権力作用としての行政の執行と非権力的作用としての財産の管理，事務の処理を列挙し，これを保障する。「法律の範囲内」を「法令に違反しない限り」（地方自治法15条1項）と同じ意味に解する点に異論はない。

通例は本条を団体自治の保障規定と見る。通説によれば，本条は自治体の行政的機能の内容を一般的抽象的に示したものに過ぎず，具体的にいかなる事務を自治体事務と

するのかを明示したものではない（野中他・憲法Ⅱ 376 頁〔中村睦男〕）。しかし総論と憲法 92 条の項で述べたように，地方自治の本旨の規定を，国民主権の地域的行使の場としての自治体の地位と権能を保障したものと理解する立場からは，主権者としての住民の自己統治という住民自治ないし国民主権から帰結される，国と自治体との立法権分有の具体化として 94 条を理解することが必要になる。この場合，憲法は 92 条と 94 条の 2 つの条文の統合化された規範内容を通じて，地域に必要な事務を自主的に創設する自治体立法たる条例の制定権を中心に，地方政府（地方統治体）としての実質を保ちうるだけの権能を，直接各自治体に授権したと理解できる。第一次・第二次分権改革を通じてこの立法権分有制と自治体による自主的な事務創設の可能性がようやく認められつつあるものの，なお現実の運用では，自治体事務の具体的な内容と範囲は国の法律が定めるとし，少なくとも国の法令の趣旨・目的・内容・効果に反する条例やそれが生み出す自治体事務の実施を違法とする国法一元型の古い法治主義観念が残り続け，それが解釈上の対立を生んでいる。

2 自治体の事務

（1） 1999 年改正前

このような経緯から，従来の憲法教科書は，憲法上保障されているはずの自治体の事務の内容を，地方自治法等国の法令の規定から説明するのが一般的であった。1999 年の抜本改正前の地方自治法は，国の一般的な指揮監督を受けずに地方議会が条例で規律でき，法令の範囲内で自治体が自主的に処理できる事務を自治事務とし，旧 2 条 3 項は地方公共の秩序維持等 22 の事務を自治事務の例として挙げていた。しかし現実にはこれらの事務規定から導き出せない活動については，地域的必要性が高くても，自治体自身が法的根拠のないものと考え，条例で独自に自治体事務化することを避ける傾向が強かった。加えて旧法は，自治体の長その他の執行機関に国や都道府県の事務を委任し，彼らを委任した側の機関として統制する機関委任事務を定めていた（旧 148 条 1 項・180 の 8 条 2 項等）。機関委任事務について国等は包括的な指揮監督権を持ち，市町村に対しては知事の取消・停止権があり，法令違反や執行懈怠には裁判を介した職務執行命令・代執行制度があった。地方議会の関与権は狭く条例対象からも外されていた。機関委任事務は都道府県事務の 7～8 割，市町村事務の 3～4 割を占め，自治体側に国の下請け意識を生む原因となった。

（2） 1999 年改正以降

地方自治法の抜本改正を含む 1999 年の地方分権一括法は，機関委任事務を廃止してこれを自治事務，国の直轄事務，法定受託事務に分類し直した。その結果，従来から自治事務だったものを含む新たな自治事務と今回創設された法定受託事務とを合わせて自治体事務（地域における事務）と観念されるようになり，全てが条例対象となった。自治体事務はもはや例示されることはなく，「住民の福祉の増進を図ることを基本として，地域における行政を自主的かつ総合的に実施する役割」（1 条の 2 第 1 項）から導かれる事務とされ，同時に国の事務は「国が本来果たすべき役割」に限定され，その例として国際社会における国の存立や全国的統一が必要なもの，地方自

治の基本準則の定立等が示された。加えて「住民に身近な行政はできる限り地方公共団体に委ねる」という原則を掲げることで, 国と自治体との間で適切な役割分担をすべきことが定められた（1条の2第2項）。法定受託事務はもはや国（又は都道府県）の事務ではなく, 国（又は都道府県）が「本来果たすべき役割に係わる」事務であって法令により都道府県又は市町村の事務としてこれを受託させ, かつ委託側が受託側に適切な処理をするよう強い関与ができるものとして制度設計された。今回の改正には, 国の法令の根拠がなくても地域の必要があれば全て自治体事務としうるという意味での全権限性, 並びに適切な役割分担を前提とした身近な行政の自治体優先配分という一種の補完性原理が垣間見えるが, 国の事務と自治体事務との間は「連続的に繋がっており, その間に本来, 非本来の区別が立法実務的にはつけがたいというのが, 今次の立法の帰結であった」（前掲・塩野『行政法Ⅲ』163-164頁）。

3 条例制定権

(1) 条例の意義

本条の条例の意味については, 地方自治法14条の条例と同じであり, 地方議会が制定する狭義の条例のみを指すとする狭義説（宮沢・コメ772-773頁）もあるが, 多数説は狭義の条例と自治体の長その他の執行機関が定める規則や規程（地方自治法15条, 138条の4第2項）等の命令的法規範も含むとする広義説を採る（野中他・憲法Ⅱ381頁）。立法権分有説から見ても広義説が正しいが, 国の立法の実質的定義に倣い, 狭義の条例の実質的定義を地域的性格からの範囲限定のある一般的抽象的法規範

とすれば, 長の規則等は命令的法規範に過ぎず始源的法規範ではない。その意味で法令や条例にその根拠を要することになる。

(2) 条例の本質と条例制定権の根拠

条例制定権の憲法上の根拠として直接授権否定説, 憲法94条説, 92条・94条補完説の対立がある。直接授権否定説は, 条例の本質につき狭義の条例も含めて全て命令的法規範と解す「条例＝命令」説に基づき, 法治主義の下, 条例は常に法律の委任を必要とするので, 条例制定権は憲法94条から直接授権されたものではないとする（綿貫芳源「条例」宮沢還暦『日本国憲法体系・補巻』有斐閣, 1971年, 108-114頁）。94条説は, 92条の立法権分有の趣旨を無視し, 94条の「法律の範囲内」の文言に拘って解釈論を立てるところから, 狭義の条例を法律に準じるものの本質的に異なる法規範（「条例＝準法律」説）とする理解を所与の前提とする。その上で, 憲法94条を41条の立法権国会独占原則の厳格さを緩める例外規定と解することにより, 国会の立法権に一切競合・抵触しえないことを条件として法律の根拠のない条例制定を認めるが, 罰則条例のような人権制限条例には委任要件を緩和しつつも法律の根拠を求める（成田頼明「法律と条例」清宮・佐藤編『憲法講座4』有斐閣, 1959年, 199-218頁）。補完説（辻村・憲法502頁）は「条例＝法律」説と結びつきやすいが, 92条に立法権分有の趣旨を見ない場合はその実質は「条例＝準法律」説に留まる。なお92条説と呼ばれる学説（清宮・憲法Ⅰ439頁）は94条は確認規定と述べながら, 実際には94条に拘るため, 結局は94説か補完説のいずれかに帰着する。

（3）立法権分有制における全権限性と国の法令への抵触問題

地方自治の憲法理論の発展により，連邦制を採らない国でも，法律に対し地方自治権を保障する一般規定を持ち，命令とは異なる法規範として条例制定権を自治体に保障する憲法の場合には，自治体は法律の根拠がなくとも地域的必要性に応じた条例を全ての公的領域について定める権能を憲法から直接授権されていると解する憲法上の全権限性保障が認められつつある（本章総論参照）。確かに今でもフランスは憲法上の全権限性を認めず，ドイツでも国民の自由・財産規制については法律の授権が必要として全権限性に例外を設けるが，それは両国が地方自治を自治「行政」と観念し，条例を国の政令と同一の文言を用いて地方命令としてきた大陸法の伝統に縛られているからである（前掲『分権国家の憲法理論』387頁）。この点日本国憲法は，地方自治を地方統治と理解し条例を政令＝命令とは異なる法概念で理解するアメリカ型地方自治を用語法まで含め取り入れ，アメリカ型をも超える要素まで有していることを認め，これを生かした解釈をすべきである。

実は現代行政法学の通説的見解は，条例に関する憲法直接授権性と全権限性を正面から認め，したがって日本の法体系においては国の法律と条例のいずれもが全権限性の下でそれぞれの必要性に応じ公的事項を自由に規律し競合することを認めている。そして両者が矛盾・抵触する場合には，憲法41条の国会中心立法原則の国・地方関係における読み直しである法律優位の原則によってこれを処理することとする。現実にはほとんどの事項を明示的又はその趣旨から黙示的に法律が規律するがゆえに，条例はそれぞれの領域で国の法律に反しない範囲で規律を加えることしかできず，また自治体事務につき法律が条例の制定を義務付けることも多いので，このような法律規定条例の場合には，あたかも法律からの委任条例のように見えるに過ぎないと説明される（前掲・塩野『行政法Ⅲ』182-193頁。斎藤誠『現代地方自治の法的基層』有斐閣，2012年，286-298頁等）。

憲法92条に国民主権の地域的行使としての地方自治保障とその論理的帰結としての自治体による立法権分有を認める憲法解釈の場合には，さらに進んで法律優位の原則についても，地域的必要性と合理性が十分に認められる場合には例外的に条例優位を認めることになる。この説では法令抵触条例の適法性の判断基準を明確にする必要があるが，結局は国・自治体間の憲法的利益衡量となることから，人権規制立法の合憲性審査で使われる三段階審査論を援用すべきである。

三段階審査論では(1)保護領域の確定と(2)侵害の認定があって初めて(3)侵害の正当化の可否が審査される。実は法律と条例の抵触問題で最高裁が常に用いる目的効果基準論はこの(1)と(2)の段階で事を荒立てずに問題を処理する手法である。(3)に至った場合，手段の合理性と必要性と利益衡量における比例性の審査をするのが人権論の場合の三段階審査であるが，これを条例論に応用すると，当該領域を規律する国の法令が全国的には合理性があっても，当該自治体には地域の切実な必要性から見て規律密度が厳しすぎるなど不合理な場合には法令抵触的介入が許されると考え，当該抵触条例が採用する手段が必要かつ合理的であることに加えて，国の法令との抵触の程度と方法

が比例性を満たすべきことが導かれる。比例性については国の利益と自治体利益の均衡の観点から抵触が必要最小限であること、特に実質的に見て法令の趣旨・目的・効果を無意味にしない程度の部分的、暫定的抵触に留まることが適法性の基準となる。

なお法律規定条例について、事務の性質や法令の制度趣旨に応じた一定の限界を認めつつも、地方自治の本旨に従えば一般に法令は制度枠組や原則の部分で法的拘束力を持つにすぎず、その他の法令規定部分に条例で上書きすることが一般的に許されるとする解釈も、立法権分有説のもう一つの展開方向である（北村喜宣『分権改革と条例』弘文堂、2004年。同「法律実施条例の法律抵触性判断基準・試論」自治総研453号〔2016年〕84-102頁）。

4 条例制定権の具体的な限界
（1）法令への抵触と目的効果基準論

現在の通説・判例は、立法権分有説のように国の法令に対する部分的抵触条例の憲法的適法性までは未だに認めていないものの、すでに憲法上の全権限性と条例の憲法直接授権性を認め、法令の明示的根拠がない限り法令の規律領域に自治体は一切介入できないとする古い法律先占論は放棄している。現在では、国の法令が明示的又は黙示的に規律する領域についても、法令と条例との目的が異なり条例が法令の目的と効果を阻害しない場合、又は目的が同一でも法令自体が地域で異なる規制を容認する趣旨を持つ場合は条例を適法とする目的効果基準論が一般に承認されている（徳島市公安条例事件・最大判1975〈昭50〉9.10刑集29巻8号489頁）。通説・判例の目的効果基準論は国の法令の趣旨を基準に条例の適法性審査をする点でなお問題が残るが、上記の三段階審査論を用いるならば、(1)法令が画一的に規律する趣旨を持たない場合、(2)条例が法令の趣旨・目的・効果を阻害していない場合に抵触関係自体を否定し、(3)に進まない論法である。しかし通説的な目的効果基準論では(3)の審査で条例の適法性を認める余地はないので、法令が当該規制以上に強力な規制を許さない趣旨を持つ場合にこれを逸脱する条例は常に違法となり（高知市普通河川管理条例事件・最一判1978〈昭53〉12.21民集32巻9号1723頁）、法令が強行規定として定めるものを阻害する条例はたとえそれが部分的でも違法となる（前掲・神奈川県企業税条例事件最判）。学説にもこれを肯定するものがあるが（長谷部・憲法455-456頁）、判例が立法権分有化の方向に進展するよう促す学説こそ時代の求めるものであろう。

（2）法律の留保と条例

条例制定権の限界について、旧通説は「条例＝準法律」説の立場から、憲法29条2項の財産権規制、31条の刑罰、30条・84条の課税の3分野について憲法が法定主義を規定するため、法律の委任がない限り条例による3分野の規制は禁じられるとした。古い判例もこれに近い立場をとったので多くの教科書がこれに言及するが、時代遅れの解釈であることは明白である。

まず刑罰については、大阪市売春勧誘取締条例事件判決（最大判1962〈昭37〉5.30刑集16巻5号577頁）が条例を「法律に類する」「法律以下の法令」と見て、憲法31条と73条6号に基づき刑罰条例には法律の委任が必要とした。他方で委任の根拠を地方自治法旧2条3項の自治事務例示規定と同14条の条例による罰則制定の規定

に求め同条例を合憲とした。これは法律による包括的一般的な委任であり、この形式で政令に委任することは違憲のはずだが、この点に多数意見は注意を払わなかった。なお奥野補足意見は、条例の民主的性格を根拠に委任要件緩和説で説明した。いずれにせよ今日では、例えば前掲徳島市公安条例事件判決は委任した法律の根拠を示すことなく当然に刑罰条例を合憲としたうえで法令との抵触問題を論じており、また1999年改正地方自治法には旧2条3項のような自治事務例示規定自体が存在しないことに鑑みると、1962年判決には、今では条例を「民主主義政治組織」たる地方自治の一環として憲法から直接授権された「自治立法」であることを示したという意義しか認められない（野中他・憲法Ⅱ382-383頁）。

財産権規制については先例たる奈良県ため池条例事件判決（最大判1963〈昭38〉6.26刑集17巻5号521頁）は、財産権の権利濫用の場合は条例による規制も合憲と述べるに留まる。入江補足意見は財産権の「内容」と「行使」を二分し、前者は法律の個別的委任を要するが、後者は憲法94条と地方自治法旧2条3項、14条による一般的包括的委任で足りるとしたので、要件緩和説を含め通説に近い立場を鮮明にする。さらに通説的論者は、財産権の「内容」を私法秩序や全国的経済秩序にまで拡げて、条例による規律を違憲とする（前掲・成田「法律と条例」210-211頁）。しかし「内容」と「行使」の区別は不明確であり、むしろ私法秩序や全国的経済秩序に対する条例の規律を困難にしているのは、その趣旨から見て本分野を広範に規律する国の私法体系が存在し、法律優位原則から法律先占状態に近くなっているためと考えるべきである（前掲・塩野『行政法Ⅲ』184-186頁）。

課税については地方自治法223条が地方課税権全般を「法律の定めるところにより」認め、法定税も法定外税も地方税法が明文で定める（4条2項・3項・5条2項・3項）形式をとるため、課税条例はあたかも法律の委任に基づくかのように見える。そのため大牟田市電気税訴訟第1審は、法律が自治体の課税権を全て奪うことは違憲としながらも、憲法が保障するのは抽象的課税権に留まり具体的課税権は法律の根拠を要するという、いかにも制度の存在しか保障しない制度の保障説の特徴をよく示す判決を下している（福岡地判1980〈昭55〉6.5判時966号3頁）。

なお神奈川県企業税条例事件に関して、税法で控除が認められたものは憲法29条にいう法律により内容形成される財産権の内容をなすので、自治体独自の課税条例により国の控除制度に制約を設けることは財産権侵害と解すべきとの主張がある（原田一明「条例をめぐる合憲性審査の一考察」磯部古希『都市と環境の公法学』勁草書房、2016年、247-251頁）。しかし29条や84条等憲法上の法律留保規定における「法律」とは、国会制定法に留まらず議会を通じ表明される主権者の一般意思であるから財産権の内容を形成する「法律」に条例も含まれ、国会制定法と条例とが前者優位の原則の下、時に後者が部分的に優越する例外を認めつつ競合的に規律することで財産権の内容が形成されると考えるべきである。結局は法令抵触条例問題に帰着する。

〔大津　浩〕

> **第95条** 一の地方公共団体のみに適用される特別法は，法律の定めるところにより，その地方公共団体の住民の投票においてその過半数の同意を得なければ，国会は，これを制定することができない。

1 95条の趣旨・淵源と実例

95条の制度は地方（自治）特別法と呼ばれ，憲法59条が定める通常の法律制定手続とは異なり，国会の議決の他に当該法律が適用される自治体の有権者による住民投票で過半数の同意を必要とする。憲法41条の国会単独立法の原則にとり唯一の例外をなす。

本制度は，アメリカにおいて自治体設立の主権的権利を持つ州議会が特定の自治体に特殊な制度を強制し，また権限を奪い制限する特別法を定めることが相次いだため，反対運動の結果，州憲法に特別法の制定を全面禁止する規定や住民又は地方議会の同意を義務付ける条項が導入されたことを淵源とし，マッカーサー草案を経て日本国憲法に移植されたとされる。但し，憲法制定過程で金森国務大臣が本条の趣旨を自治体の個性の確保に置き，特権を与える場合には本来は住民の同意を要しないと述べつつ，特権付与の場合を含め適用可能な制度と答弁したように，差別立法禁止の意味に限られない（佐藤功「憲法第95条の諸問題」杉村古希『公法学研究・上』有斐閣，1974年，359-365頁）。実際，日本では1949年から52年にかけて18都市に対する15の特別法が住民投票を経て作られたが，国有財産の無償譲渡を禁ずる国有財産法28条の例外として無償譲渡を認め，戦後復興期の個性ある都市建設を可能にした広島平和記念都市建設法（昭24法219）や旧軍港市転換法（昭25法220）のように，ほぼ全てが利益供与による自治体個性増進を目的とするものだった。

2 制定手続

地方特別法の制定手続につき，国会の議決と住民投票の順番が問題となる。通説はどちらが先でもよいとするが（宮沢・コメ760頁），国会法67条は国会の議決が先行すると定め，地方自治法261条も(1)特別法を最後に可決した議院の議長による総理大臣への通知，(2)総理大臣から総務大臣を経由して関係自治体の長への通知，(3)長の指示に基づく選挙管理委員会による住民投票の実施，(4)長による総務大臣への投票結果報告，(5)総理大臣による当該法律の公布手続の執行と衆参両院議長への通知を定める。

3 本制度の適用基準
（1）形式的要件

「一の」自治体への適用という要件について，通説・判例・実例は「特定の」自治体という意味に解しており，複数の自治体が対象なる法律も要件を満たせば地方特別法となる。旧軍港市転換法は横須賀，呉，佐世保，舞鶴の4都市を対象とし，住民投票で過半数の同意が得られなかった市は適用対象から除くと規定されていた（同法附則2，3条）。

法律上，不特定の自治体に適用される形式をとるものは適用を除外される。前掲渋谷区長選事件の差戻審（東京地判1964〈昭39〉5.2判タ162号149頁）は，特別区の公

選制を廃止した1952年地方自治法改正が東京都にとり地方特別法に当たらない理由として，一般法において合理的な基準で自治体をいくつかの範疇に類別し，そのうちの1類型に特別な制度を適用する場合は，現時点でその範疇に該当する自治体が1つしかなくても，「将来他の地方公共団体がその範疇に属するに至りこれも等しく適用を見る余地のある法律」である限り，一般法となるからであるとする。また都区制自治体，地方自治法上は「東京都」ではなく他へも適用可能な「都」という類型の自治体に適用される一般制度として定められているとした。

いわゆる「大阪都構想」に関わって2015年5月17日に大阪市で住民投票が実施されたが（結果は否決），これは2012年制定の大都市地域特別区設置法（平24法80号）に基づき実施されたものである。同法は，人口200万人以上の政令指定市，又は政令指定市及びそれと隣接する同一都道府県内の市町村の合計人口が200万人以上となる自治体に適用される一般法として定められており，地方特別法ではない。

特別法適用時に国内法上の自治体でないものには本条は適用されない。大潟村特例法（昭39法106），小笠原諸島復帰に伴う法令適用暫定措置法（昭43法129），沖縄復帰特別措置法（昭46法129）は，この理由から適用が否定された。前掲渋谷区長選事件差戻審も，前審たる最高裁の判断に縛られるところ，東京都特別区は憲法上の自治体ではないとの判断が下された以上，特別区を対象とする住民投票は不要とした。

（2）実質要件

通説・判例・実務によれば，特定の「地方公共団体そのもの」，すなわち特定の自治体の組織・運営・権能について通常の自治体との基本的な違いをもたらすような内容を持つ法律のみが地方特別法である（樋口陽一『憲法Ⅰ』青林書院，1998年，363頁。渋谷・憲法749頁）。特定自治体の区域や住民に専ら適用される法律であっても，その規定内容が国の機関や事務に関するもの，あるいは私的経済活動に過ぎないものは地方特別法ではない。

首都建設法（昭25法219）は政府判断で地方特別法とされたが，それは戦後復興計画の中で東京都を日本の首都として整備する目的の下，国家が直接関与するために総理府の外局として建設大臣を委員長とし，国会議員や都知事，都議会議員等を委員とする首都建設委員会を設けて計画を作成させ，国や東京都内の関係自治体等に対し，その所管の施設の計画の決定及び事業の施行又は許認可などの行政処分について，上記計画を尊重するよう勧告できるとする内容を持つ法律であった。他方で同時期に定められた北海道開発法（昭25法126）は，地域資源総合開発を目的とし，関係自治体に内閣への意見具申権を認めるが，一般法とされた。当時の政府見解では，前者は自治体としての東京都を特別扱いする目的があるのに対して，後者は北海道という地域に対する国の事務としての開発を目的とする点に違いがあるとする。首都建設法は，対象を政令で定める首都圏周辺の区域にまで拡大した首都圏整備法（昭31法83）の制定に伴って廃止されたが，特定地域を対象とする国の国土開発計画のための法律である以上，首都圏整備法は地方特別法ではないとされた。首都圏整備法も計画実施に関し大臣が関係自治体や事業者に必要な勧告を行うことや国有財産の無償譲渡を認め

る規定を持っており，首都建設法やその他の利益供与型地方特別法の内容に近い部分があることを考えると，地方特別法該当性を，特定自治体を規律する目的か特定地域を対象とする国家目的かという基準に求めるのはかなり苦しい（新基本法コメ499頁〔大津浩〕）。

地方特別法該当性の基準に関しては，他にも，合理的一般的な基準に基づく分類の結果としてではなく，非合理で恣意的な基準により特定の自治体を特別扱いする場合や，特別扱いの内でも自治体の組織・運営・権限にとり本質的に不利益となる場合を基準とする考え方も示されているが（田上穣治編『体系憲法事典』青林書院，1981年，668頁〔成田頼明〕），合理性・不合理性の区別自体，政治的対立のある事案については判断困難であるし，不利益か否かについても，利益付与型特別法でも事務の増加が財政圧迫を招くとして不利益と考える立場もあるので，客観的基準たりえない。また戦後直後の15の特別法の実例を除けば，その後の日本の実務は常に一般法の形式を採りつつ，実質的には特定の自治体やその地域・住民に特別な不利益を生む制度を採用することで，いわば脱（憲）法的に95条の規律を逃れてきた。このように実例はほぼ利益付与型に留まり，逆に差別的な内容に見えても地方特別法該当性が否定されてきた日本の実例に鑑みると，結局，日本型地方特別法の該当性については，利益付与的であると差別的であるとを問わず，特定の自治体の組織や権限を重要な部分において特別扱いすることが明白な場合に限り絶対的該当性を認め，その他の場合の該当性はそれを議決する国会の判断に委ねられると考えざるを得ない。

4 地方特別法の改正・廃止における憲法95条該当性問題の重要性

地方特別法制度の重要性を現代に甦らせる1つの方向は，上記の絶対的該当性の場合のみならず，国会の判断で地方特別法に該当するとされたものも全て，些細な文言の修正や関連法令の改正に伴う修正は別にして，法改正でその大幅な修正や廃止をする場合は住民投票が必要という意味で，絶対的な特別法該当性を認めることである。この点，首都圏整備法制定時に首都建設法の廃止を地方特別法の手続にかけなかった実例が問題となる。当時の政府見解は，首都圏整備法は首都建設法の趣旨を継承しているので新たな住民投票は不要というものであった。また特別法から一般法に復帰する場合は本条の適用はないという説もある（前掲・佐藤「憲法95条の諸問題」371-378頁）。

しかし首都圏整備法は東京都以外の自治体も対象となることや，たとえ利益供与型特別法であっても，当該自治体に特別扱いを必要とする事情がある以上，それを廃止し一般法に戻すことは，当該自治体にとり不利益変更の可能性を含むのであるから，本来の地方特別法の趣旨から見てこの場合も住民投票による同意は必要との反論が成り立つ。地方特別法については，その内容ではなく，代表制を超える民主的正統性を持つ直接民主制の手続（人民・住民投票）に，通常の国会の立法権を超える法的効力を認める有力説もある（大石眞『統治機構の憲法構想』法律文化社，2016年，343-365頁）。

以上を踏まえるなら，今後，英・スコットランド法に倣い，ある時期の国会が例えば沖縄に環境保護等重要分野の立法権を包

括的に移譲する地方特別法を定めた場合には，国会多数派が変わりこれを主要な部分で修正又は廃止する法律を新たに制定するためには地方特別法の手続が必要という解釈も可能となろう。

〔大津　浩〕

第9章　改　正　【総論】

1　憲法改正の意味

　憲法改正とは，憲法の定める手続に従い，憲法典中の個別条項について削除・修正・追加を行うことにより，または，新たな条項を加えて憲法典を増補することによって，意識的に憲法を変更することをいう。意識的な変更である点で，後述する憲法変遷とは異なる。また，憲法所定の手続を利用する場合でも，既存の憲法典を排して新しい憲法典を策定する行為は（大日本帝国憲法の改正規定〔73条〕を利用して制定された日本国憲法はその例），憲法改正ではなく，新憲法の制定として評価すべきである（清宮・憲法Ⅰ386頁，佐藤幸・憲法論35頁，辻村・憲法515頁等）。ただし，スイス憲法のように，部分改正と区別された全面改正を明文で認める憲法もある（192条）。憲法改正規定による全面改正が認められる場合，憲法改正と新憲法の制定との区別は相対化されることになる。

2　社会変動と硬性憲法

　憲法はその性質上，通常の法律と同じ手続で制定・改廃できる軟性憲法と，通常の法律の制定・改廃と比べてより厳格な改正手続を備えた硬性憲法とに区別される。国会主権原理の下で国家の基本原理（実質的意味の憲法）が主に法律のレベルで定められているイギリス憲法が，軟性憲法の典型例とされる。なお，硬性憲法と軟性憲法の区別は，ある国に硬性の憲法典があるか否かの区別であり，現実政治における憲法改正の難しさ（容易さ）とは別の問題である。

　近代憲法（立憲的意味の憲法）の目的は，諸個人の自由・権利を保障するために，国家権力を法的に制約することにある。また，憲法は国家の基本法であり，高度の安定性が要求される。しかし，私たちが生活する社会・国家は時代とともに，政治的・経済的・文化的に大きく変化する。憲法が社会・国家の基本的な構造や価値を定めるものであるとすれば，これらの変化に適応する可変性も必要である。硬性憲法はこの二つの要請（安定性と可変性）に応える技術である。すなわち，憲法改正手続を定めて可変性に応ずる一方，その改正要件を通常の立法手続きよりも厳格化することで，憲法の安定性を確保している。

　近代以降の憲法史を通観すると，①市民革命期には憲法の硬性が強調されたが，②近代憲法の安定期には議会中心主義の確立の結果として憲法の硬性が相対化され（1875年フランス第三共和制憲法がその例），③第二次世界大戦後に改めて憲法の硬性が強調されるようになったことがわかる。①の時期には，先行する統治体制との断絶を強調し革命の成果を確保する一方，それ以上の革命の進行を防ぐという目的のため，憲法の硬性が強調された（1788年アメリカ合衆国憲法，1791年フランス憲法）。③の時期は当初，ファ

第9章 改 正

シズムの再来とコミュニズムの攻勢への対抗策という性格が強かったが，今日では（とりわけ，1989年以降の旧社会主義体制の崩壊以降），「人権価値の擁護を眼目とし，硬性憲法による立法権への拘束を裁判的方法によって確保する」という考え方が，各国憲法において広く採用されている（樋口他・注解Ⅰ376-377頁）。

　硬性憲法の目的は，多数派の短期的な利害によって，社会・国家の基本的な構造や価値の改変を許さないことにある。とりわけ，その時どきの多数派の利害や偏見によって，少数派の人権が侵害されるのを防ぐことは，立憲主義の基本的要請といえる。硬性憲法を国民の自己統治に対する障害であるかのように論ずる議論もあるが，たとえば，表現の自由を憲法上保障して，政府批判の言論を政府が禁圧することを防ぐことによって，よりよい国民の自己統治を可能にしている。よって，「硬性度の高い憲法は国民の自己統治（＝国民主権）に反する」という論法はあまりに短絡的である（愛敬浩二『改憲問題』ちくま書房，2006年，98-119頁）。

3　憲法改正手続の類型

　今日では，憲法典として編成された形式的意味の憲法に，一定の「硬い」性質を与えるのが一般的なやり方である（樋口・憲法78頁）。各国の憲法の改正手続について，発議要件と国民投票との組み合わせ方で比較すると，次のように分類できる（辻村みよ子『比較のなかの改憲論』岩波書店，2014年，34-35頁）。

（ⅰ）特別の憲法会議招集および厳格な議決・批准を定める場合（アメリカでは，連邦議会両院の3分の2以上の要求で発議または州議会の3分の2の要求で憲法会議を招集し，改正案について4分の3の州の批准または憲法会議での批准が必要）。

（ⅱ）特別の憲法会議の議決または国民投票による承認を要求する場合（フランスでは，国民投票による承認または両院合同会議の5分の3以上の賛成が必要）。

（ⅲ）議会の特別の議決および国民投票の承認を要求する場合（韓国では一院制の議会で3分の2の賛成で発議し，国民投票の過半数の承認が必要）。

（ⅳ）議会の特別の議決または国民投票の承認を要求する場合（スペインでは，重要事項以外の部分改正の場合，各議院の5分の3で可決後，10分の1以上の要求があれば国民投票にかける）。

（ⅴ）議会の特別の議決を要求する場合（ドイツでは，連邦議会議員および連邦参議院の表決数の3分の2の同意で成立。国民投票は不要）。

　日本国憲法は，各議院の総議員の3分の2以上の賛成という特別多数決と国民投票による承認を求めており，(ⅲ)の類型に該当する。そのため，日本国憲法は一般に，硬性度の高い憲法と評価される（清宮・憲法Ⅰ397頁，芦部・憲法Ⅰ70頁，樋口他・注解Ⅰ377頁）。ただし，憲法の硬性の度合いと憲法改正の難易度の問題は区別して論じる必要がある。改正内容の重要度も考慮する場合，憲法改正の難易度は，改正手続の厳格さだけではなく，各国の置かれた政治的諸条件にも左右される。

　たとえば，アメリカ合衆国憲法には27の改正条項があるが，その半数以上は19世紀

半ばまでに制定されている。最後の第 27 修正が成立したのは 1992 年であり，その内容も，「上院議員および下院議員の歳費を改定する法律は，その成立後に行われる下院議員の選挙ののちまで施行されてはならない」という慎ましいものであった。民主党支持の州と共和党支持の州がはっきりと分かれる現在のアメリカ政治の深刻な分裂状況の下では，政治的な意見対立の激しい憲法改正案が「4 分の 3 の州の批准」という要件をクリアするのは極めて困難であるとの評価がある（川岸令和「立憲主義のディレンマ――アメリカ合衆国の場合」駒村圭吾・待鳥聡史編『「憲法改正」の比較政治学』弘文堂，2016 年，149-152 頁）。

ドイツについては，比例代表制を主として小選挙区の要素を加えた「小選挙区比例代表併用制」の下で，左右の二大政党（社会民主党〔SPD〕とキリスト教民主・社会同盟〔CDU/CSU〕）のいずれかが単独で連邦議会の過半数の議席を獲得することすら容易ではない。そのため，「連邦議会構成員の 3 分の 2 の同意」（ドイツ基本法 79 条）という要件の下では事実上，左右の二大政党の合意なしに基本法は改正できないとの評価がある（近藤正基「ドイツにおける憲法改正の政治」駒村・待鳥編・前掲書 233-243 頁）。

4　憲法改正の限界
(1)　改正無限界説と改正限界説

憲法所定の改正手続をふめば，いかなる内容の改正も法的に可能とする立場がある。他方，所定の手続をふんでも，一定の規定を改正することは許されないと考える立場がある。前者を憲法改正無限界説，後者を憲法改正限界説と呼ぶ（以下，それぞれ「無限界説」，「限界説」と略す。学説状況は，芦部・憲法 I 73-77 頁，樋口他・注解 I 379-382 頁，争点 328 頁〔芹沢斉〕を参照）。

無限界説には大別して，国民の主権（憲法制定権力）の全能性を前提としつつ，憲法制定権力（制憲権）と改正権を同一視する立場（主権全能論的無限界説）と，憲法規範内部の価値序列を認めず，憲法典中の規定はすべて同一の形式的効力を有する以上，改正可能なものと不可能なものとの区別はできないとする立場（法実証主義的無限界説）がある。近代以降の憲法史を通観すると，議会中心主義が確立した近代憲法の安定期には，憲法の平和的変更の可能性を自由に放任する無限界説がむしろ有力であったが，憲法内在的価値の自己防衛という課題が意識されるところで，限界説は有力化する傾向にある（樋口・憲法 81 頁）。

限界説の思考の前提には，(a)「憲法をつくる権力＝憲法制定権力（pouvoir constituant）と (b)「憲法によって作られた権限（pouvoirs constitués）」を峻別する考え方がある（樋口・憲法 80-81 頁）。(a) は (b) を生み出す権力だから，(a) は (b) に優位するので（権力の段階構造），(b) に属する改正権によって，(a) 自体の根拠を提供する「根本規範」に関わる規定，すなわち，憲法制定権力の所在（国民主権の原理）を示す規定や，(a) による基本的決断の内容，すなわち，当該憲法の根本原理を定めた規定を変更することは許されないと考える。ただし，具体的な憲法との関係で，どの規定が改正の限界に

第9章　改　正

当たるかについて，同説の間でも意見の不一致がある。また，改正手続に国民投票が含まれる場合，(a) と (b) の区別は相対化するのではないかとの批判もある（新基本法コメ505頁〔工藤達朗〕）。

　限界説のバリエーションとして，「近代立憲主義憲法は，自然権思想に由来する人権の保障を最も重要な目的とし，それを国民の制憲権の思想に基づいて成文化した法である」との立場から，「憲法の中の根本規範——実定化された超実定法——とも言うべき人権宣言の基本原理，およびそれと不可分に結びついている民主主義の基本要素を破壊するような改正を行うことは，理論上は不可能である」と主張する「自然法的改正限界論」が有力である（芦部・憲法Ⅰ 76-77頁）。ただし，同説に対しては，そもそも自然法の内容を客観的に確定できるのか，仮に確定できるとしても，自然法規範に関わる規定とその他の規定を区別できるのか等の批判がある（佐藤幸・憲法論 39-40頁，新基本法コメ 505頁〔工藤達朗〕）。

（2）憲法改正規定の改正

　改正規定の定める要件・手続に従って，改正規定そのものを改正できるかという問題がある。限界説によると，「改正権者による改正規定の自由な改正を認めることは，憲法制定権と憲法改正権との混同となり，憲法制定権の意義を失わせしめる結果となる」から，改正規定の改正は認められないとされる。ただし，同説も，改正権の根本に触れない範囲の改正ならば，許容しうるとする（清宮・憲法Ⅰ 411-412頁）。「法は，その存立の根拠を自らに与えること，つまり自己授権を行うことはできない」（法が存立するためには，それを定める立法機関を構成する授権規範が別に存在している必要がある）との法理論的前提から，憲法改正権も一種の立法権である以上，それを構成する授権規範（改正規定）の改正は許されないとする議論もある。同説は，法に関わる論理の問題として，改正規定の改正禁止という結論を導き出している点に特徴がある（長谷部・憲法 35-37頁）。

（3）改正禁止規定（改正内容限定規定）

　硬性憲法において，所定の改正手続を踏んでも一定の事項についての改正を許さないという趣旨の規定（改正禁止規定）がおかれる場合がある。フランス第五共和国憲法の「共和政体は，これを改正の対象とすることができない」（89条5項），ドイツ連邦共和国基本法の「この基本法の変更によって，連邦の諸ラントへの編成，立法に際しての諸ラントの原則的協力，または，第1条および第20条にうたわれている基本原則に触れることは，許されない」（79条3項。ちなみに，第1条は「人間の尊厳の不可侵性」を，第20条は民主的・社会的連邦国家，国民主権と国家権力の拘束，抵抗権を定めている）等の規定がその例である。

　ただし，無限界説に立てば，改正禁止規定をまず改正し，その上で禁止されていた事項を改正するという二度の手間さえかければ，どんな内容の改正も法的に許されることになる。一方，限界説に立てば，改正禁止規定の有無にかかわらず，一定の事項の改正は許されないことになる（樋口・憲法80頁）。改正禁止規定の内容が改正権の理論上の限界と異なる場合には，その規定自体の改正は法的に可能であると解されるが（芦部・憲

法Ⅰ 77-78 頁），「改正禁止規定は改正の実体面に関する制限規範であって，改正手続規定と同様その憲法の立場からは改正対象とはなりえない」とする有力説もある（佐藤幸・憲法論 40 頁）。

（4）改正限界説の意味と効用

　憲法改正の限界を論ずることにどのような意味があるのか。限界説をとる論者も，改正の限界を超える憲法の改変が実際に起こりえないと論じるわけではない。限界説によれば，法的な観点からみてそのような改変は，憲法の連続性を前提にした「改正」ではなく，「新憲法の制定」として評価されるだけの話である（樋口・憲法 82 頁，佐藤幸・憲法論 41 頁，長谷部・憲法 37 頁）。よって，もし「新憲法」が社会の大部分のメンバーによって受け入れられ，憲法秩序として機能するに至ったとき（逆にいえば，「旧憲法」が実効性を失った場合），「旧憲法」における改正の限界を基準として，「新憲法」の有効・無効を論ずることは，実定法を問題とする法的議論としては無意味である（樋口他・注解Ⅰ 381 頁）。

　以上のとおり，限界説をとれば，一定内容の憲法改正を実際に抑止できると考えるのは幻想である。改正の限界を論ずる意義は，憲法に内在する価値をあらかじめ明確化することで，国会議員や国民がそれらの基本的価値を安易に改変するのを諫める点にあり，その意味で予防的なものに止まる。よって，たとえば，日本国憲法における戦力不保持の原則を改正の限界と解したからといって，非武装平和主義が実際上も恒久化するわけではない。もちろん，同原則の安易な改廃論議を諫める効果は期待できようが，9 条の擁護論としては，「現実政治における 9 条の効用」を具体的に論じるほうが有効であろう（愛敬・前掲書 191-212 頁）。

5　憲法の変遷
（1）憲法変遷の意味

　憲法改正が所定の手続に従って憲法の明文を変更するものであるのに対し，憲法変遷（Verfassungswandlung）とは，憲法の明文が変更されることなしに憲法が実質的に変更されることをいう（この用語はドイツ公法学説に由来する。フランスでは「憲法慣習」（coutume constitutionnelle）という言葉が使われる）。硬性憲法の下でも，その運用の過程で，憲法規範と矛盾する実例が生み出されることは避けられない。このような「違憲の実例」が反復・蓄積された場合，憲法・法律を解釈・執行する公務員（裁判官を含む）は，将来において「違憲の実例」に従って判断・行動する可能性が高い。ならば，明文の変更なしに憲法は実質的に変化した（憲法変遷が生じた）と理解すべきだろうか。ここで重要なのは，(a) 社会学的意味における憲法変遷と，(b) 法的意味における憲法変遷を区別する視点である。憲法の運用についての事実認識の問題として，(a) の意味での憲法変遷が起こる可能性は否定できない。しかし，憲法改正と対比させて憲法変遷という観念を議論するのであれば，重要な論点は，「違憲の実例」によって，憲法改正と同様の法的効果（解釈基準そのものの変化という効果）が生ずるのを認めるか否かである。これが

(b)の論点である（樋口他・注解Ⅰ386頁，長谷部・憲法38-41頁，佐藤幸・憲法論41-42頁）。

（2）憲法変遷論の問題点

(a)の意味で憲法変遷があるからといって当然に，(b)の意味での憲法変遷がありうるとの立場をとらなければならないわけではない。(b)の意味での憲法変遷を認める立場（憲法変遷論）は，「実例」による憲法規定の改廃を正当化する立場なので，憲法運用者である公権力に対する憲法の制約を緩和する議論であるといえる。よって，公権力の制約を憲法の第一の目的と考える立場からすれば，憲法変遷論を受け入れるべき理由はないことになる。(b)の意味での憲法変遷を認めない立場が多数説である（芦部・憲法399-400頁，樋口・憲法85-86頁，佐藤幸・憲法論41-42頁。以下，「憲法変遷」という用語は(b)の意味で用いる）。

憲法変遷の問題が実際的な争点となったのが，憲法9条と自衛隊の関係である。たとえば，ある論者は，①憲法制定当時における9条の規範的意味は非武装平和主義であったが，②その後の国際情勢と日本の国際的地位の変化によって同条の規範的意味は変化し，③国民の規範意識も自衛隊を容認しているとして，憲法の変遷を理由に自衛のための防衛力の整備は9条に違反しないと主張する（橋本公旦『日本国憲法・改定版』有斐閣，1988年，438頁以下）。しかし，憲法変遷を認めない学説からすれば，そもそも同説をとる理由はない。また，仮に憲法変遷が起こりうることを認めるとしても，世論や学説の態度，最高裁の有権解釈が出されていないことから，9条について憲法変遷を認めない立場が多数説である（清宮・憲法Ⅰ391-392頁，芦部・憲法Ⅰ295-296頁，佐藤幸・憲法論92-93頁）。

6 戦後日本の改憲論議

（1）改憲論議の概要

憲法96条をめぐる学説状況は，戦後日本の改憲論議に規定されている面が少なくないため，その概要を説明する。もう少し詳しく知るためには，辻村・憲法524-527頁，木下・只野・新コメ730-732頁（倉田原志執筆）が有用であり，その詳細を体系的に理解するためには，渡辺治『日本国憲法「改正」史』日本評論社，1987年，が必読である。

サンフランシスコ講和条約（1954年4月）によって，日本が「主権を回復した」ことから，改憲派は，「日本国憲法は占領軍に押しつけられた憲法である」と批判する「押しつけ憲法」論を駆使しつつ，「自主憲法」の制定を訴えた（自由党「日本国憲法が全面改正を要する理由」（1954年11月）等）。1954年12月に改憲積極派の鳩山一郎が内閣を組織し，保守系政党の改憲気運が高まると，左右に分裂していた社会党は護憲勢力結集のために統一した（1955年10月）。他方，自由党と民主党も統一して自由民主党を結成し（1955年11月），ここに「55年体制」が成立した。鳩山は憲法改正の発議に必要な3分の2以上の議席を確保するために小選挙区制の導入を目論んだが，これに失敗する（1956年5月）。他方，「護憲」を旗印にした社会党は，1955年2月の衆議院総選挙，1956

年7月の参議院通常選挙で改憲阻止に必要な3分の1議席を獲得した。そのため、50年代改憲は頓挫した。

1957年8月、政府憲法調査会が始動したが、調査・審議が進むに連れて改憲論議は拡散し、最終報告書（1964年7月）は結局、憲法改正の可否に関する調査会の統一見解を示すものにはならなかった。1960年7月、安保闘争後の岸信介内閣の総辞職を受けて首相に就任した池田勇人は、1963年の総選挙の際、「私の在任中は改憲をしない」と明言し、その後の歴代内閣も憲法改正に消極的なスタンスを取った。この時期、非核三原則、防衛費GNP 1％枠、武器輸出禁止三原則等の「小国主義」的政策が確立する。「小国主義」とは、9条とそれを支持する政党や社会勢力との対抗において、自民党政権が余儀なく採用してきた外交防衛政策を表す用語である。（渡辺治「高度成長と企業社会」同編『日本の同時代史 27 高度成長と企業社会』吉川弘文堂、2004年、28-32頁）。

1990年代には、湾岸戦争（1991年）を契機として「国際貢献」の名の下に自衛隊の海外出動体制が整備され、「国際貢献」や「解釈上の疑義をなくす」という観点からの9条改正論が提唱された。2000年代に入ると、国会の衆参両院に設置された憲法調査会が活動を開始したこともあり（2000年1月）、改憲論議が盛り上がった。読売新聞「憲法改正試案」（1994年11月）を嚆矢として、読売新聞「憲法改正2004年試案」（2004年5月）、世界平和研究所「憲法改正試案」（2005年1月）、自民党「新憲法草案」（2005年11月）、民間憲法臨調「創憲会議　新憲法草案」（2005年10月）など、条文の体裁を整えた全面改正案が、政党・メディア・民間団体等から続々と示されたのがこの時期の特徴である。

（2）現在の改憲論議

自民党は野党時代の2012年4月、サンフランシスコ講和条約発効60周年記念と称して（そのため、50年代改憲と同様、「押しつけ憲法」論に訴えている）、「日本国憲法改正草案」を発表した。同案も条文の体裁を整えた全面改正案である。同案の内容を大雑把に整理すれば、(i)保守的・復古的改憲、(ii)平和主義の根本的改変、(iii)人権保障の弱体化、(iv)統治機構の「微調整」、(v)立憲主義の形骸化に分類できる（同案の概要とその問題点については、奥平康弘ほか編『改憲の何が問題か』岩波書店、2013年、を参照）。

(ii)との関係では、(a)「国防軍」の設置を定める規定（9条の2）と、(b)「緊急事態」条項（98条・99条）が重要である。(a)に関して同案は、戦力不保持を定める現行9条2項を削除する一方、9条の2を新設して、「国防軍」の設置（1項）、国際的軍事協力と在外邦人保護のための「国防軍」の利用（3項）、軍事審判所の設置（5項）を定めている。(iii)について特に問題なのは、(c) 人権制約根拠としての「公共の福祉」を「公益及び公の秩序」に変更する点（12条）と、(d) 人権保障の基本原理としての「個人の尊重」を「人の尊重」に変更する点である（13条）。(d)は、日本国憲法の人権保障原理の基底にある個人主義の考え方を否定するものとして、厳しい批判を受けている。(v)との関係でまず注目すべきなのは、改正発議要件の緩和である。同案は衆参両院の総議員の過半数の賛成と国民投票での承認による憲法改正を定めている（100条1項）。安倍晋三首相が当初、改正規定（96条）の先行的改憲を熱心に追求したため（2013年）、「憲法改正規

第9章　改　正

定の改正」の問題（本書436頁）が，現実政治においてホットな争点となった（辻村・前掲書25-58頁）。

同案は前文の全面改正を提案しており，「日本国は，長い歴史と固有の文化を持ち，国民統合の象徴である天皇を戴く国家」であり，「日本国民は，よき伝統と我々の国家を末永く子孫に継承するため，ここに，この憲法を制定する」と謳っている。これは，「利害・価値観を異にする諸個人が自らの自由・権利のよりよい保障のために社会契約を結んで政治社会（＝国家）を形成し，自らの自然権の一部を政府に信託する」という「社会契約の論理」を否定するものである（「国政は，国民の厳格な信託による」と宣言する現行前文は，「社会契約の論理」を受け入れている）。

前文が改定された暁には，日本国憲法は，個人の生来的な自由と平等を「自明の真理」であると宣言するアメリカ独立宣言（1776年）や，「あらゆる政治的結合の目的は，人の，時効によって消滅することのない自然的な諸権利の保全にある」（2条）と宣言するフランス人権宣言（1789年）等に示された立憲主義憲法の正統な系譜から離脱することになろう（同案が，基本的人権の保障は「人類の多年にわたる自由獲得の努力の成果」であるとする現行97条を削除している点も注目される）。個々の条文に関する改正提案の当否とは別に，立憲主義の危機という観点からの批判が広く行われているのも，そのためである（樋口陽一『「日本国憲法」をまっとうに議論するために』みすず書房，2015年，150頁以下，阪口正二郎「自民党改正草案と憲法尊重擁護義務」法律時報編集部編『「憲法改正論」を論ずる』日本評論社，2013年，105頁以下，高見勝利『憲法改正とは何だろうか』岩波書店，2017年，189頁以下等）。

〔愛敬浩二〕

第96条 ①この憲法の改正は，各議院の総議員の3分の2以上の賛成で，国会が，これを発議し，国民に提案してその承認を経なければならない。この承認には，特別の国民投票又は国会の定める選挙の際行はれる投票において，その過半数の賛成を必要とする。
②憲法の改正について前項の承認を経たときは，天皇は，国民の名で，この憲法と一体を成すものとして，直ちにこれを公布する。

1　96条の趣旨

本条は，第9章「改正」に置かれた唯一の条文であり，憲法改正の手続を規定する。本条1項は，各議院の総議員の3分の2以上の賛成による改正案の発議と国民投票における過半数の賛成を求めており，通常の立法手続（59条）よりも厳格なものになっている。よって，日本国憲法は硬性憲法としての性格をもっていることになる。憲法改正国民投票の制度を設けていることが本条の特徴といえるが，「ここに主権が国民に存することを宣言し，この憲法を確定する」と宣言する前文の趣旨を具体化したものとして評価できる。

本条の定める改正手続と各国の憲法の改正手続を比較する場合，日本国憲法は硬性度の高い憲法と評価されるのが一般的であるが（本書433-434頁），各国憲法の改正手続に関する詳細な比較憲法的検討をふまえて，「日本だけが特に厳しいわけではなく，また『厳しすぎる』と即断することはできない」と評価する立場もある（辻村みよ子『比較の中の改憲論』岩波書店，2014年，34-43頁）。なお，憲法の硬性の度合いと憲法改正の難易度の問題は区別して論じる必要があること，改正内容の重要度も考慮する場合，憲法改正の難易度は，改正手続の厳格さだけではなく，各国の置かれた政治的諸条件にも左右されることは前述した（本書434頁）。

　自らを「不磨ノ大典」（憲法発布勅語の言葉）と称した大日本帝国憲法（明治憲法）にも，改正手続に関する規定があった。その手続は，①天皇が勅命をもって改正案を帝国議会の議に付し，②両議院の総議員の3分の2以上の出席議員による3分の2以上の特別多数決を要求するものであった（73条）。本条と異なり，国民投票による承認の手続が含まれていないのは，天皇主権に基づく明治憲法の性格からして当然のことといえよう。明治憲法は一回も改正されないまま，アジア太平洋戦争での敗戦・降伏によるポツダム宣言の受諾により，日本国憲法が制定されたが，この「新憲法」の制定は，形式的には明治憲法の全面改正として，同憲法73条の定める手続に従って行われた。

　本条は，GHQ草案89条に基づいており，同条は，国会議員全員の3分の2の賛成による発議と国民の過半数による承認を求めていた（本条の制定経緯の概要については，辻村・前掲30-34頁を参照）。なお，戦後日本では，特に9条の問題を中心にして憲法改正の是非が国論を分断する政治的争点となってきたため，日本国憲法の下で半世紀以上の期間，憲法改正の手続を定める法律は存在しなかったが，2007年5月に「日本国憲法の改正手続に関する法律」（国民投票法）が制定された（同法に基づき，国会法も改正された〔68条の2～6・102条の6～10等〕）。なお，同法は投票権者を満18歳以上の日本国民としたため（3条），選挙権年齢等の18歳への引き下げが「宿題」とされたが，2014年6月に「日本国憲法の改正手続に関する法律の一部を改正する法律」が成立し，国民投票の投票権年齢につき，同法施行後4年間は満20歳とする経過措置をとることで，憲法改正をいつでも開始できる体制が整えられた。その後，2015年6月の公職選挙法改正により選挙資格年齢も18歳で統一された。

2　「憲法の改正」

　憲法改正とは，憲法の定める手続に従い，憲法典中の個別条項について削除・修正・追加を行うことにより，または，新たな条項を加えて憲法典を増補することによって，意識的に憲法を変更することをいう（本書433頁）。

(1)　「改正」の方式

　本条の定める手続に従えば，憲法典の全面改正を行うことも法的に可能かという問題がある。全面改正と部分改正とを区別した上で，それぞれの手続を明文で定めている例として，スイス憲法がある（118条以下。全面改正の場合，部分改正よりも要件・手続が加重されている）。憲法改正の実質的限界の問題は別にして，量的な意味での

全面改正を認める学説が多数説である（宮沢・コメ785頁, 芦部・憲法Ⅰ78-79頁, 樋口他・注解Ⅰ377頁）。一方, 本条2項の「この憲法と一体を成すものとして」という文言との関係で, 日本国憲法は全面改正を禁止していると解する学説や（佐藤・憲法論38頁）, 部分改正が原則であることを強調する学説もある（辻村・憲法517頁）。

なお,「部分的な改正を積み重ねれば結果的に全部改正になることもある」ので, 全部改正の是非としてではなく, 憲法の基本原理に関する改正の限界の問題として論じれば足りるとの見解もあるが（新基本コメ505頁〔工藤達朗〕）, 全面改正の定義を厳密に行った上で, その是非自体を議論する実際上の意味はある。全面改正とは,「現行憲法典所定の改正手続を利用して, 実質的には新憲法を制定する行為」を意味し,「全面的な書き直しも視野に入れて, 現行憲法典のすべての条文を再検討する作業は, 結果として改正憲法中に旧憲法の複数の条文がそのまま存置されても, 全面改正行為」（赤坂正浩「憲法の同一性と憲法改正の限界」全国憲法研究会編『憲法改正問題〔法律時報増刊〕』日本評論社, 2005年, 118-119頁）に当たると解するならば, 2000年代以降の顕著な特徴である日本国憲法の全面的再検討を提案する各種の改正試案について（本書439頁）, 全面改正の是非という観点からの評価が可能となる。

（2）「改正」の限界

憲法改正の内容に限定を認めるか否かによって, 無限界説と限界説が存在し, 後者が通説であることが前述した。限界説に立つ場合, 憲法制定権力の所在（国民主権の原理）を示す規定や, 憲法制定権力による基本的決断の内容, すなわち, 当該憲法の根本原理を定めた規定を変更することは許されないとされる（本書435-437頁）。

日本国憲法について改正の限界として一般的に挙げられるのは,（a）国民主権の原理,（b）基本的人権尊重の原理,（c）平和主義の原理である。また,（d）改正手続（96条）も改正の限界に当たるとするのが一般的である。ただし, 憲法改正権の限界は,「その憲法のもっとも根元的な原理にかぎられなくてはならない」との立場から,（c）は限界に当たらないとする学説もある（宮沢・コメ788-789頁）。（c）が改正の限界に当たるとする学説の間にも, 戦力の不保持を定める9条2項の改正を認める立場（芦部・憲法398頁）と, 2項は改正の限界をなすとの立場（佐藤功・注釈憲法（下）1254頁）との対立がある。ただし, 近年では, 2項の改正を認めるのが多数説である（木下・只野・新コメ736頁〔倉田原志執筆〕）。

限界説に立つ場合,（d）がなぜ改正の限界とされるのかについては前述した（9章4（2））。ただし,（d）を改正の限界とする説も, 本条の変更は一言一句許されないと主張しているわけではなく, 憲法制定権と憲法改正権との混同にならず, 改正権の根本に触れない範囲の改正であれば, 許されるとする（清宮・憲法Ⅰ411-412頁）。よって, 本条の定める憲法改正国民投票は, 国民の憲法制定権力の思想を具体化したものなので, それを廃止することは許されない（芦部・憲法399頁, 佐藤幸・憲法論40頁等）。また, 硬性憲法の「硬性」を一定程度, 弱めたり, 強めたりすることは許されるが, 硬性憲法の同一性を失わせるほどに「軟化」させることも許されないと解され

る（清宮・憲法Ⅰ 411-412 頁，辻村・前掲 55-56 頁）。近年の各種の改憲試案は，(a) 各議院の総議員の過半数の賛成による発議と，(b) 国民投票における過半数の賛成という改正手続を提案するものが多いが（自民党「新憲法草案」〔2005 年〕，自民党「日本国憲法改正草案」〔2012 年〕，日本青年会議所「日本国憲法草案」〔2012 年〕，産経新聞「国民の憲法」要綱〔2012 年〕等），このような改正は限界を超えるとの評価もある（高見勝利『憲法改正とは何だろうか』岩波書店，2017 年，40-42 頁）。

3 「改正」の手続

本条の定める改正手続は，①国会による発議，②国民投票による承認，③天皇による公布の三段階から成る。

（1）国会による発議

① **改正原案の「発案」** 本条にいう「発議」とは，通常の議案について国会法等でいわれる発議（原案の提出を意味する。国会法 56 条等を参照）とは異なり，国民に提案される憲法改正案を国会が決定することをいう。国会法は憲法改正原案の発案（ただし，国会法は「発議」という文言を用いている）について，衆議院では議員 100 人以上，参議院では議員 50 人以上の賛成を要件としており（68 条の 2），その他の議案の場合（56 条 1 項）よりも，要件を加重している。なお，国会法は，各議院の憲法審査会にも発案権を認めている（102 条の 7）。

問題は，内閣にも発案権が存するか否かである。肯定説（「国会の発議」は発案権者を議員に限る趣旨ではない，内閣の発案権を認めても，国会審議の自主性は損なわれない等）と否定説（憲法改正は国民主権の発動なので，発案権は国民代表〔＝国会議員〕にのみ属す，憲法改正原案の提出権と法律案の提出権を同じく考えるのは，憲法と法律との形式的・実質的な相違を曖昧にする等）が対立する（肯定説の例として，宮沢・コメ 792-793 頁，清宮・憲法Ⅰ 398-399 頁を，否定説の例として，樋口・憲法 79 頁，辻村・憲法 516-517 頁を参照）。しかし，内閣総理大臣及び過半数の国務大臣が国会議員であることを憲法は要求しているので（67 条 1 項・68 条 1 項），大臣は国会議員としての資格で原案を提出することができるから，内閣の発案権の有無を論ずる意義は乏しいと一般に言われる（宮沢・コメ 793 頁，清宮・憲法Ⅰ 399 頁，芦部・憲法 394 頁。辻村・憲法 517 頁も同旨）。

② **「審議」** 憲法改正原案は，各議院の憲法審査会の審査に付される（国会法 102 条の 6）。各議院の憲法審査会は，他の議院の憲法審査会と協議して合同委員会を開くこともできる（国会法 120 条の 8）。明治憲法の下では憲法改正の発案権が天皇に専属していた関係上，改正原案に対する帝国議会の修正権には制限があると解されていたが，本条の下で国会は審議の際，改正原案に対して自由に修正を加えることができる（清宮・憲法Ⅰ 399-400 頁）。

③ **「各議院」** 各議院とは，衆議院と参議院をいう。法律の議決（59 条），予算の議決（60 条），条約の承認（61 条），および内閣総理大臣の指名（67 条）の場合と異なり，衆議院の優越は認められていない。そのため，国会法は憲法改正原案の取扱いについて，法律案とは異なる手続を定めている（83 条の 4・86 条の 2。制度設計の概要について，争点 326-327 頁〔太田裕之〕を参照）。なお，衆議院の優越を認め

ない理由は明らかではないが，その説明として，憲法改正の成立を少しでも難しくしようとしたとする見解と，憲法改正は事柄の性質上，できりかぎり両議院の意思の一致を得て行うべきとの考え方によるとの見解がある（木下・只野・新コメ737-738頁〔倉田原志〕）。

④「総議員」 「総議員」の意味について，A法定議員数とする説とB現在議員数（法律上の定数から欠員を差し引いた数）とする説が対立する。A説は欠員数を常に反対の投票をしたのと同じく取り扱うことになるので妥当ではないと批判される（宮沢・コメ790頁，清宮・憲法Ⅰ400頁）。しかし，硬性憲法の目的を重視する場合，欠員がある分だけ改正が容易になるのも同様に不合理であるし，出席議員の3分の2の賛成で反対派を除名することにより改正を容易にすることを防ぐためにも（憲法58条2項），A説をとるべき理由がある（長谷部・憲法34頁）。近年では，A説が多数説であると解されるが（芦部・憲法394頁，樋口他・注解Ⅰ377頁，辻村・憲法516頁，長谷部・憲法34頁），各議院の合理的判断に委ねられているとする学説もある（佐藤幸・憲法論36頁）。

なお，両議院の先例では，本会議の定足数に係る「総議員」とは法定議員数を指すものとされているので（争点326頁〔太田裕之執筆〕），仮にB説をとるとしても，憲法改正手続において例外的に現在議員数を母数とするのを正当化するに足る特別な理由が必要となるが，硬性憲法の目的を重視するならば，そのような理由を見出すことは実際上，著しく困難であろう。よって，A説が妥当である。

（2）国民の「承認」

① 「承認」の法的性質　国民投票による国民の「承認」は，憲法改正の効果を招来に向かって発生させる決定行為である。

② 「過半数の賛成」　国民の承認の要件である「過半数の賛成」について，〔A〕有権者の過半数とする説，〔B〕無効票を含めた投票総数の過半数とする説，〔C〕有効投票の過半数とする説が対立する。C説は，棄権者や無効投票を一様に反対票として扱うのは妥当でないとする（宮沢・コメ795頁，清宮・憲法Ⅰ403頁，長谷部・憲法34頁）。しかし，硬性憲法の意義を重視する立場からは，積極的な賛成以外は現状維持を求めたものとして扱う考え方（B説）にも十分な理由がある（樋口他・注解Ⅰ378頁，辻村・憲法518頁）。B説とC説のいずれを採用するかは立法政策の問題とする学説も有力である（芦部・憲法Ⅰ73頁，佐藤幸・憲法論37頁）。なお，国民投票法はC説を採用した（126条1項）。

国民投票法では，最低投票率の要件が設けられていない。そのため，投票率が極端に低い場合，仮に改正案が有効投票総数の「過半数」を獲得しても，改正の正統性について疑義が生じうる。最低投票率を設けると，改憲反対派によるボイコット運動が起こるとの議論もあるが，最低投票率の設定が穏当なものであれば，ボイコット運動は反対派にとってもリスクとなるので，最低投票率の設定それ自体が，改憲反対派に有利に働くとは限らない。少なくとも，本条に最低投票率に関する定めがないから，法律で最低投票率を設けることは違憲であるとの議論（衆議院与党会派の法案提出者の趣旨説明。高見・前掲141頁）には理由がなく，その採否は立法政策の問題である

と解される（高見・前掲141-149頁，辻村・前掲200-202頁）。

③ **国民投票の方法** 国民の承認は，(i)「特別の国民投票」または(ii)「国会の定める選挙の際行われる投票」を通じて示される。(i)は，特別に憲法改正の承認を得るために行われる国民投票のことである。(ii)は，国会が指定する選挙と同時に行われる国民投票のことであるが，事柄の性質上，全国一斉の投票が望ましいため，実際上指定できるのは，衆議院議員総選挙か参議院議員通常選挙に限られる。国民投票法の制度設計はもっぱら，(i)を前提にしているが，国会が投票期日を議決した後，内閣が衆議院を解散し，国民投票の期日と同一日に総選挙を実施することは禁止されていないので，事実上，国政選挙と国民投票が同時に実施される可能性がある。

④ **国民投票の方法** 国民投票法によれば，国会による改正発議から60日以降180日以内に国民投票が行われる（2条1項）。国会の発議から国民投票までの間，国民投票広報協議会が設置され，改正案の内容を国民に伝える（11条・14条）。国民投票に向けて改正案への賛否を訴える「国民投票運動」は，選挙運動と比較すると規制が緩和されている（文書図画の規制，運動費用の規制，個別訪問やインターネット上の運動の禁止もない）。しかし，公務員及び教育者の地位利用による運動は禁止される（103条）。また，改正原案の発議は，「内容において関連する事項ごとに区分して行う」ものとされる（国会法68条の3）。なお，国民の承認は有効投票の過半数によること，最低投票率の制度は採用されなかったことは前述した。

国民投票法には，(i)国会発議から国民投票までの期間が短いのではないか，(ii)国民投票広報協議会の委員が，「各院における各会派の所属議員数の比率」によって選任されるのは問題ではないか（12条3項），(iii)特定の候補者（政党）への賛否を問う通常の選挙と異なり，憲法改正への賛否を問う国民投票運動において，公務員や教育者の運動を禁止・制約するのは不合理ではないか等の疑問がある（102条は，裁判官や検察官等の「特定公務員」について国民投票運動を禁止する。103条は，その他の公務員や教育者について「地位利用」による国民投票運動を禁止する）。

(i)について，憲法改正は短慮や情緒ではなく，十分な情報と熟議に基づいて行わる必要があり，改正の効果が長期に及ぶ以上，発議の是非そのものを国会自身が再考する機会も必要である。よって，現行法の60日という期間は問題外であり，180日でも短いと考える。また，改正案の発議は両院の議員の3分の2以上の賛成で行われるのだから，(ii)のやり方で委員を配分すれば，国民投票広報評議会の委員の大半を改正賛成派が占めることになる。しかし，国民投票は改正案への賛否を問うものだから，賛成派と反対派の委員を同数にするのが合理的である。(iii)については，通常の選挙とは異なり，憲法改正の効果は恒久的なものとなる可能性が高い以上，特別な利害関係をもつ人々（公務員の人権の大幅な制限や義務教育の無償の廃止を内容とする改正案が発議された場合の公務員や教員を考えよ）による政治的意見表明を萎縮させないようにするため，「地位利用」の要件は厳格に解釈する必要がある。

（3）天皇による公布

天皇が「国民の名で」公布するとは，憲

第9章　改　正

法改正が主権の存する国民の意思によって成立したことを明らかにする趣旨である。よって，公布文には「国民の名で」という文句を明記することが必要であると解される（清宮・憲法Ⅰ 405頁，宮沢・コメ 796頁）。ちなみに，天皇を「日本国の元首」（1条）とする自民党「日本国憲法改正草案」（2012年）の改正手続規定（100条2項）から，「国民の名で」という文言が削除されている。改正要件の緩和を正当化する際には，厳格な改正要件は国民が憲法について意思を表明する機会を狭めるものであり，国民主権の原理を軽視するものであると論じておきながら（自民党・日本国憲法改正草案Ｑ＆Ａ増補版〔2013年〕36頁），特段の説明もせずにこの文言を削除するのは，同案に散見される日本国憲法の基本原理に対する「冷笑主義」あるいは「不感症」の一例である。

「この憲法と一体をなすものとして」とは，改正条項が日本国憲法の一部を構成し，同じ形式的効力を有するという趣旨であり，改正の方式（全部改正，部分改正，あるいは，アメリカ合衆国憲法のような増補による改正）を限定するものではないと一般に解されている（清宮・憲法Ⅰ 405-406頁，宮沢・コメ 796頁，芦部・憲法 396頁）。ただし，この文言との関係で全部改正は許されない（部分改正が原則である）とする学説も有力である（本書437頁）。

「直ちにこれを公布する」とは，天皇は「内閣の助言と承認」により（7条1号），事情の許す限かぎり速やかに公布するという趣旨である。国民投票法は，国民投票で過半数の承認を得た場合，内閣総理大臣は「直ちに当該憲法改正の公布のための手続を執らなければならない」と定めている（126条2項）。

〔愛敬浩二〕

第10章　最高法規　　［総論］

1　本章の構成と趣旨

　第10章「最高法規」は，基本的人権の本質（97条），憲法の最高法規性（98条1項），条約および国際法規の遵守（98条2項）および憲法尊重擁護義務（99条）の3カ条で構成される。

（1）比較憲法的意義と制憲過程

　憲法中に最高法規性の規定を設けることはめずらしくはない（例として，アメリカ合衆国6条参照）。だが，なぜ97条，98条2項および99条が最高法規の章に入っているのか，なぜ憲法の最高法規性（98条1項）と国際法遵守義務（98条2項）が組み合わされたのかは一見不可解である。日本国憲法の場合，制定経緯における議論の結果，97条が人権の章から第10章に移された上，98条2項が後から加えられたため，第10章は最高法規性に関する規定にとどまらない内容となっている。そこには，過去の日本の行動に対する日本側の反省と，大日本帝国憲法体制に対する連合軍総司令部側の強い不信感（明治憲法は政府を制御できなかった）が見てとれ，日本国憲法の歴史的特徴となっている（97条および98条2項の制定経緯については後掲97条および98条を参照のこと）。当初は，他の条文との類似性・重複，一般性から，不調和，不必要，誤った位置にあると評された（「憲法調査会報告書」法時36巻9号（1964年）234頁以下）。しかし，現在では，97条は基本的人権の本質を規定することによって憲法の最高法規性の実質的根拠を示すものとして，99条は憲法の最高法規性を制度的に保障する手段として，「最高法規」の章におさめられたと解されている（樋口他・注解Ⅳ 319頁〔佐藤幸治〕）。

（2）憲法史的意義

　他方，日本国憲法の制定期は，国際的には第二次世界大戦後の国際機関（特に国連）による人権保障（国際人権保障）や平和の実現という潮流と期を同じくし，それらの間接的な影響が観察できる。たとえば，連合国総司令部民生局海軍中佐ハッシーは，国際協調主義を規定する前文の原案の議論において，国家主権の絶対性を主張する同僚に対して，国際連合の成立によってそれは時代遅れの議論になったと反駁し，「いかなる国家も，主権の行使が普遍的な政治道徳を破る場合には，主権を行使する権利を有しない。」と主張している（高柳他・制定過程Ⅱ 115-116頁）。現在，国際人権保障は，宣言から実践へとステージを移し，国際的実施と国内的実施の充実が進展している。よって，国際法遵守の意味内容について具体的再検討が必要な時にきている（後掲98条参照）。

2　憲法保障――最高法規性を確保する手段

　憲法典に憲法の最高法規性が規定されただけで最高法規性が維持されるわけではない。実際に，憲法の最高法規性は，法律等の下位の法規範や違憲的な権力行使によって脅か

され，ゆがめられるという事態が生じる。そこで，このような憲法の崩壊を招く政治の動きを事前に防止し，または，事後に是正するための装置（憲法保障制度）を，あらかじめ憲法秩序の中に設ける必要がある（芦部・憲法374頁）。

憲法保障制度には，(a) 憲法自身に定められている保障制度（制度的保障）と (b) 憲法には定めがないが超憲法的根拠によって認められる保障制度（非制度的保障）がある（抵抗権および国家緊急権）。(a) には，事前的保障と事後的保障がある。前者には，広くは国民主権や人権（とくに表現の自由）を含めることもできるが，より直接的なものとして憲法の最高法規性の宣言（98条1項），公務員に対する憲法尊重擁護の義務づけ（99条），硬性憲法であることによる技術的・手続的保障（96条），権力分立，議院内閣制，二院制などの機構的保障がある（芦部・憲法学Ⅰ 61-62頁，小林・講義（下）580頁以下）。事後的保障には，違憲審査制（81条）がある。なお，憲法の最高法規性の実質的根拠である人権について，国際的潮流として，国連のパリ原則を受け各国で国内人権機関の創設が盛んである。例えば，フランス第5共和国憲法は，2008年改正によって，権利擁護官という制度を憲法に導入した（初宿＝辻村・憲法集269頁）。

3 抵 抗 権

抵抗権とは，政府が権力を濫用し，立憲主義憲法を破壊した場合に，国民が自らの実力をもってこれに抵抗し，立憲主義憲法秩序の回復をはかる権利をいう。

〔比較憲法的意義〕

抵抗権の考え方は人権思想の発達および近代市民革命において重要な意味をもつ（1789年のフランス人権宣言参照）。しかし，憲法保障制度の確立とともに明文規定は減っている。ドイツ連邦共和国基本法は，「すべてのドイツ人は，この秩序を除去しようと企てる何人に対しても，他の救済手段が存在しないときは抵抗する権利を有する」（20条4項）と定めるが，国家のみならず，国民にも抵抗権を向けうる点で伝統的抵抗権とは異なるとされる（野中他・憲法Ⅱ 403頁〔野中俊彦〕）。

学説　抵抗権の性格については，(a) 実定法説（憲法上明文で保障されている場合はもとより，そうでない場合でも「自然権」を基盤とする立憲民主主義憲法に内在する，実定法上の権利である）と，(b) 自然法説（抵抗権は自然法に基づく前国家的権利であり，合法的抵抗は抵抗権行使ではない）に分かれる（澤野義一「抵抗権」新争点90-91頁）。日本国憲法には，明文規定がないが，12条に基づき，あるいは12条および97条に基づき，その趣旨または理念が読み取れると解されている（佐藤幸・憲法52頁，芦部・憲法375-376頁）。

判例　札幌地裁は，抵抗権行使の要件として，(a) 憲法の各条規の単なる違反ではなく民主主義の基本秩序に対する重大な侵害が行われ憲法の存在自体が否認される場合で，(b) 不法であることが客観的に明確で，(c) 一定の法的救済手段がもはや有効に目的を達する見込みがなく，法秩序の再建のための最後の手段として抵抗のみが残されていることを示した（札幌地判1962〈昭37〉1.18下刑集4巻1・2号69頁）。

4 国家緊急権

　国家緊急権とは，戦争・内乱・恐慌・大規模な自然災害など，平時の統治機構では対処できない非常事態において，国家の存立を維持するため，国家権力が，立憲的憲法秩序（人権保障と権力分立）を一時停止して非常措置をとる権限である（芦部・憲法学Ⅰ65頁）。

　国家緊急権には，立憲主義を守るために立憲主義を停止するというパラドックス（国家が消滅すれば立憲主義も存立できないが，立憲主義の停止はその破壊につながる可能性もある）が存在し，どのような手続でどこまで立憲主義の例外を認めるかが問題である。19世紀以降，西欧諸国では，自然権としての国家緊急権を否定し，非常事態措置の要件を規定する憲法が登場した。(a) 緊急権発動の条件・手続・効果を詳細に定める方式と，(b) 大綱を定め，特定の国家機関に包括的権限を授権する方式がある。

　大日本帝国憲法は緊急権の規定を設けていたが，日本国憲法には存在しないので，不存在の意味について，国家緊急権を (a) 排していないという説と，(b) 排しているという説に分かれる。(a)は，非常措置は国家の存立ではなく個人の自由と権利の保障を核とする憲法秩序の維持・回復をはかるものであること（目的の明確性）を前提として，非常措置の一時的かつ必要最小限度性の原則，濫用阻止のための責任性の原則の貫徹を条件として，不文の法理として肯定する（佐藤幸・憲法50頁）。他方，(b)の立場には，不存在は欠陥という説（大西芳雄『憲法の基礎理論』有斐閣，1975年，219頁）と日本国憲法に存在しない以上，憲法の範囲内で公権力の一定の措置が許されるにとどまるとする説がある（芦部・憲法学Ⅰ67-68頁）。

　20世紀末より，「市民の安全・安心」を理由として，自然災害，テロ災害など様々な分野において国家権力が拡大する傾向が強まり（アメリカ合衆国における同時多発テロ「9/11」が拍車をかけた），平常事態と緊急事態の境界が曖昧になっている。「安全と自由」という観点から従来の国家緊急権の議論を検証する必要がある（江島晶子「安全と自由」新争点82頁，愛敬浩二「「予防原則」と憲法理論」森英樹編『現代憲法における安全』日本評論社，2009年，187頁，井口文男「国家緊急権」新争点30頁）。

〔江島晶子〕

第97条　この憲法が日本国民に保障する基本的人権は，人類の多年にわたる自由獲得の努力の成果であつて，これらの権利は，過去幾多の試錬に堪へ，現在及び将来の国民に対し，侵すことのできない永久の権利として信託されたものである。

1　97条の趣旨　基本的人権の本質

　本条は，基本的人権が「侵すことのできない永久の権利として，現在及び将来の国民に与へられ」（11条），「国民の不断の努力によつて，これを保持しなければならない」（12条）ことを踏まえて，「最高法規」

の章に改めて規定することによって、憲法がなぜ最高法規であるかの実質的根拠を明示する。すなわち、本条では、「基本的人権」が「人類の多年にわたる自由獲得の成果」であり、「過去幾多の試練に堪へ」てきたことに言及して、その歴史的由来を明らかにしている。

（1）制憲過程

97条は、連合軍総司令部案においては「人民ノ権利及義務」の章にあった。しかし、日本政府との折衝において、同章（現第三章）は基本的人権の賦与について定める条文だけにされることになったが、総司令部からこの条文をほぼ全文そのまま憲法のどこかに掲げたいという要望が出されたため、その文言に修正を施して、第10章の冒頭に置かれた（高柳他・制定過程Ⅱ283-284頁）。

（2）比較憲法的意義

「人類の多年にわたる自由獲得の成果」とは、イギリスにおけるマグナ・カルタ（1215年）、権利請願（1627年）、権利章典（1689年）、合衆国における独立革命と独立宣言（1776年）、諸邦の憲法および合衆国憲法（1787年）、フランスにおける市民革命と人権宣言（1789年）を先駆として、その後の革命および憲法制定、さらに20世紀における全体主義との闘い等、自由獲得の歴史のことである。すなわち、人権は何もせずに手に入るものではなく、それを得るために人類の長年の努力が積み重なった結果として戦いとられたものであることを意味する。そして、「過去幾多の試練に堪へ」とは、いったん手に入っても独裁主義、軍国主義、神権主義、ファシズム等によって常に脅かされ、それに抵抗して現在に至ったという趣旨である（宮沢・コメ800頁）。

2　学　説

最高法規性の実質的根拠としての意義を強調するのが通説である。11条では、「与へられる」と規定するのに対して、本条は「信託されたもの」としている。そこで、本条は英米法における信託の観念を採用したという立場からは、「委託者」は神、「受託者」は現在および将来の日本国民、受益者は人類一般で、日本国民に委託された基本的人権を、多年にわたって自由のために苦闘してきた人類のために活用すべきであるという趣旨だとする立場がある（法協・註解1464頁、佐藤功・註釈（下）1270頁は、委託者を人類とすることも認めている）。他方、「信託」の用法は厳密ではなく、法的に特別の意味はなく、強いていえば、後々の世代のために国民は「基本的人権」を大事にしていかなければならないという自覚を促しているという立場がある（宮沢・コメ801頁、樋口他・注解Ⅳ327頁〔佐藤幸治〕）。

〔江島晶子〕

> **第98条** ①この憲法は，国の最高法規であつて，その条規に反する法律，命令，詔勅及び国務に関するその他の行為の全部又は一部は，その効力を有しない。
> ②日本国が締結した条約及び確立された国際法規は，これを誠実に遵守することを必要とする。

1　98条の趣旨　憲法の最高法規性，条約および国際法規の遵守

本条は，1項において，憲法が国の最高法規であって，他の一切の法形式に優越する効力を有することを規定すると同時に，2項において，条約および確立された国際法規を誠実に遵守すべきことを規定する。

（1）制憲過程

1項に関する連合軍総司令部案では，「この憲法並びに憲法に従って作られた法律および条約は，国の最高法規であって，その条規に反する法律または命令および詔勅または国務に関するその他の行為の全部または一部は，その効力を有しない」と規定され，「憲法に従って作られた法律および条約」も最高法規とされた。これは，合衆国憲法6条2項の規定にならったとみることができる（法協・註解1468頁）。だが，それだけではなく，総司令部側は，『法の支配』の原理の端的な法的表現として，憲法の最高法規性の確立を狙い，新憲法を頂点としその下でつくられた法律・条約をも含めてトータルに捉えて『最高法規』とし，旧憲法下でのそれに対する絶対的優位を考えていた（新正幸「憲法98条2項立案過程の分析（二）」行政社会論集2巻2号（1989年）14頁，16頁）。これは，総司令部で憲法問題を担当していた民政局法規課長ラウエルが，政府の機能のすべてに憲法による規制が欠けていることが明治憲法の「弊風」であったという認識から，憲法は国の最高の法であり，すべての国務に関する行為は憲法によって規制されることを明定するよう強く提案したこととも符合する（高柳他・制定過程Ⅱ 280頁）。

この総司令部案の文言がほぼそのまま採用された「憲法改正案」は，衆議院の審議において，連邦制的規定だとして「憲法に従って作られた法律および条約」の部分が除かれる一方，現行規定が新たに2項として置かれた。これは，日本が従来条約を守らなかったという外部の印象を払拭するために提案された外務省案「日本が締結又は加入した条約，日本が参加した国際機関の決定及び一般に承認せられた国際法規はこの憲法とともに尊重されなければならない」が，法制局等における検討を経て，現行の形に落ち着いたものである（高柳他・制定過程Ⅱ 281-282頁，新・前掲9頁以下）。この変遷は，「国際法の国内法的効力及びその形式的効力を規律する法的意義を担う条文から，国際社会におけるわが国の過去の態度への反省と将来に向けての姿勢を表現する政治的意味合いの条文への変化を表象」し，憲法施行後，国際法と国内法の関係について理論的対立を生む原因ともなった（樋口他・注解Ⅳ 330-331頁〔佐藤幸治〕，国際法と国内法については後掲3以下参照）。さらに，98条1項にも81条にも条約が明記されていないため，条約が違憲審査の対象となるのかという問題が生じた。

（2）国際協調主義の具体化

条約および確立された国際法に対する遵守義務を課す2項は，憲法前文の国際協調主義を具体化する（小林孝=芹沢編・基本コメ443頁〔畑尻剛〕）。2項は，戦前の日本の国際法に対する態度の反省が契機であるが，国際化，グローバル化の進展する現代社会（政治，経済，社会，文化等，あらゆる領域における国際的相互依存が顕著）において，現代的意義を見出しうる。なかでも憲法が基本理念とする基本的人権の保障は，第二次大戦後，国際社会の問題として発展を遂げ，数多くの人権条約と国際的人権実施機関を出現させた。もっとも，世界政府が存在しない現状では，人権の実施は第一次的には各国に委ねられており，人権条約の実効性は各国の取り組み次第である。人権条約の誕生と時期を同じくして登場した日本国憲法が，国際的動向とどこまで歩調を合わせ，人権条約の国際的・国内的実施を国際法遵守義務の具体的内容としてどこまで積極的に意義づけられるかが問題となる（詳細は，後掲3(7)参照）。

2　98条1項：憲法の最高法規性
（1）最高法規性の意義

「国の最高法規」とは，憲法，法律，命令など国内法形式の体系のうちで最も高い地位にあり，最も強い形式的効力を有する法形式であることを意味する（宮沢・コメ801頁）。「その条規に反する」とは，憲法の規定（前文も含む）に反するという意味で，「憲法に適合しない」（81条）と同様である。具体的には，(a) 法形式上の違反（ある事項につき憲法が定める法形式と異なる法形式で定める場合：罰則等法律で規定すべき事項を法律の委任なしに政令で定めること），(b) 法制定手続上の違反（憲法所定の手続によらずに制定する場合：条約が国会の承認なしに締結されること），(c) 法内容上の違反（憲法の内容に違反する場合：法律が憲法上の権利を侵害する場合）がある（樋口他・注解Ⅳ 333頁〔佐藤幸治〕）。

「法律」とは，形式的意味の法律，すなわち，国会により制定され，何年法律第何号として公布される法形式（59条）を，「命令」とは，政令（73条6号），内閣府令・省令（内閣府設置7条3号，行組12条），外局たる委員会・庁の規則（行組13条），行政委員会の規則（国公16条，会検38条）など，行政機関によって制定され，法規をその主たる所管事項とする法形式である。「詔勅」とは，詔書，勅諭，勅語など，天皇の行為としてなされたもののうち「命令」に属するものを除くものの総称である（前文1段参照）。

「国務に関するその他の行為」とは，法律，命令および詔勅以外のあらゆる国法形式および処分をいう（宮沢・コメ802頁）。地方公共団体の条例・規則も含まれるという見解と，法律・命令に準じたものとみなすという見解が存在するが，いずれにせよ本項に含まれる。

判例　最高裁は，「国務に関するその他の行為」とは，同条項に列挙された法律，命令，詔勅と同一の性質を有する国の行為，言い換えれば，公権力を行使して法規範を定立する国の行為であるとした。よって，国と私人との売買契約は私法上の行為であり，公権力を行使する法規範の定立を伴わないので，「国務に関するその他の行為」に該当しないと判示した（最三判1989〈平元〉6.20民集43巻6号385頁〔百里基地事

件〕)。これには，私法関係か公法関係かといった区別は，超憲法的な区別ではなく，憲法の下で生じる区別と考えるべきであり，憲法の適用の有無を考える基準とすべきではない。国家の行為は，私法的形態で行われようと，公法的形態で行われようと，憲法の適用を受けるとの批判がある（高橋・憲法 109-110 頁，他に，松井・憲法 58 頁，樋口他・注解Ⅳ 123-126 頁〔佐藤幸治〕）。

憲法に反する法令その他の国家行為は「その効力を有しない」とは，無効ということであるが，当該国家行為の違憲性がいかなる帰結をもたらすのか（一般的に無効となるのか個別的に無効となるのか）は，具体的な違憲審査において決定される。また，「効力を有しない」とは，憲法と当該国家行為が抵触した時点において当該国家行為が無効——すなわち，当初無効——となると考えられるが，例外的に違憲の国家行為も無効ではないとした判例がある。最高裁は，「憲法に違反する法律は，原則としては当初から無効」という原則を示しつつも，この原則を適用すると不当な結果を招来する場合には「別個の，総合的な視野に立つ合理的な解釈を施さざるをえない」とした（最大判 1976〈昭 51〉4.14 民集 30 巻 3 号 223 頁〔衆議院議員定数不均衡事件〕），選挙は違法である旨を判示するにとどめ，選挙は無効としないとした。また，婚外子法定相続分違憲決定では，民法 900 条 4 号但書は憲法 14 条違反だと判示しつつ，「本決定の違憲判断は，Ａ の相続の開始時から本決定までの間に開始された他の相続につき，本件規定を前提としてされた遺産の分割の審判その他の裁判，遺産の分割の協議その他の合意等により確定的なものとなった法律関係に影響を及ぼすものではな いと解する」と違憲決定の事実上の拘束力を限定した（最大決 2013〈平 25〉9.4 民集 67 巻 6 号 1320 頁）。

（2）最高法規性の形式的根拠と実質的根拠

憲法が最高法規であることの形式的根拠は，98 条 1 項であるが，基本的人権が永久不可侵の権利であることを宣言する 97 条がその実質的根拠を明らかにしている（芦部・憲法 12 頁，実質的根拠を重視するものとして他に，高橋・憲法 16-17 頁）。最高法規であるというとき，法規範の構造を階梯的にとらえることを前提とする。すなわち，国法秩序は，形式的効力の点で，憲法を頂点とし，その下に法律→命令（政令，府省令等）→処分（判決を含む）という順序で，段階構造をなす。この構造は，上位の法は下位の法によって具体化され，下位の法は上位の法に有効性の根拠をもつ（ケルゼンの法段階説，芦部・憲法 13 頁）。最高法規としての憲法自体の権威（妥当性）は何によって根拠づけられるのかは問題である。最高法規としての憲法は，その体系内にある他の法規範の権威を根拠づけるが，最高法規より優位する法規範をその中にもたないので，憲法自体の権威を根拠づけはしないからである（阪本・理論Ⅰ84 頁，ハート流の考え方について，長谷部・憲法 25-26 頁参照）。

（3）明治憲法下の法令の効力（経過規定としての 98 条 2 項）

学説　日本国憲法の形式的最高性は，日本国憲法制定前の法令にも及ぶのかが問題となる。98 条 2 項は経過措置の意味をもたないという立場もあるが（長谷川正安『憲法判例の体系』勁草書房，1966 年，119 頁，山下威士「憲法の最高法規性の宣言」

新報 96 巻 11・12 号（1990 年）289-292 頁），法生活の継続性・安定性から（宮沢・コメ 803 頁），加えて，国民共同社会の一体性の理念という意味でも国家の同一性が維持されたと考えられる場合には，革命による新憲法の制定は旧憲法下の法令を直ちに排除しないという理由から（芦部・憲法学Ⅰ 100 頁），肯定するのが通説である。

判例 最高裁は，戦時立法である食糧管理法の趣旨は日本国憲法の条規に反せず，98 条は憲法施行の前後にかかわらず制定された法律等の有効性を決定する基準を示す規定であると解すべきだから，食糧管理法は経過規定を必要とせず新憲法施行後も効力を持続すると判示した（最大判 1950〈昭 25〉2.1 刑集 4 巻 2 号 73 頁）。

（4）占領下の法令の効力

占領下に制定された法令の，占領終了後における効力が同様に問題となる。

学説 判例 最高裁は，連合国最高司令官の要求の実施を政府に義務づけた 1945（昭和 20）年緊急勅令 542 号およびそれに基づく政令（ポツダム命令）について，日本国憲法にかかわりなく憲法外において法的効力を有していたと判示した（最大判 1953〈昭 28〉4.8 刑集 7 巻 4 号 775 頁および最大判 1953〈昭 28〉7.22 刑集 7 巻 7 号 1562 頁）。平和条約発効後の同勅令に基づく命令の効力については，内容が日本国憲法に反しないかぎり当然には失効しないというのが通説・判例である（最大判 1961〈昭 36〉12.20 刑集 15 巻 11 号 2017 頁，清宮・憲法Ⅰ 26 頁，宮沢・コメ 806 頁）。

3　98 条 2 項　国際法遵守義務
（1）条約および確立された国際法規

現在の国際法における主要な法源とされるのが，条約と国際慣習法である（国際司法裁判所規程 38 条参照）。「条約」とは，広く，必要な一連の手続を経て成立した，日本国と外国との間の文書による合意をいう。「条約」と呼ばれるもの以外に，協定，協約，議定書，憲章等も含まれる。本条の「条約」は，73 条にいう「条約」よりも広く解される。よって，既に承認された条約を受けて，その実施のため相手国行政府との間に結ばれるものや，条約の委任に基づく取極めのごときもの（行政協定）は，適正な範囲にとどまる限り，国会の承認を必要とせず 73 条にいう「条約」には含まれないが，本条にいう「条約」には含まれる。本条にいう「条約」は，日本国が締結したものに限られる（樋口他・注解Ⅳ 342 頁〔佐藤幸治〕）。

「確立された国際法規」とは，一般に承認され，実施されている国際慣習法をいう（法協・註解下 1480 頁，清宮・憲法Ⅰ 449-550 頁，佐藤幸・憲法 89-90 頁）。なお，最高裁は，政治犯罪人不引渡の原則は確立した一般的な国際慣習法ではないとした（最二判 1976〈昭 51〉1.26 訟月 22 巻 2 号 578 頁（尹秀吉事件），国会答弁 1978〈昭 53〉4.28〔84 回衆・法務〕浅野＝杉原・答弁集 517-518 頁）。

「誠実に遵守することを必要とする」の解釈においては，国際法と国内法，憲法と条約，および条約と法律との関係が問題となる（後掲(2)以下参照）。

現在，重要性を増しているソフト・ロー（拘束力のある国際約束以外の合意，宣言，決議，さらには BIS 規制や日米防衛ガイドラインのように国家間の合意とは区別される当局間の合意など）も問題である（森肇志「憲法学と国際法学との対話に向けて」

法時 87 巻 8 号（2015 年）76 頁以下，78 頁）。

（2）国際法と国内法

学説 国際法と国内法の関係に関する論争は，大きく類型化すると，(a) 国際法と国内法を一元的な秩序でとらえる「一元論」，(b) 国際法と国内法は異なる秩序だとする「二元論」に分けられる。そして「一元論」には，国内法が国際法に優先する「国内法優位の一元論」と，国際法が国内法に優先するという「国際法優位の一元論」がある。(小寺彰『パラダイム国際法』有斐閣，2004 年，45 頁)。この論争は国際関係の変遷を反映している。唱えられた順番は，「国内法優位の一元論」（ツォルン，ヴェンツェル）から始まり，国際関係がそれほど緊密ではない 19 世紀終わり頃に登場した「二元論」（トリーペル，アンチロッチ），国際関係が緊密化し，国内問題が国際法の規律対象となり始めた 20 世紀に登場した「国際法優位の一元論」（ケルゼン，フェアドロス）である。後二者はいずれも極端な形では受け入れがたいため，両者の折衷的な見解をとる学説は少なくない（論争は歴史的使命を終えたという評価もある）。また，「等位理論（調整理論）」（国際法と国内法は各分野で最高であって法体系としての抵触は生じないが，義務の抵触は生じうるので，その結果は国家責任の追及という形で国際法上の「調整」が行われるが，国内法令は無効にならない）も支持を集めている（小寺彰＝岩沢雄司＝森田章夫編『講義国際法』有斐閣，2004 年，97-100 頁〔岩沢雄司〕）。以上の議論は，国際法と国内法の論理的関係に関する論争（法相互の授権関係における上位性がどちらにあるか，法に関する妥当根拠をどうみるか）であって，日本における国際法（特に条約）の地位に関する憲法解釈上の論争（現実の適用における優位性問題）とは別の次元のものである（「国内法優位の一元論」は「憲法優位説」ではない。前掲・小寺＝岩沢＝森田・講義国際法 117 頁，阪本・理論 I 92-93 頁，樋口・憲法 I 407 頁）。

（3）国際法の国内法的効力

国際法の国内的効力（国際法は国内で法としての効力をもつか）は，各国の国内法が決める。国際法は自らの力で，当然に国内で法としての力をもつわけではなく，国内法（憲法等）の定めに従って国内的効力をもつに至る。日本国憲法は，国際法遵守義務を（98 条 2 項）を規定し，かつ条約の締結には国会の承認が必要で（73 条 3 号），天皇によって公布されること（7 条 1 号），そして旧憲法下の慣習として公布された条約が国内法上の効力を有したこと等から，条約は特別の立法を必要とせず公布によってただちに国内的効力を有すると解されている（芦部・憲法学 I 89 頁）。「確立された国際法規」は，国際慣習法を意味すると解されているので，国際慣習法は国内的効力を有する。

〔比較憲法的意義〕

条約の国内への受容に関する憲法体制には，(a) 自動的受容，(b) 承認法受容，(c) 個別的受容が存在する。(a)の代表国は，合衆国，日本である。条約は批准・公布されると自動的に国内的効力を得る（議会の承認は法律という形式をとらない）。(b)の代表国は，ドイツ，イタリア，フランス等，ヨーロッパ大陸の多くの国である。議会による条約の承認が法律の形式によって与えられる。(c)の代表国は，イギリス，カナダ等のコモンウェルス諸国および北欧諸国である。条約は批准されても当然には

国内的効力を得ず，条約は個別に立法によって受容される必要がある。日本では，従来，(a)と(b)をまとめて「受容」体制，(c)を「変形」体制と呼んできた（前掲・小寺＝岩沢＝森田・講義国際法 104-105 頁）。

（4）国際法の国内適用可能性

国際法の国内適用可能性とは，国際法が国内においてそれ以上の措置なしに直接適用可能（self-executing 自動執行的）か，という問題である。国内適用可能性と国内的効力とは区別される。

学説 国際法の国内適用可能性は国内法が決定する問題であるが，実際の決定基準は各国でほぼ共通している。判断基準には，(a) 主観的基準（当事国の意思，国内立法者の意思）と (b) 客観的基準がある。多国間条約が多くなった現在では，当事国の意思は，国際法に国内的効力が与えられたことに基づいて直接適用可能性が推定されるべきだといわれている。よって，客観的基準としての規範の明確性が要である。憲法が特定の事項について狭義の法律によって定めることを求めているときも，その事項については国際法の国内適用可能性は排除される（前掲・小寺＝岩沢＝森田・講義国際法 107-108 頁）。

判例 東京高裁は，国内適用可能性について，「条約締結国の具体的な意思如何が重要な要素となることはもとより，規定内容が明確でなければならない」と示した（東京高判 1993〈平 5〉3.5 判時 1466 号 40 頁〔シベリア長期抑留補償請求事件〕）。最高裁は，社会権規約 9 条およびガットについて国内適用可能性を否定した（最一判 1989〈平元〉3.2 訟月 35 巻 9 号 1754 頁〔塩見訴訟〕；最三判 1990〈平 2〉2.6 訟月 36 巻 12 号 2242 頁）。他方，自由権規約については，無料で通訳の援助を受ける権利（14 条 3 項）を直接適用した裁判例がある（東京高判 1993〈平 5〉2.3 東高刑時報 44 巻 1～12 号 11 頁）。他方，租税特別措置法の規定が日星租税条約に違反するかどうかを検討した最高裁判決（最一判 2009〈平 21〉10.29 民集 63 巻 8 号 1881 頁）は条約の直接適用可能性を正面から取り上げたものと評価されている。

（5）国際法の間接適用／条約適合的解釈

裁判所や行政機関が国際法を国内法の解釈基準として参照し，国内法を国際法に適合するように解釈することを，国際法の間接適用と呼ぶ。近年では条約適合的解釈という表現が一般化している。国内法を条約に適合的に解釈すべきかどうかは，そもそも裁判所は条約を考慮する義務があるかどうかという問いを前提とする。

判例 現在のところ，裁判所に義務があると解した上，適合的解釈を行った例としては，朝鮮人学校授業妨害事件京都地裁判決がある（京都地判 2013〈平 25〉10.7 判時 2208 号 74 頁）。同地裁は，(a) 国内裁判所の条約上の義務を認め，(b) (a)に基づき民法の解釈適用に人種差別撤廃条約の影響を及ぼし，そして (c) 加害者の活動の不法行為性の判断において「人種差別撤廃条約上の人種差別に該当する」という認定を行った上，損害賠償と差止めを認めた。しかし，高裁および最高裁は，結論は同じだが，上記の(a)から(c)の部分は除去した（大阪高判 2014〈平 26〉7.8 判時 2232 号 34 頁，最三判 2014〈平 26〉12.9）

他方，義務ではないが，当該事件において参照することが結論を補強するのに便宜と考えられる場合に参照する例はより一般

的である（外国法や学説を参照するのと同じ）。札幌地裁は，外国人の入浴拒否の不法行為性の判断において，国際人権規約や人種差別撤廃条約は直接適用されないが，「私法の諸規定の解釈にあたっての基準の一つとなりうる」とした（札幌地判 2002〈平 14〉11.11 判時 1806 号 84 頁）。また，政府報告書審査における総括所見を参照した婚外子法定相続分違憲決定（最大決 2013〈平 25〉9.4 民集 67 巻 6 号 1320 頁）もこのカテゴリーに入る。こうした参照は人権条約の実施の促進として評価できる一方，現時点では，ご都合主義的なものになる危険があり，今後，条約機関の出す総括所見，意見および一般意見の評価を含め，詳細な検討が必要である。

（6）国際法の国内的序列：憲法と条約

[学説] 憲法と条約の関係について，条約優位説と憲法優位説に分かれてきた。条約優位説の根拠は，(a) 国際協調主義の精神に合致する，(b) 98 条 2 項は条約の誠実遵守義務を課しており，憲法が条約に優先するとしたらそれが実現できない，(c) 81 条および 98 条 1 項に「条約」が規定されていない等である（宮沢・コメ 816-818 頁）。憲法優位説の根拠は，(a) 国際協調主義からただちに条約優位が結論できるわけではなく（硬性憲法および国民主権の趣旨からすると，国際協調主義という不明確な一般原則に大きく依拠して条約優位を主張するのは妥当ではない），条約締結権は，憲法によって認められた国家機関の権能であり，自らの権能の根拠となる憲法を変更できない，(b) 98 条 2 項は，有効に成立した条約の遵守を強調するのであって，違憲の条約まで遵守すべきと規定してはいない，(c) 98 条 1 項が条約を規定していないのは，国内法秩序における憲法の最高法規性を宣言した規定だからであり，81 条が条約を規定しないのは，条約は国家間の合意であり司法審査に適しないことを考慮したからである（条約の違憲審査を否定してはいない），(d) 憲法改正手続と比して条約締結手続はきわめて簡便（清宮・憲法 I450 頁，芦部・憲法学 I92-93 頁）等である。

憲法改正は，国会の各議院の総議員の 3 分の 2 以上の賛成で国会が発議し，国民投票（過半数）を要するのに対して，条約の承認は両議院で可決（過半数）すればよく，しかも両議院が不一致の場合には予算の議決手続が準用されており，法律案の議決よりも容易である（この点は条約と法律の関係でも問題ではある）ことは軽視できない。国民主権の観点から考えると，政府が憲法よりも簡便な条約締結手続によって二国間条約を締結し，憲法の基本原則を変更できると考えることは問題である。条約に憲法と同位または憲法より上位の序列を認める国（オーストリア，オランダ）では，憲法改正と同様の手続で条約締結を行っている（前掲小寺=岩沢=森田・講義国際法 115-116 頁）。

第二次大戦直後は，戦争に対する強い反省を背景として条約優位説が提唱されたが，日米安保条約の合憲性が問われた 1950 年代以降，憲法優位説が通説となった。他方，憲法や条約の内容に着目して区別する考え方もある。(a) 憲法の中の根本規範的部分（国民主権，基本的人権，平和主義）は条約に優位するが，それ以外の憲法違反は条約と同位もしくは劣位の関係にあるという説（小林・講義（下）527-528 頁，批判として芦部・憲法学 I94 頁），(b)「確立された国

際法規」あるいは領土や降伏等に関する条約は憲法に優位するという説（樋口他・注解Ⅳ 349頁〔佐藤幸治〕，高橋・立憲主義 17頁，長谷部・憲法 444頁）である。政府見解は，確立された国際法規および降伏文書あるいは平和条約といった一国の安危に関わる条約は憲法に優位するが，二国間の政治的，経済的な条約には憲法が優位するとする（1959〈昭 34〉.11.17〔33 回参・予算〕（浅野＝杉原・答弁集 517頁））。

従来の憲法優位説は，二国間条約（特に日米安保条約）を念頭において展開されてきたが，多国間で正文がえられている条約（特に人権の国際化の文脈で国際人権条約）については改めて検討が必要である（後掲⑺憲法と国際人権条約参照）。

判例 最高裁は，憲法優位説を前提としていると評価されている（最大判 1959〈昭 34〉12.16 刑集 13 巻 13 号 3225頁〔砂川事件〕）。

⑺ 国際法の国内的序列：法律と条約

学説 法律と条約の関係について，憲法は明示していないが，条約が優位すると解されている。その根拠は，(a) 憲法は国際協調主義を基本原則とする，(b) 条約は国会の承認を必要とする（73条3号），(c) 98条2項は条約の誠実遵守義務を課している等である。

国会承認条約の授権に基づいて政府が締結する行政取極は，その基礎をなす条約と同じ力をもつと考えられ，法律に優位する序列を持つことになるが，現行の法令の範囲内で政府が締結する行政取極や予算の範囲内で政府が締結する行政取極は，命令と同位とみなすべきである（前掲・小寺＝岩沢＝森田・講義国際法 117頁）。

国際慣習法の国内的序列は条約と同位と一般的に考えられている。国際慣習法は憲法に優先するという主張があるが，すべての国際慣習法にあてはまるわけではないという反論がある。国際法上，国際慣習法と条約は同じ力をもち，国家は後法優位の原則に従い，国際慣習法に反する条約を締結することができるのに，なぜ国内では国際慣習法が条約よりも優位するのかを説明しにくいからである（前掲・小寺＝岩沢＝森田・講義国際法 117頁）。

⑻ 憲法と国際人権条約

①国際人権保障の発展 制定時のままの日本国憲法に対して，国際人権条約は，自由権規約および社会権規約（合わせて国際規約）といった一般的人権条約に加え，人種差別撤廃条約，拷問等禁止条約，女性差別撤廃条約，子どもの権利条約，強制失踪禁止条約，移民労働者条約，障害者差別撤廃条約等，次々に多様な個別人権条約を成立させてきた。しかも，実現手段の拡充も進み，各条約は国家報告書制度だけでなく個人通報制度を備え，人権侵害の個人通報がなされると，条約機関が条約違反の有無を検討し見解（法的拘束力はない）を出す。さらに，2006年に国連人権理事会が発足し普遍的定期的レビューが導入された。地域的レベルでは，ヨーロッパ，米州，アフリカの各地域に人権裁判所が存在する（判決は法的拘束力がある）。一方，各国で国内人権機関の普及が進展している。

②日本国内の消極的状況 こうした状況を踏まえると，人権問題を憲法問題としてのみ考察することは不十分である（横田耕一「人権の国際的保障と国際人権の国内的保障」ジュリ 1022 号〔1993年〕25頁）。だが，問題は，国内法体系において憲法・

条約・法律という序列関係を前提として，人権条約がどこまで具体的な法的効力を有するか（どこまで国会・政府・裁判所を拘束するか）である。1979年に日本が国際人権規約を批准したとき，国際人権規約は憲法の運用に無視できない影響を及ぼす（田口精一「人権の国際化（80年代における公法学の課題）」公法研究43号（1981年）26頁）という予想・期待が強かった。しかし，現在では，「最近の判決を見る限り，日本国憲法でカヴァーできず国際人権規約の大きな傘が必要と痛感する事件はなかった」（園部逸夫「日本の最高裁判所における国際人権法の最近の適用状況」国際人権11号（2000年）4頁），「多くの憲法学者のホンネは，…日本国内における人権問題に対処するためには，日本国憲法の人権条項を活用すれば十分であり，その意味で，国際人権規約は大して重要でない」（内野正幸「国際法と国内法（とくに憲法）の関係についての単なるメモ書き」国際人権11号（2000年）9頁）という評価にとどまる。実際，政府の対応は「法形式主義とミニマリスト的対応」（浅田正彦「人権分野における国内法制の国際化」ジュリ1232号（2002年）86頁）であり，裁判所は人権条約違反の認定に消極的である。人権条約は国内法体系において法的効力を有し，法律よりも上位するにもかかわらず，実際上の影響は弱い。

裁判所が，消極的対応をとる原因には，そもそも憲法判断（違憲判断）に慎重，裁判官が人権条約の各規定の趣旨・背景を周知していない，人権条約と憲法は同じであるという同一視から憲法を解釈すれば足りると考えがち，刑事訴訟法や民事訴訟法上の上告・特別抗告の理由が憲法違反・判例違反に限定（人権条約違反という理由に基づく上告を「単なる法令違反の主張」として退ける），個人通報制度に参加していないので国内機関の判断が国際機関の判断と齟齬することが明示的に示される機会がないことなどが指摘できる。

学説　国際協調主義（前文）や98条2項を根拠として，国際社会で広く受容されている人権条約は，憲法と同等ないし憲法に優先する効力を認めるという見解（江橋崇「日本の裁判所と人権条約」国際人権2号（1991年）22頁）があるが，人権条約には諸国の妥協も含まれ国際社会に追随するのは妥当ではない，自由権規約20条のように憲法に抵触する規定もあり直ちに日本に導入することが適当ではないとの批判もある（横田・前掲27頁，戸波江二「憲法から考える9・条約の修正」法セミ471号（1994年）74頁）。最近の有力説としては，98条2項から，国際法を尊重しつつ国際法と国内法の調和を確保しなければならない，という国際法調和性の原則を導出し，憲法の規定を可能なかぎり人権条約適合的に解釈すべきだという見解（齊藤正彰「国際人権訴訟における国内裁判所の役割」国際人権11号（2000年）36頁）がある。国内裁判所が条約違反の主張や条約機関の見解等を無視し，憲法と人権条約を安易に同一視して人権条約違反の主張について十分検討しない場合，憲法98条2項違反として，最高裁への上訴が可能だと主張する。

③憲法の保障内容と人権条約の保障内容
憲法優位説を前提とすると，人権条約が実際に問題となるのは，(a) 憲法の保障内容＝人権条約の保障内容（→憲法の解釈で足りる），(b) 人権条約の保障が憲法の保障よりも狭い場合（→憲法が優先），(c) 人権条約の保障が憲法の保障よりも広い場合

(→人権条約を援用)，(d) 人権条約の保障と憲法の保障が矛盾する場合（→憲法が優先）のうち，(c)である（横田耕一・前掲26-27頁）。理論的にはその通りだが，具体的レベルで考えると，憲法も人権条約も規定内容の抽象性が高い場合には厄介な問題を含んでいる（憲法と人権条約の規定構造の違いも念頭に置く必要がある（薬師寺公夫ほか『ケースブック国際人権法』日本評論社，2006年，9頁））。まず保障内容の広狭として比較できるのか。また，一方が抽象的で他方が具体的な場合に，保障の広狭として比較できるのか。たとえば，裁判を受ける権利（32条）と公正な裁判を受ける権利（自由権規約14条）はどちらが広いのか。憲法に明示規定のない，無料の通訳を受ける権利（自由権規約14条3項f）は，直接適用できるのか（憲法よりも人権条約の方が保障の範囲が広い例として(c)になるのか）。それとも条約に適合的になるように憲法32条を解釈すべき場合（間接適用）なのか（すでに憲法は一般的に保障しているが具体化されていなかっただけで(a)の例になるのか）。また，たとえば，公衆浴場の利用を拒否された外国人にとって，法の下の平等（14条）と人種差別を受けずに輸送機関，ホテル，飲食店，喫茶店，劇場，公園等一般公衆の使用を目的とするあらゆる場所又はサービスを利用する権利（人種差別撤廃条約5条f）とではどちらが実効的救済を提供するのか。さらに，保障の広狭を比較して，広い方を採用するのは，「保障は厚ければ厚いにこしたことはない」（横田・前掲26頁）という前提に立つが，人権Aを保障するために人権Bを制約する必要がある場合には，Aの保障が厚くなるとBの保障が薄くなる場合

があることを忘れてはならない。憲法の人権条約適合的解釈の検討はまだ端緒についたばかりで，より多くの実践例を具体的に検討する必要がある。関連して，裁判所が直接適用可能な人権条約を適用することは許容されるだろうが，それが法的要請（義務）だという根拠はどこに求めうるのかも重要な課題である。

④多層的人権保障システム　なぜ人権条約が憲法の解釈基準となるのか。一つは，人権条約が「人権」に関する法で，人権は普遍的だからという根拠がそもそも提示できる。確かに，第二次大戦後，国際人権保障が開花したその原動力は，人権の「普遍性」であるが，その普遍性については，様々な立場から異議が唱えられている。現時点では，人権の普遍性の理論的究明によって単一の解答を導くことは困難である。むしろ実践的なアプローチとしては，多層レベル（国際・地域・国内）において取り組まれている様々な方向を向いた人権実現の試み（と反発）を考慮に入れながら，進行形の「人権」を捕捉し，そこから部分的・一時的・地域的にせよ了解の得られる一定の基準を抽出し，さらにそれを試していく方法がある。そこでは，単一の絶対的解答が存在しないからこそ，複数の機関によって，答を出し，検証し，比較するプロセスを重層的に用意しておく必要がある（江島晶子「日本における『国際人権』の可能性」『岩波講座憲法（5）』岩波書店，2007年，206頁，221頁）。すなわち，国際人権保障システムは，国内基準を国際基準に近づけるという単線モデルではなく，むしろ国内システムと国際システムとの「対話」を通じた検証の中で試行錯誤を重ねながら人権実施を促進するという多層的・多

元的・循環的モデルである（江島晶子「グローバル化社会と国際人権」法律時報87巻13号（2015年）348頁）。個人通報制度も国内人権機関も不備のままの日本の現状は、多層性の部分が十分ではないからこそ人権条約の適合的解釈を敬遠する構造となっている。

〔江島晶子〕

第99条 天皇又は摂政及び国務大臣，国会議員，裁判官その他の公務員は，この憲法を尊重し擁護する義務を負ふ。

1　99条の趣旨　憲法尊重擁護の義務

本条は，「天皇又は摂政及び国務大臣，国会議員，裁判官その他の公務員」が国政の運営にあたり，憲法の運用に直接・間接に関与する立場にあることに鑑み，憲法を尊重し擁護する義務を課すもので，憲法保障のうち事前的制度的保障である（樋口他・注解Ⅳ 352-353頁）〔佐藤幸治〕）。

〔比較憲法的意義〕

本条は諸外国の立法例にみられる就任の際の宣誓義務にならった規定である（高柳他・制定過程Ⅱ 283頁）。外国の憲法においては，憲法尊重擁護義務または憲法遵守宣誓義務を規定することが多い（例として，アメリカ合衆国憲法6条3項）。

2　憲法尊重擁護義務の対象

学説　本条が憲法尊重擁護義務を課しているのは，「天皇又は摂政及び国務大臣，国会議員，裁判官その他の公務員」である。本条が，天皇・摂政を公務員から区別した規定の仕方をしているのは，天皇・摂政の憲法上の特殊な地位から通常の公務員とは区別したものと解される（佐藤功・註釈（下）1294頁）。天皇および摂政の憲法尊重擁護義務違反については，内閣が責任を負う（3条）。「その他の公務員」とは，別に列挙されたもの以外のすべての公務員のことで，地方公共団体の公務員も含む。独立行政法人の職員のように公的性格を有する職務に従事する者は，本条にいう公務員に含まれる（木下・只野・新コメ753-754頁）。

本条が明治憲法と違って国民を挙げていない点については，憲法制定者で主権者である国民が義務を負うのは当然とする見解（法協・註解下1496頁，宮沢・コメ820頁）と，国家権力を拘束し自由を確保することを憲法の目的とする近代立憲主義を前提とする立場からは，国民が国家権力を拘束するのだから，国民が義務を負わないのは当然という見解（有倉＝小林孝編・基本コメ324頁〔小林孝輔〕）がある。他方，憲法制定者である国民が憲法を尊重擁護すべき立場にあるのは当然なのに，99条に国民を含めなかったことには理由があるとし，日本国憲法は徹底した自由主義・相対主義の立場から，憲法に対する忠誠の要求の名の下に国民の自由が侵害されることをおそれた結果である（ドイツ連邦共和国基本法が採用した「たたかう民主制」を拒否するという表明である）とする見解もある（佐藤幸・憲法47-48頁）。

判例　東京高裁は，憲法99条の憲法遵守義務の規定は，憲法の運用に極めて密接な関係にある者に対し，憲法を尊重し援護

すべき旨を宣明したにすぎないものであって，国政を担当する公務員以外の一般国民に対し，かかる義務を課したものではなく，また，本案に定める公務員の義務は，いわば論理的な性格のものであって，この義務に違反したからといって直ちに本案により法的制裁が加えられたり，当該公務員のした個々の行為が無効となるものではないと判示している（東京高判1981〈昭56〉7.7民集43巻6号590頁）。

3　憲法尊重擁護義務の性質

学説　「尊重する」とは憲法を遵守してその内容を実現することを意味し，「擁護する」とは憲法違反の行為を予防し，憲法を守るために積極的に努力することをいうが，両者のあいだに根本的な違いがあるわけではない（宮沢・コメ820頁）。

本条の「義務」については，法的義務であるという説もあるが，倫理的・道徳的性質のものであって，本条から直ちに具体的な法的効果が生ずるものではない（法協・註解1497頁，佐藤功・註釈(下)1296頁）と解されるのが一般的である。しかし，本条の趣旨を受けて，法律により憲法尊重擁護義務違反に対して制裁を加える場合がある。国家公務員法97条は職員の服務の宣誓義務を定め，これに基づく「職員の服務の宣誓に関する政令」によって，日本国憲法遵守の宣誓が義務付けられている（他に，人事官（国公法6条1項），警察職員（警察法3条），地方公務員（地公法31条））。公務員の欠格事由には，「日本国憲法施行の日以後において，日本国憲法又はその下に成立した政府を暴力で破壊することを主張する政党その他の団体を結成し，又はこれに加入した者」がある（国公法28条5項，

地公法16条5項）。また，法的制裁を加えられなくとも，政治的責任を生ずることがある（法協・註解下1497頁，佐藤幸・憲法46-47頁）。

憲法自身が改正手続を定めている以上，国務大臣や国会議員等が憲法の改正を主張し，それを行うことは本条に反しない。しかし，その主張の仕方ないし主張に伴う言動が，職務の公共性に対する信頼を損なうような性質・内容のものに至れば，本条の問題となる（樋口他・注解Ⅳ356頁〔佐藤幸治〕）。これに対して，憲法尊重擁護義務を公務員の思想良心の自由と調和するように解釈すべきであるとの立場から，「擁護」とは憲法への精神的な支持ではなく行動に際しての遵守であると解し，政治家の改憲の主張は憲法尊重擁護義務違反を構成しないという立場もある。公務員の欠格事由も同じ文脈で問題となる（阪口正二郎「憲法尊重擁護の義務」新争点33頁）。裁判官の場合には，憲法改正案の提出権を有せず，「憲法及び法律にのみ拘束される」（76条3項）存在であることから，国務大臣や国会議員の場合よりも強い程度で本条の義務違反の問題となる（佐藤功・註釈(下)1299-1300頁）。

判例　下級審は道徳的要請または倫理的性格だと判示している。東京地裁は，憲法99条および自治法138条の2は，法律的義務というよりも道徳的要請を規定したものと解すべきと判示した（東京地判1958〈昭33〉7.31行集9巻7号1515頁）。百里基地訴訟の控訴審判決（東京高判1981〈昭56〉7.7民集43巻6号590頁）は，憲法99条に定める公務員の憲法尊重擁護義務は，いわば倫理的な性格のものであって，この義務に違反したからといって直ちに同条に

より法的制裁が加えられたり，当該公務員のした個々の行為が無効となったりするものではないと判示した。

他方，憲法尊重擁護義務には，憲法違反の行為に抵抗することも含むかどうかが争われた事案において，神戸地裁は，「憲法第99条は公務員は憲法を尊重し擁護する義務を負う旨規定しているが，これは公務員に対し現行秩序の枠内で憲法を擁護する義務を課したので，その手段方法はあくまで現行法秩序を尊重し，合法的に行なわれるべきであり，従つてたとえ憲法擁護の目的に出たからといつて，本来ならば違法と評価さるべき行為を正当化するものでない。」と判示している（神戸地判1962年〈昭37〉3.19下刑集4巻3・4号230頁）。福岡地裁は，「憲法第99条の「憲法を擁護する義務」が，憲法違反の行為に対して抵抗し，憲法の実効を確保するために努力することを意味するものであつたとしても，その抵抗ないし努力は，いかなる手段方法をも是認する趣旨ではない」と判示した（福岡地小倉支判1964〈昭39〉3.16下刑集6巻3・4号241頁）。

4 憲法尊重擁護義務違反の行為

判例 消費税法を成立させた国会議員の憲法尊重擁護義務違反を争った事件で，広島高裁は，「憲法前文及び1条は主権が国民にあることを明定するところ，立法について，同法41条は「国会は，国権の最高機関であって，国の唯一の立法機関である。」と規定するとともに，同法43条1項は「両議院は，全国民を代表する選挙された議員でこれを組織する。」と規定して，いわゆる間接的民主制を採用しているから，本件消費税法が国民の意思に反する旨の政治的批判をすることはともかくとして，法律的には，本件消費税法が国会において可決された以上，それは国民の意思に基づくものと看做されるべきである。仮に，裁判所において本件消費税法が国民の意思に反するや否やにつき証拠調べができるとする考え方があるとすれば，それは間接的民主制を定めた憲法の前記規定を無視するものといわざるを得ない」として，憲法99条違反を否定した（広島高岡山支判1991〈平3〉12.5税務訴訟資料187号236頁）。最高裁もこれを否定していないので，踏襲しているものと推測できる（最二判1993〈平5〉9.10税務訴訟資料198号813頁）。

行政機関の行為に関しても，憲法尊重擁護義務違反の主張は否定されている（例として，福岡高判1969〈昭44〉3.19刑月1巻3号207頁，東京地判1989〈平元〉6.23行集40巻6号603頁，鹿児島地判1992〈平4〉10.2民集56巻6号1287頁，東京地判2003〈平15〉12.3民集61巻1号425頁，高松高判2005〈平17〉10.5訟月52巻9号3045頁）

〔江島晶子〕

第11章 補　則

　憲法第11章（100条-103条）は，補則として，日本国憲法を施行するうえでの経過的措置等を規定する。憲法の施行期日（100条1項），施行準備手続に関する規定（100条2項），および施行に関する経過規定（参議院未成立の場合と第一期参議院議員の任期〈101条-102条〉，憲法施行時の現職公務員の地位〈103条〉）から成る。

　大日本帝国憲法では，第7章補則（73条-76条）において，憲法改正手続に関する規定（73条），皇室典範の改正（74条），摂政との関係（75条）や，憲法に矛盾しない法令の効力（76条）について定めていた。これに対して，日本国憲法では改正手続については本文第9章（改正）96条，憲法に反する法令の効力については第10章（最高法規）98条1項で規定されたため，第11章の補則はほとんど実質的な意味を持たない技術的な規定にすぎなくなった。

第100条　この憲法は，公布の日から起算して6箇月を経過した日〔昭22.5.3〕から，これを施行する。
②この憲法を施行するために必要な法律の制定，参議院議員の選挙及び国会召集の手続並びにこの憲法を施行するために必要な準備手続は，前項の期日よりも前にこれを行ふことができる。

1　100条の趣旨　憲法施行期日と準備手続

　本条は，日本国憲法の施行期日と準備手続について規定する。

2　1項—施行期日

　1項では，憲法の施行期日として，公布の日から6カ月を経過した日（1947〈昭22〉年5月3日）から施行することを定める。

3　2項—準備手続

　2項では，①この憲法を施行するために必要な法律の制定，②参議院議員の選挙及び国会召集の手続並びにこの憲法を施行するために必要な準備手続は，前項の期日よりも前にこれを行うことができることを定める。

　①については，実際には，皇室典範，国会法，内閣法，裁判所法，地方自治法等の諸法律の立法手続が進められ，これらの諸法律も憲法の施行に合わせて施行された。

　②は，憲法施行の際には参議院が新たに成立している必要があったため，期日前に準備手続きを行えることが規定されたものである。実際には，参議院議員選挙法が1947年2月24日に施行され，同年4月20日に参議院選挙が実施された。この後，国会召集手続が開始され，憲法施行後の5月6日に第1回国会召集詔書が発せられて，同年5月20日に召集された。

第 11 章　補　則

〔辻村みよ子〕

> **第 101 条**　この憲法施行の際，参議院がまだ成立してゐないときは，その成立するまでの間，衆議院は，国会としての権限を行ふ。

1　101 条の趣旨　参議院未成立の場合の国会

本条は，参議院が憲法施行の際に成立してない場合に，衆議院が単独で国会としての権限を行使できることを定めている。

2　参議院の成立と国会召集

実際には，前記のように，参議院議員選挙法（昭 22 法 11）が施行されて第 1 回通常選挙が実施された（1947 年 4 月 20 日）。憲法施行後の同年 5 月 6 日に国会召集詔書が発せされ，国会が召集された（同年 5 月 20 日）。このため，本条は適用されなかった。

〔辻村みよ子〕

> **第 102 条**　この憲法による第一期の参議院議員のうち，その半数の者の任期は，これを 3 年とする。その議員は，法律の定めるところにより，これを定める。

1　102 条の趣旨　第一期参議院議員の任期

本条は，参議院議員の任期に関する経過的特例を定める。参議院議員は任期 6 年で半数改選のため，第一期の議員についてのみ，3 年任期にすることを明確にしたものである。

2　参議院議員選挙における半数改選制の実施

1947 年 4 月 20 日に参議院選挙が実施された際には，参議院議員選挙法（昭 22 法 11）56 条 2 項に従って，全国選出議員と地方選出議員のそれぞれ半数が 3 年任期の議員とされた（得票率の多い半数が 6 年任期とされ，残りの半数が 3 年任期とされた（参議院議員選挙法 56 条 2 項・69 条）。3 年任期の議員については，1950 年 6 月選挙で 6 年任期の議員として改選された。以後は，全議員が 6 年任期の議員として，3 年ごとに改選されている。

〔辻村みよ子〕

> 第103条　この憲法施行の際現に在職する国務大臣，衆議院議員及び裁判官並びにその他の公務員で，その地位に相応する地位がこの憲法で認められてゐる者は，法律で特別の定をした場合を除いては，この憲法施行のため，当然にはその地位を失ふことはない。但し，この憲法によつて，後任者が選挙又は任命されたときは，当然その地位を失ふ。

1　103条の趣旨　公務員の地位

本条は，日本国憲法施行時に在職する国務大臣，衆議院議員及び裁判官並びにその他の公務員の地位についての経過規定である。これらの公務員のうち，「その地位に相応する地位が憲法上認められている者」は，本憲法施行のために当然には地位を失わないことが定められた。また，この憲法によって後任者が決定した場合は「当然に」その地位を失うこととされた。

本条は，国政の運営に必要な公務員を全面的に交代させることによって急激な変化がおこることを避けつつ，漸次的に人員の交代を図ったものと考えられる（木下・只野・新コメ758頁）。日本国憲法施行時の国務大臣や衆議院議員のうち，大日本帝国憲法下で任命や選出された国務大臣・衆議院議員が排除されずに地位を保持したのも，本条に基づくものと解される（宮沢・コメ826頁）。

2　権力機構の解体と継続

連合国軍総司令部（GHQ）は，大日本帝国憲法下の権力機構のうち，陸海軍を1945年10月に解体し，内大臣府を廃止した（同年11月）。他方，枢密院，貴族院等は憲法施行時まで存続させ，衆議院議員など本条列挙の公務員は，原則として一定期間地位を継続させた。基本原理が天皇主権から国民主権に変更されたことからすれば，公務員等の地位継続を定める本条は，変革が「極めて穏健」（法協・註解下1509頁）で，「八月革命」というほどの実体をもたなかった（有倉＝小林孝編・基本法コメ〔浦田賢治〕）ことを示唆しているともいえる。

なお，ここに明記されていない天皇についても，主権者から象徴への地位の変動があったことから「相応する地位」といえるかどうかが問題となりうる。この点は，日本国憲法でも2条で世襲制が認められ，実際に昭和天皇が引き続き天皇の地位にあることについて，「当然のことと考えられるので，特に本条で天皇について定める必要がないとされた」と解されている（宮沢・コメ826頁）。

〔辻村みよ子〕

事項索引

あ行

愛知大学事件 … 152
秋田市健康保険税条例事件 … 381
「憧れの中心」説 … 17
旭川学力テスト事件 … 150, 166, 167
旭川市国民健康保険料条例事件 … 382
朝日訴訟（判決） … 161, 355
芦田修正 … 41, 287
芦別国賠請求訴訟 … 219
アメリカ型地方自治（原理） … 413, 425
アメリカ（合衆国）憲法 … 183, 204, 209,
　　　214, 217, 226, 228, 242, 313, 433
アメリカ独立宣言 … 78
安全保障関連法 … 45
「家」制度 … 93, 152
違憲状態判決 … 362
違憲審査基準論 … 133
違憲審査権 … 350
違憲即違法説 … 110
違憲判断の回避 … 357
違憲立法審査権 … 224
泉佐野市民会館事件 … 140
板まんだら事件 … 318
イタリア（共和国）憲法 … 158, 173, 189, 307
一元的内在制約説 … 83
一事不再理の原則 … 218
一般的自由（説） … 86
一票の較差 … 361
一夫一婦制 … 154
イデオロギー批判 … 18
違法収集証拠排除法則 … 206
イラク派兵差止訴訟（違憲訴訟） … 13, 52
岩手県教組学テ事件 … 182
インターネット … 137, 142
ヴァージニア権利章典 … 78
訴えの利益 … 355
営造物責任 … 109
栄典の授与 … 35, 100
営利的表現 … 137
恵庭事件 … 52, 354, 357

N システム … 89
愛媛玉串料訴訟（事件） … 129, 361, 403
エホバの証人輸血拒否事件 … 91
冤罪 … 220
大飯原発運転差止訴訟 … 164
大阪空港訴訟 … 92, 164
大阪市屋外広告物条例事件 … 138, 358
大阪市売春取締条例事件 … 193, 426
大阪都構想 … 429
大津事件 … 312
大牟田市電気税訴訟 … 427
公の財産 … 401
公の支配 … 403
岡田訴訟 … 163
沖縄代理署名訴訟 … 351, 358
「押しつけ憲法」論 … 2
恩赦 … 34

か行

会期制度 … 256
会期不継続の原則 … 256
会計検査院 … 374, 405, 406
会計制度 … 388
会計年度独立の原則 … 388
外見的立憲主義 … 1, 2, 121, 410
　──の憲法 … 122
外国人 … 97
解釈改憲 … 5-7
外務省機密漏洩事件 … 139
下級裁判所（裁判官） … 343, 344, 346, 347, 349
閣議 … 287
学習権 … 168
学習指導要領 … 172
学生無年金障害者訴訟 … 163
学問の自由 … 147
加持祈禱事件 … 125
貸金業規制法施行規則 … 307
家事事件手続（法） … 195, 197
課税要件法定主義 … 380
課税要件明確主義 … 381
河川付近地制限令事件判決 … 188

469

事項索引

学校教育法	165
神奈川県企業税条例事件	383, 417, 426, 427
金森徳次郎	16
家父長家族	152
川崎民商事件判決	207, 215, 358
環境権	92, 164
監獄法施行規則	307
監獄部屋	111
間接差別禁止の法理	94
完全補償説	188
議院証言法	272
議院内閣制	224, 226, 277, 278, 280
議員の資格争訟裁判	260
議院の自律権	264
議会留保	307
機関委任事務	413, 423
機関訴訟	315, 351
規制目的二分論	144
規則制定権	328
貴族制度の廃止	100
基本的人権	78–80
「君が代」ピアノ伴奏事件	119
君が代・日の丸	24
義務教育（無償）	165, 170
「逆転」事件	136
客観訴訟	315, 351
9条2項全面放棄	49
宮廷費	37, 400
救貧施策	159
教育基本法	173
教育の自由	166
教育を受ける権利	167
教科書検定	172
共産党袴田事件	319
教授の自由	150
行政権	277, 282, 284
行政裁判所	314
強制調停事件決定	361
行政手続	193
京大瀧川事件	147
供託金	102, 243
京都府学連事件	86, 88
許可抗告制度	197

居住・移転の自由	145
起立斉唱命令事件	119
切り札としての権利	87
緊急集会	259, 260
緊急逮捕（違憲訴訟）	199, 200, 205
均衡本質説	280
近代的意味の憲法	1
近代立憲主義	410
勤労の義務	175
勤労の権利	174
苦役	113, 114
具体的規範統制	352
具体的権利説	161
国立マンション事件最高裁判決	164
組合選択の自由	178
軍国主義	123
君主制	278
警察法改正無効事件	263, 265
警察予備隊	6, 43
警察予備隊違憲訴訟判決	351
形式的平等	94
刑事手続	193
刑事補償請求権	219
刑事補償制度	222
継続費	383–385, 391
刑罰権	218
軽犯罪法違反事件	138
契約的家族観	155
決算	388, 406, 408
結社の自由	141
血統主義	76
検閲の禁止	131
限界説	442
「厳格審査」基準	96
「厳格な合理性」の基準	96
権限説・請求権説	101
元号制	24
現行犯逮捕	199
元首	290
兼職禁止	421
健全財政原則	386
現代立憲主義	410
県知事「大嘗祭」参列事件	129

事項索引

剣道実技拒否事件	126
憲　法	1
形式的意味の――	1
固有の意味の――	1
憲法異議	351
憲法改正限界説	4, 18, 435, 437
憲法改正手続	434
憲法改正無限界説	4, 18, 435
憲法慣習	291
憲法研究会案	2
憲法裁判所	350
憲法制定権力	435, 442
憲法尊重擁護義務	461-463
憲法調査会	6
憲法適合的解釈	358
憲法判断の回避	357
憲法変遷	437, 438
憲法保障制度	448
憲法優位説	457
権利章典	208
権利請願	450
権力分立	223, 226, 311, 419
言論・出版の自由	131
コアビタシオン	280
小泉首相靖國参拝事件	129
皇位継承	25, 26
公教育の無償性	165
公共の福祉	81-83, 89, 185
公　金	401
合憲限定解釈	359, 360
皇室会議	26
皇室経済会議	37
皇室経済法	37, 400
皇室財政自律主義	36, 398
皇室典範	15, 25, 29
麹町中学内申書事件	121
公衆浴場距離制限	144
控除説	282
公序良俗	113
公人的行為説	23
硬性憲法	433, 434, 440, 442
更生保護法	220
交戦権	51

皇　族	74
皇族費	37, 400
高知市普通河川管理条例事件	426
交通事故報告義務	215
公　布	31, 445
幸福追求権	85
公務員	100
――の労働基本権	181
拷　問	208
小売市場(事件)判決	144, 186
国際慣習法	455, 458
国際協調主義	12, 447, 452, 459
国際人権規約	459
国際人権条約	458
国債整理基金	387
国際平和支援法	45
国際法	455
――の間接適用	456
――の国内的効力	455
――の国内適用可能性	456
国際連合憲章	40
国事行為	30
国政調査権	271, 289
国政に関する権能	28
国籍法違憲判決	75, 97
国籍法律主義	75
国籍離脱の自由	77, 145
国体護持	16
国体論争	10, 17
国内法	455
国防軍	439
国民（ナシオン）	18
国民主権	11, 12, 15, 17, 20
国民審査	340, 342
国民投票（レファレンダム）	230, 443
国民投票法	444-446
国民年金法	163
国務請求権	105, 194
国連憲章	48
国労久留米駅事件	181
国労広島地本事件	179
個人通報制度	459, 460
個人の尊厳	153, 155, 157

471

事項索引

個人の尊重……………………………84
国会単独立法………………………229, 230
　――の原則………………………428
国会中心立法………………………229
国会の召集……………………………32
国家緊急権……………………………449
国家賠償請求権………………………108
国家賠償法……………………………107
国家法人説……………………………101
国庫債務負担行為………………384-386, 392
子どもの学習権………………………167
個別的自衛権…………………………44
戸別訪問禁止…………………………104
固有権説………………………………414
固有性…………………………………79
婚姻適齢………………………………154
婚姻の自由……………………………154
婚外子法定相続分(差別規定)違憲決定
………………………97, 360, 453, 457

さ　行

在外国民選挙権訴訟………101, 105, 110, 353
再軍備…………………………………41
罪刑法定主義……………………191-193, 306
最高裁規則制定権……………………332
最高裁誤判事件…………………………328, 332
最高裁判所……………………336, 337, 339
最高裁判所規則………………………328
最高法規(性)……………………447, 452
再婚禁止期間…………………………154
再婚禁止期間違憲訴訟(判決)…………110,
163, 353, 358
財産権…………………………………183
歳出予算………………………………385
財政……………………………369, 371
財政議会主義…………………………372
財政国会中心主義………371, 373, 378, 384
財政状況報告制度……………………408
財政法……………………………388, 390, 396
財政民主主義……………369, 372, 373, 408
財政立憲主義…………………………369, 372
在宅投票制……………………………104
在宅投票制度廃止違憲(国賠)訴訟……109, 353
在日韓国人選挙権訴訟………………102

歳入歳出予算……………………384, 390
裁判員裁判(制度)……………195, 325, 326
裁判官の職権の独立…………………322
裁判官の身分保障……………………330
裁判官の良心…………………………322
裁判官分限法…………………………331, 365
裁判の公開原則………………………362, 363
裁判を受ける権利………………194, 196, 198
歳費……………………………………250
債務負担権限…………………………383
佐々木・和辻論争……………………17
札幌税関検査事件…………………132, 359
サラリーマン税金訴訟………………190
猿払事件……………………67, 102, 133, 307, 360
参議院の緊急集会　→緊急集会
残虐な刑罰………………………208, 209
参審制…………………………………325
三段階審査論……………357, 412, 425, 426
サンフランシスコ講和条約……6, 42, 438
自衛隊…………………………………52
自衛隊海外派遣………………………42
自衛隊関係費納税拒否訴訟…………190
自衛隊合憲論…………………………45
GHQ草案……………74, 198, 204, 211, 214
ジェンダーによる差別………………97
塩見訴訟………………………………456
資格争訟裁判…………………………261
指揮監督権……………………………302
死刑制度………………………………210
自己決定権……………………………91
自己実現………………………………131
事後処罰の禁止………………………217
自己統治………………………………131
自主財政権……………………………383
私人間適用……………………………113
事前抑制禁止…………………………132
思想・良心の自由……………………116
自治事務………………………………423
市町村最優先…………………………416
実質的意味の憲法……………………1
実質的平等……………………………94
執政権説………………………………284
児童買春・児童ポルノ禁止法………135

472

事項索引

児童扶養手当法施行令……………307
自白排除の法則………………216
GPS 捜査違憲訴訟（違法判決）……129, 192
渋谷区長選事件………………418, 428
司法権………………………311
——の独立………………312, 343
司法裁判所……………………314
「市民主権」論…………………20
自民党改憲草案………………13
指紋押捺制度…………………89
諮問型住民投票………………420
社会学的代表…………………238
社会的身分……………………97
社会保障制度…………………159
謝罪広告事件(判決)…………116, 119
自由委任………………………237, 263
衆議院議員定数不均衡事件……453
衆議院の解散…………………32, 298
衆議院の優越…234, 235, 266, 270, 271
住基ネット（訴訟）…………90, 416
宗　教…………………………125
宗教教育………………………121
宗教法人オウム真理教解散命令事件………126
集団的自衛権…………………7, 44
住民自治………………………423
住民訴訟………………………315
住民投票(条例)………………420, 430
受益権…………………………194
主権免責法理…………………107
取材の自由……………………138
出入国管理及び難民認定法……75
首都圏整備法…………………429, 430
首都建設法……………………429, 430
酒類販売免許制事件…………145
純粋代表………………………237
常　会…………………………256
障害児教育……………………169
娼妓契約………………………112
消極目的規制…………………186
証券取引法判決………………186
小選挙区制……………………247
象　徴…………………………15
象徴行為説……………………23

象徴的表現……………………131
象徴天皇制…………15, 17, 20, 124
詔　勅…………………………452
証人喚問権・審問権…………212
条　約…………………………304, 454
——の締結………………………304
条約優位説……………………457
上　諭…………………………5, 9
条例制定権……………………422, 424
職業選択の自由………………142
食糧管理法違反被告事件………161
助言と承認……………………27, 33
女性差別撤廃条約………………26
職権の独立……………………323
処　分…………………………453
処分違憲………………………361
除名処分………………………265
白山ひめ神社事件……………130
私立学校法……………………404
自律の解散説…………………32
人格的利益説…………………86, 90
信教の自由……………………121, 124
神権天皇制……………………15
人権のインフレ………………87
信仰の自由……………………124
新固有権説……………………414
人民（プープル）……………18
「人民主権」型立憲主義………410
人民主権説…………20, 415, 421
新薬事法判決…………………143
森林法違憲判決………………184, 185
スイス憲法……………………441
ストライキ……………………180
砂川事件(判決)………12, 53, 319, 353, 458
砂川空知太神社事件　→空知太神社事件
生活保護老齢加算廃止違憲訴訟………160, 163
請願権…………………………105
政教分離原則……………122, 126, 127, 401
制限選挙制……………………101
政治資金規正法………………141
政治スト……………………180
政治的美称説…………………229
青少年保護育成条例…………135

事項索引

生殖補助医療	91
生存権	158, 160
生地主義	76
正当な理由	205
制度後退禁止原則	160
制度的保障説	415
政令	231, 306, 308
政令201号事件	177, 182
責任本質説	280
世襲(制)	25, 122
積極目的規制	144, 186
接見交通権	202
摂政	29
前科及び犯罪経歴	90
選挙権権利説	101
選挙権公務説	101
選挙年齢	103
選挙無答責	105
全司法仙台事件	182
戦争の放棄	39, 48
全逓東京中郵事件	103, 176, 177, 182
煽動罪	134
煽動表現	134
全農林警職法事件(判決)	103, 177, 182
前文	5, 10
——の裁判規範性	12
総合的判断	357
総合判断アプローチ	128
総辞職	289, 290, 296, 298, 299
争訟性	315
総司令部案(マッカーサー草案,GHQ草案)	2
総選挙の施行	33
相対的補償説	188
総評サラリーマン税金訴訟	160
即位の礼	36
訴訟非訟二分論	196
租税	380
租税国家	189
租税法律主義	378-380, 383, 387
空知太神社事件	127, 129, 361, 402, 403
尊属殺重罰規定違憲訴訟	96, 211, 360
存立危機事態	46

た 行

第一次家永訴訟	171
第一次塩見訴訟	159
第一次分権改革	414
第一次国会乱闘事件	254
大学の自治	150
第三者所有物没収事件(判決)	193, 354
ダイシー	225
大赦	34
大嘗祭	36
第二次家永訴訟	167
第二次国会乱闘事件	254
大統領制	224, 277, 278
大日本帝国憲法	2, 9
代表	236
代表委任	237
代理投票	243
高田事件(判決)	212
高津判決	171
多数決主義	262
弾劾裁判(所)	275, 332, 334-336
団結権	177
団体交渉権	179
団体行動権	179
地方議会	419, 421
地方公共団体	418, 422
地方交付税	374
地方自治	409, 428
——の本旨	413, 423, 426
地方自治法	307, 417, 419, 421
地方税	382
地方税条例主義	383
地方政府	423
地方特別法	430
チャタレー事件	134
忠魂碑	129
抽象的違憲審査権	352
抽象的規範統制	350
抽象的権利	108
朝鮮学校無償化訴訟	169
朝鮮戦争	42
町村総会	421
調停に代わる裁判	195

事項索引

調布駅南口事件	220	奴隷制	112
重複立候補	248, 249	奴隷的拘束の禁止	111

な 行

直接公選制	419	内　閣	277, 282
直接選挙	100, 422	——の法律案提出権	301
通信の秘密	141	内閣制度	277
津地鎮祭事件判決	127, 354, 402	内閣総辞職	298, 299
定義づけ衡量	133	内閣総理大臣	286, 300, 302
抵抗権	81, 448	——の指名	290
帝国憲法改正案	3	内閣不信任決議（案）	289, 296, 299
定足数	261, 262	内廷費	37, 400
適正手続	191, 193, 194, 209	内容中立的規制	133
適用違憲	360	中嶋訴訟	163
適用審査	356	長沼（ナイキ）事件	52, 320
テロ対策特別措置法	43	名護市住民投票条例事件	420
デュー・プロセス条項	84, 191	名古屋市中期戦略ビジョン再議決事件	420
伝習館高校事件	172	名古屋中郵事件	182
天　皇	74	70年代主権論争	18
——の退位等に関する特例法	26	奈良県ため池条例事件判決	187, 427
天皇機関説事件	147	成田新法事件	194, 207
天皇コラージュ事件	24	軟性憲法	433
天皇主権	11, 15	新潟県公安条例事件	358
伝来説	415	二院制	232, 233, 246
ドイツ薬局判決	144	二元説	101
ドイツ（連邦共和国）基本法	217, 237, 242, 307, 448	二元代表制	419, 422
		二重処罰の禁止	217
統括機関説	229	二重の危険	218
東京都管理職選考受験拒否事件	62	二重の基準	96, 357
東京都教組事件	359	二層制	417
東京都公安条例事件	140	日米相互防衛援助協定（MSA協定）	42
統帥権	15	日商岩井事件	272
同性婚	155	日本国憲法の改正手続に関する法律（国民投票法）	441
当選訴訟	315		
東大ポポロ事件	149	日本司法支援センター（法テラス）	198
統治行為論	319	認　証	34
投票価値の平等	103, 236, 242, 243	「ねじれ」国会	297
徳島市公安条例事件	193, 426	納税者基本権	190
特　赦	34	納税の義務	189
特定秘密保護法	139	農地法施行令	307

は 行

特別区	429	陪審制	325
特別の犠牲	187, 188	破壊活動防止法	134, 141
独立行政委員会	285	博多駅事件	139
独立権能説	271		
富山大学事件判決	317		

475

事項索引

八月革命(説) ················· 5, 467
パブリック・フォーラム ········ 138, 140
半大統領制 ······················ 279
半代表 ·························· 237
半直接制 ························· 20
ピアノ伴奏強制事件 ················ 25
被疑者補償規定 ·················· 222
ピケッティング ············· 180, 181
批准書 ··························· 35
非訟事件手続法 ·················· 195
被選挙権 ························ 101
秘密会 ·························· 264
秘密選挙 ··················· 100, 105
罷免権（リコール権・解職権） ···· 100
百里基地訴訟(判決) ···· 52, 354, 452, 462
表現の自由 ······················ 131
平等選挙 ························ 103
費用補償制度 ···················· 221
平賀書簡事件 ··············· 324, 335
ビラ配布規制 ···················· 138
比例原則審査 ···················· 357
比例代表制 ······················ 248
比例代表法 ······················ 247
広島市暴走族条例事件 ········ 355, 359
夫婦同氏制 ················ 91, 95, 154
福祉国家 ························ 158
不敬罪 ·························· 24
富士山頂譲与事件 ················ 403
付随的違憲審査制 ··········· 351, 354
不逮捕特権 ················· 251, 252
普通選挙 ························ 100
部分社会 ··················· 317, 318
部分無効の法理 ·················· 100
普遍性 ·························· 80
不法行為 ························ 108
父母両系血統主義 ················· 76
プライバシー権 ·········· 86, 87, 136
プライバシーの利益 ··············· 89
フランス人権宣言 ······ 78, 93, 183, 189,
                       191, 217, 223, 369, 448
フランス1946年憲法 ········· 158, 173
フランス第三共和制憲法 ·········· 433
フランス第五共和国憲法 ····· 228, 237, 242

不利益供述の禁止 ················ 214
武力攻撃事態法 ··················· 43
プロイセン憲法 ·················· 371
プログラム規定説 ················ 161
プロバイダ責任制限法 ············ 142
分限裁判 ························ 332
文 民 ···························· 287
文面審査 ························ 356
ベアテ・シロタ・ゴードン ········ 153
ヘイトスピーチ ·················· 136
ヘイビアスコーパス ·············· 202
平和安全法制整備法 ··············· 45
平和主義 ··················· 12, 124
平和的生存権 ····················· 13
  ──の裁判規範性 ··············· 12
別件逮捕 ························ 200
弁護人依頼権 ·········· 202, 211, 213
法規（Rechtsgesetz） ············· 231
法定受託事務 ··············· 420, 423
法的権利説 ······················ 161
法の下の平等 ····················· 93
防貧施策 ························ 159
法 律 ··············· 231, 232, 452, 453
法律執行説 ················· 283, 284
法律上の争訟 ·············· 315, 318
補完性原理 ············ 412, 416, 424
ポジティヴ・アクション ··········· 94
補助的権能説 ···················· 271
北海道開発法 ···················· 429
ポツダム宣言 ················ 40, 79
北方ジャーナル事件 ·········· 90, 133
穂積陳重 ························ 158
ホームルール制 ·················· 413
堀木訴訟 ··················· 159, 162
ポリグラフ ······················ 215
堀越事件(判決) ········· 68, 134, 358
本人保護(パターナリズム) ········· 91

ま 行

牧野英一 ························ 158
マグナ・カルタ ············· 191, 450
マクリーン事件判決 ·············· 146
マッカーサー草案 ······ 153, 173, 412
マッカーサー・ノート ·········· 2, 40

476

事 項 索 引

マーベリ対マディソン事件判決……………… 350
麻薬取締法記帳義務事件判決……………… 215
三井倉庫港運事件…………………… 178
三井美唄労組事件…………………… 179
三菱樹脂事件……………………… 72, 120
南九州税理士会事件………………… 121
箕面市忠魂碑・慰霊祭事件………… 129, 402
宮沢・尾高論争……………………………… 17
ミランダ警告………………………… 214
民衆訴訟……………………………… 315
武蔵野市長給水拒否事件…………… 413
明確性の理論………………………… 132
明白かつ現在の危険………………… 134
明白の原則…………………………… 186
明文改憲…………………………… 5-7
名誉毀損表現………………………… 135
命　令………………………… 452, 453
免責特権……………………… 254, 255
免　訴………………………………… 221
目的効果基準………………… 128, 403, 411
目的二分論（規制二分論）………… 144
森井訴訟……………………………… 163
森川キャサリーン事件……………… 146
門　地………………………………… 97
モンテスキュー…………… 223, 311, 312
や 行
薬事法(事件)判決………… 142-146, 186
薬事法施行規則……………………… 307
靖国参拝訴訟………………………… 109
山田鋼業事件………………………… 181
「夕刊和歌山時事」事件…………… 135
郵政解散……………………………… 295
郵便法違憲訴訟………………… 108, 360
ユニオン・ショップ………………… 178

尹秀吉〔ユン・スンギル〕事件………… 146, 454
横浜事件……………………………… 221
予　算…… 377, 383, 388-390, 393, 395, 398, 408
予算先議権…………………………… 270
予算単年度主義……………………… 388
予算法形式説………………………… 392
予算法律説…………………………… 392
四畳半襖の下張事件………………… 135
よど号記事抹消事件………………… 132
予備の調査制度……………………… 274
予備費…………………………… 395-397
ら 行
ライフスタイル……………………………… 91
リコール制度………………………… 341
立憲主義……………………………………… 1
立憲的意味の憲法…………………… 122
立候補権説…………………………… 101
立法権分有制………………………… 425
立法事実……………………………… 356
立法者拘束説………………………………… 95
立法不作為……………………… 106, 353
リプロダクション…………………………… 91
両院協議会…………………… 267, 398
良　心………………………………… 323
旅券法………………………………… 147
臨時会………………………………… 257
令状主義……………………… 199, 200
労働組合……………………………… 177
69条限定説……………………………… 32
69条非限定説………………………… 280
ロッキード事件丸紅ルート判決…… 213
わ 行
わいせつ表現………………………… 134
ワイマール憲法……… 153, 158, 173, 189

判例索引

〈最高裁判所〉

最大判 1948〈昭 23〉3.10 刑集 2 巻 3 号 175 頁 ·· *197, 321*
最大判 1948〈昭 23〉3.12 刑集 2 巻 3 号 191 頁 ·· *84, 209*
最大判 1948〈昭 23〉5.5 刑集 2 巻 5 号 447 頁 ·· *212*
最大判 1948〈昭 23〉5.26 刑集 2 巻 6 号 529 頁 ·· *24*
最三判 1948〈昭 23〉6.1 民集 2 巻 7 号 125 頁 ·· *105*
最大判 1948〈昭 23〉6.23 刑集 2 巻 7 号 777 頁 ·· *209*
最大判 1948〈昭 23〉7.8 刑集 2 巻 8 号 801 頁 ·· *361*
最大判 1948〈昭 23〉7.29 刑集 2 巻 9 号 1012 頁 ·· *216*
最大判 1948〈昭 23〉9.29 刑集 2 巻 10 号 1235 頁 ·· *161*
最大判 1949〈昭 24〉3.23 刑集 3 巻 3 号 352 ·· *195*
最大判 1949〈昭 24〉11.30 刑集 3 巻 11 号 1857 頁 ·· *213*
最大判 1949〈昭 24〉12.21 刑集 3 巻 12 号 2048 頁 ·· *210*
最大判 1950〈昭 25〉2.1 刑集 4 巻 2 号 73 頁 ··· *454*
最大判 1950〈昭 25〉2.1 刑集 4 巻 2 号 88 頁 ··· *80*
最大判 1950〈昭 25〉6.24 裁時 61 号 6 頁 ·· *328, 332*
最大判 1950〈昭 25〉9.27 刑集 4 巻 9 号 1805 頁 ·· *218*
最大判 1950〈昭 25〉11.15 刑集 4 巻 11 号 2257 頁 ··· *181*
最大判 1950〈昭 25〉11.22 刑集 4 巻 11 号 2380 頁 ·· *87*
最大判 1951〈昭 26〉7.18 刑集 5 巻 8 号 1491 頁 ·· *181*
最大判 1952〈昭 27〉2.20 日民集 6 巻 2 号 122 頁 ··· *341*
最二判 1952〈昭 27〉2.22 刑集 6 巻 2 号 288 頁 ·· *181*
最大判 1952〈昭 27〉10.8 民集 6 巻 9 号 783 頁 ·· *314, 351*
最大判 1953〈昭 28〉4.8 刑集 7 巻 4 号 775 頁 ·· *177, 454*
最大判 1953〈昭 28〉7.22 刑集 7 巻 7 号 1562 頁 ·· *454*
最三判 1953〈昭 28〉11.17 行集 4 巻 11 号 2760 頁 ··· *315*
最大判 1953〈昭 28〉11.25 刑集 7 巻 11 号 1723 頁 ·· *80*
最大判 1953〈昭 28〉12.23 民集 7 巻 13 号 1523 頁 ··· *188*
最大判 1953〈昭 28〉12.23 民集 7 巻 13 号 1561 頁 ··· *355*
最二判 1954〈昭 29〉1.22 民集 8 巻 1 号 225 頁 ·· *188*
最一判 1954〈昭 29〉2.11 民集 8 巻 2 号 419 頁 ·· *315*
最二判 1954〈昭 29〉7.16 刑集 8 巻 7 号 1151 頁 ·· *215*
最大判 1954〈昭 29〉11.24 刑集 8 巻 11 号 1866 頁 ··· *358*
最大判 1955〈昭 30〉2.9 刑集 9 巻 2 号 217 頁 ··· *101*
最大判 1955〈昭 30〉3.23 民集 9 巻 3 号 336 頁 ·· *380*
最大判 1955〈昭 30〉4.6 刑集 9 巻 4 号 663 頁 ··· *210*
最二判 1955〈昭 30〉4.22 刑集 9 巻 5 号 911 頁 ·· *328*
最大判 1955〈昭 30〉4.27 刑集 9 巻 5 号 924 頁 ·· *205*
最二判 1955〈昭 30〉10.7 民集 9 巻 11 号 1616 頁 ··· *113*
最大判 1955〈昭 30〉12.14 刑集 9 巻 13 号 2760 頁 ·· *200, 205*

最大判 1956〈昭 31〉5.30 刑集 10 巻 5 号 756 頁	322
最大判 1956〈昭 31〉7.4 民集 10 巻 7 号 785 頁	116
最大判 1956〈昭 31〉10.31 刑集 10 巻 10 号 1355 頁	195
最大判 1957〈昭 32〉2.20 刑集 11 巻 2 号 802 頁	215
最大判 1957〈昭 32〉3.13 刑集 11 巻 3 号 997 頁	82, 134
最大判 1957〈昭 38〉5.15 刑集 17 巻 4 号 302 頁	82
最大判 1957〈昭 32〉6.19 刑集 11 巻 6 号 1663 頁	63, 146
最大判 1957〈昭 32〉12.25 刑集 11 巻 14 号 3377 頁	64, 146
最大判 1958〈昭 33〉2.17 刑集 12 巻 2 号 253 頁	366
最大判 1958〈昭 33〉4.30 民集 12 巻 6 号 938 頁	218
最三判 1958〈昭 33〉5.6 刑集 12 巻 7 号 1351 頁	114
最二判 1958〈昭 33〉6.13 刑集 12 巻 9 号 2009 頁	216
最大判 1958〈昭 33〉7.29 刑集 12 巻 12 号 2776 頁	205
最大判 1958〈昭 33〉9.10 民集 12 巻 13 号 1969 頁	84, 145
最大判 1958〈昭 33〉10.15 刑集 12 巻 14 号 3313 頁	32
最大判 1958〈昭 33〉12.24 民集 12 巻 16 号 3352 頁	403
最大判 1959〈昭 34〉12.16 刑集 13 巻 13 号 3225 頁	53, 304, 320, 353, 458
最大判 1960〈昭 35〉6.8 民集 14 巻 7 号 1206 頁	320
最大判 1960〈昭 35〉7.6 民集 14 巻 9 号 1657 頁	195, 361, 363
最大判 1960〈昭 35〉7.20 刑集 14 巻 9 号 1243 頁	141
最大判 1960〈昭 35〉10.19 民集 14 巻 12 号 2633 頁	265, 317
最大判 1961〈昭 36〉2.15 刑集 15 巻 2 号 347 頁	137
最大判 1961〈昭 36〉4.5 民集 15 巻 4 号 657 頁	75
最大判 1961〈昭 36〉6.7 刑集 15 巻 6 号 915 頁	205
最大判 1961〈昭 36〉12.20 刑集 15 巻 11 号 2017 頁	454
最大判 1962〈昭 37〉2.28 刑集 16 巻 2 号 212 頁	381
最大判 1962〈昭 37〉3.7 民集 16 巻 3 号 445 頁	263, 265, 316
最大判 1962〈昭 37〉5.2 刑集 16 巻 5 号 495 頁	215
最大判 1962〈昭 37〉5.30 刑集 16 巻 5 号 577 頁	193, 426
最大判 1962〈昭 37〉11.28 刑集 16 巻 11 号 1593 頁	193, 354
最大判 1963〈昭 38〉3.27 刑集 17 巻 2 号 121 頁	418
最大判 1963〈昭 38〉5.15 刑集 17 巻 4 号 302 頁	125
最大判 1963〈昭 38〉5.22 刑集 17 巻 4 号 370 頁	56, 149
最二判 1963〈昭 38〉5.31 民集 17 巻 4 号 617 頁	205
最大判 1963〈昭 38〉6.26 刑集 17 巻 5 号 521 頁	187, 427
最三判 1963〈昭 38〉12.24 集刑 149 号 369 頁	307
最大判 1964〈昭 39〉2.5 民集 18 巻 2 号 270 頁	103
最大判 1964〈昭 39〉5.27 民集 18 巻 4 号 676 頁	95
最大判 1965〈昭 40〉6.30 民集 19 巻 4 号 1089 頁	196, 363
最三判 1966〈昭 41〉2.8 民集 20 巻 2 号 196 頁	315
最一判 1966〈昭 41〉6.23 民集 20 巻 5 号 1118 頁	136
最大判 1966〈昭 41〉10.26 刑集 20 巻 8 号 901 頁	84
最大判 1966〈昭 41〉12.27 民集 20 巻 10 号 2279 頁	196

判例索引

最大判 1967〈昭 42〉5.24 刑集 21 巻 4 号 505 頁 …………………………………… *255, 265, 422*
最大判 1967〈昭 42〉5.24 民集 21 巻 5 号 1043 頁 …………………………………… *161, 355*
最大判 1967〈昭 42〉7.5 刑集 21 巻 6 号 764 頁 …………………………………………… *363*
最大判 1968〈昭 43〉11.27 刑集 22 巻 12 号 1402 頁 ……………………………………… *188*
最大判 1968〈昭 43〉12.4 刑集 22 巻 13 号 1425 頁 …………………………… *61, 102, 179*
最大判 1968〈昭 43〉12.18 刑集 22 巻 13 号 1549 頁 ………………………………… *138, 358*
最大判 1969〈昭 44〉4.2 刑集 23 巻 5 号 685 頁 …………………………………… *180, 182, 359*
最大判 1969〈昭 44〉4.23 刑集 23 巻 4 号 235 頁 ………………………………………… *104*
最大判 1969〈昭 44〉6.25 刑集 23 巻 7 号 975 頁 ………………………………………… *135*
最大判 1969〈昭 44〉11.26 刑集 23 巻 11 号 1490 頁 ………………………………… *65, 139*
最大判 1969〈昭 44〉12.3 刑集 23 巻 12 号 1525 頁 ……………………………………… *197*
最大判 1970〈昭 45〉6.17 刑集 24 巻 6 号 280 頁 ………………………………………… *138*
最大判 1970〈昭 45〉6.24 民集 24 巻 6 号 625 頁 ………………………………………… *65*
最一判 1970〈昭 45〉7.2 刑集 24 巻 7 号 412 頁 ………………………………………… *193*
最大判 1970〈昭 45〉9.16 民集 24 巻 10 号 1410 頁 …………………………………… *70, 87*
最大判 1971〈昭 46〉1.20 民集 25 巻 1 号 1 頁 ………………………………………… *307*
最大判 1972〈昭 47〉11.22 刑集 26 巻 9 号 554 頁 ………………………………… *207, 215, 358*
最大判 1972〈昭 47〉11.22 刑集 26 巻 9 号 586 頁 ………………………………… *144, 186*
最大判 1972〈昭 47〉12.20 刑集 26 巻 10 号 631 頁 ……………………………………… *212*
最大判 1973〈昭 48〉4.4 刑集 27 巻 3 号 265 頁 ………………………………………… *211, 360*
最大判 1973〈昭 48〉4.25 刑集 27 巻 3 号 418 頁 ………………………………………… *181*
最大判 1973〈昭 48〉4.25 刑集 27 巻 4 号 547 頁 ………………………………………… *177*
最一判 1973〈昭 48〉10.18 民集 27 巻 9 号 1210 頁 ……………………………………… *188*
最大判 1973〈昭 48〉12.12 民集 27 巻 11 号 1536 頁 …………………………… *72, 98, 120*
最三判 1974〈昭 49〉4.9 集民 111 号 537 頁 ……………………………………………… *403*
最三判 1974〈昭 49〉7.19 民集 28 巻 5 号 790 頁 ………………………………………… *73*
最一判 1974〈昭 49〉9.26 民集 28 巻 6 号 329 頁 ………………………………………… *96*
最大判 1974〈昭 49〉11.6 刑集 28 巻 9 号 393 頁 ……………………… *67, 131, 133, 307, 361*
最二判 1975〈昭 50〉4.25 民集 29 巻 4 号 456 頁 ………………………………………… *174*
最大判 1975〈昭 50〉4.30 民集 29 巻 4 号 572 頁 ………………………………… *142, 186*
最大判 1975〈昭 50〉9.10 刑集 29 巻 8 号 489 頁 ………………………………… *193, 426*
最三判 1975〈昭 50〉11.28 民集 29 巻 10 号 1698 頁 ………………………………… *66, 179*
最二判 1976〈昭 51〉1.26 判タ 334 号 105 頁，訟月 22 巻 2 号 578 頁 ………………… *146, 454*
最大判 1976〈昭 51〉4.14 民集 30 巻 3 号 223 頁 ………………………………… *101, 361, 453*
最大判 1976〈昭 51〉5.21 刑集 30 巻 5 号 615 頁 ………………………………………… *150*
最大判 1976〈昭 51〉5.21 刑集 30 巻 5 号 1178 頁 ……………………………………… *182*
最一判 1976〈昭 51〉9.30 民集 30 巻 8 号 816 頁 ………………………………………… *189*
最三判 1977〈昭 52〉3.15 民集 31 巻 2 号 234 頁 …………………………………… *70, 317*
最大判 1977〈昭 52〉5.4 刑集 31 巻 3 号 182 頁 ………………………………… *177, 182*
最大判 1977〈昭 52〉7.13 民集 31 巻 4 号 533 頁 …………………………… *56, 127, 354, 402*
最二判 1977〈昭 52〉8.9 刑集 31 巻 5 号 821 頁 ………………………………………… *200*
最一判 1978〈昭 53〉5.31 刑集 32 巻 3 号 457 頁 ………………………………………… *139*
最三判 1978〈昭 53〉6.20 刑集 32 巻 4 号 670 頁 ………………………………………… *207*

最一判 1978〈昭 53〉7.10 民集 32 巻 5 号 820 頁……………………………………………… *203*
最大判 1978〈昭 53〉7.12 民集 32 巻 5 号 946 頁……………………………………………… *185*
最一判 1978〈昭 53〉9.7 刑集 32 巻 6 号 1672 頁……………………………………………… *206*
最大判 1978〈昭 53〉10.4 民集 32 巻 7 号 1223 頁……………………………………… *60, 64, 146*
最二判 1978〈昭 53〉10.20 民集 32 巻 7 号 1367 頁…………………………………………… *219*
最一判 1978〈昭 53〉12.21 民集 32 巻 9 号 1723 頁…………………………………………… *426*
最三判 1980〈昭 55〉9.22 刑集 34 巻 5 号 272 頁…………………………………………… *89, 207*
最二判 1980〈昭 55〉11.28 刑集 34 巻 6 号 433 頁…………………………………………… *135*
最三判 1981〈昭 56〉3.24 民集 35 巻 2 号 300 頁……………………………………………… *73*
最三判 1981〈昭 56〉4.7 民集 35 巻 3 号 443 頁……………………………………………… *318*
最三判 1981〈昭 56〉4.14 民集 35 巻 3 号 620 頁……………………………………………… *90*
最二判 1981〈昭 56〉6.15 刑集 35 巻 4 号 205 頁……………………………………………… *67*
最大判 1981〈昭 56〉12.16 民集 35 巻 10 号 1369 頁…………………………………………… *92*
最大判 1982〈昭 57〉7.7 民集 36 巻 7 号 1235 頁……………………………………………… *162*
最一判 1982〈昭 57〉7.15 判時 1053 号 93 頁………………………………………………… *315*
最一判 1982〈昭 57〉9.9 民集 36 巻 9 号 1679 頁……………………………………………… *52*
最三判 1982〈昭 57〉11.16 刑集 36 巻 11 号 908 頁…………………………………………… *140*
最二判 1982〈昭 57〉12.17 訟月 29 巻 6 号 1074 頁…………………………………………… *163*
最大判 1983〈昭 58〉4.27 民集 37 巻 3 号 345 頁………………………………… *104, 236, 239, 246*
最大判 1983〈昭 58〉6.22 民集 37 巻 5 号 793 頁…………………………………………… *69, 132*
最三判 1983〈昭 58〉7.12 刑集 37 巻 6 号 791 頁……………………………………………… *201*
最三判 1984〈昭 59〉3.22 判タ 524 号 203 頁………………………………………………… *364*
最一判 1984〈昭 59〉5.17 民集 38 巻 7 号 721 頁……………………………………………… *244*
最大判 1984〈昭 59〉12.12 民集 38 巻 12 号 1308 頁……………………………………… *132, 359*
最三判 1984〈昭 59〉12.18 刑集 38 巻 12 号 3026 頁………………………………………… *138*
最大判 1985〈昭 60〉3.27 民集 39 巻 2 号 247 頁………………………………………… *190, 380*
最大判 1985〈昭 60〉7.17 民集 39 巻 5 号 1100 頁…………………………………………… *361*
最一判 1985〈昭 60〉11.21 民集 39 巻 7 号 1512 頁……………………………………… *105, 110, 353*
最二判 1986〈昭 61〉2.14 刑集 40 巻 1 号 48 頁……………………………………………… *88*
最大判 1986〈昭 61〉6.11 民集 40 巻 4 号 872 頁………………………………………… *90, 133*
最三判 1987〈昭 62〉3.3 刑集 41 巻 2 号 15 頁……………………………………………… *138*
最大判 1987〈昭 62〉4.22 民集 41 巻 3 号 408 頁………………………………………… *56, 184*
最一判 1988〈昭 63〉6.1 民集 42 巻 5 号 277 頁……………………………………………… *129*
最二判 1988〈昭 63〉7.15 判時 1287 号 65 頁………………………………………………… *121*
最三判 1988〈昭 63〉12.20 判タ 694 号 92 頁………………………………………………… *319*
最三判 1989〈平元〉2.7 判時 1312 号 69 頁………………………………………………… *160*
最一判 1989〈平元〉3.2 判時 1363 号 68 頁, 訟月 35 巻 9 号 1754 頁………………… *63, 159, 456*
最三判 1989〈平元〉3.7 判時 1308 号 111 頁………………………………………………… *144*
最大判 1989〈平元〉3.8 民集 43 巻 2 号 89 頁…………………………………………… *57, 362*
最三判 1989〈平元〉6.20 民集 43 巻 6 号 385 頁……………………………………… *52, 73, 354, 452*
最二判 1989〈平元〉9.8 民集 43 巻 8 号 889 頁……………………………………………… *318*
最三判 1989〈平元〉9.19 刑集 43 巻 8 号 785 頁…………………………………………… *59, 135*
最二判 1989〈平元〉11.8 判時 1328 号 16 頁………………………………………………… *413*

最一判 1989〈平元〉12.14 民集 43 巻 12 号 2051 頁 ……………………………………… *178*
最一判 1989〈平元〉12.14 刑集 43 巻 13 号 841 頁 ………………………………………… *87*
最一判 1989〈平元〉12.18 民集 43 巻 12 号 2139 頁 ……………………………………… *244*
最一判 1989〈平元〉12.21 民集 43 巻 12 号 2252 頁 ……………………………………… *136*
最一判 1990〈平 2〉1.18 民集 44 巻 1 号 1 頁 ……………………………………………… *172*
最三判 1990〈平 2〉2.6 訟月 36 巻 12 号 2242 頁 ………………………………………… *456*
最小判 1990〈平 2〉2.16 判タ 726 号 144 頁 ……………………………………………… *366*
最三判 1990〈平 2〉3.6 判タ 734 号 103 頁 ………………………………………………… *119*
最二判 1990〈平 2〉9.28 刑集 44 巻 6 号 463 頁 …………………………………………… *134*
最三判 1991〈平 3〉3.29 刑集 45 巻 3 号 158 頁 ……………………………………… *219, 220*
最三判 1991〈平 3〉4.23 民集 45 巻 4 号 554 頁 …………………………………………… *244*
最三判 1991〈平 3〉5.10 民集 45 巻 5 号 919 頁 …………………………………………… *203*
最三判 1991〈平 3〉7.9 民集 45 巻 6 号 1049 頁 ……………………………………… *70, 307*
最三判 1991〈平 3〉9.3 判時 1401 号 56 頁 ……………………………………………… *73, 92*
最大判 1992〈平 4〉7.1 民集 46 巻 5 号 437 頁 ……………………………………… *194, 207*
最二判 1992〈平 4〉10.2 判時 1453 号 167 頁 ……………………………………………… *181*
最一判 1992〈平 4〉11.16 集民 166 号 575 頁 …………………………………………… *64, 146*
最一判 1992〈平 4〉12.10 集民 166 号 773 頁 …………………………………………… *205*
最三判 1992〈平 4〉12.15 民集 46 巻 9 号 2829 頁 …………………………………… *145, 381*
最三判 1993〈平 5〉2.16 民集 47 巻 3 号 1687 頁 …………………………………… *129, 402*
最三判 1993〈平 5〉3.16 民集 47 巻 5 号 3483 頁 …………………………………………… *172*
最三判 1993〈平 5〉9.7 民集 47 巻 7 号 4667 頁 ……………………………………… *125, 318*
最二判 1993〈平 5〉9.10 税務訴訟資料 198 号 813 頁 …………………………………… *463*
最二判 1993〈平 5〉10.22 LEX/DB22007784 ……………………………………………… *190*
最三判 1994〈平 6〉2.8 民集 48 巻 2 号 149 頁 …………………………………………… *136*
最大判 1995〈平 7〉2.22 刑集 49 巻 2 号 1 頁 ……………………………………… *213, 302*
最三判 1995〈平 7〉2.28 民集 49 巻 2 号 639 頁 …………………………………… *61, 75, 102*
最三判 1995〈平 7〉3.7 民集 49 巻 3 号 687 頁 …………………………………………… *140*
最一判 1995〈平 7〉5.25 民集 49 巻 5 号 1279 頁 …………………………………… *241, 319*
最三判 1995〈平 7〉12.15 刑集 49 巻 10 号 842 頁 …………………………………… *64, 89*
最三判 1996〈平 8〉1.29 刑集 50 巻 1 号 1 頁 ……………………………………………… *199*
最一判 1996〈平 8〉1.30 民集 50 巻 1 号 199 頁 …………………………………………… *126*
最二判 1996〈平 8〉3.8 民集 50 巻 3 号 469 頁 …………………………………………… *126*
最三判 1996〈平 8〉3.19 民集 50 巻 3 号 615 頁 …………………………………………… *66, 121*
最一判 1996〈平 8〉7.18 判時 1599 号 53 頁 ……………………………………………… *73, 92*
最大判 1996〈平 8〉8.28 民集 50 巻 7 号 1952 頁 ………………………………………… *351*
最大判 1996〈平 8〉9.11 民集 50 巻 8 号 2283 頁 ………………………………………… *104*
最大判 1996〈平 8〉12.24 刑集 10 巻 12 号 1692 頁 ……………………………………… *221*
最大判 1997〈平 9〉3.13 刑集 51 巻 3 号 1233 頁 ………………………………………… *80*
最大判 1997〈平 9〉4.2 民集 51 巻 4 号 1673 頁 ……………………………………… *129, 361, 403*
最三判 1997〈平 9〉9.9 民集 51 巻 8 号 3850 頁 …………………………………………… *255*
最三判 1998〈平 10〉7.13 判時 1651 号 54 頁 ……………………………………………… *197*
最大判 1998〈平 10〉12.1 民集 52 巻 9 号 1761 頁 …………………………………… *67, 333, 364*

判例索引

最大判 1999〈平 11〉3.24 民集 53 巻 3 号 514 頁 ………………………………………… *202*
最二判 1999〈平 11〉9.17 訟月 46 巻 6 号 2992 頁 ……………………………………… *267*
最大判 1999〈平 11〉11.10 民集 53 巻 8 号 1577 頁 ………………………………… *247, 249*
最大判 1999〈平 11〉11.10 民集 53 巻 8 号 1704 頁 …………………………… *239, 240, 249*
最三判 2000〈平 12〉2.29 民集 54 巻 2 号 582 頁 ………………………………………… *92*
最三判 2000〈平 12〉3.17 判時 1708 号 119 頁 …………………………………………… *197*
最一判 2000〈平 12〉9.7 判時 1728 号 17 頁 ……………………………………………… *70*
最二判 2000〈平 12〉10.27 判例集未登載 ………………………………………………… *24*
最三判 2001〈平 13〉2.13 判時 1745 号 94 頁 ……………………………………………… *197*
最三判 2001〈平 13〉9.25 判時 1768 号 47 頁 …………………………………………… *63, 159*
最二判 2001〈平 13〉12.7 刑集 55 巻 7 号 823 頁 ………………………………………… *197*
最一判 2002〈平 14〉1.31 民集 56 巻 1 号 246 頁 ………………………………………… *307*
最大判 2002〈平 14〉2.13 民集 56 巻 2 号 331 頁 ………………………………………… *186*
最二判 2002〈平 14〉4.12 民集 56 巻 4 号 729 頁 ………………………………………… *316*
最一判 2002〈平 14〉4.25 判時 1785 号 31 頁 ……………………………………………… *66*
最三判 2002〈平 14〉7.9 民集 56 巻 6 号 1134 頁 ………………………………………… *416*
最一判 2002〈平 14〉7.11 民集 56 巻 6 号 1204 頁 ………………………………………… *129*
最大判 2002〈平 14〉9.11 民集 56 巻 7 号 1439 頁 ……………………………………… *108, 360*
最二判 2002〈平 14〉11.22 判時 1808 号 55 頁 …………………………………………… *77*
最二判 2003〈平 15〉2.14 刑集 57 巻 2 号 121 頁 ………………………………………… *206*
最二判 2003〈平 15〉3.14 民集 57 巻 3 号 229 頁 ………………………………………… *136*
最二判 2003〈平 15〉9.12 民集 57 巻 8 号 973 頁 ………………………………………… *90*
最一判 2003〈平 15〉12.11 刑集 57 巻 11 号 1147 頁 ……………………………………… *87*
最大判 2004〈平 16〉1.14 民集 58 巻 1 号 1 頁 …………………………………………… *249*
最三判 2004〈平 16〉3.16 民集 58 巻 3 号 647 頁 ………………………………………… *163*
最大判 2005〈平 17〉1.26 民集 59 巻 1 号 128 頁 ………………………………………… *143*
最一判 2005〈平 17〉4.14 刑集 59 巻 3 号 259 頁 ………………………………………… *213*
最大判 2005〈平 17〉5.1 民集 59 巻 1 号 128 頁 …………………………………………… *62*
最大判 2005〈平 17〉9.14 民集 59 巻 7 号 2087 頁 …………………… *58, 101, 105, 110, 342, 353*
最二判 2006〈平 18〉1.13 民集 60 巻 1 号 1 頁 …………………………………………… *307*
最大判 2006〈平 18〉3.1 民集 60 巻 2 号 587 頁 ………………………………………… *382*
最二判 2006〈平 18〉3.17 民集 60 巻 3 号 773 頁 ………………………………………… *73*
最一判 2006〈平 18〉3.23 判時 1929 号 37 頁 ……………………………………………… *70*
最三判 2006〈平 18〉3.28 判時 1930 号 80 頁 …………………………………………… *160*
最一判 2006〈平 18〉3.30 民集 60 巻 3 号 948 頁 ………………………………………… *164*
最二判 2006〈平 18〉6.23 判時 1940 号 122 頁 ………………………………………… *109, 129*
最三判 2006〈平 18〉10.3 民集 60 巻 8 号 2647 頁 ……………………………………… *139*
最三判 2007〈平 19〉2.2 民集 61 巻 1 号 86 頁 …………………………………………… *179*
最三判 2007〈平 19〉2.27 民集 61 巻 1 号 291 頁 ………………………………………… *25*
最三判 2007〈平 19〉9.18 刑集 61 巻 6 号 601 頁 ……………………………………… *67, 355*
最一判 2007〈平 19〉9.28 民集 61 巻 6 号 2345 頁 ……………………………………… *163*
最一判 2008〈平 20〉3.6 民集 62 巻 3 号 665 頁 …………………………………………… *90*
最二判 2008〈平 20〉3.14 刑集 62 巻 3 号 185 頁 ………………………………………… *221*

最二判 2008〈平 20〉4.11 刑集 62 巻 5 号 1217 頁 ……………………………………………… *138*
最二判 2008〈平 20〉4.15 刑集 62 巻 5 号 1398 頁 ………………………………………………… *89*
最三判 2008〈平 20〉5.8 判時 2011 号 116 頁, 家月 60 巻 8 号 51 頁 …………………… *196, 197*
最大判 2008〈平 20〉6.4 民集 62 巻 6 号 1367 頁 ……………………………………………… *74*
最一判 2009〈平 21〉1.15 民集 63 巻 1 号 46 頁 ……………………………………………… *367*
最三判 2009〈平 21〉7.14 刑集 63 巻 6 号 623 頁 ……………………………………………… *197*
最三判 2009〈平 21〉9.28 刑集 63 巻 7 号 868 頁 ……………………………………………… *206*
最一判 2009〈平 21〉10.29 民集 63 巻 8 号 1881 頁 …………………………………………… *456*
最大判 2009〈平 21〉11.18 民集 63 巻 9 号 2033 頁 …………………………………………… *307*
最三判 2009〈平 21〉12.7 刑集 63 巻 11 号 1899 頁 …………………………………………… *92*
最一判 2009〈平 21〉12.10 判時 2071 号 45 頁 ………………………………………………… *167*
最大判 2010〈平 22〉1.20 民集 64 巻 1 号 128 頁 ……………………………………………… *402*
最大判 2010〈平 22〉1.22 民集 64 巻 1 号 1 頁 ………………………………………… *129, 361*
最二判 2010〈平 22〉3.15 刑集 64 巻 2 号 1 頁 ………………………………………………… *136*
最一判 2010〈平 22〉7.22 判時 2087 号 26 頁 ………………………………………………… *130*
最大判 2011〈平 23〉3.23 民集 65 巻 2 号 755 頁 ………………………………… *103, 245, 362*
最二判 2011〈平 23〉4.13 民集 65 巻 3 号 1290 頁 …………………………………………… *197*
最二判 2011〈平 23〉5.30 民集 65 巻 4 号 1780 頁 …………………………………………… *119*
最一判 2011〈平 23〉6.6 民集 65 巻 4 号 1855 頁 ………………………………………… *25, 119*
最三判 2011〈平 23〉6.14 民集 65 巻 4 号 2148 頁 ……………………………………… *25, 119*
最三判 2011〈平 23〉6.21 判時 2123 号 35 頁 ………………………………………………… *25*
最一判 2011〈平 23〉7.7 判時 2130 号 144 頁 ………………………………………………… *25*
最一判 2011〈平 23〉9.22 民集 65 巻 6 号 2756 頁 …………………………………………… *381*
最大判 2011〈平 23〉11.16 刑集 65 巻 8 号 1285 頁 ……………………………… *114, 195, 326*
最二判 2012〈平 24〉1.13 刑集 66 巻 1 号 1 頁 ………………………………………………… *195*
最一判 2012〈平 24〉2.16 民集 66 巻 2 号 673 頁 ……………………………………………… *130*
最三判 2012〈平 24〉2.28 民集 66 巻 3 号 1240 頁 …………………………………………… *160*
最二判 2012〈平 24〉4.2 民集 66 巻 6 号 2367 頁 ……………………………………………… *163*
最大判 2012〈平 24〉10.17 民集 66 巻 10 号 3357 頁 …………………………………… *104, 236*
最二判 2012〈平 24〉12.7 刑集 66 巻 12 号 1287 頁 …………………………………………… *307*
最二判 2012〈平 24〉12.7 刑集 66 巻 12 号 1337 頁 …………………………………… *68, 134, 358*
最二判 2013〈平 25〉1.11 民集 67 巻 1 号 1 頁 ………………………………………… *143, 307*
最大判 2013〈平 25〉3.14 判時 2178 号 3 頁 …………………………………………………… *102*
最一判 2013〈平 25〉3.21 民集 67 巻 3 号 438 頁 ……………………………………………… *383*
最大判 2013〈平 25〉9.4 民集 67 巻 6 号 1320 頁 ………………………………… *156, 360, 453, 457*
最大判 2013〈平 25〉11.20 民集 67 巻 8 号 1503 頁 …………………………………………… *104*
最二判 2014〈平 26〉7.9 判時 2241 号 20 頁 ……………………………………………… *102, 243*
最二判 2014〈平 26〉7.18 判例地方自治 386 号 78 頁 …………………………………… *63, 159*
最大判 2014〈平 26〉11.26 民集 68 巻 9 号 1363 頁 ……………………………… *104, 236, 246*
最大判 2015〈平 27〉11.25 民集 69 巻 7 号 2035 頁 …………………………………………… *104*
最大判 2015〈平 27〉12.16 民集 69 巻 8 号 2427 頁 …………………… *106, 110, 154, 164, 353*
最大判 2015〈平 27〉12.16 民集 69 巻 8 号 2586 頁 …………………………………… *91, 95, 154*
最大判 2017〈平 29〉3.15 刑集 71 巻 3 号 13 頁 ………………………………………… *193, 206*

最大判 2017〈平 29〉12.6 判例集未登載 …………………………………………… *374*

〈高等裁判所〉
東京高判 1950〈昭 25〉4.27 刑集 5 巻 2 号 341 頁 ……………………………… *272*
札幌高判 1955〈昭 30〉8.23 高刑集 8 巻 6 号 845 頁 …………………………… *273*
東京高判 1959〈昭 34〉12.26 判時 213 号 46 頁 ………………………………… *309*
福岡高判 1963〈昭 38〉3.23 刑集 21 巻 4 号 558 頁 ……………………………… *254*
東京高判 1963〈昭 38〉11.4 行集 14 巻 11 号 1963 頁 …………………………… *161*
大阪高判 1968〈昭 43〉6.28 行集 19 巻 6 号 1130 頁 …………………………… *381*
福岡高判 1969〈昭 44〉3.19 刑月 1 巻 3 号 207 頁 ……………………………… *463*
東京高判 1969〈昭 44〉12.17 判時 582 号 18 頁 ………………………………… *254*
名古屋高判 1970〈昭 45〉8.25 判時 609 号 7 頁 ………………………………… *152*
名古屋高判 1975〈昭 50〉7.16 判時 791 号 71 頁 ……………………………… *315*
大阪高判 1975〈昭 50〉11.10 行集 26 巻 10・11 号 1268 頁 …………………… *159*
大阪高判 1975〈昭 50〉11.27 判時 797 号 36 頁 ……………………………… *92, 164*
札幌高判 1976〈昭 51〉8.5 行集 27 巻 8 号 1175 頁 …………………………… *52, 320*
札幌高判 1978〈昭 53〉5.24 高民 31 巻 2 号 231 頁 …………………………… *107*
東京高判 1981〈昭 56〉7.7 民集 43 巻 6 号 590 頁 ……………………………… *462*
仙台高秋田支判 1982〈昭 57〉7.23 行集 33 巻 7 号 1616 頁 …………………… *381*
広島高岡山支判 1991〈平 3〉12.5 税務訴訟資料 187 号 236 頁 ………………… *463*
東京高判 1992〈平 4〉12.18 判時 1457 号 3 頁 ………………………………… *109*
東京高判 1993〈平 5〉2.3 東高刑時報 44 巻 1〜12 号 11 頁 …………………… *456*
東京高判 1993〈平 5〉3.5 判時 1466 号 40 頁 …………………………………… *456*
東京高判 1994〈平 6〉11.29 判時 1513 号 60 頁 ………………………………… *241*
東京高判 1997〈平 9〉6.18 訟月 46 巻 6 号 2996 頁 …………………………… *267*
東京高判 1997〈平 9〉6.18 判時 1618 号 69 頁 ………………………………… *231*
東京高判 1997〈平 9〉11.26 高民 50 巻 3 号 459 頁 …………………………… *62, 143*
東京高判 1998〈平 10〉2.9 判時 1629 号 34 頁 ………………………………… *91*
名古屋高金沢支判 2000〈平 12〉2.16 判時 1726 号 111 頁 …………………… *24*
東京高判 2000〈平 12〉12.6 訟月 47 巻 11 号 3301 頁 ………………………… *58*
東京高決 2001〈平 13〉12.12 高刑 54 巻 2 号 159 頁 …………………………… *221*
東京高判 2002〈平 14〉10.31 判時 1810 号 52 号 ……………………………… *106*
大阪高判 2003〈平 15〉10.10 判タ 1159 号 158 頁 ……………………………… *346*
大阪高判 2005〈平 17〉9.30 訟月 52 巻 9 号 2979 頁 …………………………… *109*
高松高判 2005〈平 17〉10.5 訟月 52 巻 9 号 3045 頁 …………………………… *463*
大阪高判 2007〈平 19〉8.24 判時 1992 号 72 頁 ………………………………… *66*
名古屋高判 2008〈平 20〉4.17 判時 2056 号 74 頁 ……………………………… *53*
福岡高決 2008〈平 20〉5.12 判タ 1280 号 92 頁 ………………………………… *368*
東京高判 2009〈平 21〉1.29 判タ 1295 号 193 頁 ……………………………… *89*
東京高判 2010〈平 22〉2.25 判時 2074 号 32 頁 ………………………………… *417*
東京高判 2011〈平 23〉6.8 裁判所ウェブサイト ………………………………… *106*
名古屋高判 2012〈平 24〉4.27 判時 2178 号 23 頁 ……………………………… *107*
大阪高判 2013〈平 25〉9.27 判時 2234 号 29 頁 ………………………… *70, 102, 243*

大阪高判 2014〈平 26〉7.8 判時 2232 号 34 頁 ………………………………………………… *456*
広島高判 2017〈平 29〉12.20 裁判所ウェブサイト ……………………………………… *243*

〈地方裁判所〉
東京地決 1954〈昭 29〉3.6 裁時 154 号 1 号 ……………………………………………… *253*
東京地判 1954〈昭 29〉5.11 判時 26 号 3 頁 ……………………………………………… *151*
東京地判 1956〈昭 31〉7.23 判タ 60 号 107 頁 …………………………………………… *273*
東京地判 1958〈昭 33〉7.31 行集 9 巻 7 号 1515 頁 ……………………………………… *462*
東京地判 1959〈昭 34〉3.30 判時 180 号 2 頁 …………………………………………… *51, 53*
東京地判 1960〈昭 35〉10.19 行集 11 巻 10 号 2921 頁 …………………………………… *161*
札幌地判 1962〈昭 37〉1.18 下刑集 4 巻 1・2 号 69 頁 ………………………………… *82, 448*
東京地判 1962〈昭 37〉1.22 判時 297 号 7 頁 …………………………………………… *254*
東京地判 1962〈昭 37〉2.26 刑集 17 巻 2 号 152 頁 ……………………………………… *418*
神戸地判 1962〈昭 37〉3.19 下刑集 4 巻 3・4 号 230 頁 ………………………………… *463*
大津地判 1963〈昭 38〉2.12 下刑集 5 巻 1 = 2 号 67 頁 ………………………………… *251*
福岡地小倉支判 1964〈昭 39〉3.16 下刑集 6 巻 3・4 号 241 頁 ………………………… *463*
東京地判 1964〈昭 39〉5.2 判タ 162 号 149 頁 …………………………………………… *428*
長野地諏訪支判 1964〈昭 39〉8.10 労働関係民事裁判例集 15 巻 4 号 915 頁 ………… *113*
東京地判 1966〈昭 41〉1.21 判時 444 号 19 頁 …………………………………………… *254*
札幌地判 1967〈昭 42〉3.29 下刑集 9 巻 3 号 359 頁 ………………………………… *52, 357*
旭川地判 1968〈昭 43〉3.25 下刑集 10 巻 3 号 293 頁 …………………………………… *360*
東京地判 1970〈昭 45〉7.17 行集 21 巻 7 号別冊 1 頁 …………………………………… *167*
東京地判 1973〈昭 48〉5.1 訟月 19 巻 8 号 32 頁 ………………………………………… *151*
札幌地判 1973〈昭 48〉9.7 判時 712 号 24 頁 ……………………………………………… *52*
東京地判 1974〈昭 49〉7.16 判時 751 号 47 頁 …………………………………………… *171*
札幌地小樽支判 1974〈昭 49〉12.9 判時 762 号 8 頁 …………………………………… *105*
福岡地判 1980〈昭 55〉6.5 判時 966 号 3 頁 ……………………………………………… *427*
東京地判 1980〈昭 55〉7.24 刑月 12 巻 7 号 538 頁 ……………………………………… *272*
東京地判 1984〈昭 59〉5.18 判時 1118 号 28 頁 …………………………………………… *109*
東京地判 1989〈平元〉6.23 行集 40 巻 6 号 603 頁 ……………………………………… *463*
鹿児島地判 1992〈平 4〉10.2 民集 56 巻 6 号 1287 頁 …………………………………… *463*
札幌地判 1993〈平 5〉7.16 民集 51 巻 8 号 3866 頁 ……………………………………… *255*
大阪地判 1994〈平 6〉4.27 判時 1515 号 116 頁 …………………………………………… *89*
東京地判 1996〈平 8〉1.19 訟月 43 巻 4 号 1144 頁 ……………………………………… *267*
東京地判 1998〈平 10〉3.20 判タ 983 号 222 頁 …………………………………………… *211*
東京地八王子支決 2001〈平 13〉2.6 判例集未登載 ……………………………………… *220*
東京地判 2001〈平 13〉2.6 判時 1748 号 144 頁 ……………………………………………… *89*
東京地判 2001〈平 13〉6.13 訟月 48 巻 12 号 2916 頁 …………………………………… *232*
佐賀地判 2002〈平 14〉4.12 判時 1789 号 113 頁 ………………………………………… *66*
札幌地判 2002〈平 14〉11.11 判時 1806 号 84 頁 ………………………………………… *457*
東京地判 2003〈平 15〉12.3 民集 61 巻 1 号 425 頁 ……………………………………… *463*
東京地判 2004〈平 16〉3.24 判時 1852 号 3 頁 …………………………………………… *163*
福岡地判 2004〈平 16〉4.7 判時 1859 号 125 頁 ………………………………………… *109*

新潟地判 2004〈平16〉10.28 賃金と社会保障 1382 号 46 頁 ………………………………… *163*
東京地判 2006〈平18〉3.24 判時 1938 号 37 頁 …………………………………………… *416*
東京地判 2006〈平18〉9.21 判時 1952 号 44 頁 …………………………………………… *173*
東京地判 2007〈平19〉12.26 訟月 55 巻 12 号 3430 頁 …………………………………… *89*
横浜地判 2009〈平21〉3.30 判例集未登載 ………………………………………………… *221*
東京地判 2010〈平22〉3.30 判時 2096 号 9 頁 ……………………………………………… *144*
東京地判 2011〈平23〉4.26 判時 2136 号 13 頁 …………………………………………… *342*
名古屋地判 2012〈平24〉1.19 判例集未登載 ……………………………………………… *420*
京都地判 2013〈平25〉10.7 判時 2208 号 74 頁 …………………………………………… *456*
福岡地判 2014〈平26〉5.21 判時 2228 号 72 頁 …………………………………………… *164*
広島地判 2017〈平29〉7.19 LEX/DB25546443 …………………………………………… *169*
大阪地判 2017〈平29〉7.28 LEX/DB25448879 …………………………………………… *169*
東京地判 2017〈平29〉9.13 LEX/DB25448992 …………………………………………… *169*

執筆者紹介

〔編者〕

辻村みよ子（つじむら　みよこ）　明治大学法科大学院教授，
　　　　　　　　　　　　　　　　東北大学名誉教授
山元　　一（やまもと　はじめ）　慶應義塾大学大学院法務研究科教授

──────（掲載順）──────

愛敬　浩二（あいきょう　こうじ）　名古屋大学大学院法学研究科教授
工藤　達朗（くどう　たつろう）　中央大学大学院法務研究科教授
糠塚　康江（ぬかつか　やすえ）　東北大学大学院法学研究科教授
江島　晶子（えじま　あきこ）　明治大学法学部教授
小泉　良幸（こいずみ　よしゆき）　関西大学法学部教授
青井　未帆（あおい　みほ）　学習院大学大学院法務研究科教授
大林　啓吾（おおばやし　けいご）　千葉大学大学院専門法務研究科准教授
佐々木弘通（ささき　ひろみち）　東北大学大学院法学研究科教授
毛利　　透（もうり　とおる）　京都大学大学院法学研究科教授
小山　　剛（こやま　ごう）　慶應義塾大学法学部教授
尾形　　健（おがた　たけし）　同志社大学法学部教授
巻　美矢紀（まき　みさき）　上智大学大学院法学研究科教授
片桐　直人（かたぎり　なおと）　大阪大学大学院高等司法研究科准教授
只野　雅人（ただの　まさひと）　一橋大学大学院法学研究科教授
原田　一明（はらだ　かずあき）　立教大学法学部教授
上田　健介（うえだ　けんすけ）　近畿大学大学院法務研究科教授
渡辺　康行（わたなべ　やすゆき）　一橋大学大学院法学研究科教授
大津　　浩（おおつ　ひろし）　明治大学法学部教授

〈編　者〉

辻村みよ子
明治大学法科大学院教授，
東北大学名誉教授

山元　一
慶應義塾大学大学院法務研究科教授

概説 憲法コンメンタール

2018（平成30）年6月20日　第1版第1刷発行
8623-6:P224 ¥3600E-012:010-002

著　者　辻村みよ子・山元一
発行者　今井 貴・稲葉文子
発行所　株式会社 信　山　社

〒113-0033　東京都文京区本郷6-2-9-102
Tel 03-3818-1019　Fax 03-3818-0344
henshu@shinzansha.co.jp
笠間才木支店　〒309-1611 茨城県笠間市笠間 515-3
Tel 0296-71-9081　Fax 0296-71-9082
笠間来栖支店　〒309-1625 茨城県笠間市来栖 2345-1
Tel 0296-71-0215　Fax 0296-72-5410
出版契約 No.8623-6-01011　Printed in Japan

Ⓒ 辻村みよ子・山元一, 2018　印刷・製本／亜細亜印刷・渋谷文泉閣
ISBN978-4-7972-8623-6 C3332　分類323.100-c50

JCOPY《(社)出版者著作権管理機構　委託出版物》
本書の無断複写は著作権法上での例外を除き禁じられています。複写される場合は，
そのつど事前に，(社)出版者著作権管理機構（電話03-3513-6969，FAX03-3513-6979，
e-mail: info@jcopy.or.jp）の許諾を得てください。

憲法研究 創刊第1号　辻村みよ子編集代表
〔編集委員〕山元一／只野雅人／愛敬浩二／毛利透

◆特集◆ 憲法70年と国民主権・象徴天皇制
〈企画趣旨〉国民主権下の象徴天皇制〔辻村みよ子〕／天皇の「公務」と退位をめぐる諸問題〔大石眞〕／天皇退位特例法の憲法問題〔高見勝利〕／象徴天皇制をめぐる課題〔芹沢斉〕／憲法と「皇室経済」〔片桐直人〕／皇室典範1条と女性差別撤廃条約〔若尾典子〕／「君が代」訴訟の現段階〔渡辺康行〕／文化問題としての天皇制〔栗田佳泰〕／憲法史から見た象徴天皇制〔水林彪・山元一〈インタビュー〉〕／【座談会】憲法変動と憲法研究―『憲法研究』創刊に寄せて〔辻村みよ子・山元一・只野雅人・愛敬浩二・毛利透〕／〈書評〉『「憲法改正」の比較政治学』(駒村圭吾・待鳥聡史)〔井口秀作〕／□憲法年表（2016年8月8日～2017年10月22日）／□日本の憲法状況―憲法審査会の動向／□国際学会の案内（国際憲法学会(IACL)第10回世界大会等）

憲法研究 第2号　辻村みよ子編集代表
〔編集委員〕山元一／只野雅人／愛敬浩二／毛利透

◆特集◆ 世界の憲法変動と民主主義
〈企画趣旨〉憲法変動に対峙する憲法理論のために〔辻村みよ子〕／1 日本の「デモクラシー」と比較憲法学の課題〔樋口陽一：(聞き手)愛敬浩二〕／〈特集1〉 世界の憲法状況と民主主義／2 イギリスにおける2016年国民投票および2017年総選挙―「EU離脱」をめぐる民意と総選挙〔江島晶子〕／3 フランス大統領選とナショナル・ポピュリズム〔吉田 徹〕／4 2017年フランス国民議会選挙と憲法・選挙制度〔只野雅人〕／ 5 ドイツの民政の現状と課題― 2017年連邦議会選挙を挟んで〔植松健一〕／6 ソロンのディカステリア―アメリカの大統制とポピュリズム〔大林啓吾〕／7 朴槿恵大統領弾劾と韓国の民主主義〔國分典子〕／8 ベルー社会の「憲法化」と憲法裁判の可能性―21世紀ラテンアメリカの憲法状況を見定めるための一つの傾向〔川畑博昭〕／〈特集2〉 日本の憲法状況と民主主義 9 審議回避の手段となった衆議院解散権―2017年解散総選挙と議会制民主主義〔大山礼子〕／ 10 解散権制約の試み―イギリス庶民院の解散制度の変更〔植村勝慶〕／ 11 選挙制度改革の課題―参議院の議員定数不均衡問題を中心に―〔岡田信弘〕／〈書評〉糠塚康江編『代表制民主主義を再考する―選挙をめぐる三つの問い』(ナカニシヤ出版)〔新井 誠〕／□憲法年表（2017年10月1日～2018年3月31日）／□日本の憲法状況―憲法審査会の動向（2017年10月1日～2018年3月31日）／□国際学会等のご案内

最新 憲法資料集 ― 年表・史料・判例解説
辻村みよ子編著

講座 政治・社会の変動と憲法
―フランス憲法からの展望―〔全2巻〕
編集代表：辻村みよ子

◆第Ⅰ巻◆ 政治変動と立憲主義の展開
　編集：山元一・只野雅人・新井誠
◆第Ⅱ巻◆ 社会変動と人権の現代的保障
　編集：糠塚康江・建石真公子・大津浩・曽我部真裕

信山社